JN164085

JSCA版
S建築構造の設計
第2版

JSCA 版　S 建築構造の設計（第 2 版）

〈第 2 版執筆担当〉

主　査	長　尾　直　治	（第 1 章担当）
委　員	達　冨　　　浩	（第 2 章担当）
	李　　　在　純	（第 3 章担当）
	藤　田　哲　也	（第 4 章担当）
	小　口　登史樹	（付録担当）

〈第 2 版編集担当〉

麻　生　直　木
佐　藤　芳　久
中　野　正　英
根　津　定　満
最　上　利　美
福　島　正　隆

〈第 1 版執筆担当〉

主　査	長　尾　直　治	（第 1 章担当）
委　員	達　冨　　　浩	（第 2 章担当）
	李　　　在　純	（第 3 章担当）
	藤　田　哲　也	（第 4 章担当）
	小　口　登史樹	（付録担当）

〈第 1 版編集担当〉

主　査	田　中　　　晃
委　員	石　塚　秀　教
	辻　　　幸　二
	中　野　正　英
	福　島　正　隆

はじめに

20 世紀の末から現在まで，鋼構造建築（以下 S 造建築という）は全着工床面積の約 35% を占めており，木造建築とほぼ同じで RC 造建築の 20% に比べると選択されることの多い構造形式である．

S 造建築は超高層ビルや大スパンの空間構造から軽量形鋼を用いた工業化住宅まで多くの用途に用いられているが，そのほとんど（95% 程度）が 5 階以下の中低層建物であり，規模別に見ても 2 000 m^2 以下の建物が 85% 程度を占めている．実際，S 造建築の用途は比較的大きなスパンを必要とする工場や倉庫，あるいは建設工期が短く大がかりな足場を必要としないなどの有利な生産性を生かした市街地の商業ビルなどに適用されている．鋼材は多くの優れた特徴を有する材料であり，S 造建築の設計はその可能性を引き出す作業であるが，多くの情報が必要であるため初学者にとって，やや難しいものとなっている．わが国の特徴ある鉄骨生産のしくみや多様な建築部品の取付けなどが直接的に構造設計に関係しており，ベテランによる on the job 訓練で伝達する事柄が多いことも理由の一つである．また，S 造建築に関する技術がソフト面でもハード面でも年々多様化しており，地震などの災害や新材料の出現あるいは国際的動向などが関係して，常に進歩している技術であることや，構造設計に必要な情報が分散していることも関係している．

ところで，わが国の構造設計の方法が 2005 年秋に生じた構造計算書偽装事件を契機として大きく変化した．すなわち，従来は工学的判断として構造設計者の裁量に委ねていた部分が不適切に運用されることのないように細部にわたって法文化され，また，建築確認・検査が厳格化された．建築基準法や建築士法が改定され，例えば，構造計算適合性判定制度が確認審査手続きの中に導入され，また，構造設計について高度な専門能力を有する建築士に関して構造設計一級建築士を創設し，一定の規模を超える建築物の構造設計に関与を義務付けることとなった．建築構造設計の分野から自由度が失われたと感じられる部分もあるが，社会（建築主や消費者）は建築構造により厳密な安全性を保証することを求めるようになった．S 造建築の設計に関する部分にも影響があり，例えば，比較的小規模な建築物が対象の計算ルート 1（構造計算適合性判定を要しない）では，従来からのルート 1 をルート 1-1 とし，新たなルート（ルート 1-2）を追加して運用している．このような状況に対応するため，本書を改訂することとしたが，一方，新検証法として期待されていた限界耐力計算やエネルギーの釣合いに基づく耐震計算が実建物に採用されることが少なく，許容応力度等計算が多用されていることから，これの記述に重点を置くこととした．また，構造計画の技術，すなわち，製作・施工に無理がなく，安定していて耐久性があり，力の流れが円滑な構造形状を建築計画に整合して計画する技術は，計算機を駆使することとは別種の建築構造の技術であり，構造設計において最も重要性を有するものであることを強調した．

本書は，構造設計の初学者を主な対象とし，3 種類の建物（低層ビル，大スパンの工場，中層ビル）を例題として，多様化している S 造建築に関する技術の解説を加えながら構造設計の手順を解説することを意図している．なお，S造建築の設計・施工に関する参考図書は，次に示すように，各種団体などから多数出版されているので，本書でしばしば引用する参考図書については略称も同時に記述した．

2010年11月

執筆担当主査　**長尾直治**

第 2 版にあたって

旧版（2010 年）から 7 年経過したので小改訂を行った．「建築物の構造関係技術基準解説書」の 2015 年版が刊行されたことが改訂の直接の契機であるが，この間にいくつかの自然災害や社会情勢の変化があり，S 建築構造の設計に関する技術的な変化を若干補遺することとなった．

2011 年に東日本大震災が生じた．この地震では津波の圧倒的な破壊力が印象的だが，長周期地震動により S 造の超高層ビルが数分にわたって揺れ続けたことや，S 造の事務所や店舗など普通の建物の天井材が落下したことなどがあって，揺れやすい S 造建築では構造設計者が非構造部材の設計にも十分に配慮することが必要であることなどが教訓として残った[*1]．2016 年の熊本地震では，従来から言われていることであるが，接合部ディテールの良否が S 造建築の耐震性に大きな影響を与えており，鉄骨生産技術・施工に関する構造設計者の配慮は依然として重要であることも教訓的であった．

また，2020 年東京オリンピック・パラリンピックの開催が決まり，地震などからの災害復興工事と合わせて，我が国の建設工事が活況を呈しており，建築生産に関わる人的資源の不足が目立ってきた．このため，工場生産＋乾式工法が主であり，生産性の高い S 造建築が増加している[*2]．また，ICT（Information and Communication Technology）技術の進展とともに BIM（Building Information Modeling）の導入が進み，設計・施工の両面で生産性の高さを要求されるようになっている．

S 建築構造の設計も一貫構造計算ソフトが整備され，精密な計算を短時間に行えるようになり，設計の初期段階から構造データを作成して構造計算を行い，データ修正を繰り返して最終案に到達する手順とすることが一般的となっている．また，一貫構造計算ソフトの新バージョンでは，建築物の構造関係技術基準解説書の 2015 年版など，近年の各種基準の変化にも対応しており，設計者が意識しなくても多くの検証項目に対応できるようになっている．しかしながら，一貫構造計算ソフトの適用には，一定の S 建築構造の設計に関する専門的技術知識に基づくことが必要であり，その入出力の内容を十分に把握していることは重要である．パラメーターの設定などが適切でないまま運用すると不適切な構造となることがある[*3]．

＊1　非構造部材のうち天井については，国土交通省は 2013 年に告示（平 25 国交告第 771 号）を公布し，特定天井（高さ 6 m 超，広さ 200 m^2 超など一定の要件を満たす吊り天井）の安全性検証を義務付け，構造設計者が天井落下しないよう配慮することとなった．また，近い将来に発生が予想されている南海トラフ沿いの巨大地震による長周期地震動についても，その影響が大きい 4 大都市圏（東京，静岡，名古屋，大阪）に建設される超高層ビルなどの設計では，構造設計者が十分な検証を行うよう国土交通省は指導（平成 28 年国住指 1111 号）している．

＊2　鉄骨生産量は例えば，2016 年度も年間 500 万トン超と活況である．しかし，工期ずれ（設計変更対応や図面承認の遅れにより材料発注できない，など鉄骨工事初期段階での工程の遅れ）が常態化しており，その理由の一つに鉄骨工事に関する技術が継承されていない，との指摘がある．

＊3　我が国の耐震設計基準は，建設量の多い中小規模建物には簡単な計算で済むルート 1 あるいは 2 の適用を予定している．しかし，一貫構造計算ソフトの普及により複雑な計算が容易に行えるようになったため，小規模建物にもルート 3 の適用が多くなった．ルート 3 では，架構の保有水平耐力や塑性変形能力などの評価を行うが，裁量の範囲が広いので構造設計者には適切な判断力が要求される．

S建築構造の設計に関連する多くの参考図書も逐次改訂が行われており，各参考図書の間で整合性が失われていることがある．例えば，設計で用いる許容曲げ応力度 f_b（座屈の影響を考慮する場合）は基本的な値であるが，「日本建築学会・鋼構造設計規準」は2005年に横座屈耐力式を基本とする評価式に改訂した．一方，告示などでは従来の簡略式（サンブナンのねじり剛性に関わる項か，曲げねじり剛性に関わる項で代表させる）が用いられており，「2015年版・建築物の構造関係技術基準解説書」もそのようである．設計実務では，告示などに基づくことが一般的であり，本書もそのような立場をとっている．

このような例は，他にも見いだすことができるが，告示などに表現された式は，法律文書的表現のためか，物理的意味がわかりづらくなっていることがあり（物理的意味と次元をもったいくつかの量が，加減乗除された一つの数値として表現されるため，その数値の物理的意味や次元がわかりにくくなる，など），式の内容を理解するためには，別の参考図書によることが必要なことがある．

S建築構造の設計に関連する技術は大きな速度で変化しており，構造設計者は日々の研鑽が必要であるが，本書が主な対象としている基本的な事項は変化していない．本書が読者の助力になることを願うものである．

2018年2月

執筆担当主査　　長 尾　直 治

S 造建築に関する計算基準等

（1） 国土交通省住宅局建築指導課ほか

2015 年版　建築物の構造関係技術基準解説書（2015 年）

監修：国土交通省国土技術政策総合研究所，国立研究開発法人 建築研究所

編集協力：国土交通省住宅局建築指導課，日本建築行政会議，一般社団法人 日本建築構造技術者協会（JSCA）

編集：一般財団法人 建築行政情報センター，一般財団法人 日本建築防災協会

発行：全国官報販売協同組合

（2） 日本建築学会

鋼構造設計規準－許容応力度設計法－（2005 年，**S 規準**），鋼構造塑性設計指針（2017 年，**塑性指針**），鋼構造限界状態設計指針・同解説（2010 年，**LSD 指針**），建築物の振動に関する居住性能評価指針・同解説（2004 年，**居住性能指針**），鋼構造座屈設計指針（2018 年），鋼構造接合部設計指針（2012 年），各種合成構造設計指針・同解説（2010 年，**合成構造指針**），SI 単位版・軽鋼構造設計施工指針・同解説（2002 年），鋼管トラス構造設計施工指針・同解説（2002 年），鋼構造耐火設計指針（2017 年），鋼構造建築物における構造設計の考え方と枠組（1999 年），建築工事標準仕様書－JASS 6 鉄骨工事（2018 年，**JASS 6**），鉄骨工事技術指針・工場製作編（2018 年，**S 技術指針・工場編**），鉄骨工事技術指針・工事現場施工編（2018 年，**S 技術指針・現場編**），鋼構造建築溶接部の超音波探傷検査規準・同解説（2008 年），鉄骨精度測定指針（2014 年），建築基礎構造設計指針（2001 年，**基礎指針**），鉄筋コンクリート構造計算規準・同解説（2010 年，**RC 規準**），鉄筋コンクリート構造計算用資料集（2002 年，**RC 資料**），鉄骨鉄筋コンクリート構造計算規準・同解説－許容応力度設計と保有水平耐力－（2014 年，**SRC 規準**），コンクリート充塡鋼管構造設計施工指針（2008 年）

（3） 日本建築構造技術者協会（JSCA）

建築の構造設計（2002 年，**JSCA 設計指針**），建築構造の計算と監理（2002 年，**JSCA 計算指針**）

（4） 日本建築センター

デッキプレート版技術基準解説及び設計・計算例（2004 年），2008 年版 冷間成形角形鋼管設計・施工マニュアル（2008 年，**角形鋼管マニュアル**），評定・評価を踏まえた 高層建築物の構造設計実務（2002 年），限界耐力計算法の計算例とその解説（2001 年），エネルギーの釣合いに基づく耐震計算法の技術基準解説及び計算例とその解説（2005 年）

（5） 日本鋼構造協会

構造用トルシア形高力ボルト・六角ナット・平座金のセット（JSS II 09-2015）

（6） 公共建築協会

公共建築工事標準仕様書（建築工事編）（2016 年），建築構造設計基準（2016 年）

（7） 日本鉄鋼連盟

デッキプレート床構造設計・施工規準（2004 年），薄板軽量型鋼造建築物設計の手引き（2014 年）

（8） 新都市ハウジング協会

コンクリート充填鋼管（CFT）造技術基準・同解説（2012 年），コンクリート充填鋼管（CFT）造技術基準・同解説の運用及び計算例等（2015 年）

目　　次

第１章　構造設計の概要

第２章　３階建事務所ビルの設計例

第3章　天井クレーン付き平屋工場の設計例

第4章　8階建事務所ビルの設計例

第1章
構造設計の概要

1.1 S造建築の特徴

(1) 強度と靱性

鋼材はもう一つの代表的な構造材料であるコンクリートと比べると，**図1･1**のように，強度や剛性が大きく，しかも塑性域での変形能力（靱性）が大きい．このように塑性ひずみエネルギー吸収能力が大きいため，大きな地震動に対して有効に抵抗できるので，S造建築は基本的に耐震安全性の大きい構造形式である．

また，圧縮にも引張にも同じように抵抗できるため，曲げ応力やせん断応力のように圧縮応力と引張応力が複合して発生しているような応力に対しても大きな抵抗力を有している．石，れんが，コンクリートなどの引張強度の小さい材料と組み合わせて曲げ応力やせん断応力に対する抵抗力を与えるのは鋼材である．

(2) 工業製品

鋼材は工業製品であるため，材料のヤング係数，ポアソン比，降伏点，引張強さなどの物理的な定数や品質が安定しており，製品精度も生産過程で制御されている．解析しやすく，地震荷重のように不確定な荷重に対しても構造を制御することができる．また，高力ボルトや溶接，あるいは工作機械などの鉄骨生産に関連する技術が進歩しており能率的な建設を行うことができる．

(3) 座屈

鋼材は強度が大きいため，同一の外力に抵抗するにはRC造部材に比べて断面積が小さくてすみ，S造部材は細くて薄いものとなる．したがって，S造建築は自重が軽くなり地震荷重も小さくなるという長所と，部材が座屈しやすくなるという短所を併せ持つ．座屈とは柱のような細長い部材が圧縮力を受けるとき，ある荷重（座屈荷重）を超えると急に横方向に変形して耐荷能力を失う不安定な現象のことである．座屈には柱材やブレース材の全体座屈のほかに，梁の横座屈や部材を構成する板などの局部座屈，あるいは架構の全体座屈などさまざまなレベルの不安定現象がある．これらの不安定現象を防止するために，例えば，全体座屈は部材の細長比を小さくするように座屈補剛材を配置し，

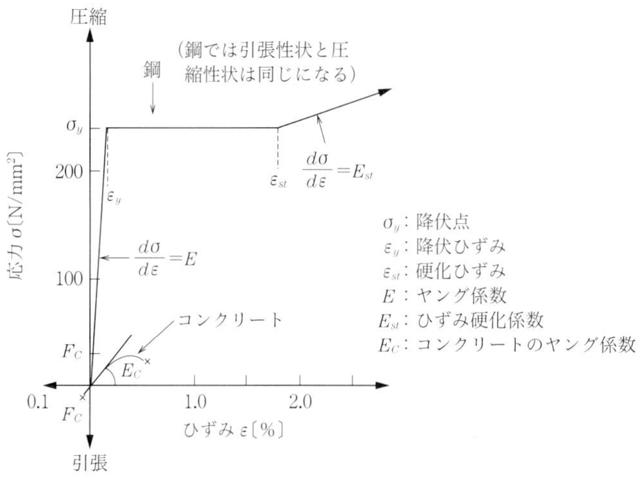

図1･1 材料の応力-ひずみ関係

梁の横座屈は横補剛材（小梁など）を適正な間隔で配置し，局部座屈は部材の幅厚比や径厚比を制限する，などとして鋼材の持つ豊かな靱性を発揮させるように設計している.

（4） 接合部とディテール

S建築構造には必ず接合部が存在し，接合部ディテールの良否が生産性や性能に大きく関係する.接合部には，柱梁接合部（仕口），柱継手，梁継手，ブレース継手，小梁継手，柱脚などがあるが，いずれも組立や運搬の手段であり構造的な弱点になりやすい.

S建築構造の設計には安全性と経済性のバランスが要求される.鉄骨のコストは，「材料費」+「加工費」で表されるが，接合部のディテールの良否は加工費に直結する.最近では多くの場合，加工費が過半を占めているため，鋼材量を下げるより加工度を下げる簡単なディテールとするほうが全体コストを下げることができる.

（5） 脆性破断

鋼材は基本的に靱性の大きい材料であるが，不適切な溶接（急熱・急冷の熱サイクルあるいは過大入熱を鋼材に与える）を行うと，特にシャルピー値の低い鋼材では局部的に靱性が劣化する.また，極厚部材（特に溶接接合された極厚部材）では三軸応力状態〔x方向（材軸方向）だけでなく，y方向（材軸直交方向）およびz方向（板厚方向）にも無視できない程度の応力が生じている状態〕が発生し，鋼材の降伏点は上昇するが延性が失われる現象が起こる.1995年の阪神・淡路大震災では，溶接接合部周辺で脆性破断する被害が生じたが，溶接工作に必要な裏当て金やスカラップあるいは組立溶接などの構造的および金属組織的な切欠きによる応力集中なども原因しているので，これらに配慮した詳細設計や溶接施工などが必要である.

（6） 変形と振動

鋼材は比強度（=強度/比重）が大きいため，S造建築は軽量になり，剛性の不足によるたわみや振動障害が起こる可能性がある.「鉄骨は一に変形，二に応力」と俗にいわれるが，変形に注意しなければならない.**図1･2**は地震後のS造建築の様子であり，外装のALCパネルやガラスが破損しているが骨組はほぼ健全であるなど柔構造であるS造建築の変形性状をよく示している.また，S造建築は剛性が小さく減衰も小さいので，振動障害が生じるおそれがある.振動源は工作機械，天井走行クレーン，空調機械，あるいは人間歩行に至るまで多様であり，構造物の疲労破壊や居住者の心理的不快の原因となる.特に大スパンの梁では，歩行などによる振動障害が生じる可能性があるので，RC造床との合成梁（頭付きスタッドなどを利用する）とするなど，剛性の確保には注意が必要である.心理的不快感の特殊な例として超高層ビルでは台風時にゆっくりした水平振動を生じて内部の人が船酔い状態になることがあり，臨海部に建設されたS造の超高層住宅では風呂の水があふれる（スロッシング）ようなことがある.このため，超高層ホテルや展望タワーなど振動の影響が大きい建物では，屋上などに制振装置を設けて対応することが多くなっている.

（7） 風

S造建築は自重が小さいため，風圧力がしばしば地震力を上回り，台風で吹き飛ばされることがある.風圧力は水平方向に押す力（風上壁面）と引く力（風下壁面）および吹き上げる力（屋根面）などとなり，これに動的効果が加わる.さらに，けらば，軒先，隅角部には局部的に大きな風圧力が作用する.日本は地震国であると同時に台風国であり，海岸に近い敷地や島などに建てる場合には注意

（a） 非耐力壁の剥落

（b） 外装 ALC の落下

（c） ラスシートモルタルの脱落

（d） 天井の落下

図 1・2 二次部材（非構造部材）の損傷

[（a）の出典：梅村魁編著「新しい耐震設計」日本建築センター]
[（b）の出典：日本建築学会近畿支部鉄骨構造部会「1995 年兵庫県南部地震 鉄骨造建物被害調査報告書」, p. 115（1995）]
[（c）の出典：日本建築学会「平成 7 年阪神・淡路大震災建築震災調査委員会中間報告」, p. 219（1995）]
[（d）の出典：国土交通省国土技術政策総合研究所・独立行政法人建築研究所「2003 年十勝沖地震における空港ターミナルビル等の天井の被害に関する現地調査報告」（2003）]

が必要である．

耐風設計は，50 年再現期待値の設計用風荷重で許容応力度設計を行い，500 年再現期待値（基準速度は 50 年再現期待値の約 1.25 倍であるが，設計用風荷重はその 2 乗で約 1.6 倍）で終局強度設計を行う．建物隅部などでは局部的に風圧力が集中するので，屋根ふき材などの外装材用の設計用風荷重は構造体の設計用風荷重とは別に定めている．告示「屋根ふき材及び屋外に面する帳壁の風圧に対する構造耐力上の安全性を確かめるための構造計算の基準を定める件（平 12 建告第 1458 号）」にその具体的な値が示されている．また，2007 年の改正建築基準法により，一部の小規模な建築物を除いて，屋根ふき材などの構造計算も確認申請図書に含まれることになり，構造設計者が風圧力や屋根ふき材などの許容耐力の数値的な根拠を示すこととなった．

2004 年は，我が国に上陸した台風は 10 個と過去 50 年間の平均（約 3 個/年）に比べても多い年であったが，大スパン S 造建築の金属屋根の風被害が目立った．日射による伸縮のため取付けボルトが疲労して耐風強度低下の原因となった例もあったが，飛来物の被害も目立った．（一社）日本金属屋根協会の鋼板製屋根工法標準（SSR 2007）や鋼板製外壁構法標準（SSW 2011）などが改定され，金属屋根や外壁の取付け詳細などが整備された．

最大瞬間風速が 100 m/秒に達する竜巻が我が国でも発生しており，建築物にも被害が生じている．竜巻の発生確率は，日本では 1 個の建物にとっては極めて小さいので，一般的な耐風設計の対象ではないが，将来的には，地球温暖化などの影響で，想定を超えた風圧力が作用することがありそうである．S建築構造では，塑性ヒンジの形成による応力再配分で終局耐力が増加することが期待できるので，風圧力に対しても終局耐力の確保に配慮することは適当である．

（8） 雪などの鉛直荷重

S造建築は自重が小さいため，RC造建築のように自重の大きい構造物に比べると積載荷重に対する余裕が小さい．このため，雪に弱く，東北・北陸地方では豪雪時に大スパンの体育館やホールの倒壊が生じることがある．大スパン屋根構造は，雪のように偏在しがちな大きな鉛直荷重に対しては不利であり，また，雪下ろしは実際的には不可能となることが多い．積載荷重に対する余裕の少なさは，思いがけない事故を引き起こす．製鉄所内のS造工場の天井や屋根に鉄の粉塵がたまって倒壊する，あるいは，大雨のときにルーフドレンが詰まって，屋根にパラペット深さのプールができて（ポンディング）倒壊する，などの事故もあった．

耐積雪設計は，50年再現期待値の設計用積雪荷重（通常は短期荷重であるが，垂直積雪量が1m以上などの多雪区域では長期荷重とする）で許容応力度設計を行い，500年再現期待値（その約1.4倍の値）で終局強度設計を行う．この設計法は構造体だけでなく屋根ふき材にも適用される．

2014年2月に関東甲信越地方で記録的な大雪があり，建築基準法で積雪量30cm・単位荷重20 N/m^2（短期荷重）と定められた地域で，500年期待値を上回る積雪量があった．その後の降雨で荷重が増加したこともあって，S造の屋内運動場あるいは大スパンで勾配の緩い屋根の崩落が生じ，東京区部でもアーケードやカーポートの崩落が生じた．折板など軽量の屋根ふき材を大スパンのS造工場や倉庫で用いることは多いが，特に緩傾斜屋根では降雪後の降雨は排水が不十分となって荷重が増加することがあるので，余力の小さい仕上材には，強度に余裕を持たせることが望ましい．なお，積雪荷重に関する告示（平19国交告第594号）が改正され（平成30年1月公布），積雪後に雨が降ることを考慮した積雪荷重の強化が行われた．改正告示には，大スパン（棟から軒までの長さ10m以上）で緩勾配（15度以下）の軽量屋根（鋼板屋根など）について，積雪荷重の割増係数の算定式が示されており，例えば，棟から軒までの長さが25m，勾配2度，垂直積雪量30cmの場合には，約1.25倍の割増係数となる．

（9） 火　災

鋼材は温度が高くなると強度や剛性が低下する．このため，火災の高温に遭うと，耐力も剛性も失って，飴（あめ）のように変形し，建物が倒壊する．火災荷重の性質は不明な点が多く，可燃物の質や量，換気の状態などによって異なるが，数分から数十分の間にフラッシュオーバー（1000°Cを超える急激な温度上昇）を生じて最大温度に達する．このため，一定の時間（避難できる時間）鋼材の表面温度を350°C以下に保つように，耐火被覆が施される．耐火被覆は，標準加熱曲線に対して，1～3時間程度の耐火性能のある材料が用いられる．代表的な耐火被覆工法は，ロックウール（岩綿）吹付け工法（半湿式あるいは湿式）であるが，①被覆厚さが大きい，②粉じんを伴う作業である，③改修などの際に撤去が難しい，④脱落のおそれがある，などへの注意が要る．このほかに，セラミックス材などを吹き付ける工法，けい酸カルシウムなどの成形板を釘などで取り付ける工法，セラミックファイバなどの耐火シートを巻き付ける工法，あるいは耐火塗料を塗布する工法，などがある．なお，過去に，アスベスト（石綿）を吹き付ける工法が用いられたことがあったが，健康に有害なため

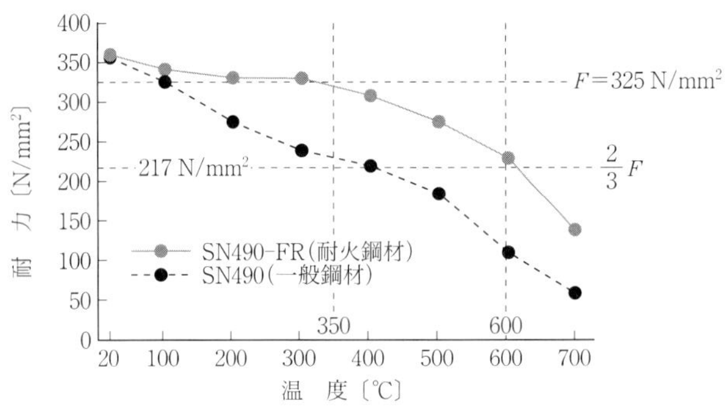

図1・3 FR鋼と一般鋼材の耐力-温度関係（比較例）
［出典：鋼材倶楽部「建築構造用耐火鋼材パンフレット」(2000.1)，に加筆］

1975年から使用禁止となっており，古いS造建築の解体・改修に際しては，専門工事業者による慎重な処理が必要である．

最近は，新耐火設計法の導入や耐火鋼材（FR鋼，600℃における耐力が常温規格耐力（F値）の2/3以上を保証する．**図1・3**）の普及に伴い，耐火被覆のない緊張感のあるS造建築が見られるようになってきた．天井が高くて火炎が達しない部分や可燃物量が少ない居室では，鋼材温度が高くならず，S建築構造の強度もあまり低下せず，鉛直荷重を支持できることがある．新耐火設計法は，区画ごとの火災荷重を算出し，これによる鋼材の最高温度，あるいは熱伸縮による柱や梁の応力を熱応力解析で算定し，各部材応力が長期許容応力度（常温規格値の2/3）以下になること，などを確かめる性能型設計法であり，「耐火性能検証法に関する算出方法等を定める件（平13国交告第64号）」などによって設計できる．

(10) さびと耐久性

さびは温湿度条件が居室環境（湿度70%以下，温度20±10℃）の場合には進行速度が遅く，屋内では実質的にさびによる鋼材の断面減少は無視できる．海岸付近の鋼材は，潮風のため年間0.06～0.12 mmの速度でさびる．亜硫酸ガスの多い工業地帯ではさびの進行はもっと速い．軽量形鋼など肉厚の薄い部材はさびによる断面欠損率が大きいため，特に注意が必要である．さびは鉄と水と酸素の3要素で生じるので，特殊な例として，鋼管構造では管の両端部を封じておけば酸欠状態となって，内部の防錆は不要となる．一般には防錆塗装が行われるが，塗装だけで完璧を期すことは難しく，外部に露出される鉄骨は，水のたまらないディテールとし，塗替えが容易となるよう工夫することが必要である．環境の厳しい場合や雨水がたまるおそれのある柱脚部などには溶融亜鉛めっきやジンクリッチペイントを用いた重防食塗装を行うのがよい．

建築ではS造部材の多くは屋内で使用される．耐火被覆や仕上げが施され，雨がかからない非露出の条件であり，温湿度環境も厳しくないため，建設中の防錆を主な目的として，主に建物外周部などに防錆塗装が行われる．鉛丹さび止めペイント（JIS K 5622，ただし2008年に廃止）やシアナミド鉛さび止めペイント（JIS K 5625）などの鉛系ペイントが，鉛・クロム化合物の健康被害の影響で使用されなくなった．また，よく用いられていた一般さび止めペイント（JIS K 5621）も，乾燥に時間がかかる，あるいは耐火被覆との接着性が十分でない，などから使用が少なくなり，最近では，鉛・クロムフリーさび止めペイント（JIS K 5674，鉄面素地調整は主にけれん処理で，サンダーなどで黒皮を除去する）が一般に使用されている．もう少し高級な塗装仕様として構造用さび止めペイント（JIS K 5551，鉄面素地調整は主にブラスト処理で，黒皮を完全に除去する）が半露出部などに用いられるが，もっと環境に優しいとされる水性塗料も使用されている．

なお，コンクリートに埋め込まれる部分，高力ボルト摩擦接合面，現場溶接開先面などへの塗装は行ってはならず，耐火被覆を施す部分にも塗装されないことが多い．

ビル屋上の露出鉄骨など，美観をあまり重視しない場合には溶融亜鉛めっき（一般的な仕様はHDZ 55で，亜鉛付着量が550 g/m^{2}以上）が用いられる．溶融亜鉛めっきでは，めっき槽の大きさや熱ひずみに対する注意，裏当て金を用いない溶接法の適用，亜鉛抜き孔の設け方，あるいは，めっき高力ボルト（F 8 T）の使用などへの配慮が要る．また，めっき割れは冷間成形角形鋼管角部など，特定の位置に生じるので対策が必要である．

美観を重視する場合には重防食塗装が用いられる．重防食塗装は，ブラスト処理による素地調整＋厚膜ジンクリッチペイント＋高耐候性合成樹脂塗料，の仕様が一般的である．顔料に主な防錆効果を期待する伝統的な油性系さび止めペイントと異なり，合成樹脂塗料（エポキシ樹脂塗料，ポリウレタン樹脂塗料，ふっ素樹脂塗料など）はビヒクルに主な防錆効果を期待するもので，防錆効果の大きいジンクリッチペイントを下塗りとするものである．塗替え周期を長くできるのでLCC（ライフサイクルコスト）の低減が期待できる．

1.2 材　料

（1） 鋼材の性質

最も一般的な鋼材は，炭素含有量が1.7% 以下の炭素鋼（軟鋼）であり，JIS規格のSS材（JIS G 3101：一般構造用圧延鋼材）である．このうちSS 400〔σ_y（降伏点）≧235 N/mm^2，σ_u（引張強さ）≧400 N/mm^2〕が古くから用いられて，建築物だけでなく，橋梁，車両，石油タンクなど各種の用途に使用されている．また，軟鋼にマンガンやシリコンなどを添加して溶接性を向上させた鋼材が，JIS規格のSM材（JIS G 3106：溶接構造用圧延鋼材）であり，SM 490（σ_y≧325 N/mm^2，σ_u≧490 N/mm^2）が，溶接を多用する大規模ビルを中心に用いられてきた．しかしながら，1995年の阪神・淡路大震災以後のS造建築では，それらに代わってSN材（JIS G 3136：建築構造用圧延鋼材）が用いられるようになった．SN材は鋼材の塑性変形能力を耐震設計に有効に適用できるよう，降伏比（YR＝σ_y/σ_u：Yield Ratio）の上限やシャルピー値の下限などが定められており，建築構造に特有の溶接接合のディテールに対応したものとなっている．

代表的な鋼材の応力-ひずみ曲線を**図1･4**に示すが，上述した鋼材のほかに，780 N/mm^2 steel（σ_u≧780 N/mm^2）や590 N/mm^2 steel（σ_u≧590 N/mm^2），あるいは590 N/mm^{2}高性能鋼（SA 440，σ_y≧440 N/mm^2，σ_u≧590 N/mm^2，YR≦80% などの高張力鋼，制震構造の地震エネルギー吸収装置に用いられる低降伏点鋼材，耐火鋼材（FR鋼），ステンレス鋼，TMCP鋼（Thermo-Mechanical Control Process：制御圧延鋼材で，板厚≧40 mmの鋼材でも規格降伏点の低減を行わなくてよい，などの特徴がある），耐候性鋼など，それぞれの用途に適した高機能鋼材が建築構造に適用されている．

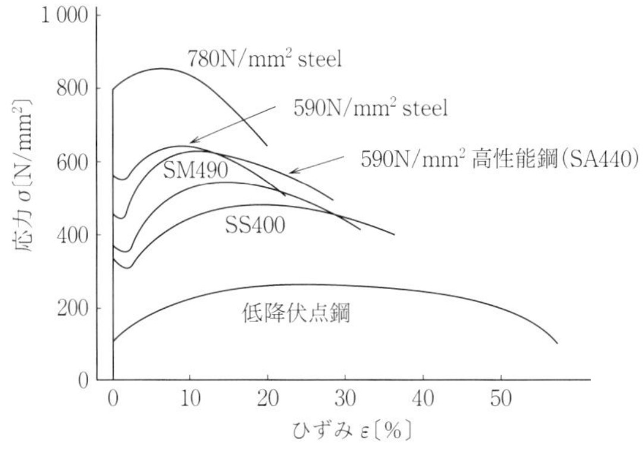

図1・4 各種鋼材の応力-ひずみ曲線

表1・1 鋼材の材料定数

材　料	ヤング係数	せん断弾性係数	ポアソン比	線膨張係数
鋼・鋳鋼・鍛鋼	205×10^3 N/mm²	79×10^3 N/mm²	0.3	0.000012/°C

鋼材の材料定数は**表1・1**のようであり，ヤング係数やポアソン比などは材料強度にかかわらず，一定である．伸び能力は，高強度になるにつれて小さくなるがそれでも20％以上であり，低降伏点鋼材（降伏点が100～200 N/mm²級の鋼材）では50％を超える豊かな靱性を有している．

・建築構造用圧延鋼材（SN規格）

建築構造物が大地震時に弾塑性域にわたる地震エネルギー吸収を期待するための鋼材として，1994年に規格化された鋼材である．建築構造用鋼材に要求される性能は，① 十分な溶接性能，② 十分な塑性変形能力，③ 板厚方向応力に対する強度や靱性，④ 公称断面寸法の確保，⑤ 経済性と入手の容易性，⑥ 国際規格との整合性などである．SN規格の鋼材は，**表1・2**のように，SN 400のA，B，C材，SN 490のB，C材がある．400，490は引張強さσ_uの下限値で，それぞれ400 N/mm²，490 N/mm²であることを表す．A，B，Cは内容を示し，この順で高級になる．B材は，降伏点の上下限，降伏比，シャルピー値，炭素当量などを規定しており，C材はさらに板厚方向（z方向）の絞り値などを規定している．ここで，降伏比YR（$=\sigma_y/\sigma_u$）は，ボルト孔欠損を考慮した高力ボルト接合部の保有耐力接合の条件などに関係し，B，C材では，薄板を除き，80％以下としている．また，

表1・2 建築構造用圧延鋼材（SN規格材）の機械的性質

種　類	板厚区分	降伏点 σ_y〔N/mm²〕	引張強さ σ_u〔N/mm²〕	降伏比 YR	シャルピー値 $_vE$〔J〕
SN 400 A	$6\leqq t\leqq40$ $40<t\leqq100$	$235\leqq\sigma_y$ $215\leqq\sigma_y$	$400\leqq\sigma_u\leqq510$	—	
SN 400 B SN 400 C	$6\leqq t\leqq40$ $40<t\leqq100$	$235\leqq\sigma_y\leqq355$ $215\leqq\sigma_y\leqq335$	$400\leqq\sigma_u\leqq510$	YR≦0.80	$27\leqq{}_vE$
SN 490 B SN 490 C	$6\leqq t\leqq40$ $40<t\leqq100$	$325\leqq\sigma_y\leqq445$ $295\leqq\sigma_y\leqq415$	$490\leqq\sigma_u\leqq610$	YR≦0.80	$27\leqq{}_vE$

〔注〕 SN 400 A，および板厚12 mm未満のSN 400 B，SN 490 Bについては降伏点および降伏比の上限規定はない．

シャルピー値 $_vE$（鋼材の切欠き靱性の指標で，深さ 2 mm の V 形ノッチを有する 10×10×55 mm の小型試験片を衝撃破断したときに吸収するエネルギー量で，通常 0°C の値を用いる）は溶接部などの脆性破壊防止などに関係し，B，C 材では 0°C で 27 J 以上としている．柱や梁などの主要構造部材は溶接性の良い SN 400 B または SN 490 B で構成し，柱梁接合部の形式が柱通し型のときの柱材や梁通し型のときのダイアフラム材など，板厚方向（z 方向）に引張応力が作用する部材には SN 400 C や SN 490 C 材などの C 材が使用される．SN 400 A 材は小梁など，大地震時にも大きな塑性変形をしないような部材に使用される．降伏点の下限値が構造設計に用いる鋼材の基準強度（F 値）であり，SN 400 材では $F=235$ N/mm^2，SN 490 材では $F=325$ N/mm^2 である．

（2） 部材形状

構造部材には，圧延や溶接組立て，あるいは冷間成形などによって製造・製作された多様な部材形状の鋼材が使用される．**表 1·3** は，S 造建築に用いられる代表的な部材断面形状である．

表 1・3 断面形状の種類と用途

名　称	形　状	主な用途	表示方法（数字は例）
H 形鋼	I	柱，トラス材（広幅）， 梁（中幅・細幅）	H-600×200×11×17 （H-せい×幅×ウェブ厚×フランジ厚）
鋼　管	○	柱，トラス材	ϕ-216.3×4.5 （ϕ-外径×板厚）
角形鋼管	□	柱，トラス材	□-300×300×16 （□-外径×外径×板厚）
山形鋼	L	トラス材，ブレース， 仕上げ下地	L-75×75×6 （L-辺長×辺長×板厚）
溝形鋼	[	ブレース，トラス材	[-150×75×6.5×10 （[-せい×幅×ウェブ厚×フランジ厚）
軽量形鋼	C	母屋，胴縁	C-100×50×20×2.3 （C-せい×幅×リップ長×板厚）
平　鋼	|	一般	PL-16×200 （PL-板厚×幅）

（a） H 形鋼

H 形鋼は，**図 1·5**(a) のように，2 枚のフランジと 1 枚のウェブからなっており，その寸法は，せい（H），幅（B），ウェブ板厚（t_w），フランジ板厚（t_f）の順で表示される．H 形鋼は，図 1·5(b) のように，圧延成形されたもの（ロール H 形鋼：RH）と，図 1·5(c) のように，鋼板が溶接で組み

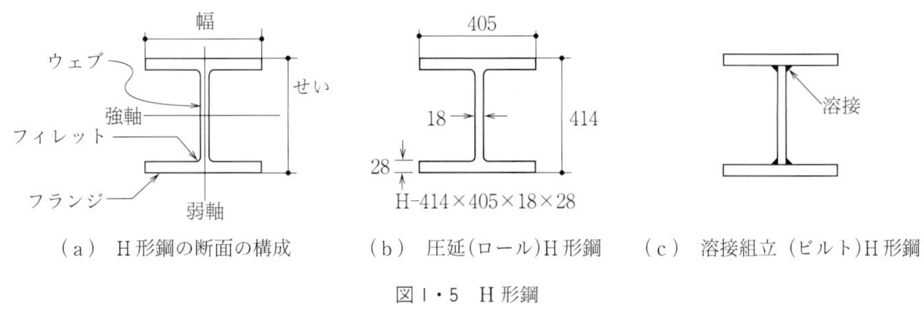

（a） H 形鋼の断面の構成　（b） 圧延(ロール)H 形鋼　（c） 溶接組立（ビルト)H 形鋼

図 1・5 H 形鋼

立てられたもの（ビルトH形鋼：BH）がある．H形鋼は，曲げ応力の方向で剛性（断面二次モーメントI）や強度（断面係数Z）が異なる．すなわち方向性があるが，これを強軸と弱軸で区別する．主に柱材に使用される広幅H形鋼では，弱軸方向の剛性や強度は強軸方向の1/3程度であり，主に梁材に使用される中幅や細幅のH形鋼では，1/10～1/30程度である．

（b） 鋼管（円形鋼管）

製造方法によって，電縫鋼管，継目なし鋼管，UOE鋼管，プレスベンド鋼管，遠心鋳鋼管などの種類がある．電縫鋼管は小・中径の薄肉鋼管であり，鋼板を円形に加工しその継目をシーム溶接で接合したもので，トラス材や中低層ビルの柱材などに使用される通常の鋼管部材である．継目なし鋼管（シームレス鋼管）は熱間で押出成形したもので，比較的厚肉の鋼管が得られる．UOE鋼管やプレスベンド鋼管は厚板を曲げ加工した大径で厚肉の鋼管であり，柱梁接合部リングダイアフラムを溶接して高層ビルの柱材に適用できるようにした製品もある．遠心鋳鋼管は残留応力の小さい厚肉の鋼管である．柱梁接合部リングダイアフラムを一体成形したものは高層ビルの柱材などに適用されていたが，最近は少なくなっている．円形鋼管柱は方向性がないのが特徴であり，梁が多くの方向から取り付くことができるので，平面形が整形でない建物にも利用される．

（c） 角形鋼管

図1･6のように，角形鋼管には，小・中径の円形電縫鋼管を角形に冷間成形した冷間ロール成形角形鋼管（図1･6（a）），曲げ加工した鋼板を溶接した冷間プレス成形角形鋼管（図1･6（b）），および4枚の厚鋼板を角溶接した溶接組立角形鋼管（ビルトボックス）（図1･6（c）），などがある．

従来から，トラス材や中低層建物の柱材に使用される一般構造用角形鋼管（STKR 400，STKR 490）は，図1･6（a）の製法によっているが，冷間で強い塑性加工を受けるので，特に角部では降伏点や降伏比の上昇とシャルピー値の低下が生じる．このため，STKR材を柱に用いたS造建築は，1995年阪神・淡路大震災で顕著な被害を受けた．

その後，このような材質劣化を改善し，S造建築に適した柱材として，建築構造用角形鋼管（ボックスコラム）が開発された．ボックスコラムは，SN規格に準拠した鋼板を使用し，加工法も建築構造用に工夫された角形鋼管で，図1･6（a）の製法による冷間（ロール）成形角形鋼管（BCR 295），および図1･6（b）の製法による冷間（プレス）成形角形鋼管（BCP 235，BCP 325）などがあり，S造建築の柱材として一般化している．BCR材（ロールコラム）は，現在では，25 mm厚以下であるが，BCP材（プレスコラム）は40 mm厚まで製造されており，高層建物にも利用されている．

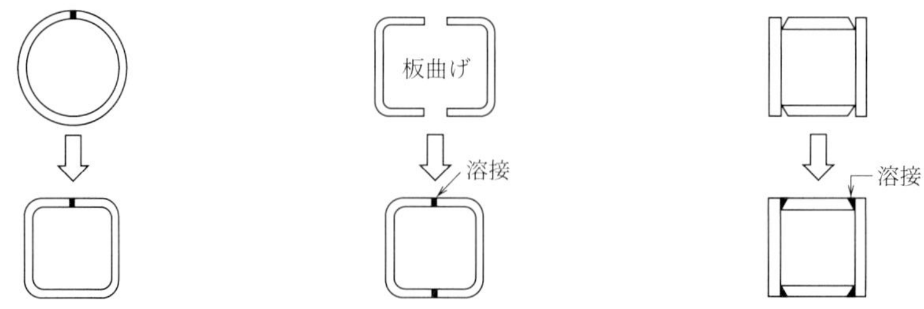

図1･6 角形鋼管の製造法

極厚の高張力鋼を用いた溶接組立角形鋼管は，慎重な製作が必要であり，また高価であるが，大きな応力が発生する超高層ビルの柱材に用いられている．

STKR 400，STKR 490 では，設計に用いる基準強度 F を，それぞれ，$F=235$ N/mm^2，325 N/mm^2 としている．また，BCR 295 材では，降伏点の上昇を考慮して，$F=295$ N/mm^2 とし，BCP 235 および BCP 325 では，SN 400 材および SN 490 材と同じ（それぞれ，$F=235$ N/mm^2，325 N/mm^2）としている．

（d） 山形鋼，溝形鋼など

単材で引張ブレースや各種下地鉄骨に適用されている．最近では主要構造部に適用されることは少なくなっているが，伝統的な圧延鋼材であり，リベットなどでつづり合わされて柱や梁，あるいは屋根トラスになど利用していた．鋼種は SS 400 材が多い．

（e） 軽量形鋼

板厚 6 mm 以下の形鋼であり，表 1･3 に示したリップ溝形鋼はその代表である．単材で母屋・胴縁に使用されるほか，2 枚を溶接で組立てて箱形断面材とし，住宅など小規模建物の柱や梁に使用される．

（3） 部材の組立てと接合部

部材の組立てや部材どうしの接合には，一般に高力ボルトと溶接が用いられている．

高力ボルト接合は施工性が良く信頼性が高いので，高所・屋外などの環境にある「現場」で利用されることが多いが，ボルト孔による断面欠損の影響を考える必要がある．

溶接接合は断面欠損の影響を考える必要がなく，高力ボルト接合で通常必要なガセットプレートやスプライスプレートなどの副資材が不要なため，厚板の接合の場合には経済的になるが，その施工には注意が必要である．特に，完全溶込み溶接の力学的性能を確保するには，上屋などによって防風され，治具などによって主に下向き姿勢で溶接作業ができ，品質管理が行われている「工場」で施工されるのが望ましい．最近では「現場」でも溶接されることが多いが，適切な技量を有する溶接技能者と設備，吟味された溶接材料の適用，製品精度の向上などとともに溶接施工後の検査など慎重な管理が必要である．

（a） 溶接接合

溶接は，アーク熱によって短時間の間に金属の融解や凝固を生じさせるもので，溶接継目および熱影響部（HAZ: Heat Affected Zone）では多くの冶金的反応が生じて，硬さや切欠き靱性などが複雑に変化する．溶接の種類は，**図 1･7** のように，隅肉溶接，完全溶込み溶接，部分溶込み溶接に区分され，その形状は，**図 1･8** のように，I 継手，角継手，T 継手などに分類される．また，溶接姿勢には，下向き（flat），横向き（horizontal），立向き（vertical），上向き（overhead）などがあり，難

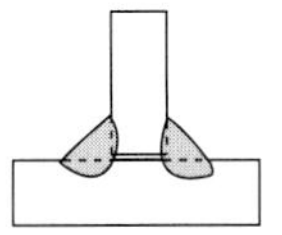
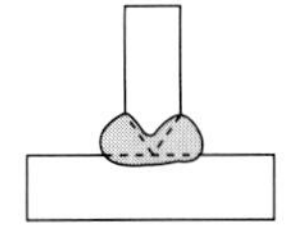

（a） 隅肉溶接　（b） 完全溶込み溶接　（c） 部分溶込み溶接

図 1・7 溶接の種類

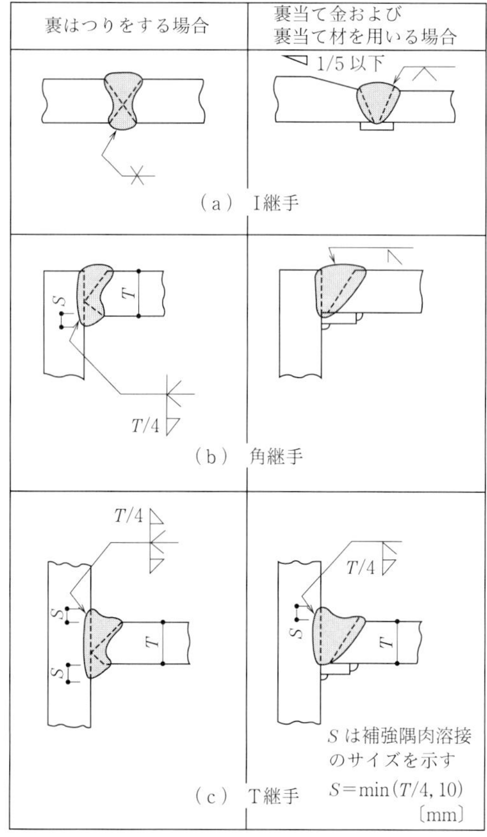

図1・8　I継手，角継手，T継手

易度が異なる．

基本的な溶接方法は長さ約 300 mm の被覆溶接棒をホルダーで挟んで作業する手溶接であるが，現在では能率が良く溶接金属の力学的性質も良好なガスシールド半自動溶接（炭酸ガスやアルゴンガスとの混合ガスなどでシールドする）が多用されている．サブマージアーク溶接（組立ボックス柱の角溶接などに用いられる），エレクトロスラグ溶接（組立ボックス柱の内ダイアフラムの溶接などに用いられる），セルフシールド溶接（我が国では少ないが，米国などでは現場溶接に用いられる），スタッド溶接（合成梁のシアコネクターなどに用いられる）など，多くの溶接方法がそれぞれの部位に

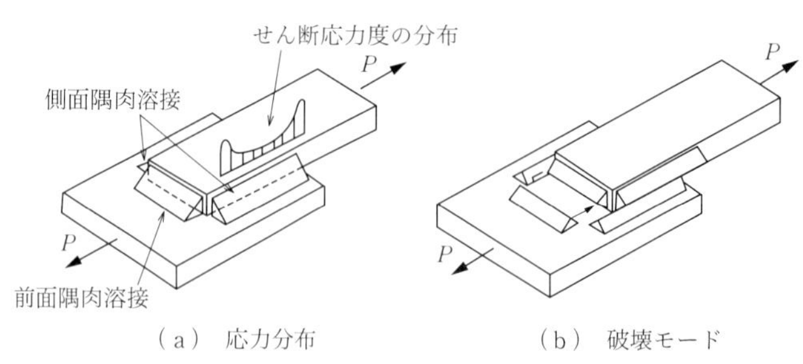

図1・9　前面隅肉溶接と側面隅肉溶接
［出典：村田義男編「新しい耐震設計講座 鋼構造の耐震設計」オーム社（1984）］

適切に用いられている．

隅肉溶接継目の有効のど断面積に対する許容応力度，および基準強度には，それぞれ，母材の許容せん断応力度，および材料せん断強度を用いる．ところで，隅肉溶接は，**図1･9**のように，力の作用方向によって前面隅肉溶接と側面隅肉溶接に区分される．前面隅肉溶接は側面隅肉溶に比べて強度は大きいが塑性変形能力が低下する，など，両者の力学性状（剛性，耐力，塑性変形能力）は異なっている．このため，両者が混用された場合には，強度の加算法などに注意が必要であるが，建築基準法施行令第92条では両者の許容応力度を同じとしており，特に区別していない．完全溶込み溶接や部分溶込み溶接は，レ形やK形などの開先を設けて開先内に溶接金属を充塡するものである．完全溶込み溶接は母材の全強度伝達が可能であるため，柱梁接合部など大きな応力が発生する部位に用いられるが，開先加工やスカラップ加工などが必要であり，エンドタブや裏当て金などの補助材を用い，鋼板どうしの組立溶接を行うなど，付随した作業が必要となる．これらの施工が適切でないと，溶接欠陥が生じることがあり，期待していた塑性変形能力が得られないことがある．このような部位の溶接継手の設計と施工には，例えば入熱量やパス間温度の管理など多くの注意が必要である．

（b）　高力ボルト接合

高力ボルトは，普通ボルトより強度が大きいボルトで，JISではF8T，F10T，F11T（ここで，8，10，11はボルトの引張強さの下限値で，それぞれ800，1 000，1 100 N/mm^{2}級であることを示す）が規定されており，ナットおよび座金とセットとして，それぞれ1種，2種，3種と表現される．ただし，3種（F11T）は遅れ破壊（使用中に突然破壊する現象で，拡散性水素の浸入などに起因する）の問題があるため，ほとんど使用されない．高力ボルト接合には，**図1･10**のように，摩擦接合と引張接合がある．摩擦接合は，ボルト導入軸力によって継手部材を締め付け，部材間に発生する摩擦力〔＝摩擦係数(μ)×ボルト軸力(T)〕で応力を伝達するもので，支圧作用に依存するリベットや普通ボルトとは接合原理が異なる．摩擦力を超えた外力が作用すると滑るが，それ以下の外力には，ボルト孔クリアランスにかかわらず，変形せずに応力伝達する．引張接合は，ボルト軸力（T）以上の引張り外力が作用すると離間するが，それ以下の外力には変形せずに応力伝達する．いずれも，ボルト軸力の管理（摩擦接合では，さらに摩擦係数の管理）は重要である．ボルト軸力の導入法には，トルクコントロール法やナット回転角法あるいは耐力点法などがあるが，導入軸力の管理が容易ではない．このため，安定したボルト軸力の導入と簡単な目視検査が可能なように工夫された特殊

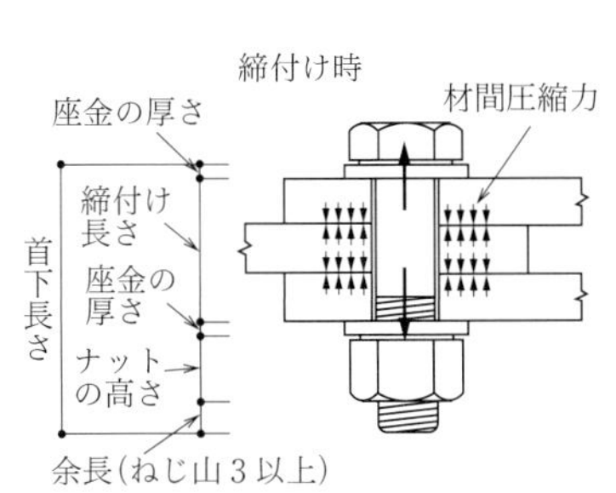

（a）　高力ボルト接合(締付け時)

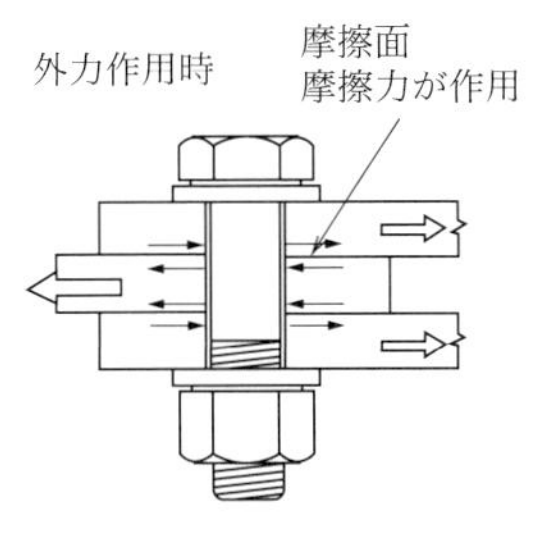

（b）　高力ボルト摩擦接合(外力作用時)

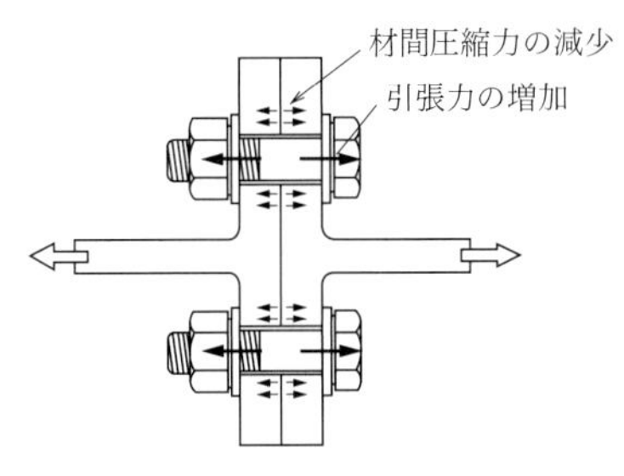

（c）　高力ボルト引張接合(外力作用時)

図1・10　高力ボルト接合

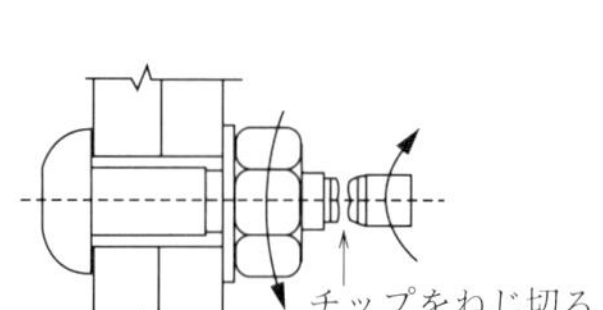

トルシア形高力ボルトでは
ボルト頭側の座金を省略できる

図1・11 トルシア形高力ボルト
［出典：日鉄住金ボルテン株式会社カタログ］

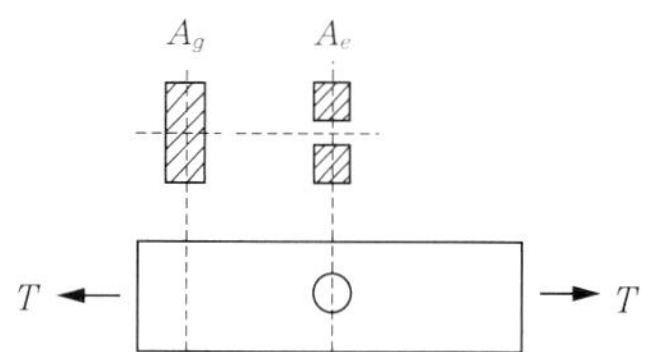

・$A_e\sigma_u \geqq A_g\sigma_y$ のとき（$A_e/A_g \geqq \sigma_y/\sigma_u$＝YR のとき），母材部分も降伏し，ボルト孔による断面欠損のある部材も全体として塑性変形能力がある（保有耐力接合となる）．
・$A_e\sigma_u < A_g\sigma_y$ のとき，母材部分は降伏せず断面欠損部の破断が全体降伏に先行するため塑性変形能力がない（保有耐力接合とならない）．
A_g：母材部分の断面積
A_e：欠損部分の有効断面積

図1・12 保有耐力接合

高力ボルトが開発され，ボルト軸底部のチップが切れることによってトルクを制御できる機構を持ったトルシア形高力ボルト（S 10 T：(一社)日本鋼構造協会規格 JSS II-09 および(公社)日本道路協会規格，**図1・11**）が，我が国では一般に用いられている．また，最近では F 14 T 級の強度を有するトルシア形の超高力ボルトも実用化され，コンパクトな継手が実現している．

(c) 保有耐力接合

接合部の形式は，「存在応力接合（部材の存在応力を伝達する強度を有する接合部）」と「全強接合（部材の全強度を伝達できる接合部）」に区分できる．存在応力接合は，短スパンの梁の中央継手のように，明らかに応力の小さい部位では採用してよいが，耐震設計では一般には全強接合とするのが望ましい．

高力ボルト接合では，ボルト孔による断面欠損のため，部材の終局強度を伝達する全強接合とできないが，「保有耐力接合」として，全強接合に準ずる接合とすることができる．これは，**図1・12** のような単純な引張材のときには次式を満足する接合として，接合部が破断する前に母材部分が降伏して，部材の塑性変形能力を発揮させる接合法であるが鋼材の降伏比 YR が小さいことを必要とする．

$$ {}_jP_u \geqq \alpha \cdot {}_mP_y $$

ここに，${}_jP_u$：接合部の終局強度＝有効断面積×鋼材の引張強さ＝$A_e \cdot \sigma_u$

α：安全率（400 N/mm^2 級の鋼材では 1.3，490 N/mm^2 級の鋼材では 1.2）

${}_mP_y$：接合される部材の降伏強度＝全断面積×鋼材の降伏点＝$A_g \cdot \sigma_y$

また，力の種類が曲げモーメントのときの保有耐力接合の条件は，同様に，以下で表される．

$$ {}_jM_u \geqq \alpha \cdot {}_mM_p $$

ここに，${}_jM_u$：接合部の終局強度で，破断形式に応じた破断耐力

${}_mM_p$：部材の全塑性曲げ耐力（全塑性モーメント）

α：安全率（＝1.3 または 1.2）

1.3 構造計画

適切なコストと技術水準の範囲内で十分な力学的信頼性を保持しながら空間を具体化する作業である．敷地・地盤の条件，建築計画や設備計画，工期，工事費，耐用年数，目標性能（耐震・耐風・耐

雪性能）などを考慮しながら，基礎や架構の計画を行う．構造計画では，S造建築の特徴を生かすように，スパン，階高，床形式，柱部材，梁部材，耐震要素の配置や継手位置などを定めることとなる．また，変形しやすいS建築構造に適合させるよう，内外装材，設備機器などの非構造部材の検討を行う．

（1） S造建築の架構

S造建築の架構形式は，耐震・制震要素付きラーメン構造の超高層ビル，両方向ラーメン構造の中低層ビル，山形ラーメン構造の工場や倉庫，鋼管トラス構造の各種空間構造，軽量形鋼を用いた住宅など多様である．鉄塔，タンク，テント構造，吊り構造，空気膜構造，スペースフレームなども，大きな強度を利用するS造の架構形式である．また，高層ビルなどを中心に，剛性と強度の大きいCFT（Concrete Filled Tube：コンクリート充塡鋼管柱）を柱材とし，梁材をH形鋼として，軽量で大スパンの架構を構成するCFT構造の適用も増加している．ビル建築などでは耐震設計が主要であるが，工場・倉庫あるいは空間構造では，地震荷重より風荷重や積雪荷重の影響が大きいこともある．

（a） 冷間成形角形鋼管柱を用いたラーメン構造

図1･13は，柱を冷間成形角形鋼管，梁をH形鋼とし，柱梁接合部を通しダイアフラム形式とした両方向ラーメン構造であり，中低層のビルや店舗などに多用されている架構形式である．床はデッキプレートを型枠とする鉄筋コンクリートで，柱脚は，図1･13は根巻き柱脚であるが，露出柱脚とされることが多い．また，非構造部材には，ALCパネル外壁，アルミニウムサッシの窓，軽鉄下地の石こうボード内壁など，乾式構法（下地金物を介して躯体に取り付ける）が多用される．間口の狭い敷地に建設される1スパンの建物（外柱ばかりの建物）も多く，地震時の水平変形（層間変形角）は大きい．

中低層建物では，一般に，構造計算ルート[1]あるいは[2]が適用されるが，最近では，構造計算ルート[3]を適用することが増えてきた．増分計算などの複雑な計算が必要であるが，一貫構造計算ソフトの普及により，容易に行えるようになったことも原因している．S造ラーメン構造は，塑性変形能力（靱性）を大きく評価できる（$D_S=0.25$と小さく評価できる）ので，一次設計〔稀に発生する地震動（$C_0=0.2$）に対する許容応力度設計〕を満足すると，保有水平耐力Q_uは必要保有水平耐力Q_{un}より十分に大きく，二次設計の強度要件〔極めて稀に発生する地震動（$C_0=1.0$）に対する終局強度設計〕は，通常，余裕を持って満足する．したがって，変形制限（$C_0=0.2$に対して最大層間変形角1/200以下，ただし，変形により建築物の部分に著しい損傷が生じるおそれのない場合は1/120以下）によって部材が決定することがある．このとき，変形追従性の大きい非構造部材を使用して，緩和規定（1/120以下）を適用する設計方法が適用されることもある．しかしながら，2011年東日本大震災など多くの地震では，ALCパネル，押出成形セメント板，ガラス，吊り天井，石こうボード内壁など，多くの非構造部材に落下・脱落被害が発生したが，その変形追従性を確保することが，施工も含めて難しいためである．

架構の変形を小さくする，すなわち剛性を大きくすることが総合的な耐震性能向上のために効果的であり，適切にブレースなどの耐震要素を用いる，あるいは剛性の大きい部材を用いる，などの配慮が求められる．特に，柱梁接合部および柱脚部の剛性確保は，強度および靱性の確保と同様に重要な

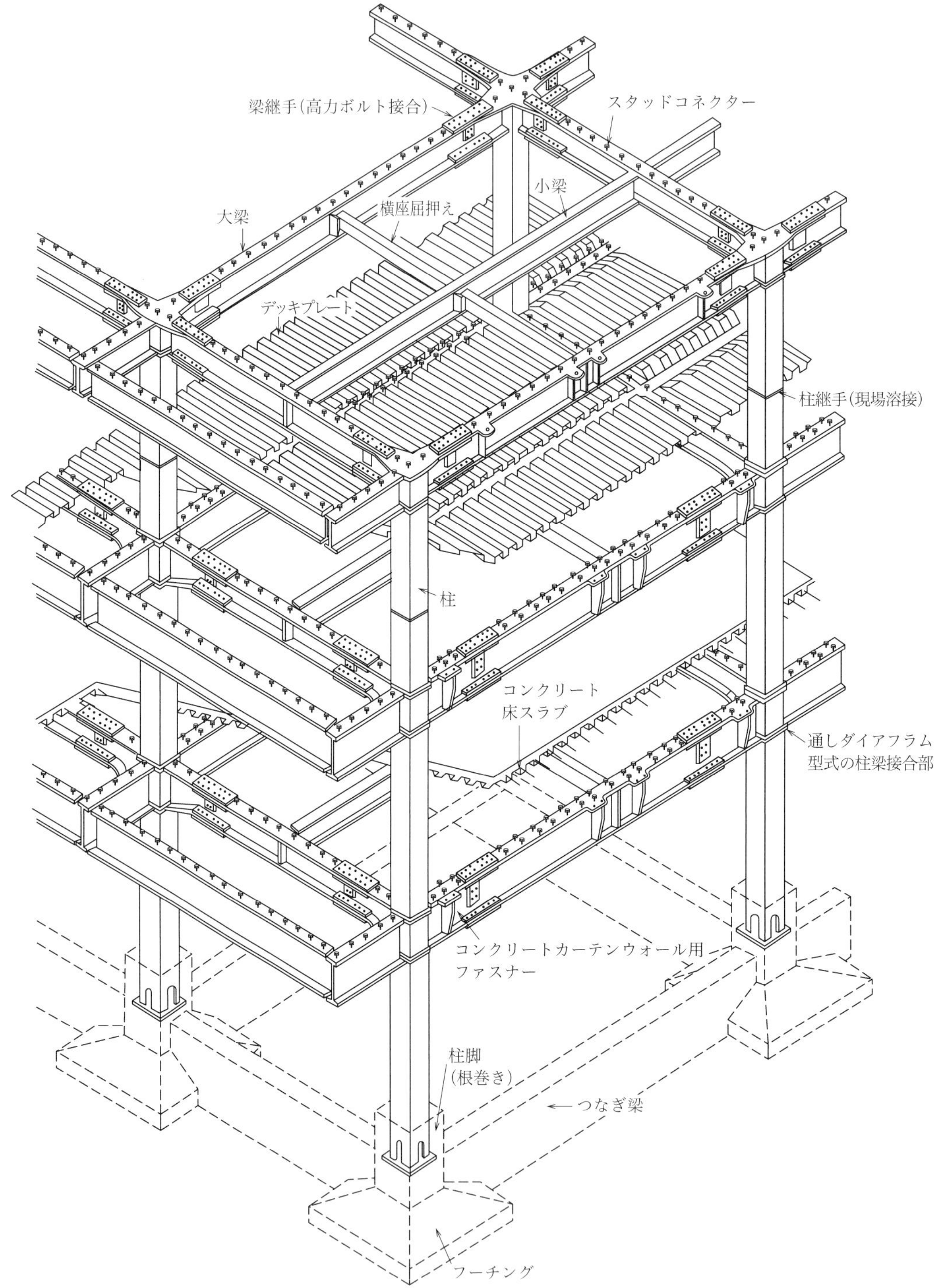

図1・13 両方向ラーメン構造の中低層ビル
[出典：日本建築学会「構造用教材」，改訂第3版，p. 40 (2014)]

計画項目である．

（b） H 形鋼を用いた山形ラーメン構造

図 1・14 は，H 形鋼柱と H 形鋼梁で構成された山形ラーメン構造であり，梁端や柱端はモーメント勾配に合わせたハンチを設けている．工場・倉庫，あるいは体育館・講堂など，大空間を必要とする建物に適した構造形式である．大スパンの梁間方向をラーメン構造，小スパンの桁行方向をブレース構造にするが，屋根梁が勾配付きであり桁梁が水平であるため，柱梁接合部（肩部）の構成が複雑になる．また，この部分には壁鉛直ブレースおよび屋根水平ブレースの接合部も集中するので，柱梁接合部周辺は応力伝達が円滑で，また溶接加工も簡単な詳細設計が必要となる．

桁行方向の壁鉛直ブレース（側筋かい）を長期軸力が小さい隅柱などに隣接配置すると，水平荷重時に引抜力が発生し，柱脚アンカーボルトを介して基礎が引き抜けることがあるので，分担水平力をあまり大きくできないことがある．屋根水平ブレースは屋根に生じた地震慣性力や局部風圧力などを外周架構に伝達できる強度と剛性が要る．屋根水平ブレースには地震被害例も多く，その端部ガセットプレート継手（高力ボルト接合）では保有耐力接合とすることが望ましい．

梁間方向に基礎梁を設けないことも多く，その場合には，柱脚モーメントに抵抗できる形式の基礎が用いられる．床は土間床となるが，フォークリフト走行が予定されているときは繰返し力や衝撃力に対するひび割れ抵抗の大きいダブル配筋とし，積載荷重が大きいときは杭基礎を検討する．

山形ラーメン構造では，建物が軽量となり，地震荷重より風荷重が大きくなることが多いため，トラス材など靱性の低い部材も用いられる．耐風設計では桁行方向風荷重に対する妻面の耐風梁の設計など，耐震設計とは異なった配慮が必要であり，折版による金属屋根など，軽量の仕上げ材では取付

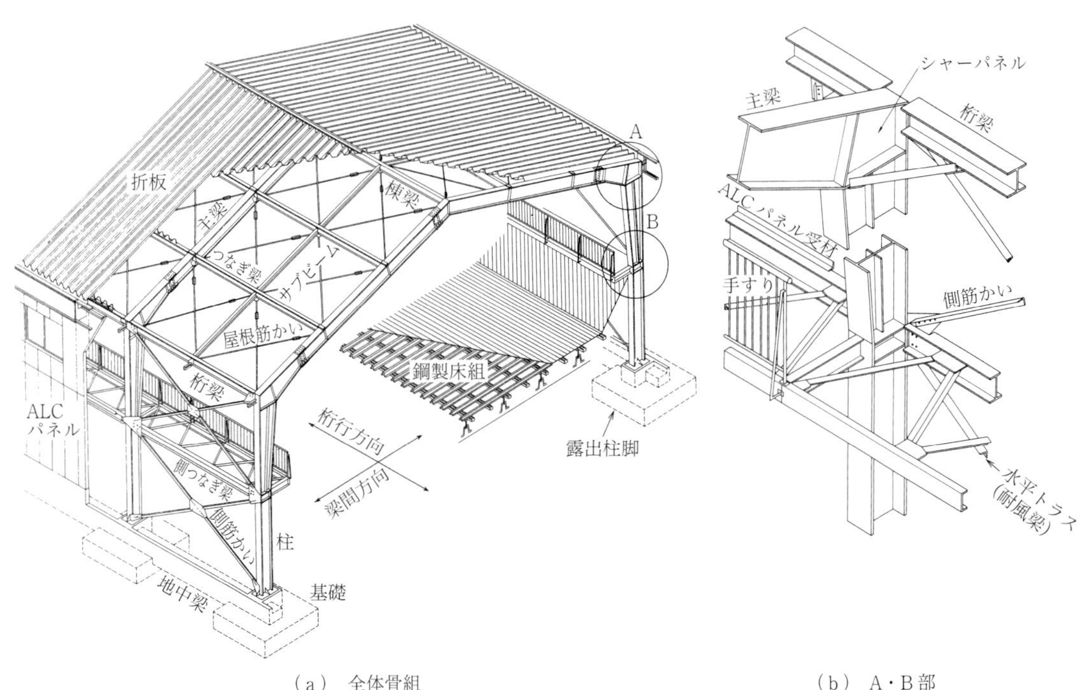

図 1・14 山形ラーメン構造
［出典：日本建築学会「構造用教材」，改訂第 3 版，p. 42（2014）］

け部も含めた強度確保が重要である（ALC パネル外壁などについては，地震時の層間変形追従性確保は，もちろん，重要である）．

屋根材を支持する母屋や壁材を支持する胴縁などの下地鋼材には軽量形鋼（リップ溝形鋼など）や山形鋼が用いられ，固定金物（コネクションピース，俗にネコと呼ばれる）を介して躯体に取り付けられる．固定金物は躯体精度の狂いを調節できる詳細，例えば，長孔を設けておき仮締め後に溶接する詳細，などは望ましいが，現場溶接は資格のある溶接技能者によることが必要である．

（2） スパン・階高

S 造建築は，RC 造建築など他の構造形式に比べると大きなスパンで構成でき，高層ビルの事務室では 12～20 m 程度のスパンとするのも一般的となっている．

スパンが大きくなると梁せいも大きくなり，階高も大きくなって不経済となるが，あまり小さいと使い勝手が悪くなり，基礎や接合部が増えてやはり不経済となる．バランスの良いスパンを見つけること，すなわち柱の配置を定めることは，構造計画の重要な一部である．スパンの決定（床の大きさや小梁の配置も定まる）は，建築モジュールに深く関係しており，また，設備計画（照明器具や設備ダクトの割付け）とも関係があるので十分な調整が必要である．

階高は天井高と天井裏空間（床仕上げ・床スラブ・S 造梁・設備ダクトや配管・天井，などのスペース）を加えた寸法である．天井裏空間をコンパクトにして，限られた階高の中で高い天井高を確保することは快適で経済的な建築のためには重要である．このために，建築・設備計画などと調整するが，構造計画では床の構成および梁せいが重要となる．

床はデッキプレートを敷いて鉄筋コンクリートを打設する構法が一般的であるが，ALC パネル（剛床とするため，水平ブレースを設ける）あるいはハーフプレキャストコンクリート版を敷いて鉄筋コンクリートを打設する，などの構法もある．

梁はラーメン架構を構成する部材であるが，ブレースなどの耐震要素が配置できれば，ラーメンの水平力分担率が低下するので，梁せいを小さくすることができる．柱梁仕口が複雑にならないように，梁幅や板厚を調整して X 方向と Y 方向の梁せいをなるべく一致させる，あるいはダイアフラムの溶接施工が容易となるように 150 mm 以上の差をつける，などの配慮が要る．しかし，床仕上材の差のため，あるいは空調ダクト開口のための逆梁など，梁レベルが建築の用途に合わせて上下することがあると，ダイアフラムが何枚も溶接されることになるので十分な調整・計画が要る（**図 1・15**）．

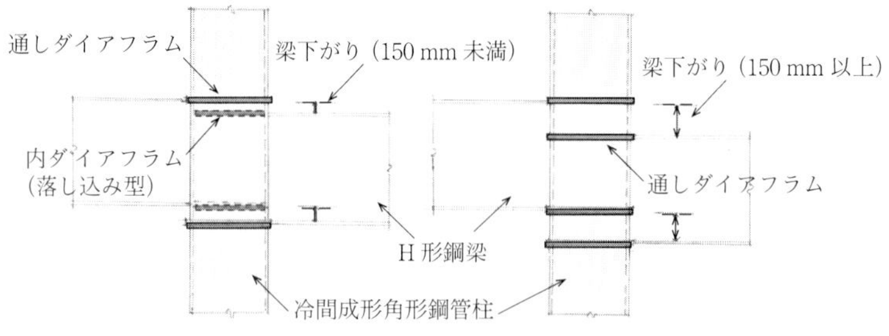

通しダイアフラムは，普通，溶接ロボットによって製作され，能率が良く，品質確保も容易であるが，落し込み型の内ダイアフラムはロボット製作が難しく能率などが低下する．

図 1・15 梁の段差とダイアフラム

(3) 設計クライテリア

(a) 構造の耐震安全性

建築基準法は構造体（柱・梁・基礎）に対して，稀に発生する地震動（震度5強程度の中地震動で再現期間は30～50年）に対する損傷防止性能（小破以下とし，大規模な工事が伴う修復を要するほどの著しい損傷が生じないようにする）と極めて稀に発生する地震動（震度6強程度の大地震動で再現期間は300～500年）に対する安全性能（中破以下とし，損傷は受けても，人命が損なわれるような壊れ方をしないようにする）を求めている．しかし，1995年阪神・淡路大震災などの教訓から，大地震の後に，安全性確保だけでなく，建物を解体・廃棄することなく補修して再利用できるよう損傷防止し，防災拠点となるような重要建物では大地震後でも機能維持することが望ましいと考えられ

表1・4　耐震性能メニュー

(a)　建物の耐震性能メニュー

建物のグレード↑	建地震の大きさ→	中地震動（震度5強）	大地震動（震度6強）	極大地震動（震度7）
	特　級	無被害・軽微	無被害・軽微	小破
	上　級	無被害・軽微	小破	中破
	基準級	小破	中破	大破・倒壊

・無被害・軽微：地震後に建物が使える（機能維持性能）
・小破　：地震後に建物を補修して再利用できる（損傷防止性能）
・中破　：建物の修復は難しいが人命を保護できる（安全性能）
・大破・倒壊　：人命保護が難しい

(b)　JSCAの性能カルテ（高層S造建物「上級」の例）

地震動	大きさ	稀に発生する地震動［震度5弱程度］	かなり稀に発生する地震動［震度5強程度］	極めて稀に発生する地震動［震度6強程度］	余裕度検証用の地震動［震度7程度］	建設地特有の地震動（サイト波）［震度6強程度］
	地震波名称 最大速度	告示波×0.2（神戸位相）8.4 cm/s	告示波×0.5（神戸位相）21 cm/s	告示波×1.0（神戸位相）42 cm/s	告示波×1.5（神戸位相）63 cm/s	首都直下地震 62 cm/s
建物の状態	被害の程度	無被害	軽微な被害	小　破	中　破	中　破
	機能維持の程度	機能確保	主要機能確保	指定機能確保	限定機能確保	限定機能確保
	要する修理の程度	修理不要	軽微な修復	小規模修復	中規模修復	中規模修復
判定基準値	層間変形角	1/200以下	1/150以下	1/100以下	1/75以下	1/75以下
	層塑性率 μ	—	—	$\mu \leqq 2.0$	$\mu \leqq 3.0$	$\mu \leqq 3.0$
応答値	層間変形角	1/476	1/235	1/113	1/78	1/89
	層塑性率 μ	—	—	$\mu_{max}=1.54$	$\mu_{max}=2.86$	$\mu_{max}=2.10$
性能余裕度*		2.38	1.57	1.13	1.04	1.18
耐震性能グレード		上　級				
所　見		目標とする上級の耐震性能グレードを有した建物となっている．震度6強程度の大地震では小破におさまり，制限のあるものの業務活動を継続することが可能である．発生確率は低いものの最大の地震として想定した首都直下型地震では中破となり業務活動を維持できないが，補修により耐震性能を回復できると考えられる．				

* 性能余裕度：各レベルの評価項目（判定基準値／応答値）の最小値

［出典：日本建築構造技術者協会「JSCA性能設計（耐震設計編）パンフレット」，(2018.2)］

るようになった．また，仕上材などの非構造部材や建築設備あるいは家具・什器についても適切な耐震設計を行って建築物の総合的な耐震安全性を確保することが重要と考えられるようになった．すなわち，建築基準法（最低基準）が規定する性能よりもっと高い耐震性能を適切なコストの範囲で達成しようとするもので性能型耐震設計法の考え方である．

表 1･4(a) は，性能型耐震設計法で用いられる耐震性能メニュー（建物の耐震グレードを定めるための施主と設計者の対話ツールで，概算コストも添付される）の一例であり，建物のグレードを，大地震動（震度 6 強程度の極めて稀に発生する地震動）に対して，中破以下として安全性能を有する建物を「基準級」，小破以下として安全性能と損傷防止性能を有する建物を「上級」，無被害・軽微として安全性能と損傷防止性能および機能維持性能を有する建物を「特級」，と三つのグレードに区分したものである．基準級の構造は建築基準法に定められている性能を有するもので，上級は基準級の設計用地震荷重に重要度係数 $I=1.25$ 程度を乗じて強度を大きくするなど大地震の後でも大きな補修費用を要しないことを目標とし，特級は重要度係数 $I=1.5$ 程度を乗じた建物あるいは免震構造や制震構造（地震エネルギー吸収装置を有する構造）で，大地震の後でも建物機能を維持することを目標とする．

表 1･4(b) は，これらを構造設計の具体的な数値で表現した性能カルテの一例（日本建築構造技術者協会 JSCA 作成）である．時刻歴応答計算を行う「上級」の高層 S 造建物の耐震クライテリア（判定基準値）として，例えば，極めて稀に発生する地震動（震度 6 強程度の大地震動）に対して「小破以下」などとするために「層間変形角 1/100 以下および層塑性率 $\mu \leqq 2.0$」を具体的な判定基準値とし，当該建物の最大応答値（層間変形角 1/113 および層塑性率 $\mu_{\max}=1.54$）がそれを下回っていることを示している．また，告示波の 1.5 倍（震度 7 程度の極大地震動）に対しても応答値が「中破以下」などの耐震クライテリア（層間変形角 1/75 以下および層塑性率 $\mu \leqq 3.0$）を満足しており，さらに，当該建物にとって最大の地震と想定される首都直下地震（サイト波）でも「中破以下」であることを検証するなど，当該建物が「上級」の性能耐震グレードを有していることを確認したものである．

このような例はほかにもあり，国は，地震防災機能確保のために「官庁施設の総合耐震・対津波計画基準（関係省庁連絡会議統一基準，平成 25 年 3 月改定)」を制定して，官庁施設の耐震安全性の目標を示している．構造体（柱，梁，基礎）についてはⅠ～Ⅲ類があり，Ⅰ類は必要保有水平耐力を 1.5 倍割増すもので，特に構造体の耐震性能の向上を図るべき施設に適用される．Ⅱ類は必要保有水平耐力を 1.25 倍割増すもので，構造体の耐震性能の向上を図るべき施設に適用される．Ⅲ類は建築基準法に基づく耐震性能を確保する施設に適用される．また，構造体だけでなく，非構造部材（A および B 類）および建築設備（甲および乙類）についても記述があり，耐震総合安全性に配慮している．

また，2000 年に施行された「住宅の品質確保の促進等に関する法律（品確法)」は，住宅の品質確保の促進，住宅購入者の利益保護，および住宅に関する紛争の迅速かつ適切な解決などを目的として，構造の安定，火災時の安全，劣化の軽減，維持管理の配慮，および温熱環境などの性能を第三者（指定性能評価機関）が検査・評価を行い，表示するものである．このうち，耐震性能に関しては 1～3 等級を定め，建築基準法に定められた設計用地震荷重を用いた建物を耐震等級 1 級とし，設計用地震荷重を1.25倍および1.5倍に割増す建物を，それぞれ，2級および3級として，倒壊防止と損傷防止性能を向上させている．

（b） 非構造部材の安全性

変形しやすいS建築構造と内外装材，設備機器，家具・什器などの非構造部材の性能を適合させることは重要である．非構造部材の耐震性能項目は，変形追従性と固定部の強度の二つであるが，その必要性能と多くの非構造部材の保有性能については，残念ながら未だよくわかっていない．

変形追従性については，その必要変形量を構造躯体の応答解析（入力レベルに応じた弾塑性解析）から求めた値を使用できるが，問題は各非構造部材の変形追従性能であり，構法によって大きく異なる．ガラスや外装材については，多くの実験を含む検証を経て構法が開発されており，1995年阪神・淡路大震災でもガラスが破損しなかったカーテンウォールがあって，その技術力の高さは世界に誇れるものであるが，これらの技術を天井（スプリンクラーや照明器具との相互作用の検証を含む）などの内装材にも適用することが望まれる．

固定部の強度については，発生する力の推定が重要であり，大きさがわかればアンカーの設計は容易に行える．固定部に発生する力はフロアレスポンスなどに基づいて算定するが，非構造部材や固定部は一般に非線形性を有しており，例えば家具を緩めたロープで支持すると，ピンと張ったとき，固定部には大きな衝撃力が生じる．あるいは，完全に固定するよりシーリング材などを用いて弾性固定する（多少の変形を許容する）ほうがアンカーに発生する力が小さくなる，などの現象があり，アンカーの設計も簡単ではない．しかしながら，多くの室内の非構造部材，特に設備機器は，固定することが効果的であり，適切なアンカー詳細を開発し，これを標準化する必要がある．非構造部材のアンカーの設計は，フロアレスポンス（弾性）に基づく等価静的設計法により検証する方法が一般的であり，我が国の指針（日本建築センター編：建築設備耐震設計・施工指針，2014年，など）もこれによっている．非構造部材は動的性状（固有周期など）も形状も多様なので，実験的検証法は有効である．我が国でも，システム天井，フリーアクセスフロア，配管システム，エレベーター部品などの耐震性能は供給者による振動台実験などで検証されている．

・天井の落下対策

芸予地震（2001年）で体育館などの大空間建築物の天井落下が生じ，十勝沖地震（2003年）の空港ターミナルなどの天井落下あるいは宮城県沖地震（2005年）のスポーツ施設などの天井落下など過去にも多くの被害があったが，東日本大震災（2011年）では，地震継続時間が長いこともあって，体育館や大規模ホールなどの大空間構造だけでなく，普通のS造の事務所ビルや店舗でも顕著な天井落下が生じた．S建築構造は変形能力が大きいため，構造体の損傷は少なく，その再利用は可能であるが，非構造部材の変形能力が小さいため総合的な耐震安全性や損傷防止性能が十分でなかった例である．

図1･16は多くの建物に用いられている鋼製下地在来工法天井の概要である．躯体に取り付けられた吊りボルトにハンガーを介して野縁受けを取り付け，さらに，クリップを介して野縁を取り付け，天井板をビスで留めるものである．ハンガーやクリップは野縁受けや野縁をひっかける金物で，精度調整や施工が簡単だが，動的外力を受けると簡単に滑り，またゆがんで外れるなど，必ずしも十分な耐震安全性を有しているわけではない．特に，クリップが外れると連鎖的に天井板が落下する．吊り

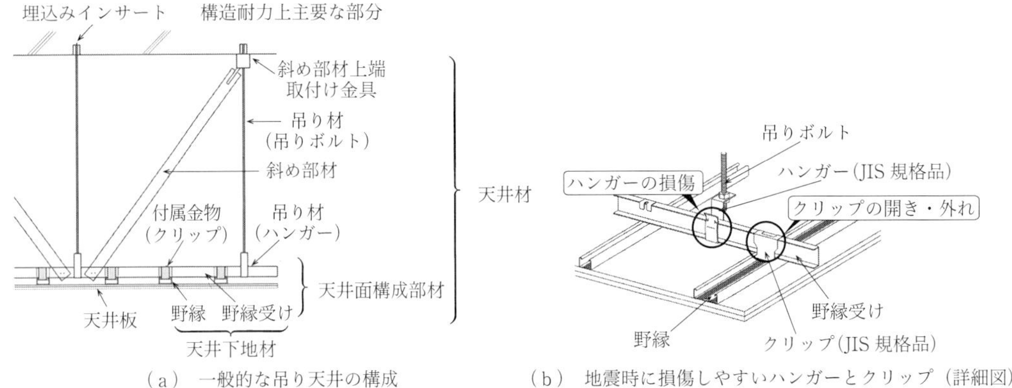

（a）一般的な吊り天井の構成　（b）地震時に損傷しやすいハンガーとクリップ（詳細図）

図1・16　鋼製下地在来工法天井の概要
［出典：図(a)（一社）建築性能基準推進協会「建築物における天井脱落対策に係る技術基準の解説」(平成25年10月版)］

ボルトも定着金物の脱落やハンガーねじ部破断が起こる．また，天井板が周囲の壁等に衝突すると，野縁や野縁受けが圧縮されて座屈し，その屈曲に伴って吊りボルトも座屈するが，振動実験では吊りボルトがぴょこぴょことランダムに曲がるユニークな動きが見られる．

・特定天井

国土交通省は，2013年に，天井脱落対策に係る一連の技術基準告示（平25国交告第771号，特定天井及び特定天井の構造耐力上安全な構造方法を定める件，など）を施行し，脱落によって重大な危害を生ずるおそれのある天井（床面からの高さ6m超，面積200 m^{2}超などの要件を満たす天井）を「特定天井」として，その安全性を確かめることとなった．安全検証の方法は，一定の仕様を満足させること（仕様ルート），あるいは計算など（計算ルートあるいは大臣認定ルート）によることが定められており，構造設計者が関与する分野となっている．

2013年には天井と周囲の壁等の隙間に間を設けて斜め部材で地震力に抵抗する仕様（**図1.17**(a)）に関する規定が主であったが，2016年に隙間がなく周囲の壁で地震力に抵抗する仕様（図1・17(b)）が追加された．天井と壁の間に隙間がある場合には，天井面に発生した地震慣性力は，斜め部材を介して上部の床や屋根に伝達され，天井と壁の間に隙間がない場合には，周囲の壁などから構造体に伝達される．

安全性を計算で確かめる場合には，この経路の強度などを確かめる．地震力はフロアレスポンスに基づいて計算されるが，天井の固有周期あるいは各部品が有する非線形性などの評価に関する知見は

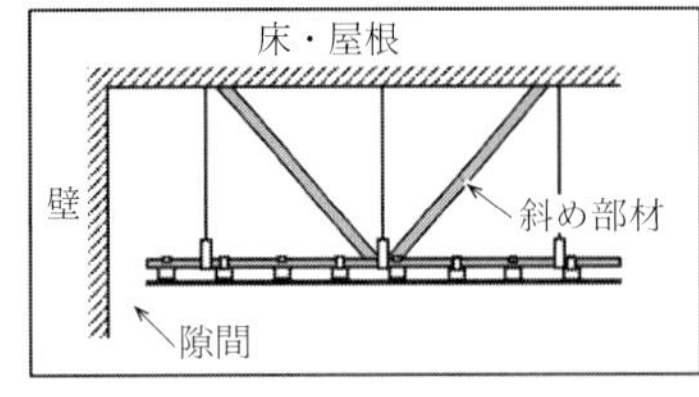

（a）壁と天井間に隙間がある場合

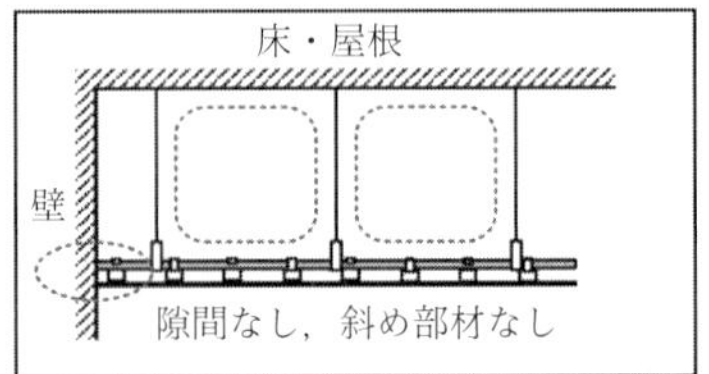

（b）壁と天井間に隙間がない場合

図1・17　特定天井の仕様
［出典：国土交通省国土技術政策総合研究所など「平成28年基準（隙間なし天井の新基準）の解説」(2016.7)］

まだ十分ではなく，将来の研究に期待する部分が多い．

・エスカレーター

2011年東日本大震災ではエスカレーター脱落事故も多数発生した．エスカレーターは昇降機械を内蔵するトラス梁などを上下階の梁に，両端非固定または一端固定支持の状態で乗せ掛ける構造であるが，建物の層間変形の影響を避けるように，支持点はアングルなどの金物を用いて水平方向に可動としている．このとき，かかり代長さが不十分だとトラス梁などが脱落し，隙間が不十分だとトラス梁などが衝突・変形して脱落する．エスカレーターの脱落防止措置を定めた告示（平25国交告第1046号）では，十分な隙間およびかかり代長さを確保することなどを求めているが，その算定根拠となる層間変形の値を一次設計時の層間変形の5倍としている．すなわち，一次設計時の層間変形角が1/200以下のときは最大1/40であり，1/120以下の緩和規定を用いているときは最大1/24とずいぶん大きな値となる．なお，その後にトラス梁などが衝突しても20 mm以下の変形であれば元の長さに復元することが実験などで確かめられたため，かかり代長さを緩和できる旨の改正告示（2016年）が出されているが，変形しやすいS建築構造では注意したいことの一つである．

・ALCパネル帳壁

2013年のALCパネル構造設計指針・同解説（独立行政法人建築研究所監修，ALC協会発行）では，外壁に縦壁ロッキング構法と横壁アンカー構法，間仕切り壁にロッキング構法と縦壁フットプレート構法および外壁に準ずる構法が規定されている．間仕切り壁ロッキング構法は東日本大震災の調査から新設されたものである．また，外壁縦壁スライド構法および間仕切り壁アンカー筋構法（いずれもALCパネル相互の目地にモルタルを充填する湿式構法）は施工の合理化などの理由で採用例が少なくなったので除外された．

ALCパネルの帳壁は，層間変形角1/75以上の優れた変形能力を有しているが，その性能を実現するには下地鋼材の納まりなどを含めて，十分な検討が要る．構法標準図を設計図に貼付することが多いが，例えば，ALCパネル外装材の定規アングルを溶接するために外周梁の心を寄せる（梁フランジ外面を柱外面と合わせるために梁中心を柱中心より水平にずらす）ことが前提となっていることがある．梁を外面まで寄せることができないとき（冷間成形角形鋼管柱では角部がR状になっているため），あるいは，構造安定性のためなど，梁心をずらさない構造とするときには，定規アングルを支持するピース状の金物を配置する，などの配慮が望ましい．

1.4 構造設計

構造計算は，荷重の計算，部材断面の仮定，応力解析，断面算定の順で行われるが，S造建築には必ず接合部が生じるため，部材断面を仮定するときには接合部を同時に考える必要がある．

設計に際して，鋼材表やメーカーカタログを手元に用意することが必要だが，これらは，一般の書店では入手しにくい．我が国の建築部品の大部分がこのような状況であり，各メーカーに依頼して入手する必要がある．最近は新製品のラッシュであり，特に接合部には多くの工夫された製品が供給されているが，設計に活用できるのは各メーカーの技術指針であることが多く，これらの技術指針を読み解くことも必要である．

S造建築は基本的に乾式構造であり，多くの建築部材や建築部品を接合するための金物類が必要となるが，床・外壁・窓・内壁・天井，あるいは設備配管などを取り付ける方法など建築全般に関する知識の習得や一定の仕事の経験は重要である．

（1） 荷重の計算

固定荷重，積載荷重，地震荷重，風荷重，積雪荷重などを算定する．S造建築は構造体の自重がRC造に比べると小さいことを考慮して荷重の計算を行う．地震時重量（固定荷重＋地震荷重算定用の積載荷重）は，通常のビル建築では単位床面積当り7～8 kN/m^{2}程度，折板仕上げの山形ラーメン構造の屋根は2 kN/m^{2}程度，などいくつかの算定例で記憶しておき，データ入力のチェックに充てることは望ましい．一般的には次のようであるが，特に固定荷重についてはなるべく正確に計算することが望ましく，一貫構造計算ソフトは便利である．

① 内壁，小梁，トラス，母屋などの自重は，特に略算時には，単位床面積当りの重量に換算する．

② スパンや階高が大きく屋根が軽い工場建築や板状の高層建築の短辺方向では，地震荷重より風荷重のほうが支配的となることがある．風荷重時の応力計算は，何種類かの荷重の組合せに対する計算が必要で，吹上げのときは積載荷重を0にするなど安全側に考える．

③ 多雪区域の大スパン屋根構造では積雪荷重で断面が決定されることがある．また，勾配屋根では片荷重時の条件（荷重の偏在）も考慮する必要がある．

④ 棟の長い建物では温度応力の検討が必要である．

⑤ エレベーター，エスカレーターの支持架構や天井走行クレーンを持つ工場建屋ではその衝撃荷重を長期荷重として加算する．

（2） 断面の仮定

部材には床，梁（大梁，小梁），柱，筋かい（ブレース）などがあり，梁せいや柱寸法などを仮定する必要がある．X方向の梁とY方向の梁の断面せいが異なるときは柱梁接合部のダイアフラムの設計・施工の可能性を検討する必要がある．また，柱継手の位置，梁継手の位置，現場溶接と工場溶接の区分を定めるためには，鉄骨の輸送運搬手段（付録9参照）や建方重機の能力が関係する．接合部周辺のガセットプレートやリブプレート（S建築構造では多く出現する）の設計にも溶接作業者の姿勢，ボルトの挿入方向，検査の可否などを考えることが必要である．

（a） 床・小梁

床は種々の形状のデッキプレートを用いたRC造床とするのが一般的である．

図1･18は，U形デッキプレートを捨て型枠として床鉄筋を配筋し，軽量コンクリートを打設する方法（短辺方向鉄筋を主筋とする一方向版となる）である．我が国初の本格的超高層ビルである霞ヶ関三井ビルで開発されたものであり，安全性と施工性が高いため，以降の多くのS造建築に用いられている．その後，フラットな床（鉄筋を短辺および長辺方向に配置する4辺支持の二方向版）をつくることのできる鋼製捨て型枠（フラット型デッキプレート，付録5参照）が開発され，水回りなど床貫通孔が後施工される可能性のある床などに適用された．また，鋼製デッキプレートの表面に付着性能向上のための凹凸（エンボス）を設けてコンクリートとの合成床版を構成できるように工夫したデッキプレート（合成床版用デッキプレートでデッキプレートは捨て型枠ではなく，引張応力を負担する構造要素である．付録5参照）が開発され，2時間程度の耐火性能が認定されているため床配筋

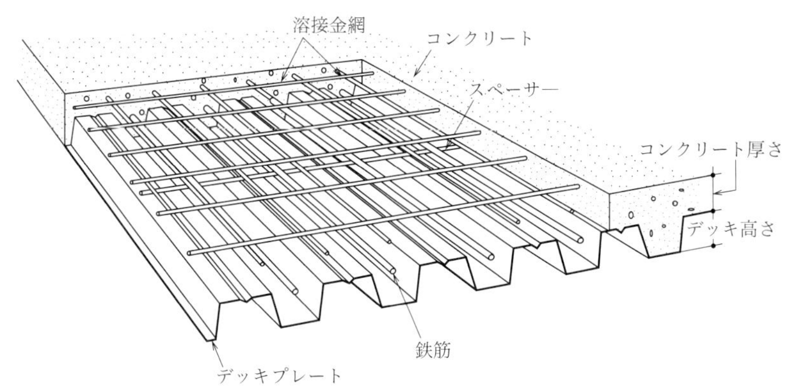

図1・18　U形デッキプレートを型枠とした床版
［出典：日鐵住金建材株式会社カタログ］

を減じることができるようになった．これらのデッキプレートは亜鉛めっき（めっき量は通常 120 g/m² 程度で運搬時の防錆を主な目的とする）された 0.8～1.6 mm 厚の薄板を冷間曲げ加工したものである．床のスパンは施工時の耐荷能力と変形を考慮したデッキプレートの性能で定まることが多く，おおむね 3.6 m 以下である．床版の耐火性能は鋼製デッキプレートを捨て型枠として用いる床版では鉄筋のかぶりコンクリートが有効となるが，合成床版の場合は耐火試験によって確認された方法（スパンやコンクリート厚さの制限など）としなければならない．

小梁は床を支持し，また，大梁の横座屈止めとなる．主に鉛直荷重に抵抗する部材であり，通常，両端ピン支持の状態で大梁に接合される．小梁の上フランジは頭付きスタッドなどを介して床スラブで横移動が拘束されていることが多く，下フランジは部材全長にわたって引張応力状態なので，この場合には横座屈による許容曲げ応力度 f_b の低減を考慮する必要はない．大梁とは高力ボルト接合されることが多いため，特に溶接性を必要としない SS 400 材や SN 400 A 材などが使用される．また，小梁はデッキプレートを支持するが，デッキプレートを連続支持配置するときには（連続支持部ではデッキプレートに負曲げが生じるが，施工時のたわみが小さくなって耐荷重性能が向上する）スタッド溶接がデッキプレート貫通溶接となって難しくなることがある．この場合には，事前に試験を行い溶接部の健全性が確保できる施工条件を定めて施工するのが一般であるが，あらかじめスタッド溶接用の孔を設けるなどの配慮は望ましい．

ALC パネルを小規模 S 造建築の床，あるいは S 造の工場・倉庫の屋根などに用いることがある．ALC パネルを連続支持すると負曲げ部にひび割れが生じるので，単純支持が原則であるが，材料の剛性が低いのでスパン中央部のたわみが意外に大きく，屋根に用いるときは水たまりにならないような注意も要る．また，剛床仮定が成立するよう床面に水平ブレースを設けることが原則である．

（b）大　梁

柱とともにラーメン構造を構成する部材であり，2 枚のフランジと 1 枚のウェブを H 形に構成したプレートガーダーが多用される．大梁には断面効率が良い（少ない鋼材量で大きい曲げモーメントに抵抗できる）細～中幅の H 形鋼が用いられるが，板厚が薄いと局部座屈のおそれがあるので幅厚比（FA～FD）や梁貫通孔の必要性などにも留意する．

圧延 H 形鋼の基本的な製造法（ユニバーサル圧延法）では内法寸法が一定となるため，フランジやウェブの板厚が異なると，外形寸法が変化する．建築物の設計や製作では形鋼の外形寸法が同じであることは，部材の接合，外壁や仕上材などの納まりが良好となるため，外法一定のH形鋼が望まれていたが，1990年頃から製品化され，精度が良い（例えば，$H=600$ mmのH形鋼では$H=600\pm2$ mmで製造されている）こともあって，従来は溶接組立H形鋼で製作されていた梁材に代わって使用されている．

大梁に平行弦トラスや山形トラスなどのトラス梁が用いられることがある．軸力材である弦材と斜材から構成される効率の良い部材であるが，トラス梁の最大耐力は弦材あるいは斜材の座屈によって定まることが多く，最大耐力後の塑性変形能力が小さいので，ラーメン構造に組み込む場合には，通常，部材ランクをDランク（靱性に乏しい）と評価する．

（c） 柱

中低層建築の柱には広幅のH形鋼や冷間成形角形鋼管（ボックスコラム）が用いられる．H形鋼は，1961年の生産開始時から，優れた基本性能を有する形鋼として注目され，長期間続いた材料節約的な設計と労働集約的な山形鋼・溝形鋼などを用いた組立部材から徐々に置き換わっていった．H形鋼は，1970年代には梁材を中心に建築用鋼材の60%を占めるようになり，柱材としても広く使われるようになった．一方，ボックスコラムは1981年の新耐震設計法の導入以後急激に普及した．当初は主流であったH形鋼柱を用いた場合の「一方向ラーメン・一方向ブレース構造」に対して，「両方向ラーメン構造」が，本来のメリットである建築計画の自由度に加え，構造的にも単純で，かつ相対的に有利（構造特性係数D_s値を小さくできるので鋼材量の低減が可能）となるため，現在では中低層建築の代表的柱材となっている．なお，極厚の高張力鋼を用いた溶接組立角形鋼管（ビルトボックス）は，超高層ビルなど大きな応力が発生する柱に用いられている．

（d） ブレース・耐震要素

ブレースは柱と梁で構成されるラーメンより剛性が高いため，風荷重や地震荷重時の架構の水平変形を小さくする．また，柱や梁の降伏に先立って地震エネルギーを吸収し，鉛直力を支持する柱や梁の損傷を防止する．

ターンバックルの付いた丸鋼や山形鋼など，圧縮力を受けると弾性域で座屈する細長比の大きいブレースは，圧縮抵抗力を期待しない引張ブレースとして用いられる．引張降伏を繰り返すと，引張ひずみが蓄積されて材長が長くなり，復元力特性はスリップ型になる．H形鋼や鋼管など，圧縮力を受けると弾塑性域で座屈する細長比が中程度のブレースは，座屈後の圧縮耐力を期待する圧縮・引張ブレースとして用いられるが，復元力はスリップを伴う劣化型となる．また，圧縮と引張耐力が同じとできる座屈拘束ブレース（細長比をゼロと評価する）がある．このほかに，柱や梁の損傷を防止し，変形を小さくするための耐震要素としてブレースが座屈する前に別のもっと靱性のある部分を降伏させるような特殊ブレース，あるいはオイルダンパー（速度に比例して抵抗力が大きくなる）などが用いられている．

ブレース付き架構の構造特性係数D_sはブレースの有効細長比と水平力分担率によって定める．ブレースの形状には，X形，Z形あるいはK形などがあるが，ブレースが十分に降伏できるよう，接合部のディテールは重要である．特に，K形ブレースでは，梁の中央部に節点があり，水平力を受けて引張側ブレースが降伏する前に圧縮側ブレースが座屈などで最大耐力に達すると，ブレースに不つり合力が生じ，これにより梁が引き下げられる．したがって，梁は不つり合力による曲げモーメントに抵抗できる強度と剛性を有することが必要である．この不つり合力は，圧縮ブレースの材端条件を考慮した有効細長比によって定まる座屈後耐力（座屈耐力の1/3程度で十分大きく変形したときの耐力）から算定するのが一般的である．また，梁の強度が不足する場合には，梁中央部に塑性ヒンジが形成されて，ブレースの効果が減じるので，保有水平耐力は単純和とならない．なお，K形ブレースと梁の交点部は面外方向への横移動を防止するために小梁を配置するなどの配慮が望ましい．

（e） 柱　脚

露出柱脚，根巻き柱脚，埋込み柱脚（**図1･19**）があるが，特に，露出柱脚は，アンカーボルト位置の精度確保が困難など，施工が難しく，力学的性状も不安定になりがちな部位である．1995年の阪神・淡路大震災では，アンカーボルトの引抜やねじ部の破断，あるいは不良溶接・不良施工などに起因する露出柱脚の破壊が見られ，建物全体の崩壊などの深刻な被害の要因となった．当時は，露出柱脚をピンと仮定する設計（ピン柱脚，**図1･20**）が一般に行われており，簡易なベースプレートを数本のアンカーボルトで定着する方法が用いられていた．固定度は小さく曲げ剛性も小さいが，それ

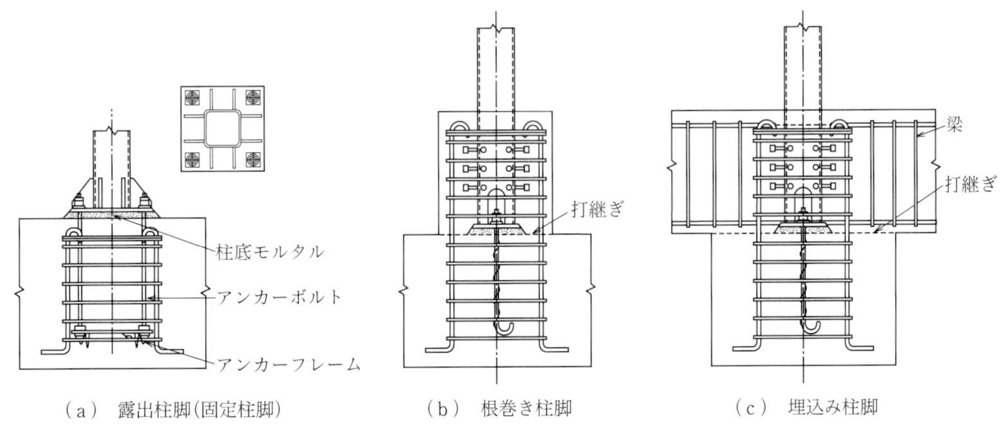

図1・19　柱脚の形式
［出典：村田義男編「新しい耐震設計講座 鋼構造の耐震設計」，オーム社（1984）］

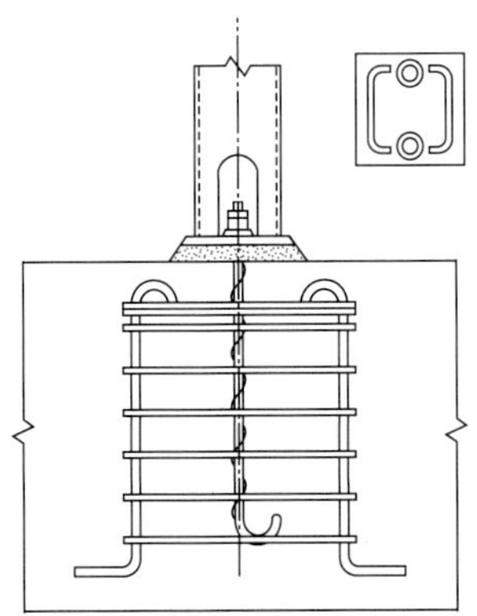

図1・20　露出柱脚（ピン柱脚）
［出典：村田義男編「新しい耐震設計講座 鋼構造の耐震設計」，オーム社（1984）］

でも曲げモーメントが発生し，アンカーボルトは伸ばされる．地震後，建設省（当時）によりピン柱脚に対して設計制限措置がとられたが，このような設計方法は適用しないほうがよい．露出柱脚は，安易に設計・施工すると大きな被害の原因となる．

・露出柱脚の固定度

露出柱脚の固定度を大きくした固定柱脚（**図1･21**）が用いられるようになっているが，①ベースプレートとモルタルの密着不良，②アンカーボルトの締付け時の軸力導入の不足，③ベースプレートの剛性不足，などによって固定度は低下しており半固定の状態となっている．柱脚の固定度が低下すると1階柱の反曲点位置が下がり，1階の層間変形が大きくなるため，2階梁の剛性や強度を大きくするなどの配慮が必要となる．

・アンカーボルト

アンカーボルトはねじ部が降伏すると急激に破断する．変形能力を大きくするように，ねじ部の破断以前に軸部の降伏が生じるように，降伏比YRを小さくし，応力集中が小さいようにねじ形状を工夫したアンカーボルトの規格（転造ねじABR 400やABR 490，切削ねじABM 400やABM 490）などがJIS B 1220：2015構造用両ねじアンカーボルトセットとして定められている．

アンカーボルトの固定度は定着方法によって異なり，①アンカーフレーム付き，②アンカープレート付き，③フック付き，の順で固定度が低下する．アンカーボルトに作用する引張力は先端のアンカーブロック周辺の支圧作用で大部分がコンクリートに伝達される．付着強度はあまり大きくなく，付着に頼る定着方法ではアンカーボルトが抜け出すことがある．アンカーボルトがいったん塑性域まで伸ばされると，繰返し力に対してスリップ型の復元力特性を示し，エネルギー吸収能力が低下するので注意を要する．

・ベースプレート

ベースプレートはコンクリートが圧壊しないだけの面積と柱軸力を配分できる剛性が必要である．ベースプレートには極厚鋼板を用いる，リブで補強する，あるいは，鋳鋼製などの既製品を用いる，

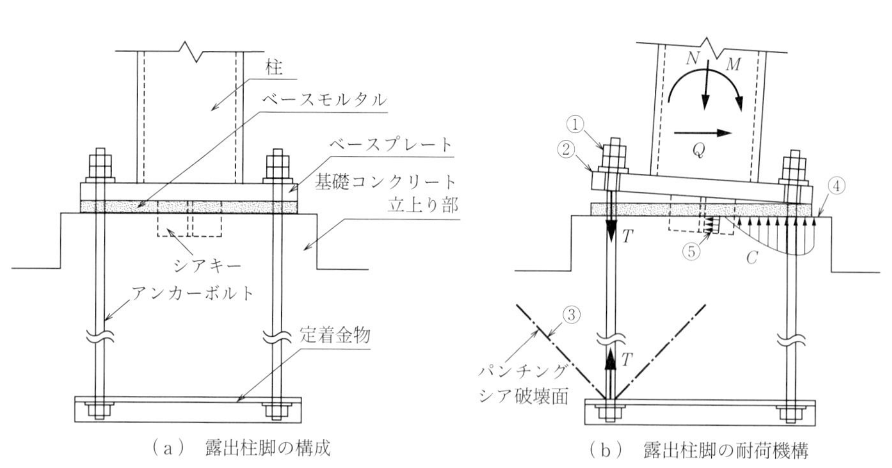

（a） 露出柱脚の構成　（b） 露出柱脚の耐荷機構

図1・21 露出柱脚
［出典：日本建築学会「鋼構造建築物における構造設計の考え方と枠組」，p. 105（1999）］

などがある．アンカーボルト孔径は施工誤差吸収のため，ボルト径+5 mm 程度とされることが多い．

・せん断力

柱脚に作用するせん断力はアンカーボルトの支圧やベースプレートとモルタルの摩擦によって伝達される．

アンカーボルトの支圧でせん断力を伝達するためには，ナット（二重ナットあるいは軸力を導入して緩まないようにする）やワッシャー（25 mm 以上の厚板で，ボルト径+1 mm 以下の孔径を有するもの）を溶接する方法が一般的であるが，ボルト孔クリアランスに高強度モルタルを充填する方法なども用いられている．

摩擦力は柱脚部に曲げが作用していても柱軸力が圧縮力であるときには有効である．また，我が国では適用例は多くないが，ベースプレートの下部に鋼板を溶接してシアキー（shear-key：せん断鍵）とするディテールは有効である．

柱軸力が引張力となることは，中低層のラーメン架構では少ないが，ブレース付き架構（特にブレースが取り付いた外柱の柱脚部）ではしばしば生じる．このときには，摩擦力によるせん断力の伝達が期待できないので，アンカーボルトを太径とする（引張とせん断の複合応力を受けることとなり，破断しやすくなるため）かシアキーを設けるなどの配慮が必要となる．

・露出柱脚の設計

2015 年版「建築物の構造関係技術基準解説書」の付録 1-2 に露出柱脚の設計に関する記述があり，アンカーボルトの伸び能力の有無や柱脚の保有耐力接合の条件などによって保有水平耐力や D_S の評価が異なることが示されている．また，2007 年版になかった柱脚基礎コンクリート立上げ部の破壊防止が追加されており，①立上げ部縁辺のコンクリート破壊，②立上げ部コンクリートの割裂防止，③立上げ部側面のせん断力によるコンクリートのはく落防止，について検討式が示されている．

曲げモーメントを受ける柱脚の崩壊モードには，① アンカーボルトの引抜，② ベースプレートの曲げ，③ 柱材の曲げ降伏，④ 基礎梁の曲げ降伏，などがある．保有耐力接合の条件を満足する ③ や ④ を実現するのは，アンカーボルトの数量が配置できないほど多量に必要となるなど，実際には難しいため，① として設計されることが多い（② は一般に剛なベースプレートを用いて防止する）．

柱脚に作用する軸力と曲げモーメントの相関から，アンカーボルトの本数，応力解析に用いる柱脚の回転剛性，ベースプレートの必要厚さを算定する．柱脚部の塑性化（アンカーボルトの降伏）が早期に生じるときは変形能力確保のため，JIS 規格のアンカーボルト（ABR 400，ABR 490，ABM 400，ABM 490 など）を用いるのが良い．繰返し力に対してスリップ型の復元力特性となる（エネルギー吸収能力が大きくない）ので，許容応力度等設計法で必要保有水平耐力を算定するときには，必要 D_S 値に +0.05 する（例えば 1 階の必要 D_S=0.3 の架構で露出柱脚を使用しているときは必要 D_S=0.35 として設計する）などの慣用設計が行われることもある．

・既製品の露出柱脚

固定度に応じた回転剛性，曲げ耐力とせん断耐力，および塑性変形能力などの力学的性能が評価できるいくつかの大臣認定された既製品の露出柱脚システム（多くは一貫構造計算ソフトに組み込まれている）が用いられている．これらは，溶接性の良い鋳鋼あるいは極厚高張力鋼によるベースプレート，降伏比が小さく塑性変形能力を有する太径アンカーボルト，アンカーボルト位置を保持できる剛強なアンカーフレーム，などを用いている．また，アンカーボルト埋込み位置のずれを吸収できる施工性を有しており，柱脚せん断力をスリップせずにアンカーボルトに伝達できるように，アンカーボルト孔周辺クリアランスに高強度モルタルを充填する，あるいは金属製フィラーを挿入する，もしくはベースプレート下にシアキーを設ける，などの工夫をしている．さらに，繰返し曲げによるスリップ型の復元力特性を改善し，必要 D_S の $+0.05$ の割増しを不要とできる製品もある．

（3） 応力解析

（a） 剛床仮定

実際には立体架構である建築構造を，通常は平面架構の集合として解析する．水平荷重時応力の計算時に剛床仮定を用いて各平面架構に水平荷重を分配する．剛床仮定は床面の水平剛性（面内せん断剛性）が十分に大きいことを前提としているので，次のような場合には注意が必要である．なお，非剛床部を指定し，その部分の面内せん断剛性を無限大と仮定しないで多剛床間を移動するせん断力を算定する一貫計算ソフトもあり，例えば，地上部構造から広がった地下外壁に接続する1階床の設計に用いるなど，適切に利用することが望ましい．

① 平屋の工場のように一方向に細長い平面を持ち，床や屋根の水平剛性が相対的に小さい場合には建物端部に剛なブレース付き架構などがあっても有効とせず，各平面架構ごとに分担荷重を算定し，さらに各平面架構の水平変形を同程度とするように設計すること（ゾーニングによる設計）が望ましい．このような場合，ねじれの影響を考えることは難しく，剛床仮定に基づいて偏心率を計算しても力学的な意味を持たなくなる．

② エレベーター，階段，設備シャフト，あるいは吹抜などのために床に大きな開口がある場合には，建物端部に剛なブレース付き架構などがあっても水平力が伝達されないので，各平面架構の剛性や耐力のバランスに注意した設計とする必要がある．床面の水平剛性や強度を増加させるために9mm厚程度の鋼板を敷いてコンクリートスラブとの合成構造とするなどの方法が用いられることもある．

③ 体育館の金属屋根，あるいはALCパネルで構成される床の場合には，屋根面や床面に水平ブレースを設けて剛床仮定を成立させるが，9～12 ϕ 程度の鋼棒ブレース（ターンバックル付き）では十分な剛性に達しておらず，もう少し剛性の大きい山形鋼ブレースなどが必要となる場合が多い．

（b） 架構の解析モデル

ラーメン架構は柱と梁が剛接合された構造であり，部材は曲げ変形，せん断変形および軸変形する線材に，柱梁接合部は点にモデル化される．しかしながら，中低層のラーメン架構では柱と梁の曲げ変形のみを考慮すれば設計用として十分であるので，より簡略化した解析モデルを用いることができる．高層架構やブレース付き架構では水平荷重時の全体曲げ変形が無視できないため柱の軸変形を考慮する（ただし，鉛直荷重時応力の算定では，柱の軸変形の影響が建方途中で解消されるため，これを考慮せず解析することが多い）．また，必要に応じて，シアスパン比の小さい梁（境界梁など）や短柱ではせん断変形を，H形鋼柱と梁の接合部ではパネルゾーンのせん断変形を，それぞれ，考慮することが望ましい．

梁の剛性は床スラブとの合成効果を考慮して算定する．

柱脚は，剛節，半剛節，ピンのいずれかであるが，埋込み柱脚や根巻き柱脚では剛節，露出柱脚では半剛節（回転剛性はアンカーボルトの軸剛性などから計算する）とし，特別の場合（2 階梁設計用応力の算定や 1 階層間変形の最大値の算定など）にはピンとして算定することがある．

また，増分解析（Push Over 解析）が保有水平耐力の算定などに用いられるが，このときには M_p の算定（梁ウェブ耐力を考慮するか否か）をはじめ多くの仮定が必要となる．特に，一貫計算ソフトではデフォルト値（システム開発者が設定した標準的な既定値で，設計者は必要に応じて値を変更する）を確認する必要がある．柱が引き抜けるとき，45 度方向入力のとき，平面形が整形でなく主軸方向入力するとき，あるいは，立体解析など複雑な解析で，例えば，面外方向架構の応力が大きいとき，などの出力結果の検証に際しては実際の被害例や多くの実験結果などを参考にして力の流れをイメージすることが重要である．

（4） 断面算定

断面算定は許容応力度設計のほか，次の検討などを行う．

① 柱および梁などの曲げ材では局部座屈に対する幅厚比を検討する．

② ブレースや柱などの圧縮材では全体座屈による許容応力度の低減を行う．

③ 梁などの曲げ材では横（ねじれ）座屈に対して横補剛材を配置する．

④ ブレースなどの引張材の強度はボルト孔欠損を考慮した有効断面積を用いて算定する．

⑤ 直交方向に長スパン梁を有する柱を設計する場合は，直交方向の鉛直荷重時曲げモーメントによる応力も加算する．

⑥ 隅柱では，二方向曲げ（二軸曲げ）を受ける部材として検討する．

⑦ 梁の変形の計算を行い，有害なたわみや振動障害が生じないような部材とする．

⑧ 部材の継手位置は鋼材の定尺，輸送限界，建方重機の能力を考慮して定める．

（5） 基礎の設計

RC 造建築より軽量なので，地盤条件が良好でなくても基礎形式を工夫すれば中低層の S 造建築は直接基礎（杭基礎より経済的）とできる可能性がある．大スパンの工場建屋の場合には，機械基礎などのために地中梁を設けられないことがあり，この場合の基礎は軸力と曲げモーメントを負担できる形式として設計しなければならない．

（6） 構造図

構造図は設計図（建築一般図，構造図，設備図などから構成される）の一部であり，S 造建築では，伏図，軸組図，部材（柱，大梁，小梁，ブレース，床，基礎など）断面表，継手表，溶接標準図，架構詳細図，仕口詳細図などから構成される．基準階伏図には，柱，梁，床，小梁，梁横補剛材，梁貫通孔などの位置やレベルが，軸組図には，柱や梁の現場継手位置，梁レベル，柱脚・柱頭位置，壁下地鋼材などが記述される．仕口詳細図には柱梁接合部の溶接詳細などが記述される．

（7） 仕様書

仕様書は，各工事ごとに施工や検査の方法などを記述したもので，構造設計に関係するのは，土工・地業工事，鉄筋工事，コンクリート工事，鉄骨工事などである．

仕様書は標準仕様書と特記仕様書に分類される．

標準仕様書は，一般的な注意事項が記述されたもので，(一社)公共建築協会「公共建築工事標準仕様書」などが用いられるが，鉄骨工事ではJASS 6（日本建築学会「建築工事標準仕様書JASS 6鉄骨工事」）が標準的に使用されている．

特記仕様書は，建物ごとに設計者が作成するもので，鉄骨工事では，材料（鋼材，溶接材料，高力ボルトなど）の規格，鉄骨製作工場の種別（S，H，M，Rなど，付録11参照），検査の種類・要領と数量，柱脚の施工方法など施工や積算に必要な情報が記述される．柱梁仕口部の溶接詳細（スカラップの形状，エンドタブの種類，入熱・パス間温度の上限など）や柱脚部の施工詳細（アンカーボルトの保持方法や材質，柱底モルタルの工法など）は耐震性能に大きく影響するので，特記されることが多い．

1.5 耐震設計

2000年に改正された建築基準法では，S建築構造の耐震設計方法として，① 許容応力度等計算，② 限界耐力計算，③ 一般化した特別な検証法（エネルギー法など），④ 特別な検証法（時刻歴応答解析など）が規定されており，法的手続きとして建築確認ルート（①,②,③）と大臣認定ルート（④）に区分される．

改正された建築基準法は，仕様規定型（性能を明示せず仕様を例示する）から性能規定型（性能を明示し性能を検証する）へ移行することを目指しており，「② 限界耐力計算」をそのような計算方法と位置づけている．2005年には ③ に区分される「エネルギー法（エネルギーの釣合いに基づく耐震計算等の構造計算）」がS建築構造の特性を生かした性能規定型の耐震設計法として告示化された．

また，2005年秋に構造計算書偽装問題を契機として構造計算適合性判定制度が創設された．これは，保有水平耐力計算，許容応力度等計算，限界耐力計算等，法第20条第二号イにおける「地震力による各階の水平方向の変形を把握する」等の基準に従った構造計算を行う建築物について，当該構造計算の基準適合性を確かめるために都道府県知事または指定構造計算適合性判定機関が構造計算の過程や結果のより詳細な審査や再計算を行う制度である．鉄骨造では**表1･5**のように，高さ60m以下の多くの建築物が対象となる．また，鋼材の化学的および機械的性質や幅厚比・保有耐力接合などの各種構造規定の考え方，冷間成形角形鋼管を柱に用いた接合部の詳細，柱脚の設計などに関する技

表1・5 構造計算適合性判定の対象となる建築物（鉄骨造）

該当する建築物（高さ60m以下のものに限る）
以下のいずれかに該当するもの ・地階を除く階数が4以上であるもの ・高さが13mまたは軒の高さが9mを超えるもの ・架構を構成する柱の相互の間隔が6m（地階を除く階数が2以下の建築物で各階の偏心率が15/100以下であることなどの条件に適合することが確かめられたものにあっては12m）を超えるもの ・延べ床面積が500m^2(平屋建ての建築物で上記の条件に適合することが確かめられたものにあっては3 000m^2)を超えるもの ・地震力の標準せん断力係数を0.3に割増して許容応力度計算をした場合に安全であることが確かめられたもの以外のもの ・水平力を負担する筋かいの軸部が降伏する場合において当該筋かいの端部および接合部が破断しないことが確かめられたもの以外のもの ・施行規則第1条の3第1項第一号ロ（2）の規定に基づき，大臣があらかじめ安全であると認定した構造の建築物またはその部分以外のもの

術資料が増補されるなど，従来は工学的判断として構造設計者の裁量に委ねていた部分が細部にわたって「2007年版　建築物の構造関係技術基準解説書」などに明文化されたが，2015年版にも引き継がれ，強化されている．また，その運用も厳格で，例えば設計変更手続は容易ではない．

(1)　許容応力度等計算

1981年に建築基準法に導入された，いわゆる新耐震設計法であり，適用例も多く，1995年の阪神・淡路大震災でその有効性が認められた設計方法である．

図1･22のフローチャートのように複数の構造計算の方法（計算ルート）が定められており，高さや規模などによって定まる建物の区分に応じて適用される．

許容応力度設計法によって断面検定するのを一次設計，層間変形角の計算，偏心率・剛性率の計算，保有水平耐力の計算などを行って耐震安全性を検討するのを二次設計と呼んでいる．

地震荷重は層せん断力係数の形式で表現され，建物の固有周期と地盤種別で定まる加速度応答スペクトル（振動特性係数 R_t）や層せん断力分布係数 A_i などから計算し，一次設計や層間変形角の計算，偏心率・剛性率の計算では標準層せん断力係数 $C_0=0.2$（稀に発生する地震動）とし，保有水平耐力の計算では標準層せん断力係数 $C_0=1.0$（極めて稀に発生する地震動）とする．S造建築では冷間成形角形鋼管（板厚6 mm以上）を柱に用いることが多いが，脆性部材であるとして，柱崩壊形メカニズムが形成されないようにその取扱いが詳しく定められているのも特徴である．

計算ルート[1]（木造建築と同等とみなせる軽微な建物が対象）

標準層せん断力係数 $C_0=0.3$ で許容応力度設計を行う．

2007年の告示で計算ルート[1-1]，計算ルート[1-2]の二つに区分して運用することとなっている．いずれも構造計算適合性判定を必要としない．また，冷間成形角形鋼管を柱に用いる場合には，柱梁接合形式（内ダイアフラム形式，通しダイアフラム形式，外ダイアフラム形式など）および鋼管の種類（STKR材，BCR材，BCP材など）に応じて，柱の応力を1.1～1.4倍に割増して許容応力度の検討を行うことを求めている．

・ルート[1-1]の計算

① 地階を除く階数が3以下，② 高さ13 m以下かつ軒高9 m以下，③ スパン6 m以下，④ 延べ床面積500 m²以内，⑤ 標準層せん断力係数 $C_0=0.3$ 以上，⑥ 筋かい端部および接合部を保有耐力接合とすること，などの規定がある．

・ルート[1-2]の計算

① 地階を除く階数が2以下，② 高さ13 m以下かつ軒高9 m以下，③ スパン12 m以下，④ 延べ床面積500 m²以内（平屋では3 000 m²以内），⑤ 標準層せん断力係数 $C_0=0.3$ 以上，⑥ 筋かい端部および接合部を保有耐力接合とすること，⑦ 各階の偏心率が0.15以下，⑧ 柱や梁の幅厚比がルート[2]の規定を満足すること，⑨ 柱および梁の仕口部を保有耐力接合とすること，⑩ 柱継手部および梁継手部を保有耐力接合とすること，などの規定がある．

計算ルート[2]（高さが31 m以下の建物が対象）

許容応力度設計による一次設計の後，層間変形角，偏心率，剛性率，および耐震上必要な安全基準の検討（部材の幅厚比，梁の横補剛間隔，各種接合部の終局耐力の確認など）を行い，すべてが規定

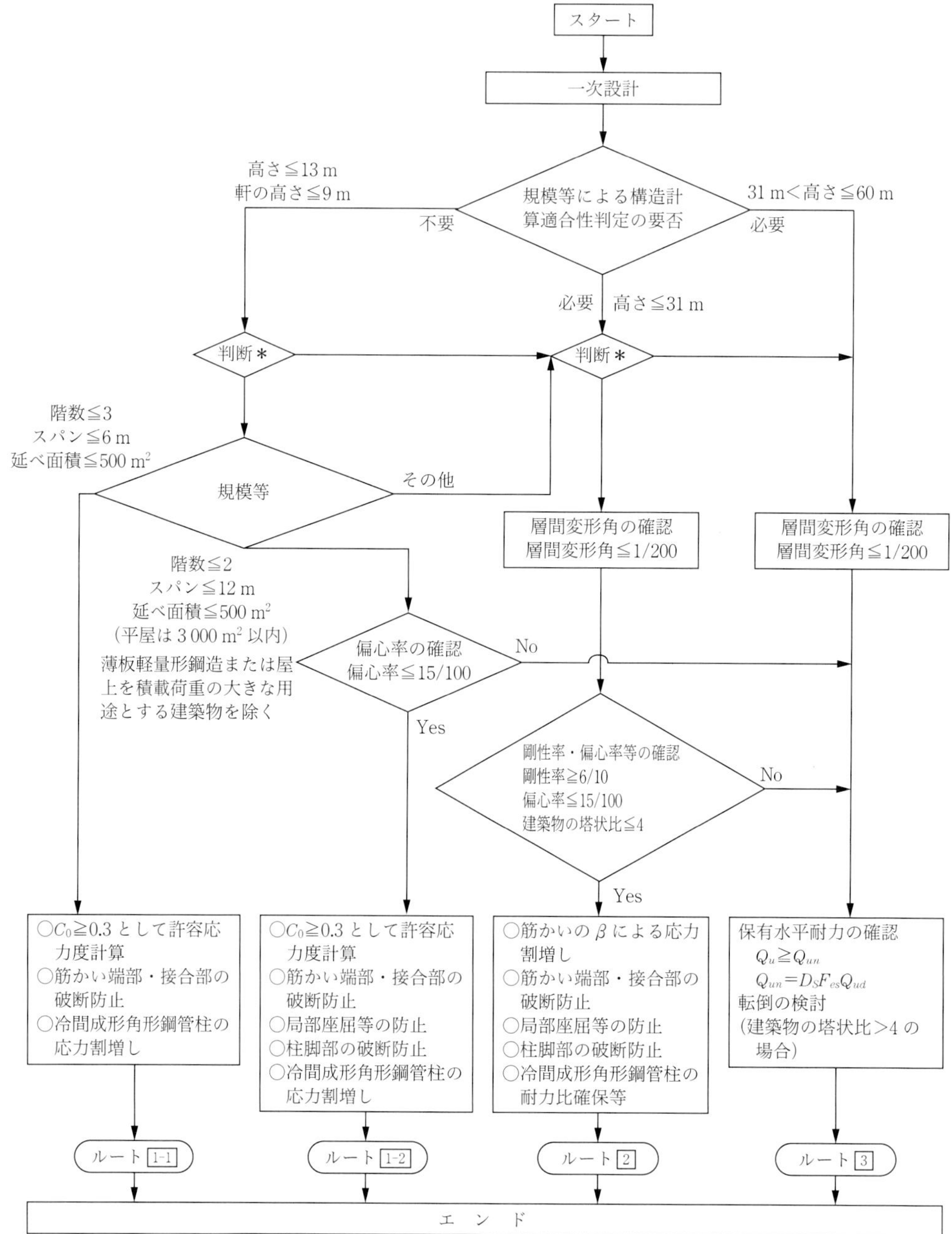

＊ 判断とは設計者の設計方針に基づく判断のことである．例えば，高さ31 m以下の建築物であっても，より詳細な検討を行う設計法であるルート3を選択する判断等のことを示している．

図1・22 鉄骨造建築物の二次設計の構造計算フロー
［出典：2015年版 建築物の構造関係技術基準解説書］

値を満たしていることを確認する．また，冷間成形角形鋼管を柱に用いる場合には，梁崩壊（全体崩壊）メカニズムが確実になるように，すべての柱梁接合部（最上階柱頭および1階柱脚を除く）で柱梁耐力比（柱と梁の全塑性モーメント和の比）を1.5倍以上とすることを求めている．また，1階の柱がSTKR材のとき，柱梁接合形式（内ダイアフラム形式，通しダイアフラム形式，外ダイアフラム形式など）によって，柱脚部の応力を1.3～1.4倍に割増して許容応力度の検討を行うことを求めている．

計算ルート③（高さが60 m以下の建物が対象）

許容応力度設計による一次設計の後，層間変形角，偏心率，剛性率の検討を行う．次に保有水平耐力の計算を行い，必要保有水平耐力を超えていることを確認する．計算ルート②の各種検討結果が規定値を満たしていなければ，計算ルート③によることとなる．必要保有水平耐力は，標準層せん断力係数 $C_0=1.0$ に構造特性係数 D_s を乗じて算定するが，構造の塑性変形能力（靱性）に応じて大きく低減でき，塑性変形能力（靱性）の大きいS造建築ではRC造建築よりも小さく（$D_s=0.25$～0.5）設定されている．

計算ルート③は，地震時の建築物の弾塑性挙動に伴うエネルギー吸収能力（減衰性能や靱性など）を D_s（構造特性係数）で評価し，エネルギー吸収能力を地震入力エネルギーより大きくすることにより大地震に対する安全性を確保しようとするものであり，保有水平耐力 Q_u の計算方法や構造特性係数 D_s の算定法が問題となる．1981年にいわゆる新耐震設計法として建築基準法が改定されたときは，Q_u の計算は極限解析を用いることを前提としていたが，現在では計算機の発達により，増分解析が一般に用いられている．2007年の国土交通省告示（平19国交告第594号第4）では，増分解析によることを前提として，手順を細部まで定めたことが特徴である．すなわち，各階の耐力は必要保有水平耐力を超えているが架構としては崩壊メカニズムに達していないときには確認された耐力を各階の保有水平耐力（確認保有水平耐力）としてよいが，必要保有水平耐力を計算するための D_s（構造特性係数）を求めるときには崩壊メカニズムが形成された時点（崩壊メカニズム時）としなければならない，などであり，冷間成形角形鋼管やブレースなどの脆性部材がある場合にはその取扱いに注意が要ることとなる．

冷間成形角形鋼管を柱に用いる場合の保有水平耐力は，柱の種類によって取扱いが異なる．STKR材のときは，梁崩壊（全体崩壊）メカニズムが確実となるよう，計算ルート②と同じく，節点ごとに柱梁耐力比（最上階柱頭および1階柱脚を除く）を1.5倍以上とし，柱脚部の応力を割増す．BCR材やBCP材のときは，全体崩壊メカニズムの確認ができればそれを保有水平耐力とできるが，局部崩壊（柱崩壊）メカニズムのときは，柱梁接合形式（内ダイアフラム形式，通しダイアフラム形式，外ダイアフラム形式など）および鋼管の種類（BCR材，BCP材など）に応じて，当該部分の柱耐力を0.75～0.85倍に低減して保有水平耐力を定める．ここで，崩壊メカニズムは層モーメント比で判定し，各階の床位置の上下の柱耐力和と梁耐力和の比が1.5倍以上のとき，またはパネル耐力和の比が1.3倍以上のとき，全体崩壊（梁崩壊およびパネル崩壊）メカニズム，それ以外のときは局部崩壊（柱崩壊）メカニズムと判定する．

また，ブレース付き架構の保有水平耐力は，引張側ブレースの降伏耐力と圧縮側ブレースの座屈後安定耐力の和として算定する．なお，細長比が大きい引張ブレース形式のときは圧縮側ブレースの耐力を無視する.

D_sの算定は，まず，各ブレースを有効細長比によってBA，BB，BCに区分してその耐力の割合からブレース群の種別A，B，Cを定め，各柱および各梁をフランジやウェブの幅厚比や径厚比によってFA，FB，FC，FDに区分してその耐力の割合から柱および梁の部材群の種別A，B，C，Dを定める.

次に，ブレース群の水平力分担率β_u，ブレース群の種別（A，B，C），柱および梁の部材群の種別（A，B，C，D）からD_s（0.25～0.5）を定める.

（2） 限界耐力計算

設計用地震動を工学基盤の応答スペクトルとして定め，表層地盤と建物の地震応答特性に基づいて，建物の構造性能を検証する性能規定型耐震設計法である.

工学基盤はS波速度が400 m/秒以上の硬質地盤をいい，設計用応答スペクトルは「稀に発生する地震動」と「極めて稀に発生する地震動」に対して定義されている.

工学基盤で設定された応答スペクトルを表層地盤の特性によって増幅して建物の入力スペクトル（地震動）とする．表層地盤の増幅率（G_s）の計算は，地盤種別に基づく簡便法のほかに地盤特性を用いる精算法があり，地盤と建物の相互作用の影響を考慮することができるなど合理化が図られている.

構造物の応答は1自由度系に縮約した等価線形化法に基づいて計算する.

等価静的地震荷重（層せん断力分布が定められている）による各階の荷重-変形関係（層せん断力-層間変形関係）を増分解析（Push Over解析）などで求め，さらに建物全体を1自由度系に縮約した荷重-変形曲線（等価質量や代表変位を算定する）を算定する．これと建物の入力スペクトル（塑性化に伴う地震エネルギー吸収能力の上昇は減衰の増加として評価する）から応答値を求め，さらに各階の応答層せん断力および応答層間変形を算定する.

稀に発生する地震動に対してこれらの応答が損傷限界以下であること，および極めて稀に発生する地震動に対してこれらの応答が安全限界以下であることを検証する.

（3） エネルギー法（エネルギーの釣合いに基づく耐震計算等の構造計算）

2000年に改正された建築基準法の中に「一般化した特別な検証法」が規定されているが，これに相当する方法である．エネルギー法は地震動によって構造物に入力されるエネルギーと，構造物が吸収できるエネルギーを比較することで，構造物の安全性を検討する方法であり，構造各部の累積塑性変形能力がより明快に定義できるS造建築や制震構造（地震エネルギー吸収装置を内蔵した構造）に適用しやすい方法として提案されている.

（4） 時刻歴応答解析

適切な数個の地震波（実地震波や人工地震波）による弾性および弾塑性振動応答解析を行って，安全性を確認する方法である．高さが60 mを超える超高層ビルなどが対象であり，指定評価機関の性能評価を経て大臣の認定を受ける手順となる．指定評価機関の性能評価の方法（二つのレベルの入力地震波や各種応答の評価法など）は業務仕様書（各評価機関のHP参照）で詳細に定められている.

1.6 鉄骨工事（鉄骨生産）

（1） 工場製作

鉄骨製作業者が，一般には元請施工者から図面を入手した後，鉄骨加工に必要なすべての情報を書き込んだ工作図を作成する．工作図には，スパン，階高，主要部材断面，材質，柱や梁の継手位置，梁レベル，心寄り寸法，アンカープラン，溶接標準などが記述された一般図（1/200～1/100の縮尺）と，デッキプレート受け金物，鉄筋孔，カーテンウォール接合金物，各種仕上材の受け金物，エレベーター・階段・煙突などの接合金具，設備用梁貫通孔，柱のエレクションピース，鉄骨建方用タラップやタワークレーンの取付け金具などが記述された詳細図（1/50～1/20の縮尺）がある．

設計監理者によって一般図が承認された後，鉄骨製作業者は主要部材の発注を行い，詳細図が承認された後，継手部材，ファスナー，デッキプレート，仮設金物の発注を行う．この意味で，工作図の承認は鉄骨製作の開始を意味し，この時期を遅らせないことが円滑な工事運営のために重要である．例えば，梁継手位置と外壁ファスナー位置が干渉するとそれぞれの詳細を調整しなければならず，多くの設計変更があったり，各種工事業者との契約時期が遅れて当該部分の施工図が入手できないことなどがあって円滑な工作図承認は容易ではない．最近ではBIM（Building Information Modeling）の利用が進み，意匠・構造・設備の情報をソフトウェアで一つの仮想空間上にモデル化することで，それらの調整を行い，さらに施工に反映することが行われており，鉄骨工事の円滑化にも役立てている．

なお，構造設計者は設計監理者から依頼されて工作図をチェックするのがふつうである．工作図には鉄骨生産に関するすべての情報が記入されているため一見複雑であるが，記入されている多くの記号や符号を知ることは重要であり，on the job 訓練は効率的である．鉄骨製作工場に入荷した鋼材は，あらかじめ承認された工場製作要領書に基づいて，けがき，切断，孔あけ，開先加工，組立て，溶接，矯正，検査，塗装などの製作工程を経て鉄骨製品となり，工場から現場に運搬される．

（2） 現場施工

鉄骨製品は，トラックなどで現場に搬入された後，あらかじめ承認された現場施工要領書に基づいて，建方（クレーンによる揚重，鳶（とび）職による仮ボルトの挿入と仮組立て），建入れ直し（精度の調整），高力ボルトによる本締め，現場溶接，デッキプレートの敷込み，スタッド溶接などの鉄骨工事の後，床コンクリート工事，耐火被覆工事，内外装工事，および設備工事などを経てS造建築となる．

（3） 品質保証・検査

鉄骨製品の品質は，各種の品質保証制度を適用することや工事ごとに行われる各種の検査によって確保される．

品質保証制度には，人に関する資格制度（溶接技能者・溶接技術者・検査技術者・高力ボルト・めっき高力ボルト・スタッド溶接技能者・鉄骨製作管理技術者・非破壊検査技術者などの技量検定制度や資格認定制度など）や鉄骨製作工場に関する資格制度（(一社)全国鐵構工業協会による工場認定制度やISO 9000シリーズによる品質保証制度など）がある．

検査は工程上の適切な時期に行われることが重要である．元請施工者や設計監理者などが行う検査と資格を有する検査技術者（溶接部の内部欠陥の超音波探傷検査など）に依頼して行われる検査がある．

（a） 原寸検査（工場）

CADやCAM（コンピュータを用いて工作図を作成し，各種詳細の検討を行い，鉄骨製作に利用する）が普及し，広い床に原寸図を描いて詳細を検討することは少なくなったが，鉄骨製作用のフィルムシートを製作前に確認することは，誤作防止のために効果的である．

（b） 中間検査（工場）

溶接に先立って，特に完全溶込み溶接の開先形状を確認しておく（開先検査）など，溶接前の状態で品質確認をすることは，鉄骨の品質向上のために効果的である．

（c） 受入検査（工場）

製品検査ともいわれるが，出来高，材質，鉄骨の寸法・精度，外観，付属金物類，溶接部の欠陥の有無などを検査し，発注者がその製品を購入するかどうかを定めるものであり，通常行われる検査である．溶接部の検査は超音波探傷検査などによる内部欠陥の検査と外観検査があり，元請施工者や設計監理者などによる受入検査に先立って第三者検査会社に依頼して行われるのが普通である．鉄骨製作工場は受入検査に合格するように事前に社内検査を行う．

（d） 現場管理

建入れ検査（スパン，柱の倒れ，柱継手階の階高などの検査），現場溶接の開先検査や溶接後の検査，高力ボルトの締付け検査，スタッド溶接の検査などの鉄骨工事に関連する検査と，PC板，ALCパネル，押出成形セメント板，カーテンウォールなど仕上材の取付けに関する検査がある．仕上材の取付けに関連して鉄骨工事（ALCパネル工事の定規アングルの現場溶接などで，鉄骨製作者の仕事範囲ではなくそれぞれの専門工事業者の仕事範囲となる）が発生することがあるが，適切な管理と検査が必要である．

（e） 各種の試験

必要に応じて，材料試験，特殊な溶接方法の試験，性能確認のための架構載荷試験，あるいは仮組立てなどを特記して行うことがある．

1.7 これからのS建築構造

1995年1月に神戸で震度7の阪神・淡路大震災があり，S造建築にも大きな被害があった．古くから指摘されていた溶接不良・不良鉄骨の被害（**図1･23**(a)）と，柱脚部の被害（図1･23(b)），ラーメン構造の柱梁接合部の梁スカラップ底を起点とした梁フランジの脆性破断（図1･23(c)），および高層建物で生じた極厚柱の脆性破断（図1･23(d)）などの予想外の被害が生じた．S造は十分な変形能力を有する構造形式であると思われていたのであるが，溶接などに問題があると，脆性破断が生じることが再認識された．地震の後，S造ラーメン架構の柱梁接合部で生じた脆性破断防止のために多くの研究が行われた．スカラップやエンドタブの形式，および溶接材料や鋼材の化学的・機械的性質が塑性変形能力に及ぼす影響の定量化，突合せ溶接継目の目違い量の制限，入熱量やパス間温度の制限など，ディテールや溶接施工に関するノウハウの蓄積などがあったが，ノンスカラップ工法を用いた柱梁接合部ディテールや**図1･24**(a) に示す梁フランジ端部拡幅ディテール（梁の塑性ヒンジ位

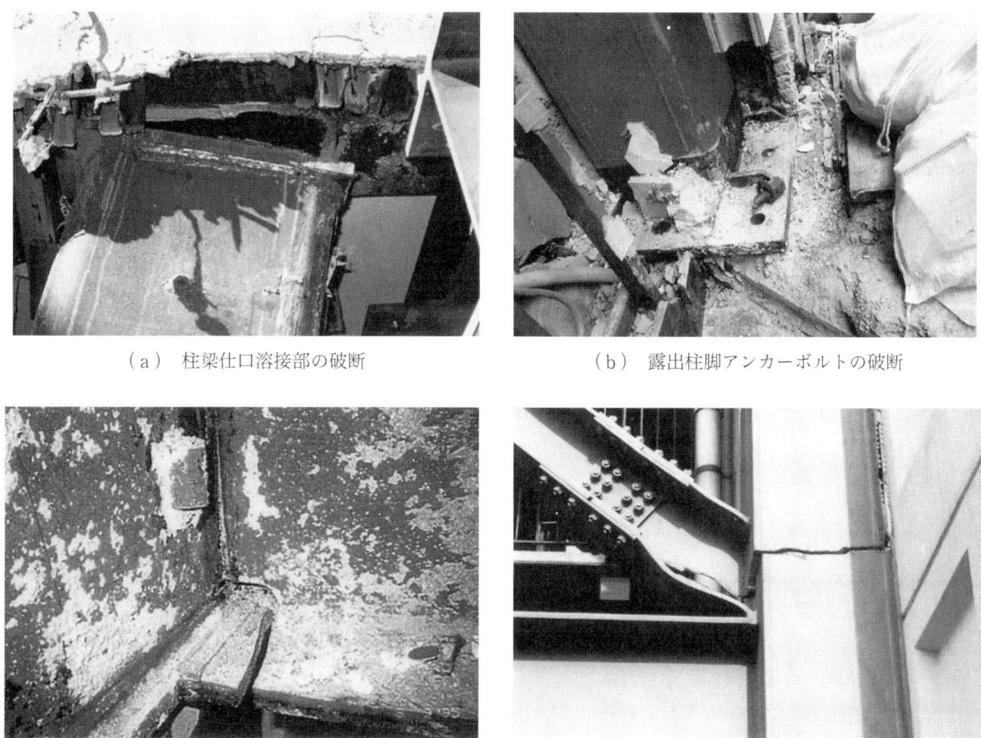
（a） 柱梁仕口溶接部の破断
（b） 露出柱脚アンカーボルトの破断
（c） 梁下フランジの破断とウェブの亀裂
（d） 極厚柱とブレースの破断

図 1・23 1995 年阪神・淡路大震災によるS造建築の被害
［出典：日本建築学会近畿支部鉄骨構造部会「1995 年兵庫県南部地震 鉄骨造建物被害調査報告書」，p. 37，p. 48，p. 83，p. 100（1995）］

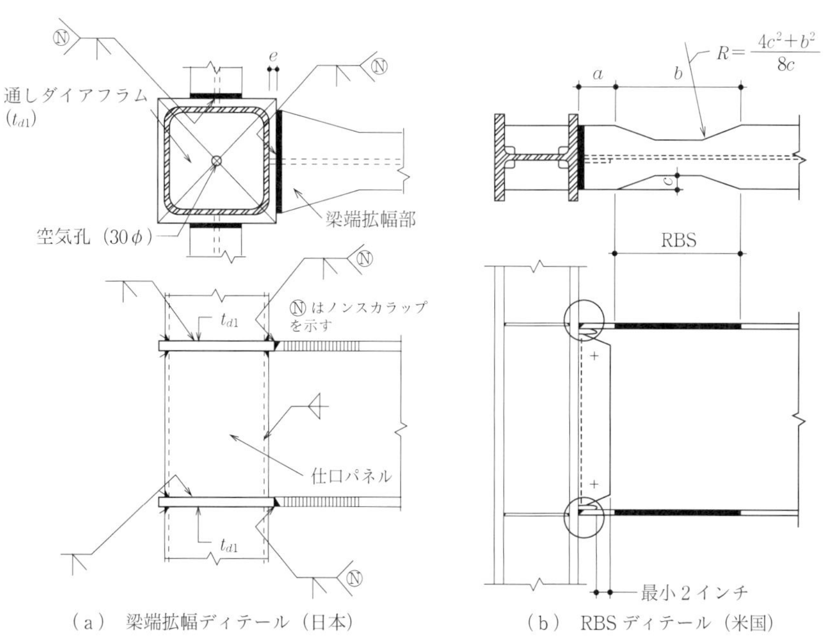

（a） 梁端拡幅ディテール（日本）
（b） RBS ディテール（米国）

図 1・24 日本と米国の柱梁接合部の改良ディテール
［（b）の出典：FEMA 350「Recommended Seismic Design Criteria For New Steel Moment-Frame Buildings」（July 2000）］

置を柱梁仕口の溶接継目ではなく品質が安定した母材に移動するもの）はそのような対応策の一つである．

阪神・淡路大震災の1年前に米国ノースリッジでも大地震があり，やはり近代的なS建築構造の溶接部から脆性破断が生じた．その後の対応も梁の断面を切り欠くディテール（Reduced Beam Section：RBS，図1·24(b)）など，我が国とは異なる対策法（いわゆるポスト・ノースリッジ・ディテール）が開発された．この方法も溶接部ではなく母材部を塑性化させることを意図しているが，米国では市中から入手できる鋼材はほとんどがリサイクル鋼材（電炉鋼材）であり，これを圧延したH形鋼梁を極厚のH形鋼柱にセルフシールド溶接を用いて現場で接合する工法が一般的である，など多くの点で我が国のものと異なっていることを反映している．S造建築はその国や地域の工業力や産業あるいは文化を反映していることを感じさせるが，一方，中国をはじめアジア各地で建設される多様な形式のS造建築の出現など，S造に関する技術が国際化している．

2011年の東日本大震災では津波の被害が圧倒的であったが，かねてから懸念されていた長周期地震動による超高層のS造建築など長周期建物の被害（新宿の超高層ビルが10分を超えて揺れ続けたことや震源から800 km も離れた大阪の湾岸部に位置する大阪府咲洲庁舎（52階）が片振幅約1.3 m の水平振動を記録し，多数の非構造部材に損傷が生じた）があった．これを受けて，国土交通省は，「超高層建築物等における南海トラフ沿いの巨大地震による長周期地震動への対策についての技術的助言（平成28年国住指第1111号）」をとりまとめ，地方公共団体等の関係団体あてに通知した．これは，関東，静岡，中京および大阪の4地方について，地盤条件が異なる10個の区域に適用する長周期成分を含む擬似速度応答スペクトルを示し，当該区域に建設される超高層ビルなどの設計に際して，これを入力として時刻歴地震応答解析を義務づけるものである．

リサイクル鋼材の利用も増えつつある．米国や欧州では，建築構造用鋼材のほとんどは鉄スクラップを主原料とする電炉鋼材である．我が国では電炉鋼の粗鋼生産量に占める割合は約30% であり，依然として高炉鋼材（転炉鋼材）が主流であるが，現在日本には12億トンもの鋼材が各種構造物として蓄積されており，施設の建替え時に発生する鋼材をリサイクル利用することは循環型社会の形成の観点から重要となっている．最近では，さらに省エネルギー的である鋼材のリユースも一部で始まっている．リユースでは，解体が容易な継手の設計や施工，リユース鋼材の規格保証制度，若干の損傷を受けた部材の耐力評価法などいくつかの課題があるが，博覧会やオリンピックなど仮設用途の建物では部材の再利用を考慮した計画が行われている．

第2章

3階建事務所ビルの設計例

A 建物概要

建物は1階がエントランスホールおよび駐車場，2階・3階は事務所用途の3階建事務所ビルである．建物の平面形状は14.14 m×23.34 mの長方形をしており，事務所部分は間仕切壁を自由に設けることができるように無柱空間としている（**表2･1〜表2･5，図2･1〜図2･9**）.

表2・1 一般概要

工事名称		○○ビル 新築工事			
建築主	氏 名	○○○ ○○			
	住 所	○○県○○市○丁目○番○号			
地域 地区	防火指定	法第22条区域			
	用途地域	近隣商業地域	都市計画区域	区域内 市街化区域	
	高度地区	−	特別用途地区	−	
	都市施設	−	日影規制	なし	
法定構造		準耐火建築物			
建ぺい率		法定建ぺい率 80%			
容積率		法定容積率 200%			

表2・2 建物概要

建物用途		主 事務所 副 −
消防法上防火対象物		15項
階 数	塔 屋	1階
	地 上	3階
	地 下	−階
高 さ	設計GL	TP+3.266 m
	平均地盤面	TP+3.383 m
	最高高さ	11.48 m（平均地盤面より）
	最高軒高	11.01 m（平均地盤面より）
	1階床高	0.08 m（平均地盤面より）
	地下の深さ	−m
工事種別		新築工事
工 期	着工予定	○○年 7月 1日
	竣工予定	○○年 12月 15日
	工 期	5.5か月予定

表2・3 面積概要

敷地面積	446.64 m^2
建築面積	337.55 m^2
容積対象面積	798.45 m^2
延べ面積	998.06 m^2
建ぺい率	75.58%
容積率	178.77%

表2・4 外装仕上表

（a） 屋 根

部 位	仕 上 げ	備 考
屋上，塔屋屋上	コンクリート直押えの上アスファルト防水 外断熱工法 スラブ勾配1/50	軽歩行用保護材 t6 断熱材硬質ウレタンフォーム t50
はと小屋	コンクリート打放しの上 ウレタン系塗膜防水	

（b） パラペット

部 位	笠 木	立 上 り
屋上，塔屋屋上	アルミ規格品複合皮膜(アルマイト)	屋上防水巻上げ
屋上(南面コーナー部)	アルミ規格品複合皮膜工場溶接加工(アルマイト)	屋上防水巻上げ

（c） 庇・軒天

部 位	下 地	仕 上 げ
南面・北面1階	LGS	フレキシブル板AEアルミ底目地

（d） 外 壁

部 位	仕 上 げ
南 面	押出成形セメント板 t60(W600, 900, 1 000)横張りアクリルウレタン樹脂工場塗装 目地/外部シール，内部ガスケット
東西北面，塔屋	押出成形セメント板 t60(W450, 500, 600)縦張り，コーナーパネル(W300)使用の上 単層弾性塗材(シリコンアクリル樹脂) 目地/外部シール，内部ガスケット

（e） 開口部

部 位	仕 上 げ
南 面	アルミ複合皮膜(二次電解着色ブラック)，壁面同面，見込厚70 mm，ペアガラス(延焼のおそれのある範囲 RFLt6＋At6＋PWt6.8，その他 RFLt6＋At6＋FLt5)
東西北面	アルミ複合皮膜(アルマイト)，見込厚70 mm，ペアガラス(FWt6.8＋At6＋FLt3)
エントランス	ステンレスHL両開き框扉(風止めストッパー金物付き)PWt6.8
勝手口	スチールフラッシュ扉(扉枠ともFL＋300まではSUSとする)B-FUE
シャッター	重量電動シャッター(耐風型)UE

（f） 柱・梁型

部 位	仕 上 げ
駐車場内柱	けい酸カルシウム板 t8 突付け，隙間シール処理

（g） 腰（外部幅木）

部 位	仕 上 げ
全 面	コンクリート打放し補修の上 単層弾性塗材(シリコンアクリル樹脂)伸縮目地@3 000シール

（h） 床

部 位		仕 上 げ
玄関前	1階玄関，勝手口	モルタル下地磁器質タイル貼り(耐凍害)□100

表2・5　内部仕上表

階	室　名	天井高〔mm〕 内装制限		床	幅木・腰	壁	天　井	回り縁
1	エントランスホール	2 400	仕上げ	磁器質タイル(耐凍害)□200	SUS幅木 H=100	ビニルクロス	リブ付き岩綿吸音板 t15	ビニル
		準不燃 令129	下地	モルタル下地 コンクリート直押え	石こうボード t12.5	石こうボード t12.5	不燃積層石こうボード t9.5	
			〔備考〕	掲示板：強化ガラス t12の上塩化ビニル樹脂フィルム貼り，アルミスラット縦型ブラインド：手動 W=100，ブラインドBOX：S-OP，案内板，郵便受け				
1	駐車場	2 550	仕上げ	アスファルト舗装 コンクリート金ごて押え	コンクリート打放し補修	押出成形セメント板 t60 クリア塗装 けい酸カルシウム板 t8 クリア塗装	けい酸カルシウム板 t6 底目地	アルミ
		準不燃 令128の4 告ハ(一)	下地			LGS		
			〔備考〕	足洗い場，ガードポスト，コーナーガード				
2	支部事務室 多目的室	2 600	仕上げ	タイルカーペット t6.5	ビニル幅木 H=75	ビニルクロス	岩綿吸音板 t9	ビニル
		難燃 令129	下地	コンクリート直押え	石こうボード t12.5	石こうボード t12.5	不燃積層石こうボード t9.5	
			〔備考〕	ブラインドBOX：S-OP，アルミスラット横型ブラインド：手動 W=35				
2	倉庫(1)	2 600	仕上げ	ビニルタイル t2.0	ビニル幅木 H=75	ビニルクロス	不燃化粧石こうボード	ビニル
		難燃 令129	下地	コンクリート直押え	石こうボード t12.5	石こうボード t12.5	不燃積層石こうボード t9.5	
			〔備考〕	ブラインドBOX：S-OP，アルミスラット横型ブラインド：手動 W=35				
3	支社スペース 研修室(1) 研修室(2)	2 600	仕上げ	タイルカーペット t6.5	ビニル幅木 H=75	ビニルクロス	岩綿吸音板 t9	ビニル
		難燃 令129	下地	コンクリート直押え	石こうボード t12.5	石こうボード t12.5	不燃積層石こうボード t9.5	
			〔備考〕	ブラインドBOX：S-OP，アルミスラット横型ブラインド：手動 W=35，研修室(2)のみスライディングウォール D60 W 1 100 接天接床仕様(一般タイプ)ビニルクロス貼り				
3	更衣室	2 600	仕上げ	タイルカーペット t6.5	ビニル幅木 H=75	ビニルクロス	岩綿吸音板 t9	ビニル
		不燃 告ハ(二)	下地	コンクリート直押え	石こうボード t12.5	石こうボード t12.5	不燃積層石こうボード t9.5	
			〔備考〕	ブラインドBOX：S-OP，アルミスラット横型ブラインド：手動 W=35				
共通	ホール・廊下	2 600	仕上げ	タイルカーペット t6.5	ビニル幅木 H=75	ビニルクロス	岩綿吸音板 t9	ビニル
		準不燃 令129	下地	コンクリート直押え	石こうボード t12.5	石こうボード t12.5	不燃積層石こうボード t9.5	
			〔備考〕	消火器BOX壁埋込み(2か所)				
共通	湯沸し室	2 600	仕上げ	ビニル床シート t2.0	ビニル幅木 H=75	ビニルクロス 半磁器タイル□100	岩綿吸音板 t9	ビニル
		難燃 令129	下地	コンクリート直押え	石こうボード t12.5	石こうボード t12.5 シージング石こうボード t12.5	不燃積層石こうボード t9.5	
			〔備考〕	ステンレス流し：L1 800　H850，ステンレス水切棚：L=1 050，吊り戸棚：L=1 050　H=500，壁水切り：SUS製				
共通	男子便所	2 500	仕上げ	ビニル床シート t2.0	サニタリー 半磁器タイル□100	半磁器タイル□100	岩綿吸音板 t9	ビニル
		難燃 告ハ(二)	下地	コンクリート直押え	シージング石こうボード t12.5	シージング石こうボード t12.5	不燃積層石こうボード t9.5	
			〔備考〕	洗面カウンター：ポストフォーム，ライニング甲板：ポストフォーム，汚垂石 t20，照明BOX，隔て板，トイレブース：メラミン化粧板貼りアルミRエッジSUS幅木付き				
共通	A階段	2 600	仕上げ	タイルカーペット t6.5	ささら幅木S-OP	ビニルクロス	岩綿吸音板 t9	ビニル
		準不燃 令129	下地	モルタル下地		石こうボード t12.5	不燃積層石こうボード t9.5	
			〔備考〕	ノンスリップ：SUSゴムタイヤ入り W40(フラットエンド加工)接着剤ビス併用 手すり：スチールOP，手すり笠木：たも集成材OS				

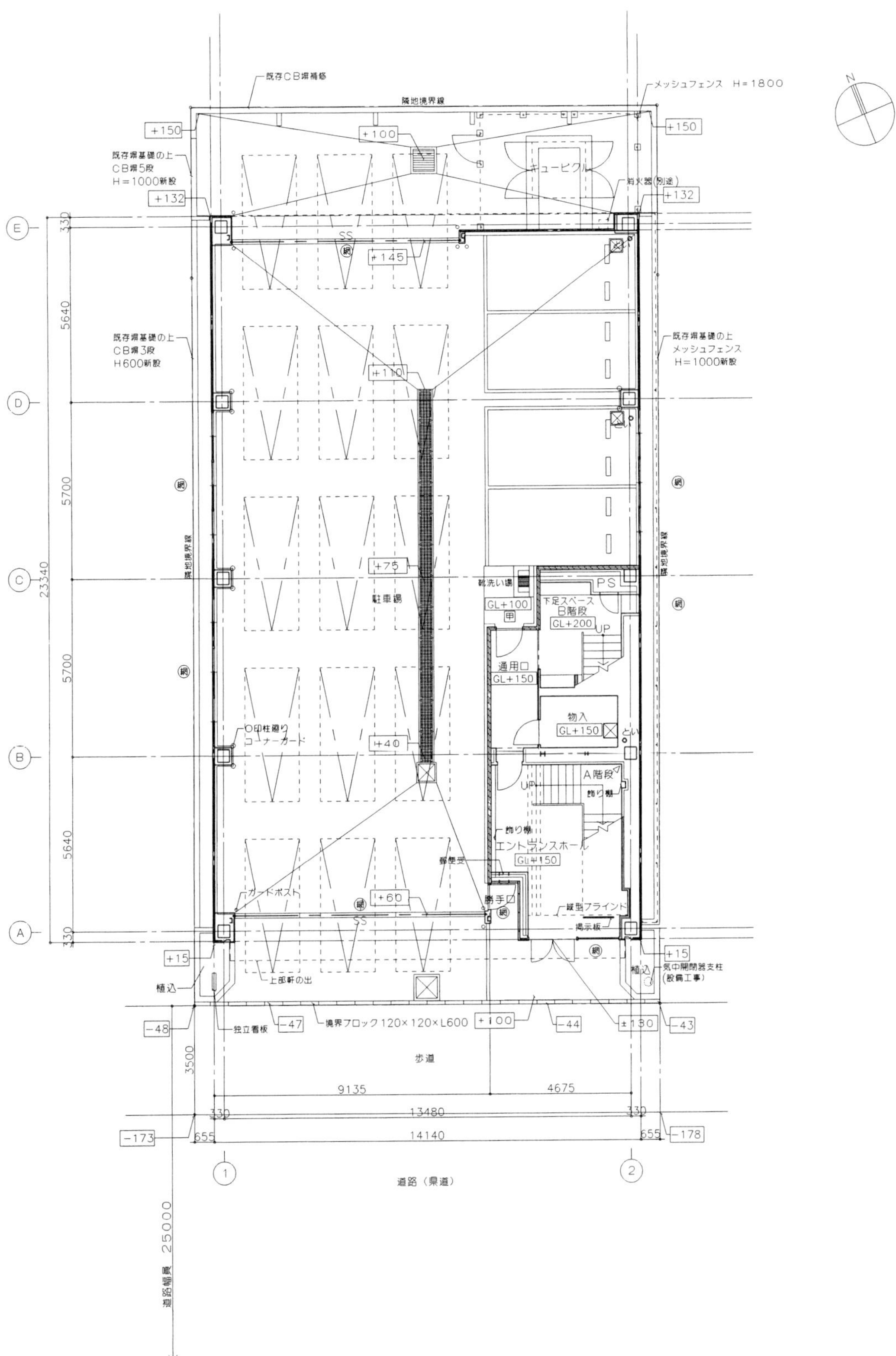

既存CB塀補修
隣地境界線
メッシュフェンス H=1800
+150
+100
+150
既存塀基礎の上
CB塀5段
H=1000新設
キュービクル
消火器(別途)
+132
+132
+145
既存塀基礎の上
CB塀3段
H600新設
既存塀基礎の上
メッシュフェンス
H=1000新設
+110
+75
駐車場
乾洗い場
GL+100
PS
下足スペース
B階段
GL+200
UP
通用口
GL+150
物入
GL+150
とい
○印柱廻り
コーナーガード
+40
A階段
飾り棚
UP
エントランスホール
GL+150
郵便受
ガードポスト
+60
勝手口
縦型ブラインド
掲示板
+15
+15
植込
植込
気中開閉器支柱
(設備工事)
上部軒の出
-48
-47
独立看板
境界ブロック120×120×L600
+100
-44
±130
-43
歩道
9135
4675
13480
14140
-173
-178
道路(県道)
道路幅員 25000
5640
5700
5700
5640
23340
3500

図2・1　1階平面図

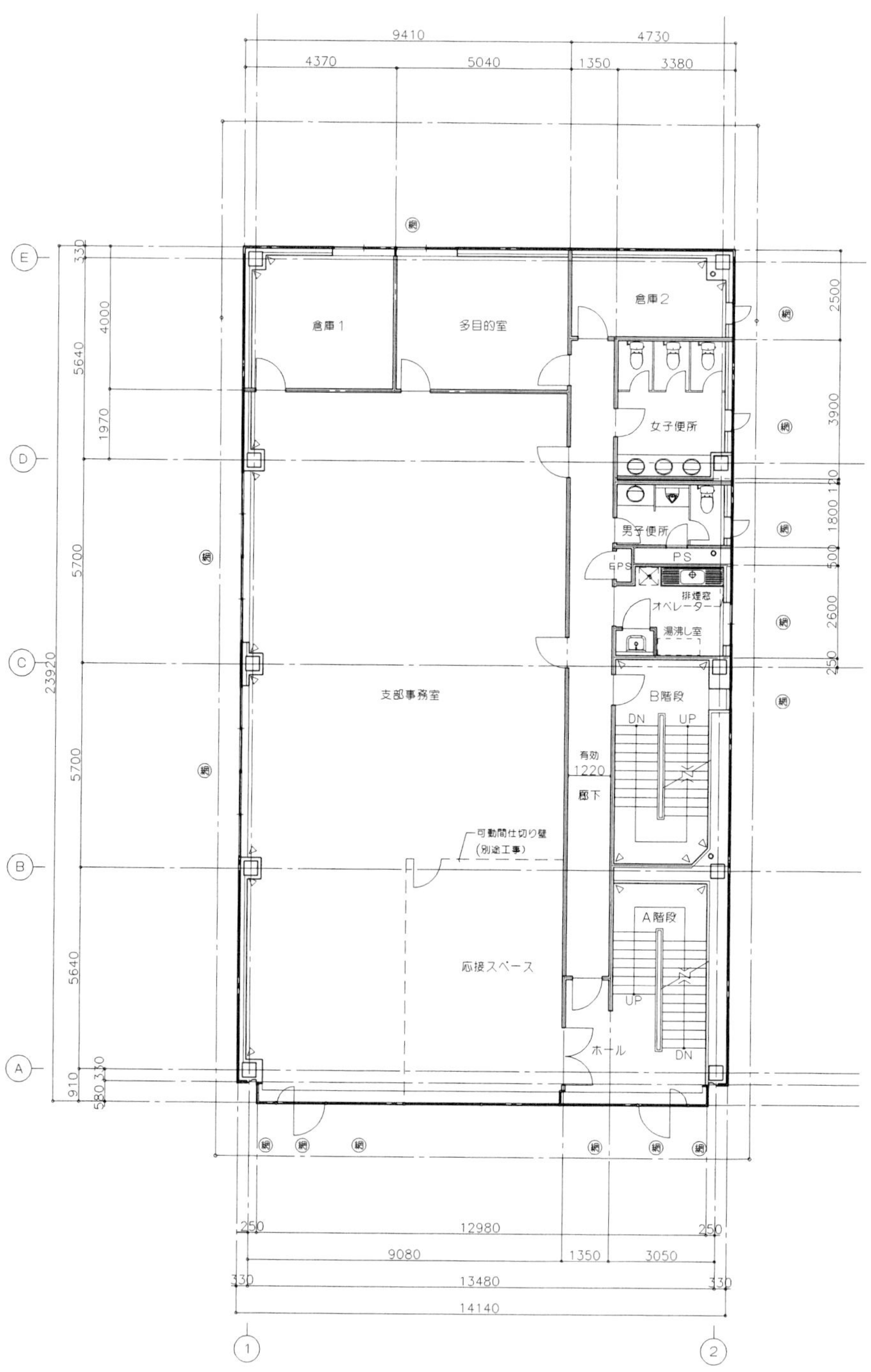
倉庫1
多目的室
倉庫2
女子便所
男子便所
PS
EPS
排煙窓
オペレーター
湯沸し室
B階段
DN
UP
有効
1220
廊下
支部事務室
可動間仕切り壁
(別途工事)
A階段
UP
DN
応接スペース
ホール
9410
4730
4370
5040
1350
3380
2500
3900
1800
500
2600
250
330
4000
1970
5640
5700
5700
5640
23920
910
580
12980
9080
1350
3050
13480
14140

図２・２　２階平面図

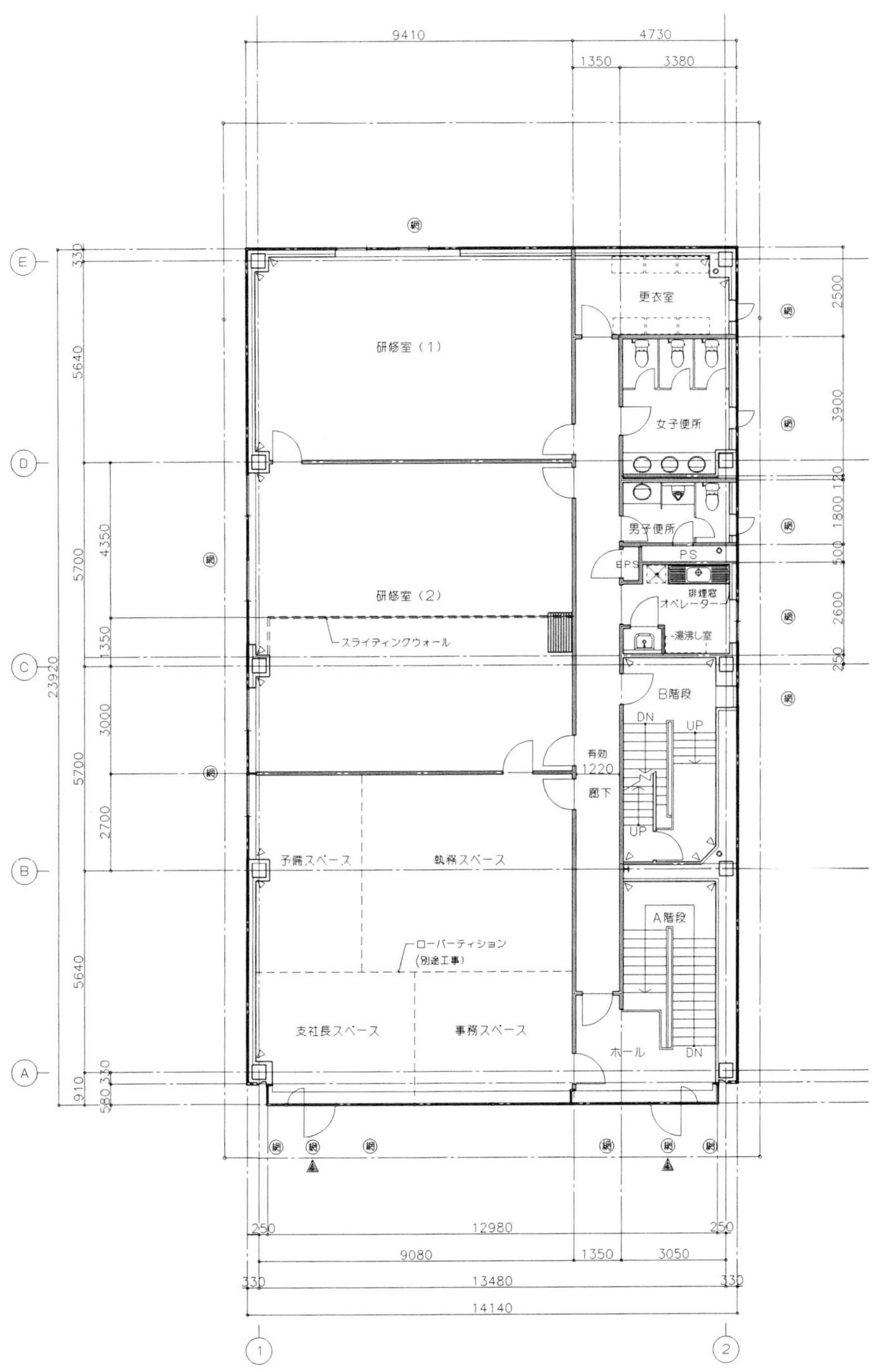
9410
4730
1350
3380
更衣室
研修室（1）
女子便所
男子便所
EPS
PS
排煙窓オペレーター
湯沸し室
研修室（2）
スライディングウォール
B階段
DN
UP
有効1220
廊下
予備スペース
執務スペース
ローパーティション（別途工事）
A階段
支社長スペース
事務スペース
ホール
12980
9080
1350
3050
13480
14140
23920

図2・3　3階平面図

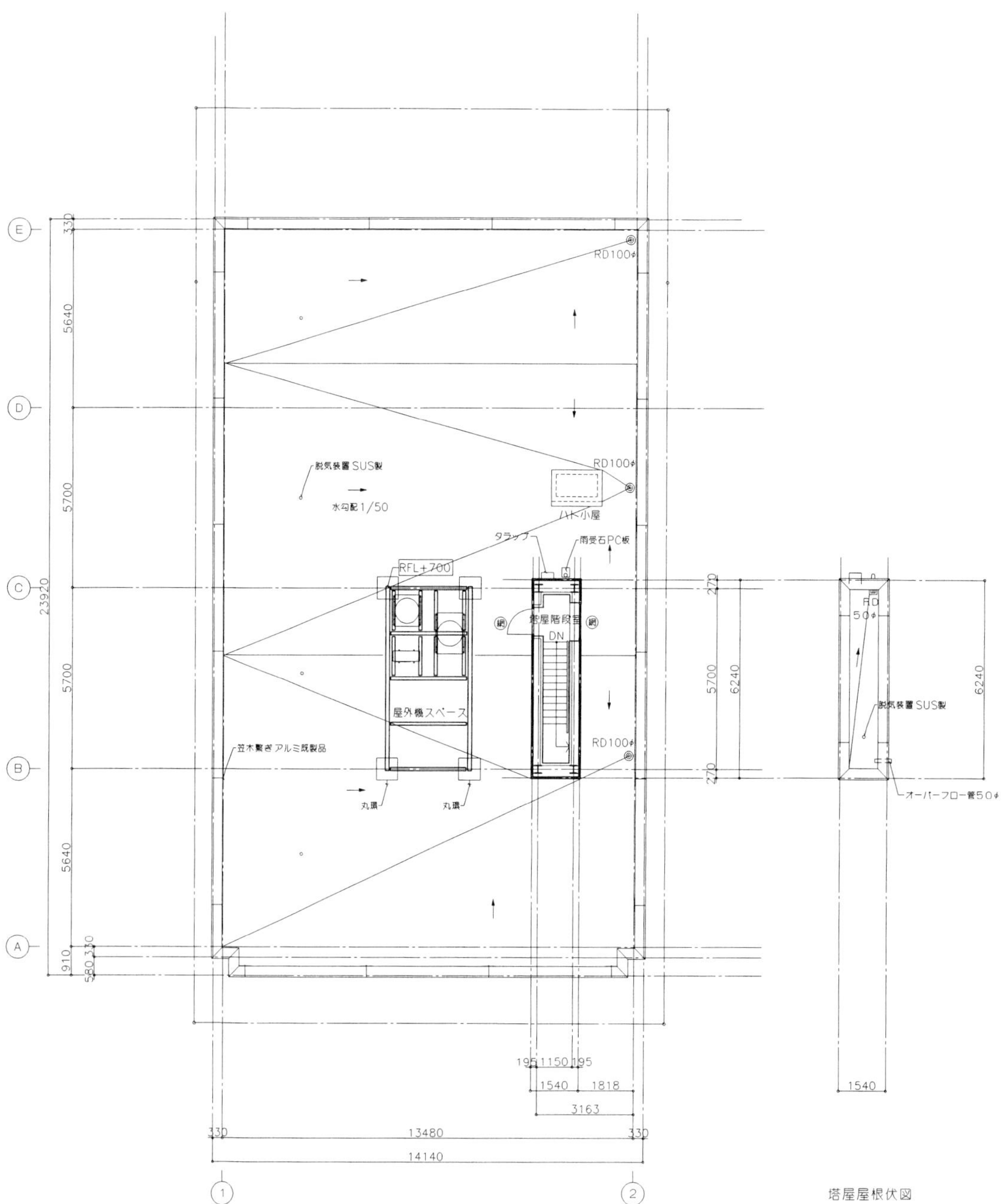
RD100φ
脱気装置SUS製
水勾配1/50
ハト小屋
タラップ
雨受石PC板
RFL+700
塔屋階段室
DN
屋外機スペース
笠木繋ぎアルミ既製品
丸環
丸環
オーバーフロー管50φ
塔屋屋根伏図

図2・4　塔屋平面図

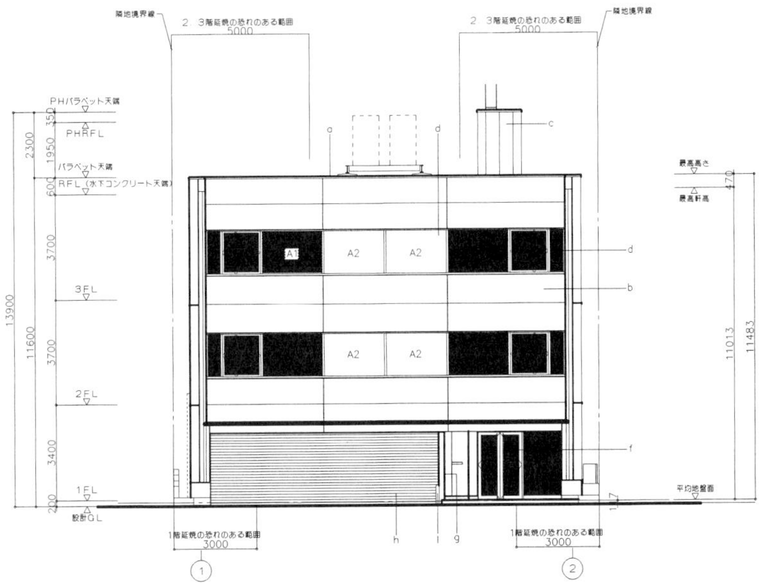

図2・5　南側立面図

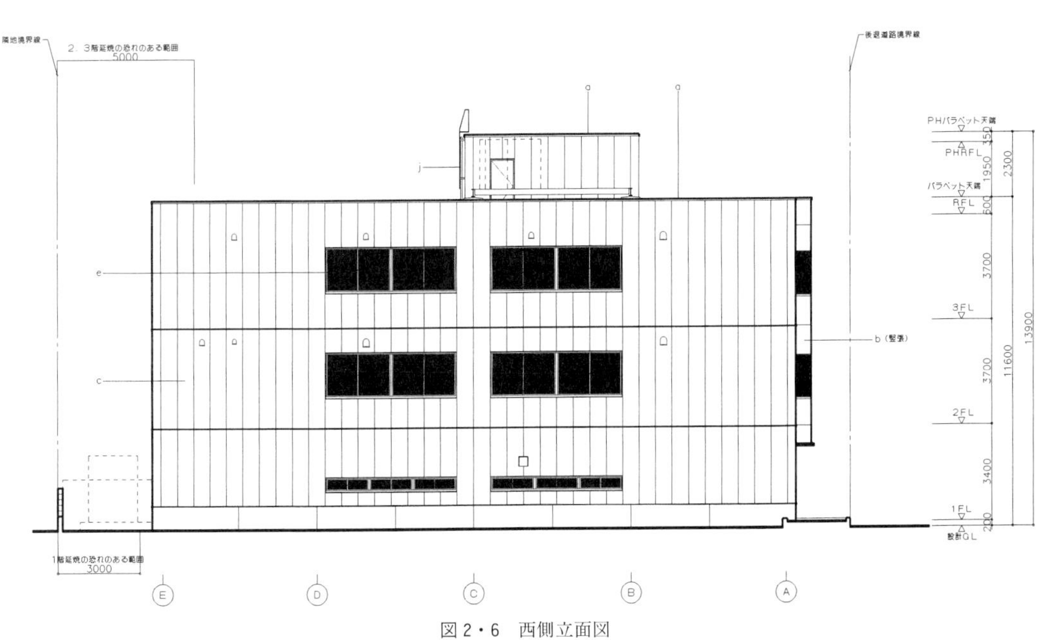

図2・6　西側立面図

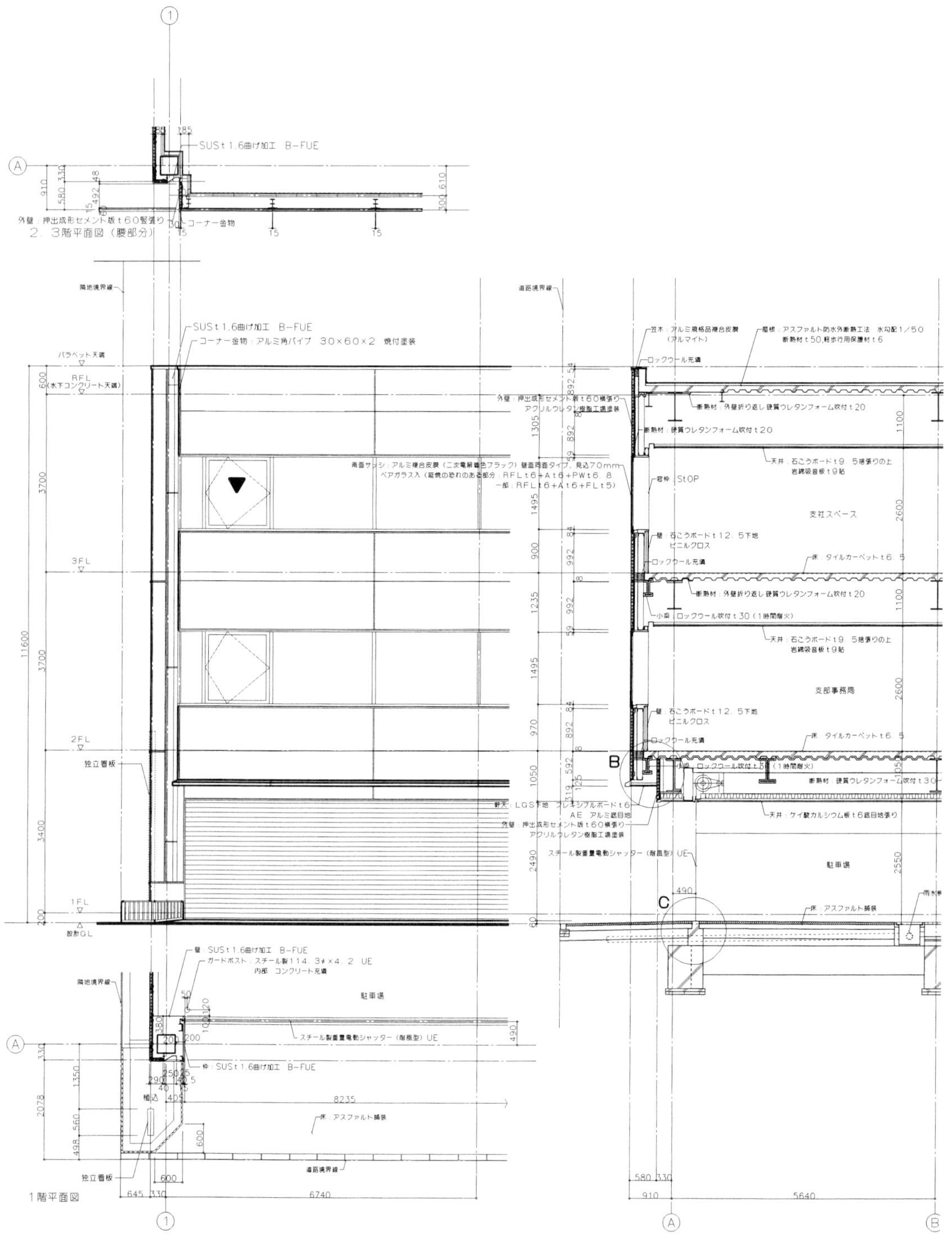

図2・7　矩計図

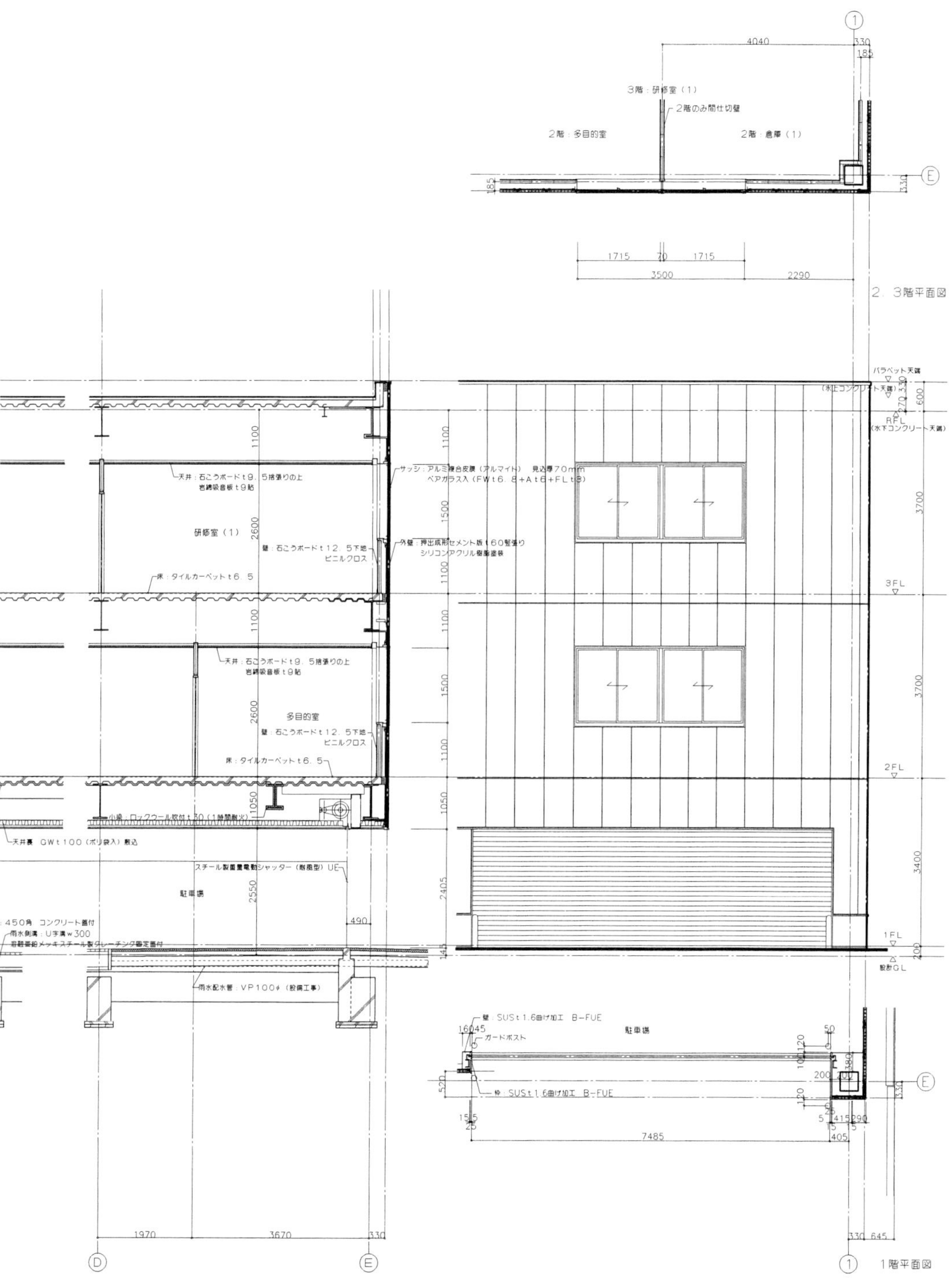
3階：研修室（1）
2階のみ間仕切壁
2階：多目的室
2階：倉庫（1）
2、3階平面図
パラペット天端
RFL
3FL
2FL
1FL
設計GL
天井：石こうボードt9.5捨張りの上 岩綿吸音板t9貼
研修室（1）
壁：石こうボードt12.5下地 ビニルクロス
床：タイルカーペットt6.5
サッシ：アルミ陽台皮膜（アルマイト） 見込厚70mm ペアガラス入（FWt6.8+At6+FLt8）
外壁：押出成形セメント板t60竪張り シリコンアクリル樹脂塗装
多目的室
天井裏：GWt100（ポリ袋入）敷込
スチール製重量電動シャッター（断面型）UE
駐車場
雨水配水管：VP100φ（設備工事）
壁：SUSt1.6曲げ加工 B-FUE
ガードポスト
枠：SUSt1.6曲げ加工 B-FUE
1階平面図

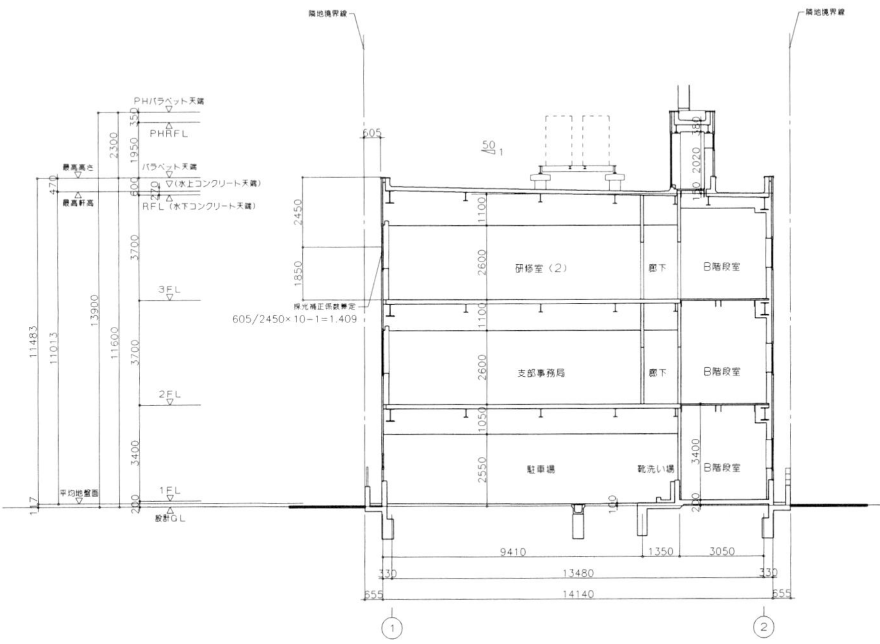

図2・8　東西方向断面図

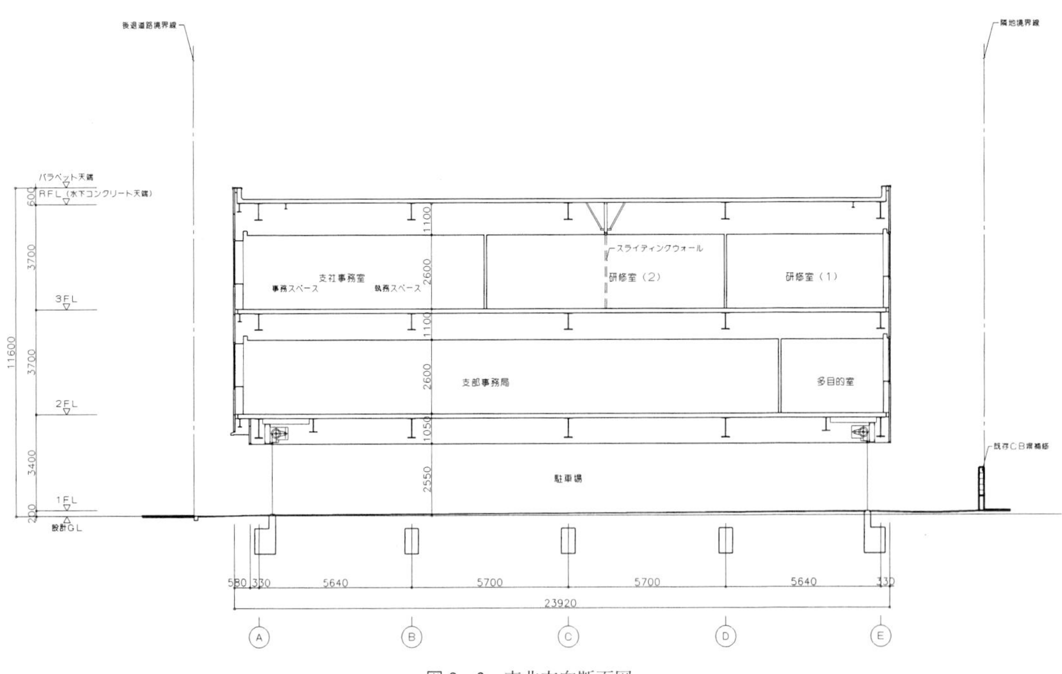

図2・9　南北方向断面図

B 構造計画

構造計画とは，要求された機能を満足する建築空間をつくるために，建築物の骨組の形式や配置の概要を定めることである．構造計画の段階では，構造形式の選択や柱梁の配置について構造的な合理性だけではなく，意匠・設備などの要求条件や施工性も考慮し，建築全体としてバランスのとれた計画を行うことが重要である．構造設計を進めるうえで計画の占める割合は大きく，計画をしっかりしておけば設計の手戻りも少なくてすむ．

S造ではどのような種類の鋼材を使用し，どのように接合（納まり）するか計画の段階で検討しなければならない．鉄骨の納まりを検討せずして計算を完了し，いざ作図してみると鉄骨が納まらなかったり，納まりの悪い骨組みができてしまうことがある．納まりの悪い骨組みは力の伝達に無理が生じたり，施工性の悪い不経済な建物となる．

コンピュータおよび計算プログラムの性能が向上し，応力解析，断面算定が容易にできるようになり，構造計画もコンピュータ解析によってケーススタディを行う例も多い．しかしながら，コンピュータ解析では応力の細かな数値や個々の部材の断面算定結果に目が奪われがちである．略算により層重量の分布やフレームの性状などをおおまかに把握することは重要であり，コンピュータ解析の出力のチェックにも役立つ．本例の構造計画では手計算を主として仮定断面の算出および検討を行うこととする．

1．構造種別と構造形式

1.1　構造種別

3階建の建物の場合，構造種別として通常はS造，RC造，SRC造などが考えられる．RC造のスパンは一般に10m以下で，本例の約13.5mのスパンでは設計が困難であることが予測される．この建物の規模でSRC造はS造と比較して一般的にコスト高である．よって，経済的にロングスパンに対応しやすいS造で計画を行う．

1.2　構造形式

構造形式は構造種別と密接に関連している．S造はラーメン構造やブレース構造が一般的ではあるが，建物の条件によってはトラス構造や吊り構造といった構造形式も考えられる．

ブレース構造は，ラーメン構造と比較すると少ない鋼材量で水平剛性や耐力が確保できるので合理的・経済的な設計が可能であるが，ブレースの配置に関して平面計画上の制約を受けることも多い．本例では外壁の開口および平面計画の自由度を考慮して，XY両方向ともに純ラーメン構造を採用する．

使用材料は，低層建物であり，特に高強度材料を使う必然性がないので，鉄骨大梁はSN 400，鉄骨柱はBCR 295，コンクリートはFC 21，鉄筋はSD 295 AおよびSD 345とする．

2.　部材の構成

2.1　スラブ構造の選択

S造建物の床には，現場打ちコンクリート以外に，ALCパネルやPC板などを敷き並べた乾式工法などがよく用いられる．床は鉛直荷重を支える役割と，面内剛性により水平荷重を骨組に伝える役割がある．

一般的に現場打ちコンクリートスラブの場合は十分な面内剛性および強度を有するが，乾式工法の床は面内剛性を確保するために水平ブレースを設ける必要がある．骨組解析の前提となる剛床仮定を成立させるためには，梁とコンクリートスラブが一体に働くように鉄骨梁天端に頭付きスタッドコネクターを溶接する（**図2･10** 参照）．

本例では事務所階は，建物の軽量化を図ることができて経済性に優れた合成スラブを採用する．屋上階については，パラペットの立上りおよび設備基礎などの鉄筋が定着されることを考慮して，フラットタイプの型枠デッキプレートを用いた厚さ150 mmのRC造スラブとする．

2.2　小梁の配置

小梁の配置は，床を受けるもの，集中荷重などの特殊荷重を受けるもの，開口周辺に設けるもの，梁の横座屈を止めるものなど目的に応じて決める．床を受ける小梁は床の大きさが等しくなるように配置すると種類が少なくなり，標準化できるのでよい．また，床，梁は曲げ耐力が十分であっても曲げ剛性が小さいと，仕上材が追従できない変形や居住者に不安感を与える振動障害が発生するので，これらのたわみ・変形・振動を防止するのに必要な曲げ剛性を確保することが重要である．梁の振動に関しては「建築物の振動に関する居住性能評価指針・同解説」（日本建築学会，2004年）を参照するとよい．

本例では合成スラブの耐火認定条件より，小梁間隔が2.7 m以下となるように計画を行う．

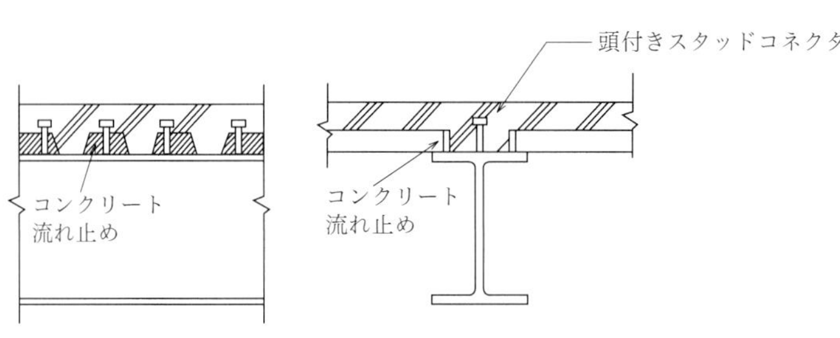

（a）　デッキプレート不連続（大梁に多い）

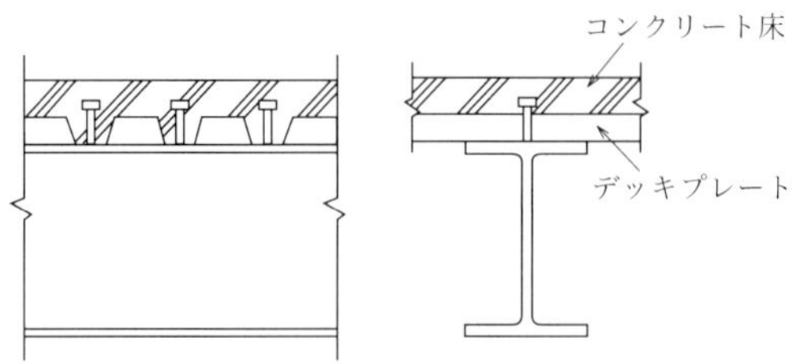

（b）　デッキプレート連続（小梁に多い）

図2・10　デッキプレートの納まり例

2.3 柱の配置

一般にスパンを長くすると梁せいが大きくなり階高にも影響する．同一床面積で床を支える柱の本数が多いほど柱１本当りの負担する荷重・外力は少なくすむが，多すぎると鉄骨量も多くなり不経済になる．地盤の悪い場合は，基礎工事を含めた経済バランスを考慮しておくことも大切である．

本例では，X 方向は事務所空間の平面的なフレキシビリティに配慮した１スパン架構とした．１スパン架構としたことにより X 方向の地震時の変形（層間変形角）が大きくなることが予測されるので，Y 方向のスパンは 6.0 m 以下として，X 方向のフレーム数を多めに確保した（**図 2･11**）．

2.4 階　高

階高を決める要素としては，居室の天井高，天井の仕上げ・下地厚，ダクト・照明器具の大きさ，梁せい，耐火被覆厚，スラブ厚，床仕上厚がある．意匠設計および設備設計との打合せのうえ，階高の設定を行う（**図 2･12**）．

3．平面・立面計画

本例では RC 造スラブおよび合成スラブを採用することで平面剛性を確保するので，水平力は各通りの架構の水平剛性に比例して分担するものと考える（いわゆる剛床仮定）．本例のように，整形な平面形状で，階高もほぼ均等な純ラーメン構造では偏心率，剛性率が問題となることはないと考えられる．

本例のような１スパン架構（X 方向）の純ラーメン構造は，層間変形角の制限により部材が決定されることもあるので注意が必要である．

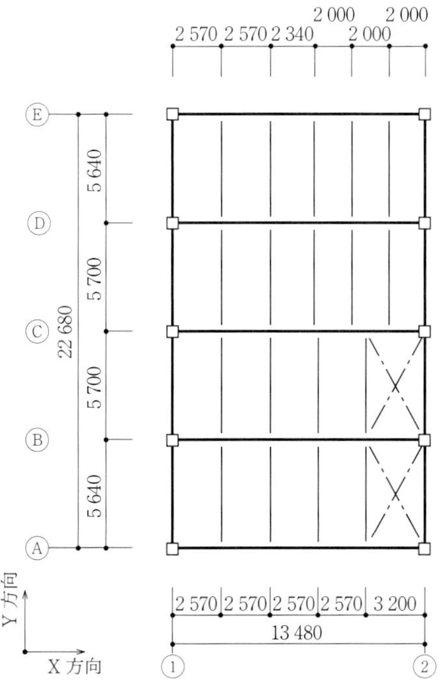

図 2・11　略柱梁伏図

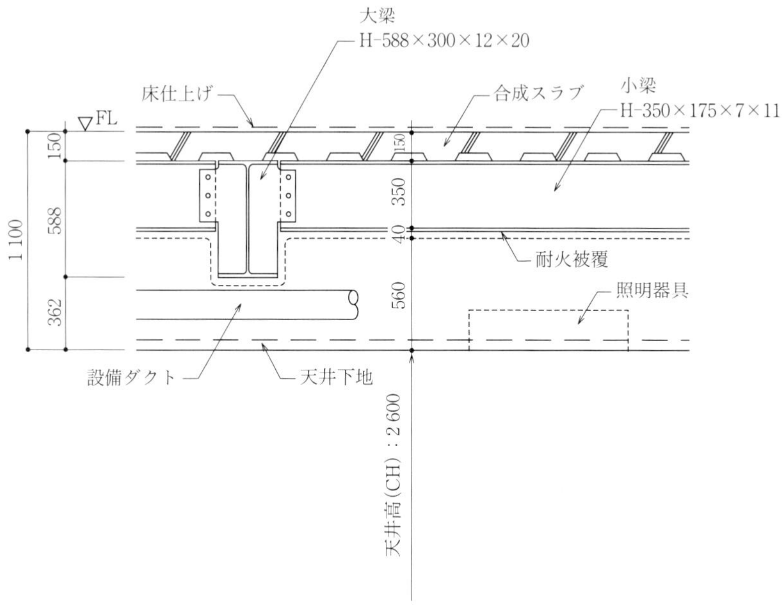

図2・12 天井裏空間の検討例

4. 柱 脚

柱脚はS造上部構造から伝えられてきた力をRC造の基礎へ伝える重要な接合部である．柱脚の種類には固定度に応じて，固定とピンおよびその中間の半固定のタイプがある（**図2•13**）．

固定柱脚は軸力・せん断力・曲げモーメントを同時に伝える形式である．固定柱脚はピン柱脚に比べて施工難度は高いが，柱・梁の曲げモーメントは反曲点位置が柱の中央部付近になることで有利なことが多く，また剛性も上がるので層間変位も小さくなる．

ピン柱脚は軸力・せん断力を同時に伝えるとともに回転能力を備えていなければならない．ピン柱脚は平屋などの軽微な建物か，ブレースとの組合せで用いられるのが一般的である．

本例の場合では，ピン柱脚を採用すると1階の層間変形角が大きくなり制限値を上回ることが予測されるので不適当である．層間変形角の低減のためには固定柱脚が望ましいが，施工性および工期短縮に配慮して露出形式の半固定柱脚を採用する．

5. 基礎形式

5.1 地盤概要

地盤調査による土質柱状図によると，地層は表面より8.9 mまでN値1～6の安定しない埋土，8.9～10.0 mまでローム層，10.0～13.35 mまで砂層，13.35 m以深はN値50以上の砂礫層となっている（**図2•14**）．

5.2 地業形式

上部の埋土は軟弱な地層で，この上に建物を載せると沈下を生じ，不同沈下が生じるおそれがある．支持地盤と考えられるのは約13 m以深の砂礫層であり，その層に杭を根入れする．1階部分は

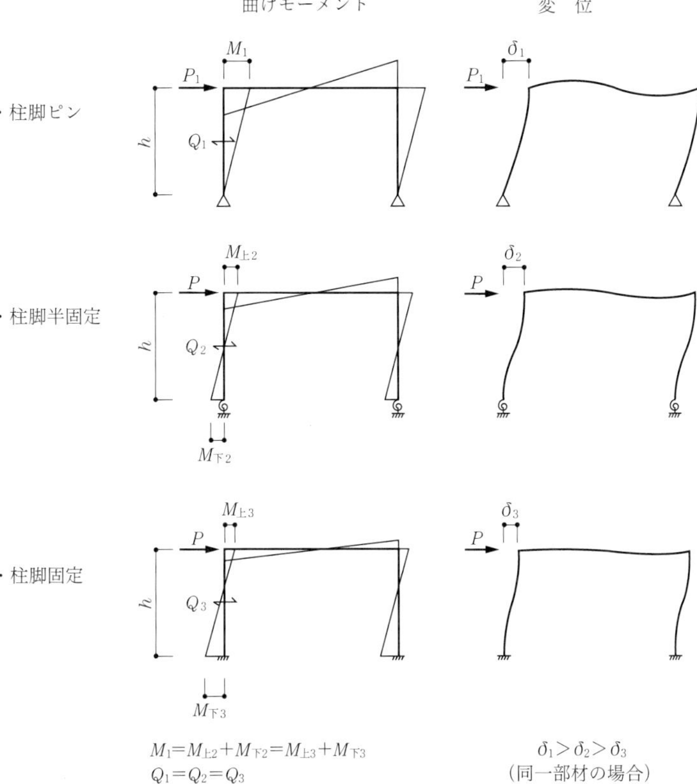

図 2・13　柱脚の種類による応力および変位の概念図

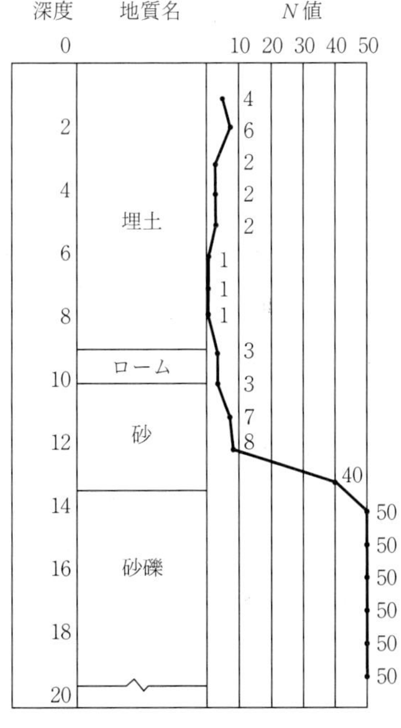

図 2・14　土質柱状図

表2・6　施工法による杭の分類

<table>
<tr><td rowspan="3">既製杭</td><td>打込み工法</td><td colspan="2">打撃工法
振動工法
圧入工法
プレボーリング打撃工法</td></tr>
<tr><td rowspan="2">埋込み工法</td><td>プレボーリング
中掘り</td><td>打撃工法
根固め工法
拡大根固め工法</td></tr>
<tr><td>回転貫入</td><td>根固め工法</td></tr>
<tr><td>場所打ち杭</td><td>オールケーシング工法
アースドリル工法
リバースサーキュレーション工法
深礎工法
その他の掘削機による工法(BH 工法)</td><td colspan="2"></td></tr>
</table>

用途が駐車場なので構造床とはせずに土間床（アスファルト舗装）とすることで，杭軸力の低減および基礎梁の簡素化を図る．また，1階X方向はスパンが大きいので，スパンの中央にも基礎を設ける．

なお，アスファルト舗装の土間床は沈下による不陸が生じても容易に補修が可能であり，その旨を建築主にも了解を得ている．

5.3　杭の工法

杭の分類として，大きくは既製杭と場所打ち杭の2種類に分けることができる（**表2・6**）．既製杭については各社から種々の工法が出されており，それぞれに支持力算定式も異なる．

既製杭を用いた打撃工法は，他の工法と比べて支持力が大きくとれて経済性に優れた工法であるが，騒音および振動が大きな工法であるため近年は市街地で採用されることはほとんどない．

本例では，市街地の建物で比較的採用例が多い場所打ちコンクリート杭のアースドリル工法を採用したが，既製杭の埋込み工法なども採用可能と考えられる．

6.　仮定断面の検討

6.1　仮定断面

前項までは建物についての考え方を記述してきたが，意匠・設備担当者と打合せをしながら計画を進めていくうえで，各部材の寸法を計画の初期の段階で仮定しなければならない．構造計算は初めに断面などを仮定してその妥当性を確認するものなので，仮定した断面などが不適切な場合は断面や部材配置を変更して計算のやり直しが必要になり，場合によっては建物全体の計画に影響を及ぼすので，仮定断面といえども慎重に決めなければならない．

一般的に断面寸法は荷重の大きさ，階数，変形の制限値などによって変わるが，比較的低層のS造ラーメン構造では，梁せいとスパンの比を1/20～1/15，柱せいと階高の比を1/9～1/6程度としてよいだろう．小梁は梁せいとスパンの比を1/18～1/15程度，床の厚さは短辺の長さの1/30以上かつ合成スラブで一般的な厚さである150 mm以上と仮定し，概算で確認する．

6.2　地震層せん断力

S造事務所ビルの単位床面積当りの建物重量（床・梁・柱・壁の自重と積載荷重の和）は約6～10

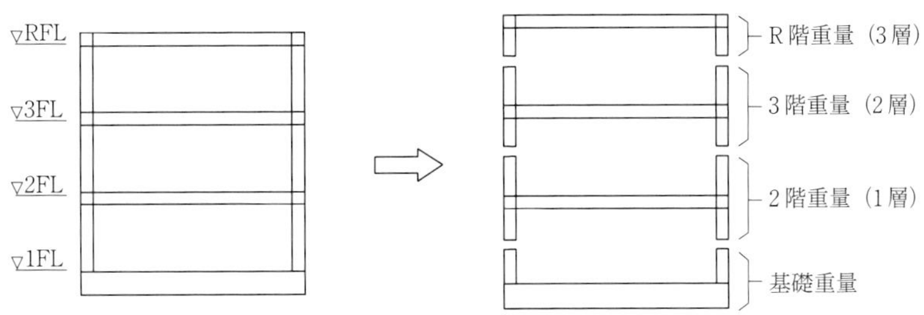

図 2・15　重量算定範囲のイメージ図

表 2・7　地震層せん断力

階	W_i〔kN〕	$\sum W_i$〔kN〕	α_i	A_i	C_i	Q_i〔kN〕
R	2 368	2 368	0.368	1.428	0.286	676
3	2 029	4 397	0.684	1.176	0.235	1 034
2	2 029	6 426	1.000	1.000	0.200	1 285

kN/m² 程度である（**図 2・15，表 2・7**）．積載荷重は床・小梁用，フレーム用，地震用で異なるが，概算の際には特に変える必要はない．本例のように，床が合成スラブ，外壁が押出成形セメント板であれば，建物は軽量な部類に属すると考えられるので，事務所階は 6 kN/m² と仮定する．屋上階については，RC 床スラブであることおよび設備荷重の存在を考慮して 7 kN/m² と仮定する．

概算時の一次固有周期算定用の建物高さ（最高軒高さ）は，$h=11.20$ m で検討を行った．

（1）　建物重量 W_i

・R 階　$7\ \text{kN/m}^2\times 14.14\ \text{m}\times 23.92\ \text{m}=2\,368\ \text{kN}$

・3 階　$6\ \text{kN/m}^2\times 14.14\ \text{m}\times 23.92\ \text{m}=2\,029\ \text{kN}$

・2 階　$6\ \text{kN/m}^2\times 14.14\ \text{m}\times 23.92\ \text{m}=2\,029\ \text{kN}$

（2）　設計用一次固有周期 T および振動特性係数 R_t（式の解説は，C 4.4 を参照）

・建物高さ　$h=11.20$ m

・鉄骨造　$\alpha=1.0$

・地盤は第 2 種地盤（$T_c=0.6$ 秒）

$$T=h\times(0.02+0.01\alpha)$$

$$=11.20\times(0.02+0.01\times 1.0)=0.336\ \text{秒}<T_c=0.6\ \text{秒}$$

よって　$R_t=1.0$

（3）　層せん断力 Q_i（式の解説は，C 4.4 を参照）

$$\alpha_i=\sum_{j=i}^{n}W_j/\sum_{j=1}^{n}W_j$$

$$\alpha_3=2\,368/(2\,368+2\,029+2\,029)=0.368$$

$$\alpha_2=(2\,368+2\,029)/(2\,368+2\,029+2\,029)=0.684$$

$$\alpha_1=(2\,368+2\,029+2\,029)/(2\,368+2\,029+2\,029)=1.00$$

$$A_i=1+\left(\frac{1}{\sqrt{\alpha_i}}-\alpha_i\right)\frac{2T}{1+3T}$$

$$A_3=1+\left(\frac{1}{\sqrt{0.368}}-0.368\right)\times\frac{2\times0.336}{1+3\times0.336}=1.428$$

$$A_2=1+\left(\frac{1}{\sqrt{0.684}}-0.684\right)\times\frac{2\times0.336}{1+3\times0.336}=1.176$$

$$A_1=1+\left(\frac{1}{\sqrt{1.00}}-1.00\right)\times\frac{2\times0.336}{1+3\times0.336}=1.00$$

$$C_i=Z\cdot R_t\cdot A_i\cdot C_0\quad(Z=1.0,\ R_t=1.0,\ C_0=0.2)$$

$$Q_i=C_i\times\sum W_i$$

6.3　計算ルート

本建物は，上記よりスパン，軒の高さおよび延べ面積の項目でルート 1-1 および 1-2 の制限を超えている（**表 2･8**）．建物高さは 31 m を超えていないので，ルート 2 またはルート 3 の適用が可能である．整形な形状の純ラーメン構造であることより偏心率および剛性率は規定の値を満足できるのでルート 2 で計算を進める．

表 2・8　計算ルート

本建物		ルート 1-1		ルート 1-2	
		条件	判定	条件	判定
階　数	3	≦3	○	≦2	×
高　さ	11.48 m	≦13.0 m	○	≦13.0 m	○
軒の高さ	11.01 m	≦9.0 m	×	≦9.0 m	×
スパン	13.48 m 5.70 m	≦6.0 m	×	≦12.0 m	×
延べ面積	998 m²	≦500 m²	×	≦500 m²	×
適用の判定			×		×

6.4　応力計算

構造計画における応力計算は D 値法の考え方に基づいて行うこととする（D 値法の詳細については，RC 資料 11 章を参照）．階高は，構造階高を用いて検討する（構造階高については，C 1.2「伏図および軸組図」解説を参照）．

（1）　C，M_0，Q_0 の算定

・単位面積当りの建物重量は，地震力を求めるときと同じ数値を採用した．厳密には，積載荷重や壁重量の有無に違いはあるが，概算の段階なので無視する．

・X 方向の大梁の荷重状態は，小梁からの集中荷重であるが，小梁本数も多いので，等分布荷重として算定する．

・Y 方向のスパン長さは，5.70 m の均等スパンとして算定する．

2，3 階大梁の算定例を以下に示す．

・X 方向　2，3 階（B，C，D 通り）

$$C=\frac{1}{12}wl^2=\frac{1}{12}\times6.0\times5.7\times13.48^2=518\ \mathrm{kN\cdot m}$$

$$M_0=\frac{1}{8}wl^2=\frac{1}{8}\times6.0\times5.7\times13.48^2=777\ \mathrm{kN\cdot m}$$

$$Q_0=\frac{1}{2}wl=\frac{1}{2}\times 6.0\times 5.7\times 13.48=231\ \mathrm{kN}$$

・Y 方向　2，3 階（1，2 通り）

小梁間隔は，2.57 m → 2.60 m として算定

$$C=\frac{1}{12}wl^2=\frac{1}{12}\times 6.0\times\frac{2.6}{2}\times 5.70^2=21\ \mathrm{kN\cdot m}$$

$$M_0=\frac{1}{8}wl^2=\frac{1}{8}\times 6.0\times\frac{2.6}{2}\times 5.70^2=32\ \mathrm{kN\cdot m}$$

$$Q_0=\frac{1}{2}wl=\frac{1}{2}\times 6.0\times\frac{2.6}{2}\times 5.70=22\ \mathrm{kN}$$

（2）　鉛直荷重時応力

C，M_0，Q_0 の算定結果より，鉛直荷重時応力を概算する（**図 2・16**，**図 2・17**）.

・鉛直荷重時における梁のモーメントは外端で 0.7 C，内端で 1.1 C と仮定する.

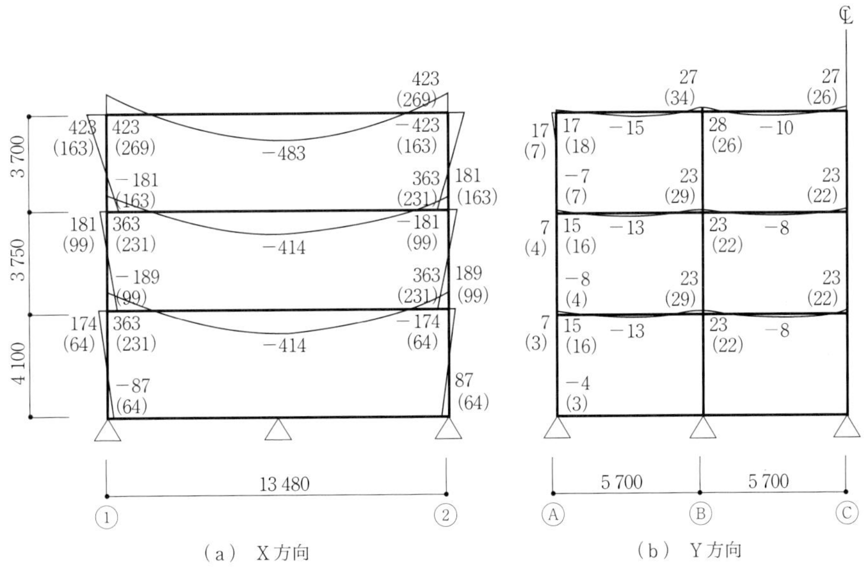

（a）X方向　（b）Y方向

図 2・16　鉛直荷重時の概算応力図

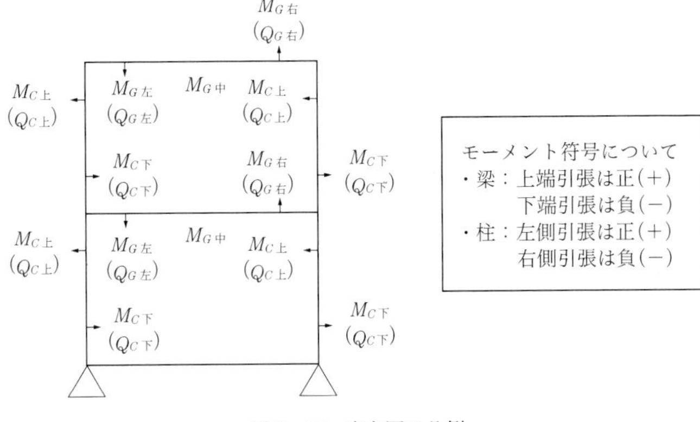

図 2・17　応力図の凡例

・2階柱頭と3階柱脚の曲げモーメントは，大梁端部の曲げモーメントの1/2とする（2階，3階の階高がほぼ等しいため）.

・1階柱頭と2階柱脚の曲げモーメントは，階高の逆数（≒剛比）で比例配分する.

・1階柱脚の曲げモーメントは，柱頭の1/2と仮定する.

・1階床は土間床であるため，鉛直荷重の影響は小さいと考えられるので，1階大梁の鉛直荷重時応力は無視した.

（3）　柱軸力

単位面積当りの建物重量に柱の支配面積を乗じて，各階の柱軸力を算定する.

・C1（①フレームのⒸ通り柱）

3階　7.0 kN/m^2×(1/2×5.7 m×13.48 m)＝269 kN

2階　269 kN＋6.0 kN/m^2×(1/2×5.7 m×13.48 m)＝500 kN

1階　500 kN＋6.0 kN/m^2×(1/2×5.7 m×13.48 m)＝731 kN

（4）　水平荷重時応力

D 値法の考え方に基づき地震力による水平荷重時応力を求める．実施設計の柱脚は半固定であるが，概算の段階では固定柱脚として検討を行った.

・せん断力の柱の負担率（D 値）は内柱で1.0，外柱で0.7と仮定する.

・反曲点（y）は1階で0.6，最上階で0.4，中間階で0.5と仮定する.

1階柱の応力算定例および水平荷重時応力図を**図2･18**に示す.

X方向　1階　外柱

$Q_E = Q_i \times D/\sum D_i$ ＝1 285 kN×0.7/(0.7×10本)＝129 kN

柱脚 $M = Q_E \cdot h \cdot y$ ＝129 kN×4.1 m×0.6＝316 kN･m

柱頭 $M = Q_E \cdot h \cdot (1-y)$ ＝129 kN×4.1 m×(1−0.6)＝211 kN･m

Y方向　1階　外柱

Q_E ＝1 285 kN×0.7/(0.7×4本＋1.0×6本)＝102 kN

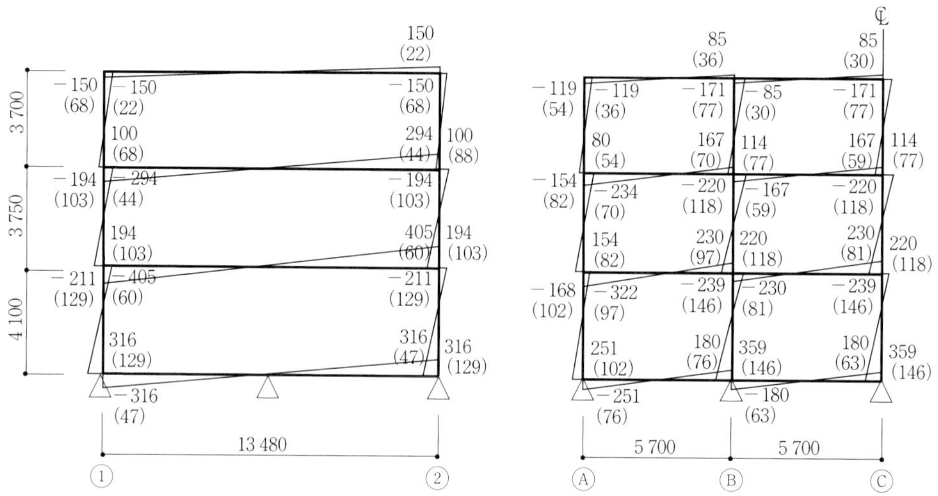

図2・18　水平荷重時の概算応力図

柱脚 $M=102\ \mathrm{kN}\times4.1\ \mathrm{m}\times0.6=251\ \mathrm{kN\cdot m}$

柱頭 $M=102\ \mathrm{kN}\times4.1\ \mathrm{m}\times(1-0.6)=168\ \mathrm{kN\cdot m}$

Y 方向　1 階　中柱

$Q_E=1\,285\ \mathrm{kN}\times1.0/(0.7\times4$ 本$+1.0\times6$ 本$)=146\ \mathrm{kN}$

柱脚 $M=146\ \mathrm{kN}\times4.1\ \mathrm{m}\times0.6=359\ \mathrm{kN\cdot m}$

柱頭 $M=146\ \mathrm{kN}\times4.1\ \mathrm{m}\times(1-0.6)=239\ \mathrm{kN\cdot m}$

6.5 大梁の断面検討

鉄骨部材の短期許容応力度（$235\ \mathrm{N/mm^2}$）は長期許容応力度（$156\ \mathrm{N/mm^2}$）の 1.5 倍である．よって，断面算定用の応力は長期応力 M_L と短期応力 M_S とを比較して，以下のような関係で決定する．

$1.5\times M_L<M_S$ ならば，断面検討用応力は M_S

$1.5\times M_L\geqq M_S$ ならば，断面検討用応力は M_L

（1） X 方向　2 階　G 1

端部応力　$M_S=M_L+M_E=363+405=768\ \mathrm{kN\cdot m}$

$Q_S=Q_L+Q_E=231+60=291\ \mathrm{kN}$

中央応力　$M_L=414\ \mathrm{kN\cdot m}$

$1.5\,M_L<M_S$ より，端部部材の短期応力で断面算定を行う．

H-700×300×13×24（SN 400）

$Z_x=5\,640\times10^3\ \mathrm{mm^3}$　　$i_y=68.3\ \mathrm{mm}$　　$i_b=79.5\ \mathrm{mm}$

・横補剛　$\lambda_y=l/i_y=13\,480/68.3=197$

$\lambda_y\leqq170+20\,n$ より，保有耐力横補剛としての必要横補剛本数 $n=2$

・横補剛間隔　$l/(n+1)=13\,480/(2+1)=4\,493\ \mathrm{mm}\ >\ l_b=3\,200\ \mathrm{mm}$　　OK

・幅厚比　フランジ　$150\div24=6.3\ <\ 9$　　OK

ウェブ　$(700-24\times2)\div13=50.2\ <\ 60$　　OK

よって，ルート 2 を採用する場合の大梁の幅厚比制限値を満足する．

・短期許容曲げ応力度　$\lambda_b=l_b/i_b=3\,200/79.5=40.3$　　$\eta=7.73$

$\rightarrow f_b=156\times1.5=235\ \mathrm{N/mm^2}$　（f_b 算定図表より）

$\sigma_b=M_S/Z_x=(768\times10^6)/(5\,640\times10^3)=136\ \mathrm{N/mm^2}$

$\sigma_b/f_b=136/235=0.58\ <\ 1.0$　　OK

・長期許容せん断応力度　$f_s=90\ \mathrm{N/mm^2}$

$\tau=Q_L/A_w=231\times10^3/(652\times13)=27.3\ <\ f_s$　　OK

（2） Y 方向　2 階　G 2

端部応力　$M_S=M_L+M_E=15+322=337\ \mathrm{kN\cdot m}$

$Q_S=Q_L+Q_E=29+97=126\ \mathrm{kN}$

中央応力　$M_L=13\ \mathrm{kN\cdot m}$

$1.5\,M_L<M_S$ より，端部部材の短期応力で断面算定を行う．

H-488×300×11×18（SN 400）

$Z_x=2\,820\times10^3\,\text{mm}^3$　　$i_y=71.4\,\text{mm}$　　$i_b=81.0\,\text{mm}$

・横補剛　$\lambda_y=l/i_y=5\,700/71.4=80$

$\lambda_y \leqq 170+20\,n$ より，必要横補剛本数 $n=0$　　OK

・幅厚比　フランジ　$150\div18=8.3 \ < \ 9$,（$=9\sqrt{235/F}$）　OK

ウェブ　$(488-18\times2)\div11=41.1 \ < \ 60$,（$=60\sqrt{235/F}$）　OK

・短期許容曲げ応力度　$\lambda_b=l_b/i_b=5\,700/81.0=70.4$　　$\eta=7.32$

$\rightarrow f_b=156\times1.5=235\,\text{N/mm}^2$　（f_b 算定図表より）

$\sigma_b=M_S/Z_x=(331\times10^6)/(2\,820\times10^3)=120\,\text{N/mm}^2$

$\sigma_b/f_b=120/235=0.51 \ < \ 1.0$　　OK

・短期許容せん断応力度　$f_s=135\,\text{N/mm}^2$

$\tau=Q_S/A_w=126\times10^3/(452\times11)=25.3 \ < \ f_s$　　OK

X 方向に関しては，ロングスパンの1スパン架構のため，層間変形による制限を考慮して断面の余裕を大きくとることとした.

X 方向と Y 方向の大梁せいについては，仕口部の納まりを考慮して 150 mm 以上の差をつけるようにする.

6.6　柱の断面検討

1階　C1

X 方向柱脚応力　$M_S=M_L+M_E=87+316=403\,\text{kN}\cdot\text{m}$

$N_S=N_L+N_E=731+(22+44+60)=857\,\text{kN}$

Y 方向柱脚応力　$M_S=M_L+M_E=0+359=359\,\text{kN}\cdot\text{m}$

$N_S=N_L+N_E=731+(36-30+70-59+97-81)=764\,\text{kN}$

一般的にラーメン部材は曲げ応力が支配的であり，$1.5\,M_L<M_S$ より短期応力で検討を行う.

□-400×400×22（BCR 295）　$A=31\,600\,\text{mm}^2$　　$Z=3\,650\times10^3\,\text{mm}^3$　　$i_x=i_y=152\,\text{mm}$

・幅厚比　$\lambda_y=400/22=18.2<29.5$,（$=33\sqrt{235/\text{F}}$）　　OK

よって，ルート 2 を採用する場合の角形鋼管柱の幅厚比制限値を満足する.

・短期許容圧縮応力度　$\lambda=l_c/i=4\,100/152=27.0$

$f_c=186\times1.5=279\,\text{N/mm}^2$

・短期許容曲げ応力度　角形鋼管なので f_b の低減はない → $f_b=295\,\text{N/mm}^2$

X 方向　$\dfrac{\sigma_c}{f_c}+\dfrac{\sigma_b}{f_b}=\dfrac{857\times10^3}{31\,600\times279}+\dfrac{403\times10^6}{3\,650\times10^3\times295}=0.10+0.37=0.47 \ < \ 1.0$　　OK

Y 方向　$\dfrac{\sigma_c}{f_c}+\dfrac{\sigma_b}{f_b}=\dfrac{764\times10^3}{31\,600\times279}+\dfrac{359\times10^6}{3\,650\times10^3\times295}=0.09+0.33=0.42 \ < \ 1.0$　　OK

6.7　層間変形角

層間変形角は，変形が大きいと予測される X 方向について検討する.

算定方法は，応力計算と同様に D 値法の考え方に基づいて行う（**表 2･9**, **表 2･10**, **図 2･19**）.

基礎梁（RC 造）の断面二次モーメントは，ヤング係数比（n）により鉄骨断面に換算する.

FG 1：$B\times D=500\times900$　　ヤング係数比：$n=15$

$$I_0=\frac{BD^3}{12\times n}=\frac{500\times 900^3}{12\times 15}=202\,500\times 10^4\ \mathrm{mm}^4$$

$$K=\frac{I_0\cdot\phi}{L}=\frac{202\,500\times 10^4\times 1.0}{6\,740}=150\,222\ \mathrm{mm}^3$$

$$k_G=K/K_0=\frac{150\,222}{1.0\times 10^6}=0.15$$

表2・9　B通り大梁　$K_0=1.0\times 10^6\ \mathrm{mm}^3$

階	符号	断　面	I_0〔$\times 10^4\ \mathrm{mm}^4$〕	ϕ	L〔mm〕	$K=I_0\cdot\phi/L$	$k_G=K/K_0$
R, 3階	G 1	H-588×300×12×20	114 000	1.80	13 480	152 226	0.15
2階	G 1	H-700×300×13×24	197 000	1.80	13 480	263 056	0.26

I_0：梁柱の断面二次モーメント，ϕ：スラブの合成効果による剛性増大率，L：部材長，K：剛度（$=I_0\cdot\phi/L$），K_0：標準剛度，k：剛比（$=K/K_0$）

表2・10　B通り柱

階	符号	断　面	I_0〔$\times 10^4\ \mathrm{mm}^4$〕	ϕ	L〔mm〕	$K=I_0\cdot\phi/L$	$k_C=K/K_0$
3階	C 1	□-400×400×16	57 100	1.00	3 700	154 324	0.15
2階	C 1	□-400×400×16	57 100	1.00	3 750	152 267	0.15
1階	C 1	□-400×400×22	73 000	1.00	4 100	178 049	0.18

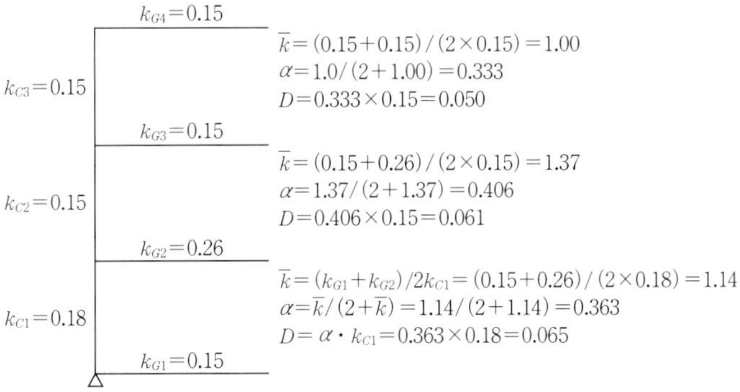

図2・19　D値の算定

3階　$\delta=\dfrac{Q}{\sum D}\cdot\dfrac{h^2}{12EK_0}=\dfrac{676\times 10^3}{0.050\times 10}\times\dfrac{3\,700^2}{12\times 205\,000\times 10^6}=7.5\ \mathrm{mm}=h/493$

2階　$\delta=\dfrac{Q}{\sum D}\cdot\dfrac{h^2}{12EK_0}=\dfrac{1\,034\times 10^3}{0.061\times 10}\times\dfrac{3\,750^2}{12\times 205\,000\times 10^6}=9.7\ \mathrm{mm}=h/387$

1階　$\delta=\dfrac{Q}{\sum D}\cdot\dfrac{h^2}{12EK_0}=\dfrac{1\,285\times 10^3}{0.065\times 10}\times\dfrac{4\,100^2}{12\times 205\,000\times 10^6}=13.5\ \mathrm{mm}=h/303$

層間変形角は，$h/200$ 以下を満足する．

C 構造計算書

構造計算書を作成する目的は，設計者が建物の安全性を確認することと，建築基準法の各該当項目を満足しているか確認し，建築確認申請図書の一部として特定行政庁の建築主事の許可を受けるためである．また，計算書は建物の増改築や室の用途変更をしたとき，第三者がいつでも安全性を確認できるように，わかりやすくしておく必要がある．

一般的に構造計算書の表紙は，設計事務所名，構造設計者の一級建築士番号，名前，押印が必要である．

○○ビル新築工事
構造計算書

平成○○年○月○日
○○○一級建築士事務所

一級建築士 第○○号 ○○○ 印
構造設計一級建築士 第○○号

一級建築士 第○○号 ○○○ 印

（a） 表 紙

［目次］

（b） 目 次

〔解 説〕

表紙の記述は工事件名，作成年月日，設計事務所名，設計者名，目次を記述する．目次は上記の大項目程度とする．

1. 一 般 事 項

1.1 建物概要

・物 件 名　○○ビル新築工事
・所 在 地　××県○○市
・建物用途　事務所
・工事種別　新築
・建物規模　延べ床面積：998.06 m^2　建築面積：337.55 m^2
　　　　　　階　　数：地上3階　塔屋1階　地下なし
　　　　　　最 高 高 さ：11.48 m（軒高：11.01 m）

・構造概要　構造種別　鉄骨造
構造形式　X 方向：ラーメン構造
Y 方向：ラーメン構造
基礎形式　杭基礎（場所打ちコンクリート杭）

・増築予定　なし

・仕上概要　屋根　アスファルト防水
天井　岩綿吸音版（不燃積層石こうボード下地）
床　タイルカーペット
外壁　押出成形セメント板（$t=60$）
内壁　ビニルクロス（石こうボード下地）

・建物特徴　建物は1階がエントランスホールおよび駐車場，2階および3階が事務所用途の3階建事務所ビルである．建物の平面形状は14.14 m×23.34 mの長方形をしており，事務所部分は間仕切り壁を自由に設けることができるように無柱空間としている．

〔解　説〕

これから計算する建物の内容が，おおむね理解できるように，建物名称，建設地，規模，用途，構造概要，仕上概要，増築予定の有無，その他建物の特徴を記述する．

1.2　伏図および軸組図

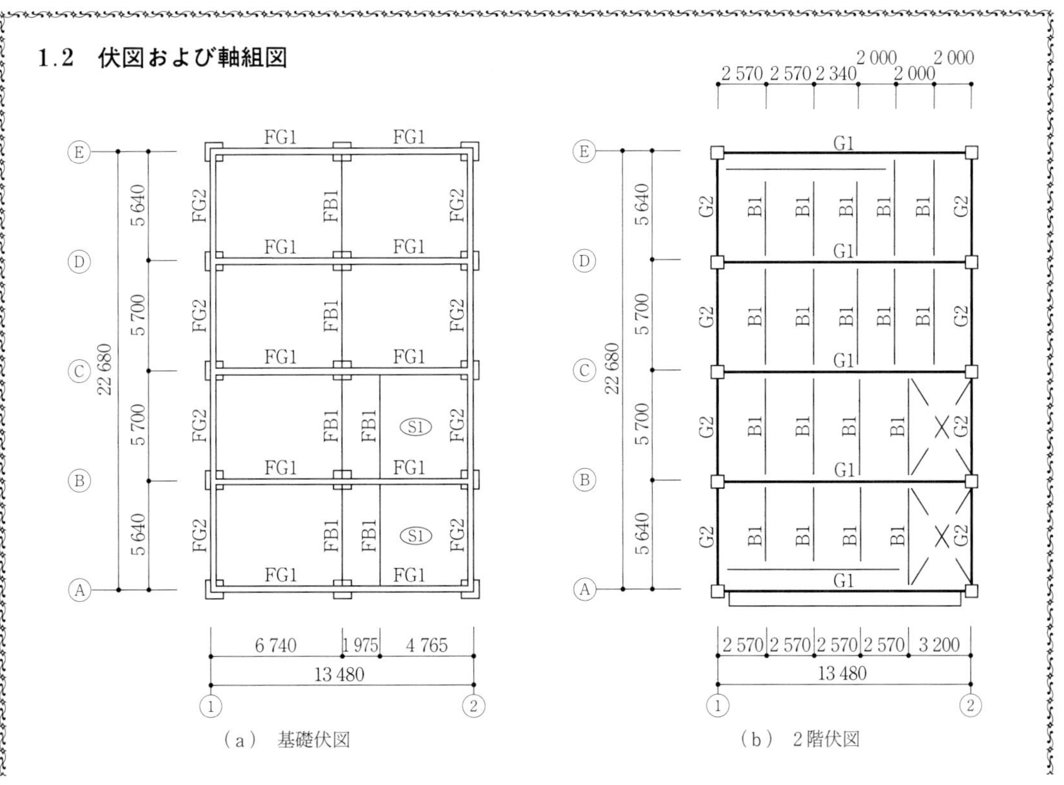

（a）基礎伏図　（b）2階伏図

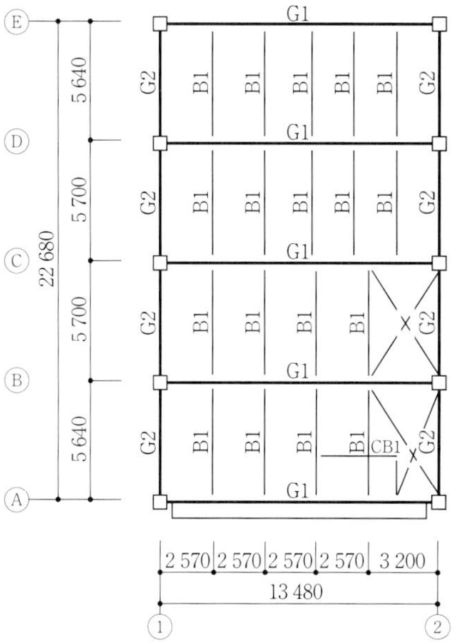

（c）　3階伏図

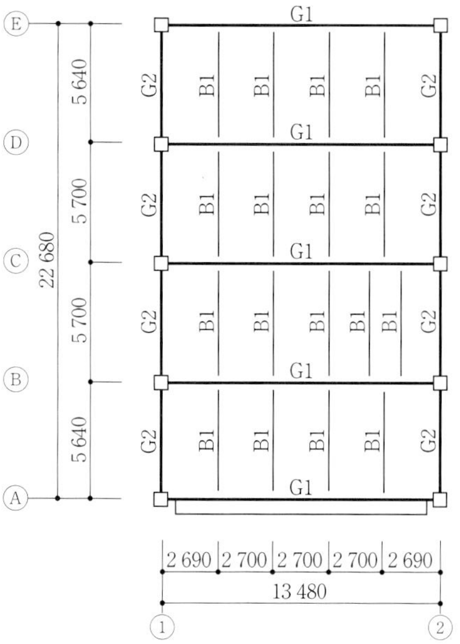

（d）　R階伏図

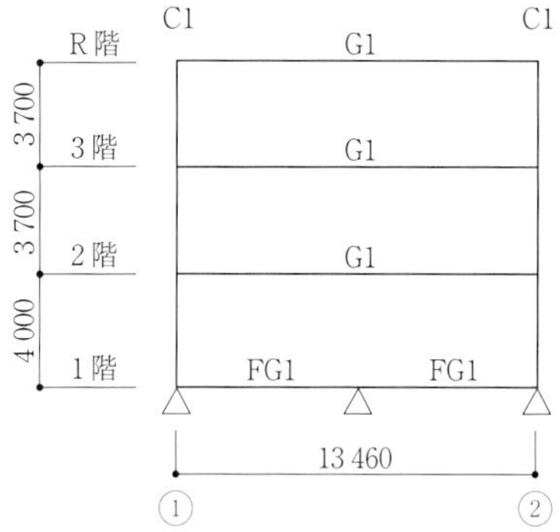

（e）　A～B通り軸組図

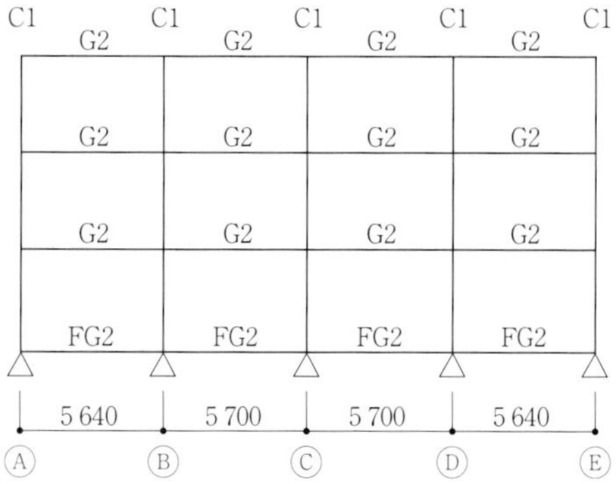

（f）　1，2通り軸組図

〔解　説〕

付図として，代表的な階の平面図および軸組図を入れておく．将来，第三者が計算書を見る場合に理解の助けとなる．本例の軸組図の高さ寸法は，応力解析に用いる構造階高を示している．構造階高は，**図2･20**に示すように梁の部材心間距離によって定める．

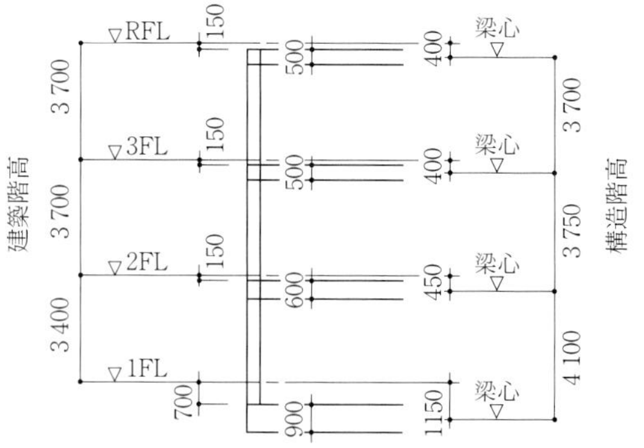

〔注〕　梁せいは，X方向とY方向の平均値の値を50 mm単位で丸めた値としている．

図2・20　構造階高

1.3 設計方針

① X，Y 方向ともに純ラーメン構造とする．柱は冷間成形角形鋼管（BCR 295），大梁は H 形鋼（SN 400）とし，柱梁仕口部は通しダイアフラム形式を基本としたブラケットタイプとする．

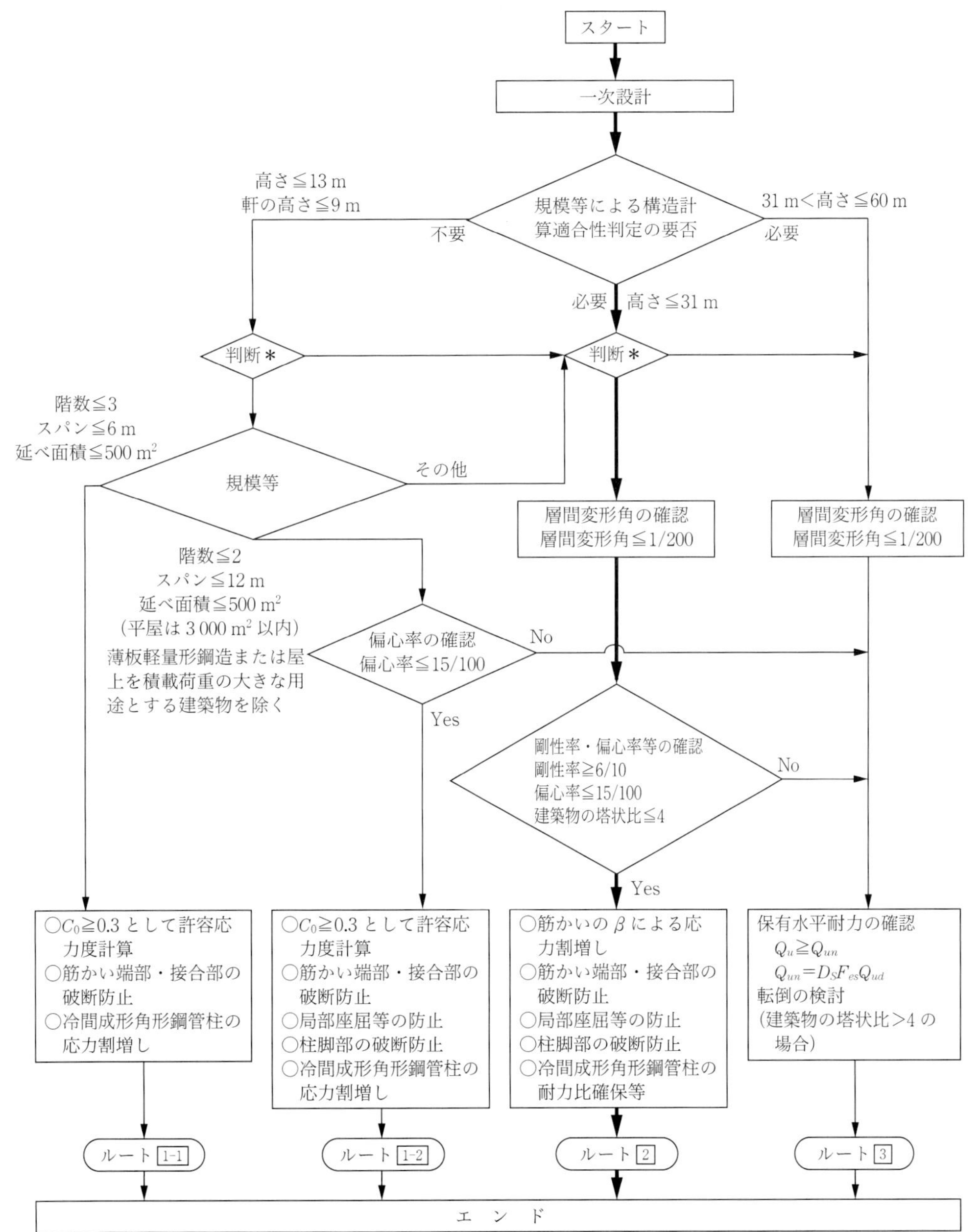

＊ 判断とは設計者の設計方針に基づく判断のことである．例えば，高さ 31 m 以下の建築物であっても，より詳細な検討を行う設計法であるルート 3 を選択する判断等のことを示している．

［出典：2015 年版 建築物の構造関係技術基準解説書，に加筆］

② 鉛直荷重および水平荷重の応力計算は変位法による．
③ 鉄骨柱脚は露出柱脚とする．柱脚の回転剛性を評価して応力解析を行う．
④ 柱梁仕口部の検討において，大梁のフランジプレートのみで全塑性モーメント M_p を伝達できるように配慮する．
⑤ 駐車場用途の1階部分は，土間床として設計する．
⑥ 基礎は敷地内の地盤調査結果をもとに，GL－14 m 付近の砂礫層（N 値 50 以上）を支持地盤とする杭基礎とする．杭は場所打ちコンクリート杭（アースドリル工法）とする．
⑦ 計算ルート　X方向　ルート[2]
　　　　　　　Y方向　ルート[2]
⑧ 応力計算および断面設計は，一貫計算プログラム○○○（Ver：○○○）を使用する．
⑨ 設計上準拠した指針・規準等
建築基準法，同施行令，告示
2015年版　建築物の構造関係技術基準解説書
鋼構造設計規準・許容応力度設計法（日本建築学会，2005年）
鉄筋コンクリート構造計算規準・同解説（日本建築学会，2010年）
建築基礎構造設計指針（日本建築学会，2001年）
各種合成構造設計指針・同解説（日本建築学会，2010年）
冷間成形角形鋼管設計・施工マニュアル（日本建築センター，2008年）
建築物の振動に関する居住性能評価指針・同解説（日本建築学会，1991年）

〔解　説〕

計算書は誰が見てもわかることが大切であり，設計者が当該建物を設計するにあたっての考え方を記入する．

1．S造のルート[2]の計算について

令第82条の6第3号および昭55建告第1791号第2では高さが31 m以下の鉄骨造の建築物等に関する構造計算基準が定められている．ルート[2]の構造計算は許容応力度計算に加えて，二次設計として層間変形角，剛性率および偏心率の確認を行うほか，下記の事項について満足する必要がある．

・水平力を負担する筋かいの水平力分担率に応じて，応力を割増して許容応力度設計をすること．
・各接合部，特に柱脚が割増した作用応力により破壊しないことまたは十分な靱性を有することを確認すること．
・水平力を負担する筋かいの端部および接合部を保有耐力接合とすること．
・柱および梁材の幅厚比が制限値を満足すること．
・柱・梁材の仕口および継手部を保有耐力接合とすること．
・梁が十分な変形能力を発揮するまで横座屈を生じないようにすること．

2．　一貫計算プログラムの使用について

2007年6月の改正建築基準法の施行に伴い，それまで一貫計算プログラムが取得していた大臣認定は無効となった．2018年の時点では，新しい大臣認定プログラムは，運用面などに未確定な部分があるために，その利用が非常に少ないのが現状である．

今現在は，確認申請の厳格な審査の下で，非認定の一貫計算プログラムの利用が一般的である．

3．　構造計算適合性判定について

本物件は法第20条第三号に該当する建築物で，構造計算適合性判定の対象となる．

1.4　使用材料および材料の許容応力度

（1）　鉄　筋

〔N/mm²〕

採　用	鉄筋の材質	長　　期		短　　期	
		引張・圧縮	せん断補強	引張・圧縮	せん断補強
●	SD 295 A	195	195	295	295
●	SD 345	215（195）	195	345	345
	SD 390	215（195）	195	390	390

（　）内の値は，鉄筋径がD 29以上の場合を示す．

（2）　コンクリート

〔N/mm²〕

採　用	種　類	FC	長　　期				短　　期	
			圧　縮	せん断	付　着		圧　縮	せん断・付着
					梁上端	その他		
	普通	18	6.0	0.60	1.20	1.80	長期×2.0	長期×1.5
●	普通	21	7.0	0.70	1.40	2.10		
	普通	24	8.0	0.73	1.54	2.31		
	普通	27	9.0	0.76	1.62	2.43		

（3）　鋼　材

〔N/mm²〕

採　用	鋼材の種類	板厚	F 値	長　　期			短　　期		
				引張・圧縮	曲　げ	せん断	引張・圧縮	曲　げ	せん断
●	SN 400 A SN 400 B	≦40	235	156	156	90	235	235	135
		＞40	215	143	143	82	215	215	124
	SM 490 A SN 490 B SN 490 C	≦40	325	216	216	125	325	325	187
		＞40	295	196	196	113	295	295	170
●	BCR 295	≦40	295	196	196	113	295	295	170

(4) 溶　接

〔N/mm²〕

採　用	鋼材の種類	板　厚	F 値	長期				短　期
				突合せ溶接			隅　肉	
				引張・圧縮	曲　げ	せん断		
●	SN 400 A SN 400 B	≦40	235	156	156	90	90	長期×1.5
		>40	215	143	143	82	82	
	SM 490 A SN 490 B SN 490 C	≦40	325	216	216	124	124	
		>40	295	196	196	113	113	
●	BCR 295	≦40	295	196	196	113	113	

(5) 高力ボルト

〔kN/本〕

採　用	高力ボルトの種類	基準張力〔N/mm²〕	ボルトの呼び径	長期		短期	
				一面摩擦	二面摩擦	一面摩擦	二面摩擦
●	S 10 T F 10 T	500	M 16	30.2	60.3	長期×1.5	
●			M 20	47.1	94.2		
			M 22	57.0	114.0		

(6) アンカーボルト

〔N/mm²〕

採　用	アンカーボルトの種類	F 値	長期		短期	
			引張	せん断	引張	せん断
●	ABM 400	235	156	117	235	176
	ABM 490	325	216	162	325	243

(7) 杭コンクリート

〔N/mm²〕

採　用	種　類	FC	長期			短期	
			圧　縮	せん断	付　着	圧　縮	せん断・付着
●	普通	24	5.33	0.53	1.6	長期×2	長期×1.5
	普通	27	6.00	0.57	1.8		

(8) 杭の許容支持力

採　用	杭種類	杭　径〔mm〕	長　期	短　期
●	場所打ち杭（アースドリル工法）	800	1 100 kN/本	長期×2

支持層：GL−13.0 m 以深　砂礫層（$N>50$）

〔解　説〕

「許容応力度設計」（一次設計）とは，骨組を弾性体とみなして応力を求め，そのときの各部材の断面の最大応力度が，対応する材料の許容応力度を上回らないように設計する方法である．

許容応力度は材料の持つ安全性の限界を定めたもので，長期許容応力度は長期間持続する荷重に対して建物が安全である状態を確保するためにやや大きな安全率を与えて定めた値で，短期許容応力度は地震，風圧力など短期的に起こる外力に対し強度を確保するために定めた値である．

鋼材（鉄筋を含む）の許容応力度は材質と板厚に応じた降伏点と引張強さの70%のうち小さい値を基準値 F とし，この F 値を基本としてそれぞれの許容応力度を定めている．具体的な数値については以下の告示等により示されている．

・令第90条　鋼材等の許容応力度
・令第91条　コンクリートの許容応力度
・令第92条　高力ボルト接合の許容せん断応力度
・平12建告第1450号　コンクリートの付着，引張りおよび剪断に対する許容応力度および材料強度を定める件
・平12建告第2464号　鋼材および溶接部の許容応力度ならびに材料強度の基準強度を定める件
・平12建告第2466号　高力ボルトの基準張力，引張接合部の引張りの許容応力度および材料強度の基準強度を定める件
・平13国交告第1024号　特殊な許容応力度および特殊な材料強度を定める件

ただし，コンクリートの短期許容応力度のうち，せん断および付着に関しては，政令など（施行令，告示）では長期許容応力度の2倍としているが，検証式が示されていないこともありRC規準（日本建築学会）で規定している1.5倍が用いられることが一般的である．なお，付着および定着に関する検証は，RC規準に準拠して行う．

1.5　設計用仮定荷重

（1）　床荷重

屋根（R階，型枠デッキ）　〔N/m²〕

露出防水　（断熱層を含む）	300	4 900
コンクリート　$t=150+25$（勾配）　$\gamma=24$	4 200	
デッキプレート	200	
天井	200	

事務室（3，2階，合成床板デッキ）

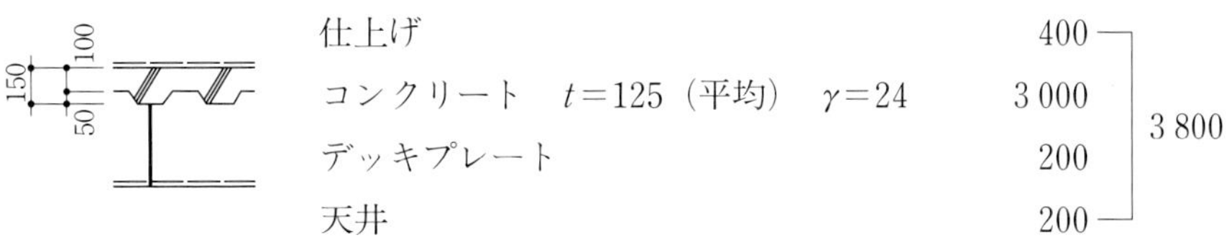

仕上げ	400	3 800
コンクリート　$t=125$（平均）　$\gamma=24$	3 000	
デッキプレート	200	
天井	200	

玄　関（1階，在来スラブ）

仕上げ	400	4 240 → 4 300
コンクリート　$t=150+10$（増打ち）　$\gamma=24$	3 840	

階段室

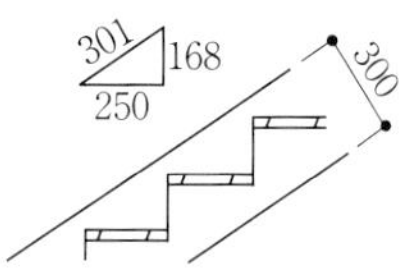

仕上げ（モルタルを含む）	$t=30$	800	1 261
踏板	$t=6.0$	461	
ささら板	PL-12×300	277	477
手すり		200	

階段幅1.4 m として

$$w=1\,261+477\times\frac{301}{250}\times\frac{2}{1.4}=2\,081\rightarrow 2\,100$$

(2)　床荷重表

〔N/m²〕

室　名	種別	床　用	小梁用	架構用	地震用	備　考
R階 屋根	DL	4 900	4 900	4 900	4 900	非歩行屋根
	LL	900	800	650	300	
	TL	5 800	5 700	5 550	5 200	
3，2階 事務室	DL	3 800	3 800	3 800	3 800	
	LL	2 900	2 400	1 800	800	
	TL	6 700	6 200	5 600	4 600	
1階 玄関	DL	4 300	4 300	4 300	4 300	
	LL	2 900	2 400	1 800	800	
	TL	7 200	6 700	6 100	5 100	
階段	DL	2 100	2 100	2 100	2 100	
	LL	2 900	2 400	1 800	800	
	TL	5 000	4 500	3 900	2 900	

(3)　壁荷重　〔N/m²〕

外　壁	押出成形セメント板（$t=60$）	650	
	外部仕上げ（シリコンアクリル樹脂塗装）	50	
	下地	100	
	内部仕上げ（ビニルクロス）	200	
	間柱	100	1 100
パラペット （$h=600$）	押出成形セメント板（$t=60$）	650	
	外部仕上げ（シリコンアクリル樹脂塗装）	50	
	コンクリート（$t=160$）	3 840	4 540

4 540×0.6＝2 724 → 2 800 N/m

(4)　特殊荷重　空調機（RF）　18 kN

〔**解　説**〕

構造計算で考慮する荷重や外力は，鉛直方向に作用する固定荷重・積載荷重・積雪荷重，水平方向に作用する風圧力・地震力がある．そのほか建物の実情に合わせて，クレーン荷重・水圧・土圧などの特殊荷重を考慮する場合がある．

固定荷重（DL：Dead Load）は建築物自体の重量であり，躯体重量と仕上重量を加えたものである．仕上重量（下地を含む）については令第84条やRC資料の第4章によく用いられる基本的なものが示されている．それらに記載のない最近の材料についてはカタログなどにより調べて算出する．

柱・梁の自重については，通常は一貫計算プログラムで算定されるので，床荷重表に含める必要はない．しかし一貫計算プログラムを使用する場合も，柱・梁の鉄骨部材の耐火被覆および部材の仕上重量について別途に考慮する必要がある．

耐火被覆重量の算定例を以下に示す（**図2•21**）．

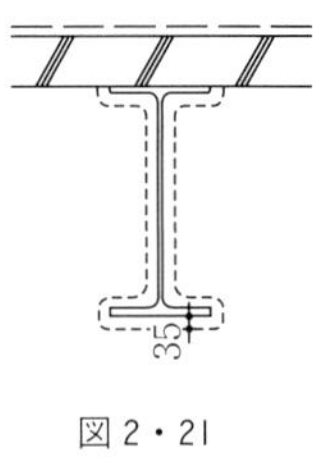

図2・21

湿式吹付岩綿（1時間耐火）の場合

・大梁（H-700×300×13×24）

$\gamma=3.5\ \mathrm{kN/m^3}$　　$t=35\ \mathrm{mm}$　　$l=300\times3+700\times2=2\,300\ \mathrm{mm}$

$w=3.5\times0.035\times2.30\times1.0=0.28\ \mathrm{kN/m}$

・柱（□-400×400）

$\gamma=3.5\ \mathrm{kN/m^3}$　　$t=35\ \mathrm{mm}$　　$l=(400+35)\times4=1\,740\ \mathrm{mm}$

$w=3.5\times0.035\times1.74\times1.0=0.21\ \mathrm{kN/m}$

積載荷重（LL：Live Load）は，完成後の建築物に収容される物品や人間の重量によるものである．積載荷重については令第85条に定められる**表2•11**の値によるか，または建築物の実情に応じて設定することができる．

表2・11　令第85条による積載荷重　〔N/m²〕

室の種類 ＼ 構造計算の対象			（い）床の構造計算をする場合	（ろ）大梁，柱又は基礎の構造計算をする場合	（は）地震力を計算する場合
（一）	住宅の居室，住宅以外の建築物における寝室または病室		1 800	1 300	600
（二）	事務室		2 900	1 800	800
（三）	教　室		2 300	2 100	1 100
（四）	百貨店又は店舗の売場		2 900	2 400	1 300
（五）	劇場，映画館，演芸場，観覧場，公会堂，集会場その他これらに類する用途に供する建築物の客席又は集会室	固定席の場合	2 900	2 600	1 600
		その他の場合	3 500	3 200	2 100
（六）	自動車車庫及び自動車通路		5 400	3 900	2 000
（七）	廊下，玄関又は階段		（三）から（五）までに掲げる室に連絡するものにあっては，（五）の「その他の場合」の数値による．		
（八）	屋上広場又はバルコニー		（一）の数値による．ただし，学校又は百貨店の用途に供する建築物にあっては，（四）の数値による．		

小梁用の積載荷重は法令等では特に規定されていない．本例では床用と架構用の中間値を採用するが，床用を採用する例もある．人が常時上がらない屋上の積載荷重の取扱いについて法令上の規定は特にないが，一般的には住宅用積載荷重の 1/2 の値を用いる例が多い．ただし，屋上に設備機器などが設置される場合は，追加荷重として別途に入力する必要がある．

令第 85 条により柱または基礎の鉛直荷重による圧縮力を計算する場合においては，その支える床の数に応じて，積載荷重を低減することができる．ただし，建物全体の重量割合でみると積載荷重は固定荷重と比べて小さく，また低層建物ではその低減効果も小さいわりには計算が煩雑になるために本例では積載荷重の低減は行っていない．

1.6　積雪荷重

$$S = w_s \cdot h_s$$

$$= 20 \times 30 = 600\ \mathrm{N/m^2}$$

ここに，S：積雪荷重〔屋根の水平投影面積 1 m² 当り N〕

w_s：積雪の単位重量〔N/(cm·m²)〕

h_s：垂直積雪量〔cm〕

本建物においては，屋上の長期積載荷重（架構用）として 650 N/m² を採用しているので，主架構に対する積雪荷重の検討は省略する．

〔解　説〕

積雪荷重は令第 86 条より，積雪量 1 cm ごとに 20 N/m² 以上と定められている．ただし，多雪区域の積雪の単位荷重および垂直積雪量に関しては，告示（平 12 建告第 1455 号）の基準に基づいて特定行政庁が規則で定めることとなっているので，設計を始める前に特定行政庁に確認しておく必要がある．

本例のように短期荷重である積雪荷重が，屋上の長期積載荷重（架構用）以下となる場合は積雪荷重に関する検討は不要であり，本例でも検討を省略した．

なお，平成 26 年の大雪により屋根崩落などの被害が生じたことにより，積雪荷重に関する告示が改正された（平成 30 年 1 月公布）．新しい告示では，大スパン・緩勾配・屋根重量が軽いなどの条件に該当する建築物は，積雪後の降雨を考慮して従来の積雪荷重に割増係数を乗じる必要がある．本例の場合，屋根版が RC 造のため割増係数を必要とする建築物に該当しない．

1.7　風圧力

・基準速度圧　$q = 0.6\,EV_0^2$

・風力係数　$C_f = 0.4 \sim 0.8$

・基準風速　$V_0 = 34.0\ \mathrm{m/s}$

・地表面粗度区分　III

本建物においては，水平力については地震荷重が支配的なため，主架構に対する風荷重の検討は省略する．

〔解 説〕

風圧力は，速度圧に風力係数を乗じて算定する．風圧力は風洞実験によって定める場合のほかは，令第87条および告示（平12建告第1454号）の規定によって計算する．

高層ビルや階高の高い工場などを除いて，一般的に風圧力は地震時水平力を下回るので風圧力の検討は省略される場合が多い．本例においても風圧力の検討は省略した．

屋根ふき材および屋外に面する帳壁については，建物骨組に対する数値とは別に局部的な荷重を考慮した風圧係数が告示（平12建告第1458号）により規定されている．屋根ふき材などに関する規定は，高さが13mを超える建築物に適用されるものなので，高さ11.6mの本例では検討は行わない．

風圧力の具体的な計算例については，第3章C 2.4を参照されたい．

1.8 地震力

・設計用地震層せん断力 $Q_i = C_i \times \sum W_i$

・地震時用層せん断力係数 $C_i = Z \cdot R_t \cdot A_i \cdot C_0$

・建物一次固有周期 $T = h(0.02 + 0.01\alpha)$

・高さ方向の分布係数 $A_i = 1 + \left(\frac{1}{\sqrt{\alpha_i}} - \alpha_i\right) \times \frac{2T}{1+3T}$

・地域係数 $Z = 1.0$

・振動特性係数 $R_t = 1.0$

・標準せん断力係数 $C_0 = 0.2$

本建物において，水平力は地震荷重が支配的なため，地震力に対する主架構の検討を行う．

〔解 説〕

地上部分の地震力の層せん断力係数 C_i は下式による（令第88条）．

$$C_i = Z \cdot R_t \cdot A_i \cdot C_0$$

ここに，Z：地域係数（昭55建告第1793号第1）

R_t：振動特性係数（昭55建告第1793号第2）

A_i：高さ方向の分布係数（昭55建告第1793号第3）

C_0：標準せん断力係数（令第88条第2項，第3項）

地下の部分の地震力は，その階の固定荷重と積載荷重の和に下式の水平震度 k_i を乗じて計算する．

$$k_i = 0.1 \times (1 - H/40) \cdot Z \quad \text{（令第88条第4項）}$$

ここに，Z：地域係数

H：地下部分の地盤面からの深さ（20mを超えるときは20mとする）

建築の階数に算入されない塔屋などの屋上から突出する部分（突出する部分の高さが2mを超えるものに限る）については，地域係数（Z）に1.0以上を乗じて得た水平震度を用いて安全性を確認する（平19国告第594号第2）．

屋上から突出する水槽，煙突などの建築設備についても，原則として地域係数（Z）に1.0を乗じて得た水平震度に対して構造耐力上安全であることを確認する（令第129条の2の4，平12建告第

1389 号)．建築設備に対する設計用水震度については「建築設備耐震設計・施工指針 2014 年」(日本建築センター編) が参考になる．

一貫計算プログラムを使用する場合は，最初に Z，C_0 を入力し，架構データや荷重データを入力すれば地震力は自動的に計算される．具体的な算定例については本章 C 4.4「地震時層せん断力の算定」を参照されたい．

2.　二次部材の設計

2.1　床の設計

・S 1 (屋根，型枠デッキ，$t=150$)

等分布荷重時 2 隣辺固定 2 辺単純支持として応力を算定する．

2 700
5 700

$w=5.80\ \mathrm{kN/m^2}$　　$\lambda=l_x/l_y=5\,700/2\,700=2.11$

$w\cdot l_x=5.80\times2.70=15.7$　　$w\cdot l_x{}^2=5.80\times2.70^2=42.3$

$t=150\ \mathrm{mm}$　　$d=150-40=110$　　$j=110\times7/8=96.3$

(係数は，RC 資料の算定図表による)

短辺方向　端部上端　$M_{x1}=0.121\times42.3=5.12\ \mathrm{kN\cdot m}$

$$a_t=\frac{M_{x1}}{f_t\cdot j}=\frac{5.12\times10^6}{195\times96.3}=273\ \mathrm{mm^2}$$

$$x=\frac{a_1\times1\,000}{a_t}=\frac{99\times1\,000}{273}=362\ \mathrm{mm}\rightarrow \text{配筋 D 10 D 13@200}$$

(a_1 は，使用する鉄筋 1 本の断面積．
D 10 D 13 交互の場合は，$(71+127)/2=99\ \mathrm{mm^2}$)

短辺方向　中央下端　$M_{x2}=0.058\times42.3=2.45\ \mathrm{kN\cdot m}$
$a_t=130\ \mathrm{mm^2}$　D 10@546　→ 配筋 D 10@200

長辺方向　端部上端　$M_{y1}=0.082\times42.3=3.47\ \mathrm{kN\cdot m}$
$a_t=185\ \mathrm{mm^2}$　D 10 D 13@535 → 配筋 D 10 D 13@200

長辺方向　中央下端　$M_{y2}=0.017\times42.3=0.72\ \mathrm{kN\cdot m}$
$a_t=38\ \mathrm{mm^2}$　D 10@21868　→ 配筋 D 10@200
$Q_{x1}=0.64\times15.7=10.0\ \mathrm{kN}$
$Q_{y1}=0.41\times15.7=\ 6.4\ \mathrm{kN}$

・DS 1 (事務室，合成スラブデッキ，$t=50+100$，一方向板)

スパン長$=2.57\ \mathrm{m}<2.70\ \mathrm{m}$

積載荷重$=2\,900$(LL)$+800$(仕上げ等)$=3\,700\ \mathrm{N/m^2}\quad<\quad5\,400\ \mathrm{N/m^2}$

よって，合成スラブの 2 時間耐火の認定条件を満足する．

〔解　説〕

型枠デッキによるスラブは，在来型枠による RC スラブと計算方法は同様である．ただし，鉄骨造の場合は，RC 造のようにスラブの外端部が完全固定ではなく，単純支持となるので応力の算定には注意が必要である．RC 資料の「等分布荷重 3 辺固定 1 辺単純支持スラブ」，「等分布荷重 2 隣辺固定 2 辺単純支持スラブ」等の算定図表により応力算定を行う．

RC 規準 18 条の 5 では，D 10 以上の異形鉄筋を使う場合，鉄筋ピッチについて短辺方向 200 mm 以下，長辺方向 300 mm 以下などの規準が設けられている．なお，スラブ鉄筋として D 10 だけを使用すると，コンクリート打設時などに配筋が乱れやすくなるので，上端筋は D 13 を併用している．

せん断力については，自動車の車輪圧などの大きな集中荷重が作用する場合などを除いて，検討不要な場合が多い．本例でも検討は省略した．

合成スラブデッキを用いた合成スラブは，デッキプレートが下端の引張鉄筋の役目をする一方向性の床で，主鉄筋の必要がない経済的な床構造である．型枠デッキのスラブと比較して施工性，経済性に優れ床自重の軽量化を図ることができる．ただし，使用にあたっては以下の点に注意が必要である．

- 無被覆耐火構造として使用する場合は，荷重とスパンの制限，スラブ厚さなどの仕様が決められている（法第 37 条に基づき，1 時間耐火および 2 時間耐火の国土交通大臣の認定を受けている）．
- 床開口を開ける場合，原則的に小梁を開口周辺に配置して応力伝達を確実にする必要がある．一方向性の床構造なので，小開口であっても短辺方向を切断するものは特に注意が必要である．
- 合成スラブはデッキの山上部分のコンクリート厚さが薄いために，ひび割れが入りやすい傾向がある．ひび割れが表面に出ないように床仕上げに注意する．

2.2　小梁等の設計

（1）　小　梁

B 1（H-350×175×7×11，$Z_x=711\times10^3$ mm^3，$I_x=13\,500\times10^4$ mm^4，梁自重：0.5 kN/m）

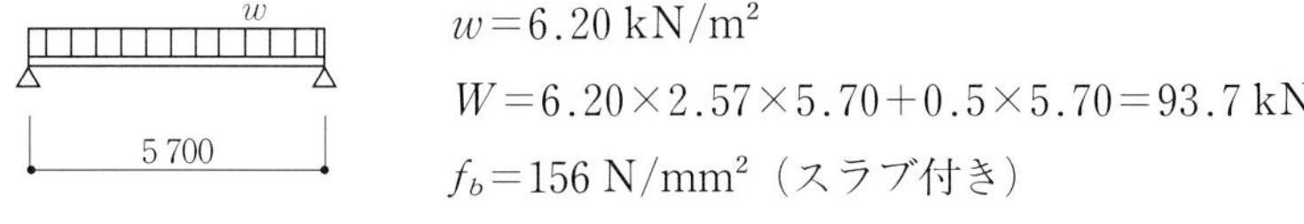

$w=6.20$ kN/m^2

$W=6.20\times2.57\times5.70+0.5\times5.70=93.7$ kN

$f_b=156$ N/mm^2（スラブ付き）

$M_0=1/8\times93.7\times5.70=66.8$ kN·m

$Q=1/2\times93.7=46.9$ kN

$$\frac{\sigma_b}{f_b}=\frac{M}{Z\cdot f_b}=\frac{66.8\times10^6}{711\times10^3\times156}=0.60 \quad < \quad 1.0$$

$$\delta_{\max}=\frac{5Wl^3}{384EI}=\frac{5\times93.7\times10^3\times5\,700^3}{384\times205\,000\times13\,500\times10^4}=8.16\text{ mm}=\frac{l}{698} \quad < \quad \frac{l}{300}$$

（2）　片持梁

CB 1（H-250×125×6×9，$Z_x=317\times10^3$ mm^3，$I_x=3\,960\times10^4$ mm^4，梁自重：0.3 kN/m）

P
1 400

$w=6.20$ kN/m^2

$P=6.20\times0.70\times1.20+0.3\times(0.70+1.20)=5.78$ kN

$\lambda=l_b/i_b=1\,400/33=42.4$
$\eta=7.33$
$\Big]\rightarrow f_b=156$ N/mm^2

$_cM = 5.78 \times 1.40 = 8.10\ \mathrm{kN \cdot m}$

$Q = 5.78\ \mathrm{kN}$

$$\frac{\sigma_b}{f_b} = \frac{M}{Z \cdot f_b} = \frac{8.10 \times 10^6}{317 \times 10^3 \times 156} = 0.16 \quad < \quad 1.0$$

$$\delta_{\max} = \frac{Pl^3}{3EI} = \frac{5.78 \times 10^3 \times 1\,400^3}{3 \times 205\,000 \times 3\,960 \times 10^4} = 0.65\ \mathrm{mm} = \frac{l}{2\,150} \quad < \quad \frac{l}{250}$$

（3） 間 柱

P 2（H-148×100×6×9，$Z_x = 135 \times 10^3\ \mathrm{mm^3}$，$I_x = 1\,000 \times 10^4\ \mathrm{mm^4}$）

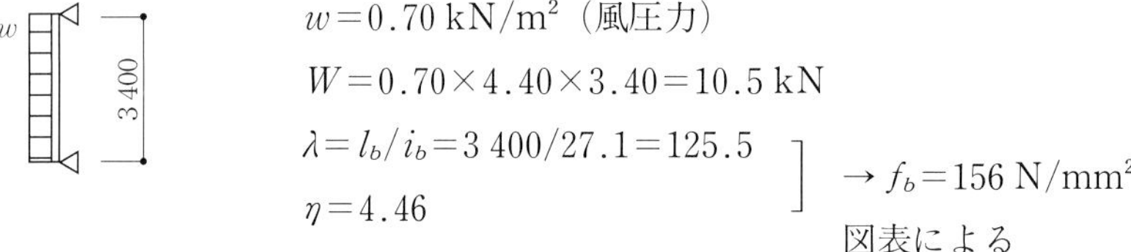

$w = 0.70\ \mathrm{kN/m^2}$（風圧力）

$W = 0.70 \times 4.40 \times 3.40 = 10.5\ \mathrm{kN}$

$\lambda = l_b / i_b = 3\,400/27.1 = 125.5$

$\eta = 4.46$

$\rightarrow f_b = 156\ \mathrm{N/mm^2}$ 図表による

$M_0 = 1/8 \times 10.5 \times 3.40 = 4.46\ \mathrm{kN \cdot m}$

$Q = 1/2 \times 10.5 = 5.25\ \mathrm{kN}$

$$\frac{\sigma_b}{f_b} = \frac{M}{Z \cdot f_b} = \frac{4.46 \times 10^6}{135 \times 10^3 \times 156} = 0.21 \quad < \quad 1.0$$

$$\delta_{\max} = \frac{5Wl^3}{384EI} = \frac{5 \times 10.5 \times 10^3 \times 3\,400^3}{384 \times 205\,000 \times 1\,000 \times 10^4} = 2.62\ \mathrm{mm} = \frac{l}{1\,297} \quad < \quad \frac{l}{300}$$

（4） 階段のささら桁

PL-12×300

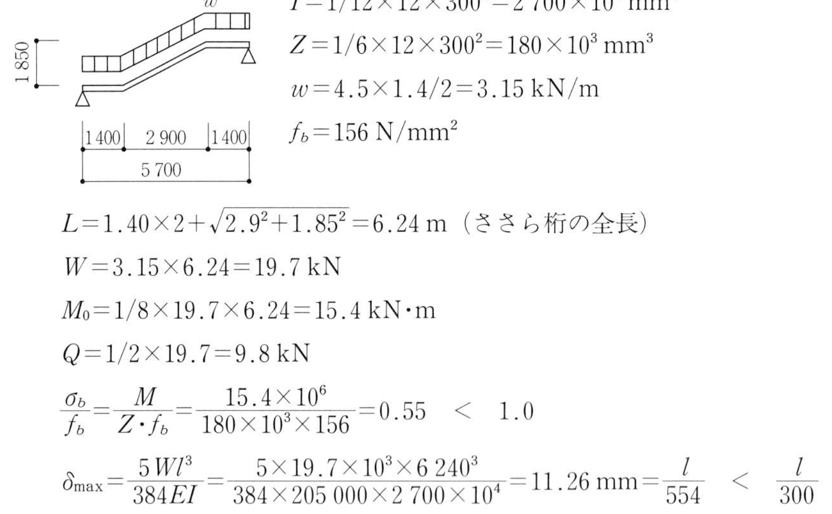

$I = 1/12 \times 12 \times 300^3 = 2\,700 \times 10^4\ \mathrm{mm^4}$

$Z = 1/6 \times 12 \times 300^2 = 180 \times 10^3\ \mathrm{mm^3}$

$w = 4.5 \times 1.4/2 = 3.15\ \mathrm{kN/m}$

$f_b = 156\ \mathrm{N/mm^2}$

$L = 1.40 \times 2 + \sqrt{2.9^2 + 1.85^2} = 6.24\ \mathrm{m}$（ささら桁の全長）

$W = 3.15 \times 6.24 = 19.7\ \mathrm{kN}$

$M_0 = 1/8 \times 19.7 \times 6.24 = 15.4\ \mathrm{kN \cdot m}$

$Q = 1/2 \times 19.7 = 9.8\ \mathrm{kN}$

$$\frac{\sigma_b}{f_b} = \frac{M}{Z \cdot f_b} = \frac{15.4 \times 10^6}{180 \times 10^3 \times 156} = 0.55 \quad < \quad 1.0$$

$$\delta_{\max} = \frac{5Wl^3}{384EI} = \frac{5 \times 19.7 \times 10^3 \times 6\,240^3}{384 \times 205\,000 \times 2\,700 \times 10^4} = 11.26\ \mathrm{mm} = \frac{l}{554} \quad < \quad \frac{l}{300}$$

〔解　説〕

梁のたわみ制限は，通常の場合はスパンの 1/300 以下，片持梁では 1/250 以下とされている．梁のたわみの算定はコンクリート床の合成効果を考慮して計算してよいが，本例では鉄骨梁の断面二次モーメントのみによった．

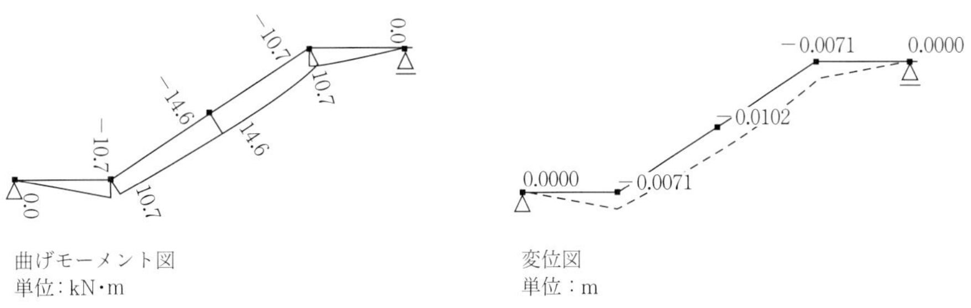

図 2・22　ささら桁の応力図

一般的に梁の設計では曲げモーメントが作用したときに圧縮側フランジが座屈することを考慮して，許容曲げ応力度 f_b の低減を行わなければならない．間柱や折板を受ける小梁については許容曲げ応力度の低減は必要であるが，圧縮側フランジにコンクリートスラブが取り付く単純支持の小梁については不要である．また，階段ささら桁の場合も，けあげ，踏面の鉄板などで横座屈が拘束されているので，許容曲げ応力度の低減を行わない．

告示（平 12 建告第 1459 号）により，梁せい/スパンの値が 1/15 未満の鉄骨梁については，建築物の使用上の支障が起こらないことを確かめる必要があると定められている．支障が起こらないことを確認する方法として，長期荷重によるたわみ量がスパンの 1/250 以下であることを確認しなければならない．告示（平 19 国告第 594 号第 2）により，長さ 2.0 m 以上の片持梁については，鉛直方向の地震力（地域係数に 1.0 以上を乗じて得た鉛直震度を用いる）に対して，短期許容応力度以下であることを確認しなければならない．

参考として，階段のささら桁について，二次元骨組解析ソフトによる応力解析結果を**図 2･22** に示す．解析ソフトの結果と比較して手計算結果の値は若干大きめ（安全側）であることがわかる．

3. 準 備 計 算

3.1　解析条件

（1）　解析プログラム

・一貫計算プログラム　○○○○　　（**Ver.** ○○○）

（2）　解析方法

・変位法による立体解析

・解析モデルは，基礎梁付きピン支持とする（下図参照）．

（3）　剛性評価等

・上部架構の床構造は RC 造であり，剛床仮定は成立する．

・梁の断面二次モーメント I の剛性増大率 ϕ は，下記による．

　S 梁　：精算法により，床スラブの有効幅による合成効果を考慮する．

　RC 梁 ：土間床としているので，1.00 として計算する．

・RC および SRC 部材の剛性計算に，鉄筋・鉄骨を考慮しない．

・鉄骨の柱梁仕口部の剛域は考慮しない．

・RC 部材に取り付く S 造柱は，RC 面までを剛域とする（解析モデル図参照）．

・鉄骨露出柱脚の回転剛性は，別途算定し追加入力とする．

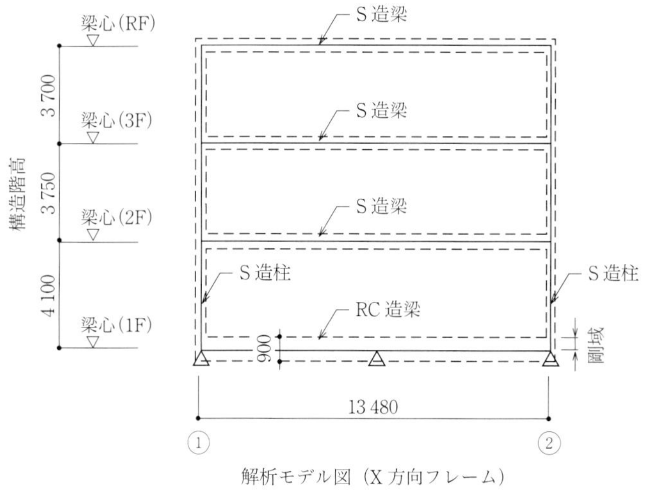

解析モデル図（X 方向フレーム）

〔解　説〕

構造解析を行うにあたって，建物架構を平面または立体骨組にモデル化する．コンピュータの普及とともに解析も高度化し，変位法（マトリックス解析法）が一般的となり解析の精度および速度は飛躍的に向上した．しかしながら正しい解析結果を得るためには，適切なモデル化が必須であることはいうまでもない．

1．　剛床仮定

各階の床版が RC 造でできていれば，その床版は十分に高い面内剛性を持っていることになる．高い剛性の床版で結ばれた各柱は，水平荷重に対して相互の位置関係を変えずに変形すると考えられる．これを剛床仮定が成立するという．通常の建物は剛床仮定が成立することを前提として，水平荷重時における耐震要素（柱，ブレースなど）の負担せん断力を算出している．

大きな吹抜けのある建物や，鉄骨階段や EV シャフトなどが集中している場合などは，剛床仮定が成立するか否かの確認が必要である．剛床仮定が成立しない場合は，解析モデルの剛床条件を解除して解析を行う必要がある．

2．　剛域およびパネルゾーン

応力解析を行うにあたっては，ラーメン部材を線材にモデル化する．しかし，実際の骨組では柱梁部材は幅を持っているので，骨組の節点付近では剛性が無限大に大きくなる．柱梁仕口部において，このような剛性が無限大と考えてよい範囲を剛域と呼び，一種の変断面部材として取り扱うことができる．ただし，RC 造の建物では剛域を考慮するが，S 造の建物に関しては剛域を考慮しないのが一般的である．

S 造の建物の場合は，剛域の代わりにパネルゾーン（柱梁の仕口部）のせん断剛性を設定する場合がある．本例のような低層建物の場合，仕口部の剛性まで考慮しないのが一般的である．

3．合成梁による剛性

鉄骨梁が鉄筋コンクリートスラブを支持している場合は，鉄骨梁フランジ上にスタッドコネクタを溶接することで鉄骨梁とスラブの合成効果により梁の曲げ剛性は増大する．架構の水平剛性を高めるために，合成梁の効果は積極的に考慮する．スラブを考慮した合成梁の断面二次モーメント I は次のいずれかの方法により算定する．最近では，一貫計算プログラムで精算法を用いるのが一般的である．

a）精算法として，「各種合成構造設計指針・同解説」（日本建築学会，2010年）に準拠して，合成梁として求める．

合成梁* としての断面二次モーメントの算定例は，本章C 7.1「大梁の床振動の検討」を参照．

b）略算法として，経験則により剛性増大率 ϕ を以下のように決めて，$I=\phi\cdot I_0$ として求める．

梁：両側スラブ付き $\phi=1.80\sim2.00$　　片側スラブ付き $\phi=1.40\sim1.50$

4．基礎構造のモデル化

最近では杭断面の入力も可能な一貫計算プログラムも存在するが，本例では建物のモデル化は基礎梁より上部の架構について行い，杭部分はピン支持と仮定し杭応力と上部架構応力と分離して算定している．このような手法は手計算の時代の名残りでもあるが，上部架構と杭についてそれぞれ独立して検討することができるメリットがある．

5．床荷重の分布

計算書本文での記述はないが，床スラブが二方向板か一方向板かの違いにより梁に作用する床荷重の分布状態が異なるので注意が必要である．

（1）床スラブが二方向板の場合（**図2･23**）

梁の交点から描いた2等分線と梁に平行な直線からつくられる台形または三角形の荷重分布

・普通型枠を用いた鉄筋コンクリートスラブ（二方向スラブ）

（2）床スラブが一方向板の場合（**図2･24**）

梁と梁（小梁）との2等分線によりつくられる四辺形の等分布荷重

・一方向板の合成スラブ

・ALCパネル，PC板などを敷き並べた床，折板屋根

・仕上材を根太，母屋などで受けた床

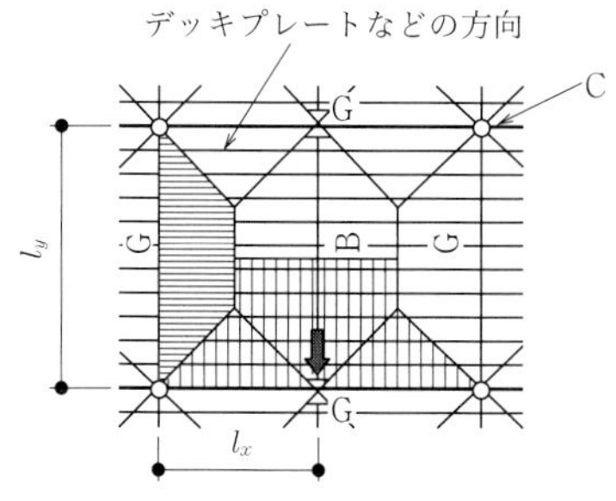

図2・23　二方向スラブの荷重伝達

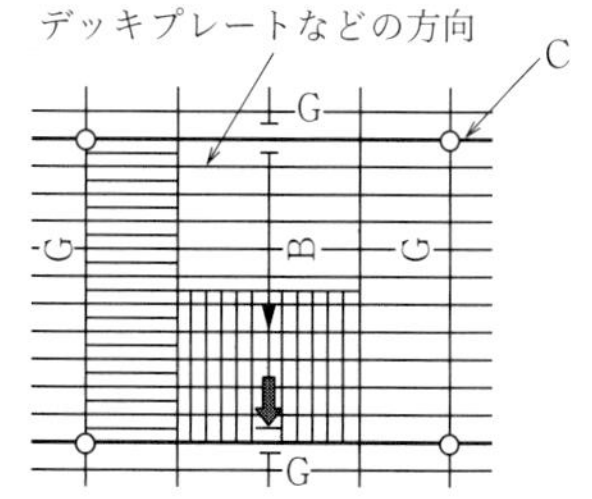

図2・24　一方向スラブの荷重伝達

＊　地震時は梁の片端（スラブのある梁上端に引張力が作用する側）のみが合成梁として有効であるため，剛性増大率 ϕ は正負曲げの平均値を採用する．一貫計算プログラム上では，梁の側面が鉄骨階段や片持ちスラブとなる場合でも，両側スラブ付きと認識される場合があるので，その場合は補正が必要である．

3.2　追加荷重

（1）　空調機　　$P_1 = 18.0/4 + 0.40 \times 0.40 \times 0.6 \times 24.0 = 6.8\,\text{kN}$（機器: 18.0/4、基礎: 0.40×0.40×0.6×24.0）

（2）　はと小屋　　$P_2 = 12.5\,\text{kN}$

（3）　アンテナ基礎　　$P_3 = (1.65 \times 2.0 \times 0.6 \times 24.0) \times 1/8 = 5.9\,\text{kN}$

$P_4 = (1.65 \times 2.0 \times 0.6 \times 24.0) \times 3/4 = 35.6\,\text{kN}$

（4）　塔　屋　　$P_5 = 22.0\,\text{kN}$

（5）　パラペット　　$w_1 = 2.8\,\text{kN/m}$

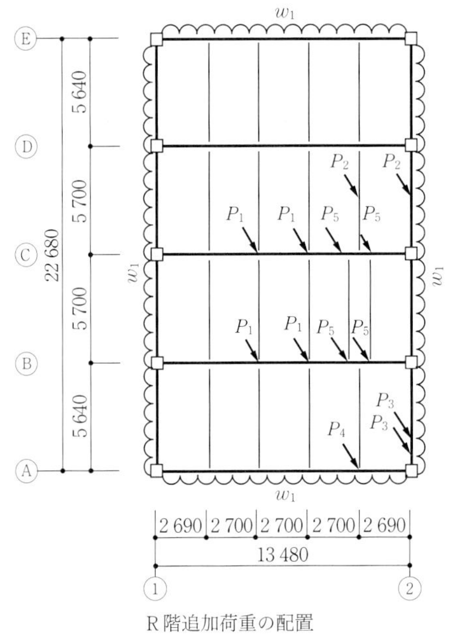

R階追加荷重の配置

〔解　説〕

一般的に設備荷重などの重量は，一貫計算プログラムの追加荷重の項目にて入力する．本例ではパラペットおよび塔屋重量も追加荷重とした．屋上の荷重は架構全体に及ぼす影響が大きいので，構造計算作業の初期の段階で意匠および設備担当者から荷重の確認を行うことが望ましい．

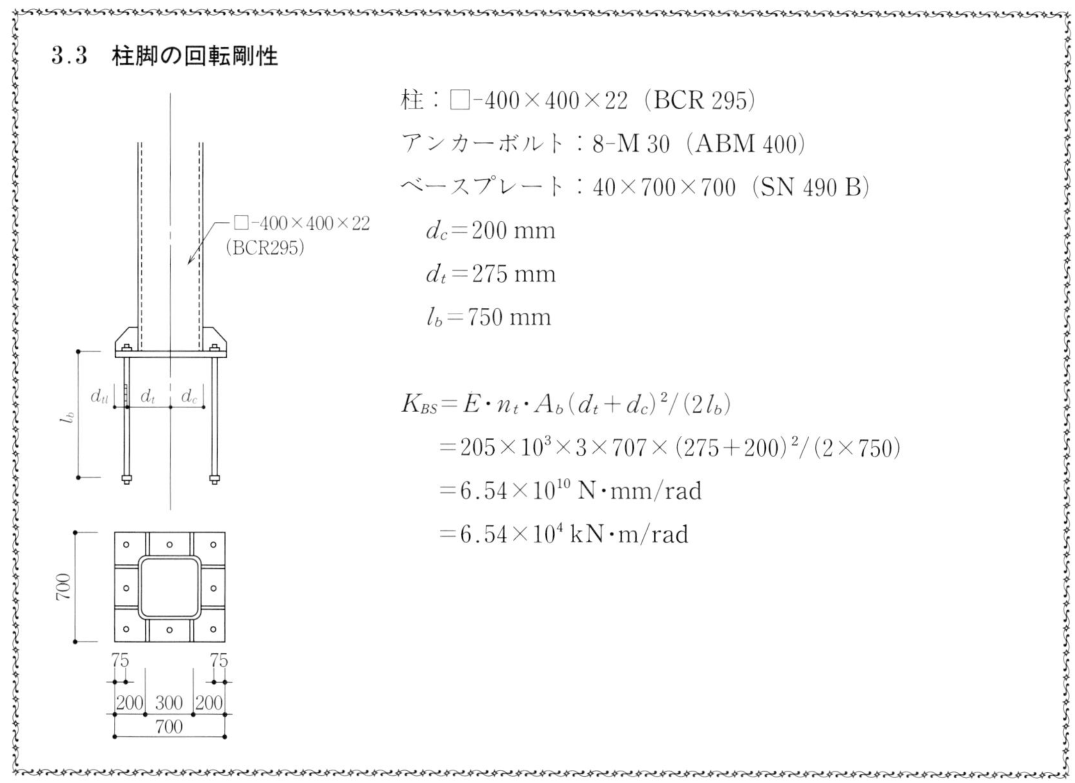

3.3　柱脚の回転剛性

柱：□-400×400×22（BCR 295）

アンカーボルト：8-M 30（ABM 400）

ベースプレート：40×700×700（SN 490 B）

$d_c = 200$ mm

$d_t = 275$ mm

$l_b = 750$ mm

$$K_{BS} = E \cdot n_t \cdot A_b (d_t + d_c)^2 / (2 l_b)$$
$$= 205 \times 10^3 \times 3 \times 707 \times (275 + 200)^2 / (2 \times 750)$$
$$= 6.54 \times 10^{10}\ \text{N·mm/rad}$$
$$= 6.54 \times 10^4\ \text{kN·m/rad}$$

〔解　説〕

1995 年の兵庫県南部地震では，露出柱脚に多くの被害が見られた．以降，露出型柱脚といえどもピン扱いとせずに柱脚の回転剛性を評価した解析が行われるようになった．「2015 年版　建築物の構造関係技術基準解説書」の付録に柱脚設計の考え方について記載されている．

$$K_{BS} = E \cdot n_t \cdot A_b (d_t + d_c)^2 / 2 l_b$$

ここに，K_{BS}：柱脚の回転剛性

E：アンカーボルトのヤング係数〔N/mm²〕

n_t：引張側アンカーボルトの本数

A_b：1 本のアンカーボルトの軸断面積〔mm²〕

d_t：柱断面図心より引張側アンカーボルト断面群の図心までの距離〔mm〕

d_c：柱断面図心より圧縮側の柱フランジ外縁までの距離〔mm〕

l_b：アンカーボルトの長さ〔mm〕（ベースプレート上端から定着板上端の長さ）

上記の式はアンカーボルトの軸剛性に着目して導かれた式であり，ベースプレートの十分な曲げ剛性の確保やベースプレート下面と基礎上面の密着確保，アンカーボルトの弛緩防止などに注意する必要があるとされている．告示（平 12 建告第 1456 号）により，アンカーボルト形状は定着長さ（l_b）が径の 20 倍以上で，かつその先端をかぎ状に折り曲げるかまたは定着金物を設けたものであることとされている．ただし，アンカーボルトの付着力を考慮して，アンカーボルトが抜け出さないことを確認した場合においては，この限りではない．

4. 応力解析

4.1 部材剛性の一覧

（1） A，E通りの梁剛性（片側スラブ付き）

階	軸-軸	断面〔mm〕	I_0〔$\times10^4$mm^4〕	ϕ	I〔$\times10^4$mm^4〕	A〔$\times10^2$mm^2〕	L〔mm〕	剛域〔mm〕右端	剛域〔mm〕左端
R	1-2	H-588×300×12×20	114 000	1.87	213 180	187.2	13 480	0	0
3	1-2	H-588×300×12×20	114 000	1.63	185 820	187.2	13 480	0	0
2	1-2	H-700×300×13×24	197 000	1.52	299 440	231.5	13 480	0	0
1	1-1 a	$B\times D$=500×900	3 037 500	1.00	3 037 500	4 500.0	6 740	0	0

（2） B，C，D通りの梁剛性（両側スラブ付き）

階	軸-軸	断面〔mm〕	I_0〔$\times10^4$mm^4〕	ϕ	I〔$\times10^4$mm^4〕	A〔$\times10^2$mm^2〕	L〔mm〕	剛域〔mm〕右端	剛域〔mm〕左端
R	1-2	H-588×300×12×20	114 000	2.08	237 120	187.2	13 480	0	0
3	1-2	H-588×300×12×20	114 000	1.82	207 480	187.2	13 480	0	0
2	1-2	H-700×300×13×24	197 000	1.70	334 900	231.5	13 480	0	0
1	1-1 a	$B\times D$=500×900	3 037 500	1.00	3 037 500	4 500.0	6 740	0	0

（3） 1，2通りの梁剛性（片側スラブ付き）

階	軸-軸	断面〔mm〕	I_0〔$\times10^4$mm^4〕	ϕ	I〔$\times10^4$mm^4〕	A〔$\times10^2$mm^2〕	L〔mm〕	剛域〔mm〕右端	剛域〔mm〕左端
R	A-B，D-E B-C，C-D	H-400×200×8×13	23 500	2.16	50 760	83.4	5 640 5 700	0	0
3	A-B，D-E B-C，C-D	H-400×200×8×13	23 500	1.80	42 300	83.4	5 640 5 700	0	0
2	A-B，D-E B-C，C-D	H-488×300×11×18	68 900	1.50	103 350	159.2	5 640 5 700	0	0
1	A-B，D-E B-C，C-D	$B\times D$=400×700	1 143 300	1.00	1 143 300	2 800.0	5 640 5 700	0	0

〔注〕 2, 3階の2通り，A-B間とB-C間は，鉄骨階段の開口があるため，スラブなしの扱いとし，ϕ=1.0とする．

（4） 柱剛性

階	軸-軸	断面〔mm〕	I_0〔$\times10^4$mm^4〕	ϕ	I〔$\times10^4$mm^4〕	A〔$\times10^2$mm^2〕	L〔mm〕	剛域〔mm〕柱脚	剛域〔mm〕柱頭
3	1 2	□-400×400×16	57 100	1.00	57 100	237.0	3 970 3 700	0	0
2	1 2	□-400×400×16	57 100	1.00	57 100	237.0	3 750 3 750	0	0
1	1 2	□-400×400×22	73 000	1.00	73 000	316.0	4 100 4 100	400	0

ここに，I_0：梁・柱の断面二次モーメント〔mm^4〕

ϕ：スラブの合成効果による剛性増大率

I：スラブの合成効果を考慮した断面二次モーメント〔mm^4〕（$=\phi\times I_0$）

A：梁・柱の断面積〔mm^2〕

L：部材長〔mm〕

〔**解　説**〕

部材剛性に用いられる基本的な材料定数は**表 2･12** のとおりである．

表 2・12　材料定数

鉄骨材料		
・ヤング係数	$E=205\,000\ \mathrm{N/mm^2}$	（SN 材や SM 材の区別はなく，ほぼすべての鉄骨材料に共通）
・せん断弾性係数	$G=79\,000\ \mathrm{N/mm^2}$	
・ポアソン比	$\nu=0.3$	
コンクリート材料		
・ヤング係数	$E=3.35\times10^4\times\left(\dfrac{\gamma}{24}\right)^4\times\left(\dfrac{F_c}{60}\right)^{1/3}$　（RC 規準より） ここに，F_c：コンクリートの設計基準強度〔$\mathrm{N/mm^2}$〕 γ：コンクリートの単位容積重量〔$\mathrm{kN/m^3}$〕	
・せん断弾性係数	$G=\dfrac{E}{2(1+\nu)}$	
・ポアソン比	$\nu=0.2$	

一貫計算プログラムによる応力解析手法として，一般的には変位法が用いられる．変位法とは外力 $\{P\}$ と部材の剛性 $[K]$ と節点変位 $\{\delta\}$ による連立方程式を解くことにより，部材の変位と応力を求める方法である．変位法の基本式は，$\{P\}=[K]\{\delta\}$ で表され，$[K]$ は剛性マトリックスと呼ばれるもので，部材の断面定数や上記の材料定数などで構成される．

固定モーメント法（常時荷重時応力）や D 値法（水平荷重時応力）による手作業による計算法では，部材の曲げ剛性を標準剛度 K_0 に対する比率で示した剛比 k を用いて応力計算を行っていた．剛比は変位法の計算に直接的に必要とする値ではないが，一貫計算プログラムでは大梁や柱の剛性バランスを確認するために補助的に出力される場合もある．

4.2　梁の C，M_0，Q_0

鉛直荷重（固定荷重＋積載荷重）の C，M_0，Q_0 を以下に示す．

〈A フレーム〉　〈B フレーム〉

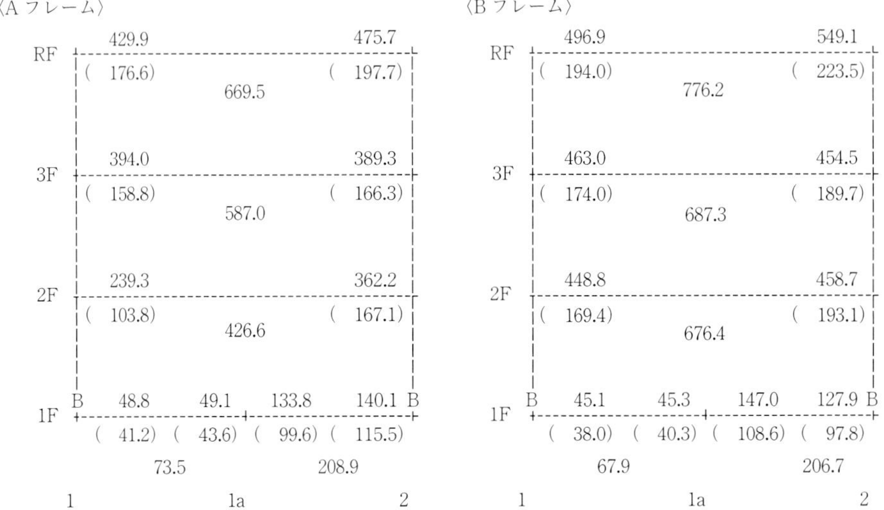

〈1 フレーム〉

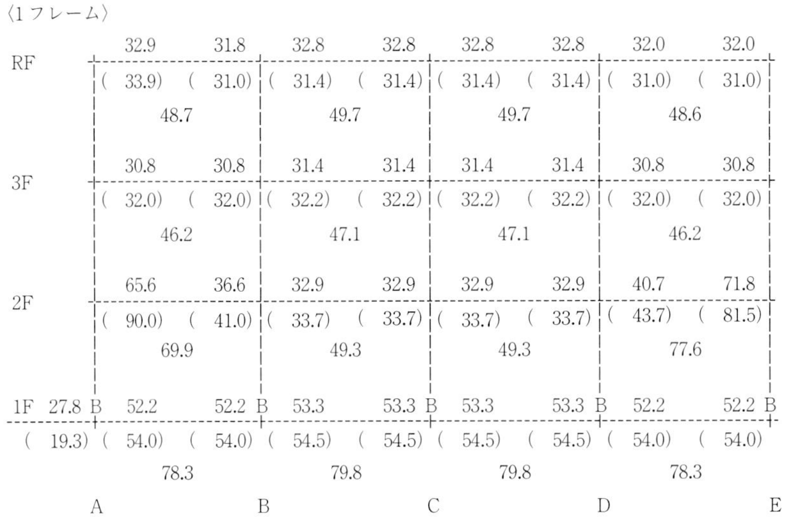

〈凡例〉

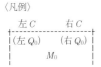

左 C	右 C
(左 Q_0)	(右 Q_0)
M_0	

C ：両端固定梁の固定端モーメント〔kN･m〕
M_0：両端単純支持梁の中央最大モーメント〔kN･m〕
Q_0：両端単純支持梁の最大せん断力〔kN〕

・数値は，通常荷重の場合にすべて正で表し，逆荷重の場合に負で表す．
・せん断力 Q_0 は，（ ）付きで表す．
・各部材の接合部でピン接合の場合は「P」を，節点ばねの場合は「B」を表示する．

〔解　説〕

C，M_0，Q_0により床荷重等の入力の確認を行う．手作業による固定モーメント法（常時荷重時応力）を用いた計算方法では，C，M_0，Q_0は，必須の項目ではあったが，荷重項や荷重ベクトルなどとしてプログラム内部で処理されている一貫計算プログラムでは補助的に出力される．

4.3　建物重量の算定

〔kN〕

階	床自重	積載荷重	梁自重	壁自重	追加荷重	柱自重	合　計
R 階	1 480.0	99.6	123.4	126.9	424.6	42.2	2 296.7（6.8）
3 階	1 128.9	254.6	123.4	248.5	－	90.7	1 846.1（5.5）
2 階	1 148.5	254.6	169.3	229.9	－	113.3	1 915.4（5.7）
基礎	496.4	62.8	1 048.2	108.3	351.6	94.1	2 161.4

〔注〕（　）内の数値は単位面積当りの重量〔kN/m^2〕．

〔解　説〕

地震力算定のための建物重量である．したがって，積載荷重は地震用の床荷重を用いて計算されている．地震力は，各階床位置に荷重が集中して作用するものとして扱う．階の中間に生じる地震力は，上下のスラブにまず伝わり，スラブを通して各ラーメンに伝わると考える．したがって，高さ方向の区分けは階の中央とする．ただし，壁の重量はその支持方法によっては，1/2 ずつに分けずに，全重量をその階の重量とすることもある．

各階ごとの単位面積当りの平均重量について，仮定断面概算時の想定と比較することにより荷重チェックをすることができる．平均重量は建物の規模や仕上材料によってばらつきはあるが，一般的な鉄骨造の建物であれば 5～10 kN/m^2 である．設計の経験を積むことで建物重量を予測することができるようになれば，仮定断面算定時の計算精度が向上する．

4.4　地震時層せん断力の算定

・地域係数　$Z=1.00$

・振動特性係数　$R_t=1.00$

　地盤による係数　$T_c=0.60$ 秒　（第 2 種地盤）

　建物高さ　$h=11.01$ m

　一次固有周期　$T=h\times(0.02+0.01\alpha)=11.4\times(0.02+0.01\times1.0)=0.330$ 秒

　$T\ (=0.330)<T_c\ (=0.60)$　より　$R_t=1.0$

・標準せん断力係数

　$C_0=0.20$

・地震層せん断力係数

　$C_i=Z\cdot R_t\cdot A_i\cdot C_0$

・地震層せん断力

　$Q_i=C_i\cdot\sum W_i$

階	W_i〔kN〕	$\sum W_i$〔kN〕	α_i	A_i	C_i	Q_i〔kN〕
R	2 296.7	2 296.7	0.379	1.413	0.285	649.1
3	1 846.1	4 142.8	0.683	1.174	0.235	973.5
2	1 915.4	6 058.3	1.000	1.000	0.200	1 211.7

〔注〕塔屋重量は，3 階重量に含む．

〔**解　説**〕

地震時層せん断力は，次式により求める．

$$Q_i = C_i \sum_{j=i}^{n} W_j$$

ここに，Q_i：i 階の設計用地震層せん断力

C_i：i 階の地震せん断力係数

$\sum_{j=i}^{n} W_j$：i 階から最上階までの建物重量

地震時層せん断力係数は，次式により求める．

$$C_i = Z \cdot R_t \cdot A_i \cdot C_0$$

Z，R_t，A_i は，昭55建告第1793号に定められており，下記に概要を示す．

Z：地震地域係数で，建設地により定められた1.0～0.7の値（**図2･25**）

R_t：振動特性係数で，建物一次固有周期 T と地盤種別により決まる地震力の低減係数．**表2･13**による1.0以下の値．

T：建物一次固有周期で，$T = h(0.02 + 0.01\alpha)$ により求める．

ここに，h：建築物の高さで，**図2･26**の H を目安として決定する．

α：建築物のS造部分の高さの全体高さに対する割合

T_c：建築物の基礎の底部（剛強な支持杭を使用する場合にあっては，支持杭の先端）の直下の地盤種別に応じて，**表2･14**の値とする．

A_i：地震層せん断力係数の高さ方向の分布を示す係数で，次式による．

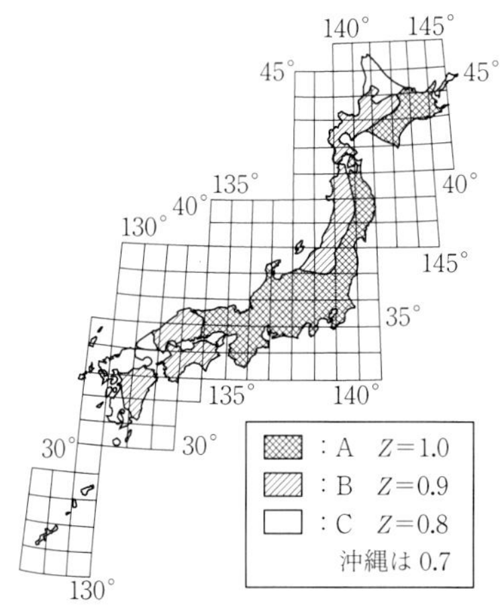

図2・25　地震地域係数 Z

表2・13　R_t の計算式

$T < T_c$ の場合	$R_t = 1$
$T_c \leqq T < 2T_c$ の場合	$R_t = 1 - 0.2\left(\dfrac{T}{T_c} - 1\right)^2$
$2T_c \leqq T$ の場合	$R_t = \dfrac{1.6T_c}{T}$

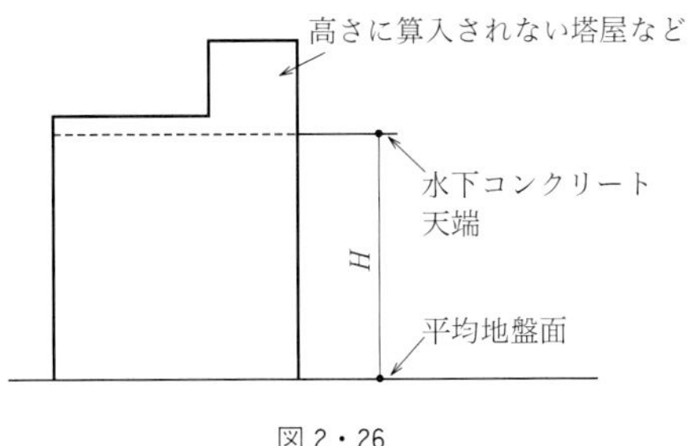

図2・26

表2・14　地盤種別と T_c

地盤種別		T_c
第1種地盤	岩盤，硬質砂礫層その他主として第三紀以前の地層によって構成されているものまたは地盤周期等についての調査もしくは研究の結果に基づき，これと同程度の地盤周期を有すると認められるもの	0.4
第2種地盤	第1種地盤および第3種地盤以外のもの	0.6
第3種地盤	腐植土，泥土その他これらに類するもので大部分が構成されている沖積層(盛土がある場合においてはこれを含む）で，その深さがおおむね30 m以上のもの，沼沢，泥海等を埋め立てた地盤の深さがおおむね3 m以上であり，かつ，これらで埋め立てられてからおおむね30年経過していないものまたは地盤周期等についての調査もしくは研究の結果に基づき，これらと同程度の地盤周期を有すると認められるもの	0.8

$$A_i=1+\left(\frac{1}{\sqrt{\alpha_i}}-\alpha_i\right)\cdot\frac{2T}{1+3T}$$

$$\alpha_i=\sum_{j=i}^{n}W_j\Big/\sum_{j=1}^{n}W_j$$

ここに，$\sum_{j=i}^{n}W_j$：A_i を算出しようとする層より上層の建築物の全重量

$\sum_{j=1}^{n}W_j$：当該建築物の地上部分の全重量

4.5 鉛直荷重時応力図

応力図の階高は梁天端レベルの表示となっているが，応力計算は構造階高で行っている．

［B 通り］

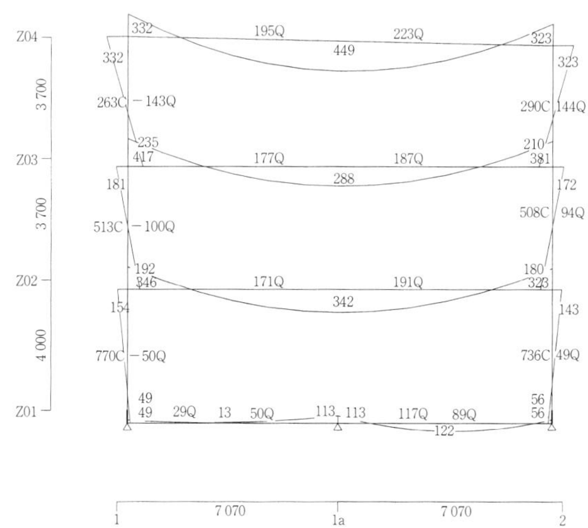

共通事項
無印：曲げモーメント〔kN･m〕
Q　：せん断力〔kN〕
C　：圧縮軸力〔kN〕
T　：引張軸力〔kN〕

［1 通り］

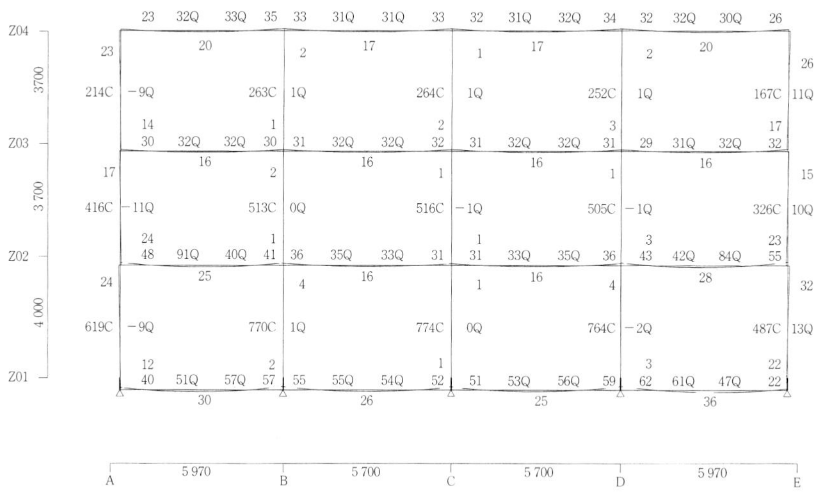

4.6 水平荷重時応力図

[B通り]

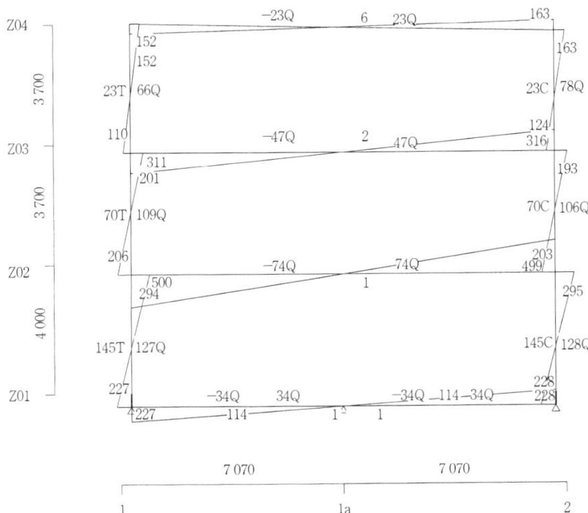

共通事項
無印：曲げモーメント〔kN･m〕
Q　：せん断力〔kN〕
C　：圧縮軸力〔kN〕
T　：引張軸力〔kN〕

[1通り]

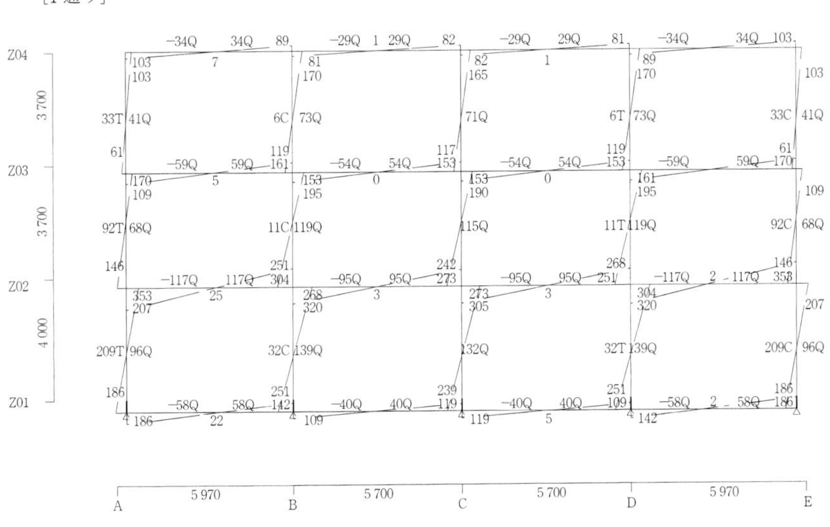

4.7　層間変形角，剛性率

X 方向

層	δ_i 〔mm〕	h_i 〔mm〕	Q_i/δ_i 〔kN/cm〕	$1/r_s$	R_s	F_s
3	7.66	3 700	766.3	1/483	1.149	1.0
2	9.15	3 750	959.8	1/410	0.975	1.0
1	11.13	4 100	979.5	1/368	0.876	1.0

$\bar{r}_s=420$

Y 方向

層	δ_i 〔mm〕	h_i 〔mm〕	Q_i/δ_i 〔kN/cm〕	$1/r_s$	R_s	F_s
3	9.89	3 700	593.9	1/374	1.012	1.0
2	10.39	3 750	845.4	1/361	0.977	1.0
1	10.97	4 100	994.2	1/374	1.011	1.0

$\bar{r}_s=370$

各層において，層間変形角 $1/r_s$ が 1/200 以下，および剛性率 R_s が 6/10 以上であることを確認した．

ここに，δ：層間変位〔mm〕

h：階高〔mm〕

Q_i/δ_i：層剛性〔kN/cm〕

$1/r_s$：層間変形角（$r_s=h_i/\delta_i$）

$\bar{r}_s$：各階 r_s の平均値（$=\sum r_s/N$）

R_s：剛性率（$R_s=r_s/\bar{r}_s$）

F_s：剛性率の値に応じた形状係数

〔**解　説**〕

（1）　層間変形角

層間変形角は各層ごとの地震時水平力による層間変位 δ_i を各層の階高 h_i で除した値である(**図 2･27**)．

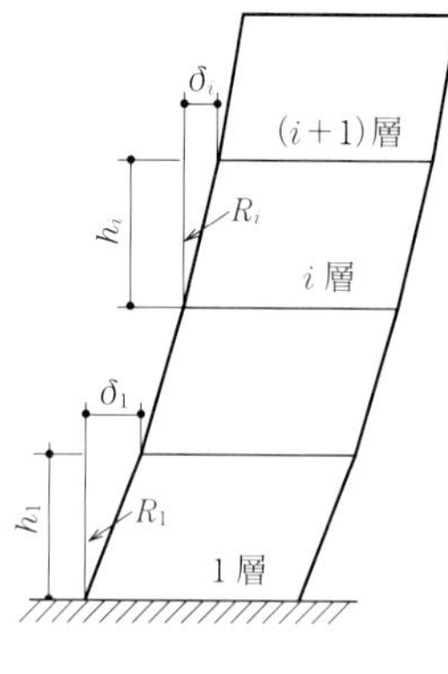

図 2・27

令第82条の2では，高さ60 m以下でルート1（木造建築等）以外の方法で設計する場合は，層間変形角が1/200以内であることを確かめるように規定している．これは，建物の柱や大梁などの主たる部材だけでなく，ラスモルタル外壁，ALCパネルやPC板などの内外装材，電気および空調などの設備機器や配管などが，地震時の建物変形に追従できなくなって破損したり，脱落しないように規定したものである．なお，1/200の制限値は内外装材を建物の変形に追従できるように取り付ければ，1/120まで緩和することが認められている．一般に外壁仕上げが，金属板，ボード類，スレート板などで脱落のおそれのないように取り付けられた建物の場合の緩和値は1/120，ALCパネルの場合は1/120～1/150である．

一般に，鉄骨造で純ラーメンの場合，地震時水平力による建物の層間変位が，階高の1/200以内でなければならないという規定は，かなり厳しいものであり，柱や大梁などの断面を決定する大きな要素の一つとなっている．

（2） 剛性率

令第82条の6では，高さ31 m以下でルート1（木造建築物等）以外の方法で設計する場合は，地上階部分の各階について剛性率が6/10以上であることを確かめるように規定している．剛性率6/10以上を満足しない場合は，構造計画を見直して設計変更を行うか，ルート3により保有水平耐力の検討を行わなければならない．

剛性率は，建物各階の水平剛性が建物全体の水平剛性の平均値に対してバランス良く設計されているかどうかを判断するための値である．各階の水平剛性が上下方向にバランス良く設計されていないと，水平剛性が相対的に小さい階に地震時の水平変形が集中することになり，耐震設計上好ましくない（**図2･28**）．剛性率は，地震時水平力による各階の層間変形角の逆数によって決まるため，架構の水平剛性のみでなく各階の建物重量および外力分布も影響することになる．

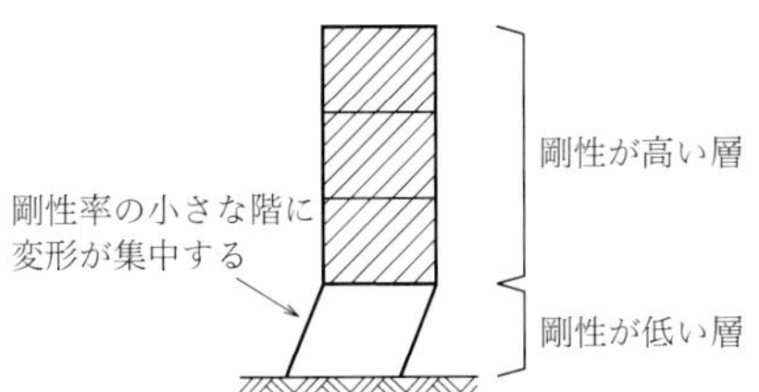

図2・28　変形が集中する建物

4.8　偏心率

層	方向	重心位置 g〔m〕	剛心位置 l〔m〕	偏心距離 e〔m〕	ねじり剛性 K_R〔kN·m〕	弾力半径 r_e〔m〕	偏心率 R_e	F_e
3	X	7.354	7.714	0.361	7 347	9.787	0.068	1.00
	Y	10.965	11.630	0.666		11.116	0.032	1.00
2	X	7.143	7.008	0.136	9 630	10.012	0.051	1.00
	Y	11.164	11.671	0.507		10.672	0.013	1.00
1	X	7.072	7.075	0.003	10 671	10.435	0.043	1.00
	Y	11.236	11.681	0.445		10.360	0.000	1.00

各階において，偏心率 R_e が 15/100 以下であることを確認した．

〔**解　説**〕

令第 82 条の 6 では，剛性率と同様に各階の偏心率が 15/100 以下であることを確かめるように規定している．

地震時水平力は階の重心に作用し，建物は剛心を中心に回転する．重心と剛心の距離が大きいと，建物は大きく回転し，一部の部材（剛心からの距離が大きい部材）に過大な変形が生じ，部材が損傷する（**図 2･29**）．このことから，重心と剛心の偏りのねじり抵抗に対する割合を偏心率として定義し，偏心率が大きくならないように確認している．構造計画時にスパン割り，ブレースの配置などの平面計画に慎重な配慮が必要である．

偏心率 R_e は次式から求められる．

・重心 G（g_x, g_y）

$$g_x = \frac{\sum N \cdot X}{\sum N} \qquad g_y = \frac{\sum N \cdot Y}{\sum N}$$

ここに，g_x：重心の X 座標〔m〕
g_y：重心の Y 座標〔m〕
N：柱軸力〔kN〕
X：各柱の X 座標〔m〕
Y：各柱の Y 座標〔m〕

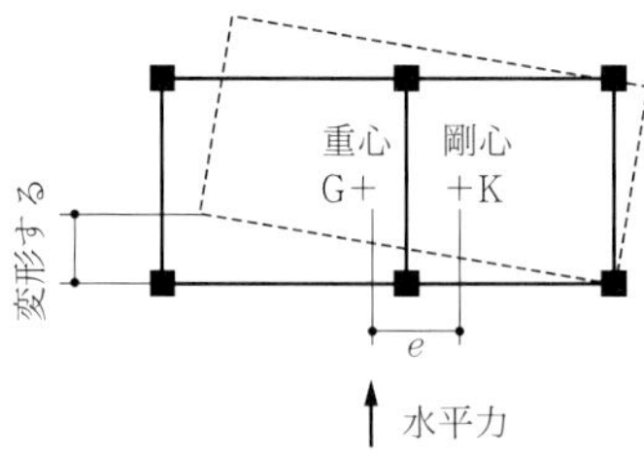

図 2・29　偏心の大きい建物

・剛心 K（l_x, l_y）

$$l_x=\frac{\sum K_y\cdot X}{\sum K_y}\qquad l_y=\frac{\sum K_x\cdot Y}{\sum K_x}$$

ここに，l_x：剛心の X 座標〔m〕

l_y：剛心の Y 座標〔m〕

K_x：X 方向の各耐震要素（柱壁等）の水平剛性〔kN/m〕

$K_x=Q_x/\delta_x$

K_y：Y 方向の各耐震要素（柱壁等）の水平剛性〔kN/m〕

$K_y=Q_y/\delta_y$

Q_x，Q_y は，各耐震要素の負担せん断力

δ_x，δ_y は，各耐震要素の層間変位

X：各耐震要素（K_y）の X 座標〔m〕

Y：各耐震要素（K_x）の Y 座標〔m〕

・偏心距離（e_x, e_y）

$$e_x=|l_x-g_x|\qquad e_y=|l_y-g_y|$$

・ねじり剛性（K_R）

$$K_R=\sum\{K_x(Y-l_y)^2\}+\sum\{K_y(X-l_x)^2\}$$

・弾力半径（r_{ex}, r_{ey}）

$$r_{ex}=\sqrt{\frac{K_R}{\sum K_x}}\qquad r_{ey}=\sqrt{\frac{K_R}{\sum K_y}}$$

・偏心率（R_{ex}, R_{ey}）

$$R_{ex}=\frac{e_y}{r_{ex}}\qquad R_{ey}=\frac{e_x}{r_{ey}}$$

5. 大梁・柱の断面算定

5.1 大梁・柱の幅厚比の検討

（1） 大梁　使用材料：SN 400

符　号	部　　材	フランジ		ウェブ	
		$B/2t_f<9.0$	判定	$(H-2t_f)/t_w<60$	判定
${}_3G_1$	H-588×300×12×20	300/(2×20)=7.5	OK	(588−2×20)/12=45.6	OK
${}_2G_1$	H-700×300×13×24	300/(2×24)=6.3	OK	(700−2×24)/13=50.2	OK
${}_3G_2$	H-400×200×8×13	200/(2×13)=7.7	OK	(400−2×13)/8=46.8	OK
${}_2G_2$	H-488×300×11×18	300/(2×18)=8.3	OK	(488−2×18)/11=41.1	OK

（2） 柱　使用材料：BCR 295

符　号	部　材	$B/t<29.4$	判定
$_3C_1$, $_2C_1$	□-400×400×16	400/16＝25.0	OK
$_1C_1$	□-400×400×22	400/22＝18.2	OK

〔**解　説**〕

告示（昭55建告第1791号第2）により，柱および梁部材の幅厚比が規定されている．

ルート 2 で設計する場合に，曲げを受ける柱および梁部材の塑性化領域に局部座屈が生じないように設計しなければならない．幅厚比の規定値は局部座屈防止のために設けられたもので，地震時に発生した塑性ヒンジに対して十分な塑性変形能力を持たせることが目的である．柱・梁部材を構成する板要素の幅厚比は，局部座屈の生じにくさの尺度となるもので，多くの局部座屈の実験結果をもとに，保有水平耐力の検討なしで所要の耐震性を確保するために求められた値であり，ルート 3 のFAクラスに相当する．（**表2･15，図2･30**）．

角形鋼管柱のBCR 295の幅厚比に関しては，基準強度（F 値）が295 N/mm^2 であるため

$$33\times\sqrt{235/F}=33\times\sqrt{235/295}=29.4$$

とする．

表2・15　鋼構造の幅厚比制限値

部材	断　面	部　位	算定式	F 値*	幅厚比
柱	H 形 鋼	フランジ	$9.5\sqrt{235/F}$	235 325	9.50 8.08
		ウ ェ ブ	$4.3\sqrt{235/F}$	235 325	43.00 36.56
	角形鋼管		$33\sqrt{235/F}$	235 325	33.00 28.06
	円形鋼管		$50\sqrt{235/F}$	235 325	50.00 42.52
梁	H 形 鋼	フランジ	$9\sqrt{235/F}$	235 325	9.00 7.65
		ウ ェ ブ	$60\sqrt{235/F}$	235 325	60.00 51.02

＊　F 値は，告示（平12建告第2464号第1）に規定される基準強度〔N/mm^2〕を示す．

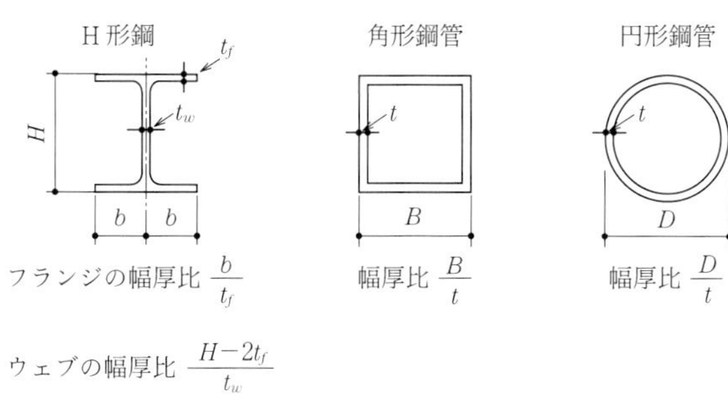

図2・30

5.2 大梁の横補剛の検討

大梁材質 SN 400 より，$\lambda_y \leqq 170+20n$ を確認する．

符 号	部 材	l 〔mm〕	i_y 〔mm〕	横補剛本数 n	λ_y	$170+20n$	判定
$_3G_1$	H-588×300×12×20	13 480	69.4	4	194	170+20×4=250	OK
$_2G_1$	H-700×300×13×24	13 480	68.3	4	197	170+20×4=250	OK
$_3G_2$	H-400×200×8×13	5 700	45.6	0	125	170+20×0=170	OK
$_2G_2$	H-488×300×11×18	5 700	71.4	0	80	170+20×0=170	OK

〔**解　説**〕

告示（昭55建告第1791号第2）により，構造耐力上主要な部分である柱梁等について，構造耐力上支障のある急激な耐力低下が生じないことを確認しなければならない．

梁の塑性変形能力を低下させる要因として，前述した局部座屈のほかに横座屈がある．横座屈とは，H形鋼などの開断面の梁が曲げを受けたとき，圧縮フランジが面外に座屈し，ねじれを生じる現象である．横座屈が生じると，断面の幅厚比を十分小さくしてもその領域で局部座屈が生じやすくなる．

そこで，梁の横座屈による全塑性モーメントの低下を防止するための有効な方法として，横補剛がある．逆対称モーメントを受ける梁に対して，梁の全長にわたって均等間隔で横補剛を設ける方法と，梁の端部に近い部分を主として横補剛を設ける方法が，「2015年版　建築物の構造関係技術基準解説書」の付録に提案されている．

1.　梁の全長にわたって均等間隔で横補剛を設ける方法

梁の弱軸まわりの細長比 λ_y が次式を満足するように必要な数の横補剛を均等間隔に配置する．

・SS 400，SN 400 などの 400 N/mm² 級の場合　$\lambda_y \leqq 170+20n$

・SM 490，SN 490 などの 490 N/mm² 級の場合　$\lambda_y \leqq 130+20n$

ここに，λ_y：梁の弱軸に関する細長比（$=l/i_y$）

l：梁の長さ〔mm〕

i_y：梁の弱軸まわりの断面二次半径〔mm〕（$=\sqrt{I_y/A}$）

I_y：梁の弱軸まわりの断面二次モーメント〔mm^4〕

A：梁の断面積〔mm^2〕

n：横補剛の箇所数

2.　主として梁の端部に近い部分に横補剛を設ける方法

降伏モーメントを超える曲げモーメントが作用する領域においては，次式に示す間隔で横補剛を配置する．

・400 N/mm² 級の場合　$\dfrac{l_b \cdot h}{A_f} \leqq 250$　かつ　$\dfrac{l_b}{i_y} \leqq 65$

・490 N/mm² 級の場合　$\dfrac{l_b \cdot h}{A_f} \leqq 200$　かつ　$\dfrac{l_b}{i_y} \leqq 50$

ここに，l_b：横補剛間隔〔mm〕

h：梁せい〔mm〕

A_f：圧縮フランジの断面積〔mm^2〕

i_y：梁の弱軸まわりの断面二次半径〔mm〕

なお，特に長期荷重が支配的でない場合は，長期荷重による応力は考慮しないものとする．さらに，使用鋼材の降伏比の影響などの不確定性による早期の横座屈の発生による変形能力の減少を防ぐ意味から，梁の横補剛を検討するための曲げモーメント分布には，**表2·16**の安全率 α を乗じたものを用いるものとする．

横補剛材は，適度な強度と剛性を持つ必要がある．具体的には，梁断面に生じる曲げ応力による圧縮側合力（$C=\sigma_y \cdot A/2$）の 2% の集中横力（$F=0.02C$）を圧縮側フランジ位置に作用させた場合に十分な強度を有し，かつ圧縮側合力の5倍の力を横補剛区間長さで除して求めた剛性（$k \geqq 5.0C/$

表2・16　α の値

部　材	400 N/mm² 級	490 N/mm² 級
梁材横補剛	1.2	1.1

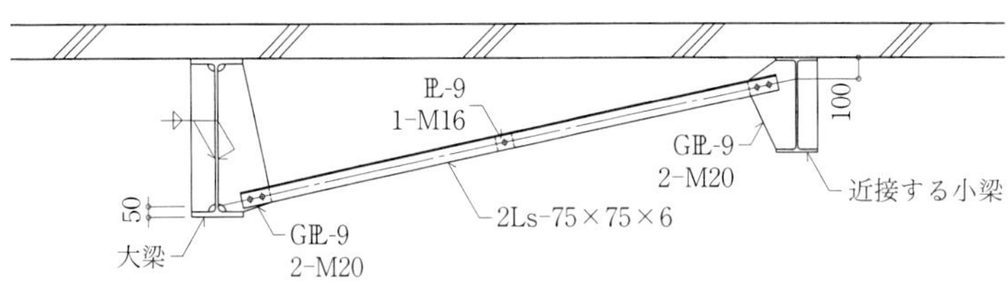

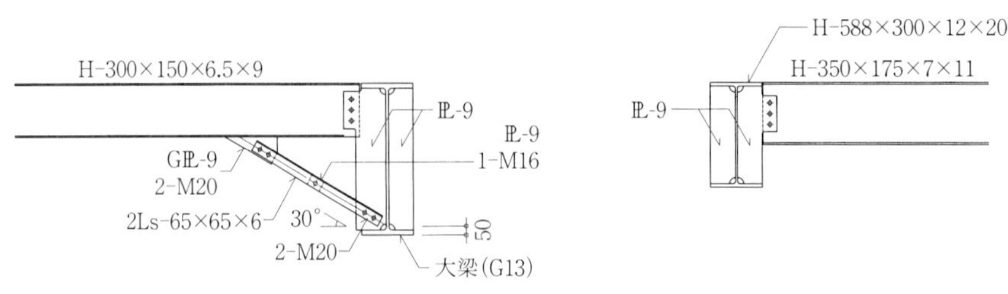

図2・31　横補剛材の取付け例

l_b）以上の剛性を有しなければならない．

本例の２階大梁を例に以下に示すと，H-700×300×13×24 の断面積 A，集中横力 F および必要剛性 k は

$$A=231.5\times10^2\ \mathrm{mm}^2$$

$$F=0.02C=0.02\times(235\times231.5\times10^2/2)=54\,403\ \mathrm{N}=54.4\ \mathrm{kN}$$

$$k\geqq5.0C/l_b=5.0\times(235\times231.5\times10^2/2)/2\,700=5\,037\ \mathrm{N/mm}=50.4\ \mathrm{kN/mm}$$

本例の場合，集中横力，必要剛性とも小さな値であるので計算書では省略した．

一般的に，梁の上フランジは RC スラブで拘束されているので横補剛材の取付けは**図 2･31** に示すように，小梁や方杖などで下フランジの横変位を拘束する．

5.3 大梁の断面算定

${}_3G_1$（3 階 B 通り，1-2 間）

部材：H-588×300×12×20　材質：SN 400 B　F 値：235.0

位置			① 端	継 手	中 央	継 手	② 端
設計応力	M〔kN･m〕	L	417	226	−288	195	381
		S_1	115	− 40	−286	465	688
		S_2	719	490	−291	− 75	75
	Q〔kN〕	L	178	178	0	187	187
		S_1	130	130	47	234	234
		S_2	224	224	47	141	141
断面性能	Z〔mm^3〕		$3\,293\times10^3$	$3\,066\times10^3$	$3\,889\times10^3$	$3\,066\times10^3$	$3\,293\times10^3$
	A_w〔mm^2〕		5 730	4 560	6 570	4 560	5 730
許容応力度	f_b〔N/mm^2〕		156（長期）/235（短期）				
	f_s〔N/mm^2〕		90（長期）/135（短期）				
断面算定	$\sigma_b=M/Z$〔N/mm^2〕		218（短）	160（短）	74（長）	152（短）	209（短）
	$\sigma_b/f_b\leqq1.0$		0.93	0.68	0.47	0.65	0.89
	$\tau=Q/A_w$〔N/mm^2〕		31（長）	39（長）	7（短）	41（長）	33（長）
	$\tau/f_s\leqq1.0$		0.35	0.43	0.05	0.46	0.36
	判 定		OK	OK	OK	OK	OK

${}_2G_2$（2 階 1 通り，B-C 間）

部材：H-488×300×11×18　材質：SN 400 B　F 値：235.0

位置			① 端	継 手	中 央	継 手	② 端
設計応力	M〔kN･m〕	L	36	7	−16	4	31
		S_1	−213	−167	−14	182	285
		S_2	285	179	−19	−176	−224
	Q〔kN〕	L	35	35	0	33	33
		S_1	− 61	− 61	95	128	128
		S_2	130	130	95	− 63	− 63
断面性能	Z〔mm^3〕		$2\,445\times10^3$	$2\,215\times10^3$	$2\,820\times10^3$	$2\,215\times10^3$	$2\,445\times10^3$
	A_w〔mm^2〕		4 200	3 380	4 970	3 380	4 200

許容応力度	f_b〔N/mm²〕 f_s〔N/mm²〕	156（長期）/235（短期） 90（長期）/135（短期）				
断面算定	$\sigma_b = M/Z$〔N/mm²〕	117（短期）	81（短期）	6（長期）	82（短期）	117（短期）
	$\sigma_b/f_b \leqq 1.0$	0.50	0.34	0.04	0.35	0.50
	$\tau = Q/A_w$〔N/mm²〕	31（短期）	38（短期）	19（短期）	38（短期）	30（短期）
	$\tau/f_s \leqq 1.0$	0.23	0.28	0.14	0.28	0.23
	判　定	OK	OK	OK	OK	OK

〔備考〕
- L：長期応力
- S_1：正加力時（→）の短期応力
- S_2：負加力時（←）の短期応力
- 端部の Z は，ウェブ断面を考慮しない．
- 端部の A_w は，スカラップ（35 mm）による断面欠損を考慮する．
- 継手部の Z および A_w は，フランジおよびウェブのボルト孔欠損を考慮する．
- 断面算定位置は柱面とする．ただし，長期応力は柱心位置の応力とする．
- 継手位置は，柱心から 1 000 mm とする．

〔解　説〕

（1） 断面算定位置

断面算定位置は，**図 2•32** に示す端部，継手部，中央部の5か所である．端部と中央部で断面が異なる場合，継手位置では断面性能の小さいほうで算定することになる（本例では，端部と中央部とも同じ部材を使用）．

（2） 断面算定用応力

断面算定用応力は，**図 2•33** に示す位置の応力を採用している．地震時水平力による応力は大梁の断面算定位置である柱面の応力とするが，鉛直荷重時応力に関しては安全側に柱心の応力とするのが一般的である．柱・梁部材の断面が小さく，フェース応力と節点応力にあまり差がない場合は，水平荷重時応力も柱心の値を採用する例もある．

水平荷重時応力のフェース（柱面）応力および継手部応力は次式より求める．

フェース応力　${}_F M_E = M_E - D/2 \cdot Q_E$

継手応力　${}_j M_E = M_E - l_J \cdot Q_E$

ここに，Q_E：水平荷重時の梁せん断力〔kN〕

D：柱幅〔m〕，l_J：柱心からの継手長さ〔m〕

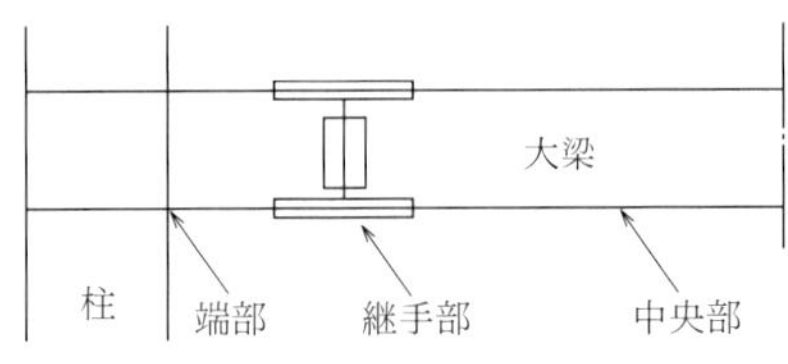

図 2・32　断面算定位置

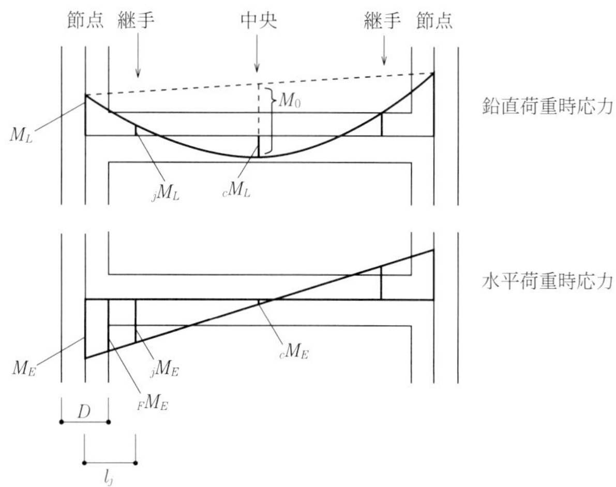

図 2・33 断面算定用応力

（3） 断面性能

（a） 大梁端部

大梁端部は，**図 2･34** のように柱通しとした場合には，フランジ溶接作業のため仕口部にスカラップが設けられる．そのために大梁端部の断面算定には，スカラップによる断面欠損を考慮する必要がある．本例では，曲げモーメントの断面算定には，フランジ断面のみを考慮した断面係数 Z_e を用い，せん断の算定用の断面積 A_{we} は，スカラップ欠損を考慮したウェブ断面積を用いている．

・フランジ断面のみを考慮した断面係数 Z_e の算定

H-588×300×12×20　$Z=3\,889\times10^3\,\mathrm{mm}^3$，$A=18\,720\,\mathrm{mm}^2$

$$Z_e=\frac{B(H^3-h^3)}{6H}=\frac{300\times(588^3-548^3)}{6\times588}=3\,293\times10^3\,\mathrm{mm}^3$$

$$A_{we}=t_w(H-2t_f-2r)=12\times(588-2\times20-2\times35)=5\,736\,\mathrm{mm}^2$$

r はスカラップ半径を示し，通常 30～35 mm 程度である（**図 2･35**）．

図 2･36 で示されるように，曲げ応力度 σ_b の最大値は，H 形鋼の最外縁に生じるが，この部分のせん断応力度は小さいので，断面係数にはウェブを考慮して行うのが一般的である．本例の梁端部の断面算定では，柱に角形鋼管を用いており，柱のスキンプレートの面外曲げ剛性があまり高くないためにウェブからの曲げモーメントを十分に伝達できないと思われるので，曲げモーメントはフランジ

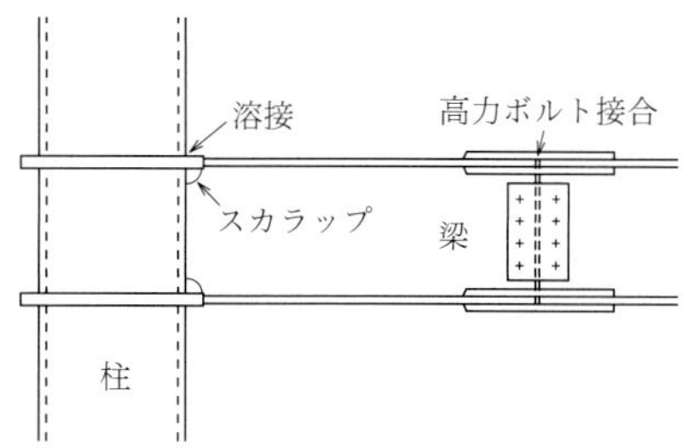

図 2・34 柱・梁仕口部および梁継手部

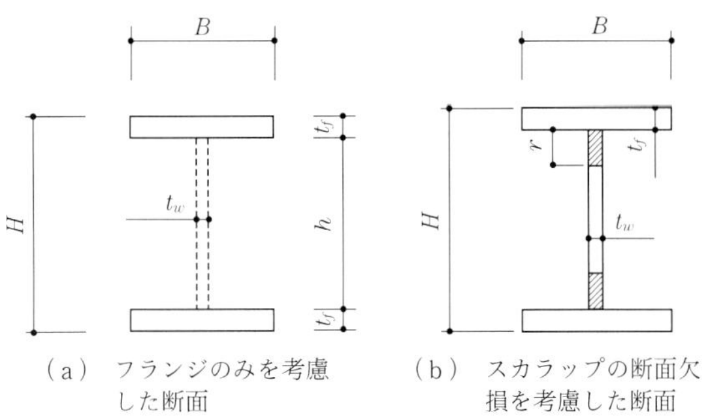

図2・35

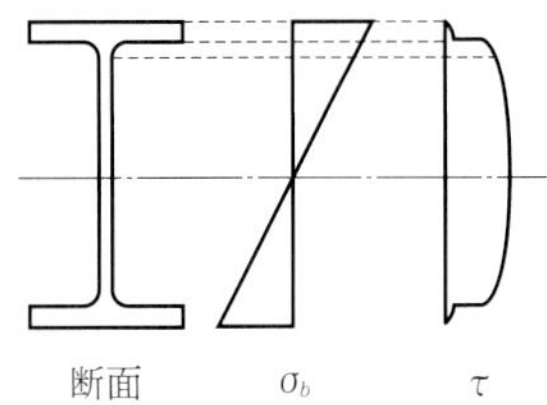

図2・36 曲げ応力度 σ_b およびせん断応力度 τ 分布

で負担し，せん断力はウェブで負担するものとみなして行っている．

（b） 継手部

大梁継手部は，高力ボルトによる摩擦接合としているため，ボルト孔による断面欠損を考慮した断面性能としなければならない．厳密には，フランジの柱側第1ボルトの位置ではフランジのボルト孔欠損のみ考慮し，継手位置ではフランジとウェブのボルト孔欠損を考慮すべきであるが，慣用的には継手中央にて，フランジとウェブの両方のボルト孔欠損を考慮して検討することが行われている（**図2・37**，**図2・38**）．

（c） 中央部

大梁中央部は，断面欠損はないので鉄骨の全断面が有効である．

$Z_c = 3\,889 \times 10^3\ \mathrm{mm}^3$ （H形鋼の断面性能表より）

$A_{wc} = t_w(H - 2t_f) = 12 \times (588 - 2 \times 20) = 6\,576\ \mathrm{mm}^2$

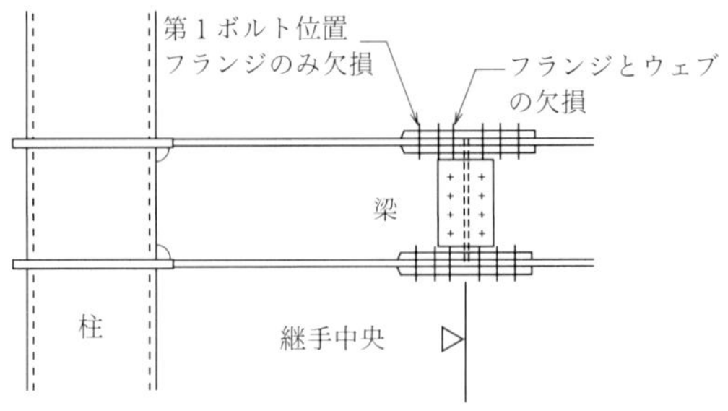

図2・37

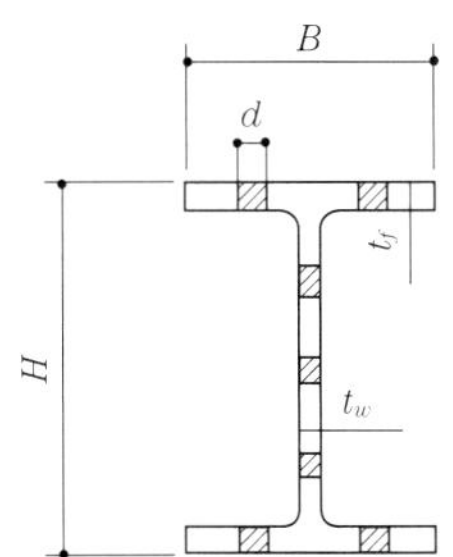

図2・38 高力ボルトを考慮した断面

（4） 断面算定

（a） 断面算定で用いる主な記号

F：鋼材の基準強度〔N/mm^2〕

Z_x：強軸方向断面係数〔mm^3〕

Z_e：梁端部の有効断面係数〔mm^3〕

Z_j：継手部の有効断面係数〔mm^3〕

A_w：ウェブ断面積（$=t_w(H-2t_f)$）〔mm^2〕

A_{we}：梁端部の有効ウェブ断面積〔mm^2〕

A_{wj}：継手部の有効ウェブ断面積〔mm^2〕

i_b：横座屈用断面二次半径〔mm〕

η：許容曲げ応力度算定用係数

l_b：圧縮フランジの支点間距離（座屈長さ）〔mm〕

λ_b：許容曲げ応力度算定用細長比（$=l_b/i_b$）

f_b：許容曲げ応力度〔N/mm^2〕

f_s：許容せん断応力度〔N/mm^2〕

σ_b：曲げ応力度（$=M/Z$）〔N/mm^2〕

τ：せん断応力度（$=Q/A_w$）〔N/mm^2〕

（b） 断面算定用応力の決定

長期と短期の許容応力度の比でもわかるように，短期応力が長期応力の1.5倍以下であれば長期応力で断面算定を行い，それ以外の場合は短期応力で行う．

・曲げ応力　$1.5M_L \geqq M_S$ の場合　断面算定用応力は M_L

　　$1.5M_L < M_S$ の場合　断面算定用応力は M_S（$=M_L+M_E$）

・せん断応力　$1.5Q_L \geqq Q_S$ の場合　断面算定用応力は Q_L

　　$1.5Q_L < Q_S$ の場合　断面算定用応力は Q_S（$=Q_L+Q_E$）

ここに，M_L：長期曲げモーメント〔kN·m〕

M_E：地震時曲げモーメント〔kN·m〕

M_S：短期曲げモーメント（$=M_L+M_E$）〔kN·m〕

Q_L：長期せん断力〔kN〕

Q_E：地震時せん断力〔kN〕

Q_S：短期せん断力（$=Q_L+Q_E$）〔kN〕

（c） 許容応力度の算定

（i） 許容曲げ応力度 f_b の算定

平13国告示第1024号第1第三項より，曲げ材の座屈の長期許容応力度（荷重面内に対称軸を有する圧延形鋼の場合）は，次式のうちいずれか大きいほうの値とする．

$$f_b=F\left\{\frac{2}{3}-\frac{4}{15}\cdot\frac{(l_b/i_b)^2}{C\Lambda^2}\right\}\text{〔N/mm}^2\text{〕}$$

$$f_b=\frac{89\,000}{(l_bh/A_f)}\text{〔N/mm}^2\text{〕} \qquad \text{（ただし，}f_b\leqq F/1.5\text{ とする）}$$

ここで，

l_b：圧縮フランジの支点間距離〔mm〕

i_b：曲げ応力算定用の断面二次半径〔mm〕

圧縮フランジと曲げ材のせいの1/6とからなるT形断面のウェブ軸まわりの断面二次半径．

C：座屈区間内で応力が変化する場合の修正係数で下式による．

$C=1.75+1.05(M_2/M_1)+0.3(M_2/M_1)^2$　　ただし，$C\leqq 2.3$

M_2 および M_1 は，座屈区間内における小さいほうおよび大きいほうの強軸まわりの曲げモーメントを示す．**図2・39**に示すように単曲率の場合は（M_2/M_1）>0，複曲率の場合は（M_2/M_1）<0 とする．

中央部が端部より大きい場合，$C=1$ とする．

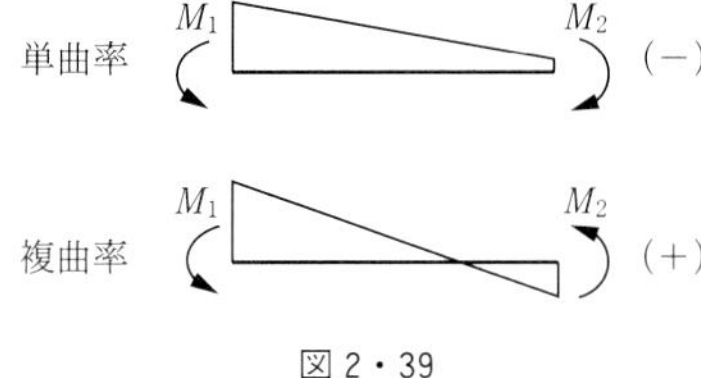

図2・39

h：曲げ材のせい〔mm〕

A_f：圧縮フランジの断面積〔mm²〕

Λ：限界細長比で下式による．

$$\Lambda=\frac{1\,500}{\sqrt{F/1.5}}$$

安全側にみて $C=1.0$ とした場合

$$f_b=F\left\{\frac{2}{3}-\frac{4}{15}\cdot\frac{(l_b/i)^2}{C\Lambda^2}\right\}=235\left\{\frac{2}{3}-\frac{4}{15}\times\frac{(3\,200/80.1)^2}{1.0\times 119.8^2}\right\}=149.7$$

$$f_b=\frac{89\,000}{(l_bh/A_f)}=\frac{89\,000}{\{3\,200\times 588/(300\times 20)\}}=283.8$$

よって，大きいほうの値として，$f_b=283.8$ N/mm²

ただし，$f_b\leqq F/1.5(=235/1.5)$ なので，$f_b=156$ N/mm² となる．

（ii） 許容せん断応力度 f_s の算定

長期許容せん断応力度は次式から求める．短期については1.5倍とする．

$$f_s = \frac{F}{1.5\sqrt{3}}$$

本例の鉄骨材料はSN 400なので

$$f_s = 235/(1.5\sqrt{3}) = 90\ \mathrm{N/mm^2}$$

（d） 断面算定

大梁には，曲げモーメントMとせん断力Qが作用しているので，次式によりそれぞれの応力に対して許容応力度以下であることを確認する．

・曲げ応力度　$\sigma_b = M/Z$　　$\sigma_b/f_b \leqq 1.0$

・せん断応力度　$\tau = Q/A_w$　　$\tau/f_s \leqq 1.0$

S造では，床にALCパネルなどを使用すると，面内剛性が不足するので，一般に床面にブレースを設ける．このとき，水平荷重時に梁に軸力（N）が生じる．この場合は，柱の断面算定と同様に計算を行うことになる．

5.4　柱の断面算定

$_1C_1$（1階B，1通り）

部材：□-400×400×22　材質：BCR 295　F値：295.0

位置			X方向		Y方向	
			柱頭	柱脚	柱頭	柱脚
設計応力	N〔kN〕	L	770		770	
		S_1	625		802	
		S_2	915		738	
	M〔kN·m〕	L	154	−49	−4	2
		S_1	−96	121	−290	202
		S_2	404	219	282	−200
	Q〔kN〕	L	50		1	
		S_1	77		140	
		S_2	177		138	
断面性能	A〔mm^2〕		31 600			
	Z_x，Z_y〔mm^3〕		$3\,651 \times 10^3$			
	A_w〔mm^2〕		15 800			
許容応力度	$\lambda = l_k/i$		4 100/152＝27.0			
	f_c〔N/mm^2〕		186（長期）/279（短期）			
	f_b〔N/mm^2〕		196（長期）/295（短期）			
	f_s〔N/mm^2〕		113（長期）/170（短期）			
断面算定	σ_c/f_c （$\sigma_c = N/A$）	L	0.13		0.13	
		S_1	0.07		0.09	
		S_2	0.10		0.08	
	σ_b/f_b （$\sigma_b = M/Z$）	L	0.21	0.06	0.00	0.00
		S_1	0.09	0.11	0.27	0.19
		S_2	0.38	0.20	0.26	0.19
	$\sigma_c/f_c + \sigma_b/f_b \leqq 1$		0.48	0.30	0.36	0.28

断面算定	τ/f_s $(\tau=Q/A_w)$	L S_1 S_2	0.03 0.03 0.07		0.00 0.05 0.05	
	組合せ応力	L S_1 S_2	0.34 0.15 0.47	0.19 0.19 0.31	0.34 0.51 0.49	0.19 0.31 0.30
判　定			OK		OK	

〔備考〕　・L：長期応力

・S_1：正加力時（→）の短期応力

・S_2：負加力時（←）の短期応力

・断面算定位置は梁面とする．ただし，長期応力は梁中心位置の応力とする．

・組合せ応力は，$\sqrt{(\sigma_c+\sigma_b)^2+3\tau^2}/f_t$ による．

〔解　説〕

（1）　断面算定用応力

梁の場合と同様に，本例では長期荷重時は節点応力とし，水平荷重時は梁面のフェース応力を採用している．フェース応力は次式により算定する．

フェース応力　${}_FM_E=M_E-H/2\cdot Q_E$

ここに，Q_E：水平荷重時の柱のせん断力〔kN〕

H：梁せい〔m〕

X 方向の柱頭を例にすると

$M_L=154$ kN·m

${}_FM_E=M_E-H/2\cdot Q_E=294-0.70/2\times127=250$ kN·m

$M_{S1}=M_L-{}_FM_E=154-250=-96$ kN·m

$M_{S2}=M_L+{}_FM_E=154+250=404$ kN·m

（2）　断面性能

（a）　柱・梁仕口部

本例では，柱材に角形鋼管を使用しているので，断面積 A および断面係数 Z は，角部の曲率半径 R を考慮した値を用いる（**図 2·40**）．通常，断面性能表の値を用いる．

参考として，冷間成形角形鋼管の角部外側の曲率半径を**表 2·17** に示す．

（b）　継手部

本例では柱の継手はないが，運搬の都合や揚重機の能力などを考慮して，柱の継手の計画を行う．

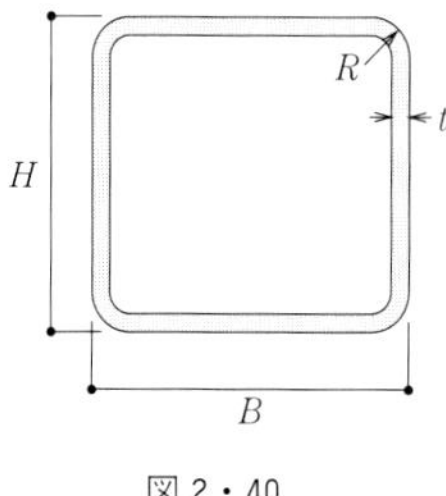

図 2・40

表 2・17　曲率半径

項　　目	板　厚 t〔mm〕	曲率半径 R
冷間ロール成形角形鋼管（BCR 材）	$6\leqq t\leqq22$	$2.5t$
冷間プレス成形角形鋼管（BCP 材）	$6\leqq t\leqq40$	$3.5t$

通常は，運搬の都合により継手から継手までの長さを15 m程度以下とする．柱継手の位置は応力が小さく，かつ現場での作業が行いやすい位置として，梁の鉄骨天端より1.0～1.2 m程度とすることが多い．この位置であれば，柱の曲げモーメントは，柱頭，柱脚の曲げモーメントに比べて大幅に小さくなり，断面の検討は省略することが多い．

（3）　断面算定

（a）　断面算定で用いる主な記号（梁と同じ記号は除く）

A：全断面積〔mm^2〕

A_w：せん断用断面積（$A_w=A/2$）〔mm^2〕

i：弱軸まわりの断面二次半径〔mm〕

l_k：柱の座屈長さ〔mm〕

λ_c：許容圧縮応力度算定用細長比（$=l_k/i_y \leqq 200$）

f_c：許容圧縮応力度〔N/mm^2〕

σ_c：圧縮応力度（$=N/A$）〔N/mm^2〕

f_t：許容引張応力度〔N/mm^2〕

（b）　断面算定用応力の決定

柱の場合，軸力と曲げの組合せ応力となるので，長期と短期のどちらで断面が決まっているかは簡単には決められない．本例の場合，長期と短期の両方の検定を行っている．

（c）　許容応力度の算定

・許容圧縮応力度 f_c の算定

柱の座屈長さ l_k は，**表2･18** に示すように，柱頭の水平移動と柱脚の固定度により左右される．

座屈は大変形を対象とするので，構面内に剛性の高いブレース構造があれば，ラーメン架構部分についても柱頭の水平移動は拘束されているとみなし，回転に対しても拘束とみなされるので，座屈長さは表2･18より，$l_k=0.5\,l$ となる．

本例のように両方向ともに純ラーメン構造の場合，柱頭の水平移動は自由とみなされるので，座屈

表2・18　座屈長さ l_k（l：材長）

移動に対する条件		拘束			自由	
回転に対する条件		両端自由	両端拘束	1端自由 他端拘束	両端拘束	1端自由 他端拘束
座屈形						
l_k	理論値	l	$0.5\,l$	$0.7\,l$	l	$2\,l$
	推奨値	l	$0.65\,l$	$0.8\,l$	$1.2\,l$	$2.1\,l$

長さは $l_k=l$ 以上となる．

本例は柱に角形鋼管を使用しているので，弱軸と強軸の区別はないが，H 形鋼を使用する場合は弱軸方向の細長比で許容圧縮応力度が決まるので注意が必要である．柱脚をピン支持として設計する場合も，座屈長さの設定に注意が必要である．

・許容圧縮応力度 f_c の算定

長期許容圧縮応力度は下式により求める．

$$\lambda_c=l_k/i=4\,100/152=27.0$$

$$\Lambda=1\,500/\sqrt{F/1.5}=1\,500/\sqrt{295/1.5}=107.0$$

$\lambda_c \leqq \Lambda$ より

$$f_c=\frac{1-0.4(\lambda_c/\Lambda)^2}{3/2+(2/3)\times(\lambda_c/\Lambda)^2}\cdot F=\frac{1-0.4\times0.252^2}{3/2+(2/3)\times0.252^2}\times295=186\text{ N/mm}^2$$

短期については，上記の値を 1.5 倍する．

一般的には，許容圧縮応力算定用細長比 $\lambda_c(=l_k/i)$ の値を用いて，算定表(付表 2･1，付表 2･2 参照)より求める．

・許容曲げ応力度 f_b の算定

柱に H 形鋼を用いた場合は，大梁と同様に許容曲げ応力度の算定を行う．本例のように角形鋼管や鋼管を用いる場合は，許容曲げ応力度の低減はないので，$f_b=f_t$ とする．

・許容せん断応力度 f_s の算定

梁の場合と同様に長期許容せん断応力度は，次式により求める．

$$f_s=F/(1.5\sqrt{3})=295/(1.5\sqrt{3})=113\text{ N/mm}^2$$

（4）　断面算定

柱には，軸力 N と曲げモーメント M およびせん断力 Q が作用しているので，断面算定は次式により，それぞれの応力度に対して許容応力度以下であることを確認する．

・圧縮応力度　$\sigma_c=N/A$　　$\sigma_c/f_c \leqq 1$

・曲げ応力度　$\sigma_b=M/Z$　　$\sigma_b/f_b \leqq 1$

・せん断応力度　$\tau=Q/A_w$　　$\tau/f_s \leqq 1$

（5）　組合せ応力

柱には，次式の組合せ応力についての検討が必要である．

本例のように，X・Y 方向とも剛接合の架構の場合，長期曲げ応力は X・Y 両方同時に作用するものとして検討する必要がある．

長　期　$\dfrac{{}_L\sigma_c}{{}_Lf_c}+\dfrac{{}_L\sigma_{bx}}{{}_Lf_b}+\dfrac{{}_L\sigma_{by}}{{}_Lf_b}\leqq 1$

X 方向短期　$\dfrac{{}_S\sigma_c}{{}_Sf_c}+\dfrac{{}_S\sigma_{bx}}{{}_Sf_b}+\dfrac{{}_L\sigma_{by}}{{}_Sf_b}\leqq 1$

Y 方向短期　$\dfrac{{}_S\sigma_c}{{}_Sf_c}+\dfrac{{}_S\sigma_{by}}{{}_Sf_b}+\dfrac{{}_L\sigma_{bx}}{{}_Sf_b}\leqq 1$

せん断　$\sqrt{(\sigma_c+\sigma_b)^2+3\tau^2}/f_t\leqq 1$

5.5 柱・梁仕口部の検討

大梁のフランジプレートのみで，全塑性モーメント M_p を伝達させる．

$_2G_1$ H-700×300×13×24（SN 400 B） $Z_p=6\,340\times10^3\,\mathrm{mm}^3$

$M_u=B\cdot t_f\cdot\sigma_u(H-t_f)$

$=300\times24\times400\times(700-24)$

$=1\,947\times10^6\,\mathrm{N\cdot mm}=1\,947\,\mathrm{kN\cdot m}$

$M_p=Z_p\cdot\sigma_y=6\,340\times10^3\times235=1\,490\times10^6\,\mathrm{N\cdot mm}=1\,490\,\mathrm{kN\cdot m}$

$M_u(1\,947\,\mathrm{kN\cdot m})>1.3\,M_p(1.3\times1\,490=1\,937\,\mathrm{kN\cdot m})$ OK

$_3G_1$ H-588×300×12×20（SN 400 B） $Z_p=4\,350\times10^3\,\mathrm{mm}^3$

$M_u=B\cdot t_f\cdot\sigma_u(H-t_f)$

$=300\times20\times400\times(588-20)$

$=1\,363\times10^6\,\mathrm{kN\cdot mm}=1\,363\,\mathrm{kN\cdot m}$

$M_p=Z_p\cdot\sigma_y=4\,350\times10^3\times235=1\,022\times10^6\,\mathrm{kN\cdot mm}=1\,022\,\mathrm{kN\cdot m}$

$M_u(1\,363\,\mathrm{kN\cdot m})>1.3\,M_p(1.3\times1\,022=1\,329\,\mathrm{kN\cdot m})$ OK

〔解　説〕

ルート 2 およびルート 3 で設計する柱と梁の仕口・継手部は，保有耐力接合としなければならない．保有耐力接合とは，主として曲げおよびせん断を受ける柱および梁材において，材の両端が塑性状態に至るまで仕口・継手部が破断しない接合方法である．

本例では，大梁のフランジプレートのみで M_u の検討を行っているが，ウェブプレートの耐力を考慮する場合は，仕口部の柱スキンプレートの面外曲げを考慮した検討が必要である．検討方法については，「鋼構造接合部設計指針」（日本建築学会）による．

ウェブプレートの耐力を考慮しない場合，「5.5 柱・梁仕口部の検討」では安全側であるが，「5.7 柱梁耐力比」ではウェブプレートの耐力を考慮する必要があるので注意すること．

・保有耐力接合について

終局時に当該部材の当該部位に作用する応力に安全率 α を乗じた応力に対して，当該部位の仕口および継手部が破断しないことを確認しなければならない（**表 2・19**）．ここで，長期荷重による応力は，特に長期荷重が支配的な場合を除いて考慮しなくてもよい（「2015 年版　建築物の構造関係技術基準解説書」の「付録 1-2.4［具体的な計算方法］(3) 柱・はりの仕口・継手部の強度確保について」による）．

$$M_u>\alpha\cdot M_p$$

$$M_u={}_FP_u(H-t_f)+(1/4)\,{}_wP_u\cdot l_e$$

$${}_FP_u=B\cdot t_f\cdot\sigma_u$$

$${}_wP_u=l_e\cdot0.7S\cdot\frac{\sigma_u}{\sqrt{3}}\cdot2$$

$$M_p=Z_p\cdot\sigma_y$$

ここに，M_u：梁端接合部最大曲げ耐力

M_p：梁の全塑性モーメント

α：安全率（SN 400 級：α=1.3，SN 490 級：α=1.2）

${}_FP_u$：フランジ接合部の最大引張強さ〔kN〕

B：フランジ幅〔mm〕

t_f：フランジ厚〔mm〕

表2・19　安全率 α の値

部　位	作用応力	400 N/mm² 級鋼材（SS 400，SN 400 B など）	490 N/mm² 級鋼材（SM 490 A，SN 490 B など）
仕　口	曲　げ	1.3（1.0*1）	1.2（1.0*1）
継手部	曲げ・せん断	1.3（1.2*2）	1.2（1.1*2）

＊1　柱が角形鋼管で梁がH形鋼（組立材を含む）の場合．

＊2　継手部が部材の塑性化が予想される領域にある場合の最大曲げ強さの検討は，応力勾配を考慮して（　）内の値を用いてもよい．

部材の塑性化が予想される領域とは，部材仕口面から l/10 または 2d 程度を示す．ここで，l は柱または梁の内法長さ，d は部材の最大せいである（**図2・41**，**図2・42** 参照）．

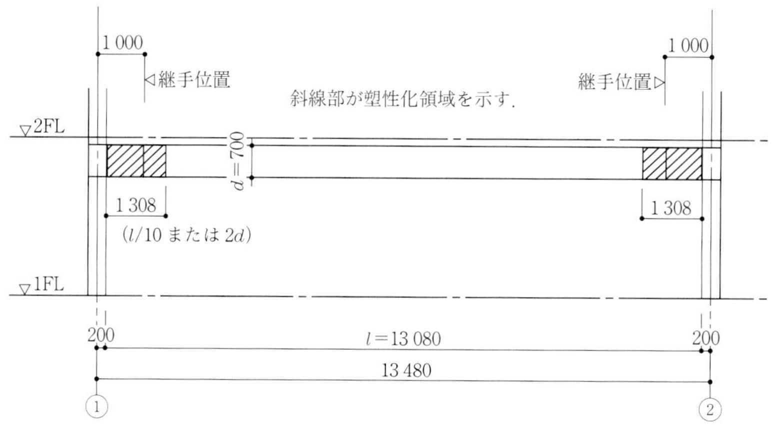

図2・41　塑性化領域

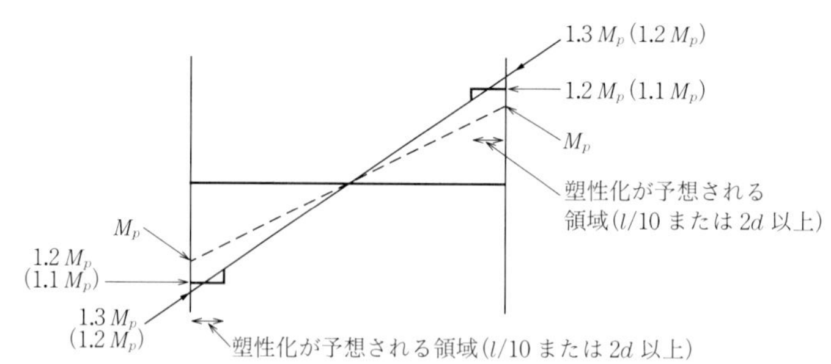

図2・42　設計用曲げモーメント分布（両端が塑性化する場合）

σ_u：材料の破断応力度〔N/mm^2〕（SN 400 級：400，SN 490 級：490）

H：梁せい〔mm〕

${}_wP_u$：ウェブ接合部分の最大引張強さ〔kN〕

l_e：隅肉溶接の有効長さ（$=H-2t_f-2r$）

r：スカラップサイズ〔mm〕

S：隅肉溶接の脚長〔mm〕

Z_p：塑性断面係数〔mm^3〕

σ_y：材料の降伏応力度〔N/mm^2〕（SN 400 級：235，SN 490 級：325）

1995 年の阪神・淡路大震災では，柱梁仕口部で梁フランジが損傷した事例が多く確認された．本例では柱に角形鋼管を使用しており，柱のスキンプレートの面外曲げ剛性があまり高くないためにウェブからの曲げモーメントを十分に伝達できないと思われるので梁端接合部最大曲げ耐力 M_u の算定にウェブプレートは考慮せずに，大梁のフランジプレートのみで全塑性モーメント M_p を伝達できるように配慮した．

5.6 大梁継手部の検討

${}_2$G$_1$：H-700×300×13×24（SN 400 B）について検討を行う．

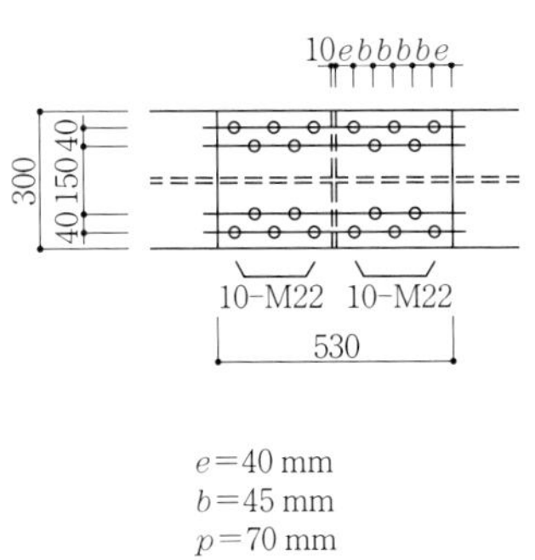

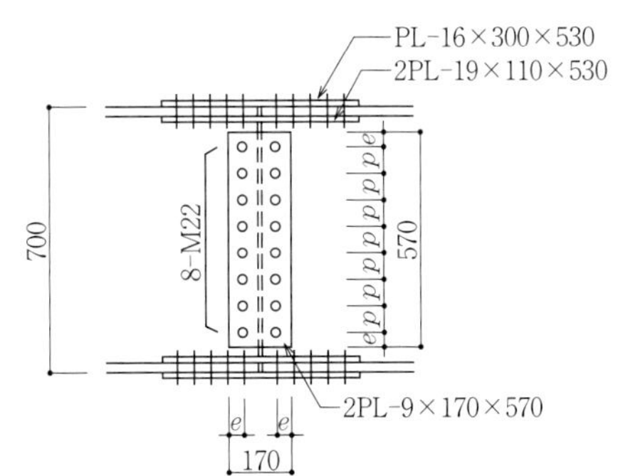

保有耐力接合の検討

・曲げモーメントに対する検討

$M_u \geqq \alpha \cdot M_p$ を満足することを確認する．

$\alpha=1.2$ （モーメント勾配を考慮した値）

$\alpha \cdot M_p=\alpha \cdot Z_p \cdot \sigma_y=1.2\times 6\,340\times 10^3\times 235\times 10^{-6}=1\,788$ kN·m

（1） 母材断面の検討

$${}_GZ_{pe}=Z_p-m_f \cdot d \cdot t_f \cdot (H-t_f)-em_w \cdot d \cdot t_w \cdot a_4$$

$$=6\,340\times 10^3-2.75\times 24\times 24\times (700-24)-4\times 24\times 13\times (4\times 70)$$

$$=4\,920\times 10^3 \text{ mm}^3$$

${}_GM_u={}_GZ_{pe} \cdot \sigma_u=4\,920\times 10^3\times 400\times 10^{-6}=1\,968$ kN·m $>$ $\alpha \cdot M_p$ OK

（2） フランジ添板の検討

$${}_{PL}Z_{pe}=(a_1 \cdot t_1-m_f \cdot d \cdot t_1) \cdot (H+t_1)+(2 \cdot a_2 \cdot t_2-m_f \cdot d \cdot t_2) \cdot (H-2t_f-t_2)$$

$=(300\times16-2.75\times24\times16)\times(700+16)$

$+(2\times110\times19-2.75\times24\times19)\times(700-2\times24-19)=4\,533\times10^3\,\mathrm{mm}^3$

$_{PL}M_u={}_{PL}Z_{pe}\cdot\sigma_u=4\,533\times10^3\times400\times10^{-6}=1\,813\,\mathrm{kN\cdot m} \quad > \quad \alpha\cdot M_p$　OK

（3）　母材のはしあきの検討

$_eM_u=n_f\cdot e\cdot t_f\cdot\sigma_u\cdot(H-t_f)$

$=10\times40\times24\times400\times(700-24)\times10^{-6}=2\,596\,\mathrm{kN\cdot m} \quad > \quad \alpha\cdot M_p$　OK

（4）　ボルトの検討

$_{HTB}M_u=m\cdot n_f\cdot{}_fA_s\cdot0.75\cdot{}_f\sigma_u\cdot(H-t_f)$

$=2\times10\times(0.75\times380)\times0.75\times1\,000\times(700-24)\times10^{-6}$

$=2\,890\,\mathrm{kN\cdot m} \quad > \quad \alpha\cdot M_p$　OK

・せん断力に対する検討

$Q_u\geqq\alpha\cdot Q_p$ を満足することを確認する．

$\alpha=1.3$

$$\alpha\cdot Q_p=\alpha\cdot\frac{{}_LM_p+{}_RM_p}{l'}=\alpha\cdot\frac{2\cdot Z_p\cdot\sigma_y}{l'}$$

$$=1.3\times\frac{2\times6\,340\times10^3\times235}{13\,080}\times10^{-3}=296\,\mathrm{kN}$$

（1）　母材断面の検討

$_GQ_u=t_w\cdot(H-2t_f-m_w\cdot d)\cdot\sigma_u/\sqrt{3}$

$=13\times(700-2\times24-8\times24)\times400/\sqrt{3}\times10^{-3}=1\,381\,\mathrm{kN} \quad > \quad \alpha\cdot Q_p$　OK

（2）　添板断面の検討

$_{PL}Q_u=2\cdot t_2\cdot(a_3-m_w\cdot d)\cdot\sigma_u/\sqrt{3}$

$=2\times9\times(570-8\times24)\times400/\sqrt{3}\times10^{-3}=1\,571\,\mathrm{kN} \quad > \quad \alpha\cdot Q_p$　OK

（3）　母材のはしあき

$_eQ_u=n_w\cdot e\cdot t_w\cdot\sigma_u$

$=8\times40\times13\times400\times10^{-3}=1\,664\,\mathrm{kN} \quad > \quad \alpha\cdot Q_p$　OK

（4）　ボルトの検討

$_{HTB}Q_u=m\cdot n_w\cdot{}_fA_s\cdot0.75\cdot{}_f\sigma_u$

$=2\times8\times(0.75\times380)\times0.75\times1\,000\times10^{-3}=3\,420\,\mathrm{kN} \quad > \quad \alpha\cdot Q_p$　OK

G_1 はロングスパンであるため，長期のせん断力も考慮する．

$_LQ=191\,\mathrm{kN}$

$\alpha\cdot Q_p+{}_LQ=296+191=487\,\mathrm{kN}$

上記の計算結果より $Q_u\geqq\alpha\cdot Q_p+{}_LQ$ を満足する．

〔**解　説**〕

大梁継手部の検討

前項5.5「柱・梁仕口部の検討」と同様に，ルート2およびルート3で設計を行う場合，梁の継手部は保有耐力接合としなければならない．本例では，「SCSS-H 97 鉄骨構造標準接合部 H 形鋼編」（建設省住宅局建築指導課監修）に準拠して検討を行った．通常の設計では，H 形鋼については部材断面ごとに計算された継手リストがあるので，それを使うと便利である．

（1）　高力ボルトについて

高力ボルト接合は，母材と添え板（スプライスプレート）を強度の高いボルトによって締め付け，これら鋼板同士の摩擦を利用して力が伝達される接合方法である（**図 2･43**）．

本例では，ボルトの縁端距離およびピッチについて**表 2･20** の値を標準値として継手部の算定を行っている．ボルトの最小ピッチなどについては，S 規準により以下のように規定されている．

・孔の寸法：高力ボルトの公称軸径が 27 mm 未満の場合は公称軸径に 2.0 mm を加えたものとする．

・最小ピッチ：高力ボルトの孔中心間の距離は，公称軸径の 2.5 倍以上とする．

・最小縁端距離：高力ボルトの孔中心から縁端までの距離は**表 2･21** による．

ボルトが千鳥配置の場合，等価断面欠損は次式による（**図 2･44**）．

$b \leqq 0.5\,g$ のとき　　$a = a_0$

$0.5g < b \leqq 1.5g$ のとき　$a = (1.5 - b/g)\,a_0$

$1.5g < b$ のとき　　この孔を縫う破断線を想定する必要はない．

ここに，b：ボルト間隔〔mm〕　　a：等価欠損断面積〔mm^2〕

　　　g：ボルト列の間隔〔mm〕　a_0：正味欠損面積（$= d \cdot t_f$）〔mm^2〕

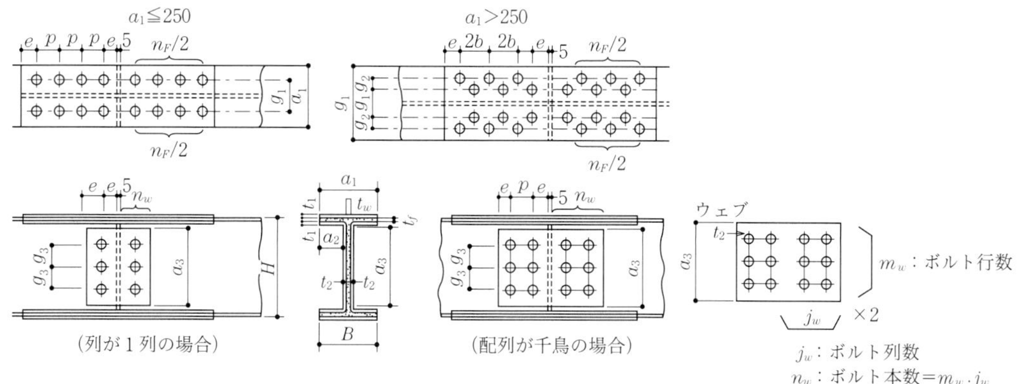

a_1：外側フランジ添板の幅〔mm〕　t_1：フランジ添板厚〔mm〕
a_2：内側フランジ添板の幅〔mm〕　t_2：ウェブ添板厚〔mm〕
a_3：ウェブ添板のせい〔mm〕　n_f：フランジボルト本数
e：はしあき寸法〔mm〕　n_w：ウェブボルト本数

図 2・43　ボルトの配列

表 2・20　本例の縁端距離およびピッチの標準値

ボルト直径	孔　径 d〔mm〕	縁端距離 e〔mm〕	ピッチ（一列） p〔mm〕	ピッチ（千鳥） b〔mm〕
M 16	18.0	35	60	45
M 20	22.0	40	60	45
M 22	24.0	40	60	45
M 24	26.0	40	60	45

表2・21　最小縁端距離

孔径〔mm〕	最小縁端距離〔mm〕
16	22
20	26
22	28
24	32
27	36
30	40

〔注〕 縁端の種類は，圧延縁・自動ガス切断・のこ引き縁・機械仕上縁の場合を示す．

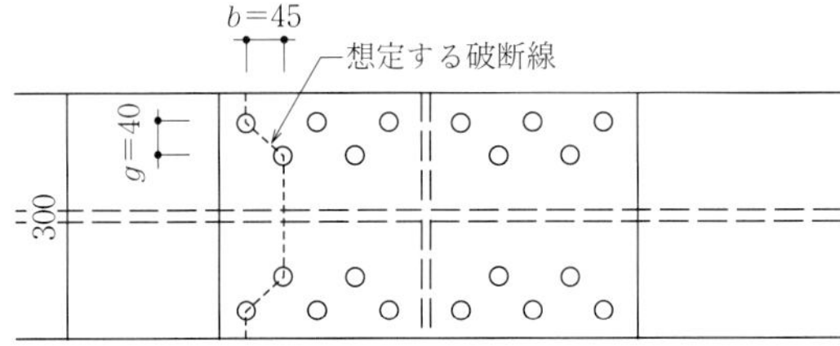

図2・44　千鳥配置の等価断面欠損

（2） 曲げモーメントに対する保有耐力接合の検討

$M_u \geqq \alpha \cdot M_p$ を満足することを確認する．

ここに，M_u：継手部の破断形式に応じた接合部の最大曲げ耐力〔kN・m〕

M_p：接合される母材の全塑性モーメント（$=Z_p \cdot \sigma_y$）〔kN・m〕

安全率：$\alpha=1.2$（モーメント勾配を考慮した値）

安全率に関しては，前項5.5「柱・梁仕口部の検討」の解説を参照．

M_u には次の四つの破断形式があり，おのおのの破断形式について $M_u \geqq \alpha \cdot M_p$ の検討を行う．

（a） ${}_GM_u$：母材（有効断面）の最大曲げ耐力（**図2・45，表2・22**）

$${}_GM_u={}_GZ_{pe} \cdot \sigma_u$$

$${}_GZ_{pe}=Z_p-m_f \cdot d \cdot t_f \cdot (H-t_f)-em_w \cdot d \cdot t_w \cdot a_4$$

ここに，σ_u：母材の破断強度〔N/mm^2〕　400ニュートン級鋼材：400

A_f：鉄骨フランジの断面積（$=B \cdot t_f$）〔mm^2〕

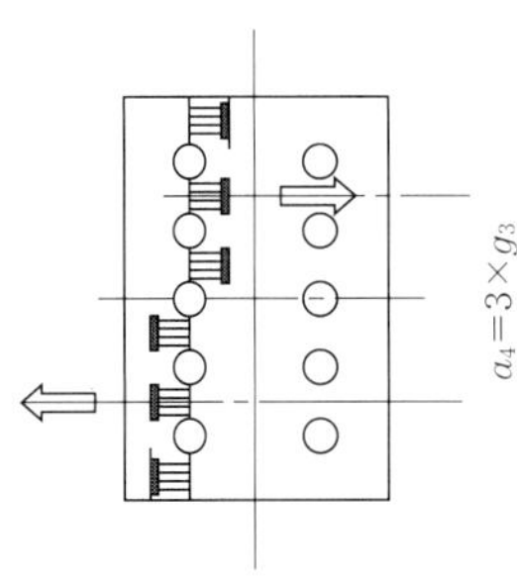

図2・45　ボルト行数が5の場合

表2・22

ボルト行数	a_4	${}_em_w$
1	0	0
2	g_3	1
3	$2\times g_3$	1
4	$2\times g_3$	2
5	$3\times g_3$	2
6	$3\times g_3$	3
7	$4\times g_3$	3
8	$4\times g_3$	4

d：ボルト孔径〔mm〕

m_f：フランジのボルト列数

${}_e m_w$：ウェブボルトの有効曲げ耐力本数

a_4：ウェブボルトの有効重心距離〔mm〕

g_3：ウェブボルトの縦方向のピッチ〔mm〕

（b） ${}_{PL}M_u$：フランジ添板が引張破断したときの最大曲げ耐力

$${}_{PL}M_u = {}_{PL}Z_{pe} \cdot \sigma_u$$

$${}_{PL}Z_{pe} = (a_1 \cdot t_1 - m_f \cdot d \cdot t_1) \cdot (H + t_1) + (2 \cdot a_2 \cdot t_2 - m_f \cdot d \cdot t_2) \cdot (H - 2t_f - t_2)$$

（c） ${}_e M_u$：母材がはしあき破断したときの最大曲げ耐力

$${}_e M_u = n_f \cdot e \cdot \sigma_u \cdot (H - t_f)$$

（d） ${}_{HTB}M_u$：ボルトが破断したときの最大曲げ耐力

$${}_{HTB}M_u = m \cdot n_f \cdot {}_f A_s \cdot 0.75 \cdot {}_f\sigma_u \cdot (H - t_f)$$

ここに，m：ボルトがせん断を受ける面の数

${}_f A_s$：ボルト1本の有効軸断面積（$=0.75 \cdot \pi (d_0/2)^2$）〔mm²〕

d_0はボルトの呼び径〔mm〕

${}_f\sigma_u$：ボルトの引張強さ（F 10 T の場合，${}_f\sigma_u = 1\,000$ N/mm²）

（3） せん断力に対する保有耐力接合の検討

$Q_u \geqq \alpha \cdot Q_p = \alpha \cdot \dfrac{{}_L M_p + {}_R M_p}{l'}$ を満足することを確認する．

ここに，Q_u：継手部の破断形式に応じた接合部の最大せん断耐力〔kN〕

Q_p：全塑性モーメント M_p に対応するせん断耐力〔kN〕

安全率：$\alpha = 1.3$（前項5.5「柱・梁仕口部の検討」の解説を参照）

Q_u には次の四つの破断形式があり，おのおのの破断形式について $Q_u \geqq \alpha \cdot Q_p$ の検討を行う．

（a） ${}_G Q_u$：母材の最大せん断耐力

$${}_G Q_u = t_w \cdot (H - 2t_f - m_w \cdot d) \cdot \sigma_u / \sqrt{3}$$

（b） ${}_{PL}Q_u$：添板がせん断破壊したときの最大せん断耐力

$${}_{PL}Q_u = 2 \cdot t_2 \cdot (a_3 - m_w \cdot d) \cdot \sigma_u / \sqrt{3}$$

（c） ${}_e Q_u$：母材がはしあき破断したときの最大せん断耐力

$${}_e Q_u = n_w \cdot e \cdot t_w \cdot \sigma_u$$

（d） ${}_{HTB}Q_u$：ボルトの検討

$${}_{HTB}Q_u = m \cdot n_w \cdot {}_f A_s \cdot 0.75 \cdot {}_f\sigma_u$$

5.7 柱梁耐力比

柱および梁の接合部について，$\sum M_{pc}/\sum M_{pb} \geqq 1.5$ を確認する．

B通り（X方向）

階	軸	柱耐力〔kN·m〕			梁耐力〔kN·m〕			耐力比 α	判定
		M_{pcl}	M_{pcu}	合　計	M_{pbl}	M_{pbr}	合　計		
3	1	980	765	1 745	0	963	963	1.8	OK
2	1	1 273	980	2 253	0	1 405	1 405	1.6	OK

1通り（Y方向）

階	軸	柱耐力〔kN·m〕			梁耐力〔kN·m〕			耐力比 α	判定
		M_{pcl}	M_{pcu}	合　計	M_{pbl}	M_{pbr}	合　計		
3	A	982	766	1 748	0	280	280	6.2	OK
3	B	983	766	1 749	280	280	561	3.1	OK
2	A	1 275	982	2 257	0	691	691	3.2	OK
2	B	1 280	986	2 265	691	691	1 382	1.6	OK

〔**解　説**〕

告示（昭55建告第1791号第2）により，冷間成形角形鋼管を柱に使用してルート[2]の設計を行う場合は，柱の耐力を梁の耐力よりも十分に大きなものとしなければならない．具体的には最下階の柱脚，最上階の柱頭を除く全節点において，柱の耐力が梁の耐力の1.5倍以上であることを確認しなければならない（**図2·46**）．

ここに，α：柱梁耐力比〔$=(M_{pcu}+M_{pcl})/(M_{pbl}+M_{pbr})$〕

M_{pcu}：接合部上部柱の全塑性曲げモーメント（$=\nu_u\cdot\sigma_{yc}\cdot Z_{pcu}$）

M_{pcl}：接合部下部柱の全塑性曲げモーメント（$=\nu_l\cdot\sigma_{yc}\cdot Z_{pcl}$）

$\sum M_{pc}=M_{pcu}+M_{pcl}$

ν_u，ν_l：柱の軸力による全塑性曲げモーメントの低下率

（軸力比 $n\leqq 0.5$ 場合　$\nu=(1-4n^2/3)$
　$n>0.5$ の場合　$\nu=4(1-n)/3$）

σ_{yc}：柱の降伏応力度

Z_{pcu}，Z_{pcl}：柱の全塑性断面係数

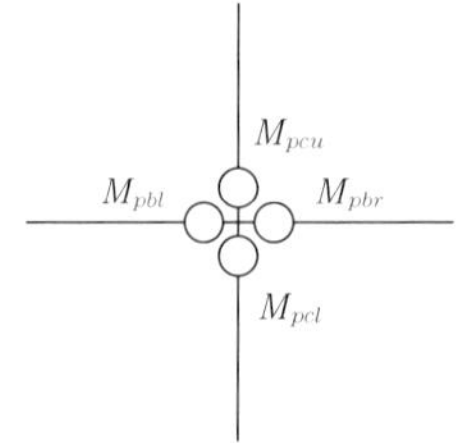

図2・46　節点における耐力比較

M_{pbl}：接合部左側梁の全塑性曲げモーメント（$=\sigma_{yb}\cdot Z_{pbl}$）

M_{pbr}：接合部右側梁の全塑性曲げモーメント（$=\sigma_{yb}\cdot Z_{pbr}$）

$\sum M_{pb}=M_{pbl}+M_{pbr}$

σ_{yb}：梁の降伏応力度

Z_{pbl}，Z_{pbr}：梁の全塑性断面係数（梁のウェブプレートを考慮する）

Y 方向の 2 階（1-B）における柱梁耐力比の算定例を以下に示す．

1．柱

上部柱の断面　□-400×400×16（BCR 295）より

$Z_{pcu}=3\,370\times10^3\ \mathrm{mm}^3$

$\sigma_{pc}=295\ \mathrm{N/mm}^2$

$$n=\frac{存在軸力}{全塑性軸力}=\frac{N_L+1.5N_E}{{}_sA\cdot{}_s\sigma_y}=\frac{(513.3+1.5\times11)\times10^3}{237\times10^2\times295}=0.0758$$

（存在軸力は厳密には終局時の軸力であるが，ここでは略算的に $N_L+1.5N_E$ と仮定した）

$n\leqq0.5$ より　$\nu_u=1-4\times0.0758^2/3=0.992$

$M_{pcu}=\nu_u\cdot\sigma_{yc}\cdot Z_{pcu}=0.992\times295\times(3\,370\times10^3)\times10^{-6}=986\ \mathrm{kN\cdot m}$

下部柱の断面　□-400×400×22（BCR 295）より

$Z_{pcl}=4\,390\times10^3\ \mathrm{mm}^3$

$\sigma_{pc}=295\ \mathrm{N/mm}^2$

$$n=\frac{存在軸力}{全塑性軸力}=\frac{N_L+1.5N_E}{{}_sA\cdot{}_s\sigma_y}=\frac{(770.1+1.5\times32)\times10^3}{316.0\times10^2\times295}=0.0878$$

$n\leqq0.5$ より $\nu_u=1-4\times0.0878^2/3=0.989$

$M_{pcl}=\nu_u\cdot\sigma_{yc}\cdot Z_{pcl}=0.989\times295\times(4\,390\times10^3)\times10^{-6}=1\,280\ \mathrm{kN\cdot m}$

2．梁

左側梁の断面　H-488×300×11×18（SN 400）より

$Z_{pbl}=A_f\cdot(H-t_f)+1/4\cdot(H-2t_f-2r)^2\cdot t_w$

$=300\times18\times(488-18)+1/4\times(488-2\times18-2\times35)^2\times11=2\,939\times10^3\ \mathrm{mm}^3$

（スカラップ 35 mm の断面欠損を考慮した梁の全塑性断面係数）

$\sigma_{pb}=235\ \mathrm{N/mm}^2$

$M_{pbl}=\sigma_{yb}\cdot Z_{pbl}=235\times(2\,939\times10^3)\times10^{-6}=691\ \mathrm{kN\cdot m}$

右側梁も左側と同様に $M_{pbr}=691\ \mathrm{kN\cdot m}$

3．柱梁耐力比（α）

$\alpha=(M_{pcu}+M_{pcl})/(M_{pbl}+M_{pbr})$

$=(986+1\,279)/(691+691)=2\,265/1\,382=1.63\quad>\quad1.5\quad\mathrm{OK}$

柱梁耐力比の検討については，計算ルートによって以下の違いがあるので注意が必要である．

ルート 2 は，各接合部ごとに $\sum M_{pc}\geqq1.5\sum M_{pb}$ を確認する（昭 55 建告第 1791 号第 2）

ルート 3 は，階ごとに $\sum M_{pc}\geqq\sum\min(1.5M_{pb},\ 1.3M_{pp})$ を確認する（平 19 国交告第 594 号第 4）

M_{pp}：各階の柱および梁の接合部に生じうるものとした最大の曲げモーメント．

5.8 パネルゾーンの検討

・B-1 柱（2 階，X 方向）

柱 □-400×400×22（1 階）

梁 H-700×300×13×24

$\sum M_L = 346\ \text{kN·m}$

$\sum M_E = 450\ \text{kN·m}$

${}_bM_1 + {}_bM_2 = \sum M_S = 346 + 450 = 796\ \text{kN·m}$

$V_e = (1/2)\,V = (1/2)\,A_c \cdot h_b = 1/2 \times 31\,600 \times (700 - 24) = 1\,068 \times 10^4\ \text{mm}^3$

$$\therefore \quad \frac{{}_bM_1 + {}_bM_2}{2\,V_e} = \frac{796 \times 10^6}{2 \times 1\,068 \times 10^4} = 37\ \text{N/mm}^2 \quad \leqq \quad f_s(=90\ \text{N/mm}^2) \quad \text{OK}$$

・B-1 柱（2 階，Y 方向）

柱 □-400×400×22（1 階）

梁 H-488×300×11×18

$\sum M_L = 41 - 36 = 5\ \text{kN·m}$

$\sum M_E = 274 + 241 = 515\ \text{kN·m}$

${}_bM_1 + {}_bM_2 = \sum M_S = 5 + 515 = 520\ \text{kN·m}$

$V_e = (1/2)\,V = (1/2)\,A_c \cdot h_b = 1/2 \times 31\,600 \times (488 - 18) = 742.6 \times 10^4\ \text{mm}^3$

$$\therefore \quad \frac{{}_bM_1 + {}_bM_2}{2\,V_e} = \frac{520 \times 10^6}{2 \times 742.6 \times 10^4} = 35\ \text{N/mm}^2 \quad \leqq \quad f_s(=90\ \text{N/mm}^2) \quad \text{OK}$$

〔解　説〕

剛接合における柱・梁接合部の柱と梁に囲まれた部分（パネルゾーン）は，地震・台風時など水平荷重時には大きなせん断力を受ける．パネルゾーンの検討はＳ規準の「14.12　剛接合柱はり接合部」の解説に従って次式による．

$$\frac{{}_bM_1 + {}_bM_2}{2\,V_e} \leqq f_s$$

ここに，${}_bM_1$：短期の左梁端部の曲げモーメント〔N·mm〕

${}_bM_2$：短期の右梁端部の曲げモーメント〔N·mm〕

V_e：パネルの等価体積〔mm^3〕

f_s：許容せん断応力度（長期）〔N/mm^2〕 ← 長期に注意

V_eについては，柱の断面形状に応じて下記の値をとる．

・H 形断面のとき　$V_e = h_b \cdot h_c \cdot t_w$

・鋼管断面のとき　$V_e = (1/2)\,A_c \cdot h_b$

ここに，h_b：梁フランジ板厚中心間距離〔mm〕

h_c：柱フランジ板厚中心間距離〔mm〕

t_w：H 形柱のウェブ厚さ〔mm〕

A_c：鋼管柱の断面積〔mm^2〕

5.9 柱脚の設計

「2015年版 建築物の構造関係技術基準解説書」の「付録1-2.6 鉄骨造に関する技術資料」に記載されている「柱脚の設計の考え方」に準処して検討を行う．

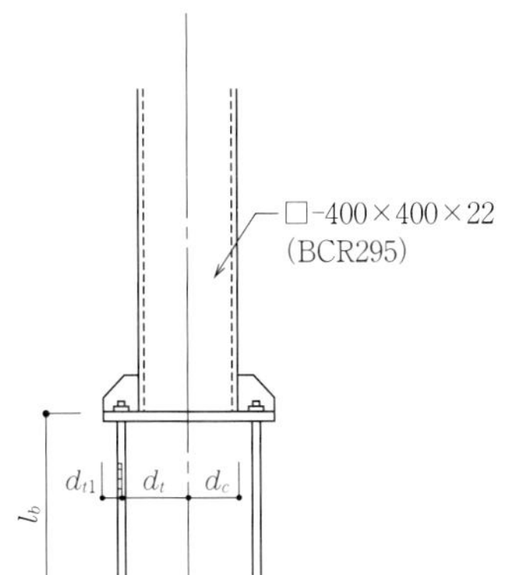

（1） 柱脚の形状

柱：□-400×400×22（BCR 295）

アンカーボルト：8-M 30（ABM 400）

ベースプレート：40×700×700（SN 490 B）

d_c＝200 mm

d_t＝275 mm

l_b＝750 mm

（2） 柱脚の許容応力度の検討

（a） 柱脚の応力（1階，B，1通り）

$${}_{S}N={}_{L}N+{}_{E}N=770+145=915\ \text{kN}$$

$${}_{S}M={}_{L}M+{}_{E}M=49+(227-0.45\times127)=219\ \text{kN·m}$$

$${}_{S}Q={}_{L}Q+{}_{E}Q=50+127=177\ \text{kN}$$

（b） アンカーボルトの検討

$$e=\frac{M}{N}=\frac{219\times10^3}{915}=239\ \text{mm}$$

$$\frac{D}{6}+\frac{d_{t1}}{3}=\frac{700}{6}+\frac{75}{3}=142\ \text{mm}$$

$e>\dfrac{D}{6}+\dfrac{d_{t1}}{3}$ よりアンカーボルトに引張力が生じる．

・中立軸の算定

$$x=e-\frac{D}{2}=239-\frac{700}{2}=-111\ \text{mm}$$

$$d=D-d_{t1}=700-75=625\ \text{mm} \qquad x/d=-111/625=-0.18$$

$$p=\frac{a_t}{b\cdot d}=\frac{3\times707}{700\times625}=0.0048$$

下記の計算図表より

$$x_n/d=0.74 \qquad x_n=0.74\times d=0.74\times625=463\ \text{mm}$$

・アンカーボルトの引抜力

$$\sum T=\frac{N(e-D/2+x_n/3)}{D-d_{t1}-x_n/3}=\frac{915\times(239-700/2+463/3)}{700-75-463/3}=84\ \text{kN}$$

・アンカーボルトの軸部の応力

$T = \sum T/3 = 84/3 = 28\ \mathrm{kN}$

$\sigma_t = T/a_t = 28 \times 10^3/707 = 40\ \mathrm{N/mm^2}$

$\dfrac{\sigma_t}{f_t} = \dfrac{40}{235} = 0.17 \quad < \quad 1.0 \quad \mathrm{OK}$

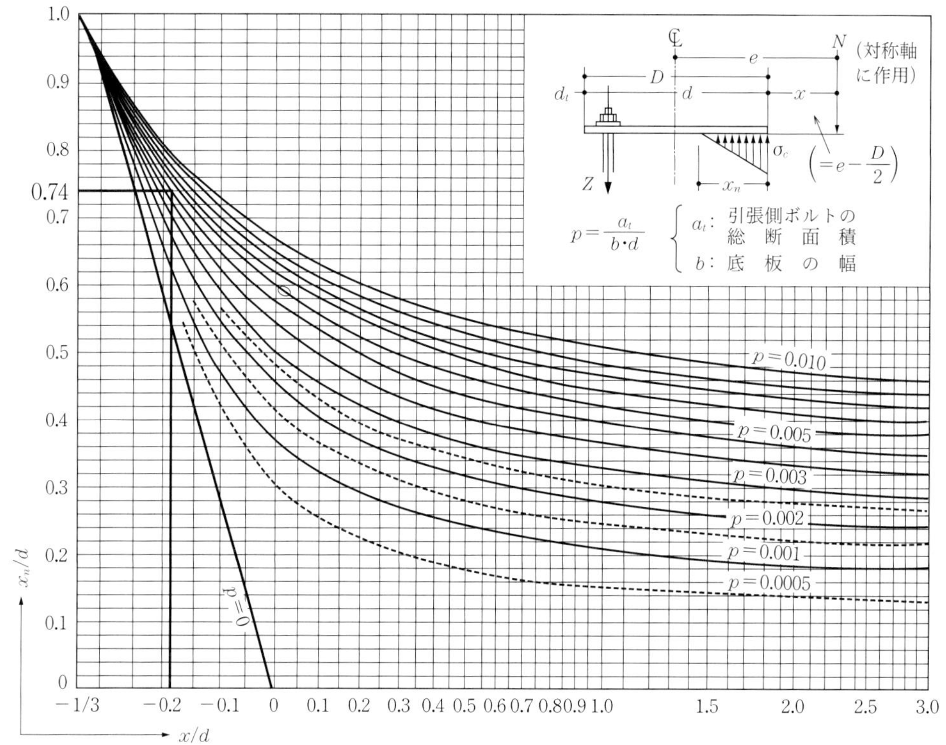

底盤中立軸位置の計算図表

［出典：日本建築学会「鋼構造設計規準」，第4版，p. 180（2005）に加筆］

（c） 圧縮側コンクリートの検討

$$\sigma_c = \frac{2N(e + D/2 - d_{t1})}{b \cdot x_n(D - d_{t1} - x_n/3)} = \frac{2 \times 915 \times 10^3 \times (239 + 700/2 - 75)}{700 \times 463 \times (700 - 75 - 463/3)}$$

$= 6.2\ \mathrm{N/mm^2} \quad < \quad 14\ \mathrm{N/mm^2} \quad \mathrm{OK}$

（d） せん断力の検討

$e > \dfrac{D}{6} + \dfrac{d_{t1}}{3}$ より

$Q_a = 0.4 \times (\sum T + N) = 0.4 \times (84 + 915) = 400\ \mathrm{kN} \quad > \quad {}_sQ = 177\ \mathrm{kN} \qquad \mathrm{OK}$

（e） ベースプレートの検討

・圧縮側の検討

ベースプレートの応力算定にあたっては，RC資料の三辺固定一辺自由スラブ，二辺固定二辺自由スラブの計算図表を用いる．

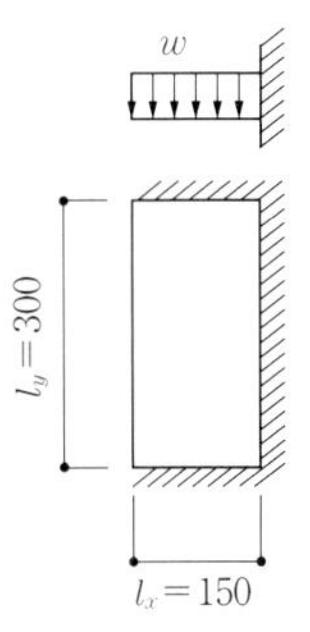

（i） 三辺固定一辺自由の場合

$\lambda=l_y/l_x=300/150=2$

$w=\sigma_c=6.2\ \mathrm{N/mm^2}$

$M_{\max}=0.28\sigma_c\cdot l_x^2=0.28\times6.2\times150^2\times10^{-3}=39.1\ \mathrm{N\cdot m}$

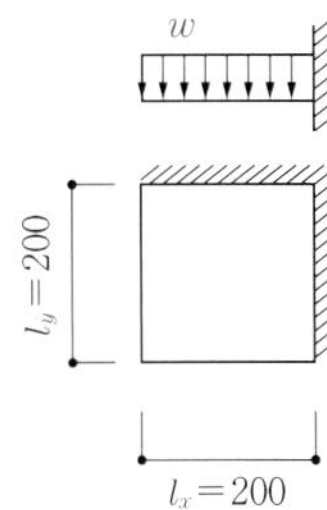

（ii） 二辺固定二辺自由の場合

$\lambda=l_y/l_x=200/200=1$

$M_{\max}=0.29\sigma_c\cdot l_x^2=0.29\times6.2\times200^2\times10^{-3}=71.9\ \mathrm{N\cdot m}$

ベースプレートの断面算定 （$t=40$ mm）

$Z=b\cdot t^2/6=1\times40^2/6=267\ \mathrm{mm^3}$

$\sigma_b=M/Z=71.9\times10^3/267=269\ \mathrm{N/mm^2}$

$f_{bt}=F/1.3\times1.5=325/1.3\times1.5=375\ \mathrm{N/mm^2}$

（$F/1.3$：面外に曲げを受ける板の許容曲げ応力度）

$\sigma_b/f_{bl}=269/375=0.72 \quad < \quad 1.0$ OK

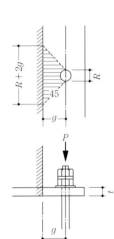

・引張り側の検討

アンカーボルトの引張力による曲げ応力

$P=a_t\cdot f_t=707\times235\times10^{-3}=166\ \mathrm{kN}$

$M=P\cdot g=166\times75=12\,450\ \mathrm{kN\cdot mm}$

ベースプレートの断面算定

$B=R+2g=30+2\times75=180\ \mathrm{mm}$

$Z=B\cdot t^2/6=180\times40^2/6=48\,000\ \mathrm{mm^3}$

$\sigma_b=M/Z=12\,450\times10^3/48\,000=259\ \mathrm{N/mm^2}$

$\sigma_b/f_{bl}=259/375=0.69 \quad < \quad 1.0$ OK

（3） 崩壊メカニズム時の安全性の検討

アンカーボルトの材料は，伸び能力のある（ABM 400）を使用し，露出柱脚の設計フロー④に従って，検討を行う．

（a） 崩壊メカニズム時の応力

$\gamma=2$ として，崩壊メカニズム時の柱脚応力を推定する．

$N_D=N_L+\gamma\cdot N_E=770+2\times145=1\,060\ \mathrm{kN}$

$M_D=M_L+\gamma\cdot M_E=49+2\times170=389\ \mathrm{kN\cdot m}$

$Q_D=Q_L+\gamma\cdot Q_E=50+2\times127=304\ \mathrm{kN}$

（b） 柱脚の終局曲げ耐力 M_u の算定

$N_u=0.85\cdot B\cdot D\cdot F_c=0.85\times700\times700\times21\times10^{-3}=8\,747\ \mathrm{kN}$

$$T_u = n_t \cdot A_b \cdot F = 3 \times 707 \times 235 \times 10^{-3} = 498\ \text{kN}$$

$N_u - T_u > N > -T_u$ より

$$M_u = T_u \cdot d + \frac{(N + T_u)D}{2} \cdot \left(1 - \frac{N + T_u}{N_u}\right)$$

$$= 498 \times 275 + \frac{(1\,060 + 498) \times 700}{2} \times \left(1 - \frac{1\,060 + 498}{8\,747}\right) = 585 \times 10^3\ \text{kN·mm} = 585\ \text{kN·m}$$

（c）　柱脚の終局せん断耐力 Q_u の算定

・摩擦によるせん断耐力 Q_{fu} の算定

$N_u - T_u > N$ より

$$Q_{fu} = 0.5(N + T_u) = 0.5 \times (1\,060 + 498) = 779\ \text{kN}$$

・アンカーボルトのせん断耐力 Q_{bu} の算定

$$Q_{bu} = S_u = n_t \cdot A_b \cdot F/\sqrt{3} = 3 \times 707 \times 235/\sqrt{3} \times 10^{-3} = 288\ \text{kN}$$

・柱脚の終局せん断耐力 Q_u

$$Q_u = \max(Q_{fu}, Q_{bu}) = 779\ \text{kN}$$

（d）　終局耐力の確認

・終局曲げ耐力

$M_u = 585\ \text{kN·m} \quad > \quad M_D = 389\ \text{kN·m}$　OK

・終局せん断耐力

$Q_u = 779\ \text{kN} \quad > \quad Q_D = 304\ \text{kN}$　OK

〔解　説〕

鉄骨柱脚の設計

露出型柱脚については，適切な柱脚固定度を設定して検討を行う必要がある．柱脚の固定度を無視してピン支持として骨組の構造計算を行った場合，柱脚に発生する曲げモーメントを無視することになり，上部構造に対しては安全側であるが，柱脚部に対しては危険側の設計を行うことになる．

「2015年版 建築物の構造関係技術基準解説書」の「付録1-2.6　鉄骨造に関する技術資料」には，以下の2点が考慮された露出柱脚の設計フロー図が示されている（**図2・47**参照）．

・柱脚に発生する曲げモーメントを適切に評価した設計

・保有水平耐力時における柱脚の安定した塑性変形能力の確保

本例では，図の設計ルートのフロー④に従って検討を行った．

本例では，伸び能力のあるアンカーボルトとして，材質がSNR鋼のABM400を使用している．ねじ部の加工方法によりABR（転造ねじ）とABM（切削ねじ）の規格があり，ABR（転造ねじは）はABM（切削ねじ）と比較して伸び能力が大きいが，軸断面積が小さくなる点に留意して使い分ける必要がある．ABRおよびABMはアンカーボルトとナットと座金のセットでJIS規格化されており，アンカーボルトを曲げ加工するとJIS規格外となるので注意が必要である（本書の付録6参照）．

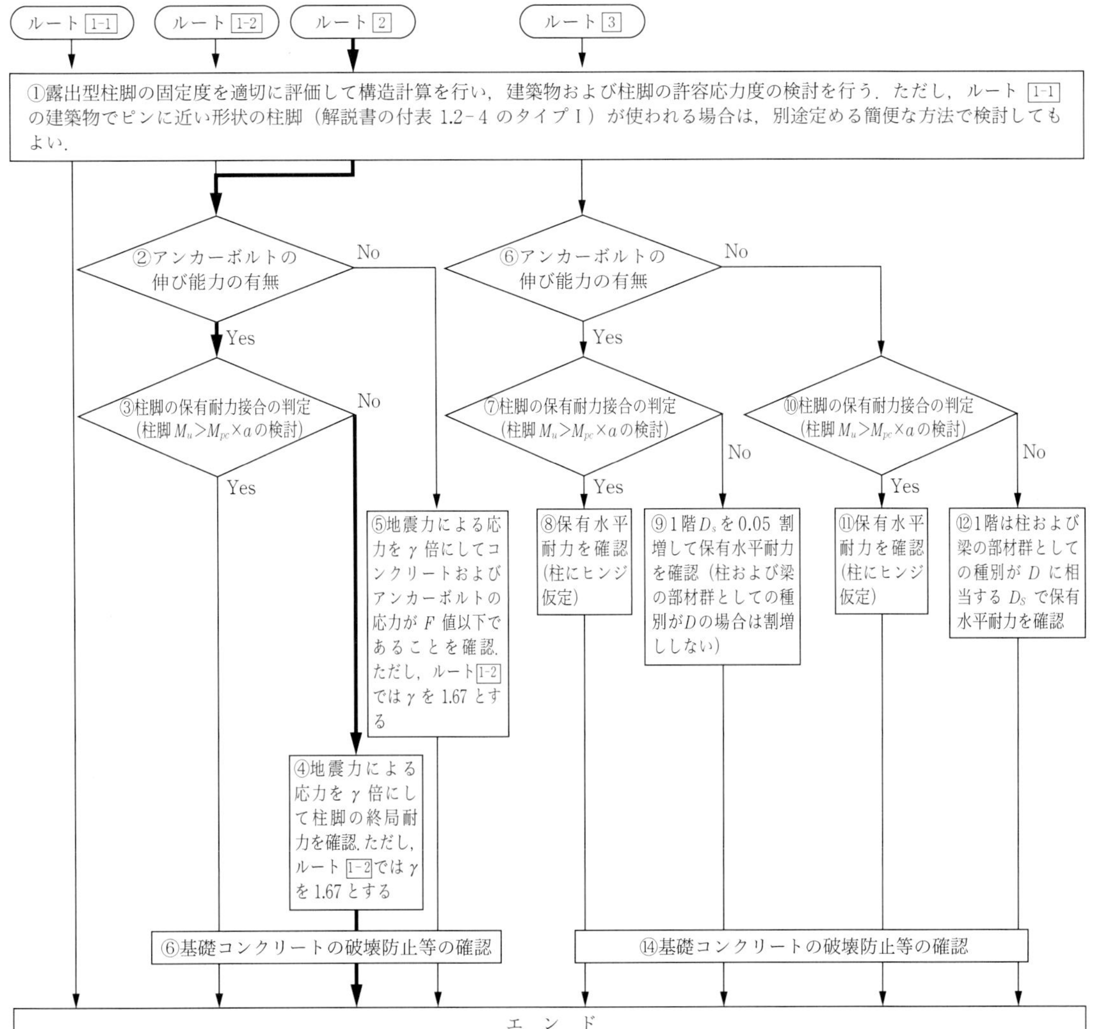

図 2・47　露出柱脚を使った建築物の計算ルート別の設計フロー
［出典：2015 年版 建築物の構造関係技術基準解説書，に加筆］

上記フローの ⑥ および ⑭ については，柱脚の安定した塑性変形能力を確保するために，柱脚の基礎コンクリート立上げ部の破壊に対する検討が必要である．

6. 基礎の設計

6.1 杭の長期支持力の算定

（1） 基礎設計用柱軸力

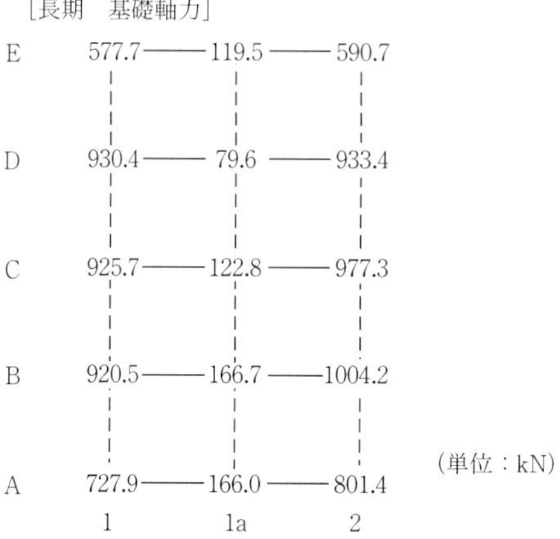

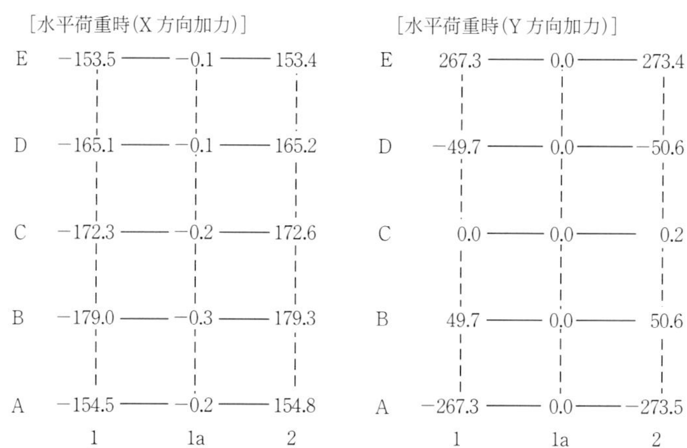

（2） ボーリングデータ

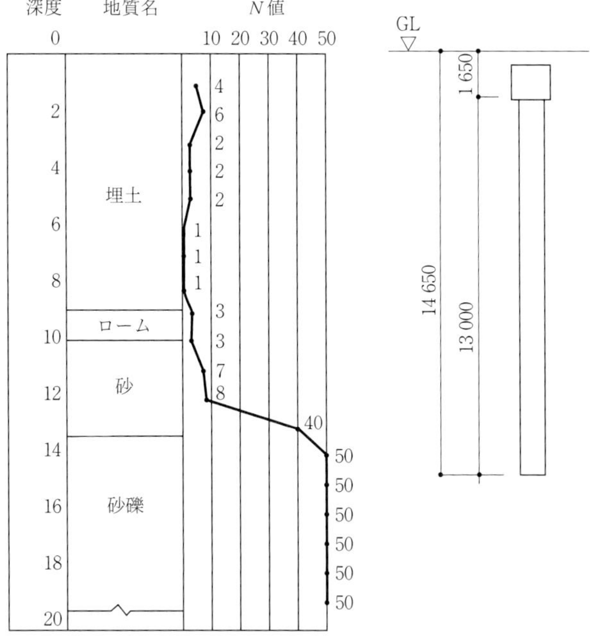

（3） 杭支持力の算定

（a） 支持力算定式より

杭は場所打ちコンクリート杭（アースドリル工法）とし，支持力算定式は告示（平13国告第1113号第5）による．

杭長 $L=13.0$ m とし，杭先端は支持地盤（砂礫層）に 1.0 m 以上貫入させる．

杭周辺摩擦については考慮しない（次式の第2項は0とする）．

算定式：$R_a=\dfrac{1}{3}\left\{150\cdot\bar{N}\cdot A_p+\left(\dfrac{10}{3}\overline{N_s}\cdot L_s+\dfrac{1}{2}\overline{q_u}\cdot L_c\right)\phi\right\}-W$

$\bar{N}=50$（杭先端 N 値）

・杭径 $D=800$　$A_p=0.503\ \mathrm{m}^2$

$R_{a1}=1/3\times\{150\times1.0\times1.0\times50\times0.503\}-(24-10)\times0.503\times13.0=1\,166$ kN

（b） 杭材料の許容耐力

杭のコンクリートは，FC 21．告示（平13国告第1113号第8）により，泥水がある状態でコンクリートを打設する場合の長期許容圧縮応力度は，$F_c/4.5$ かつ 6 N/mm² 以下．よって，$f_c=21/4.5=4.66$ N/mm²

・杭径 $D=800$　$A_p=0.503\ \mathrm{m}^2$

$R_{a2}=4.66\times0.503\times10^3=2\,344$ kN

（c） 設計耐力

・杭径 $D=800$

$R_a=\min(R_{a1}, R_{a2})=1\,166$ kN　＞　$N_L=1\,004.2$ kN　OK

〔解　説〕

本例の杭の算定式は，告示に従った．その建物を指導監督する特定行政庁によって採用する算定式が異なる場合があるので，事前に特定行政庁と打合せをしておくとよい．

アースドリル工法の場合，杭径800φは健全に施工できるほぼ最小径である．そのため，1通りと2通りの中間部（1a通り）は，必要な軸力に対して杭の支持力が大きく余る設計となっている．

6.2　杭の地震時水平力に対する検討

（1）　杭頭に作用する水平力の算定

「4.3　建物重量の算定」および「4.4　地震時層せん断力の算定」より

$$\sum Q_D = Q_{1F} + k \cdot W_F = 1\,212 + 0.1 \times 2\,161 = 1\,428\ \mathrm{kN}$$

$$Q_D = \sum Q_D / n_F = 1\,428/15 = 95\ \mathrm{kN}$$ （n_F：水平力を負担する杭本数）

（2）　杭応力の算定

杭応力は，一様地盤中に設置された杭として，杭応力を算定する．杭頭と基礎梁の接合状態は固定とする（Y. L. Changの式による）．

・地盤の変形係数（N値より算定）

$$E_0 = 700N = 70 \times 1 = 700\ \mathrm{kN/m^2}$$

・水平方向地盤反力係数

$$k_h = \alpha \cdot E_0 \cdot D^{-3/4} = 80 \times 700 \times 80^{-3/4} = 2\,093\ \mathrm{kN/m^3}$$

・杭の断面二次モーメントおよびヤング係数

$$I = \pi \cdot D^4/64 = \pi \times 0.8^4/64 = 2.01 \times 10^{-2}\ \mathrm{m^4}$$

$$E = 2.05 \times 10^7\ \mathrm{kN/m^2}$$

・βの算定

$$\beta = \sqrt[4]{\frac{k_h \cdot D}{4E \cdot I}} = \sqrt[4]{\frac{2\,093 \times 0.8}{4 \times 2.05 \times 10^7 \times 2.01 \times 10^{-2}}} = 0.178\ \mathrm{m^{-1}}$$

・杭頭の曲げモーメント

$$M_0 = \frac{Q}{2\beta} = \frac{95}{2 \times 0.178} = 267\ \mathrm{kN \cdot m}$$

・地中部最大曲げモーメント

$$M_{\max} = \frac{Q}{2\beta} R_{M\max} = \frac{95}{2 \times 0.178} \times 0.208 = 55.5\ \mathrm{kN \cdot m}$$

・杭頭の水平変位

$$y_0 = \frac{Q}{4E \cdot I \cdot \beta^3} = \frac{95}{4 \times 2.05 \times 10^7 \times 2.01 \times 10^{-2} \times 0.178^3} \times 10^3 = 10.2\ \mathrm{mm}$$

・杭軸力

$N_{\max} = 1\,004 + 130 = 1\,134\ \mathrm{kN}$　（B-2通り）

$N_{\min} = 80\ \mathrm{kN}$　（C-1a通り）

（3） 杭の断面算定

（a） 杭材料の許容応力度

・コンクリート（FC 21）

短期許容圧縮応力度　$f_c = \min(F_c/4.5, 6) \times 2 = 9.33\ \mathrm{N/mm^2}$

短期許容せん断応力度　$f_s = \min\{F_c/45, 1/1.5(0.5+F_c/100)\} \times 1.5 = 0.70\ \mathrm{N/mm^2}$

・鉄筋（SD 345）

短期許容圧縮応力度　${}_rf_c = 345\ \mathrm{N/mm^2}$

短期許容引張応力度　$f_t = 345\ \mathrm{N/mm^2}$

（b） 曲げモーメントに対する検討

主筋量の算定にあたっては，RC 資料の円形断面柱の算定図表を用いる．

・コンクリートで耐力が決まる場合

$M/(D^3 \cdot f_c) = 267 \times 10^6/(800^3 \times 9.33) = 0.056$

$N_{\max}/(D^2 \cdot f_t) = 1\,134 \times 10^3/(800^2 \times 9.33) = 0.190$

$N_{\min}/(D^2 \cdot f_t) = 80 \times 10^3/(800^2 \times 9.33) = 0.013 \quad \rightarrow \quad p_{g1} = 0.7\%$

・圧縮鉄筋で耐力が決まる場合

$M/(D^3 \cdot {}_rf_c) = 267 \times 10^6/(800^3 \times 345) = 0.00151$

$N_{\max}/(D^2 \cdot f_c) = 1\,134 \times 10^3/(800^2 \times 345) = 0.0051$

$N_{\min}/(D^2 \cdot f_c) = 80 \times 10^3/(800^2 \times 345) = 0.00036 \quad \rightarrow \quad p_{g2} = 0.0\%$

・引張鉄筋で耐力が決まる場合

$M/(D^3 \cdot {}_rf_c) = 267 \times 10^6/(800^3 \times 345) = 0.00151$

$N_{\max}/(D^2 \cdot f_t) = 1\,134 \times 10^3/(800^2 \times 345) = 0.0051$

$N_{\min}/(D^2 \cdot f_t) = 80 \times 10^3/(800^2 \times 345) = 0.00036 \quad \rightarrow \quad p_{g3} = 0.7\%$

$\therefore \quad p_g = \min(p_{g1}, p_{g2}, p_{g3}) = 0.7\%$

$a_g = p_g \cdot A_p = 0.007 \times (400^2 \times \pi) = 3\,518\ \mathrm{mm^2} \quad \rightarrow \quad$ 12-D 22（4 644 mm²）

（c） せん断力に対する検討

$$\frac{4}{3} \cdot \frac{Q_D}{A_S} = \frac{4}{3} \times \frac{95 \times 10^3}{400^2 \times \pi} = 0.25\ \mathrm{N/mm^2} \quad \leqq \quad f_s = 0.70\ \mathrm{N/mm^2} \quad \text{OK}$$

〔解　説〕

本例では，「地震力に対する建築物の基礎の設計指針」（日本建築センター）に基づいて水平力に対する検討を行った．地盤ばねは杭の深さ方向の全域で一様であると仮定することで，比較的簡易に杭応力を算定することが可能である．本例では，安全側の計算となるように N 値が 1 の一様な地盤と仮定している（**図 2･48**）．

Y. L. Chang の式を用いる代わりに，**図 2･49** のように杭を弾性支承梁モデルとして杭の応力を算出する方法もある．弾性支承梁モデルを用いると地盤ばねについてより実情に近いモデル化が可能である．

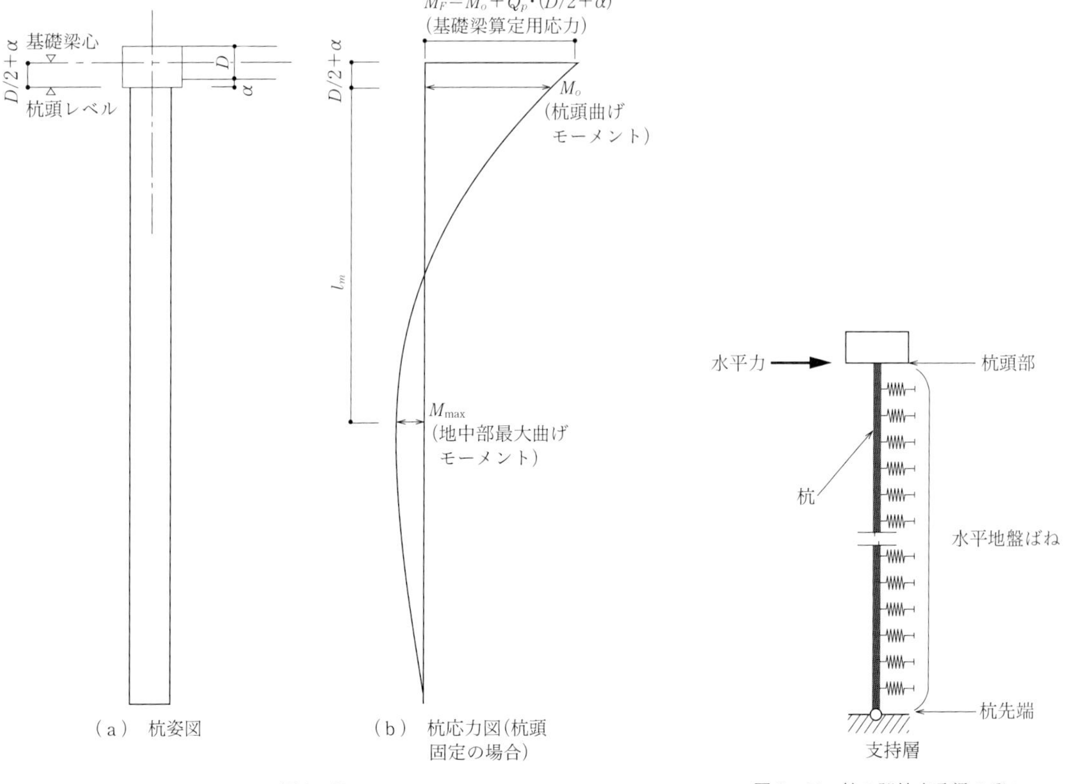

図2・48

図2・49　杭の弾性支承梁モデル

6.3　基礎梁の検討

(1)　基礎梁応力の算定

・B通り

(a)　長期応力：L

(b)　地震時応力：E_1
(上部架構)

(c)　地震時応力：E_2
(杭頭曲げ)

(杭頭曲げモーメントは，基礎梁心の応力とする)

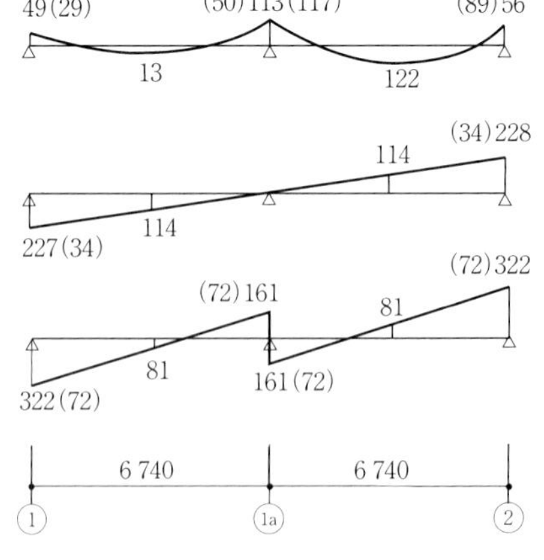

	荷重ケース	1 端	中 央	1a 端
設計応力 M_D 〔kN·m〕	長期 M_L	49	− 13	113
	地震時 M_{E1}	−211*	−114	− 15*
	地震時 M_{E2}	−290*	− 81	129*
	短期 M_S(上端)	550	182	227
	短期 M_S(下端)	−452	−208	− 1

	荷重ケース	1 端	中 央	1a 端
設計応力 Q_D 〔kN〕	長期 Q_L	29	0	50
	地震時 Q_{E1}	34	34	34
	地震時 Q_{E2}	72	72	72
	短期 Q_S	241**	212**	262**

〔注〕 * ${}_FM_E = M_E - D/2 \cdot Q_E$ より，柱脚フェースの応力を採用している．
D（=900）は柱脚せいを示す．
** $Q_S = Q_L + 2Q_{E1} + 2Q_{E2}$ とする．

（2） 断面算定

使用材料　コンクリート　FC 21

鉄筋　主筋：SD 345，スターラップ：SD 295 A

$b \times D = 500 \times 900$　$d = 900 - 100 = 800$　$j = 800 \times 7/8 = 700$

・1 端　上端　$M_S = 550$ kN·m

$C = M_S/bd^2 = 550 \times 10^6/(500 \times 800^2) = 1.72$ N/mm²

→　$p_t = 0.54\%$（つり合鉄筋比以下）

$a_t = p_t \cdot bd = 0.0054 \times 500 \times 800 = 2\,160$ mm²

設計　5-D 25（2 535 mm²）

・中央　下端　$M_S = 208$ kN·m

$a_t = M_S/(f_t \cdot j) = 208 \times 10^6/(345 \times 700) = 861$ mm²

→　設計　4-D 25（2 028 mm²）

・せん断力の検討　$Q_S = 262$ kN

（1 a 端）　$Q_a = f_s \cdot b \cdot j = 0.70 \times 1.5 \times 500 \times 700 \times 10^{-3} = 368$ kN

$Q_S < Q_a$ より　$p_w = 0.2\%$

→　スターラップ 2-D 13@200（$p_w = 0.254\%$）

〔**解　説**〕

RC 梁の検討例については，「RC 編」を参照されたい．

前項 6.2 で算出した杭頭部の曲げモーメントについては，基礎梁心の応力とするためにせん断力で割増しを行う必要がある（図 2·48）．杭頭曲げモーメントは，基礎梁に負担させることとし，左右の梁への振分けは剛比によることとした．なお，地震時における梁端部の断面算定用応力は，**図 2·50** に示すように柱脚面とした．

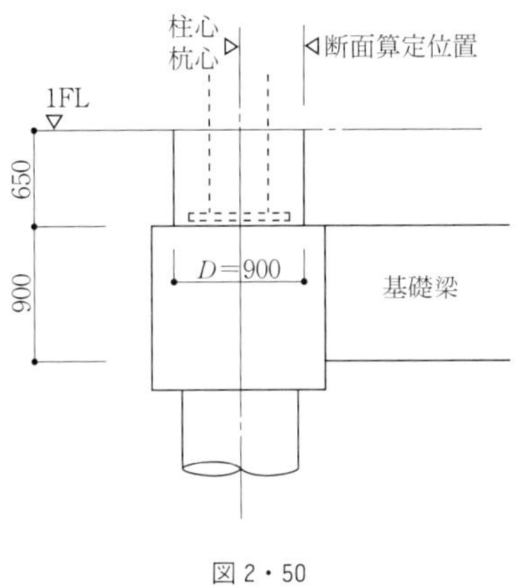

図2・50

7. そ の 他

7.1 大梁の床振動の検討

スパンが 13.48 m の大梁（$_3G_1$）について，床振動の検討を行う．

「合成構造指針」（1985 年）に従って，完全合成梁として検討を行う．

（1） 合成梁としての断面二次モーメントの算定

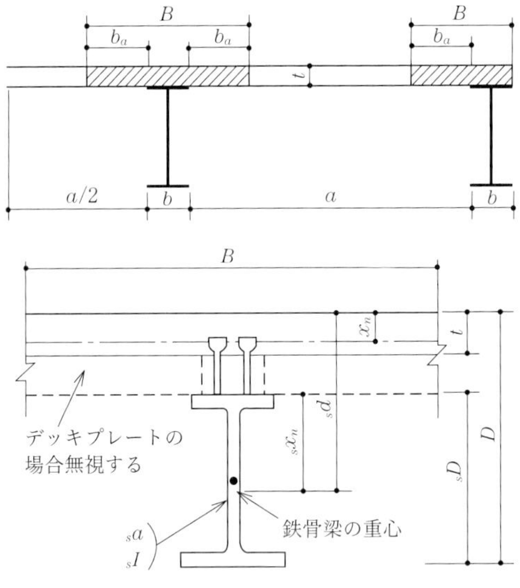

$_sa$：鉄骨梁の全断面積
$_sI$：鉄骨梁の断面二次モーメント

$_3G_1$：H-588×300×12×20

・T 形梁の有効幅（B）の算定

$a = 5\,700 - 300 = 5\,400\ \text{mm} \quad < \quad 0.5\,l\,(0.5 \times 13\,480 = 6\,740\ \text{mm})$

$b_a = (0.5 - 0.6 \times a/l) \cdot a = (0.5 - 0.6 \times 5\,400/13\,480) \times 5\,400 = 1\,402\ \text{mm}$

$B=2\times b_a+b=2\times 1\,402+300=3\,104$ mm

・鉄骨断面のみの断面係数

断面積 $_sa=187.2\times 10^2$ mm^2

断面二次モーメント $_sI=114\,000\times 10^4$ mm^4

図心 $_sx_n=588\times 1/2=294$ mm

・正曲げモーメントに対する断面係数の算定

$_sd=294+50+100=444$ mm

$t_1=t/_sd=90/444=0.225$

$$P_t=\frac{_sa}{B\cdot{}_sd}=\frac{187.2\times 10^2}{3\,104\times 444}=0.0136$$

$$P_t-\frac{t_1^2}{2n(1-t_1)}=0.0136-\frac{0.225^2}{2\times 15\times(1-0.225)}=0.0114 \quad > \quad 0$$

よって，中心軸（x_n）は，スラブの外にある．

$$x_n=\frac{t_1^2+2nP_t}{2(t_1+nP_t)}{}_sd=\frac{0.225^2+2\times 15\times 0.0136}{2\times(0.225+15\times 0.0136)}\times 444=237.3\text{ mm}$$

有効等価断面の断面二次モーメント $_cI_n$

$$_cI_n=\frac{B\cdot t}{n}\left\{\frac{t^2}{12}+\left(x_n-\frac{t}{2}\right)^2\right\}+{}_sI+{}_sa({}_sd-x_n)^2$$

$$=\frac{3\,104\times 90}{15}\times\left\{\frac{100^2}{12}+\left(237.3-\frac{100}{2}\right)^2\right\}+114\,000\times 10^4+187.2\times 10^2\times(444-237.3)^2$$

$$=74\,319\times 10^4+114\,000\times 10^4+79\,981\times 10^4$$

$$=268\,300\times 10^4\text{ mm}^4$$

（2） 固有周期（T），固有振動数（f）の算定

両端固定として静的なたわみ量（$_s\delta_{TL}$）を算出し，重力式により固定周期（T）を算出する．

床振動検討用の積載荷重は，地震用（4.6 kN/m^2）を用い，支配面積の鉄骨梁重量（35 kN）を考慮して，床梁の重量（$_sW_{TL}$）を算出する．

$_sW_{TL}=4.6\times 13.48\times 5.7+35=388.4$ kN

$$_s\delta_{TL}=\frac{_sW_{TL}\cdot l^3}{384\cdot E\cdot I}=\frac{388.4\times 13\,480^3}{384\times 205\times 268\,300\times 10^4}=4.50\text{ mm}$$

固 有 周 期：$T=\dfrac{\sqrt{_s\delta_{TL}}}{\alpha}=\dfrac{\sqrt{4.50}}{18}=0.118$ s（両端固定の場合，$\alpha=18$）

固有振動数：$f=\dfrac{1}{T}=\dfrac{1}{0.118}=8.49$ Hz

（3） 動たわみの算定

ひとり歩行を想定して，30 N の重量のものを 50 mm の高さから自由落下した場合を計算上の条件とする．

重量 W の運動体が高さ h の距離から重量 W_1 の静止体に衝突する場合の動たわみ（δ_d）は，両端固定の場合は次式で与えられる．

$$\delta_d=\delta_{st}+\sqrt{\delta_{st}^2+2h\cdot\delta_{st}\frac{1}{1+\frac{13}{35}\cdot\frac{W_1}{W}}}$$

ここで，δ_{st}：荷重 W が作用するときの静たわみ

h：落下高さ（ここでは 50 mm）

W_1：床梁の重量（ここでは $W_1 = {}_sW_{TL} = 388.4$ kN）

W：落下物の重量（ここでは 30 N）

$$\delta_{st} = \frac{W \cdot l^3}{192EI} = \frac{0.030 \times 13\,480^3}{192 \times 205 \times 268\,300 \times 10^4} = 0.000696 \text{ mm}$$

$$\delta_d = 0.000696 + \sqrt{0.000696^2 + 2 \times 50 \times 0.000696 \frac{1}{1 + \frac{13}{35} \times \frac{388.4}{0.030}}}$$

$$= 0.000696 + 0.00387$$

$$= 0.00456 \text{ mm}$$

$$= 4.56\ \mu\text{m}$$

固有振動数と動たわみより，「居住性能指針」(2004 年）の床の鉛直振動に関する性能評価基準の V-30 を下回ることを確認した．

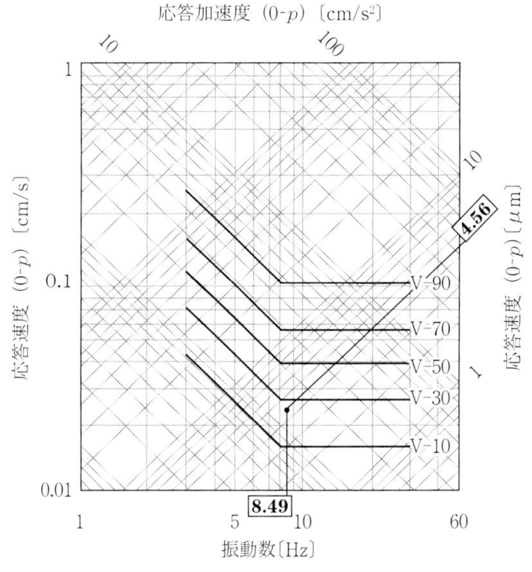

床振動に関する性能評価基準

［出典：日本建築学会「建築物の振動に関する居住性能評価指針・同解説」，p. 9，図 3.3（2004）に加筆］

〔解　説〕

「合成構造指針」(2010 年）に従って，完全合成梁として断面二次モーメントを算定し，床振動の検討を行った．人の歩行や飛び跳ね程度の加振力であればスタッドジベルのずれ等が生じることはないので，通常は正曲げを受ける完全合成梁として求めた断面性能を用いて検討を行った．本例では両端固定として仮定したが，半固定の場合の算定例も上記指針に記載されているので参照されたい．

「居住性能指針」(2004年)では，人の動作，設備による鉛直振動は振動数と応答加速度を用いて性能評価曲線上で居住性能の評価をすることとしている．詳細なモデル化を行い応答解析による検討を行う場合もあるが，本例では簡易的に固有周期と動たわみ量を求めて検討を行った．性能評価基準のV-30とは30％の人が感じる振動のレベルを意味している．振動を感じることがそのまま苦情となるわけではないので，建物用途や建築主の要望や経済的なコストなどを総合的に判断して，対称建物に対する適切な居住性能レベルを設定する必要がある．本例では，ロングスパンの大梁を検討対象としているが，小梁断面で居住性能が決まることが多いので，別途に小梁や床スラブについても検討が必要である．

7.2 大梁貫通補強の検討

鉄骨梁の貫通補強は，補強プレートを用いる．

補強プレートは下式を満足させる．

$t_w \cdot D_h \cdot f_s \leqq r_h \cdot t_p \cdot 2B \cdot f_s$ (補強プレート2枚の場合)

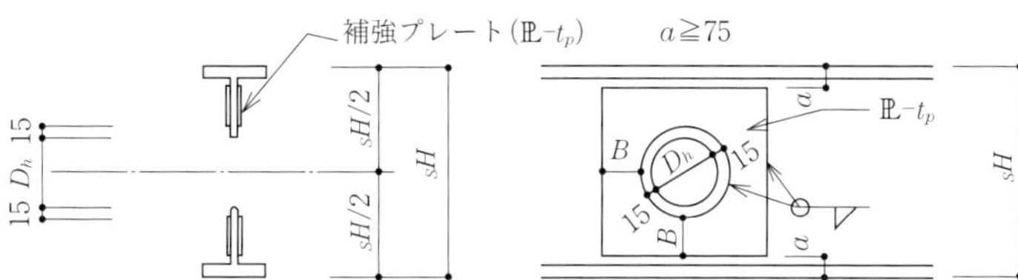

$_{s}G_1$：H-588×300×12×20

スリーブ径　：$D_h=200$

補強プレート幅　：$B=100$

補強プレート厚　：$t_p=9$ (補強プレートは両面とする)

$t_w \cdot D_h \cdot f_s=12\times200\times135\times10^{-3}=324\ \mathrm{kN}$

$r_h \cdot t_p \cdot 2B \cdot f_s=0.85\times2\times9\times2\times100\times135\times10^{-3}=413\ \mathrm{kN}$

$t_w \cdot D_h \cdot f_s \leqq r_h \cdot t_p \cdot 2B \cdot f_s$ を満足する．　OK

〔解　説〕

鉄骨梁の梁貫通補強については，一般的な設計規準が定められていないのが実情である．

本例では，「鉄骨鉄筋コンクリート構造計算規準・同解説」(日本建築学会) 18条の有孔梁の充腹形鉄骨部分の許容せん断力 $_{s}Q_a$ の式に基づいて検討を行った．

有孔梁の鉄骨部分の許容せん断力　$_{s}Q_a=r_h \cdot t_w(d_w-D_h)f_s$

上式より断面欠損部分のせん断力　$_{s}Q_{ap}=t_w \cdot D_h \cdot f_s$

$_{s}Q_{ap}$ を補うための補強プレートは，次式を満足させる．

$t_w \cdot D_h \cdot f_s \leqq r_h \cdot t_p \cdot 2B \cdot f_s$ (補強プレート2枚の場合)

ここに，$_{s}Q_a$：有孔梁充腹形鉄骨部分の許容せん断力〔N〕

r_h：0.85 (孔縁にフランジを設けない場合)

t_w：鉄骨梁のウェブ板厚〔mm〕

t_p：補強プレート厚〔mm〕

B：補強プレート幅〔mm〕

d_w：鉄骨梁のウェブせい（$=H-2t_f$）〔mm〕

D_h：孔径〔mm〕

f_s：鉄骨の許容せん断応力度〔$\mathrm{N/mm^2}$〕

D 構造設計図

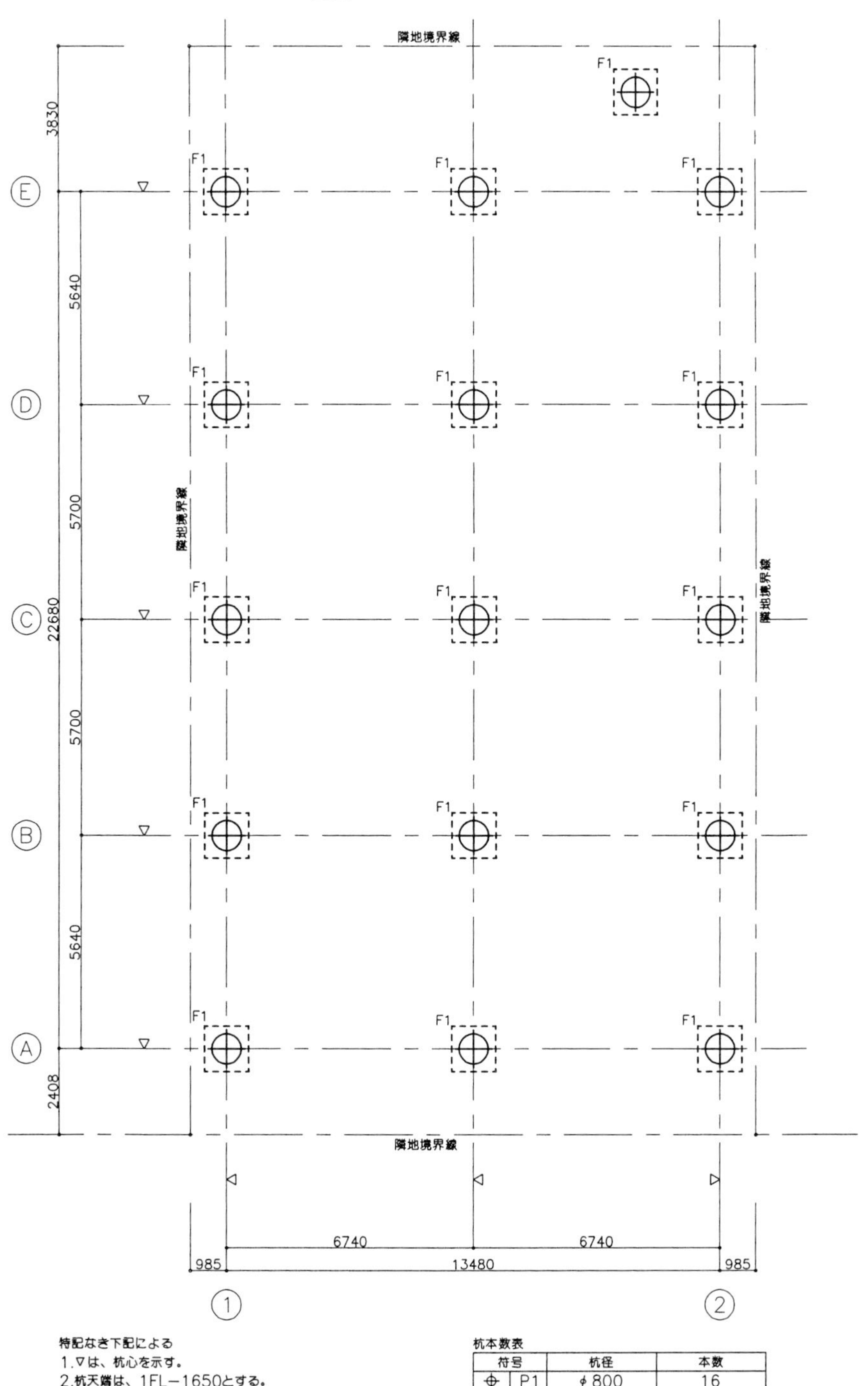

特記なき下記による
1.▽は、杭心を示す。
2.杭天端は、1FL−1650とする。
3.杭先端は、1FL−18050とする。

杭本数表

符号		杭径	本数
⊕	P1	φ800	16
総本数			16

杭伏図

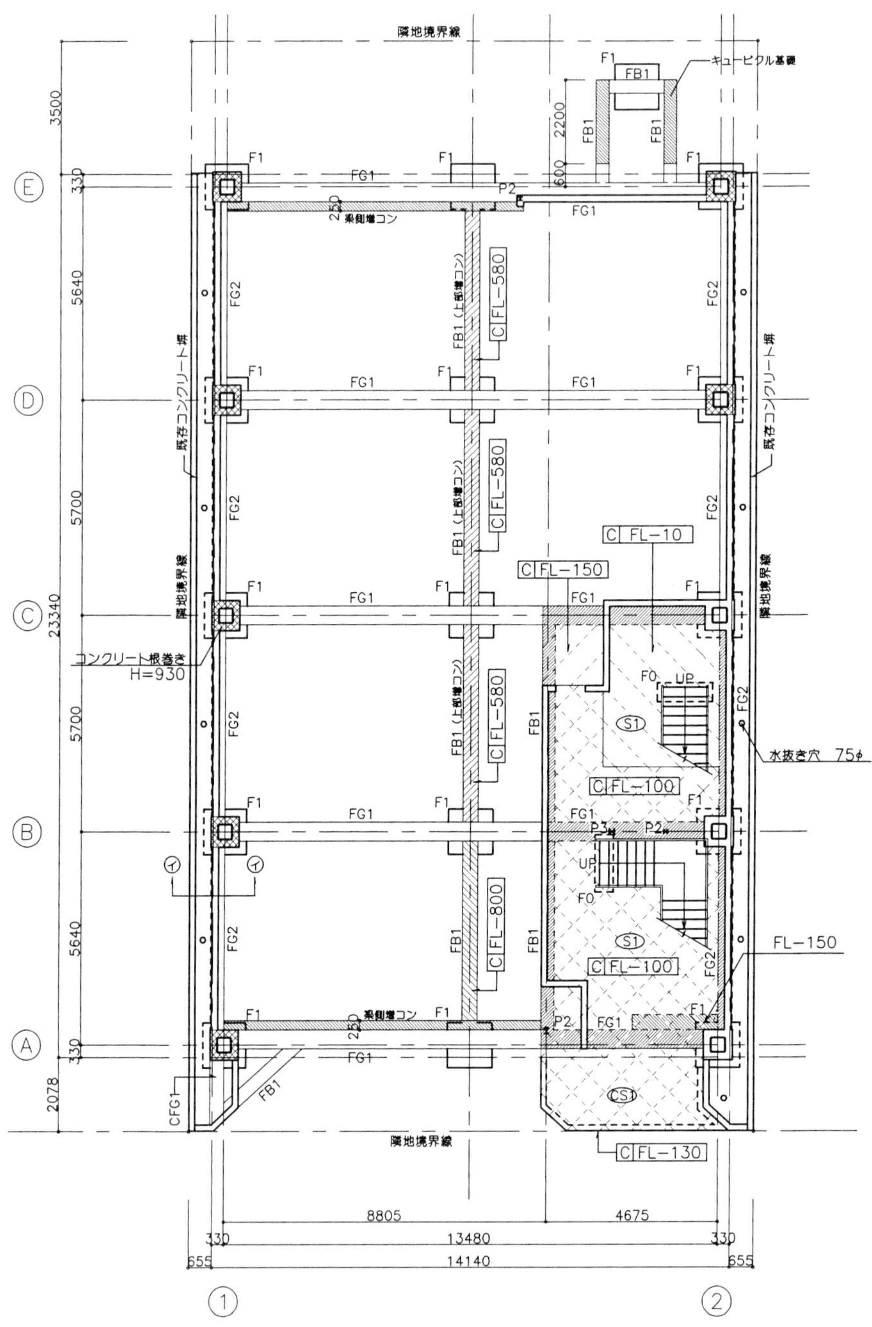

特記なき下記による
1.基礎下端は、FL−1750とする。
2.スラブ天端は、FL±0とする。
3.基礎梁天端は、FL−650とする。
4.( )内は、基礎スラブ下端を示す。
5.< >内は、基礎梁天端を示す。
6.▨印は、梁側増打ちを示す。
7.▨印は、梁上増打ちを示す。

1階伏図

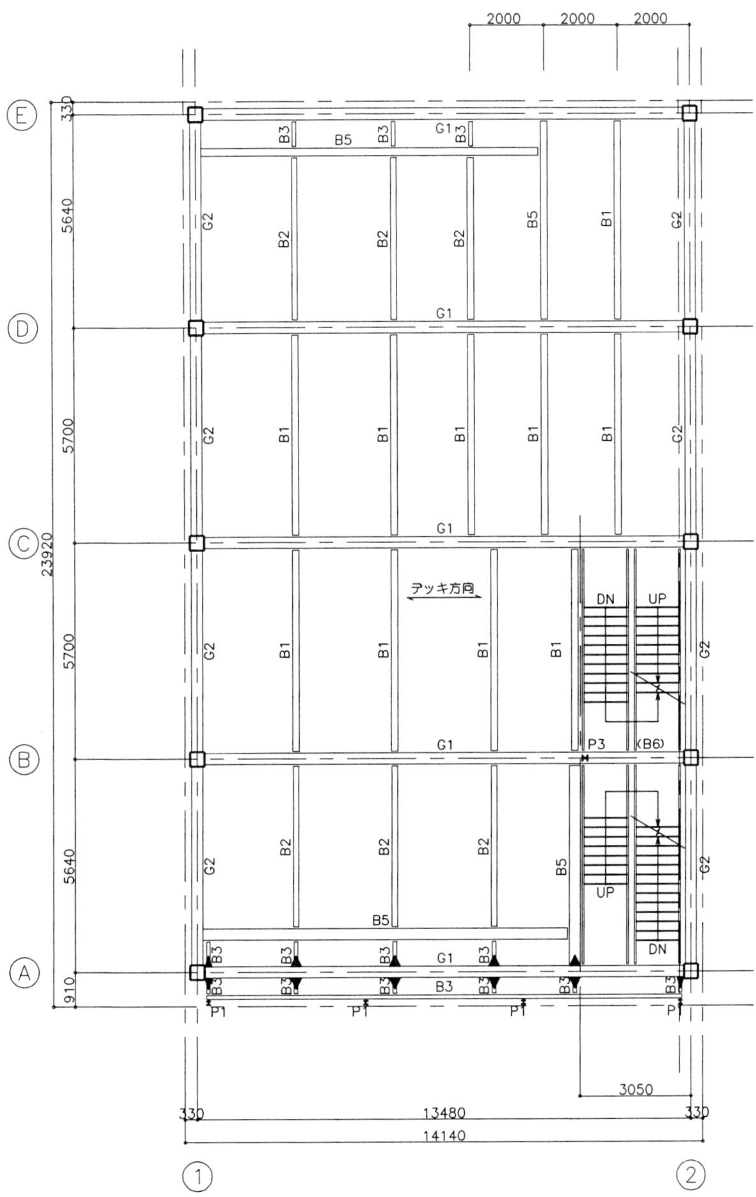

特記なき下記による
1.スラブは、DS1とする。
2.スラブ天端レベルは、FL±0とする。
3.鉄骨梁天端レベルは、FL−150とする。
4.デッキ方向は、←→方向とする。

凡例
1. C FL− ←コンクリート天端を示す。
S FL− ←鉄骨天端を示す。
2. [記号] は、剛接合を示す。

2階伏図

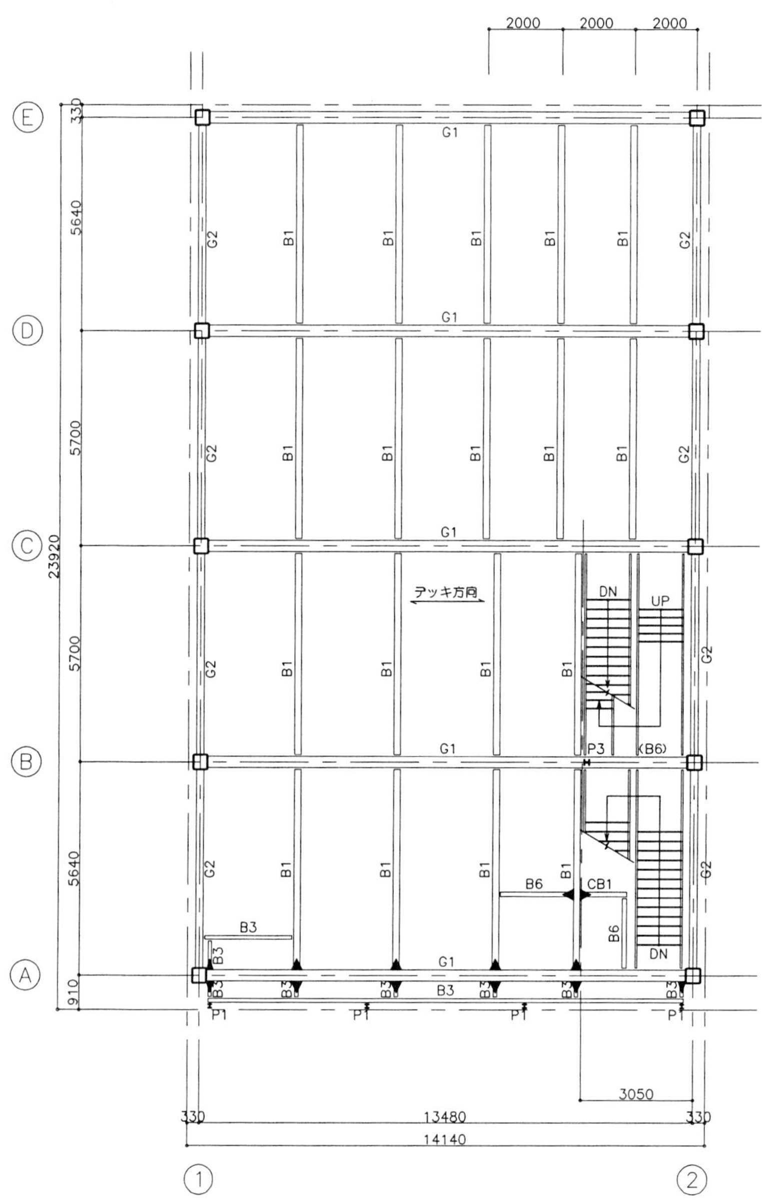

特記なき下記による
1.スラブは、DS1とする。
2.スラブ天端レベルは、FL±0とする。
3.鉄骨梁天端レベルは、FL−150とする。
4.デッキ方向は、←→方向とする。

凡例
1. C FL−　←コンクリート天端を示す。
S FL−　←鉄骨天端を示す。

2. ▶◀ は、剛接合を示す。

3階伏図

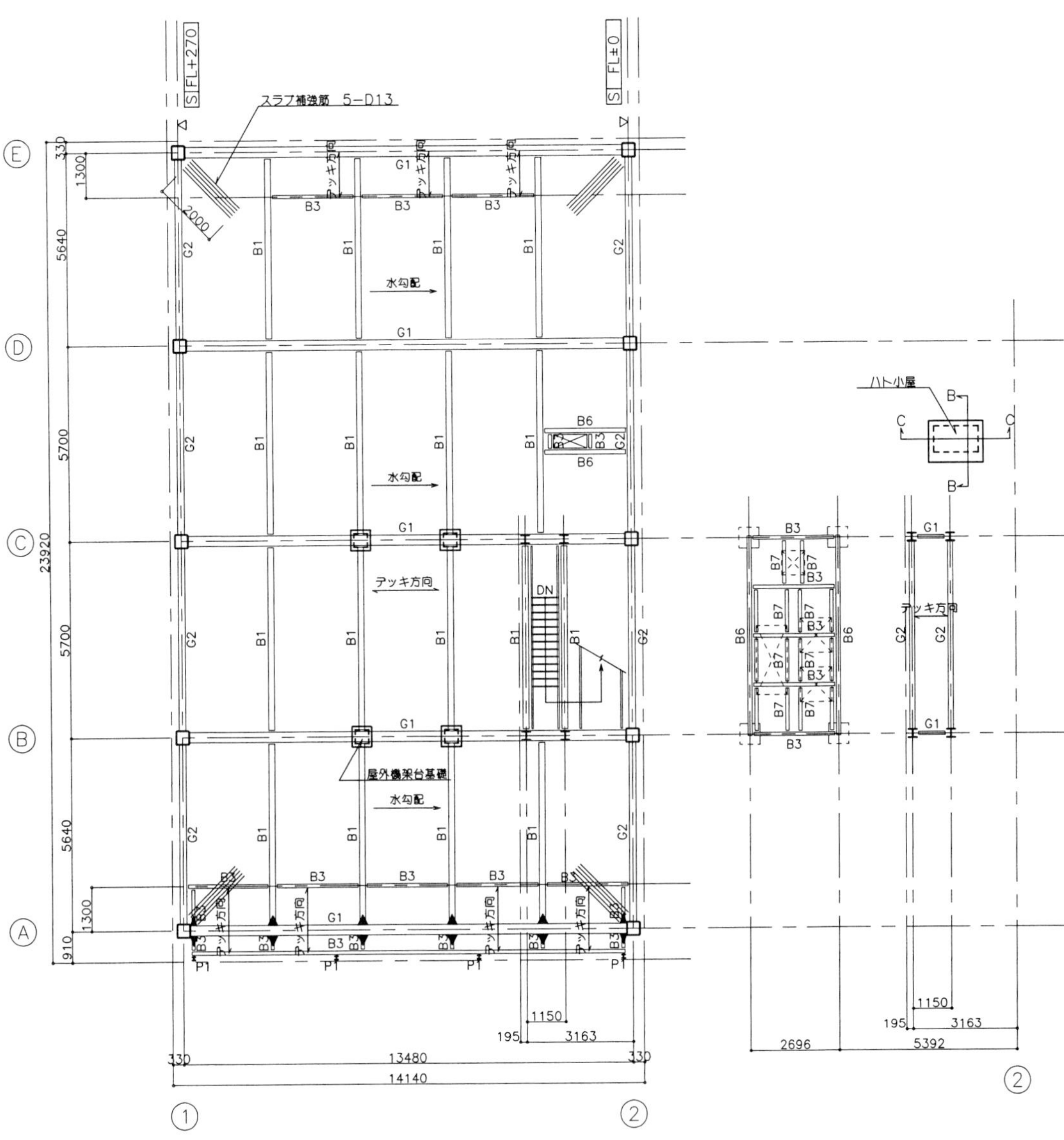

特記なき下記による
1.スラブは、DS2とする。
2.スラブ天端レベルは、FL±0とする。
3.鉄骨梁天端レベルは、FL−150とする。
4.デッキ方向は、←→方向とする。

特記なき下記による
1.スラブは、DS2とする。
2.デッキ方向は、←→方向とする。

凡例
1. C FL− ←コンクリート天端を示す。
S FL− ←鉄骨天端を示す。

2. ◀|▶ は、剛接合を示す。

R階伏図，塔屋，設備架台

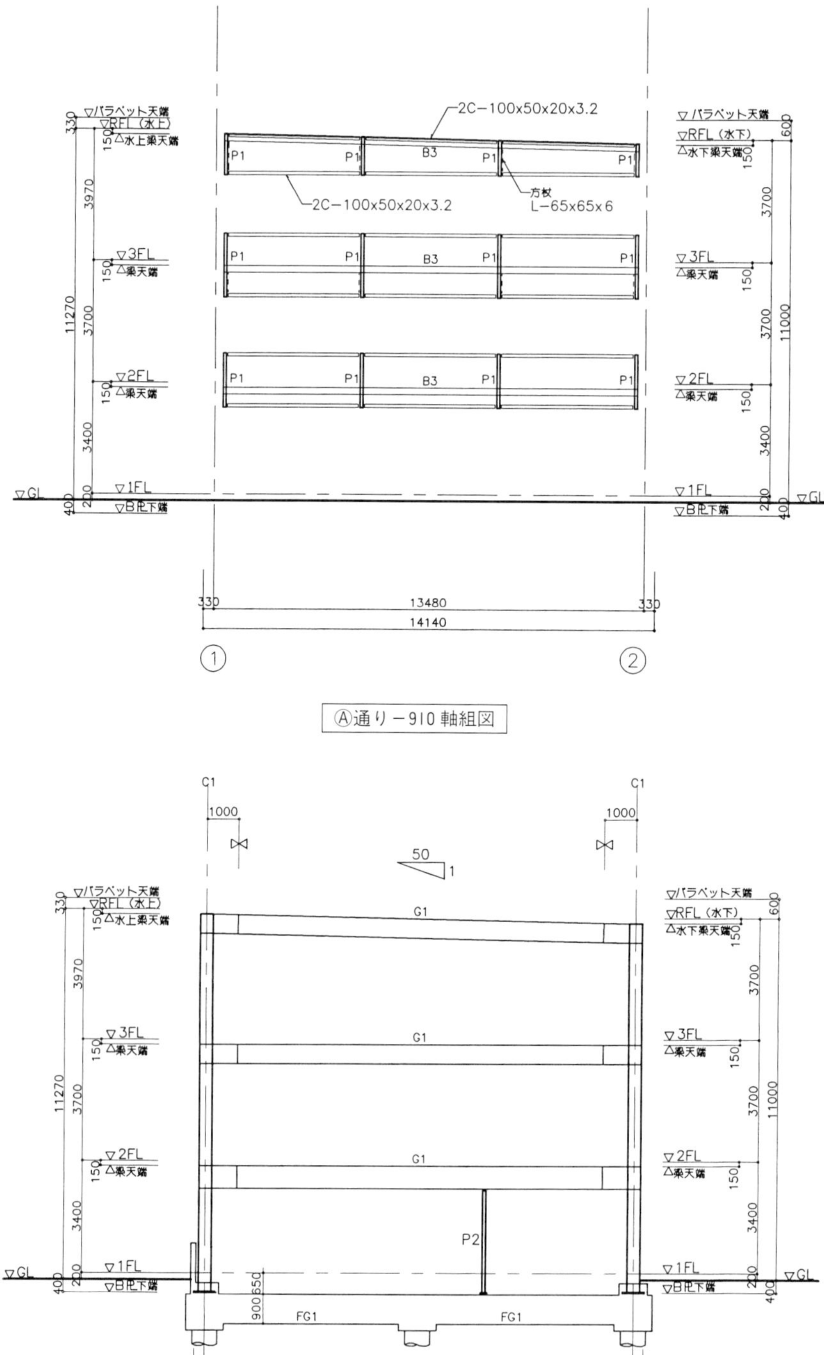

Ⓐ通り−910 軸組図

凡例　1. ⊠ ⊠ 印は、梁ジョイント位置を示す。
2. ▼印は、完全スリット目地とする。
（両面シール、止水板付）

Ⓐ通り軸組図

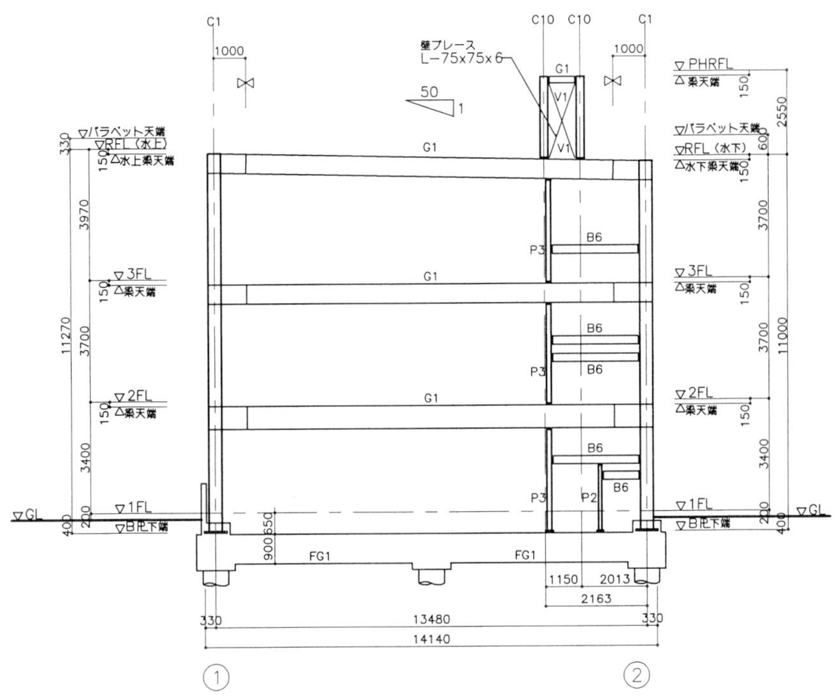

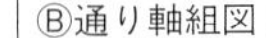

Ⓑ通り軸組図

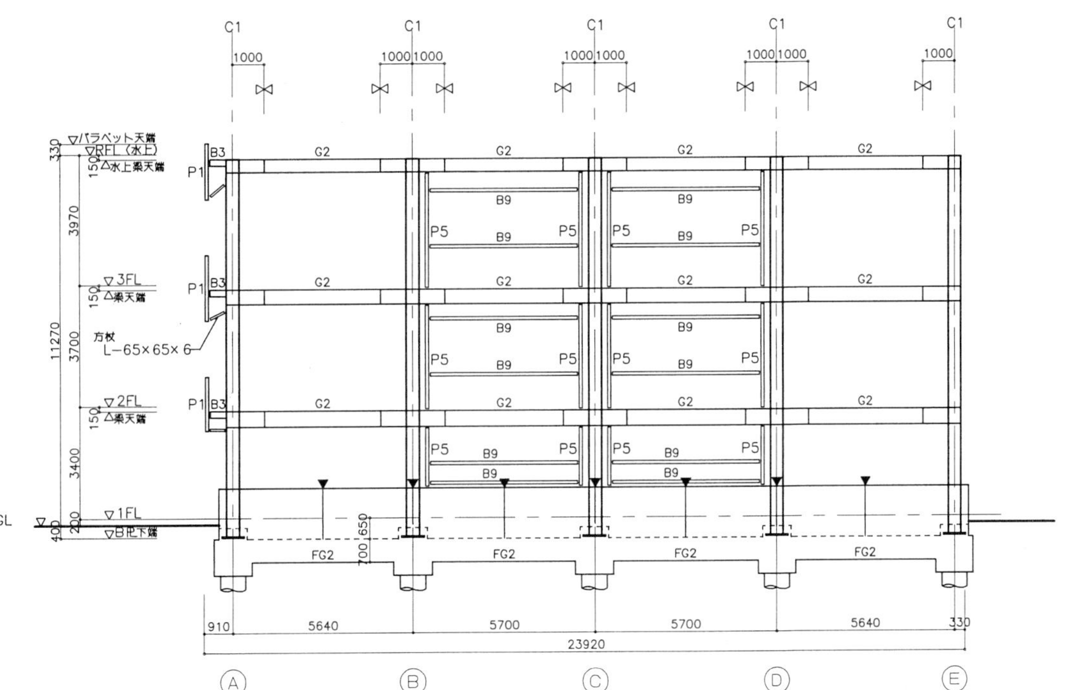

凡例　1. 印は、梁ジョイント位置を示す。
2. ▼印は、完全スリット目地とする。
（両面シール、止水板付）

①通り軸組図

杭リスト

符号	杭頭	杭脚
P1	800	800
主筋	12-D22	12-D22
フープ	D13@150	D13@300

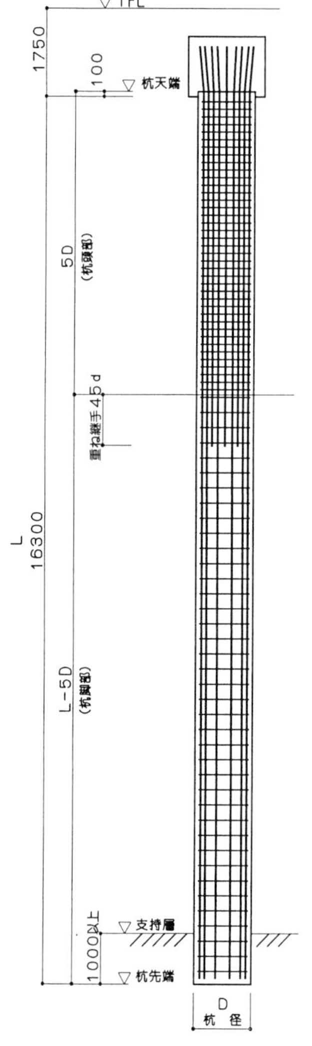

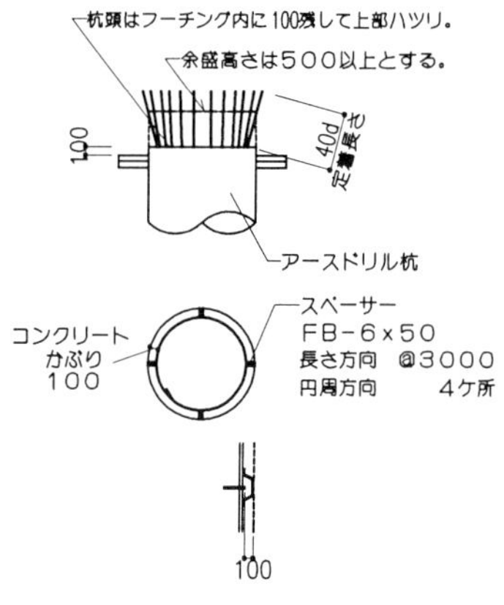

特記なき限り下記による。

1.　アースドリル工法による場所打ちコンクリート杭とする。
2.　鉄筋の重ね継手長さは45dとし、3ケ所以上を鉄線にて結束する。
3.　フープは円形加工し、重ね継手を溶接する。
　　溶接長さは片面の場合10d以上、両面の場合5d以上とする。
4.　スペーサー（FB-6X50, L=400几型）は、同一深さ位置に4ケ所以上取り付ける。ピッチは杭長方向@3000以下とする。
5.　コンクリートの打込みに先立ち、スライムの撤去を行い、杭体に対して有害なスライムがないことを確認する。

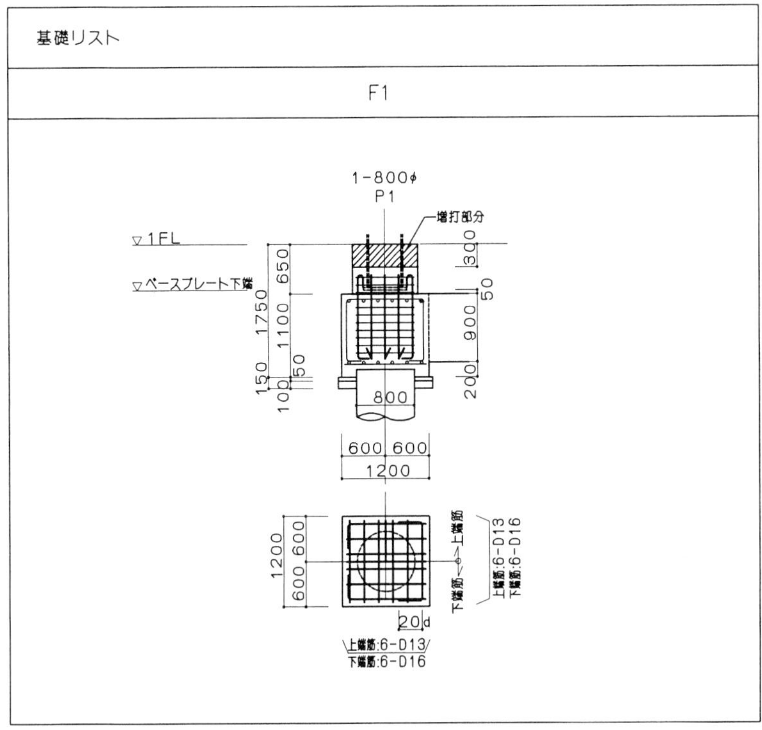

基礎梁リスト

特記なき限り下記による。
1.幅止筋はD13@1000とする。

符号	FG1			FG2		
位置	両端	中央		両端	中央	
断面	▽1FL 650 900 60 60 450 500	450 3-D16 2-D10 D13@200		▽1FL 650 700 60 60 450 400	450 2-D16 2-D10 D13@200	
上端筋	5-D25	3-D25		6-D25	3-D25	
下端筋	4-D25	4-D25		4-D25	3-D25	
スターラップ				2-D13@150		
腹筋	2-D13					
符号	CFG1			FB1		
位置	元端	先端		全断面		
断面	▽1FL 650 700 60 60 450 400	450 2-D16 2-D10 D13@200		▽1FL 650 600 60 60 350 400 2-D16 2-D10 D10@200		
上端筋	4-D25	3-D25		3-D22 (注1)		
下端筋	3-D25	3-D25		3-D22 (注1)		
スターラップ				2-D10@200		
腹筋	2-D13			2-D13		

(注1) 定着長さ35dを確保すること

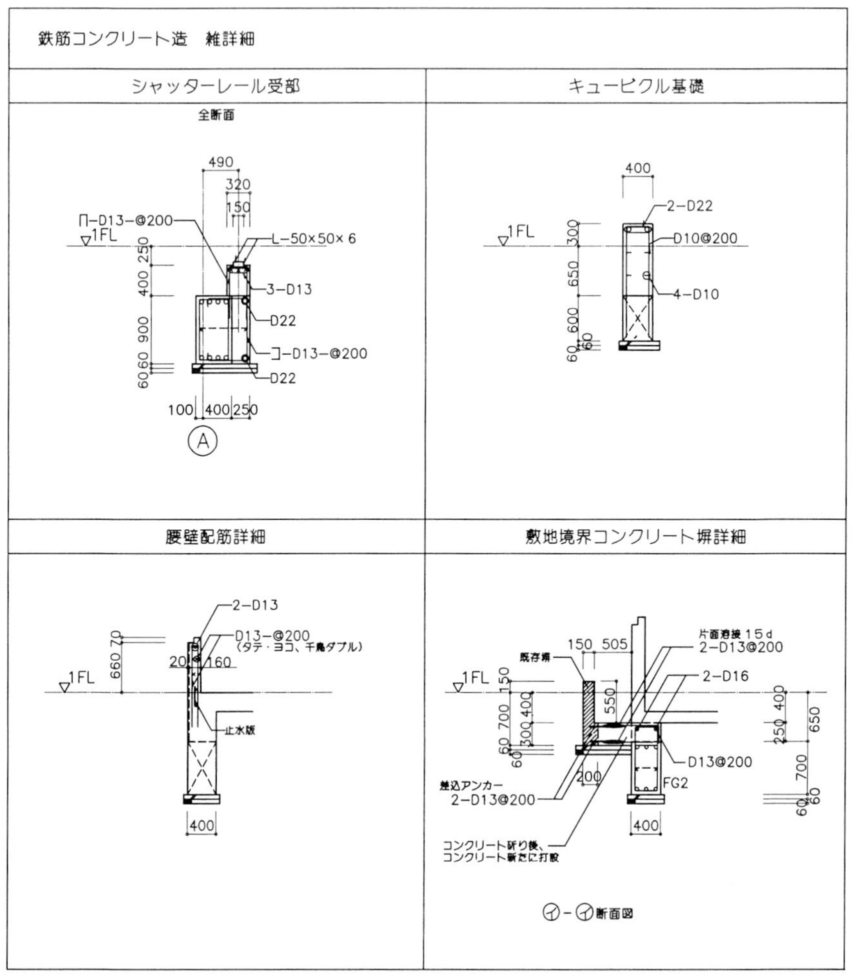
鉄筋コンクリート造　雑詳細
シャッターレール受部
全断面
490
320
150
Π-D13-@200
1FL
L-50×50×6
3-D13
D22
コ-D13-@200
D22
250
400
900
60
60
100
400
250
A
キュービクル基礎
400
2-D22
1FL
D10@200
4-D10
300
650
600
60
60
腰壁配筋詳細
2-D13
D13-@200
(タテ・ヨコ、千鳥ダブル)
660
70
20
160
1FL
止水版
400
敷地境界コンクリート塀詳細
片面溶接 15d
2-D13@200
150
505
既存塀
1FL
2-D16
D13@200
FG2
後込アンカー
2-D13@200
コンクリート斫り後、
コンクリート新たに打設
200
400
イ-イ断面図

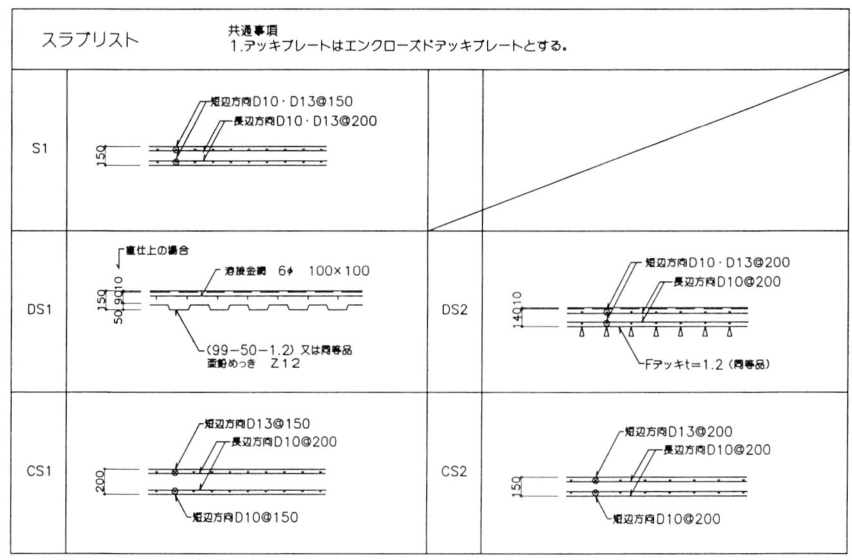
スラブリスト
共通事項
1.デッキプレートはエンクローズドデッキプレートとする。
S1
短辺方向D10・D13@150
長辺方向D10・D13@200
150
DS1
直仕上の場合
溶接金網　6φ　100×100
(99-50-1.2) 又は同等品
亜鉛めっき　Z12
DS2
短辺方向D10・D13@200
長辺方向D10@200
Fデッキt=1.2 (同等品)
CS1
短辺方向D13@150
長辺方向D10@200
短辺方向D10@150
200
CS2
短辺方向D13@200
長辺方向D10@200
短辺方向D10@200
150

柱リスト　共通事項　1. 使用鋼材　無印　SN400B, ○印　SN490B
2. 角形鋼管はBCR295とする。

階＼符号	C1	C10	
R	―――	H−250x250x9x14	
3	□−400x400x16	―――	
2	□−400x400x16	―――	
1	□−400x400x22	―――	
ベース	700 200 300 200 700	90 120 90 300 50 50 200 300	
ベースプレート	BPL−40x700x700 (SN490B)	BPL−16x300x300	
アンカーボルト	8−M30(ABM400)	4−M20	
柱脚	900 900		
主筋	16−D25		
HOOP	□−D13−@100		

大梁リスト　共通事項　1. 使用鋼材　SN400B
2. 梁上頭付きスタッド

符号	G1	G2
位置	全断面	全断面
PHR	H−200x100x5.5x8	H−300x150x6.5x9
R	H−588x300x12x20	H−400x200x8x13
3	H−588x300x12x20	H−400x200x8x13
2	H−700x300x13x24	H−488x300x11x18

小梁リスト　　共通事項　1．使用鋼材　SN400A

符号	主材	ウェブ継手板 / HTBボルト	備考
B1	H−350x175x7x11	PL−9 / 3−M20	梁上頭付きスタッド
B2	H−300x150x6.5x9	PL−9 / 3−M20	梁上頭付きスタッド
B3	H−200x100x5.5x8	PL−6 / 2−M20	Ⓐ通り端側は剛接合
B4	H−450x200x9x14	PL−12 / 4−M20	
B5	H−482x300x11x15	PL−12 / 5−M20	梁上頭付きスタッド
B6	H−250x125x6x9	PL−6 / 2−M16	B1端側は剛接合
B7	H−100x100x6x8	PL−9 / 2−M16	
B8	L−90x90x7	PL−6 / 2−M16	
B9	L−100x100x10	PL−6 / 2−M16	
CB1	H−250x125x6x9	PL−6 / 4−M16	B1端側は剛接合

間柱リスト　　共通事項　1．使用鋼材　SN400A

符号	主材	ウェブ継手板 / HTBボルト	ベースプレート / HTBボルト
P1	H−100x100x6x8	PL−6 / 2−M16	— / —
P2	H−148x100x6x9	PL−6 / 2−M16	BPL−16×200×150 / 2−M16
P3	H−150x150x7x10	PL−9 / 2−M20	BPL−16×200×200 / 2−M16
P4	L−90×90x7	PL−9 / 2−M16	BPL−12×120×120 / 1−M20
P5	L−100x100x10	PL−12 / 2−M16	BPL−12×130×130 / 1−M20

ブレースリスト　　共通事項　1．使用鋼材　SN400A

符号	主材	ウェブ継手板 / HTBボルト	備考
V1	L−75x75x6	GPL−9 / 5−M16	
V2	FB−65x6	GPL−6 / 2−M16	

柱・梁取合い基準図　（露出型柱脚）

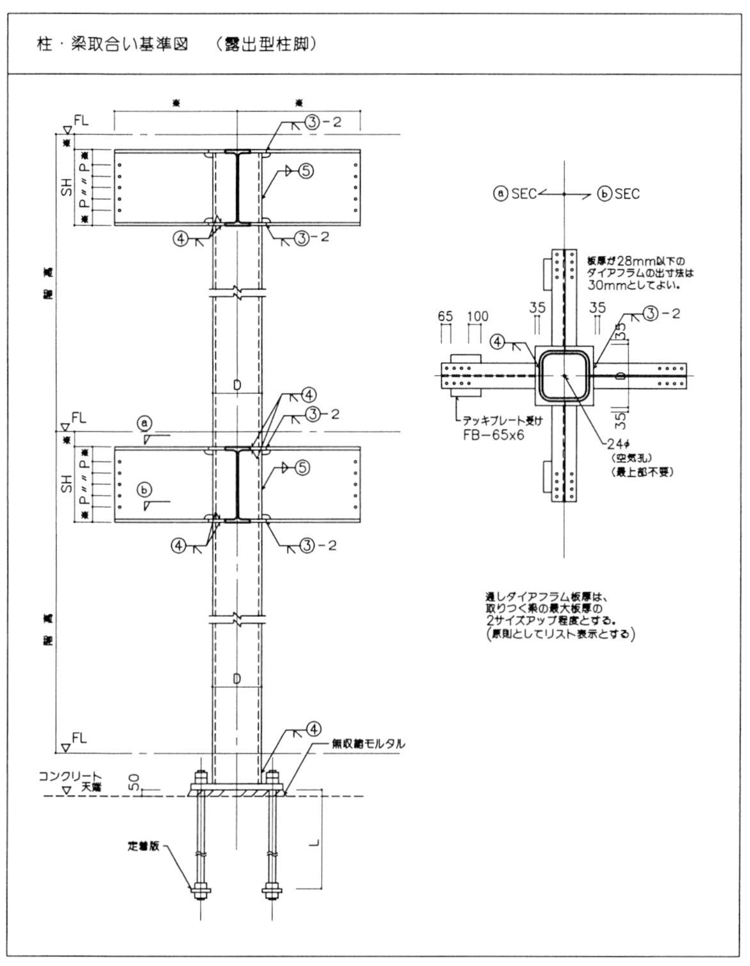

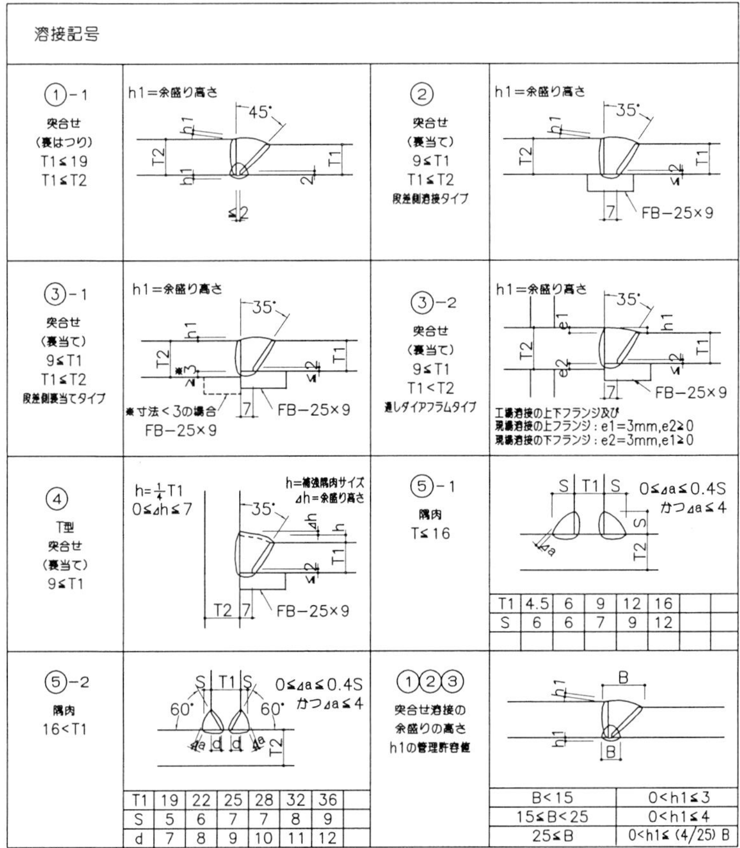

T1	4.5	6	9	12	16
S	6	6	7	9	12

T1	19	22	25	28	32	36
S	5	6	7	7	8	9
d	7	8	9	10	11	12

B<15	0<h1≤3
15≤B<25	0<h1≤4
25≤B	0<h1≤(4/25)B

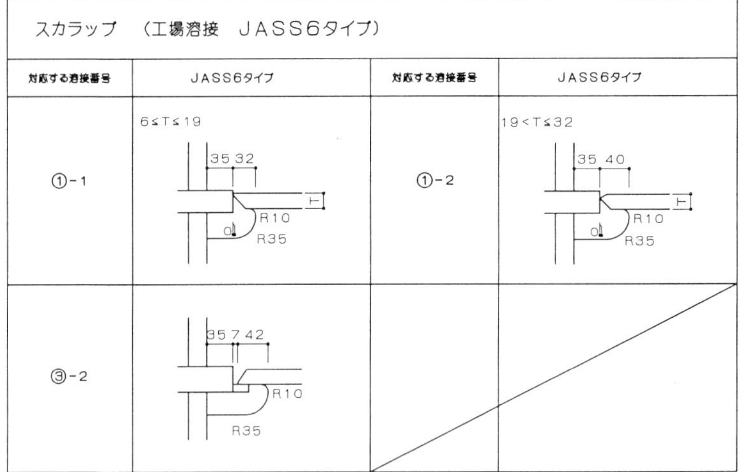

段違い梁の柱仕口部

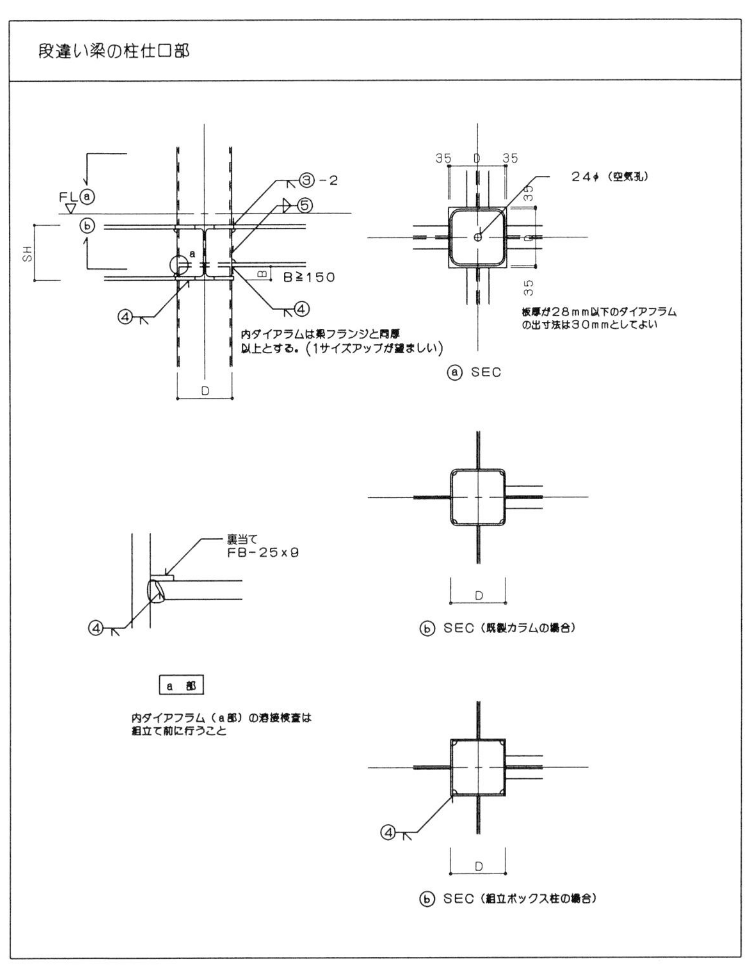

大梁継手リスト

共通事項
1. 添板の材質はSS400とする。
2. H.T.Bは、F10Tとする。

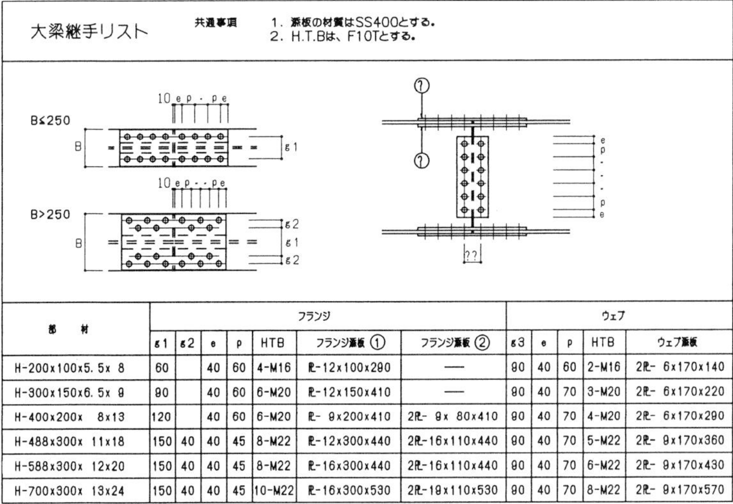

部材	フランジ							ウェブ				
	g1	g2	e	p	HTB	フランジ添板 ①	フランジ添板 ②	g3	e	p	HTB	ウェブ添板
H-200x100x5.5x 8	60		40	60	4-M16	PL-12x100x290	—	90	40	60	2-M16	2PL- 6x170x140
H-300x150x6.5x 9	90		40	60	6-M20	PL-12x150x410	—	90	40	70	3-M20	2PL- 6x170x220
H-400x200x 8x13	120		40	60	6-M20	PL- 9x200x410	2PL- 9x 80x410	90	40	70	4-M20	2PL- 6x170x290
H-488x300x 11x18	150	40	40	45	8-M22	PL-12x300x440	2PL-16x110x440	90	40	70	5-M22	2PL- 9x170x360
H-588x300x 12x20	150	40	40	45	8-M22	PL-16x300x440	2PL-16x110x440	90	40	70	6-M22	2PL- 9x170x430
H-700x300x 13x24	150	40	40	45	10-M22	PL-16x300x530	2PL-19x110x530	90	40	70	8-M22	2PL- 9x170x570

組立溶接要領1（角形鋼管）

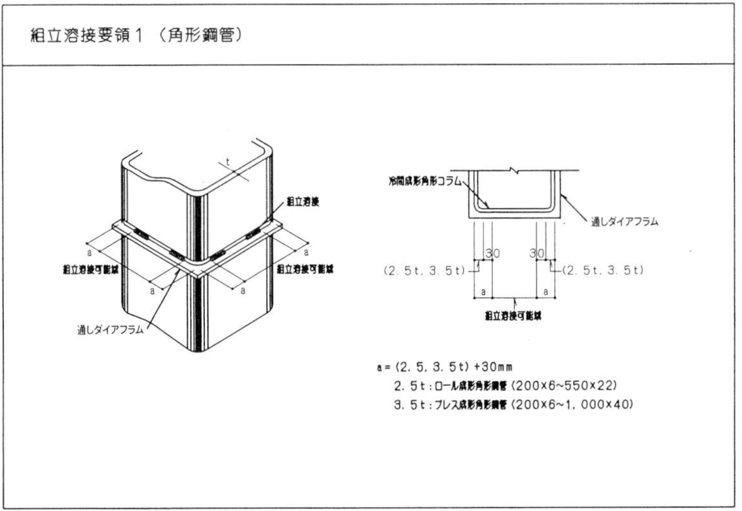

組立溶接要領2（裏当て金）

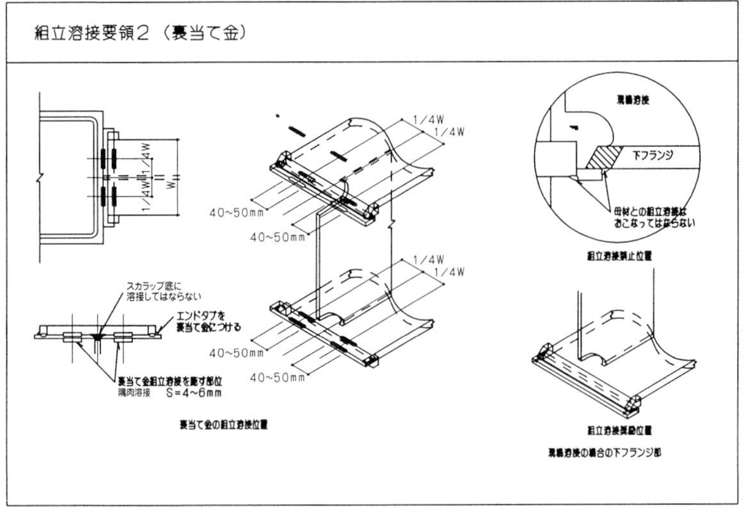

組立溶接要領3（鋼製エンドタブ）

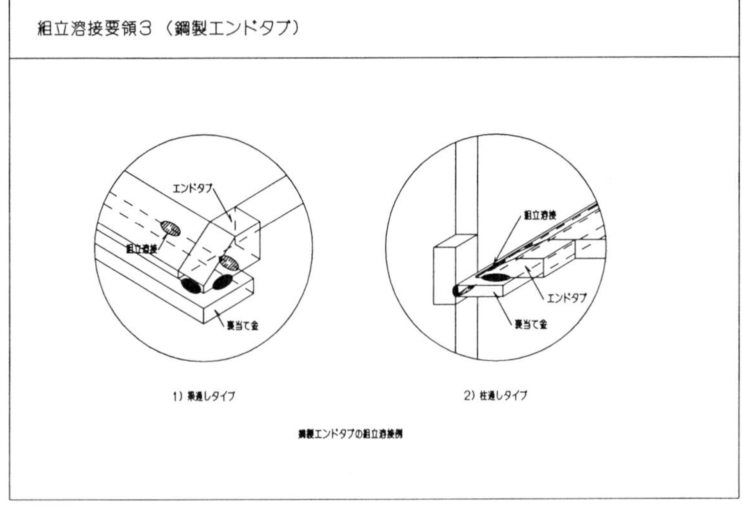

梁貫通補強

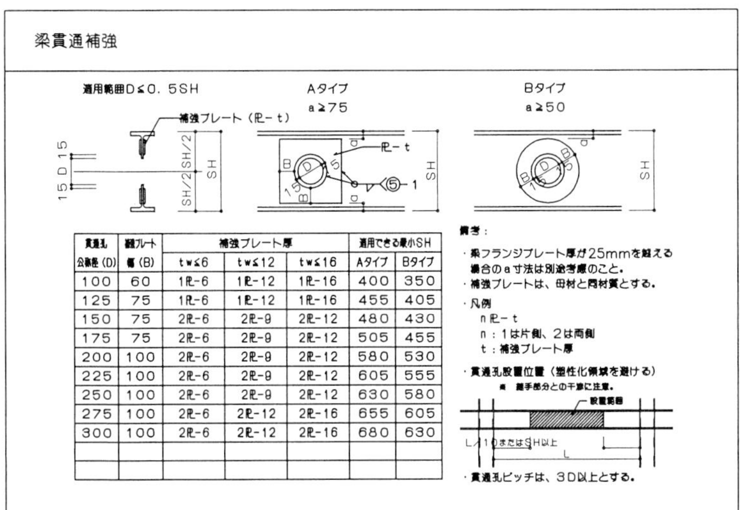

貫通孔公称径（D）	補強プレート幅（B）	補強プレート厚			適用できる最小SH	
		tw≦6	tw≦12	tw≦16	Aタイプ	Bタイプ
100	60	1PL－6	1PL－12	1PL－16	400	350
125	75	1PL－6	1PL－12	1PL－16	455	405
150	75	2PL－6	2PL－9	2PL－12	480	430
175	75	2PL－6	2PL－9	2PL－12	505	455
200	100	2PL－6	2PL－9	2PL－12	580	530
225	100	2PL－6	2PL－9	2PL－12	605	555
250	100	2PL－6	2PL－9	2PL－12	630	580
275	100	2PL－6	2PL－12	2PL－16	655	605
300	100	2PL－6	2PL－12	2PL－16	680	630

デッキプレート受け

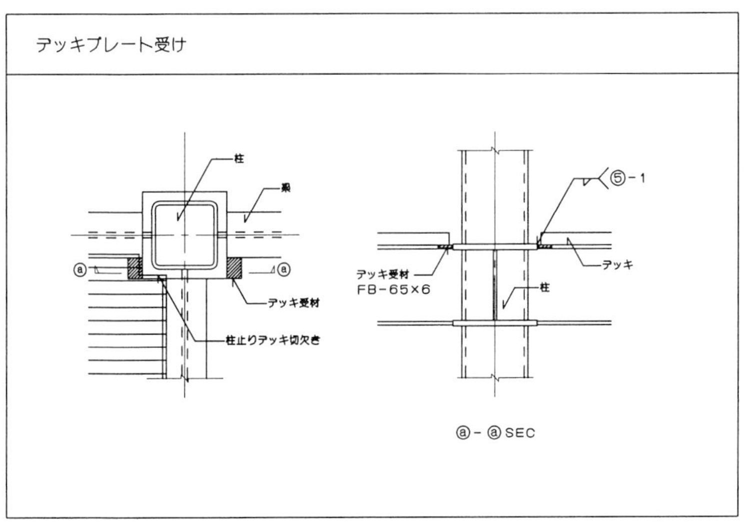

梁上頭付きスタッドの取付け

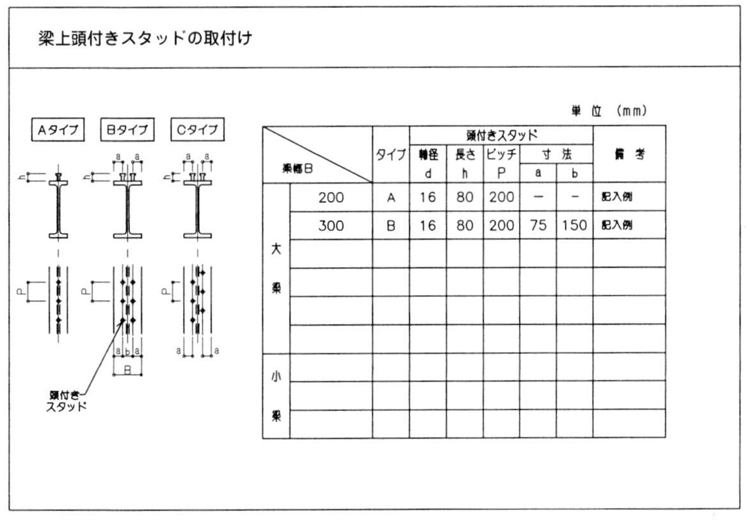

単位（mm）

梁幅B		タイプ	頭付きスタッド 軸径 d	長さ h	ピッチ P	寸法 a	寸法 b	備考
大梁	200	A	16	80	200	－	－	記入例
	300	B	16	80	200	75	150	記入例
小梁								

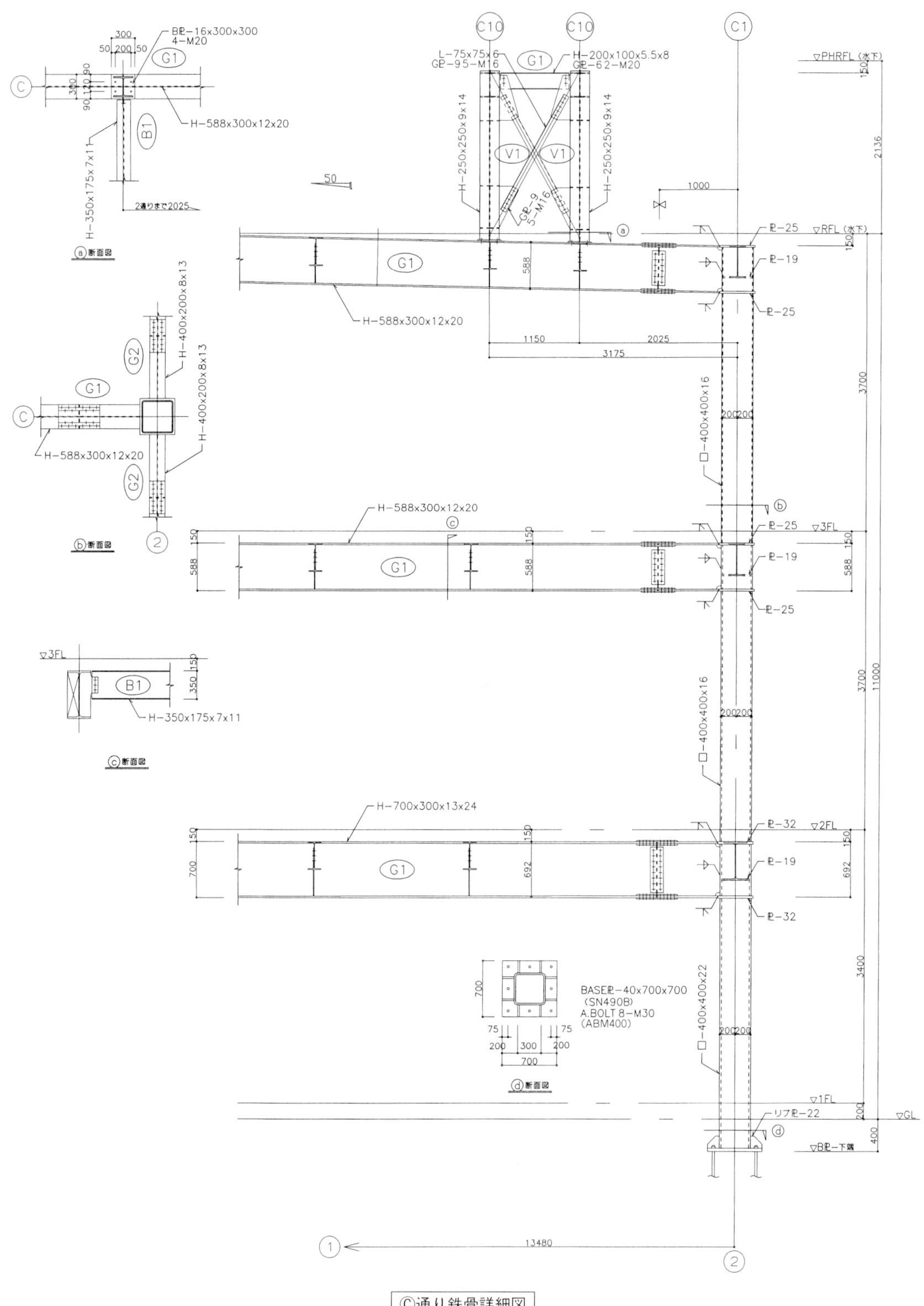

Ⓒ通り鉄骨詳細図

第3章

天井クレーン付き平屋工場の設計例

A　建物概要

この章では，天井走行クレーンのある平屋工場の設計例を取り上げる．最近の構造設計では，一貫計算プログラムの発達によりいわゆる手で計算する機会が減っているが，本例は建物の性格上，一般

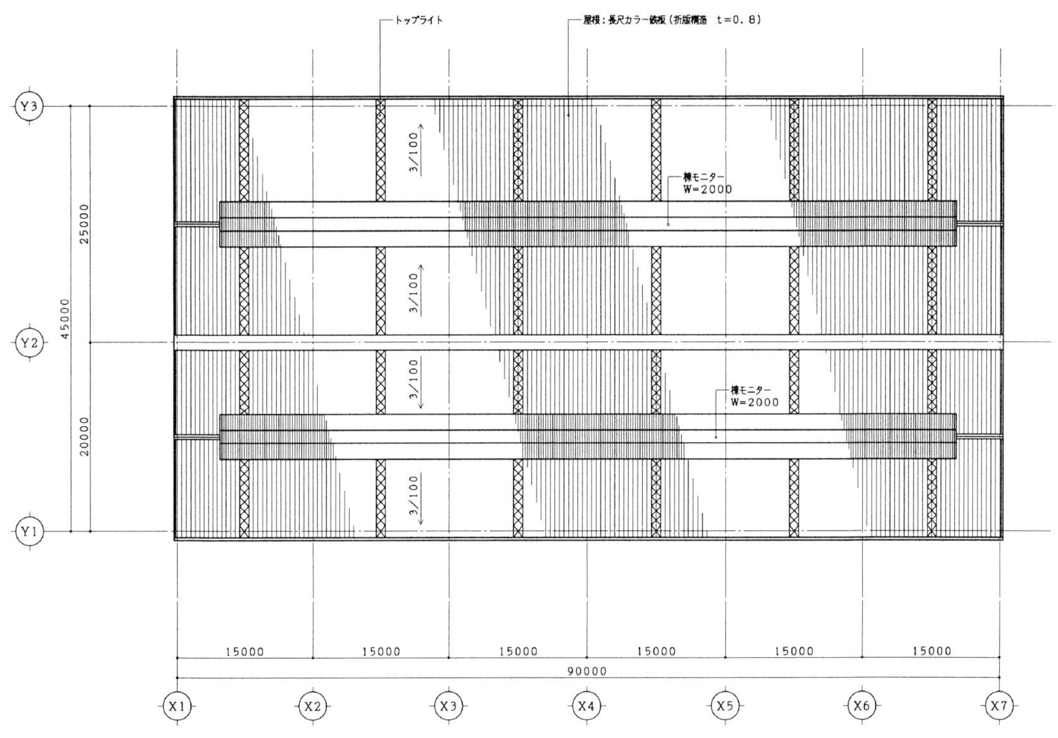

図3・1　屋根伏図

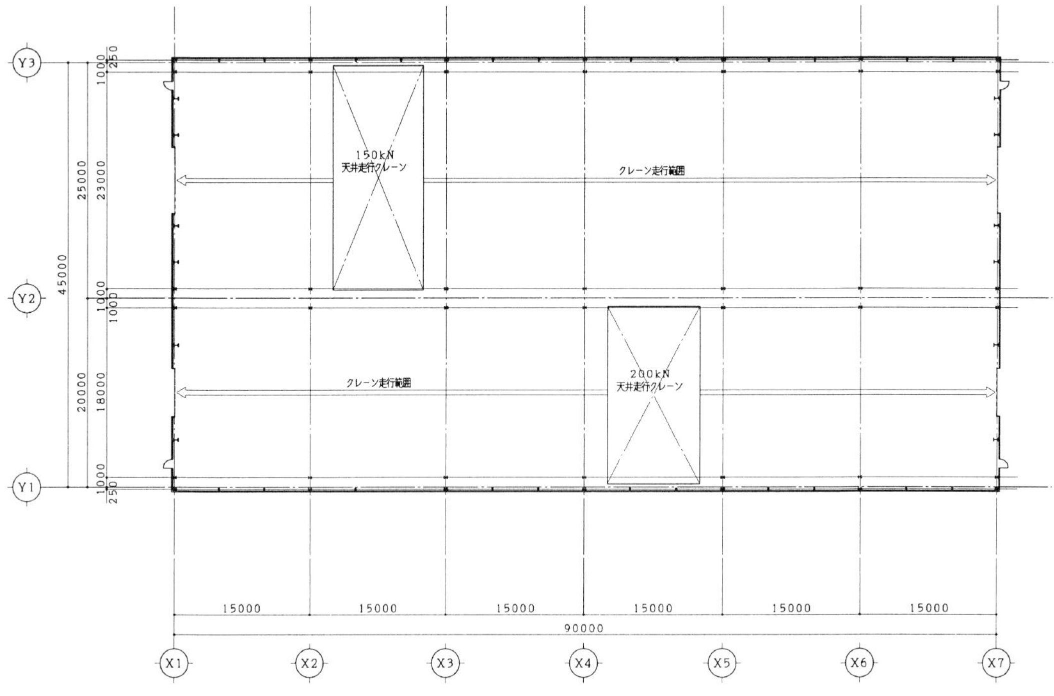

図3・2　クレーン伏図

的な一貫計算プログラムでは計算できない建物である．それゆえ，鉄骨構造の設計の基本を理解するうえでは格好の設計例であると考える．また，天井走行クレーンを有するための特殊性にも着眼して設計の記述を進める．

本設計例は，90 m×45 m の平面形状の鉄骨造平屋建物である（**図 3･1**～**図 3･5**）．仕上材は外壁は

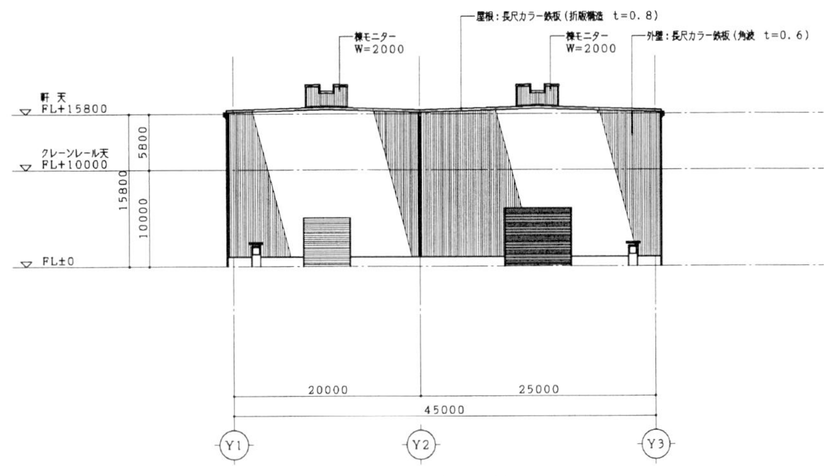

図 3・3　東立面図

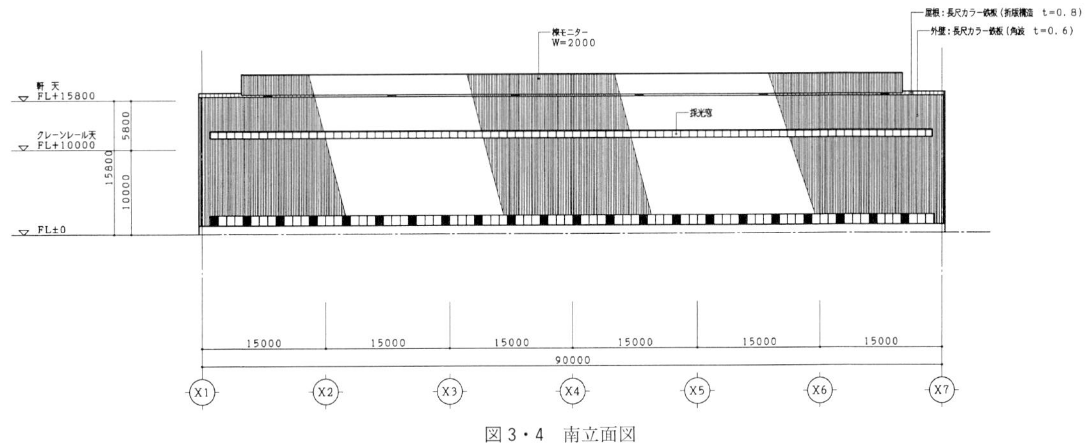

図 3・4　南立面図

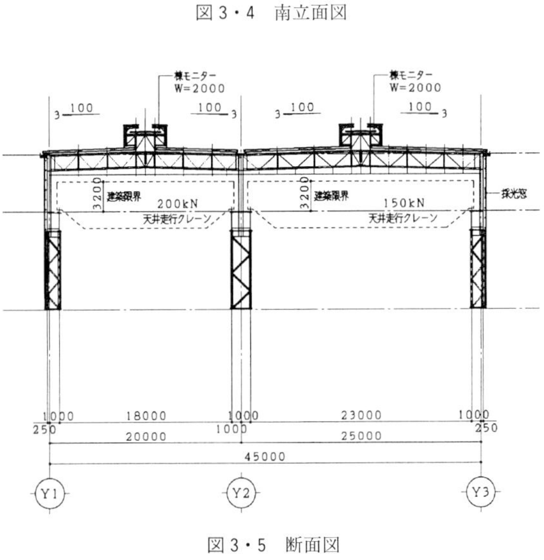

図 3・5　断面図

角波鉄板，屋根は折板で，床は土間コンクリートスラブ形式である．

天井走行クレーンを有するため，クレーンガーダー面より下部の柱は，H形鋼を弦材とし，山形鋼をラチス材とする組柱とし，クレーンガーダー面より上部はH形鋼の単柱とする．スパン方向の梁は，スパンが大きいためCT形鋼を弦材，山形鋼をラチス材とするトラス形式の梁を採用する．

B　構造計画

1．架構形式の検討

本建物は工場という性格上，スパン方向には大きな空間が必要でありブレースなどは配置できないが，桁行方向にはブレースの配置が可能である．

そこで，構造形式としては，スパン方向に対しては大空間の構成できるラーメン構造とし，桁行方向は経済的なブレース構造とする．

2．桁行方向のスパン長の検討

桁行方向のスパン長については，工場の操業上問題のない範囲で最も経済的にするのが工場設計のポイントである．本建物では，スパン長を7.5 m，10 m，15 mにした場合の鉄骨数量の比較を行い，経済的なスパン長の検討を行った．**表3･1**に示すように，鉄骨数量はスパン長が大きくなると増える傾向があるが，その差はあまり大きくはなく，本建物は軟弱地盤に建設される建物であるため，基礎費用の低減の効果のほうが大きいので，15 mスパン長を採用する．

表3・1　スパン長の経済比較

スパン長〔m〕	7.5	10	15
主架構数量〔kg/m^2〕	50	42	30
二次部材数量〔kg/m^2〕	20	25	35
母屋・胴縁数量〔kg/m^2〕	13	15	15
クレーンガーダー数量〔kg/m^2〕	20	25	30
合　計〔kg/m^2〕	103	107	110
基礎費用	大	中	小
総合判断	△	○	◎

3．構造計算手法の検討

本建物は荷重の組合せが複雑であり，各部位がどの荷重条件で決定されるか一概には決定できない．そのため，自重，積載荷重，クレーンの荷重，地震荷重，風荷重，積雪荷重などの組合せを検討し，最も不利な条件で部材断面の設計を行う必要がある．

本建物は屋根面での剛床が期待できないので，ゾーニングにより解析する．

本建物は，荷重条件の組合せが多いこと，柱，梁にラチス形式の組柱やトラス梁を使用していることなどの条件から，一貫計算プログラムでの設計はできないので，応力解析は応力解析ソフトを用いてコンピュータにより行い，断面算定については手計算で行うこととする．ただし，実際の断面算定検討では表計算ソフトに計算式を入力し，計算の効率化を図る．

C 構造計算書

1. 一般事項

1.1 建築物概要

（1） 工事名称　○○工場新築工事

（2） 所 在 地　○○県○○市

（3） 規　　模　最高高さ 16.375 m，建築面積 4 162.2 m^2

（4） 用　　途　工場

（5） 構造概要

・主体構造　鉄骨造

・屋　　根　折板　$t=0.8$

・床　　　　土間コンクリート

・壁　　　　長尺カラー鉄板　$t=0.6$

・基　　礎　既製コンクリート杭基礎（プレボーリング拡大根固め工法）

（6） 架構概要

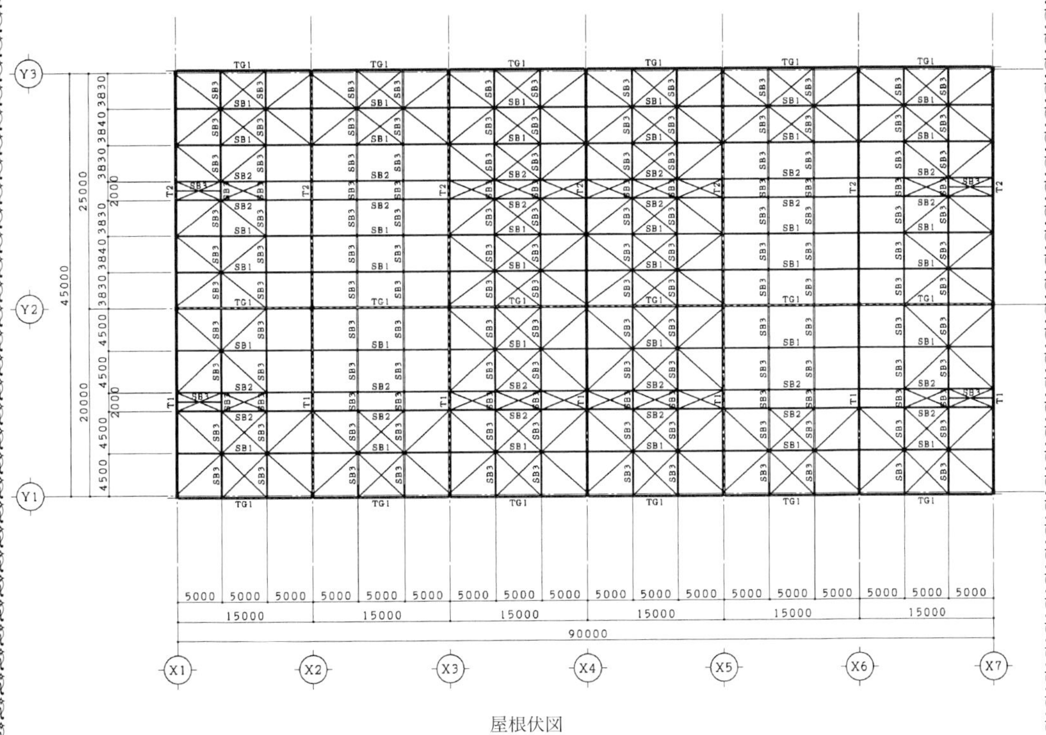

屋根伏図

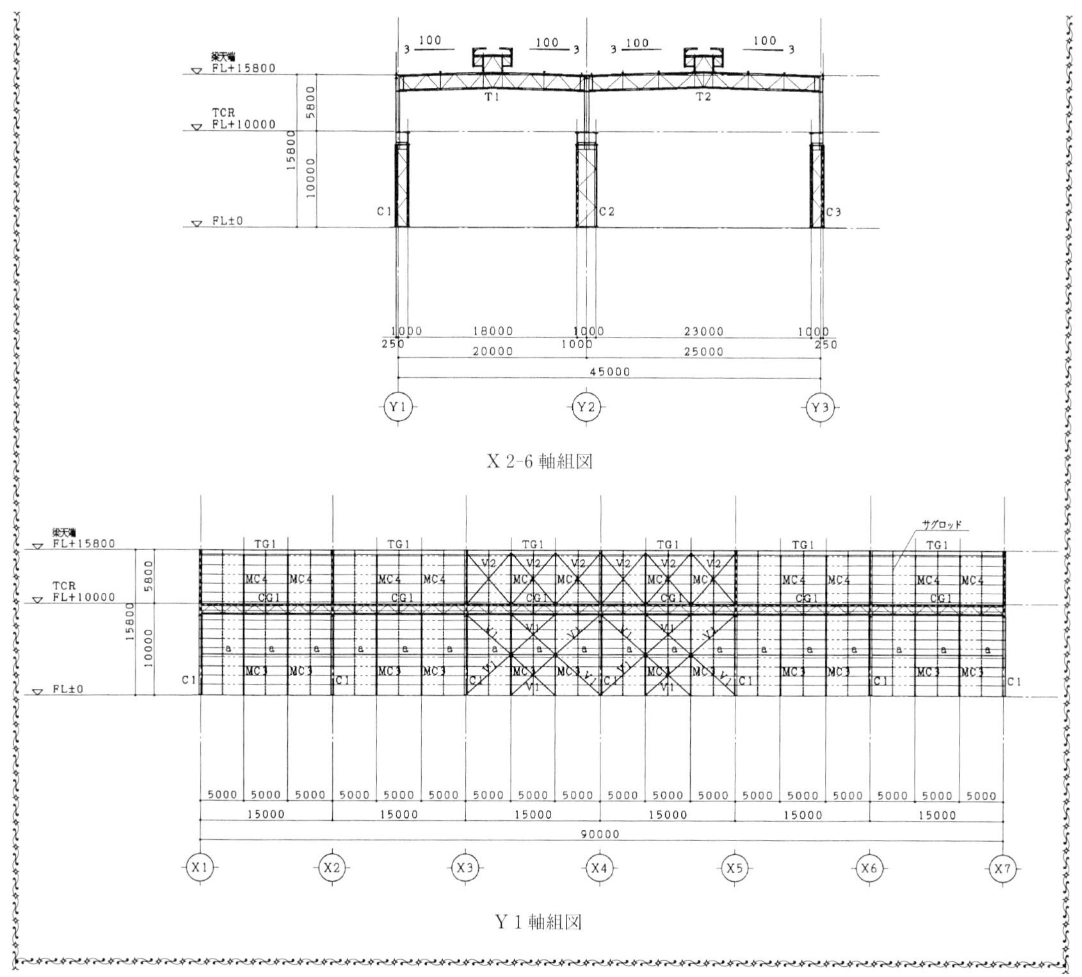

X 2-6 軸組図

Y 1 軸組図

〔解　説〕

建築物の概要は，計算書の最初に記入する最も基本的な項目であり，設計者が最初に把握しておくべき項目である．建物概要がわかるように，建設地，用途，工事種別，建物規模，構造概要などを的確に記入する．これらはその後の計算に用いる荷重条件（固定荷重，地震荷重，風荷重，積雪荷重）の基本となる．また，代表的な伏図，断面図の略図を記入しておく．

本設計例のような平屋建鉄骨造の設計においては，間柱・屋根小梁の割付けまで考慮した架構計画を立てておくことが重要である．以下に，本建物の架構計画の経過を示す．

一般的に，平屋建の工場建物では，スパン方向の大きさは建物の用途により決定されるが，桁行方向についてはあまり制限はなく経済的なスパン長を採用するのがよい．本建物では 15 m と比較的大きなスパン長を採用したが，これは，構造計画の項で記述したように敷地の地盤条件が悪く，基礎の数が多くなるとコストが高くなることと，棟間での物の流れがあるため，スパン長を大きくとり作業性を良くすることを考慮したためである．なお，クレーンの容量が大きい場合，建物全体の鉄骨重量に対するクレーンガーダーの鉄骨重量の割合が大きくなるので，スパン長をあまり大きくすると経済性が悪くなることが多い．

また，桁行方向のスパン長を決定する重要な要素として，間柱の割付けがある．胴縁を経済的にしようとすると，間柱の間隔は 4～5 m となるので，その 2 倍か 3 倍程度が桁行方向のスパン長となる．本設計例では，間柱間隔を 5 m とし，その 3 倍を桁行方向のスパン長としたが，奇数倍としたときは屋根ブレース，軸ブレースの割付けが難しくなるので，偶数倍を採用するほうが無難である．

屋根面の架構計画で注意するのは，屋根小梁の割付けと，トラスのラチス割りとの関係である．最初にトラスせいを仮定し，屋根材の可能スパン，トラス弦材の座屈長さなどを考慮し，ラチスの角度が 45～60° ぐらいで割り付け，屋根小梁間隔を決めるとよい．そのほかに，トラス下弦材の座屈長さや屋根ブレースの割付けや妻面間柱の割付けなども考慮する必要がある．

次に屋根ブレースの配置のしかたであるが，間柱からの水平力を確実に，主フレームや軸ブレース構面に流すために，側壁や妻壁に面する部分には必ず配置する必要がある．また，軸ブレースを配置したスパンには屋根ブレースも配置しておくのがよい．

また，本設計例のような大スパンの鉄骨造の場合，スパン方向には地中梁を設けることができないことが多い．その場合，柱脚に生じるモーメントは基礎の回転耐力で処理する必要があり，設計上注意が必要である．

図 3･6 に天井走行クレーンを有する鉄骨建物の一般的な構造を示す．

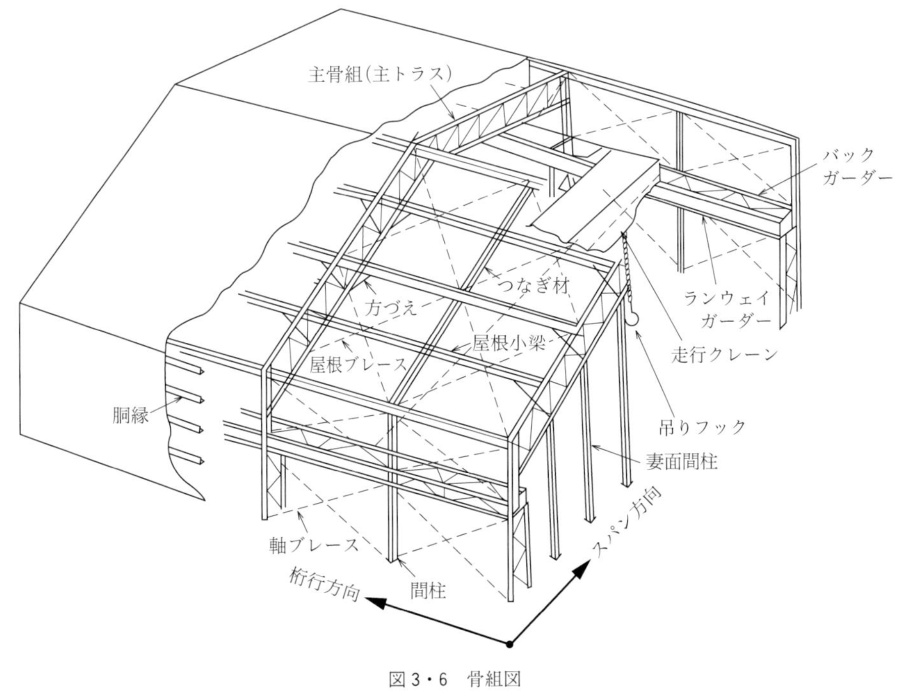

図 3・6 骨組図

1.2 設計方針

（1） 設計上準拠した指針・規準等

・建築物の構造関係技術基準解説書（日本建築センター，2015 年）

・鉄筋コンクリート構造計算規準・同解説（日本建築学会，2010 年）

・鋼構造設計規準－許容応力度設計法－（日本建築学会，2005 年）

・建築基礎構造設計指針・同解説（日本建築学会，2001年）
・建築耐震設計における保有耐力と変形性能（日本建築学会，1990年）
・鋼構造座屈設計指針（日本建築学会，2009年）

（2）荷重および外力

（a）固定荷重　　別途計算
（b）積載荷重　　別途計算
（c）設備荷重　　棟モニターあり
（d）特殊荷重　　クレーン荷重あり
（e）温度荷重　　有・(無)
（f）地震荷重　　建築基準法による（令第88条第1号～第3号）
（g）風 荷 重　　地表面粗度区分III
　　基準風速　$V_0=36.0$ m/s
　　速度圧　$q=0.6\times E\times V_0^2$
（h）積雪荷重　　□多雪地域　　■一般地域
　　単位積雪量　30 cm　　設計用雪荷重　長期　0 N/m²
　　単位重量　20 N/(m²·cm)　　短期　600 N/m²
　　（地震時　0 N/m²）

（3）上部構造

（a）構造種別　　鉄骨造
（b）架構形式　　スパン方向はラーメン構造，桁行方向はブレース構造
（c）応力解析　　平面フレーム解析
　　モデル化範囲　上部構造
　　　フレームモデル　　平面フレーム
　　　軸変形の考慮　　有
　　　せん断変形の考慮　　無
　　　柱脚の仮定　　固定支持
（d）断面算定（許容応力度設計法）

・応力の組合せ
　長期　G+CL
　短期　G+S+CL，G±K+CL，G±W
　ここに，G：固定荷重，S：積雪荷重，K：地震荷重，W：風荷重，CL：クレーン荷重

（e）剛性の確保　　床版，梁の変形計算　有
　　床版，梁の振動計算　無
（f）靱性の確保　　剛性率の検討　無
（g）ね じ れ　　偏心率の検討　無
（h）特 殊 構 造　　無
（i）鉄 骨 被 覆　　耐火被覆　無
（j）その他設計上考慮した点など

本建物は，屋根面の剛性が小さいため剛床が成り立たない建物である．そのため，解析は平面フレーム解析とし，ゾーニングによる負担荷重を各フレームが処理するものとする．天井クレーンを有する建物であるため，クレーンの操業条件を考慮し，最も不利な条件で設計する．

地中梁については，スパン方向には妻面にのみ配置する．そのため，スパン方向柱脚部に発生する曲げモーメントは基礎で処理する．

（4） 鉄骨造建築物の二次設計の構造計算フロー

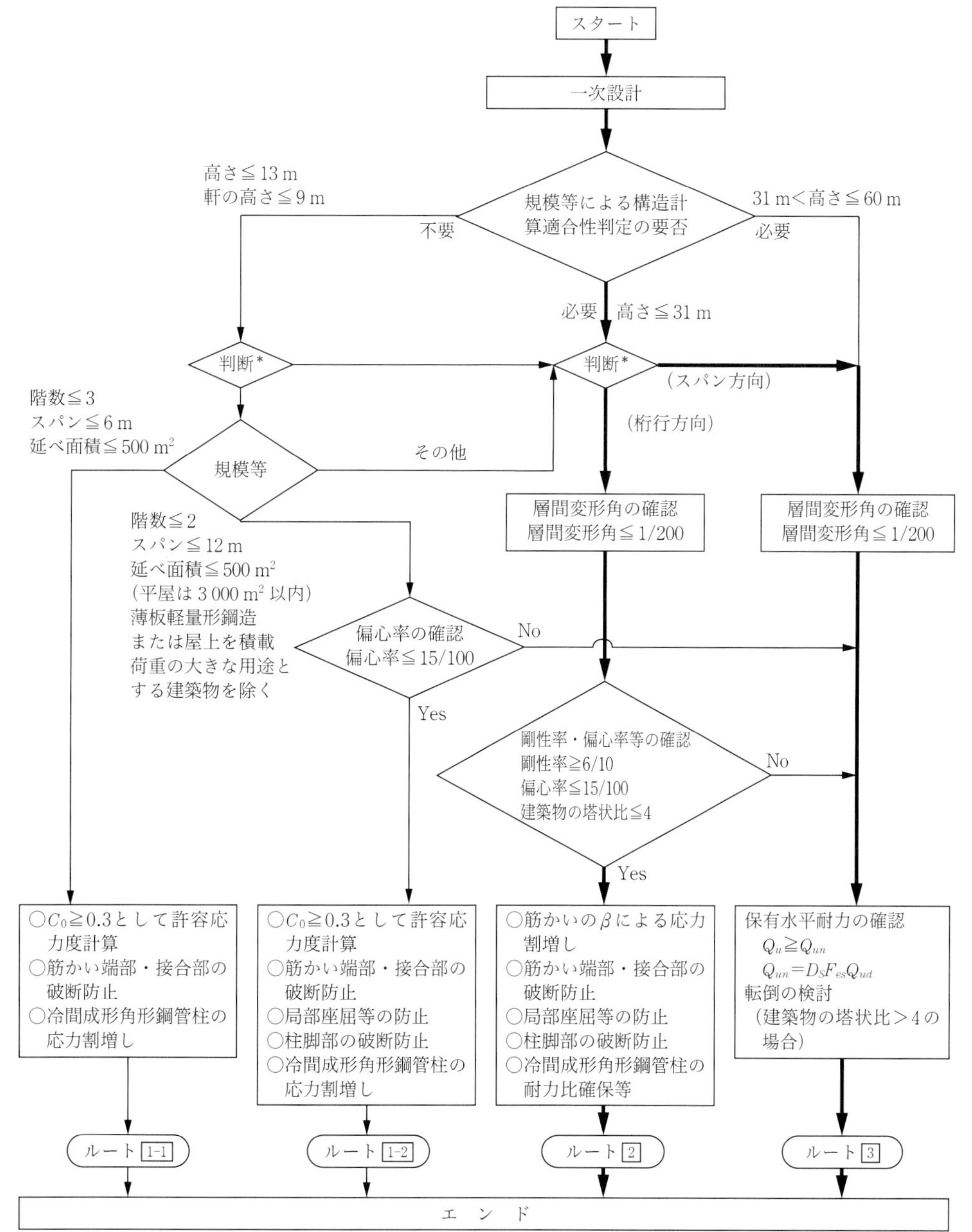

＊ 判断とは設計者の設計方針に基づく判断のことである．例えば，高さ31 m以下の建築物であっても，より詳細な検討を行う設計法であるルート3を選択する判断等のことを示している．

［出典：2015年版 建築物の構造関係技術基準解説書，に加筆］

〔**解　説**〕

まず準拠した基規準関係を整理しておく．各都道府県が出している構造指針などもあるので忘れずにチェックしておくこと（行政庁によっては独自の指針はないが，他の行政庁の指針を準用しているところもあるので注意する）．

荷重については基本的な条件を記入しておく．

その他，設計において考慮した点を明確にし，設計の考え方，計算手法などを明確にしておく．

本設計例は，ルート2で設計することも可能であるが，柱に組柱を，大梁にはトラス梁を用いているので，局部座屈の防止を満足するように横補剛を設けることが非常に困難であり，また不経済となる．そこで，保有水平耐力を確認するルート3の設計ルートを採用することとした．

1.3 使用材料および材料の許容応力度

（1） コンクリートの許容応力度

（単位：N/mm²）

使　用	種　類	F_c	長　期		短　期		備　考
			圧　縮	せん断	圧　縮	せん断	
●	普通コンクリート	21	7.0	0.70	14.0	1.05	

（2） 鋼材のコンクリートに対する許容付着応力度

（単位：N/mm²）

使　用	F_c	異　形　鉄　筋				形鋼・鋼板		備　考
		長　期		短　期		長　期	短　期	
		上端筋	その他	上端筋	その他			
●	21	1.4	2.1	2.1	3.15	0.42	0.63	

（3） 鉄筋の許容応力度

（単位：N/mm²）

使　用	鉄筋の種類	長　期		短　期		備　考
		引張・圧縮	せん断補強	引張・圧縮	せん断補強	
●	SD 295	195	195	295	295	D 16 以下
●	SD 345	215	195	345	345	D19以上D25以下
		195	195	345	345	D 29 以上

（4） 鋼材の許容応力度

（単位：N/mm²）

使　用	材　料	板　厚	長　　期				短　　期			
		〔mm〕	圧　縮	引　張	曲　げ	せん断	圧　縮	引　張	曲　げ	せん断
●	SS 400，SM 400，SN 400	$t \leqq 40$	156	156	156	90	235	235	235	135
	STK 400，STKR 400	$t > 40$	143	143	143	82	215	215	215	124

(5) 高力ボルトの許容応力度

(単位：kN/本)

使 用	高力ボルトの種類	ボルト呼び径	長 期			短 期
			せん断力		引張力	
			1面摩擦	2面摩擦		
●	F10T(S10T)	M16	30.2	60.3	62.3	長期の1.5倍
●		M20	47.1	94.2	97.4	
		M22	57.0	114.0	118.0	

1.4 基 礎

(1) 杭の許容支持力

・先端深さ　　：GL－48.5 m

・支持層の土質：砂礫　(設計採用 N 値：50)

・負の摩擦力の検討　有・㊀無

杭 径	長期許容支持力	短期許容支持力
500 mmϕ	900 kN	1 800 kN

(2) 偏　心　　有・(無)

(3) 水平力の処理　　○接地面の摩擦　○側面土圧　●杭の水平抵抗

基礎の根入れによる水平力の低減　有・(無)

(4) 液状化　　有・(無)

(5) 浮力による浮上り　　有・(無)

(6) 引抜き　　有・(無)

(7) 隣接建物　　隣接建物に対する考慮　有・(無)

〔解　説〕

採用した地業形式について記入する．支持層についてはその深さと地盤種別を記入する．本例は既製杭を採用しているので杭径とその支持力を記入している．

2. 荷重の整理

2.1 固定荷重の整理

(1) 屋根

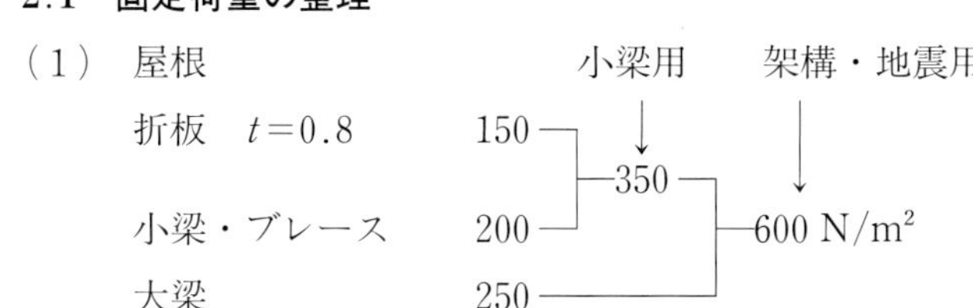

（2） 外壁

長尺カラー鉄板	$t=0.6$	100	400 N/m²
胴縁・間柱等		300	

（3） 柱　3 000 N/m（クレーンガーダーより下部）

1 500 N/m（クレーンガーダーより上部）

（4） 棟モニター　3 000 N/m

棟モニターとは，換気のために工場の棟部分に設置される設備のこと．本建物では，右図に示す部分にあたる．

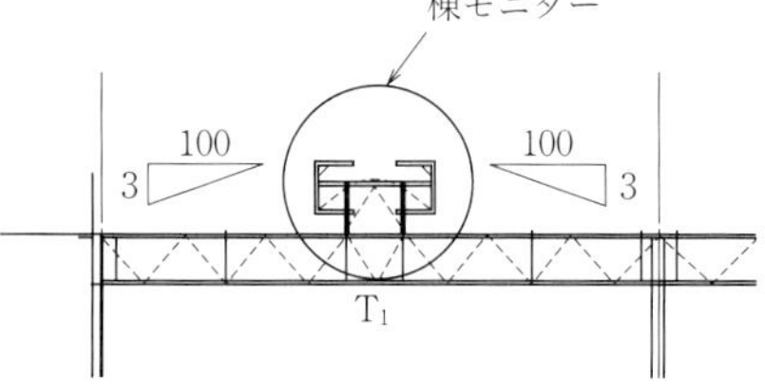

（5） クレーンガーダー　3 000 N/m

2.2 積載荷重の整理

屋根・小梁用	架構用	地震用
300 N/m²	0	0

〔解　説〕

固定荷重を整理するときには，仮定断面より小梁や大梁，間柱などを含めた荷重を一緒に整理しておくと便利である．柱の自重については，クレーンガーダーの下部と上部で形状が変わるので別々に算出した．一般建物の計算では一貫計算プログラムの中で，入力した部材の重量を自動で計算してくれるので問題ないが，本建物のように一貫計算プログラムでは解析できないような建物では，その後の計算の効率を良くする必要がある．

本建物は折板屋根であるので，屋根の積載荷重はメンテナンス時の荷重のみを考えて，屋根・小梁用に 300 N/m² を考慮するが，架構用および地震用には 0 N/m² を採用する．これらの荷重の考え方は建物の規模，使用条件を考慮して設計者が適宜判断すべきであろう．

2.3 地震荷重の計算

地上部分の地震力は次式により求める．

$$Q_i = C_i \cdot W_i$$

$$C_i = Z \cdot R_t \cdot A_i \cdot C_0$$

$$W_i = \sum w_i$$

$$T = H(0.02 + 0.01\alpha)$$

ここに，Q_i：地震層せん断力，C_i：地震層せん断力係数，W_i：i 層より上部の重量

Z：地震地域係数＝1.0，R_t：振動特性係数，T：建築物の設計用一次固有周期〔s〕

●	$R_t=1.0$	$T<T_c$ の場合
	$R_t=1-0.2(T/T_c-1)^2$	$T_c<T<2T_c$ の場合
	$R_t=1.6T_c/T$	$2T_c \leqq T$ の場合

h：当該建築物の高さ〔m〕

山型形状の屋根の場合は，軒と棟の高さの平均としてよい．

α：建築物の鉄骨造部分の高さの全体高さに対する割合（=1.0）

T_c：建築物の基礎の底部の直下の地盤の種類に応じて，次の表の数値を採用する．

A_i：地震力の高さ方向の分布係数

	地盤種別	T_c	地盤の状態	地盤の卓越周期
	第1種地盤	0.4秒	岩盤，硬質砂礫層その他主として第三紀以前の地質によって構成されているもの	0.2秒以下
●	第2種地盤	0.6秒	第1種地盤および第3種地盤以外のもの	0.2秒を超え0.75秒以下
	第3種地盤	0.8秒	腐植土，泥土その他これらに類するもので大部分構成されている沖積層で，その深さが30m以上のもの，沼沢，泥海などを埋め立てた地盤の深さが3m以上のものであり，かつ，これらで埋め立てられてから30年経過していないもの	0.75秒を超えるもの

$$A_i=1+\left(\frac{1}{\sqrt{\alpha_i}}-\alpha_i\right)\left(\frac{2T}{1+3T}\right)$$

ここに，T：建築物の設計用一次固有周期〔s〕

α_i：A_i を算出しようとする階が支える荷重を全荷重で除した比

C_0：標準せん断力係数（=0.20）

〔解　説〕

本建物のような大スパンを有する鉄骨造平屋建物の場合，地震力で断面が決定されることは一般的には少ない．ただし，部位によっては地震時の応力で決定されることもあるので注意が必要である．

地震力の計算は，一般の建物と同じように，層の重量と A_i 分布により計算するが，天井クレーンを有する建物の場合，平屋の建物であってもクレーンレベルと屋根面の2層として地震力を計算することが多い（**図3･7**）．ただし，平屋の建物なので A_i 分布を考慮せずに地震力を算出することも認められている．また，剛床が成り立たないことを考慮して，地震力は各フレームの柱ごとに算出する．

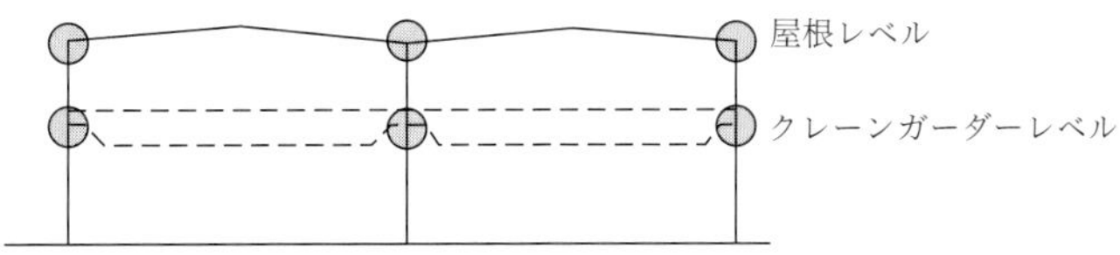

図3・7　地震力の考え方

2.4　風荷重の計算

（1）　風圧力

・基準風速　V_0=36 m/s

・地表面粗度区分　III

・建物の高さ

最高高さ　GL＋16.375 m

軒部分の高さ　GL＋16.0 m

平均高さは，$H=16.2$ m

地表面粗度区分より

$Z_b=5$ m　　$Z_G=450$ m　　$\alpha=0.20$

$H'=16.2$ m　（H' は H と Z_b のうち，大きいほうの数値）

・鉛直分布係数 E_r の計算

$E_r=1.7\times(H'/Z_G)^{\alpha}=0.874$

・ガスト影響係数 G_f の計算

$G_f=2.5-(2.5-2.1)\times(16.2-10)/(40-10)=2.42$

・E の計算

$E=E_r{}^2\cdot G_f=1.85$

・速度圧の計算

$q=0.60\ E\cdot V_0{}^2=1\ 439\rightarrow 1\ 500\ \mathrm{N/m^2}$

（2）　風力係数

風力係数 C_f は次式により算出する．

$C_f=C_{pe}-C_{pi}$

ここに，C_{pe}：閉鎖型および開放型の建築物の外圧係数で，屋外から当該部分を垂直に押す方向を正とする．

C_{pi}：閉鎖型および開放型の建築物の内圧係数で，室内から当該部分を垂直に押す方向を正とする．

屋根勾配は 3/100（1.7 度）なので

・スパン方向の風力係数は

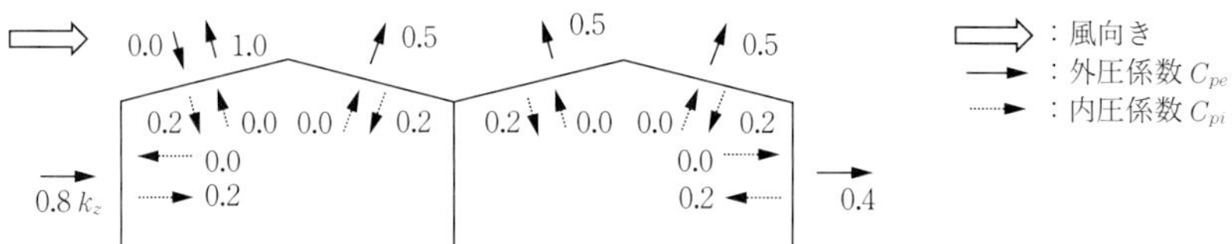

・桁行方向の風力係数は

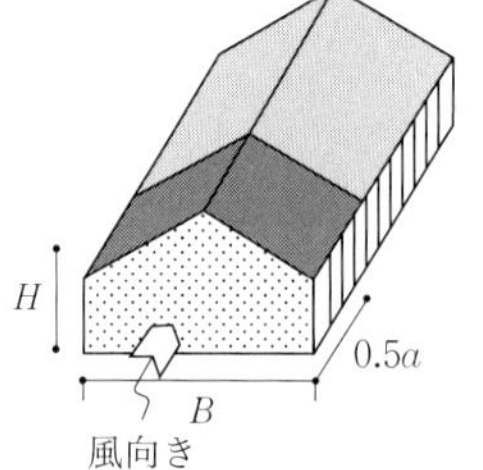

〔注〕a は，B と H の 2 倍の数値のうち，いずれか小さいほう数値とする．

妻面より $0.5a$ の範囲の風力係数は

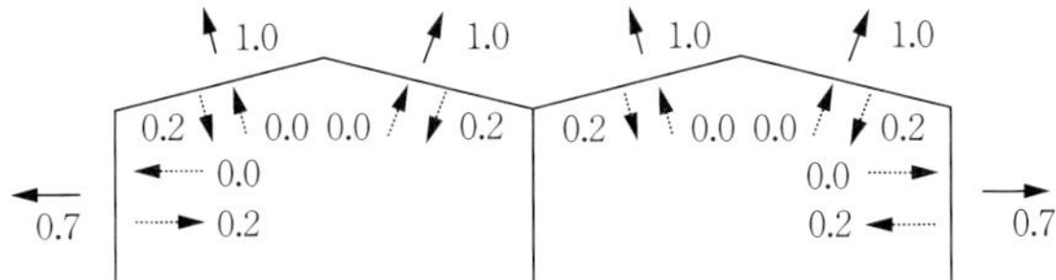

上記以外の範囲の風力係数は

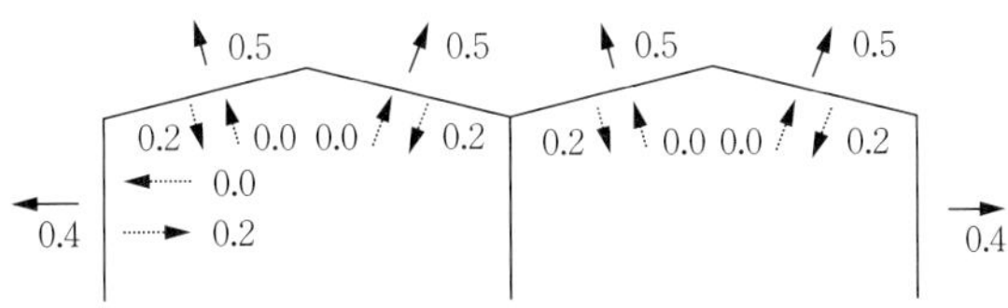

〔解　説〕

大スパンを有する鉄骨造平屋建物の場合，風荷重により多くの部材が決定する．胴縁，間柱，水平梁などはほとんどの場合，風荷重により断面が決定される．風荷重を考える場合，正圧と負圧で部材の拘束条件が異なることに注意が必要である．外壁を受ける間柱や屋根小梁の場合，正圧に対しては胴縁などが圧縮側フランジを拘束しているが，負圧の場合にはそれが期待できない（**図3•8**）.

ただし，胴縁などに比べて間柱部材などが大きい場合，胴縁では必要な補剛耐力が不足することがあるので注意する必要がある．

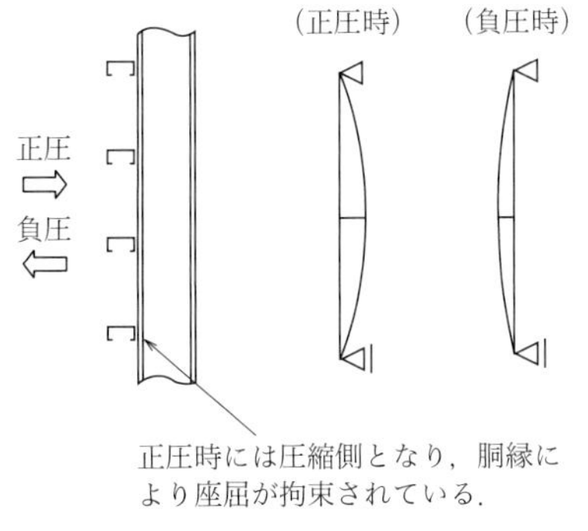

図3・8　風圧時モーメント状態

風力係数の設定に際しては，建物形状をよく考え，告示の図表から最適な数値を採用する．複雑な形状の場合，特別な資料がない場合には，告示の図表の似た形状の中から，条件の厳しい数値を採用するようにするとよい．また，操業条件によっては，閉鎖型ではなく，開放型の数値を採用するほうがよいときもあるので注意する必要がある．

2.5　積雪荷重の計算

・単位積雪量　30 cm

・単位重量　20 N/(m²·cm)

・積雪荷重　長期　0 N/m²

短期　600 N/m²

（地震時）　0 N/m²

〔解　説〕

多雪地域の場合，スパンの大きな屋根トラスや屋根小梁は積雪荷重で決定することが多い．また，建物の向き，屋根の形状によっては積雪の偏在を考慮する必要がある．連棟で谷のある屋根形状の場合，積雪の吹き溜まりを考慮して，積雪の割増しを行う必要がある（**図3·9**）．

本設計例のように，大スパン，緩勾配，屋根荷重が軽い場合，平成30年公布の改正告示により積雪荷重に対して割増係数を乗じることとなった．本設計例では執筆時期の関係で採用していないが，適用すると割増係数は1.14となる．

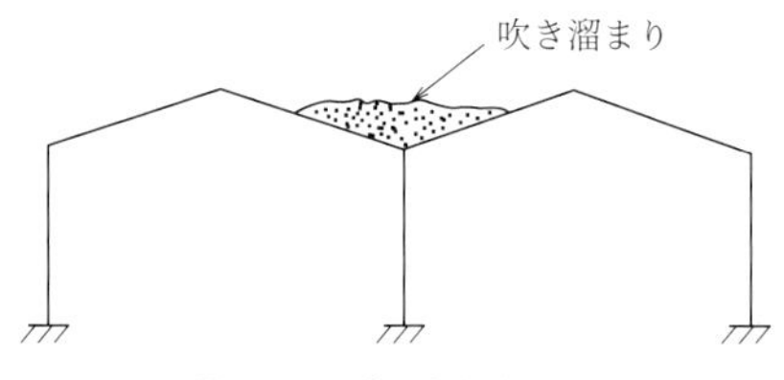

図3・9　雪の吹き溜まり

2.6　クレーン荷重の計算

（1）　クレーンの車輪圧およびホイールベース

P_{max}：吊り荷（満載）が片側に寄ったときの吊り荷側の車輪に生じる車輪圧（最大車輪圧）

P_{min}：吊り荷（満載）が片側に寄ったときの吊り荷と反対側の車輪に生じる車輪圧（最小車輪圧）

P_{emp}：空荷のクラブが中央にあるときの車輪圧

・200 kN クレーン（Y1-Y2間）　・車輪圧

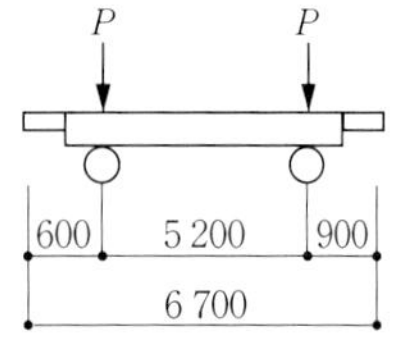

$P_{max}=190$ kN

$P_{min}=100$ kN

$P_{emp}=95$ kN

・150 kN クレーン（Y2-Y3間）　・車輪圧

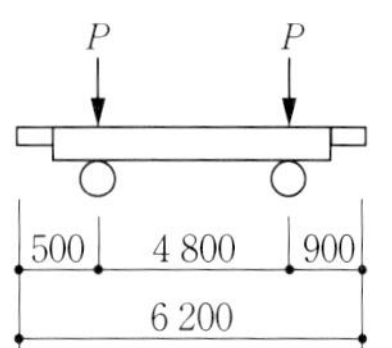

$P_{max}=180$ kN

$P_{min}=100$ kN

$P_{emp}=100$ kN

（2） 衝撃係数

鉛直方向：1.20（全車輪に対して）

水平方向：直交方向　0.10（全車輪に対して）

走行方向　0.15（制動輪に対して）

（3） クレーンガーダーの操業条件

（a） クレーンガーダー設計用

・200 kN クレーン（Y 1-Y 2 間）

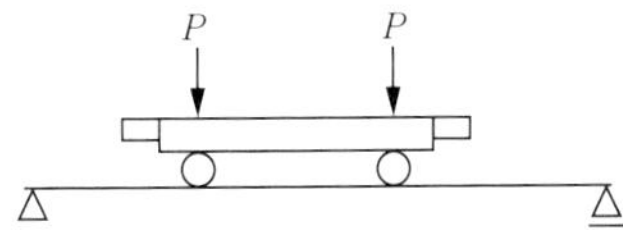

鉛直方向　$P=1.20\times190=228$ kN

水平方向（直交方向）$P=0.10\times190=19.0$ kN

（走行方向）$P=0.15\times190=28.5$ kN

・150 kN クレーン（Y 2-Y 3 間）

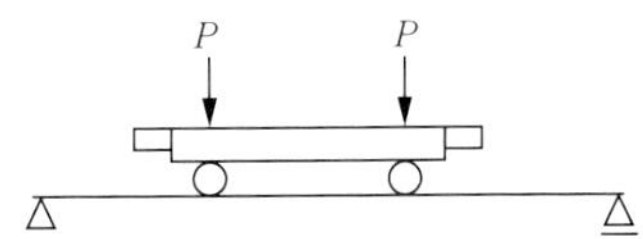

鉛直方向　$P=1.20\times180=216$ kN

水平方向（直交方向）$P=0.10\times180=18.0$ kN

（走行方向）$P=0.15\times180=27.0$ kN

（b） 架構設計用

[長期]

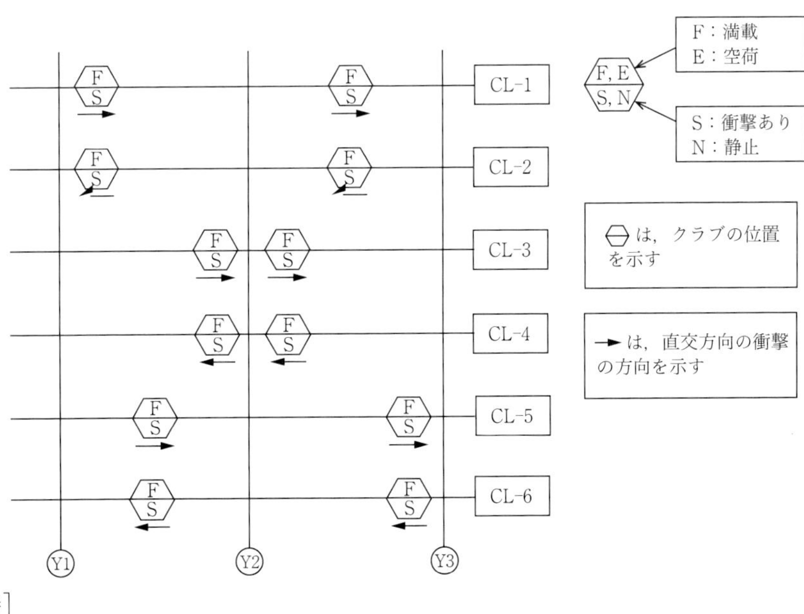

[地震時]

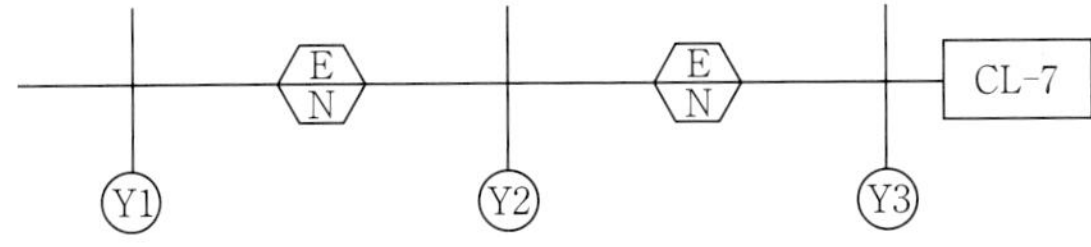

[風荷重時]

本設計では，風荷重時には，クレーン荷重とは組み合わせないが，工場の操業状況によって判断する必要がある．

［積雪時］

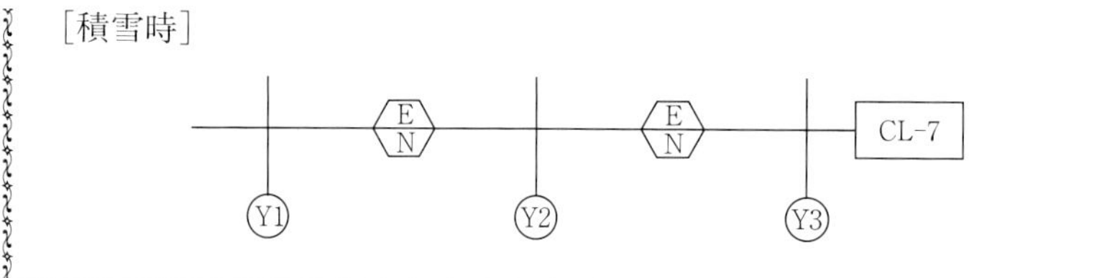

〔**解　説**〕

クレーンの荷重条件はクレーンメーカーからの条件によるのが基本である．ただし，設計時点ではメーカーが決定していない場合も多い．その場合，「鋼構造設計規準」の付録にあるクレーンの項を参照するとよい．ただし，最終的にクレーンの仕様が決定したときには確認が必要である．

クレーンの車輪圧は，吊り荷の状態（空荷，満載）やクラブの寄り位置により変化する．よく使用する車輪圧は，吊り荷満載でクラブが片寄りしたときの最大・最小車輪圧，空荷でクラブが中央にあるときの車輪圧などである．

クレーンの車輪圧には，衝撃係数を考慮する必要がある．これは吊り荷の吊上げやクレーンの走行・停止などにより発生し，鉛直方向・走行方向・直交方向にそれぞれ考慮する必要がある．一般的な吊りワイヤタイプのクレーンでは，本建物で用いた衝撃係数の数値を用いることが多い．ただし，剛体吊りタイプのクレーンではこれより大きな数値となることがあるので注意する必要がある．

クレーンの荷重条件はクレーンガーダー設計用と架構設計用に分けて検討するのが一般的である．

クレーンガーダー設計用条件は，クレーンガーダーの構造が単純梁であることから，最大の車輪圧に対して行えばよい．ただし，同一のクレーンガーダーに複数のクレーンが走行する場合，近接条件もあるので注意する（**図3･10**）．

架構設計用のクレーン荷重条件は，建物が連棟になると多くのケースが想定されるが，長期荷重時には，各柱の軸力が最大となるようなケースを網羅するように選択する．**図3･11** はCL-3のクレーン荷重条件のときであるが，このケースは中通りの右側の柱軸力が最大となるケースである．

なお，本設計例ではクレーンガーダーとは，ランウェイガーダーとバックガーダーを含めた全体をさす場合とランウェイガーダー単独をさす場合がある．一般的に使用されている呼び方なのでそれに準じている．

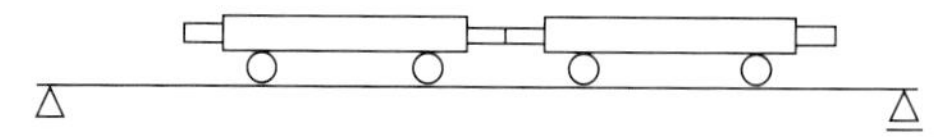

図3・10　同一のガーダーに複数のクレーンが載るケースもある

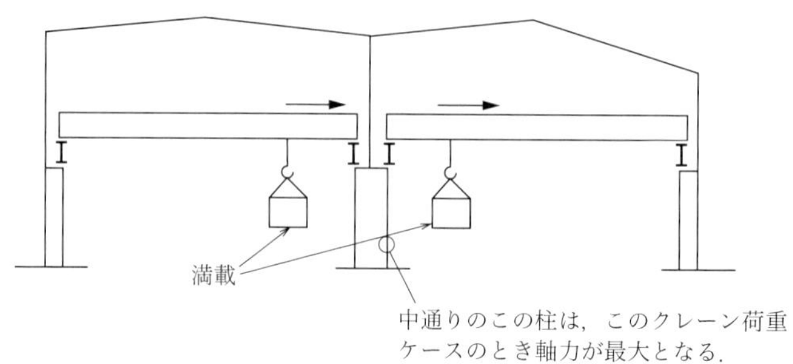

図3・11　CL-3のクレーン荷重条件

3. 二次部材の設計

3.1 小梁の設計

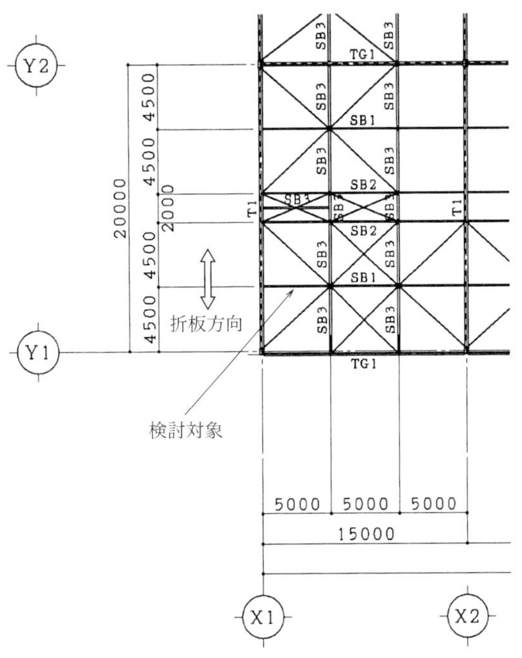

屋根小梁 SB 1 の設計

SB 1 の負担幅 4.5 m

荷重条件

DL：0.35 kN/m^2

LL：0.30 kN/m^2

SL：0.60 kN/m^2(短期)

WL：0.2×1.50＝0.30 kN/m^2

(短期：正圧)

WL：−1.0×1.50＝−1.50 kN/m^2

(短期：負圧)

長期荷重：$G+P$　0.65 kN/m^2

短期荷重：$G+P+S$　1.25 kN/m^2

短期荷重：$G+W$　−1.15 kN/m^2(負圧)

→SB 1 の曲げに対する拘束条件は正曲げ，負曲げとも同じなので最大応力は短期積雪荷重時となる．荷重の算出にあたって，屋根勾配が 3/100 と小さいので勾配による影響は無視して，単純加算とした．

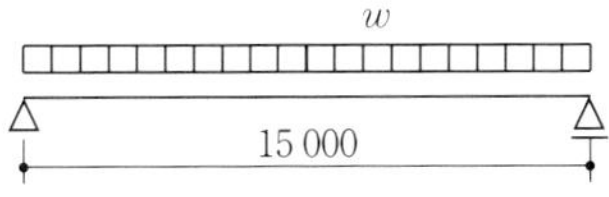

単位長さ当りの荷重は

$w=1.25\times4.50=5.63$ kN/m

・設計応力

$(G+P+W)$ $\begin{cases} M=1/8\times5.63\times15.0^2=158.3\ \text{kN·m} \\ Q=1/2\times5.63\times15.0=42.2\ \text{kN} \end{cases}$

・使用部材　H-450×200×9×14

$I_x=3.29\times10^8\ \text{mm}^4$　$Z_x=1.46\times10^6\ \text{mm}^3$　$C=1.0$　$l_b=5\,000$ mm

$i_b=52.3$ mm　$\lambda_b=96$

${}_Lf_b=89\,000/(l_b\times h/A_f)=110.8\ \text{N/mm}^2$

${}_sf_b=1.5\times110.8=166.2\ \text{N/mm}^2$

${}_s\sigma_b=158.3\times10^6/(1.46\times10^6)=108.4\ \text{N/mm}^2$

・曲げ応力度の確認

${}_s\sigma_b/{}_sf_b=108.4/166.2=0.65 < 1.0$　OK

・変形の確認

$\delta=5\times5.63\times15\,000^4/(384\times2.05\times10^5\times3.29\times10^8)=55.0\ \text{mm}=1/273 < 1/200$　OK

〔**解　説**〕

小梁の設計は，単純梁として計算したが，大梁にトラスを採用した場合，座屈止めを方づえとして利用して，**図3•12**のように計算することも多い．この場合，小梁の断面はかなり小さくなり経済的になるが，方づえに大きな軸力が発生するので，部材の設計時に注意する．特に，次のようなケースでは注意が必要である．

・隣り合うスパンが均等でないとき．

・積雪荷重や風荷重などで，荷重の偏在が起こる場合．

・妻面でのトラス・間柱との関係により，端部条件がピンとなる（**図3•13**）．

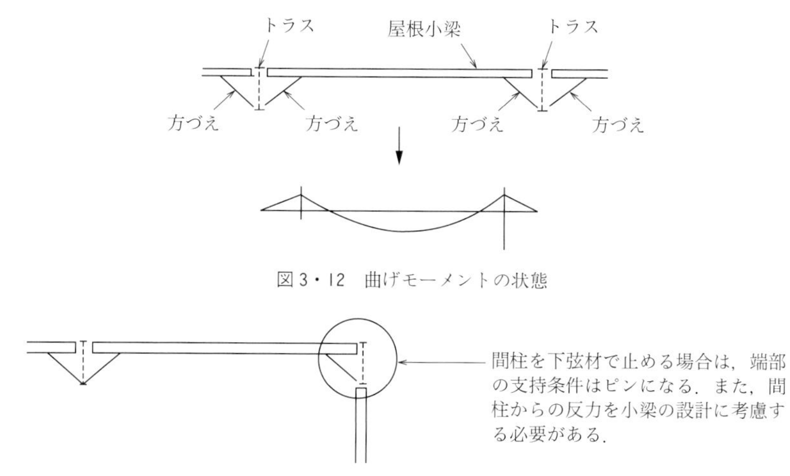

図3・12　曲げモーメントの状態

図3・13　端部条件がピンになる場合

3.2　間柱の設計

間柱 MC 3 の設計

間柱の負担幅 5 m

荷重条件

WL：1.0×1.50
　＝1.50 kN/m²　（短期：正圧）

WL：−0.7×1.50
　＝−1.05 kN/m²　（短期：負圧）

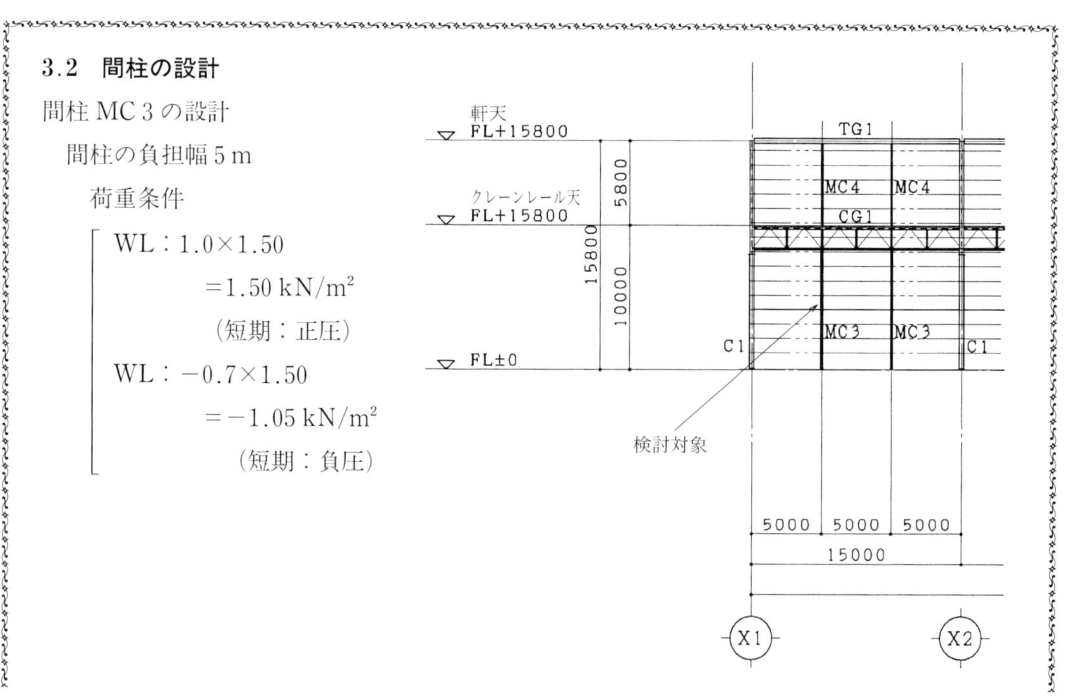

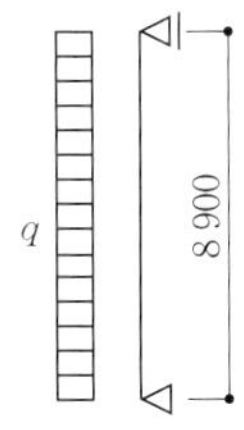

→ MC 3の曲げに対する拘束条件は正圧に対しては，胴縁が外側フランジを拘束しているので，$f_b = f_t$ とした．負圧に対しては曲げ座屈に対する検討が必要であるため，どちらの荷重条件で断面が決定するか一概には判断できない．そこで，正圧，負圧それぞれについて検討する．

単位長さ当りの荷重は

$q = 1.50 \times 5.0 = 7.50$ kN/m（正圧）

$q = -1.05 \times 5.0 = -5.25$ kN/m（負圧）

（1） 正圧時の検討

・設計応力

$(G+W)\left[\begin{array}{l} M = 1/8 \times 7.50 \times 8.9^2 = 74.3 \text{ kN·m} \\ Q = 1/2 \times 7.50 \times 8.9 = 33.4 \text{ kN} \end{array}\right.$

・使用部材　H-300×150×6.5×9

$I_x = 7.21 \times 10^7$ mm^4　　$Z_x = 4.81 \times 10^5$ mm^3　　${}_sf_b = 235$ N/mm^2

${}_s\sigma_b = 74.3 \times 10^6 / (4.81 \times 10^5) = 154.5$ N/mm^2

・曲げ応力度の確認

${}_s\sigma_b / {}_sf_b = 154.5/235 = 0.66 < 1.0$　OK

・変形の確認

$\delta = 5 \times 7.50 \times 8\,900^4 / (384 \times 2.05 \times 10^5 \times 7.21 \times 10^7) = 41.5 \text{ mm} = 1/214 < 1/200$　OK

（2） 負圧時の検討

・設計応力

$(G-W)\left[\begin{array}{l} M = 1/8 \times 5.25 \times 8.9^2 = 52.0 \text{ kN·m} \\ Q = 1/2 \times 5.25 \times 8.9 = 23.4 \text{ kN} \end{array}\right.$

・使用部材　H-300×150×6.5×9

$I_x = 7.21 \times 10^7$ mm^4　　$Z_x = 4.81 \times 10^5$ mm^3　　$C = 1.0$　　$l_b = 4\,450$ mm

$i_b = 38.7$ mm　　$\lambda_b = 115$

${}_Lf_b = 89\,000 / (l_b \cdot h / A_f) = 90.0$ N/mm^2

${}_sf_b = 1.5 \times 90.0 = 135.0$ N/mm^2

${}_s\sigma_b = 52.0 \times 10^6 / (4.81 \times 10^5) = 108.1$ N/mm^2

・曲げ応力度の確認

${}_s\sigma_b / {}_sf_b = 108.1/135.0 = 0.80 < 1.0$　OK

・変形の確認

$\delta = 5 \times 5.25 \times 8\,900^4 / (384 \times 2.05 \times 10^5 \times 7.21 \times 10^7) = 29.0 \text{ mm} = 1/307 < 1/200$　OK

〔解　説〕

間柱の設計では，軸力の影響は小さいので一般的には軸力は無視することが多い．軸力が大きいときには適宜考慮する必要がある．

側壁面の間柱は，クレーンガーダーのたわみの影響を受けることや，基礎の沈下により接続する部材に不測の応力が発生することがある．それを避けるために，柱脚部を上下方向に対してルーズとなるようにすることもある（**図3･14**）．

本例のような，屋根が小屋組となっている建物の設計で注意すべきことは，間柱の割付けを屋根小梁の割付けとそろえることである．小梁と間柱がずれると風荷重により梁の弱軸側に付加曲げが発生する．また，間柱の反力を処理するために，建物の外周部には屋根ブレースを設けて，主架構やブレース構面に力が伝達するように設計する．

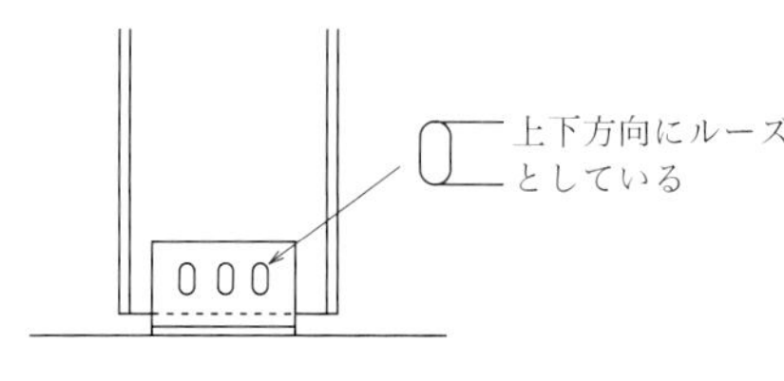

図3・14 間柱柱脚部

3.3 水平梁の設計

本設計例では，クレーンのバックガーダーが水平梁を兼用する計画としたので，詳細な設計は後述する．

3.4 胴縁の設計

胴縁ピッチは900 mmとし，2スパン連続の使用とする．また，本例では鉛直方向に対してはスパン中央（2 500 mmピッチ）で，サグロッドで吊る計画とした．

荷重条件

WL：$1.0\times1.50=1.50\ \mathrm{kN/m^2}$（短期風圧時）
DL：$0.4\ \mathrm{kN/m^2}$（自重）

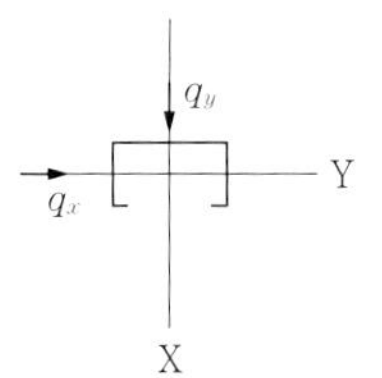

単位長さ当りの荷重は

$q_x=1.50\times0.90=1.35\ \mathrm{kN/m}$（水平方向）

$q_y=0.40\times0.90=0.36\ \mathrm{kN/m}$（鉛直方向）

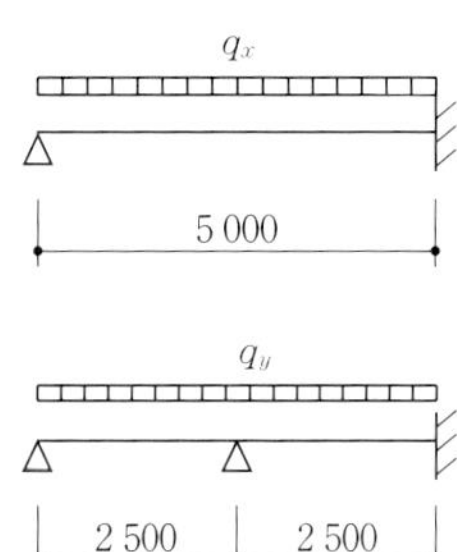

・設計応力

$M_x=1/8\times1.35\times5.0^2=4.22\ \mathrm{kN\cdot m}$
$M_y=1/12\times0.36\times2.5^2=0.188\ \mathrm{kN\cdot m}$

・使用部材　C-100×50×20×3.2

$I_x = 1.07\times10^6\ \mathrm{mm}^4$　$I_y = 2.45\times10^5\ \mathrm{mm}^4$　$Z_x = 2.13\times10^4\ \mathrm{mm}^3$

$Z_y = 7.81\times10^3\ \mathrm{mm}^3$

${}_sf_b = 235\ \mathrm{N/mm^2}$

${}_s\sigma_{bx} = 4.22\times10^6/(2.13\times10^4) = 198.1\ \mathrm{N/mm^2}$

${}_s\sigma_{by} = 0.188\times10^6/(7.81\times10^3) = 24.1\ \mathrm{N/mm^2}$

・曲げ応力度の確認

${}_s\sigma_{bx}/{}_sf_b + {}_s\sigma_{by}/{}_sf_b = 0.84 + 0.10 = 0.94 < 1.0$　OK

・変形の確認

$\delta = 1.35\times5\,000^4/(185\times2.05\times10^5\times1.07\times10^6) = 20.8\ \mathrm{mm} = 1/240 < 1/200$　OK

〔解　説〕

胴縁などに軽量形鋼を用いる場合，仕上材による拘束効果が期待できる場合は曲げ座屈による許容応力度の低減は行わなくてよい．

本設計例の胴縁スパンは 5 000 mm と比較的大きいので，間柱スパンの中央をサグロッドで吊って鉛直方向の支持スパンを半分にすることにより，胴縁材の軽量化を図っている（**図 3･15**）．

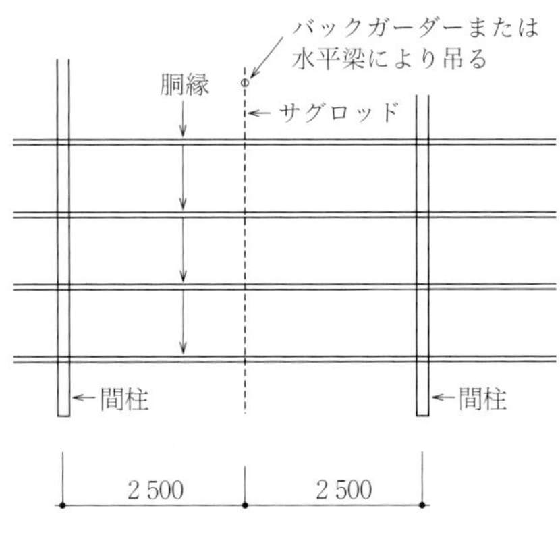

図 3・15　胴縁材の軽量化

3.5　土間コンクリートの設計

土間コンクリートは，用途を考慮して，版厚を 180 mm とする．

配筋は，D 13@200 のダブル配筋とする．

〔解　説〕

土間コンクリートについては明確な設計法があるわけではない．ただし，本設計例のように，スパン方向に対して原則として地中梁を設けていない建物では，架構の足開きを防止する意味合いもあるので，無筋土間コンクリートは避けたい．

表 3·2 に一般的な土間コンクリートの仕様の例を示す.

表 3・2　土間コンクリートの仕様例

クラス	用途		荷重条件		コンクリート強度〔N/mm²〕	土間コンクリート仕様	
			積載〔kN/m²〕	車両		版厚〔mm〕	配筋
1	事務所 住宅		5 未満	—	18 以上	120 以上	D 10@200 シングル
2	工場・倉庫	A	5 以上 10 未満	1 トン車	18 以上	150 以上	D 10@200 シングル
3	工場・倉庫	B	10 以上 20 未満	2 トン車	21 以上	180 以上	D 10, D 13@200 ダブル
4	工場・倉庫	C	20 以上 25 未満	4 トン車	21 以上	240 以上	D 13@200 ダブル

4. クレーンガーダーの設計

クレーンガーダー CG 1 について設計を行う.

4.1 応力算定

クレーンの形状を下図に示す.

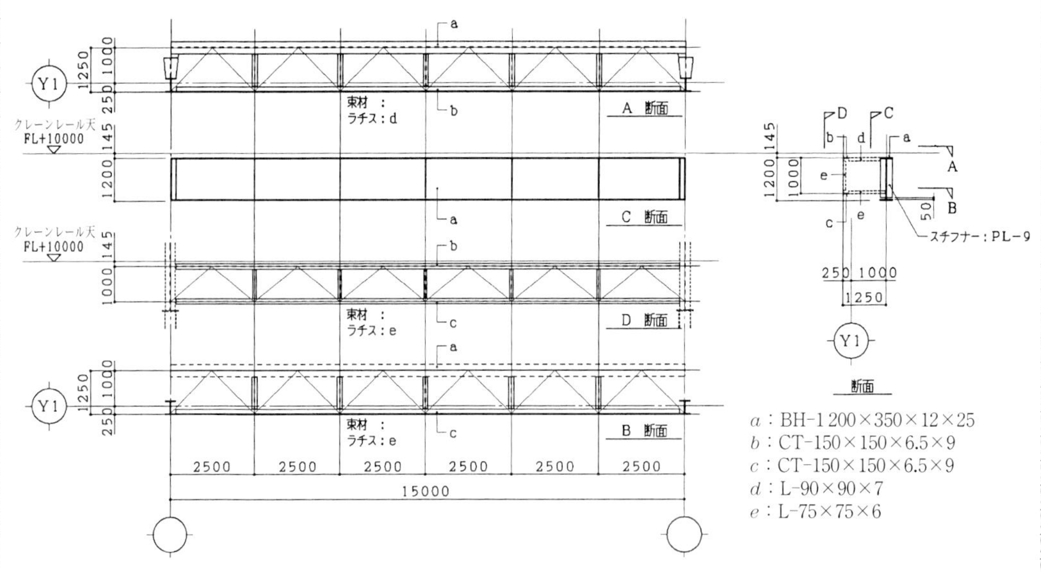

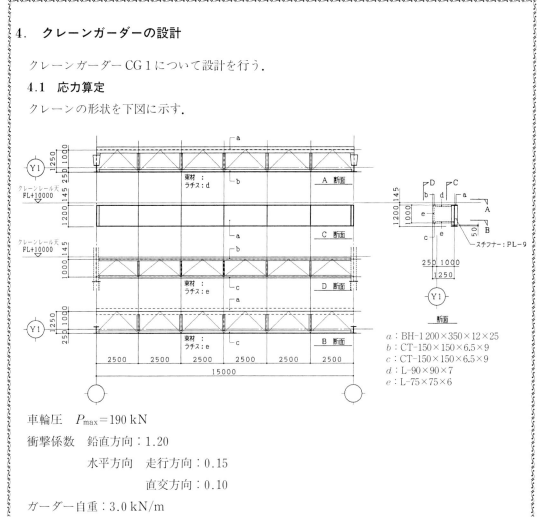

車輪圧　P_{max}＝190 kN

衝撃係数　鉛直方向：1.20

水平方向　走行方向：0.15

直交方向：0.10

ガーダー自重：3.0 kN/m

（1） 鉛直方向応力の計算

・車輪圧による応力の計算

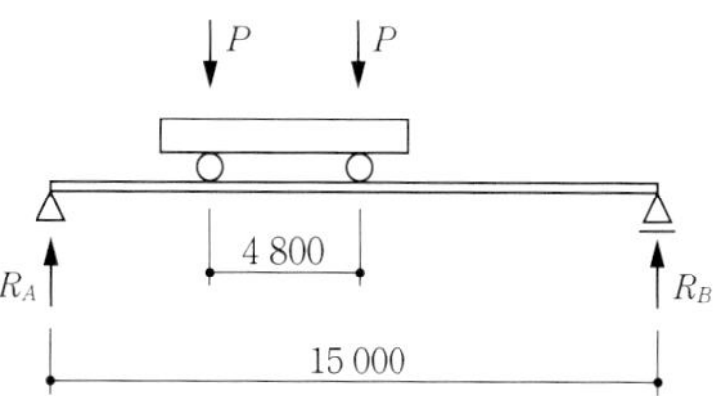

$$\begin{cases} M_{v\max_1}=190\times1.20/(2\times15.0)\times(15.0-4.8/2)^2 \\ \qquad =1\,207\ \mathrm{kN\cdot m} \\ Q_{v\max_1}=190\times1.20\times\{1.0+(15.0-4.8)/15.0\} \\ \qquad =383\ \mathrm{kN} \end{cases}$$

・ガーダー自重による応力の計算

$$\begin{cases} M_{v\max_2}=1/8\times3.0\times15.0^2=84.4\ \mathrm{kN\cdot m} \\ Q_{v\max_2}=1/2\times3.0\times15.0=22.5\ \mathrm{kN} \end{cases}$$

・クレーンガーダー設計用曲げモーメントは車輪圧による応力の最大値とガーダー自重による応力の最大値の単純加算とする（厳密には最大応力値の位置は車輪圧の場合とガーダー自重の場合で若干ずれるが，問題のない差異である）．

$$\begin{cases} M_{v\max}=1\,207+84.4=1\,291.4\ \mathrm{kN\cdot m} \\ Q_{v\max}=383+22.5=405.5\ \mathrm{kN} \end{cases}$$

（2） 水平方向応力の計算

クレーンの水平方向の応力は，クレーンの走行や制動時の衝撃により発生する．ランウェイガーダーを設計するうえで考慮するのは，クレーン走行方向と直交する方向の応力である．

・車輪圧による水平方向応力（全体に対する）の計算

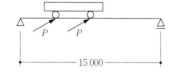

$$\begin{cases} M_{h\max}=190\times0.1/(2\times15.0)\times(15.0-4.8/2)^2 \\ \qquad =101\ \mathrm{kN\cdot m} \\ Q_{h\max}=190\times0.1\times\{1.0+(15.0-4.8)/15.0\}=32\ \mathrm{kN} \end{cases}$$

・車輪圧による付加曲げ応力の計算

クレーンガーダーの上面はバックガーダーとラチス材により，水平面の剛性と強度を確保しているが，車輪がラチスの節点以外にある場合には，クレーンガーダー上面のフランジには水平方向に付加応力が発生する．

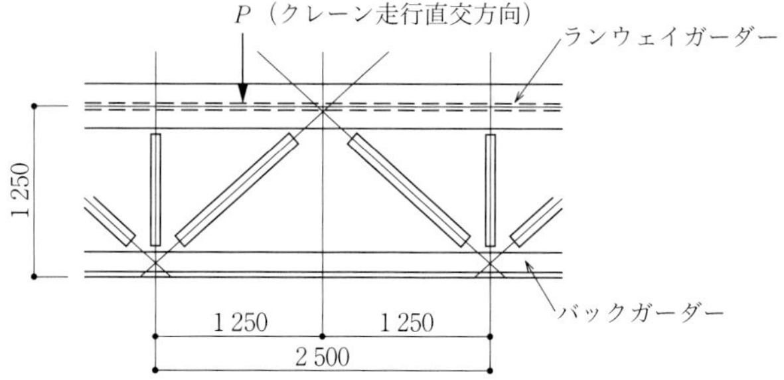

今回は，ラチス間隔を 1 250 mm としているので

$M_f=1/4\times190\times0.1\times1.25=5.9\ \mathrm{kN\cdot m}$

〔**解 説**〕

クレーンガーダーの設計用応力の算出にあたっては，バックガーダーを含めた全体の納まりに注意する必要がある．特に外壁とバックガーダーの納まりに注意する．

本建物では，車輪数は2輪だけであったが，吊り荷重が大きなクレーンや隣接するクレーンがある場合には4輪以上となることも多い．その場合のクレーンガーダーおよびブラケットの設計応力の算出方法を以下に示す．

1. クレーンガーダー

クレーンガーダーは，鉛直荷重については一般に単純梁として設計し，部材断面の決定に対しては曲げモーメントまたは鉛直たわみが支配的となる．

応力の計算は以下の方法による．

（1） 計算位置を指定しない場合

ガーダー上にある車輪圧の重心位置 W_G と，隣接する車輪 i との偏心距離 e の中心をガーダーの中央に位置づけたときが，その注目車輪 i について曲げモーメントが最大となる．

車輪を移動させながら，以上を繰り返し計算して最大曲げモーメント M_v を検出する（**図3･16** 参照）．

（2） 計算位置を指定した場合

計算位置を指定し，その位置に順次車輪を移動させながら応力 M_i を計算し，その中の最大値をその位置での最大曲げモーメント M_v とする．

一般にガーダー中央を指定して計算することになるが，(1) の最大曲げモーメントより小さくなるので注意が必要である（**図3･17** 参照）．

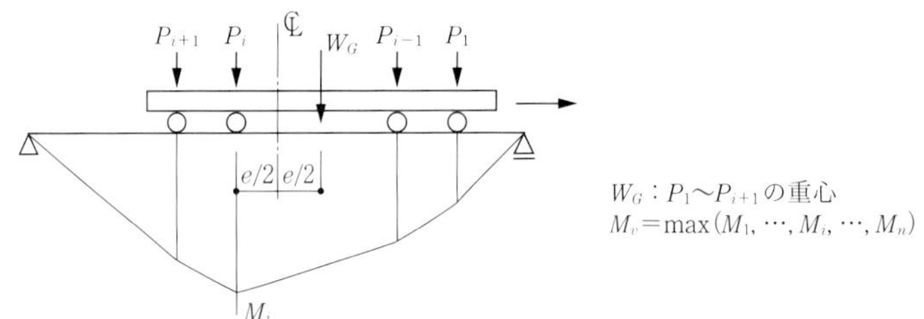

図3・16

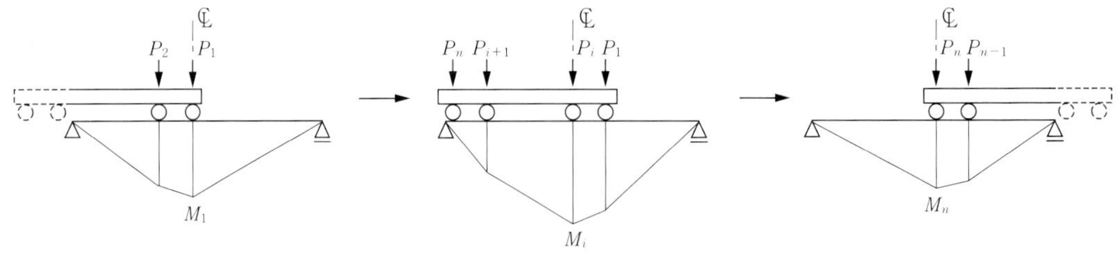

図3・17

（3） 上記の応力に対し，同位置におけるガーダー自重による応力を付加する．

鉛直方向のたわみ量は，上記で求めた最大モーメントが発生する車輪位置で，ガーダー中央のたわみ量を計算し，ガーダー自重による中央のたわみ量を付加する．

クレーンガーダーのたわみが大きいときは，スリップ，自走，その他クレーン作業に支障をきたすことがあるので，適当な剛性を確保する必要から，一般に下記のようなたわみ制限を設ける．

	たわみ制限
① 走行速度 60 m/min 以下で軽微なもの	1/500～1/800
② 走行速度 90 m/min 以下の一般用クレーン	1/800～1/1 000
③ 走行速度 90 m/min 以上の一般用クレーン	1/800～1/1 200
④ 製鉄・製鋼用クレーン（衝撃なし）	1/1 000

2． ブラケット

クレーンガーダーを支持するブラケットの応力は，左右のクレーンガーダーに着目して**図 3･18** のフローで計算する．

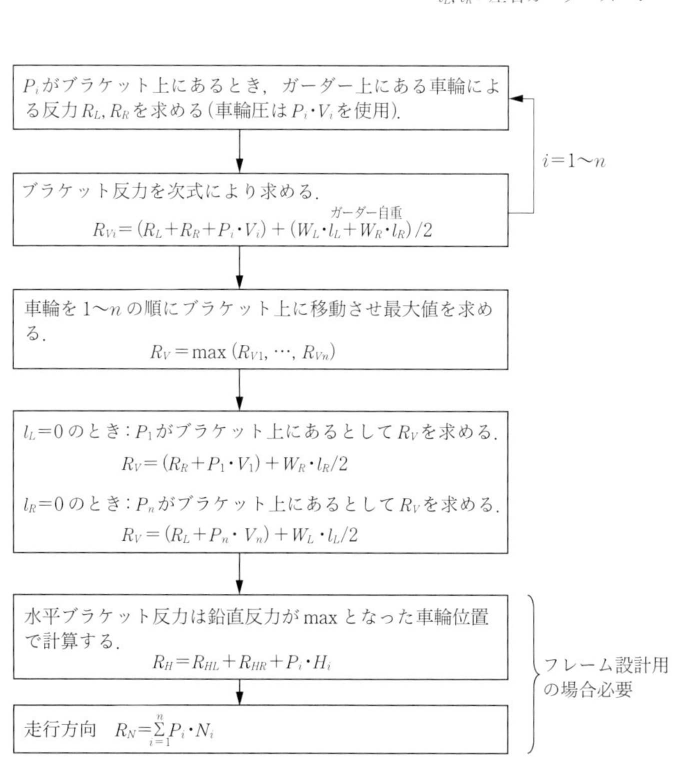

図 3・18 ブラケット応力計算のフロー

4.2 ランウェイガーダーの設計

（1） ランウェイガーダーの仮定断面

BH-1 200×350×12×25：$I=7.562\times10^9\ \mathrm{mm}^4$　　$Z=1.260\times10^7\ \mathrm{mm}^3$

上面フランジの断面性能

断面積：$A_f=8.75\times10^3\ \mathrm{mm}^2$

水平方向の断面係数：$Z_{fu}=5.10\times10^5\ \mathrm{mm}^3$

バックガーダーとクレーンとの間隔：1 215.9 mm

（2） 上面フランジの応力度の検討

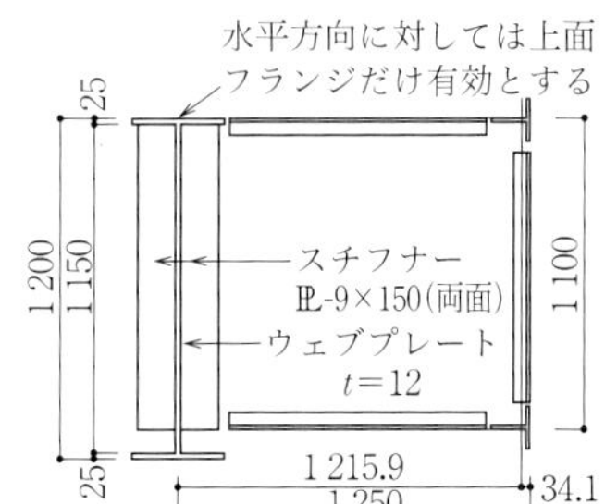

・鉛直方向の曲げモーメントによる応力度

$\sigma_b=1\,291.4\times10^6/(1.260\times10^7)$

$=102.5\ \mathrm{N/mm^2}$

・水平方向曲げモーメントによる応力度

ランウェイガーダーとバックガーダーまでの重心距離は，1 215.9 mm なので，曲げモーメントを重心間距離で除して，軸力による応力度を計算すると

$\sigma_c=(101\times10^6/1\,215.9)/(8.75\times10^3)$

$=9.5\ \mathrm{N/mm^2}$

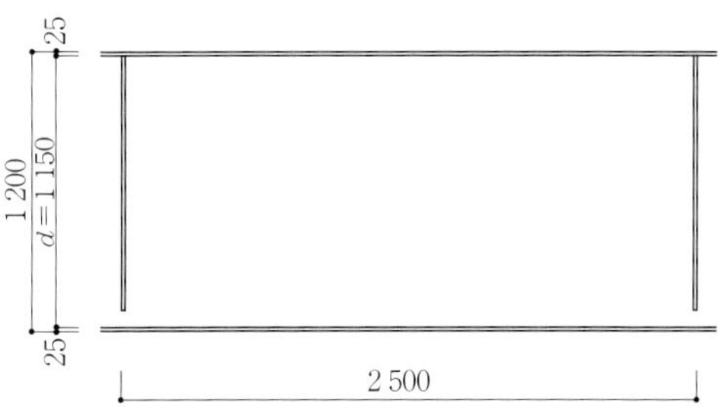

・水平方向付加曲げモーメントによる応力度

$\sigma_b=5.9\times10^6/(5.10\times10^5)=11.6\ \mathrm{N/mm^2}$

・応力度の確認

$\sigma/f=(102.5+9.5+11.6)/156=0.79\quad<\quad1.0$　OK

（3） ウェブのせん断座屈の検討

鉛直方向の最大せん断力　$Q=405.5\ \mathrm{kN}$

$\tau=405.5\times10^3/(12\times1\,150)=29.4\ \mathrm{N/mm^2}$

$d/t=1\,150/12=96\quad<\quad2\,100/\sqrt{F}=137$

よって，許容圧縮板座屈応力度は

$\sigma_0=156\ \mathrm{N/mm^2}$

$\beta=a/d=2\,500/1\,150=2.17\geqq1.0$ なので

$k_2=5.34+4.00/\beta^2=6.19$

$C_2=\sqrt{F/k_2}=6.16$

$d/t=1\,150/12=96\quad<\quad740/C_2=120.1$

許容せん断板座屈応力度は

$\tau_0=(1.74-0.00154C_2d/t)f_s=74.8\ \mathrm{N/mm^2}$

$(\sigma/\sigma_0)^2+(\tau/\tau_0)^2=(102.5/156)^2+(29.4/74.8)^2=0.59\quad<\quad1.0$　OK

スチフナーの検討

$\beta \geqq 1.0$　なので，中間スチフナーの必要断面二次モーメントは

$$I_0 = 0.55dt^3 = 1\,092\,960\ \text{mm}^4$$

$$I = 9 \times 300^3/12 = 20\,250\,000\ \text{mm}^4 > 1\,092\,960\ \text{mm}^4$$

（4）　たわみの検討

車輪圧によるたわみの計算

$$\delta_v = 190 \times 1.20 \times 10^3/(48 \times 2.05 \times 10^5 \times 7.562 \times 10^9)$$
$$\times (15\,000 - 4\,800)\{3 \times 15\,000^2 - (15\,000 - 4\,800)^2\} = 17.8\ \text{mm}$$

ガーダー自重によるたわみの計算

$$\delta_v = 3.0 \times 15\,000^4/(384 \times 2.05 \times 10^5 \times 7.562 \times 10^9) = 0.3\ \text{mm}$$

$$\delta_{v\max} = 17.8 + 0.3 = 18.1 = 1/829 \quad < \quad 1/800 \quad \text{OK}$$

〔**解　説**〕

クレーンガーダーの上面フランジには，鉛直方向の曲げモーメントによる応力のほか，水平方向の曲げモーメントによる応力（全体曲げとラチス間に働く付加曲げモーメント）が働くのでそれを組み合わせる．軽微なクレーンガーダーではバックガーダーを組まないことがあるが，この場合，上面フランジのみで水平方向の曲げモーメントに抵抗する必要がある．

上記の説明のようにクレーンガーダーの断面で最も厳しいのは上面フランジである．本例では上下のフランジサイズは同一であるが，応力状態を考えて上下のフランジ断面を変えることもある．

クレーンガーダーでは梁せいに比べてウェブプレートが薄くなることが多い．そのため，ウェブプレートのせん断座屈を防止するために，中間スチフナーを入れて補強するとよい．計算方法の詳細は鋼構造設計規準付録「ウェブプレートの座屈検定とスチフナ算定」を参照されたい．

ウェブについてはコストを考えて薄くすることが多いが，計算のみで薄くしすぎると，上面フランジとウェブの溶接部に亀裂が入りやすくなる．疲労破壊のことを考慮して，中間スチフナーは，下面フランジには溶接しない．繰り返し引張応力の発生する部材（下面フランジ）に溶接すると，溶接部に亀裂が入りやすいからである．

クレーンガーダーの支持の方法にも注意が必要である．支持点の回転を拘束するような納まりを採用すると，繰り返し引張力を受けるボルトが破断することがある（**図3･19**）．クレーンガーダーの梁

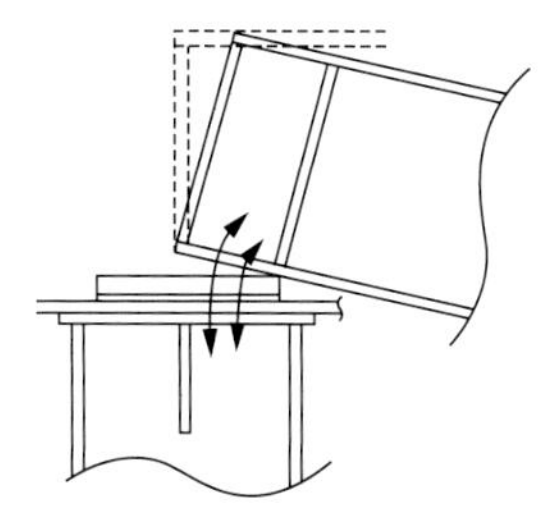

（a）　回転によるボルトの引張力

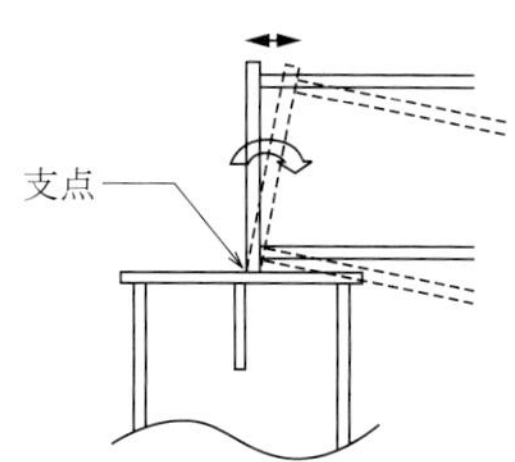

（b）　回転による上フランジの水平変形

図3・19　クレーンガーダー支持の注意点

せいが大きくなる場合は，クレーンベッドレベルをそろえることと，支点部での回転変位を小さくするため，舟形タイプのガーダーとすることもある．

クレーンガーダーの支持部は，クレーンの変位を吸収できるように，一方をピン支持としたら，他方はローラー支持とするのがよい（**図3･20**）．

また，**図3･21**にクレーン端部の納まりの例を示す．

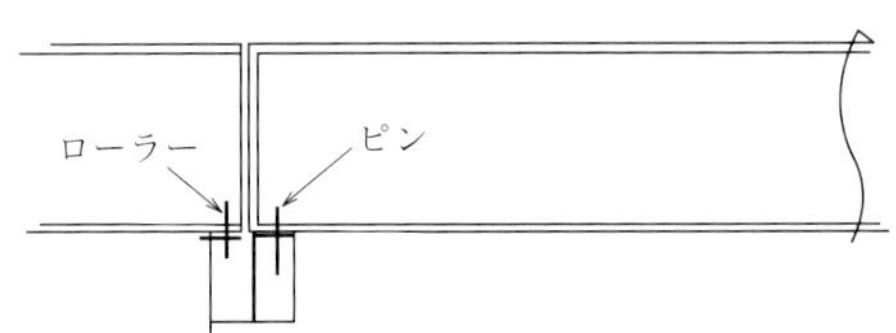

図3・20　クレーンガーダーの支持部

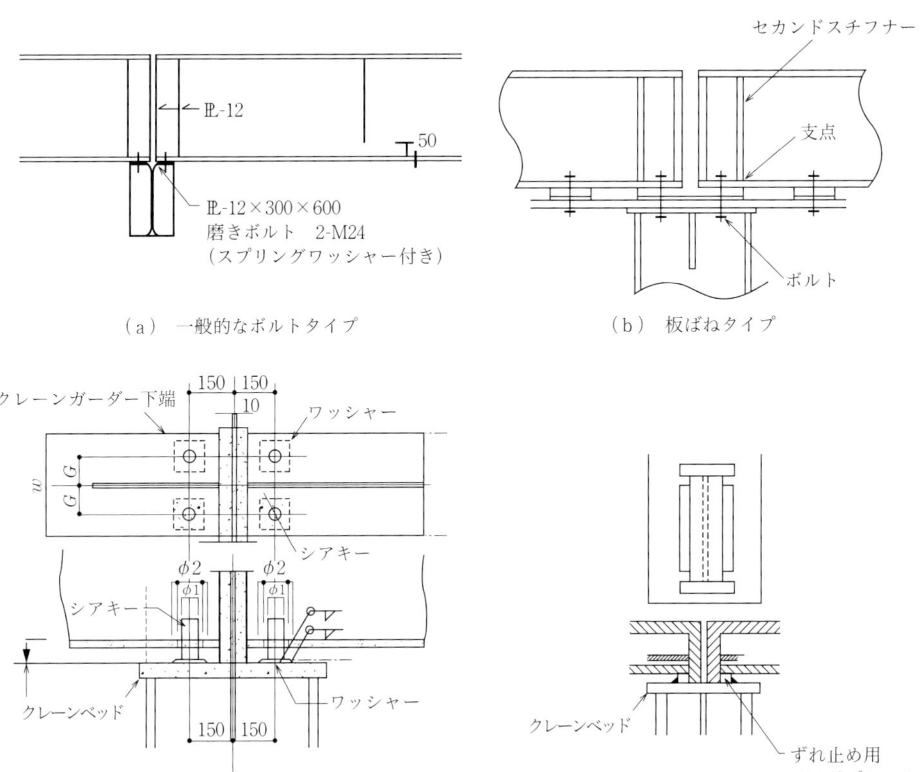

図3・21　クレーン端部の納まり例

4.3　バックガーダーの設計

バックガーダーの形状・使用断面を下図に示す.

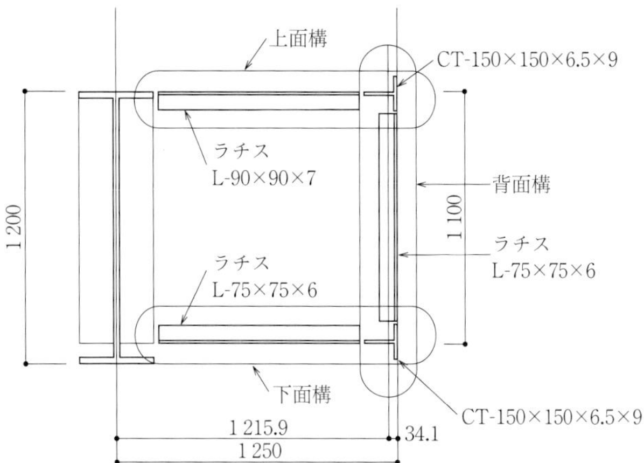

（1）　上面構の設計

（a）　設計用応力の算定

①　水平方向の応力

・走行方向の車輪圧による応力

ランウェイガーダーの水平力に対する検討より

$$\begin{cases} M = 101\ \mathrm{kN \cdot m} \\ Q = 32\ \mathrm{kN} \end{cases}$$

・風荷重による応力

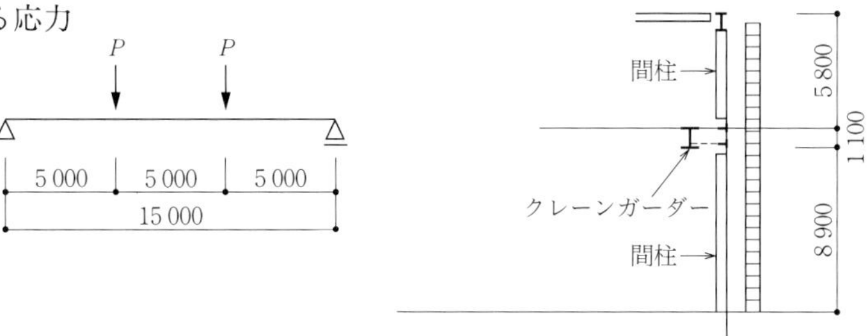

$P = 1.50 \times 5.0 \times (5.80 + 1.10)/2 = 25.9\ \mathrm{kN}$　(風荷重：正圧時)

設計用応力

$$\begin{cases} M = 1/3 \times 25.9 \times 15.0 = 129.5\ \mathrm{kN \cdot m} \\ Q = 25.9\ \mathrm{kN} \end{cases}$$

②　鉛直方向の応力

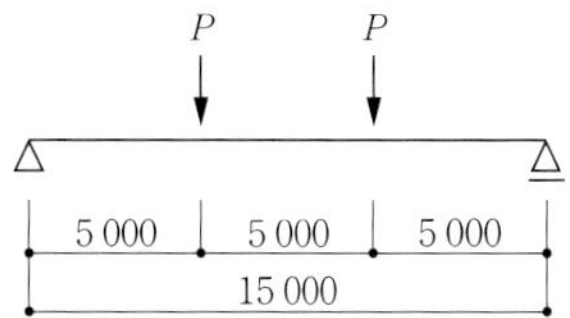

$P = 0.40 \times 5.0 \times (5.80/2 + 1.10 + 8.9) = 25.8\ \mathrm{kN}$　(自重)

③　設計用応力

$$\left[\begin{array}{l} M=1/3\times25.8\times15.0=129.0\ \mathrm{kN\cdot m} \\ Q=25.8\ \mathrm{kN} \end{array}\right.$$

（b）　弦材の設計

使用部材：CT-150×150×6.5×9

$A=2\,339\ \mathrm{mm^2}$　　$l_{cx}=2\,500\ \mathrm{mm}$　　$l_{cy}=1\,250\ \mathrm{mm}$

$i_x=44.5\ \mathrm{mm}$　　$i_y=32.9\ \mathrm{mm}$　　$\lambda_{cx}=56.2$　　$\lambda_{cy}=38.0$

上弦材の長期許容圧縮応力度は，X 軸方向の細長比で決まり，${}_Lf_c=129\ \mathrm{N/mm^2}$

・弦材の軸力の計算

$N_C=101/1.2159+129.0/1.1=200.3\ \mathrm{kN}$　（クレーンの水平力＋自重）

・応力度比の確認

${}_L\sigma_c/{}_Lf_c=(200.3\times10^3/2\,339)/129=0.66 \quad < \quad 1.0$　OK

（c）　ラチス材の設計

使用部材：L-90×90×7

$A=1\,222\ \mathrm{mm^2}$　　$A_e=0.75\times1\,222=917\ \mathrm{mm^2}$　　$l_c=1\,327\ \mathrm{mm}$　　$i_v=17.7\ \mathrm{mm}$

$\lambda_c=75.0$

ラチス材の長期許容圧縮応力度は，${}_Lf_c=112\ \mathrm{N/mm^2}$

・ラチス材の軸力の計算

$N_C=Q/\sin 44.2^\circ=32.0/\sin 44.2^\circ=45.9\ \mathrm{kN}$　（クレーンの水平力）

・応力度比の確認

${}_L\sigma_c/{}_Lf_c=(45.9\times10^3/917)/112$

$=0.45 \quad < \quad 1.0$　OK

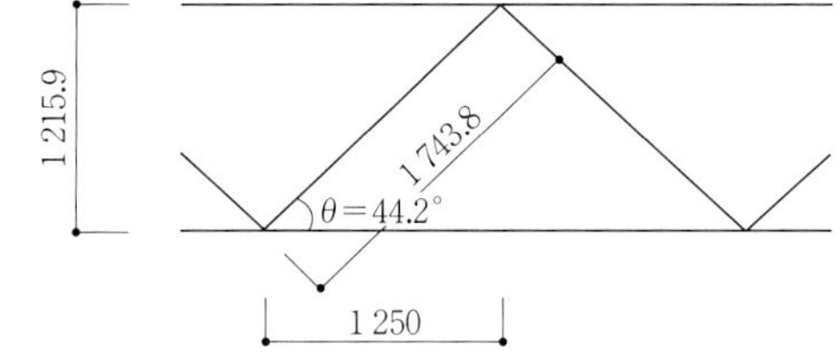

（2）　下面構の設計

（a）　設計用応力の算定

①　水平方向の応力

下面構では，クレーンの水平力による応力は発生しないので，風荷重による応力のみ算出する．

・風荷重による応力

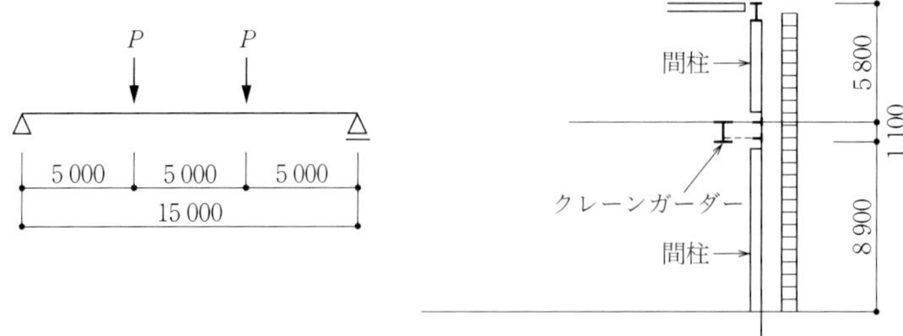

$P=1.50\times5.0\times(8.90+1.10)/2=37.5\ \mathrm{kN}$　（風荷重：正圧時）

設計用応力

$$\begin{cases} M=1/3\times37.5\times15.0=187.5\ \mathrm{kN\cdot m} \\ Q=37.5\ \mathrm{kN} \end{cases}$$

② 鉛直方向の応力

設計用応力は上面構と同じなので

$$\begin{cases} M=1/3\times25.8\times15.0=129.0\ \mathrm{kN\cdot m} \\ Q=25.8\ \mathrm{kN} \end{cases}$$

（b） 下弦材の設計

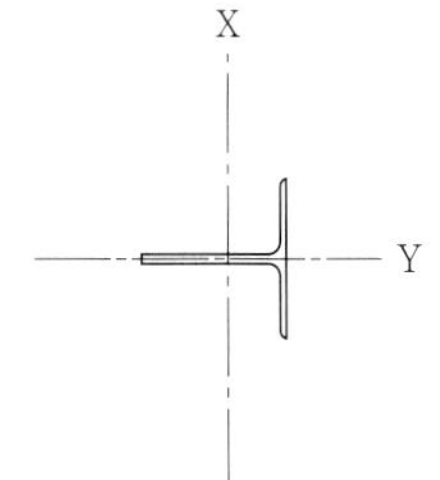

使用部材：CT-150×150×6.5×9

$A=2\,339\ \mathrm{mm^2}$　$l_{cx}=2\,500\ \mathrm{mm}$　$l_{cy}=2\,500\ \mathrm{mm}$

$i_x=44.5\ \mathrm{mm}$　$i_y=32.9\ \mathrm{mm}$　$\lambda_{cx}=56.2$　$\lambda_{cy}=76.0$

下弦材の長期許容圧縮応力度は，Y 軸方向の細長比で決まり，${}_Lf_c=111\ \mathrm{N/mm^2}$

・弦材の軸力の計算

$N_C=187.5/1.2159+129.0/1.1=271.5\ \mathrm{kN}$ （風圧時の水平力＋自重）

・応力度比の確認

${}_s\sigma_c/{}_sf_c=(271.5\times10^3/2\,339)/(111\times1.5)=0.70 < 1.0$ OK

（c） ラチス材の設計

使用部材：L-75×75×6

$A=872.7\ \mathrm{mm^2}$

$A_e=0.75\times872.7=654\ \mathrm{mm^2}$

$l_c=1\,578\ \mathrm{mm}$　$i_v=14.8\ \mathrm{mm}$　$\lambda_c=106.6$

ラチス材の長期許容圧縮応力度は，${}_Lf_c=78.7\ \mathrm{N/mm^2}$

・ラチス材の軸力の計算

$N_C=Q/\sin 44.2^\circ=37.5/\sin 44.2^\circ=53.8\ \mathrm{kN}$ （風圧時の水平力）

・応力度比の確認

${}_s\sigma_c/{}_sf_c=(53.8\times10^3/654)/(78.7\times1.5)=0.70 < 1.0$ OK

（3） 背面構の設計

（a） 鉛直方向の応力

背面構では，水平力による応力は発生しないので，鉛直方向の応力のみ算出する．鉛直方向の応力は上面構と同じ．

設計用応力

$$\begin{cases} M=1/3\times25.8\times15.0=129.0\ \mathrm{kN\cdot m} \\ Q=25.8\ \mathrm{kN} \end{cases}$$

（b）　ラチス材の設計

使用部材：L-75×75×6

$A = 872.7\ \mathrm{mm}^2$

$A_e = 0.75 \times 872.7 = 654\ \mathrm{mm}^2$

$l_c = 1\,438\ \mathrm{mm}$　　$i_v = 14.8\ \mathrm{mm}$　　$\lambda_c = 97.2$

ラチス材の長期許容圧縮応力度は，$_Lf_c = 88.4\ \mathrm{N/mm}^2$

・ラチス材の軸力の計算

$N_C = Q/\sin 41.3^\circ = 25.8/\sin 41.3^\circ = 39.1\ \mathrm{kN}$　（自重）

・応力度比の確認

$_L\sigma_c/_Lf_c = (39.1 \times 10^3/654)/88.4 = 0.68 \quad < \quad 1.0$　OK

〔**解　説**〕

ブレース構面の背面構では，クレーン走行方向水平力や上部ブレースの水平力がラチスを介して下面ブレースに伝達されるので注意が必要である．

クレーンガーダーの鉛直方向のたわみは，スパン中央部において顕著である．しかし，隣接するバックガーダーは，多くの場合鉛直方向の変形が間柱などによって拘束されているので，両者の間の相対変形が問題になる．しばしば，クレーンガーダーとバックガーダーをダイアゴナルラチス（対角ラチス）で拘束することがあるが，変形追従性能の観点から見ると，これは避けるべきである．大型クレーンガーダーなどで，運搬時の変形を防止する必要がある場合には，運搬時のみダイアゴナルラチスを用い，建て方前に撤去すべきである（**図3･22**）．

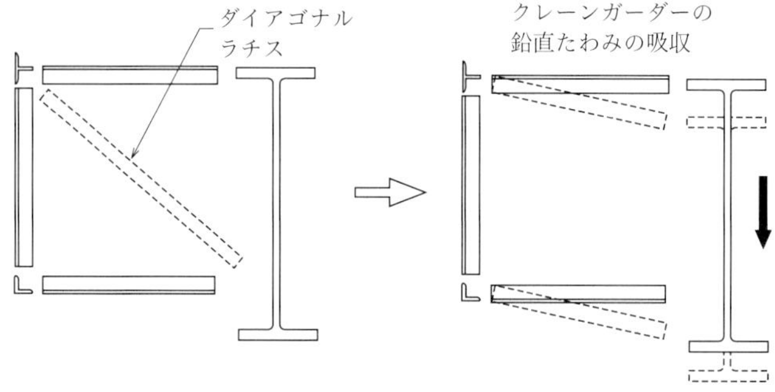

図3・22　ダイアゴナルラチスの撤去

4.4 クレーンガーダーの疲労に対する検討

・疲労設計にあたって，繰返し数の算出を行う．

クレーン走行回数：100 回/日，年間操業日：300 日，耐用年数：30 年

繰返し数は，$N=100\times300\times30=9.0\times10^5$ 回

・下フランジおよびウェブ下端の溶接部の垂直応力度について検討を行う．

継手などの形式より，基準疲労強さ $\Delta\sigma_F$ と許容疲労強さ $\Delta\sigma_a$ は，

下フランジ部：　$\Delta\sigma_F=160$ N/mm^2　$\Delta\sigma_a=126/\sqrt[3]{N}\times\Delta\sigma_F=208.8$ N/mm^2

ウェブ下端溶接部：$\Delta\sigma_F=100$ N/mm^2　$\Delta\sigma_a=126/\sqrt[3]{N}\times\Delta\sigma_F=130.5$ N/mm^2

・一定応力振幅を受ける場合として疲労設計を行う．

応力範囲を求めるため，最大応力 σ_{max}，最小応力 σ_{min} を算出する．

下フランジ部：　$\sigma_{max}=102.5$ N/mm^2　$\sigma_{min}=6.7$ N/mm^2

ウェブ下端溶接部：$\sigma_{max}=98.2$ N/mm^2　$\sigma_{min}=6.4$ N/mm^2

ここで，σ_{min} はクレーンガーダーの梁自重による応力より算出した．

よって，応力範囲は下式となり，許容疲労強さ以下である．

下フランジ部：　$\sigma_{max}-\sigma_{min}=95.8$ N/mm^2　≦　$\Delta\sigma_a=208.8$ N/mm^2　OK

ウェブ下端溶接部：$\sigma_{max}-\sigma_{min}=91.8$ N/mm^2　≦　$\Delta\sigma_a=130.5$ N/mm^2　OK

〔解　説〕

クレーンに発生しやすい疲労亀裂を**図 3･23** に示す．

疲労の設計については，(一社) 日本鋼構造協会より，「鋼構造物の疲労設計指針・同解説」が出版されており，疲労に対する詳細な検討を行うときは参考にするとよい．

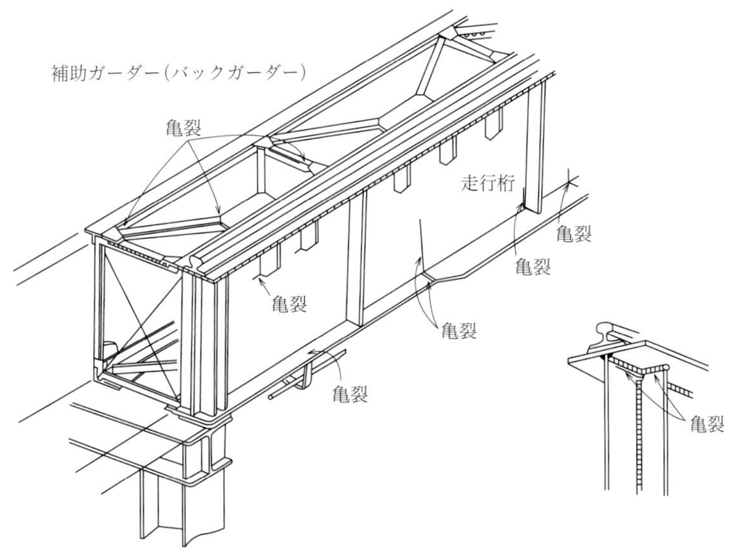

図 3・23　疲労亀裂が発生する可能性のある部位

5. スパン方向の応力解析

5.1 軸力・地震力の計算

(1) 軸力の計算

代表フレームとして，X4通りについて計算する．

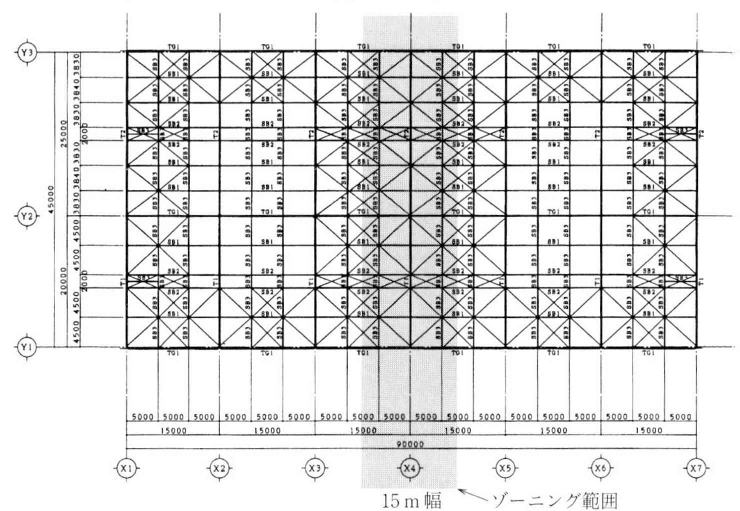

位置	階	名称	①単位重量	②計算式	①×②	軸力 N〔kN〕	ΣN〔kN〕
X4×Y1	屋根	屋根	0.60	15.0×20.0/2	90.0		
		棟モニター	3.00	15.0/2	22.5		
		外壁	0.40	15.0×7.0/2	21.0		
		柱	1.50	7.0/2	5.3	138.8	138.8
	クレーンガーダー	外壁	0.40	15.0×(7.0+8.8)/2	47.4		
		クレーンガーダー	3.00	15.0	45.0		
		柱(上部)	1.50	7.0/2	5.3		
		柱(下部)	3.00	8.8/2	13.2	110.9	249.7
	基礎	外壁	0.40	15.0×8.8/2	26.4		
		柱	3.00	8.8/2	13.2		
		地中梁	13.00	15.0	195.0	234.6	484.3
X4×Y2	屋根	屋根	0.60	15.0×(20.0+25.0)/2	202.5		
		棟モニター	3.00	15.0	45.0		
		柱	1.50	7.0/2	5.3	252.8	252.8
	クレーンガーダー	クレーンガーダー	3.00	15.0×2	90.0		
		柱(上部)	1.50	7.0/2	5.3		
		柱(下部)	3.00	8.8/2	13.2	108.5	361.3
	基礎	柱	3.00	8.8/2	13.2		
		地中梁	13.00	15.0	195.0	208.2	569.5

X4×Y3	屋根	屋根	0.60	15.0×25.0/2	112.5		
		棟モニター	3.00	15.0/2	22.5		
		外壁	0.40	15.0×7.0/2	21.0		
		柱	1.50	7.0/2	5.3	161.3	161.3
	クレーンガーダー	外壁	0.40	15.0×(7.0+8.8)/2	47.4		
		クレーンガーダー	3.00	15.0	45.0		
		柱(上部)	1.50	7.0/2	5.3		
		柱(下部)	3.00	8.8/2	13.2	110.9	272.2
	基礎	外壁	0.40	15.0×8.8/2	26.4		
		柱	3.00	8.8/2	13.2		
		地中梁	13.00	15.0	195.0	234.6	506.8

（2） 地震力の計算

フレームの地震力

$H=16.38$ m

平屋ではあるが，荷重の分布を考えて，クレーンガーダー面，屋根面の2層とする．

$T=0.03\times16.38=0.491$ 秒

位置	層	W_i〔kN〕	$\sum W_i$〔kN〕	α	A_i	C_i	Q_i〔kN〕	P_i〔kN〕
X4×Y1	屋根	138.8	138.8	0.556	1.312	0.262	36.4	36.4
	クレーンガーダー	110.9	249.7	1.000	1.000	0.200	49.9	13.5
X4×Y2	屋根	252.8	252.8	0.700	1.197	0.239	60.4	60.4
	クレーンガーダー	108.5	361.3	1.000	1.000	0.200	72.3	11.9
X4×Y3	屋根	161.3	161.3	0.593	1.280	0.256	41.3	41.3
	クレーンガーダー	110.9	272.2	1.000	1.000	0.200	54.4	13.1

〔**解　説**〕

地震力の計算はゾーニングによる．

5.2 クレーン荷重による架構設計用軸力・水平力の計算

下表にクレーンの全荷重ケース（CL-1～CL-7）についてのクレーン荷重の値を示す．荷重の計算については，荷重ケースCL-1のときの P_1 の計算のみを示す．

P_1 は，クレーンが右図の位置に来たときの鉛直方向の最大反力 R_A と等しいので

$$P_1=1.2\times190\times\{1.0+(15.0-4.80)/15.0\}=383.0\ \text{kN}$$

荷重ケース	モデル図	荷　重
CL-1	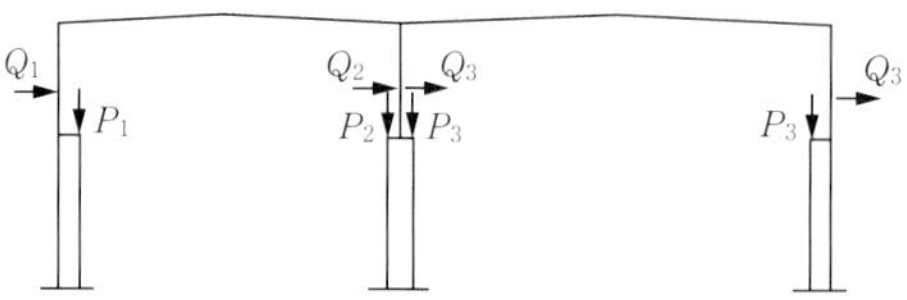 Q_1 P_1 Q_2 Q_3 P_2 P_3 Q_3 P_3	P_1=383.0 kN　Q_1=31.9 kN P_2=201.6 kN　Q_2=16.8 kN P_3=277.8 kN　Q_3=23.1 kN
CL-2	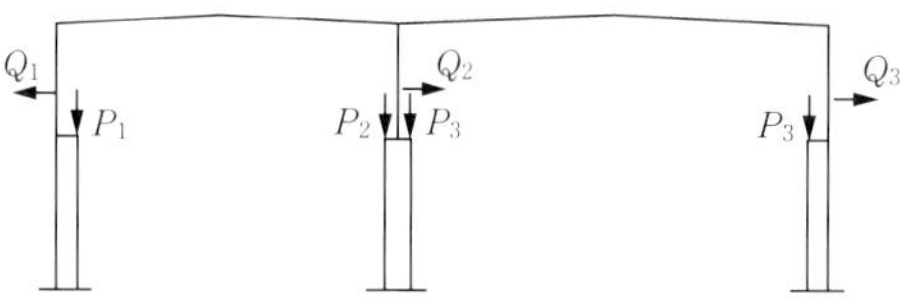 Q_1 P_1 Q_2 P_2 P_3 Q_3 P_3	P_1=383.0 kN　Q_1=31.9 kN P_2=201.6 kN　Q_2=16.8 kN P_3=277.8 kN　Q_3=23.1 kN
CL-3	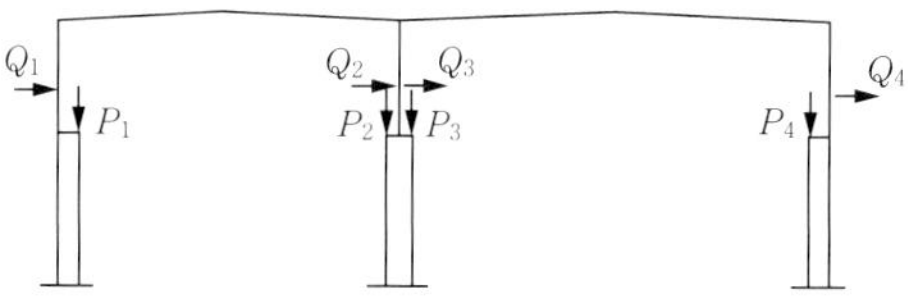 Q_1 P_1 Q_2 Q_3 P_2 P_3 Q_4 P_4	P_1=201.6 kN　Q_1=16.8 kN P_2=383.0 kN　Q_2=31.9 kN P_3=357.1 kN　Q_3=29.8 kN P_4=198.4 kN　Q_4=16.5 kN
CL-4	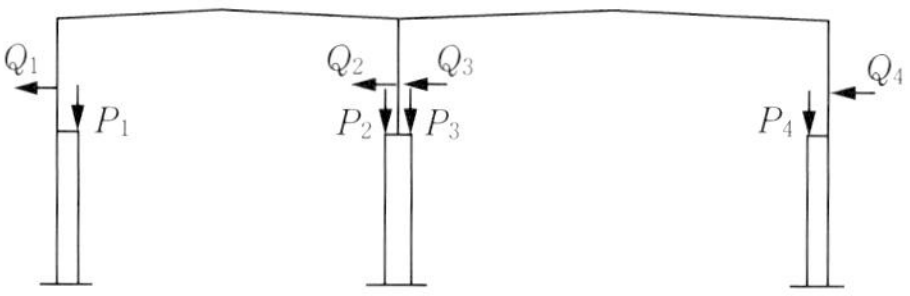 Q_1 P_1 Q_2 Q_3 P_2 P_3 Q_4 P_4	P_1=201.6 kN　Q_1=16.8 kN P_2=383.0 kN　Q_2=31.9 kN P_3=357.1 kN　Q_3=29.8 kN P_4=198.4 kN　Q_4=16.5 kN
CL-5	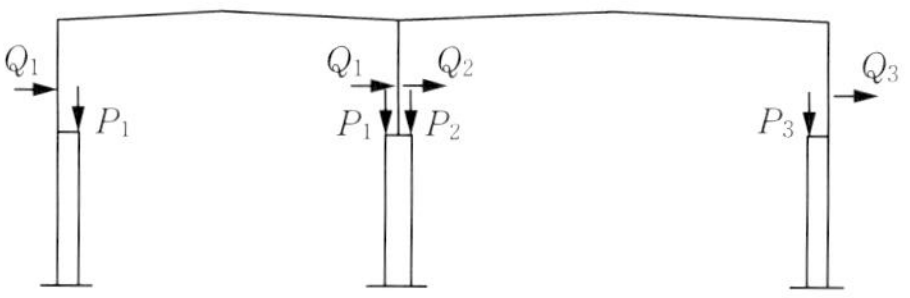 Q_1 P_1 Q_1 Q_2 P_1 P_2 Q_3 P_3	P_1=292.3 kN　Q_1=24.4 kN P_2=198.4 kN　Q_2=16.5 kN P_3=357.1 kN　Q_3=29.8 kN
CL-6	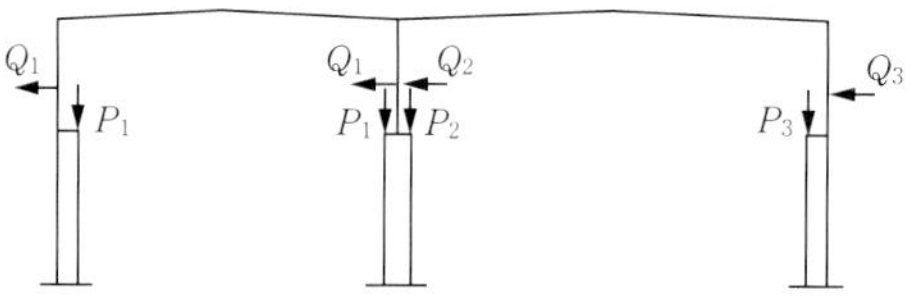 Q_1 P_1 Q_1 Q_2 P_1 P_2 Q_3 P_3	P_1=292.3 kN　Q_1=24.4 kN P_2=198.4 kN　Q_2=16.5 kN P_3=357.1 kN　Q_3=29.8 kN
CL-7	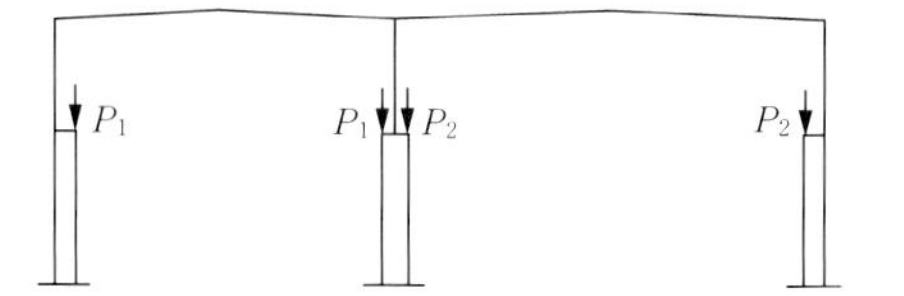 P_1 P_1 P_2 P_2	P_1=159.6 kN P_2=165.3 kN

5.3　応力解析

（1）　応力解析モデル

スパン方向の解析の代表フレームとしてＸ４通りを選択する．

下図に解析モデルおよび仮定断面を示す．

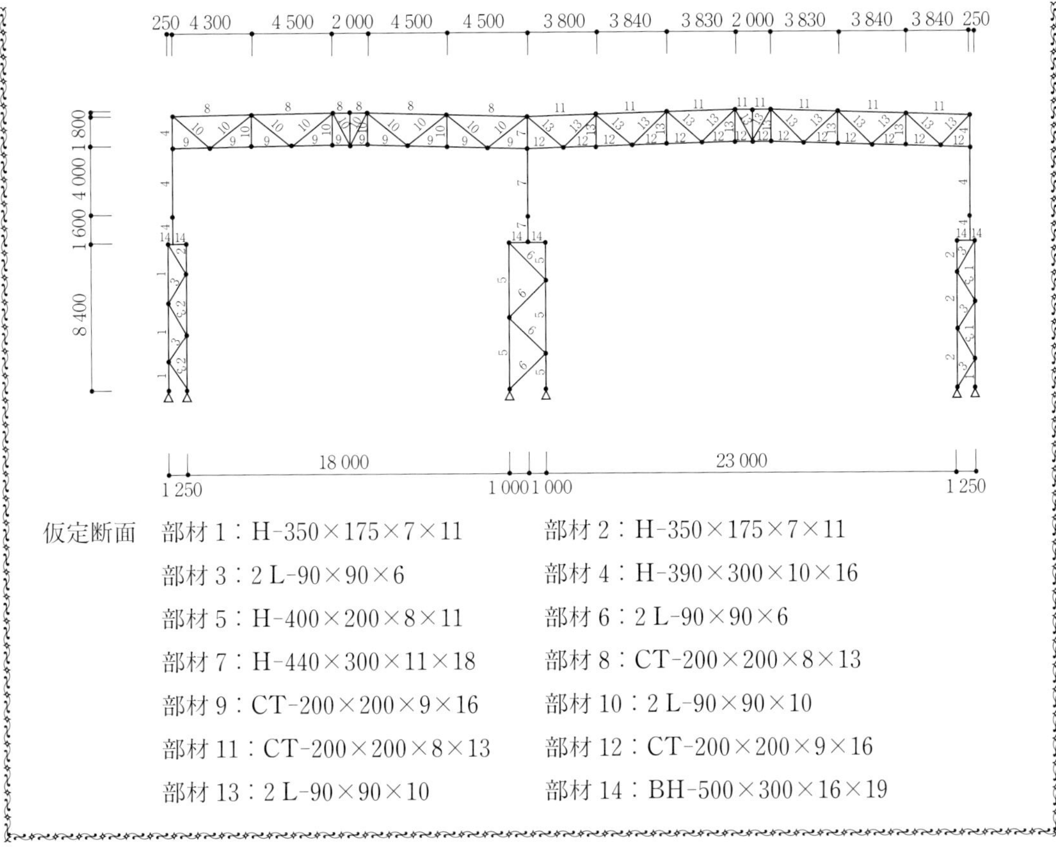

〔解　説〕

電算入力のためのフレームのモデル化については，本設計例のように組柱およびトラス梁をラチス材まで含めてモデル化する方法と，すべての部材を単材に置換してモデル化する方法がある．どちらの方法が優れているとは一概にいえない．それぞれに一長一短があるので，それをよく理解し，目的に応じて使い分けるとよい（**表 3･3**）．

表 3・3　フレームモデル化の比較

組立材まで含めたモデル	単材でのモデル
・モデルが複雑になる． ・応力図から危険断面位置を把握しにくい． ・部材設計をするとき，解析結果の応力をそのまま使用できる． ・解析の精度が高い．	・モデルが単純である． ・応力図から危険断面位置を把握しやすい． ・組立材の部材設計をするとき，解析結果の曲げモーメントおよびせん断力を軸力に変換する必要がある． ・解析の精度が低い．

（2）　荷重組合せ

荷重の組合せ条件を下表に示す．

	組合せケース名	組合せ条件
長　期	組合せケース 1	DL＋CL-1
	組合せケース 2	DL＋CL-2
	組合せケース 3	DL＋CL-3
	組合せケース 4	DL＋CL-4
	組合せケース 5	DL＋CL-5
	組合せケース 6	DL＋CL-6
短　期	組合せケース 7	DL＋CL-7＋KL
	組合せケース 8	DL＋CL-7－KL
	組合せケース 9	DL＋WL-1
	組合せケース 10	DL＋WL-2
	組合せケース 11	DL＋WL-3
	組合せケース 12	DL＋WL-4
	組合せケース 13	DL＋SL

〔解　説〕

クレーン付きの建物では，荷重の組合せ条件が非常に多くなる．部材の設計で最も厳しくなる条件を漏らさないことが重要である．各部材の断面が決定する荷重条件を想定しておくとよい．一般に，下記の条件で決まることが多い．

1柱：長期のクレーン荷重，短期の地震荷重・風荷重

2柱：短期の地震荷重・風荷重

屋根トラス：短期の風荷重・積雪荷重

〔注〕　1柱は，クレーンガーダーより下の組柱を示す．

　　　2柱は，クレーンガーダーより上の単柱を示す．

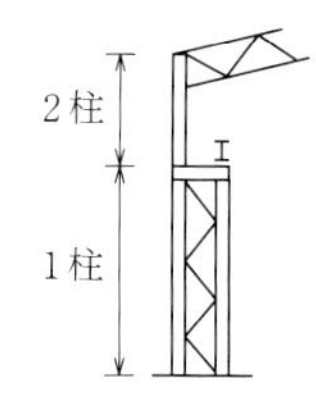

図3・24

（3）　荷重図

下表に，荷重図を示す．クレーンの荷重図は，5.2「クレーン荷重による架構設計用軸力・水平力の計算」で示しているので，ここでは省略する．

荷重ケース	モデル図	荷　重
DL （固定荷重）	P_1 P_2 P_3 P_3 P_2 P_4 P_5 P_5 P_6 P_6 P_5 P_5 P_7 P_9 P_8 P_{10} P_{11} P_{10} P_{10} P_{10} P_9 P_8	P_1＝46.5 kN　P_7＝43.5 kN P_2＝40.5 kN　P_8＝66.0 kN P_3＝51.8 kN　P_9＝26.3 kN P_4＝41.0 kN　P_{10}＝58.2 kN P_5＝34.5 kN　P_{11}＝5.3 kN P_6＝48.7 kN

荷重	図	荷重値
KL （地震荷重）		Q_1=36.4 kN Q_2=13.5 kN Q_3=60.4 kN Q_4=11.9 kN Q_5=41.3 kN Q_6=13.1 kN
WL-1 （風荷重-1）		P_1=10.1 kN　Q_1=65.3 kN P_2=20.3 kN　Q_2=78.8 kN P_3=14.6 kN　Q_3=112.5 kN P_4=36.6 kN　Q_4=26.1 kN P_5=50.6 kN　Q_5=31.5 kN P_6=25.3 kN　Q_6=45.0 kN P_7=21.5 kN P_8=43.1 kN P_9=32.8 kN P_{10}=21.5 kN
WL-2 （風荷重-2）		P_1=50.6 kN　Q_1=65.3 kN P_2=101.3 kN　Q_2=78.8 kN P_3=73.1 kN　Q_3=112.5 kN P_4=36.6 kN　Q_4=26.1 kN P_5=50.6 kN　Q_5=31.5 kN P_6=25.3 kN　Q_6=45.0 kN P_7=21.5 kN P_8=43.1 kN P_9=32.8 kN P_{10}=21.5 kN
WL-3 （風荷重-3）		P_1=25.3 kN　Q_1=26.1 kN P_2=50.6 kN　Q_2=31.5 kN P_3=36.6 kN　Q_3=45.0 kN P_4=25.3 kN　Q_4=65.3 kN P_5=21.5 kN　Q_5=78.8 kN P_6=43.1 kN　Q_6=112.5 kN P_7=32.8 kN P_8=13.1 kN P_9=17.3 kN P_{10}=8.6 kN
WL-4 （風荷重-4）		P_1=25.3 kN　Q_1=26.1 kN P_2=50.6 kN　Q_2=31.5 kN P_3=36.6 kN　Q_3=45.0 kN P_4=25.3 kN　Q_4=65.3 kN P_5=21.5 kN　Q_5=78.8 kN P_6=43.1 kN　Q_6=112.5 kN P_7=32.8 kN P_8=65.6 kN P_9=86.3 kN P_{10}=43.1 kN
SL （積雪荷重）		P_1=20.3 kN P_2=40.5 kN P_3=29.3 kN P_4=37.5 kN P_5=34.5 kN P_6=26.2 kN P_7=17.2 kN

〔解　説〕

荷重図は，計算機への入力データをまとめたものである．計算機への入力をしやすくなるように整理しておくことが重要である．

本建物のような，天井走行クレーンを有する建物では，一般の建物に比べて，解析する荷重ケースが多く，煩雑である．ある程度経験を積んだ設計者であれば，省略する荷重ケースを見極めることができるが，初心者には難しい．応力解析のデータを，断面計算式をプログラムした表計算ソフトに入力すれば，荷重ケースが多くても手間はかからないので，最近は全ケースについて検討することが多い．

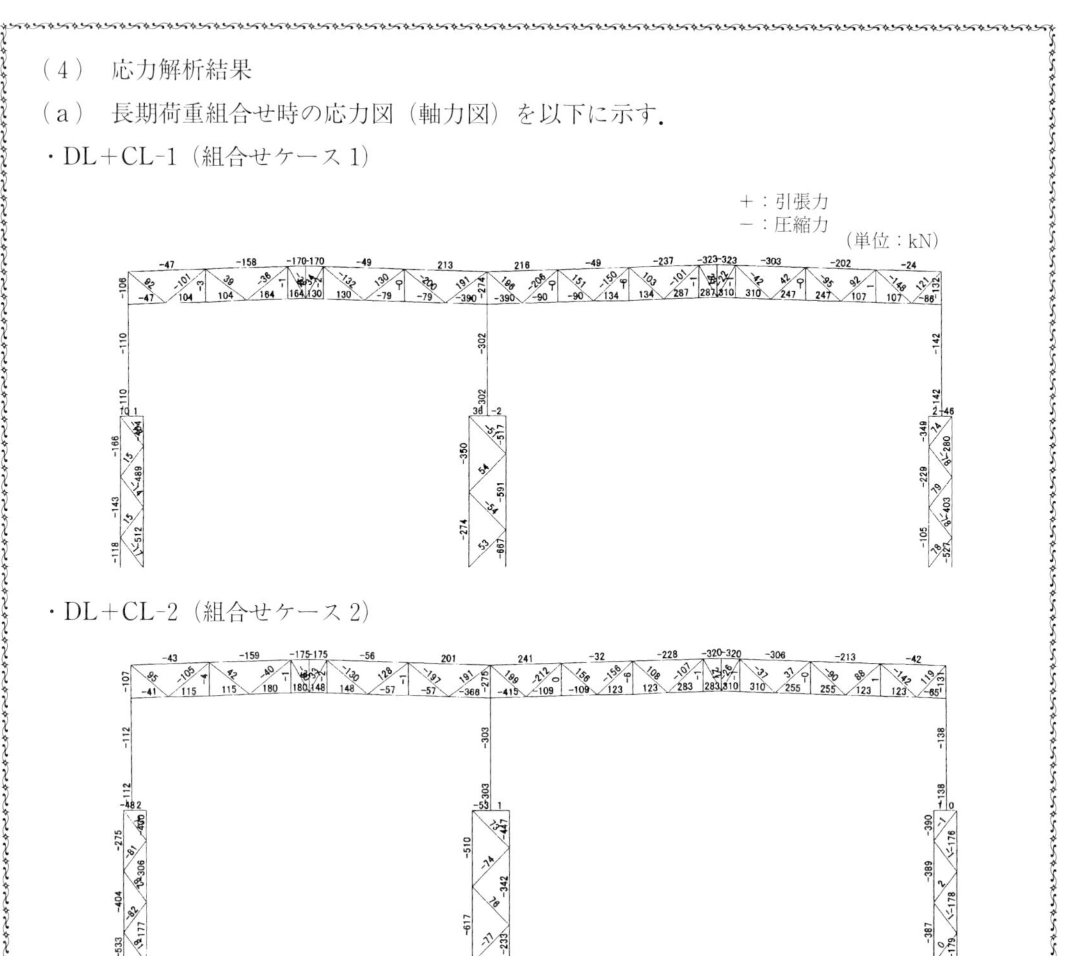

（4）応力解析結果
（a）長期荷重組合せ時の応力図（軸力図）を以下に示す．
・DL＋CL-1（組合せケース 1）
＋：引張力
－：圧縮力
（単位：kN）
・DL＋CL-2（組合せケース 2）

・DL+CL-3（組合せケース 3）

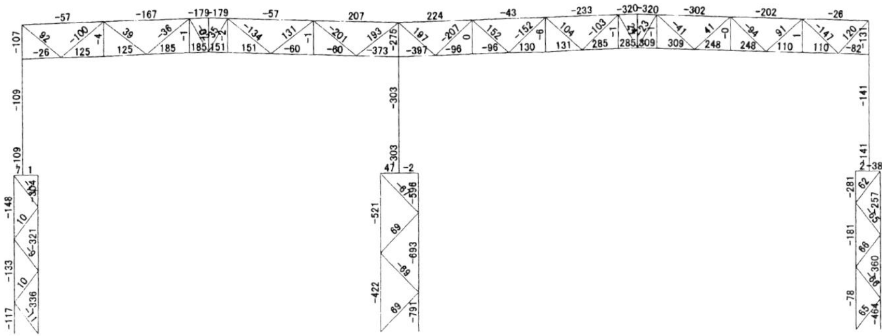

・DL+CL-4（組合せケース 4）

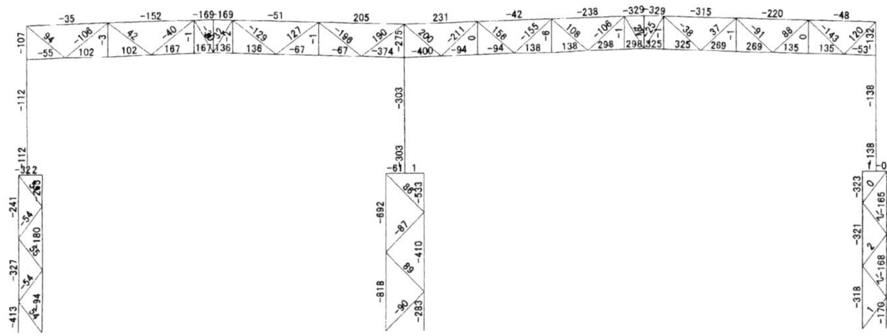

・DL+CL-5（組合せケース 5）

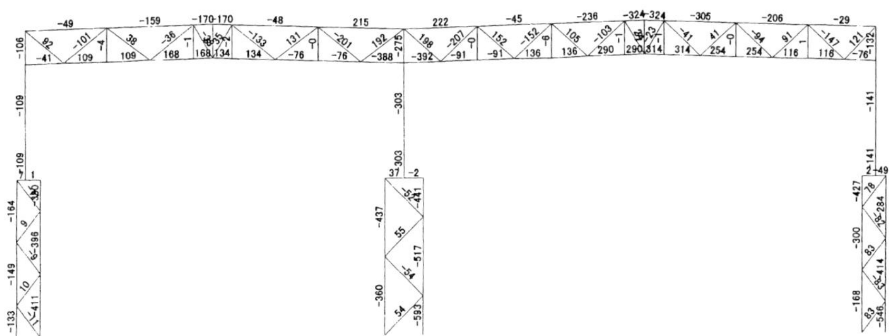

・DL+CL-6（組合せケース 6）

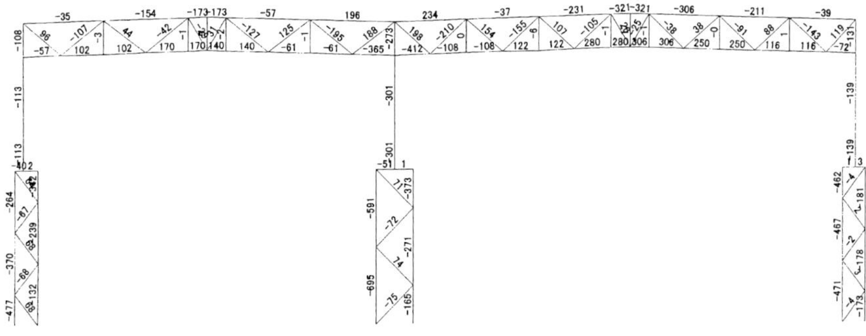

（b）　短期荷重組合せ時の応力図（軸力図）を以下に示す．

・DL＋CL-7＋KL（組合せケース 7）

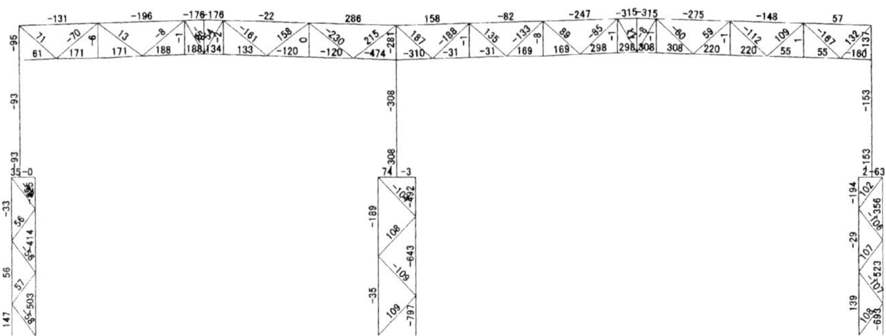

・DL＋CL-7－KL（組合せケース 8）

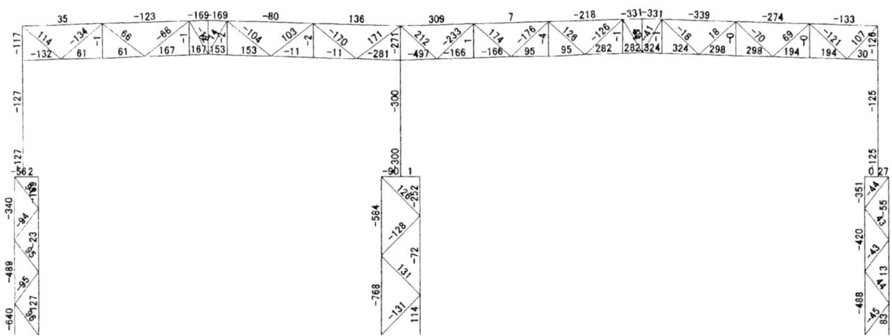

・DL＋WL-1（組合せケース 9）

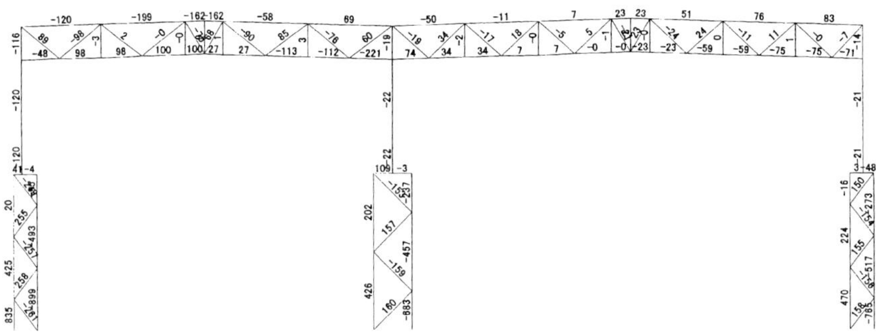

・DL＋WL-2（組合せケース 10）

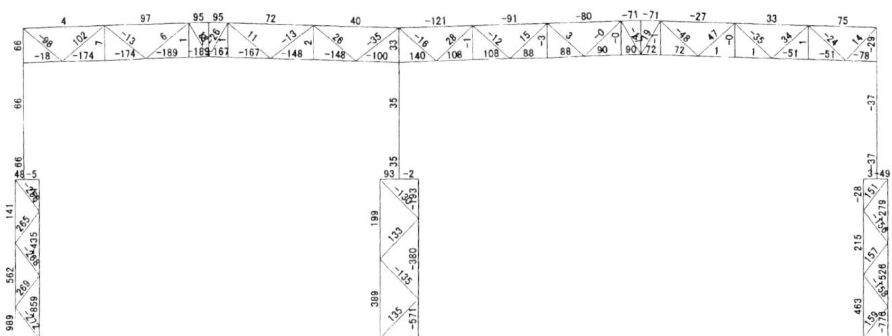

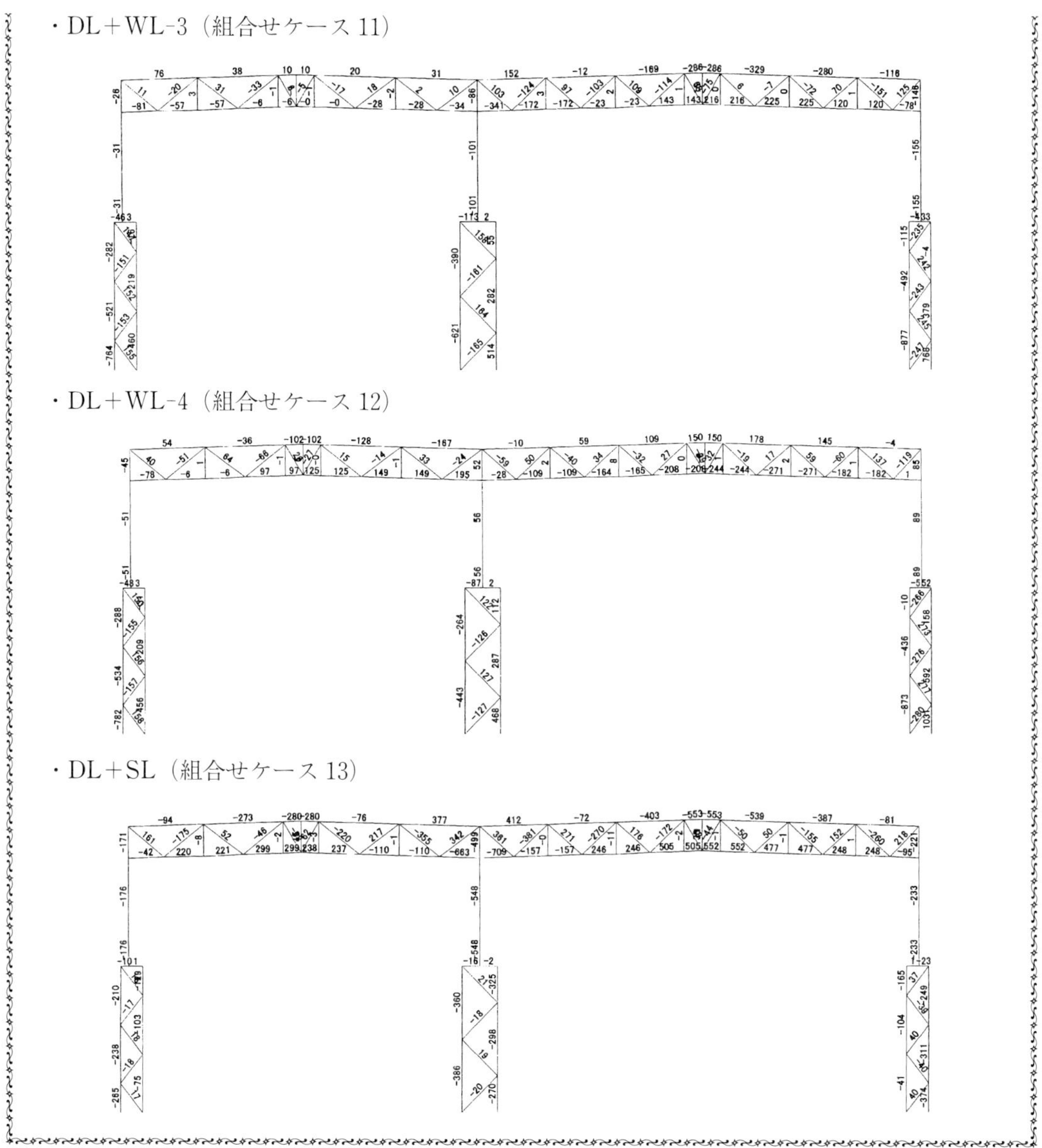

・DL＋WL-3（組合せケース 11）
・DL＋WL-4（組合せケース 12）
・DL＋SL（組合せケース 13）

〔解 説〕

応力解析結果は，曲げモーメント図が重要であるが，本設計例のように，組立材を使用した建物では，2柱とクレーンベッドを除いた部材には原則として軸力しか発生しない．そのため本設計例では軸力図を載せた．

6.　主架構の設計

6.1　柱の設計

C1について設計する.

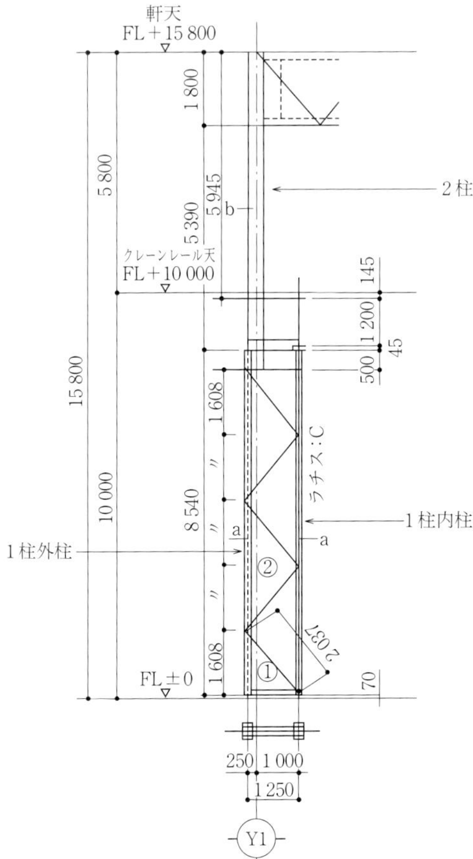

（1）　Y1通り1柱の設計

（a）　外柱の設計

1柱設計用の応力は，一般的には柱脚部で最大となるが，弱軸方向の座屈長さの関係から，本柱については中間部で断面が決定する可能性もある．設計用応力の算出にあたっては柱脚部（図中の①)，中間部（図中の②）について行う．

長期設計用応力（軸力：kN)

	DL＋CL-1	DL＋CL-2	DL＋CL-3	DL＋CL-4	DL＋CL-5	DL＋CL-6
柱脚部①	－118	－533	－117	－413	－133	－477
中間部②	－143	－404	－133	－327	－149	－370

短期設計用応力（軸力：kN）

	DL＋CL-7 ＋KL	DL＋CL-7 －KL	DL＋WL-1	DL＋WL-2	DL＋WL-3	DL＋WL-4	DL＋SL
柱脚部①	147	－640	835	989	－764	－782	－265
中間部②	56	－489	425	562	－521	－534	－238

① 柱脚部（①部材）についての検討

・長期設計用応力

(DL＋CL-2)　$N=-533$ kN：圧縮

・短期設計用応力

壁の胴縁の割付けは，ラチスの節点とは一致しないため，風荷重時には，柱弱軸方向に曲げモーメントが発生する．単純梁として計算すると

正圧時：$M=1/8\times1.0\times1.50\times5.0\times1.608^2=2.4$ kN·m

負圧時：$M=1/8\times0.4\times1.50\times5.0\times1.608^2=1.0$ kN·m

(DL＋WL-2)　$N=989$ kN：引張　$M=2.4$ kN·m

(DL＋WL-4)　$N=-782$ kN：圧縮　$M=1.0$ kN·m

使用部材：H-350×175×7×11

$A=6\,291$ mm^2　$Z_y=1.12\times10^5$ mm^3　$i_x=146$ mm　$i_y=39.6$ mm

$l_x=8\,540$ mm　$l_y=1\,608$ mm

強軸方向の細長比は，$\lambda_x=8\,540/146=58.5$

弱軸方向の細長比は，$\lambda_y=1\,608/39.6=40.6$

柱材の長期許容圧縮応力度は，強軸方向の細長比で決まり，${}_Lf_c=127$ N/mm^2

長期許容引張応力度および許容曲げ応力度は，$f_t=f_b=156$ N/mm^2

・応力度比の確認

長期荷重時

(DL＋CL-2)　$\sigma_c/f_c=(533\times10^3/6\,291)/127=0.67\ <\ 1.0$　OK

短期荷重時

(DL＋WL-2)　引張：$\sigma_t/f_t=(989\times10^3/6\,291)/(156\times1.5)=0.67$

曲げ：$\sigma_b/f_b=\{(2.4\times10^6)/(1.12\times10^5)\}/(156\times1.5)=0.09$

$\sigma/f=0.67+0.09=0.76\ <\ 1.0$　OK

(DL＋WL-4)　圧縮：$\sigma_c/f_c=(782\times10^3/6\,291)/(127\times1.5)=0.65$

曲げ：$\sigma_b/f_b=\{(1.0\times10^6)/(1.12\times10^5)\}/(156\times1.5)=0.04$

$\sigma/f=0.65+0.04=0.69\ <\ 1.0$　OK

② 柱中間部（②部材）についての検討

・長期設計用応力

(DL＋CL-2)　$N=-404$ kN：圧縮

・短期設計用応力

風荷重時の柱弱軸方向に曲げモーメントを単純梁として計算すると

正圧時：$M=1/8\times1.0\times1.50\times5.0\times3.216^2=9.7$ kN･m

負圧時：$M=1/8\times0.4\times1.50\times5.0\times3.216^2=3.9$ kN･m

(DL＋WL-2)　$N=562$ kN：引張　　$M=9.7$ kN･m

(DL＋WL-4)　$N=-534$ kN：圧縮　$M=3.9$ kN･m

使用部材：H-350×175×7×11

$A=6\,291$ mm²　　$Z_y=1.12\times10^5$ mm³　　$i_x=146$ mm　　$i_y=39.6$ mm

$l_x=8\,540$ mm　　$l_y=3\,216$ mm

強軸方向の細長比は，$\lambda_x=8\,540/146=58.5$

弱軸方向の細長比は，$\lambda_y=3\,216/39.6=81.2$

柱材の長期許容圧縮応力度は，弱軸方向の細長比で決まり，${}_Lf_c=105$ N/mm²

長期許容引張応力度および許容曲げ応力度は，$f_t=f_b=156$ N/mm²

・応力度比の確認

長期荷重時

(DL＋CL-2)　$\sigma_c/f_c=(404\times10^3/6\,291)/105=0.61 \quad < \quad 1.0$　OK

短期荷重時

(DL＋WL-2)　引張：$\sigma_t/f_t=(562\times10^3/6\,291)/(156\times1.5)=0.38$

曲げ：$\sigma_b/f_b=\{(9.7\times10^6)/(1.12\times10^5)\}/(156\times1.5)=0.37$

$\sigma/f=0.38+0.37=0.75 \quad < \quad 1.0$　OK

(DL＋WL-4)　圧縮：$\sigma_c/f_c=(534\times10^3/6\,291)/(105\times1.5)=0.54$

曲げ：$\sigma_b/f_b=\{(3.9\times10^6)/(1.12\times10^5)\}/(156\times1.5)=0.15$

$\sigma/f=0.54+0.15=0.69 \quad < \quad 1.0$　OK

（b）　内柱の設計

内柱については弱軸方向の座屈長さは柱脚部と柱中間部で同じなので，断面の検討は柱脚部についてのみ行う．

長期設計用応力（軸力：kN）

	DL＋CL-1	DL＋CL-2	DL＋CL-3	DL＋CL-4	DL＋CL-5	DL＋CL-6
柱脚部	−512	−177	−336	−94	−411	−132

短期設計用応力（軸力：kN）

	DL＋CL-7＋KL	DL＋CL-7−KL	DL＋WL-1	DL＋WL-2	DL＋WL-3	DL＋WL-4	DL＋SL
柱脚部	−503	127	−899	−859	460	456	−75

・長期設計用応力

(DL＋CL-1)　$N=-512$ kN：圧縮

・短期設計用応力

(DL＋WL-1)　$N=-899$ kN：圧縮

使用部材：H-350×175×7×11

$A=6\,291$ mm²　　$i_x=146$ mm　　$i_y=39.6$ mm

$l_x = 8\,540$ mm　　$l_y = 3\,216$ mm

強軸方向の細長比は，$\lambda_x = 8\,540/146 = 58.5$

弱軸方向の細長比は，$\lambda_y = 3\,216/39.6 = 81.2$

柱材の長期許容圧縮応力度は，強軸方向の細長比で決まり，${}_Lf_c = 105$ N/mm^2

・応力度比の確認

長期荷重時

(DL＋CL-1)　$\sigma_c/f_c = (512 \times 10^3/6\,291)/105 = 0.78 < 1.0$　OK

短期荷重時

(DL＋WL-1)　圧縮：$\sigma_c/f_c = (899 \times 10^3/6\,291)/(105 \times 1.5) = 0.91 < 1.0$　OK

（c）　柱ラチスの設計

断面の検討は最下部および2段目のラチスについて行う．

長期設計用応力（軸力：kN）

	DL＋CL-1	DL＋CL-2	DL＋CL-3	DL＋CL-4	DL＋CL-5	DL＋CL-6
最下部	－17	81	－11	54	－11	68
2段目	15	－82	10	－54	10	－68

短期設計用応力（軸力：kN）

	DL＋CL-7＋KL	DL＋CL-7－KL	DL＋WL-1	DL＋WL-2	DL＋WL-3	DL＋WL-4	DL＋SL
最下部	－58	96	－261	－272	155	158	17
2段目	57	－95	258	269	－153	－157	－18

上の表より，断面は明らかに短期荷重時で決まる．

・短期設計用応力

(DL＋WL-2)　$N = -272$ kN：圧縮

使用部材：2 L-90×90×6

$A = 2 \times 1\,055$ mm^2　　$i_x = i_y = 27.7$ mm　　$i_v = 17.8$ mm

$l_x = l_y = 2\,038$ mm　　45°方向についてはプレートで拘束する．

細長比は，$\lambda_x = \lambda_y = 2\,038/27.7 = 73.6$

ラチス材の長期許容圧縮応力度は，${}_Lf_c = 113$ N/mm^2

長期許容引張応力度は，${}_Lf_t = 156$ N/mm^2

山形鋼を使用する場合，偏心の影響を考慮して，突出フランジの1/2とファスナー欠損を除いて有効断面積とする．ただし，圧縮側で座屈による低減がそれ以上の場合は，全断面有効とする．

・応力度比の確認

短期荷重時

(DL＋WL-2)　2段目：$\sigma_t/f_t = \{269 \times 10^3/(2 \times 1\,055 \times 0.75\}/(156 \times 1.5)$

$= 0.73 < 1.0$　OK

(DL＋WL-2)　最下段：$\sigma_c/f_c = \{272 \times 10^3/(2 \times 1\,055\}/(113 \times 1.5) = 0.76 < 1.0$　OK

〔**解　説**〕

組立形式の柱の設計は，座屈に対する設計といっても過言ではない．そのため最も重要なのは，柱の座屈長さを適切に評価することである．一般に，充腹でない方向については，節点間距離を柱の座屈長さとしてよい．

圧縮材の細長比は250以下，柱材では200以下にするように「鋼構造設計規準」で規定している．

（d） 柱脚の設計

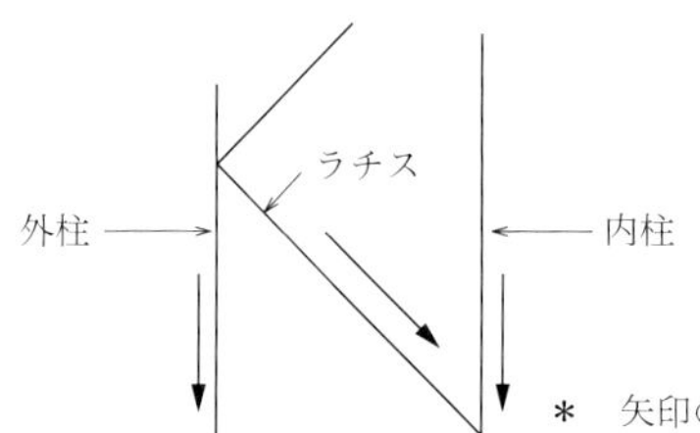

長期設計用軸力・水平力（単位：kN）

		DL＋CL-1	DL＋CL-2	DL＋CL-3	DL＋CL-4	DL＋CL-5	DL＋CL-6
外柱軸力		118	533	117	413	133	477
内柱軸力		512	177	336	94	411	132
ラチス	軸　力	17	−81	11	−54	11	−68
	鉛直成分	13	−64	9	−43	9	−54
	水平成分	10	−50	7	−33	7	−42

短期設計用軸力・水平力（単位：kN）

		DL＋CL-7＋KL	DL＋CL-7−KL	DL＋WL-1	DL＋WL-2	DL＋WL-3	DL＋WL-4	DL＋SL
外柱軸力		−147	640	−835	−989	764	782	265
内柱軸力		503	−127	899	859	−460	−456	75
ラチス	軸　力	58	−96	261	272	−155	−158	−17
	鉛直成分	46	−76	206	215	−122	−125	−13
	水平成分	36	−59	160	167	−95	−97	−10

① 外柱柱脚部の設計

・アンカーボルトの設計

長期については，圧縮しか作用していないので，短期の応力についてのみ検討する．

短期設計用応力

（DL＋WL-2）　$N=-989$ kN：引抜

アンカーボルト：8-M 30（ABR 400）

$A=8\times594.4$　　$A_e=8\times560.6=4\,484.8$ mm²

$f_t=235$ N/mm²

$\sigma_t=989\times10^3/4\,484.8=221$ N/mm²

応力度比の確認

$\sigma_t/f_t=221/235=0.94 \quad < \quad 1.0$　OK

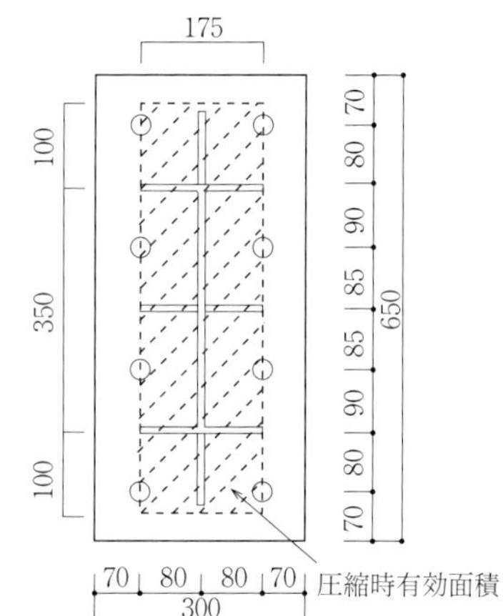

・ベースプレートの設計

長期設計用応力

(DL＋CL-2)　$N=533$ kN：圧縮

短期設計用応力

(DL＋WL-4)　$N=782$ kN：圧縮

(DL＋WL-2)　$N=-989$ kN：引抜

圧縮に対する検討

圧縮力については，長期荷重が支配的なので，長期のみ検討する．

ベースプレートの有効面積を 96 250 mm²〔＝175×(350＋200)〕とすると，単位面積当りの荷重は

$$w=533\times10^3/96\,250=5.54\ \mathrm{N/mm^2}$$

2 辺固定の片持板として設計する．

RC 規準の算定図表より，単位長さ当りの最大曲げモーメントは

$$M_{\max}=0.29\times wl_x{}^2=0.29\times5.54\times80^2=10\,282\ \mathrm{N\cdot mm/mm}$$

ベースプレート：PL-40 (SN 400 B)

単位長さ当りの断面係数は，$Z=t^2/6=40^2/6=267\ \mathrm{mm^3/mm}$

長期許容曲げ応力度は，$f_b=156\ \mathrm{N/mm^2}$

ベースプレートに作用する最大曲げ応力度は，$\sigma_b=10\,282/267=38.5\ \mathrm{N/mm^2}$

応力度比の確認

$\sigma_b/f_b=38.5/156=0.25 \quad < \quad 1.0$　OK

引抜に対する検討

引抜力については，短期荷重が支配的なので，短期のみ検討する．

アンカーボルト 1 本当りの引抜力は

$$N=989/8=124\ \mathrm{kN}$$

2 辺固定の片持板として設計する．

アンカーボルトの引抜により，ベースプレートに発生する曲げモーメントは

$$M=124\times10^3\times80=9.92\times10^6\ \mathrm{N\cdot mm}$$

有効幅は，187.5 mm (＝100＋87.5)

ベースプレートに作用する最大曲げ応力度は

$$\sigma_b=9.92\times10^6/(267\times187.5)=198\ \mathrm{N/mm^2}$$

応力度比の確認

$\sigma_b/f_b=198/235=0.84 \quad < \quad 1.0$　OK

②　内柱柱脚部の設計

内柱については，ラチスが取り付くため，せん断力が発生する．

・設計用応力

引抜力の発生する短期応力についてのみ検討する．

短期設計用応力

(DL＋WL-4)　$N=-456-125=-581$ kN：引抜

$Q=-97.0$ kN

アンカーボルト：8-M 30（ABR 400）

$A=8\times594.4$ mm^2　　$A_e=8\times560.6=4\,484.8$ mm^2

$f_t=235$ N/mm^2

$\sigma_t=581\times10^3/4\,484.8=130$ N/mm^2

$\tau=97.0\times10^3/4\,484.8=21.6$ N/mm^2

引張力とせん断力が作用するボルトの短期許容引張応力度は

$f_{ts}=1.4f_{t0}-1.6\tau=1.4\times235-1.6\times21.6=294 \rightarrow f_{ts}=235$ N/mm^2

応力度比の確認

$\sigma_t/f_{ts}=130/235=0.55 < 1.0$　OK

〔**解　説**〕

本設計例では，柱脚に露出柱脚形式を採用した．工場建屋では施工の簡便さから露出柱脚を採用することが多いが，柱の軸力が大きい場合には，ダブルベースタイプの露出柱脚や根巻き柱脚タイプを採用するとよい（**図 3･25**）．

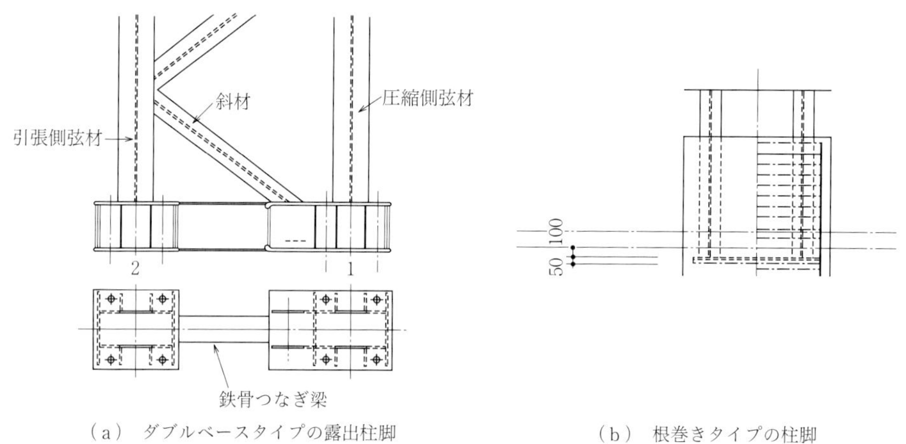

（a） ダブルベースタイプの露出柱脚　　（b） 根巻きタイプの柱脚

図 3・25　柱脚の例

（2） Y 1 通り 2 柱の設計

設計用の応力は最下部について行う．

長期設計用応力（軸力：kN，曲げモーメント：kN･m）

	DL＋CL-1	DL＋CL-2	DL＋CL-3	DL＋CL-4	DL＋CL-5	DL＋CL-6
N	−110	−112	−109	−112	−109	−113
M	48	71	30	71	43	74

短期設計用応力（軸力：kN，曲げモーメント：kN·m）

	DL＋CL-7＋KL	DL＋CL-7－KL	DL＋WL-1	DL＋WL-2	DL＋WL-3	DL＋WL-4	DL＋WL-5
N	－93	－127	－120	66	－31	－51	－176
M	81	161	109	129	105	107	60

設計用応力の算出については，軸力と曲げモーメントの組合せなので，一概には決定できないが，低層の建物の柱では曲げモーメントの影響が大きいので，曲げモーメントが最大のケースを抽出する．

・短期設計用応力

（DL＋CL-7－KL） $N=127$ kN：圧縮，$M=161$ kN·m

使用部材：H-390×300×10×16

$A=13\,330$ mm^2　$Z_x=1.94\times10^6$ mm^3　$i_x=169$ mm　$i_y=73.5$ mm

$l_{cx}=5\,390$ mm　$l_{cy}=5\,945$ mm　$l_b=5\,945$ mm

$\lambda_c=5\,945/73.5=80.9$　$_Lf_c=106$ N/mm^2

$_Lf_b=89\,000/(l_b\cdot h/A_f)=184 \rightarrow 156$ N/mm^2

・応力度比の確認

（DL＋CL-7－KL）　圧縮：$\sigma_c/{}_sf_c=(127\times10^3/13\,330)/(106\times1.5)=0.06$

曲げ：$\sigma_b/f_b=\{(127\times10^6)/(1.94\times10^6)\}/(156\times1.5)=0.28$

$\sigma/f=0.06+0.28=0.34 < 1.0$ OK

断面算定の結果，軸力の影響は軽微なので曲げモーメントが最大のケースで断面は決定されると考えて問題ない．

〔解　説〕

2柱は一般の単材の柱の設計と同様である．

柱座屈長さのとり方として，強軸方向はクレーンベッドからトラス下端までを，弱軸方向はクレーンガーダー天から軒天までとするのがよい．ただし，つなぎ材などで座屈を補剛してあれば，その節点間間隔をとればよい．

6.2　大梁の設計

T1トラスの設計

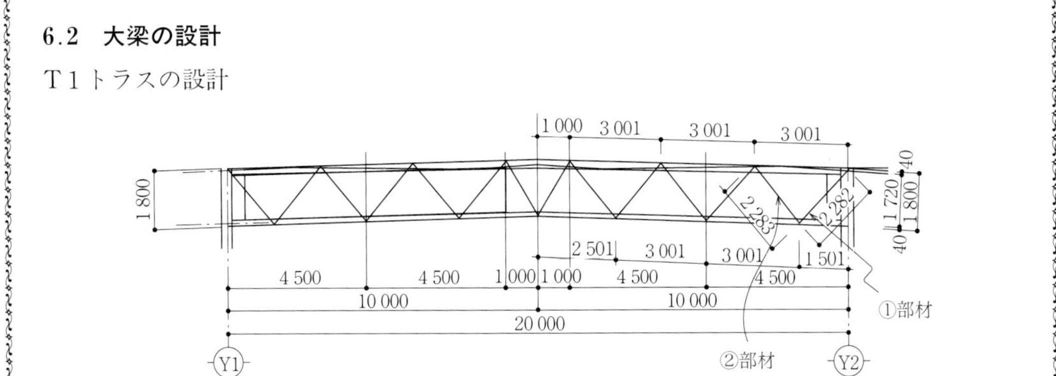

（1）　上弦材の設計

長期設計用応力（軸力：kN）

	DL＋CL-1	DL＋CL-2	DL＋CL-3	DL＋CL-4	DL＋CL-5	DL＋CL-6
Y 2 端部	213	201	207	205	215	196
中央部	−170	−175	−179	−169	−170	−173

短期設計用応力（軸力：kN）

	DL＋CL-7 ＋KL	DL＋CL-7 −KL	DL＋WL-1	DL＋WL-2	DL＋WL-3	DL＋WL-4	DL＋SL
Y 2 端部	286	136	69	40	31	−167	377
中央部	−176	−169	−162	−95	10	10	−102

①　Y 2 端部での検討

・長期設計用応力

(DL＋CL-5)　$N=215$ kN：引張

・短期設計用応力

(DL＋WL-4)　$N=-167$ kN：圧縮

(DL＋SL)　　$N=377$ kN：引張

使用部材：CT-200×200×8×13

$A=4\,169\ \mathrm{mm^2}$　　$i_x=57.8$ mm　　$i_y=45.6$ mm　　$A_e=3\,245\ \mathrm{mm^2}$（ボルト穴考慮）

$l_x=3\,001$ mm　　$l_y=4\,502$ mm

強軸方向の細長比は，$\lambda_x=3\,001/57.8=51.9$

弱軸方向の細長比は，$\lambda_y=4\,502/45.6=98.7$

柱材の長期許容圧縮応力度は，Y 軸方向の細長比で決まり，$f_c=87.3\ \mathrm{N/mm^2}$

長期許容引張応力度は，$f_t=156\ \mathrm{N/mm^2}$

・応力度比の確認

長期荷重時

(DL＋CL-5)　$\sigma_t/f_t=(215\times10^3/3\,245)/156=0.42 < 1.0$　OK

短期荷重時

(DL＋WL-4)　圧縮：$\sigma_c/f_c=(167\times10^3/4\,169)/(87.3\times1.5)=0.31 < 1.0$　OK

(DL＋SL)　引張：$\sigma_t/f_t=(377\times10^3/3\,245)/(156\times1.5)=0.50 < 1.0$　OK

②　トラス中央部で検討

・長期設計用応力

(DL＋CL-3)　$N=-179$ kN：圧縮

・短期設計用応力

使用部材：CT-200×200×8×13

$A=4\,169\ \mathrm{mm^2}$　　$i_x=57.8$ mm　　$i_y=45.6$ mm　　$l_x=1\,000$ mm　　$l_y=2\,001$ mm

X 軸方向の細長比は，$\lambda_x=1\,000/57.8=17.3$

Y 軸方向の細長比は，$\lambda_y=2\,001/45.6=43.9$

柱材の長期許容圧縮応力度は，Y 軸方向の細長比で決まり，$f_c=139\ \mathrm{N/mm^2}$

・応力度比の確認

長期荷重時

(DL＋CL-3)　$\sigma_c/f_c=(179\times10^3/4\,169)/139=0.31\quad<\quad1.0$　OK

（2）　下弦材の設計

長期設計用応力（軸力：kN）

	DL＋CL-1	DL＋CL-2	DL＋CL-3	DL＋CL-4	DL＋CL-5	DL＋CL-6
Y 2 端部	−390	−366	−373	−374	−388	−365
中央部	164	180	185	167	168	170

短期設計用応力（軸力：kN）

	DL＋CL-7＋KL	DL＋CL-7−KL	DL＋WL-1	DL＋WL-2	DL＋WL-3	DL＋WL-4	DL＋SL
Y 2 端部	−474	−281	−221	−100	−34	195	−663
中央部	188	167	100	−189	−6	97	299

Y 2 端部で検討

・短期設計用応力

(DL＋SL)　$N=-663$ kN：圧縮

使用部材：CT-200×200×9×16

$A=4\,929\ \text{mm}^2$　　$i_x=56.4$ mm　　$i_y=46.6$ mm　　$l_x=3\,001$ mm　　$l_y=4\,502$ mm

X 軸方向の細長比は，$\lambda_x=3\,001/56.4=53.2$

Y 軸方向の細長比は，$\lambda_y=4\,502/46.6=96.6$

柱材の長期許容圧縮応力度は，Y 軸方向の細長比で決まり，$f_c=89.5\ \text{N/mm}^2$

・応力度比の確認

短期荷重時

(DL＋SL)　圧縮：$\sigma_c/f_c=(633\times10^3/4\,929)/(89.5\times1.5)=0.96\quad<\quad1.0$　OK

（3）　ラチス材の設計

ラチス設計用の応力は，一般的には梁端部で最大となるが，圧縮側と引張側で許容応力が異なるので設計用応力の算出にあたっては梁端部（図中の①），中間部（図中の②）について行う．

長期設計用応力（軸力：kN）

	DL＋CL-1	DL＋CL-2	DL＋CL-3	DL＋CL-4	DL＋CL-5	DL＋CL-6
①部材	191	191	193	190	192	188
②部材	−200	−197	−201	−196	−201	−195

短期設計用応力（軸力：kN）

	DL＋CL-7＋KL	DL＋CL-7−KL	DL＋WL-1	DL＋WL-2	DL＋WL-3	DL＋WL-4	DL＋SL
①部材	215	171	60	−35	10	−24	342
②部材	−230	−170	−76	26	2	33	−355

②部材の短期荷重時で断面は決まるので

・短期設計用応力

(DL＋SL)　$N=-355$：圧縮

使用部材：2 L-90×90×10

$A=3\,400\ \mathrm{mm^2}$　　$i_x=27.1\ \mathrm{mm}$　　$i_y=34.5\ \mathrm{mm}$

$l_x=l_y=2\,283\ \mathrm{mm}$

細長比は，$\lambda_c=2\,283/27.1=84.3$

ラチス材の長期許容圧縮応力度は，$f_c=102.2/\mathrm{mm^2}$

・応力度比の確認

短期荷重時

(DL＋SL)　圧縮：$\sigma_c/f_c=(355\times10^3/3\,400)/(102.2\times1.5)=0.68 < 1.0$　OK

〔解　説〕

トラス梁の設計も，組立柱と同様に，座屈長さの評価が重要である．トラスの面内方向の座屈長さはラチスの節点間距離を，面外方向については小梁などで適切に補剛された間隔を座屈長さとする．トラスの下弦材は，小梁位置で座屈止めを設ける．

座屈止めは，補剛する部材耐力の2％に耐えられるような剛性・耐力が必要である．

7．壁面ブレースの設計

Y 1通り X 3-X 4間の壁面ブレースについて設計する．

7.1　地震力の計算

Y 1通りの地震用重量の計算

位置	階	名称	①単位重量	②計算式	①×②	重量 W〔kN〕	ΣW〔kN〕
Y 1通り	屋根	屋根	0.60	90.0×20.0/2	540.0		
		棟モニター	3.00	80.0/2	120.0		
		外壁(桁面)	0.40	90.0×5.8/2	104.4		
		外壁(妻面)	0.40	20.0×(5.8+6.1)/2/2	23.8		
		柱	1.50	7×5.8/2	30.5	818.7	818.7
	クレーンガーダー	外壁(桁面)	0.40	90.0×(5.8+10.0)/2	284.4		
		外壁(妻面)	0.40	20.0×{(5.8+6.1)/2+10.0}/2	63.8		
		クレーンガーダー	3.00	90	270.0		
		柱(上部)	1.50	7×5.8/2	30.5		
		柱(下部)	3.00	7×10.0/2	105.0	753.7	1 572.4

Y 1通りの地震力

$H=15.80\ \mathrm{m}$

平屋ではあるが，荷重の分布を考えて，クレーンガーダー面，屋根面の2層とする．

$T=0.03\times15.80=0.474$ 秒

位 置	層	W_i〔kN〕	ΣW_i〔kN〕	α	A_i	C_i	Q_i〔kN〕	P_i〔kN〕
Y 1 通り	屋 根	818.7	818.7	0.521	1.338	0.268	219.4	219.4
	クレーンガーダー	753.7	1 572.4	1.000	1.000	0.200	314.5	95.1

〔解 説〕

壁面ブレース設計用の地震力の算定についても，スパン方向と同様にゾーニングにより負担荷重を求めて計算している．

7.2 風荷重の計算

屋根面：1.20×1.50×20.0/2×(5.8+6.1)/2/2=53.6 kN

クレーンガーダー面：1.20×1.50×20.0/2×{(5.8+6.1)/2+10.0}/2=143.6 kN

上記より，地震荷重が支配的なので，地震荷重に対して設計する．

7.3 断面検定

ブレース構面は 2 面あるので，1 面当りの地震力は

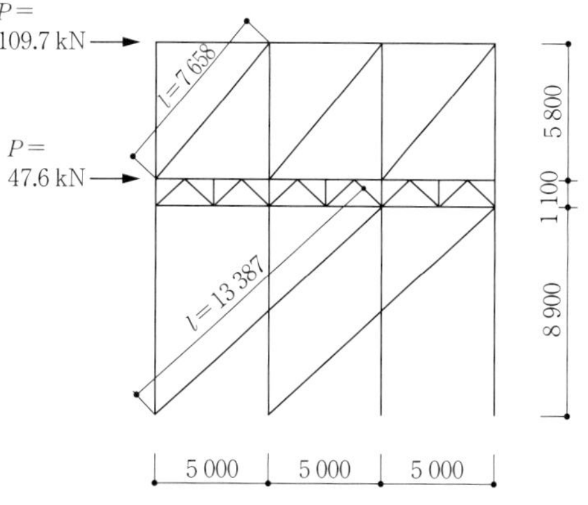

屋根面　P=219.4/2=109.7 kN

クレーンガーダー面　P=95.1/2=47.6 kN

上部ブレース引張力：T

（1.5：ブレース構造による割増し，3：ブレース面数）

T=109.7×1.5×7 658/5 000/3=84.0 kN

使用部材：L-75×75×6　G. PL-9

HTB　5-M 16

A_B=872.7 mm²　A_e=872.7−75/2×6−18×6=539.7 mm²

${}_sf_t$=235 N/mm²

σ_t=84.0×10³/539.7=155.6 N/mm²

$\sigma_t/{}_sf_t$=155.6/235=0.66 ＜ 1.0 OK

下部ブレース引張力：T

（1.5：ブレース構造による割増し，2：ブレース面数）

T=(109.7+47.6)×1.5×13 387/10 000/2=157.9 kN

使用部材：2 L-75×75×6　G. PL-9

HTB　5-M 16

A_B=2×872.7=1 745.4 mm²

A_e=1 079.4 mm²

${}_sf_t$=235 N/mm²

σ_t=157.9×10³/1 079.4=146.3 N/mm²

$\sigma_t/{}_sf_t$=146.3/235=0.62 ＜ 1.0 OK

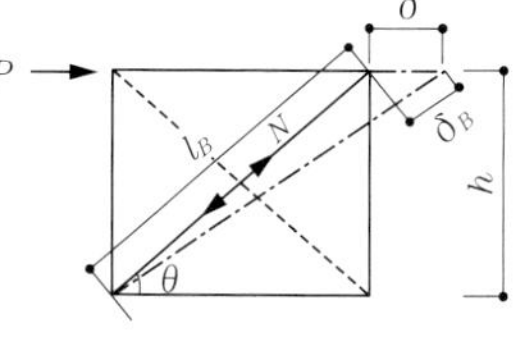

X形引張形式筋かいの荷重と変形

筋かい軸力　$N=P/\cos\theta$〔N〕

筋かい軸変形　$\delta_B=N\cdot l_B/(E\cdot A_B)$

架構の水平変形　$\delta=\delta_B/\cos\theta$

ここで，E：鋼材のヤング係数(2.05×10⁵ N/mm²)

A_B：筋かい材の軸断面積〔mm²〕

7.4 層間変形角の確認

上部：$N=109.7\times 7\,658/5\,000/3=56.0$ kN

（変形角算定用には，1.5の割増しは必要ない）

$\delta_B=N\cdot l_B/(E\cdot A_B)=56.0\times 10^3\times 7\,658/(2.05\times 10^5\times 872.7)=2.40$ mm

$\delta=\delta_B/\cos\theta=2.40\times 7\,658/5\,000=3.68$ mm

下部：$N=(109.7+47.6)\times 13\,387/10\,000/2=105.3$ kN

（変形角算定用には，1.5の割増しは必要ない）

$\delta_B=N\cdot l_B/(E\cdot A_B)=105.3\times 10^3\times 13\,387/(2.05\times 10^5\times 1\,745.4)=3.94$ mm

$\delta=\delta_B/\cos\theta=3.94\times 13\,387/10\,000=5.27$ mm

屋根面での水平変位量は

$\delta_H=3.68+5.27=8.95\ \text{mm}=1/1\,765 \quad < \quad 1/200$ OK

〔解　説〕

ブレース設計用の荷重は，地震荷重と風荷重を算定し，荷重の大きいほうで決めるのが一般的である．ただし，クレーン荷重が大きな場合，クレーン走行方向の荷重が厳しくなることもあるので注意しておく．本設計例でいうと，クレーンの走行方向の荷重は

$P=2\times 0.15\times 190=57.0$ kN

である（**図3･26**）．

この値は，地震時の水平力314.5 kNに比べて十分に小さいので問題ないことがわかる．

本設計例では，ブレース構面の位置は，桁行方向の中央部分のX3-X5間に設けている．平面的なバランスからは，桁行方向の両端に設けるのがよいが，桁行方向が100 mを超えるような長い建物の場合，温度変化によりブレースに大きな引張力が発生するので十分に注意する（**図3･27**）．

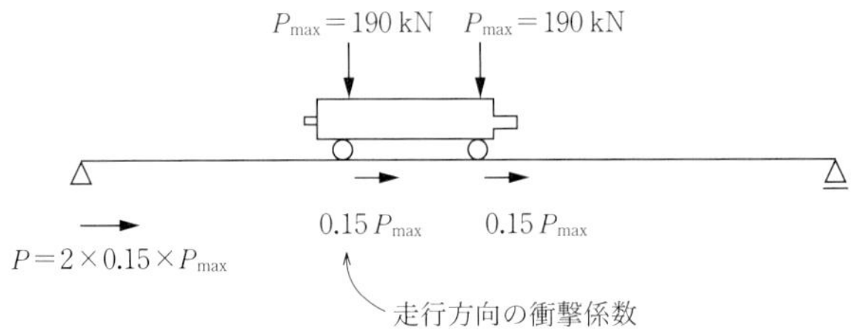

図3・26　クレーン走行方向の荷重

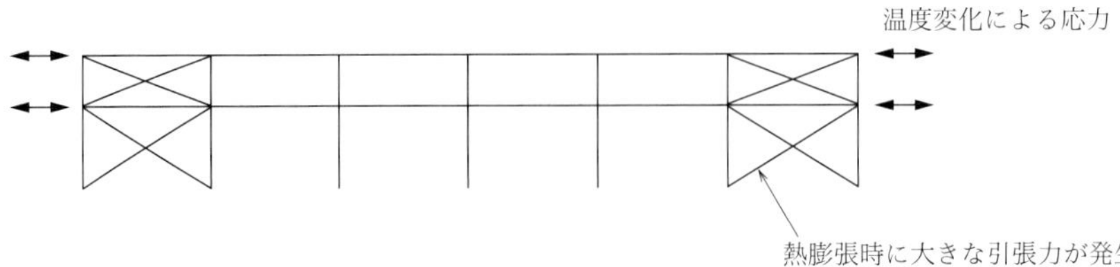

図3・27　温度変化によるブレースへの影響

7.5　ブレース耐力および破断耐力の確認

（1） 上面のブレースの設計

使用部材：L-75×75×6　　G. PL-9　　HTB　5-M 16

$A_g = 872.7\ \mathrm{mm}^2$

接合部の破断強度の確認は，次式で行う．

$A_j \cdot \sigma_u \geqq \alpha \cdot A_g \cdot F$

ここに，A_j：接合部の破断形式に応じた接合部の有効断面積〔mm²〕

σ_u：接合部の破断形式に応じた接合部の破断応力度〔N/mm²〕

A_g：ブレース材全断面積〔mm²〕

F：ブレース材の基準強度〔N/mm²〕

α：安全率（=1.2）

ブレースの耐力は

$1.2A_g \cdot F = 1.2 \times 872.7 \times 235 = 246\,101\ \mathrm{N} = 246.1\ \mathrm{kN}$

・ブレース端部の検討

$A_1 = 872.7 - 18 \times 6 - 0.25 \times 75 \times 6 = 652.2\ \mathrm{mm}^2$

$A_1 \cdot \sigma_u = 652.2 \times 400 = 260\,880\ \mathrm{N} = 260.8\ \mathrm{kN} \quad > \quad 246.1\ \mathrm{kN}$　OK

・接合ファスナーの検討

$A_2 = n \cdot m \cdot {}_fA = 5 \times 1 \times 201 = 1\,005\ \mathrm{mm}^2$

$0.75 \cdot A_2 \cdot {}_f\sigma_u = 0.75 \times 1\,005 \times 1\,000 = 753\,750\ \mathrm{N} = 753.8\ \mathrm{kN} \quad > \quad 246.1\ \mathrm{kN}$　OK

・ファスナーはしあき部の検討

ブレースの場合

${}_1A_3 = n \cdot {}_be \cdot {}_bt = 5 \times 40 \times 6 = 1\,200\ \mathrm{mm}^2$

${}_1A_3 \cdot \sigma_u = 1\,200 \times 400 = 480\,000\ \mathrm{N} = 480.0\ \mathrm{kN} \quad > \quad 246.1\ \mathrm{kN}$　OK

ガセットの場合

${}_2A_3 = n \cdot {}_ge \cdot {}_gt = 5 \times 40 \times 9 = 1\,800\ \mathrm{mm}^2$

${}_1A_3 \cdot \sigma_u = 1\,800 \times 400 = 720\,000\ \mathrm{N} = 720.0\ \mathrm{kN} \quad > \quad 246.1\ \mathrm{kN}$　OK

・ガセットプレートの破断の検討

$A_4 = 2/\sqrt{3} \cdot l_1 \cdot {}_gt - A_d = 2/\sqrt{3} \times (60 \times 4) \times 9 - 17 \times 9 = 2\,341\ \mathrm{mm}^2$

$A_4\sigma_u = 2\,341 \times 400 = 936\,400\ \mathrm{N} = 936.4\ \mathrm{kN} \quad > \quad 246.1\ \mathrm{kN}$　OK

（2） 下面のブレースの設計

使用部材：2 L-75×75×6　　G. PL-9　　HTB　5-M 16

$A_g = 1\,745.4\ \mathrm{mm}^2$

ブレースの耐力は

$1.2A_g \cdot F = 1.2 \times 1\,745.4 \times 235 = 492\,203\ \mathrm{N} = 492.2\ \mathrm{kN}$

・ブレース端部の検討

$A_1 = 1\,745.4 - 18 \times 12 - 0.25 \times 75 \times 6 \times 2 = 1\,304.4\ \mathrm{mm}^2$

$A_1 \cdot \sigma_u = 1\,304.4 \times 400 = 521\,760\ \mathrm{N} = 521.8\ \mathrm{kN} \quad > \quad 492.2\ \mathrm{kN}$ OK

・接合ファスナーの検討

$A_2 = n \cdot m \cdot {}_fA = 5 \times 2 \times 201 = 2\,010\ \mathrm{mm}^2$

$0.75 \cdot A_2 \cdot {}_f\sigma_u = 0.75 \times 2\,010 \times 1\,000 = 1\,507\,500\ \mathrm{N} = 1\,507.5\ \mathrm{kN} \quad > \quad 492.2\ \mathrm{kN}$ OK

・ファスナーはしあき部の検討

ブレースの場合

${}_1A_3 = n \cdot {}_be \cdot {}_bt = 5 \times 40 \times 12 = 2\,400\ \mathrm{mm}^2$

${}_1A_3 \cdot \sigma_u = 2\,400 \times 400 = 960\,000\ \mathrm{N} = 960.0\ \mathrm{kN} \quad > \quad 492.2\ \mathrm{kN}$ OK

ガセットの場合

${}_2A_3 = n \cdot {}_ge \cdot {}_gt = 5 \times 40 \times 9 = 1\,800\ \mathrm{mm}^2$

${}_1A_3 \cdot \sigma_u = 1\,800 \times 400 = 720\,000\ \mathrm{N} = 720.0\ \mathrm{kN} \quad > \quad 492.2\ \mathrm{kN}$ OK

・ガセットプレートの破断の検討

$A_4 = 2/\sqrt{3} \cdot l_1 \cdot {}_gt - A_d = 2/\sqrt{3} \times (60 \times 4) \times 9 - 17 \times 9 = 2\,341\ \mathrm{mm}^2$

$A_4 \cdot \sigma_u = 2\,341 \times 400 = 936\,400\ \mathrm{N} = 936.4\ \mathrm{kN} \quad > \quad 492.2\ \mathrm{kN}$ OK

〔解　説〕

ブレースの端部と接合部の強度についての検討は，ブレースの母材の降伏より先に接合部の破断が起こらないことを確認することが目的である．これはブレース構造においても，脆性的な破壊形式を避けるためのものであり，設計者は，その考えを理解して設計を進める必要がある．

屋根ブレースなどでは，地震力をあまり負担しないことや，接合部を保有耐力接合にすることが納まり上難しいことから，接合部のボルト本数を少なくすることが多い．ただし，接合部のボルトを減らす場合，ブレースが負担する荷重が伝達できることを確認する必要がある．

8. 層間変形角の確認

8.1 スパン方向

スパン方向の応力解析結果の（DL＋CL-7＋KL）時の水平方向変位図を以下に示す（単位：mm）．

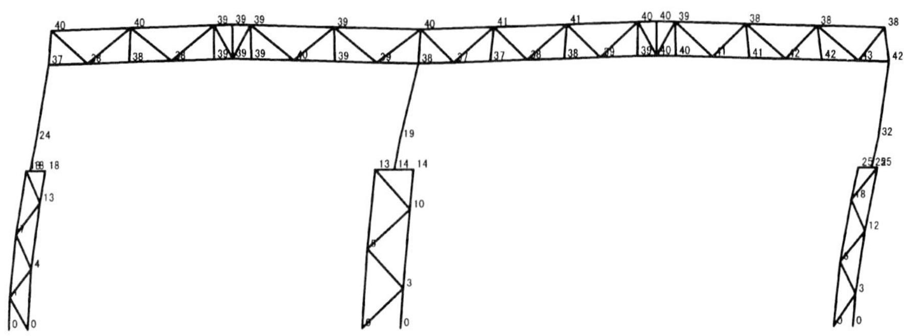

通り名	変位 δ_H〔mm〕	階高 h〔mm〕	層間変形角	判　定
Y 1 通り	40	15 800	1/395	OK
Y 2 通り	40	15 800	1/395	OK
Y 3 通り	38	15 800	1/416	OK

上記の表より，スパン方向については，層間変形角 1/200 以下を満足している.

8.2 桁行方向

桁行方向の屋根面の変位と検定結果を下表に示す.

通り名	変位 δ_H〔mm〕	階高 h〔mm〕	層間変形角	判　定
Y 1 通り	8.95	15 800	1/1 765	OK
Y 2 通り	12.07	15 800	1/1 309	OK
Y 3 通り	9.96	15 800	1/1 586	OK

上記の表より，桁行方向については，層間変形角 1/200 以下を満足している.

〔解　説〕

本設計例は，組柱とトラス梁を採用しているのでフレームの剛性が高く，層間変形角は満足しているが，クレーンが軽微なときには，単材の柱・梁を使用することが多く，その場合，層間変形角の制限 1/200 以下を満足することは難しい. 外装材の変形追随性を考慮して，1/180～1/120 の緩和値を使用するのが経済的である.

9. 剛性率・偏心率の確認

9.1 剛性率の確認

本建物は平屋なので，剛性率は 1.0 である.

9.2 偏心率の確認

本建物は剛床が期待できない建物であり，解析はゾーニングによっているので，偏心はないものと考えられるが，現状では偏心率の検討が必要である.

一次設計の結果より偏心率を算出する.

（1） 偏心の計算

・スパン方向の剛性

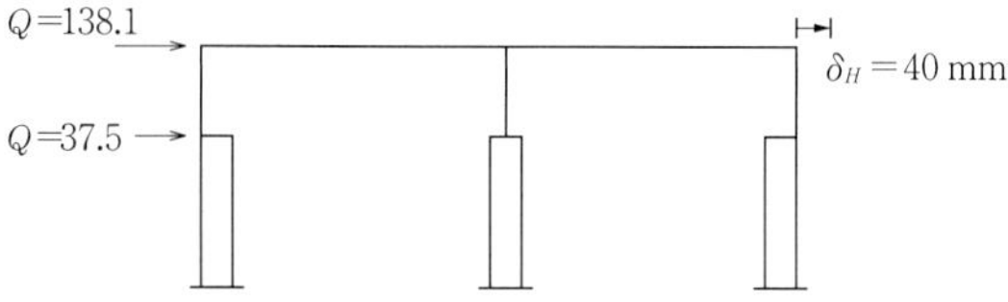

$$K=(138.1+37.5)\times10^3/40=4\,390\ \mathrm{N/m}$$

・桁方向の剛性

Y 1 通り　$\delta_H=8.95\ \mathrm{mm}$　$Q=21.4+95.1=314.5\ \mathrm{kN}$　$K=35\,140\ \mathrm{N/mm}$

Y 2 通り　$\delta_H = 12.07$ mm　$Q = 359.3 + 58.3 = 417.6$ kN　$K = 34\,600$ N/mm

Y 3 通り　$\delta_H = 9.96$ mm　$Q = 249.8 + 94.9 = 344.7$ kN　$K = 34\,610$ N/mm

・剛心の計算（単位：N/mm）

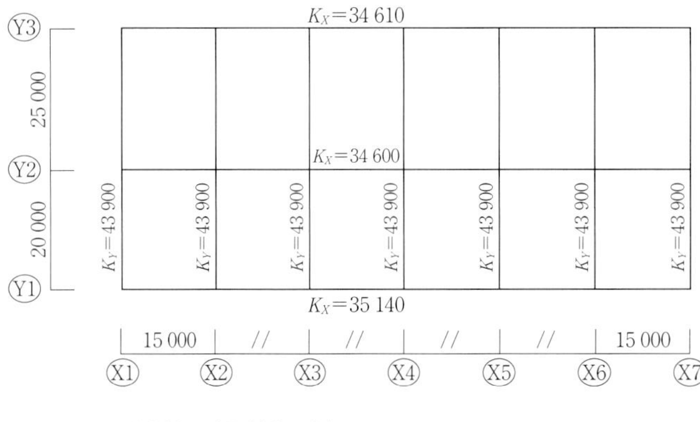

$$l_x = \frac{4\,390 \times 15\,000 \times 21}{4\,390 \times 7} = 45\,000 \text{ mm}$$

$$l_y = \frac{3\,4600 \times 20\,000 + 34\,610 \times 45\,000}{35\,140 + 34\,600 + 34\,610} = 21\,557 \text{ mm}$$

（2）　重心の計算

クレーンが一番端部にあるときの重心を算出する．

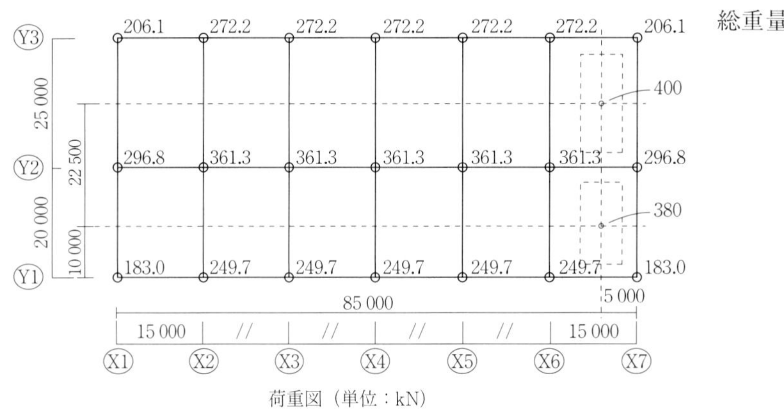

荷重図（単位：kN）

総重量　$W = 6\,567.8$ kN

$$g_x = \frac{883.2 \times 15\,000 \times 15 + 685.9 \times 90\,000 + 380 \times 85\,000 + 400 \times 85\,000}{6\,567.8}$$

$$= 49\,750 \text{ mm}$$

$$g_y = \frac{2\,400.1 \times 20\,000 + 1\,773.2 \times 45\,000 + 380 \times 10\,000 + 400 \times 32\,500}{6\,567.8}$$

$$= 22\,016 \text{ mm}$$

（3）　偏心距離 e の計算

$e_x = |\,l_x - g_x\,| = 4\,750$ mm

$e_y = |\,l_y - g_y\,| = 459$ mm

（4） ねじり剛性の計算

$$K_R=\sum(K_x\cdot\overline{Y}^2)+(K_y\cdot\overline{X}^2)$$

$$=35\,140\times21\,557^2+34\,600\times1\,557^2+34\,610\times23\,443^2$$

$$+43\,900\times(45\,000^2\times2+30\,000^2\times2+15\,000^2\times2)$$

$$=3.120\times10^{14}$$

（5） 弾性半径 r_e の計算

$$r_{ex}=\sqrt{\frac{K_R}{\sum K_X}}=\sqrt{\frac{3.120\times10^{14}}{1.0435\times10^5}}=54\,680\ \mathrm{mm}$$

$$r_{ey}=\sqrt{\frac{K_R}{\sum K_Y}}=\sqrt{\frac{3.120\times10^{14}}{3.073\times10^5}}=31\,864\ \mathrm{mm}$$

（6） 偏心率 R_e の計算

・桁方向（X 方向）の偏心率は

$$R_{ex}=e_y/r_{ex}=459/54\,680=0.008<0.15$$

・スパン方向（Y 方向）の偏心率は

$$R_{ey}=e_x/r_{ey}=4\,750/31\,864=0.149<0.15$$

〔**解　説**〕

平屋の工場建物では，剛性率の検討は必要ない．ただし，クレーンガーダー面と屋根面の 2 層と考え，剛性率を算出する場合もある．偏心率については，明快な算出法はないので本例のように剛床を仮定して算出するなどの工夫が必要である．偏心率として F_e=1.5 を採用するのも一つの考え方である．

10. 基礎の設計

10.1 杭の許容支持力の計算

ボーリング柱状図を右に示す.

杭工法：プレボーリング拡大根固め工法

杭径 D：500ϕ

杭支持層：GL−48.5 m（杭長 $l=47$ m）

杭先端の平均 N 値＝50

摩擦力は，GL−30 m 以浅の地層では無視する.

杭の長期許容支持力式は

$$R_a=1/3\times(\alpha NA_p+15L_f\phi)$$

$l/D>90$ のとき

$$\alpha=250-10/4\times(l/D-90)=240$$

$$A_p=0.1963\ \mathrm{m}^2$$

$$\phi=1.571\ \mathrm{m}$$

$$L_f=48.5-30.0=18.5\ \mathrm{m}$$

よって

$$R_a=1/3\times(240\times50\times0.1963+15\times18.5\times1.571)$$

$$=931\quad\rightarrow\quad R_a=900\ \mathrm{kN}$$

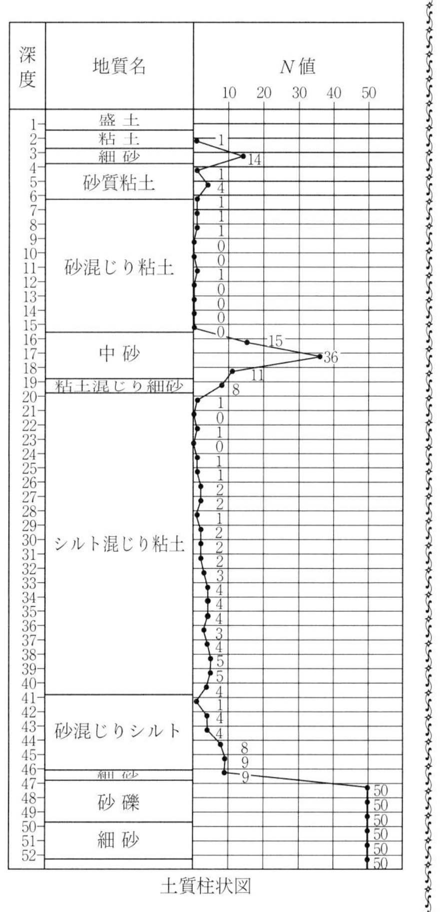

土質柱状図

〔解 説〕

本設計例では，プレボーリング拡大根固め工法（大臣認定工法）を採用した.

B 構造計画の項で述べたように，杭の支持層が深く，基礎工事費が高い場合，桁行方向のスパンは大きめにするのが経済的である.

本設計例では省略したが，液状化の検討は必ず行う必要がある.

10.2　杭の鉛直支持力に対する検討

杭に発生する軸力について検討する．

基礎形状を右図に示す．

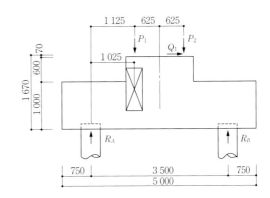

地中梁からの荷重は

$13.0 \times 15.0 = 195$ kN

基礎重量

$5.0 \times 2.0 \times (1.0 \times 24 + 0.6 \times 20)$

$= 360$ kN

左端の杭まわりのモーメントのつり合より

$$R_B = (P_1 \times 1.125 + P_2 \times 2.375 + 195 \times 1.025 + 360 \times 1.75 + Q_1 \times 1.67)/3.5$$

$$R_A = P_1 + P_2 + 195 + 360 - R_B$$

となる．

各ケースについて検討したものを下表に示す．

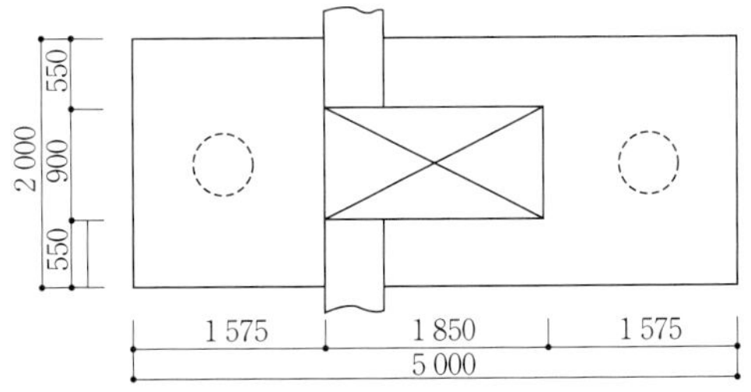

長期設計用軸力・水平力（単位：kN）

	DL+CL-1	DL+CL-2	DL+CL-3	DL+CL-4	DL+CL-5	DL+CL-6
外柱軸力 P_1	118	533	117	413	133	477
内柱軸力 P_2	525	113	345	51	420	78
せん断力 Q_1	10	−50	7	−33	7	−42
杭反力 R_A	562	740	505	630	540	687
杭反力 R_B	636	461	512	389	568	423

短期設計用軸力・水平力（単位：kN）

	DL+CL-7 +KL	DL+CL-7 −KL	DL+WL-1	DL+WL-2	DL+WL-3	DL+WL-4	DL+SL
外柱軸力 P_1	−147	640	−835	−989	764	782	265
内柱軸力 P_2	549	−203	1 105	1 074	−582	−581	62
剪断力 Q_1	36	−59	160	167	−95	−97	−10
杭反力 R_A	377	715	30	−87	695	1 038	522
杭反力 R_B	580	277	795	727	42	48	360

上記の表より，長期荷重時の最大・最小杭反力は

外側の杭：

(DL+CL-2)　$R_{A\max} = 740$ kN　$<$　$R_a = 900$ kN　OK

(DL+CL-3)　$R_{A\min} = 505$ kN　$>$　0　OK

内側の杭：

(DL＋CL-1)　$R_{B\max}=636$ kN　＜　$R_a=900$ kN　OK

(DL＋CL-4)　$R_{B\min}=389$ kN　＞　0　OK

短期荷重時の最大・最小軸力は

外側の杭：

(DL＋WL-4)　$R_{A\max}=1\,038$ kN　＜　$R_a=1\,800$ kN　OK

(DL＋WL-2)　$R_{A\min}=-87$ kN　＜　0　…引抜が生じるが杭自重以下なのでOK

内側の杭：

(DL＋WL-1)　$R_{B\max}=795$ kN　＜　$R_a=1\,800$ kN　OK

(DL＋WL-3)　$R_{B\min}=42$ kN　＞　0　OK

〔解　説〕

本設計例は，スパン方向には地中梁を設けていない．そのため，柱脚で発生する曲げモーメントは基礎の踏ん張りで処理する必要がある．杭基礎の場合は，必ず2本以上の杭を配置する必要がある．

また，杭頭モーメントにより，杭に付加軸力が発生するので注意する．

10.3　地中梁の設計

Y1通りのFG1について設計する．

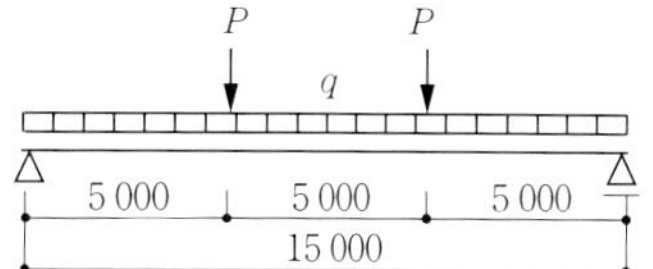

$q=0.4\times(1.0+0.3)\times24=12.48 \rightarrow 13.0$ kN/m

間柱からの軸力　$P=0.40\times5.0\times8.9/2=8.90$ kN

設計用応力

$$\begin{cases} C=1/12\times13.0\times15.0^2+2/9\times8.90\times15.0=273.4\ \text{kN·m} \\ M_0=1/8\times13.0\times15.0^2+1/3\times8.90\times15.0=410.1\ \text{kN·m} \\ Q=1/2\times13.0\times15.0+8.90=106.4\ \text{kN} \end{cases}$$

梁端の最大曲げモーメント

$$M=1.2C=1.2\times273.4=328.1\ \text{kN·m}$$

梁中央部の最大曲げモーメント

$$M=M_0-0.65C=410.1-0.65\times273.4=232.4\ \text{kN·m}$$

断面　$B\times D=400\times1\,000$　　$d=900$ mm　　$j=7/8\times900=787.5$ mm

必要鉄筋量

端部　$a_t=328.1\times10^6/(215\times787.5)=1\,938\ \text{mm}^2$ → 6-D25　($a_t=3\,042\ \text{mm}^2$)

中央部　$a_t=241.6\times10^6/(215\times787.5)=1\,373\ \text{mm}^2$ → 4-D25　($a_t=2\,048\ \text{mm}^2$)

せん断力の確認

$$\tau=106.4\times10^3/(400\times787.5)=0.34<f_s=0.70\ \text{N/mm}^2 \rightarrow \text{D13@200}\ (p_w=0.32\%)$$

〔解　説〕

本設計例のような，ブレース構造の方向（桁行方向）に配置した地中梁は，上部架構から曲げモーメントが入ってこないので，長期の荷重が支配的である．ただし，ブレースが取り付く柱の両端の地中梁には，**図3•28**のように，ブレースの交点と地中梁心までの偏心により曲げモーメントが発生するので注意する．

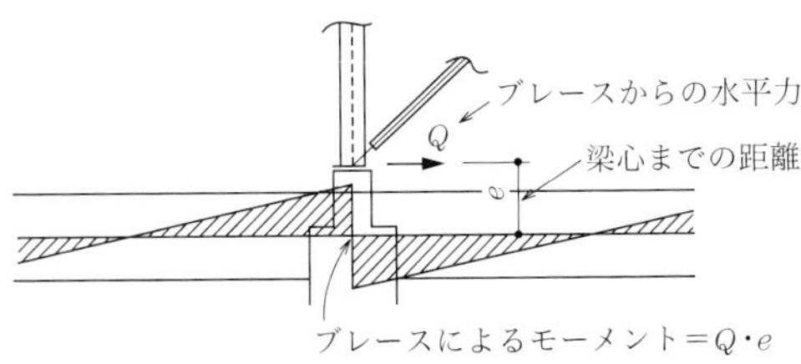

図3・28　ブレースにより地中梁に発生する曲げモーメント

11.　保有水平耐力の確認

スパン方向については，組柱，主トラスの横補剛が満足できないため，保有水平耐力を算出して建物の安全性を検証する．本設計例では，保有耐力の算出に節点振分け法を用いる．

（1）　トラス TG 1，TG 2 の曲げ耐力の計算

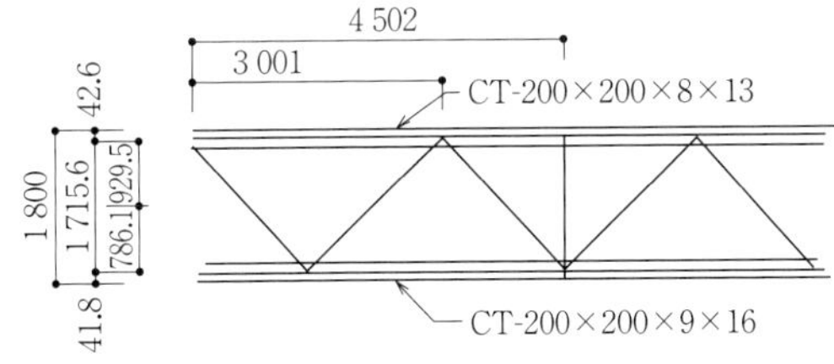

弦　材：CT-200×200×8×13

$A=4\,169\ \mathrm{mm^2}$

$i_x=57.8\ \mathrm{mm}\quad i_y=45.6\ \mathrm{mm}$

下弦材：CT-200×200×9×16

$A=4\,929\ \mathrm{mm^2}$

$i_x=56.4\ \mathrm{mm}\quad i_y=46.6\ \mathrm{mm}$

・短期許容曲げ耐力

上弦材の長期許容圧縮応力度　$f_c=87.3\ \mathrm{N/mm^2}$ より

$$M=4\,169\times1.5\times87.3\times1\,715.6=9.37\times10^8\ \mathrm{N\cdot mm}=9.37\times10^2\ \mathrm{kN\cdot m}$$

・座屈後安定耐力より求めたトラス材の曲げ耐力

座屈後安定応力　$\sigma_s=\sigma_y\times\dfrac{1}{\sqrt{1+45\bar{\lambda}^2}}$,　$\bar{\lambda}=\dfrac{1}{\pi}\sqrt{\dfrac{\sigma_y}{E}}\cdot\dfrac{l_B}{i}$　より

トラス弦材の座屈は構面外で決まるので，

$l_B=0.7\times4\,502=3\,151\ \mathrm{mm}$,　$i=45.6\ \mathrm{mm}$,　$\bar{\lambda}=0.745$

$$M=235\times0.196\times4\,169\times1\,715.6=3.29\times10^8\ \mathrm{N\cdot mm}=3.29\times10^2\ \mathrm{kN\cdot m}$$

（2）　柱 C 1，C 3 の終局耐力の計算

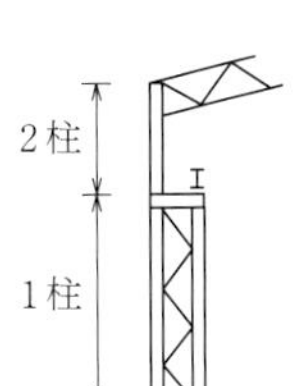

（a）　2 柱

H-390×300×10×16

$Z_p=2.140\times10^6\ \mathrm{mm^3}$

鉄骨材の全塑性モーメント（軸力は無視する）

$M_{p0}=2.140\times10^6\times1.1\times235=5.53\times10^8\ \mathrm{N\cdot mm}=5.53\times10^2\ \mathrm{kN\cdot m}$

トラス材の短期許容曲げ耐力より柱材の全塑性モーメントのほうが小さいので，柱頭ヒンジとなる．

（b）　1柱

本柱は，組柱を構成する弦材の座屈耐力が異なるため，加力方向により曲げ耐力が異なる．よって，両方向の曲げ耐力を検討する．

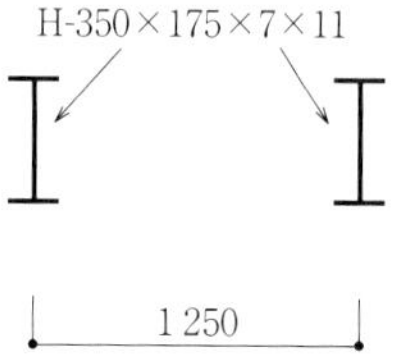

H-350×175×7×11
1 250

弦　材：H-350×175×7×11

$A=6\,291\ \mathrm{mm^2}$　$i_x=146\ \mathrm{mm}$　$i_y=39.6\ \mathrm{mm}$

・短期許容曲げ耐力

座屈長さの長い内柱の座屈で決まる場合，

長期許容圧縮応力度 $f_c=105\ \mathrm{N/mm^2}$ より，

$M=6\,291\times1.5\times105\times1\,250=1.24\times10^9\ \mathrm{N\cdot mm}=1.24\times10^3\ \mathrm{kN\cdot m}$

座屈長さの短い外柱の座屈で決まる場合，長期許容圧縮応力度 $f_c=127\ \mathrm{N/mm^2}$ より，

$M=6\,291\times1.5\times127\times1\,250=1.50\times10^9\ \mathrm{N\cdot mm}=1.50\times10^3\ \mathrm{kN\cdot m}$

・アンカーボルトの引張降伏による曲げ耐力（軸力は無視する）

アンカーボルトの終局材料強度 $\sigma_y=235\times1.1=258.5\ \mathrm{N/mm^2}$

$M_{p0}=8\times594.4\times258.5\times1\,250=1.54\times10^9\ \mathrm{N\cdot mm}=1.54\times10^3\ \mathrm{kN\cdot m}$

アンカーボルトの引張降伏による曲げ耐力よりも短期許容曲げ耐力のほうが小さく，弦材の座屈が先行するので，座屈後安定耐力による曲げ耐力の計算を行う．

・座屈後安定耐力より求めた柱の曲げ耐力

座屈後安定耐力 $\sigma_s=\sigma_y\times\dfrac{1}{\sqrt{1+45\bar{\lambda}^2}}$，$\bar{\lambda}=\dfrac{1}{\pi}\sqrt{\dfrac{\sigma_y}{E}}\cdot\dfrac{l_B}{i}$ より，

座屈長さの長い内柱の座屈で決まる場合，

$l_B=3\,216\ \mathrm{mm}$，$i=45.6\ \mathrm{mm}$，$\bar{\lambda}=0.875$

$M_p=235\times0.168\times6\,291\times1\,250=3.10\times10^8\ \mathrm{N\cdot mm}=3.10\times10^2\ \mathrm{kN\cdot m}$

座屈長さの短い外柱の座屈で決まる場合，

$l_B=1\,608\ \mathrm{mm}$，$i=45.6\ \mathrm{mm}$，$\bar{\lambda}=0.438$

$M_p=235\times0.322\times6\,291\times1\,250=5.95\times10^8\ \mathrm{N\cdot mm}=5.95\times10^2\ \mathrm{kN\cdot m}$

（3）　柱C2の終局耐力の計算

（a）　2柱

H-440×300×10×16

$Z_p=2.760\times10^6\ \mathrm{mm^3}$

鉄骨材の全塑性モーメント（軸力は無視する）

$M_{p0}=2.760\times10^6\times258.5=7.14\times10^8\ \mathrm{N\cdot mm}=7.14\times10^2\ \mathrm{kN\cdot m}$

（b）　1柱

本柱もC1，C3柱同様に両方向について検討する．

H-400×200×8×13

2 000

弦　材：H-400×200×8×13

$A=8\,337\ \mathrm{mm}^2$　$i_x=168\ \mathrm{mm}$　$i_y=45.6\ \mathrm{mm}$

・短期許容曲げ耐力

座屈長さの長い Y1 通り側柱で決まる場合，

長期許容圧縮応力度 $f_c=99.1\ \mathrm{N/mm^2}$ より，

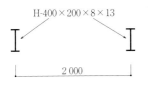

$M=8\,337\times1.5\times99.1\times2\,000=2.48\times10^9\ \mathrm{N\cdot mm}=2.48\times10^3\ \mathrm{kN\cdot m}$

座屈長さの短い Y3 通り側柱で決まる場合，長期許容圧縮応力度 $f_c=134\ \mathrm{N/mm^2}$ より，

$M=8\,337\times1.5\times134\times2\,000=3.35\times10^9\ \mathrm{N\cdot mm}=3.35\times10^3\ \mathrm{kN\cdot m}$

・アンカーボルトの引張降伏による曲げ耐力（軸力は無視する）

アンカーボルトの終局材料強度 $\sigma_y=235\times1.1=258.5\ \mathrm{N/mm^2}$

$M_{p0}=8\times594.4\times258.5\times2\,000=2.46\times10^9\ \mathrm{N\cdot mm}=2.46\times10^3\ \mathrm{kN\cdot m}$

アンカーボルトの引張降伏による曲げ耐力のほうが短期許容曲げ耐力より小さく，アンカーボルトの引張降伏が先行するので，座屈後安定耐力の検討は不要である．

（4）　メカニズムの検討

上記の検討より，ヒンジが生じる場所は，Y1，Y3 通りの柱については2柱の柱頭と柱脚（座屈後安定耐力），Y2 通りの柱については2柱の柱頭とアンカーボルトと考えられる．

メカニズム時の応力状態

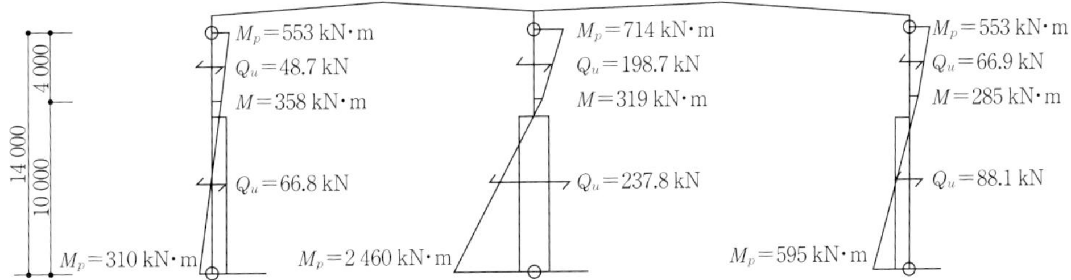

必要保有水平耐力の計算

$D_s=0.40$（FD ランク）

$F_{es}=1.0$

	Q_{ud}〔kN〕	D_s	F_{es}	Q_{un}〔kN〕	Q_u〔kN〕	Q_u/Q_{un}	判　定
屋　根	883.2	0.40	1.0	353.3	392.7	1.11	OK

〔解　説〕

大スパンの梁をトラス形式とした場合，柱頭部の曲げ耐力に比べて，トラスの曲げ耐力はかなり大きくなる．本設計例では，柱頭の曲げ耐力がトラスの短期許容曲げ耐力より小さかったので柱頭ヒンジと仮定した．

平屋の建物ではあるが，クレーンガーダーレベルで地震力を考慮しているため，せん断力の分布は一様ではない．メカニズム時のせん断力分布については，A_i 分布と同じと仮定した．

D 構造図

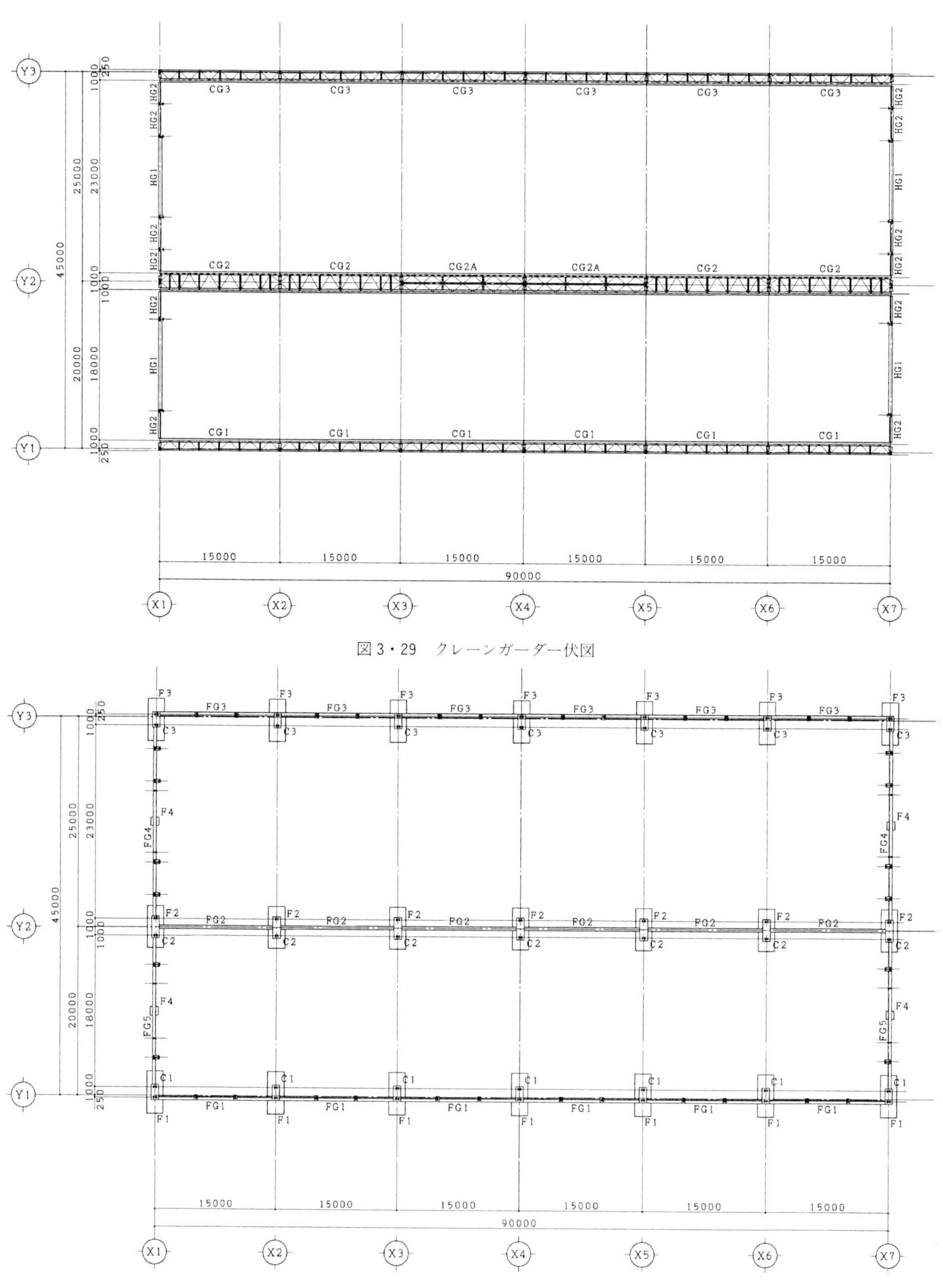

図3・29　クレーンガーダー伏図

図3・30　基礎伏図

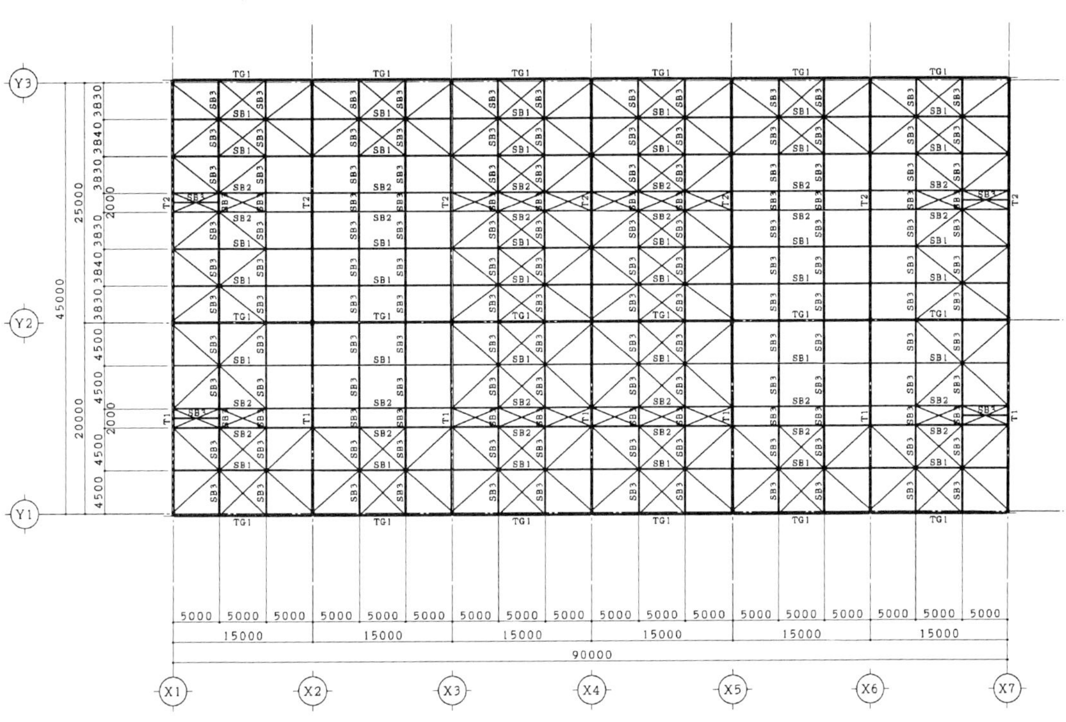

図3・31　小屋伏図

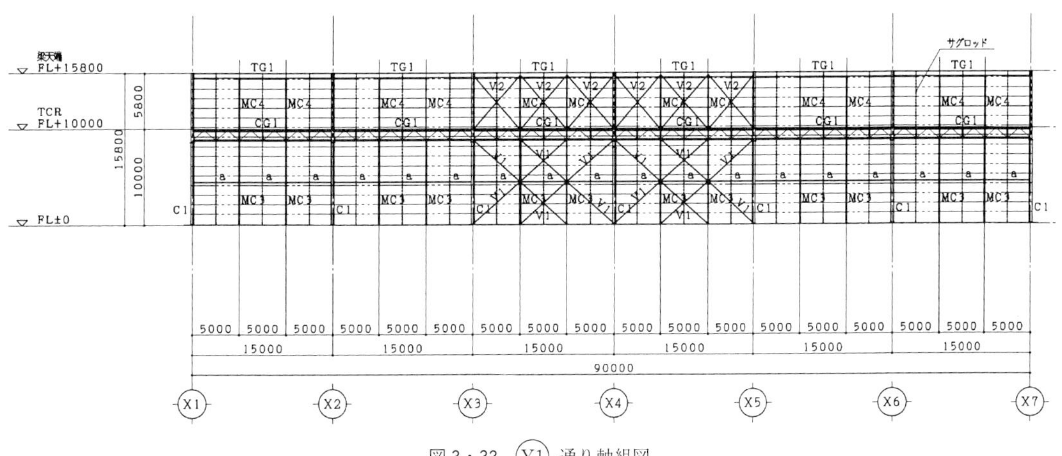

図3・32　(Y1) 通り軸組図

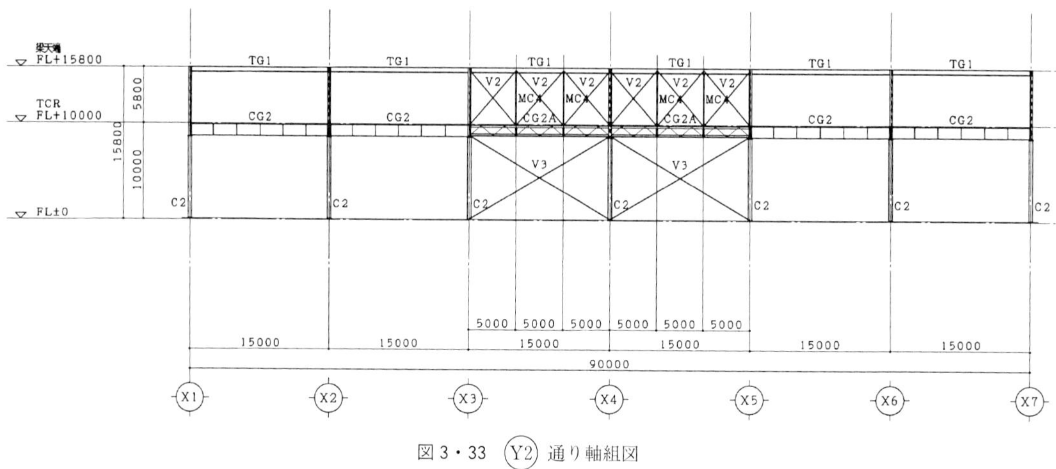

図 3・33 (Y2) 通り軸組図

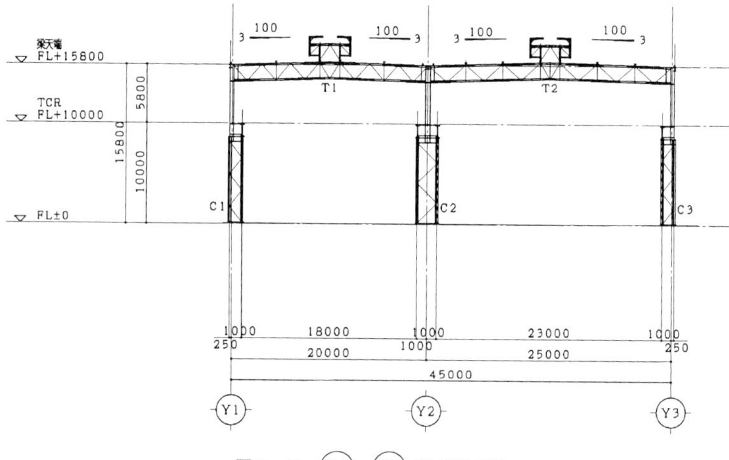

図 3・34 (X2)～(X6) 通り軸組図

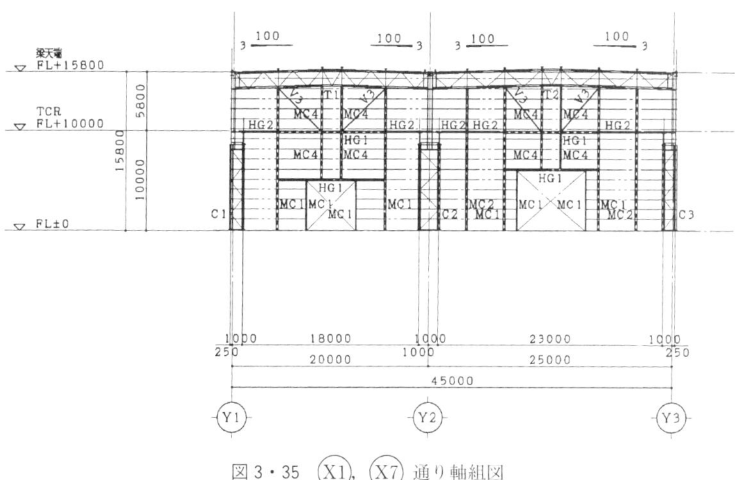

図 3・35　(X1), (X7) 通り軸組図

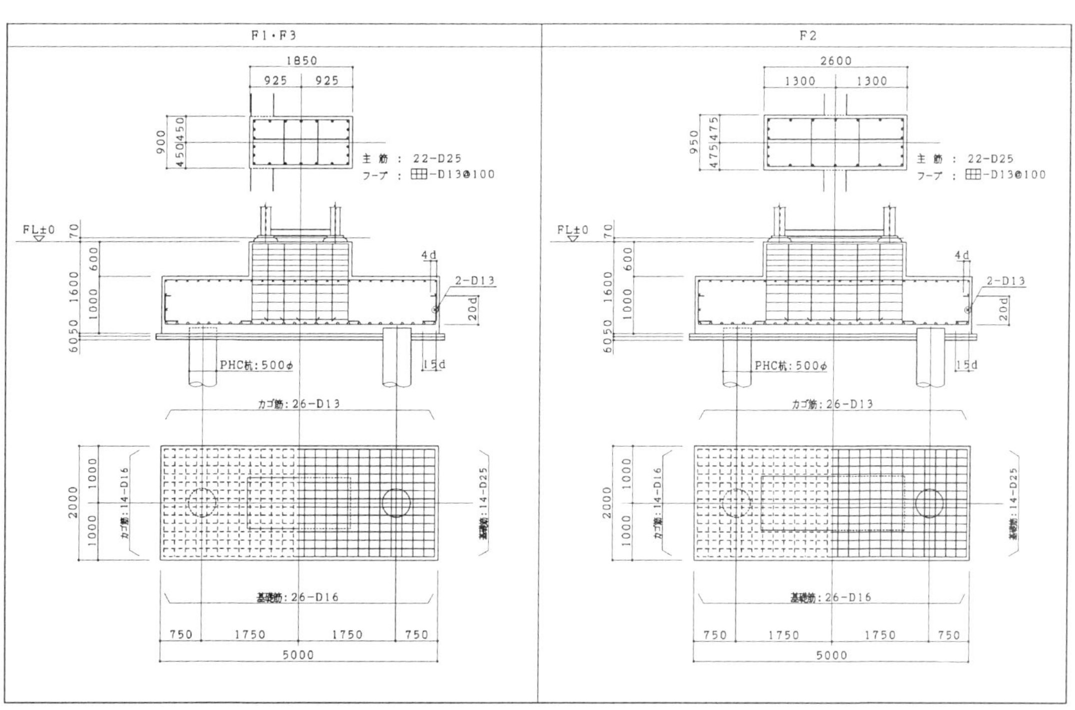

図 3・36　基礎リスト

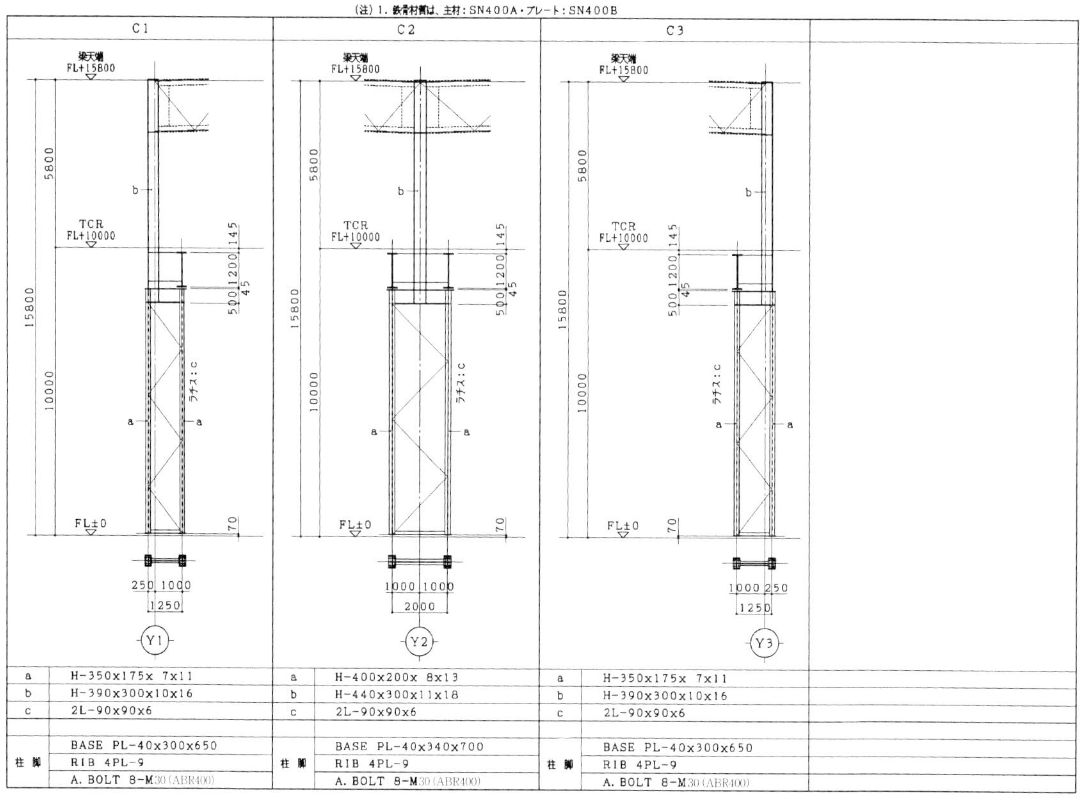

図3・37　柱リスト

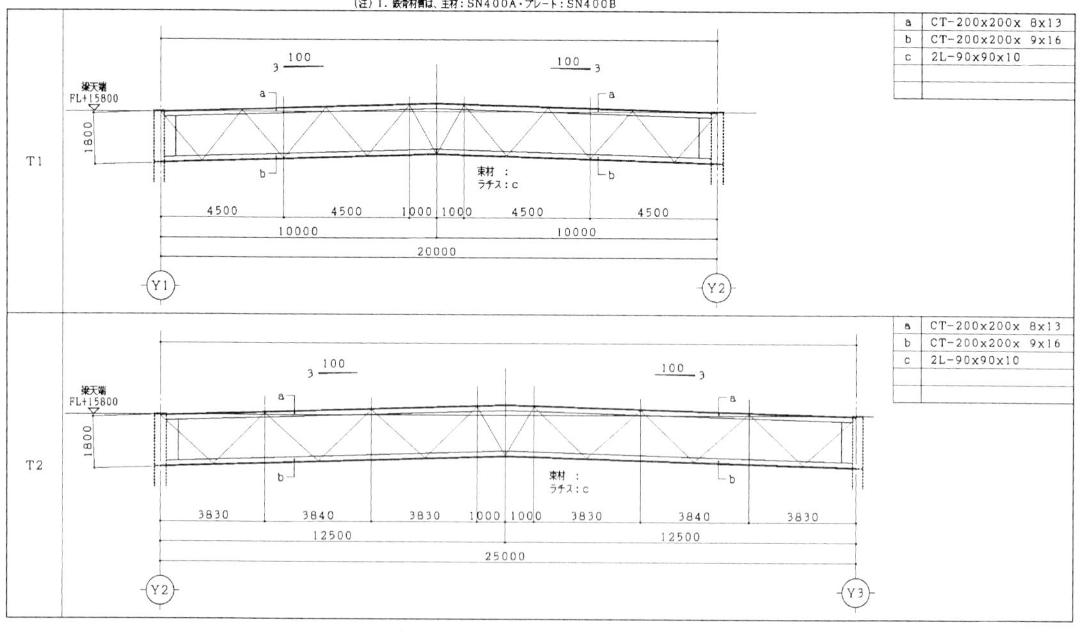

図3・38　トラスリスト

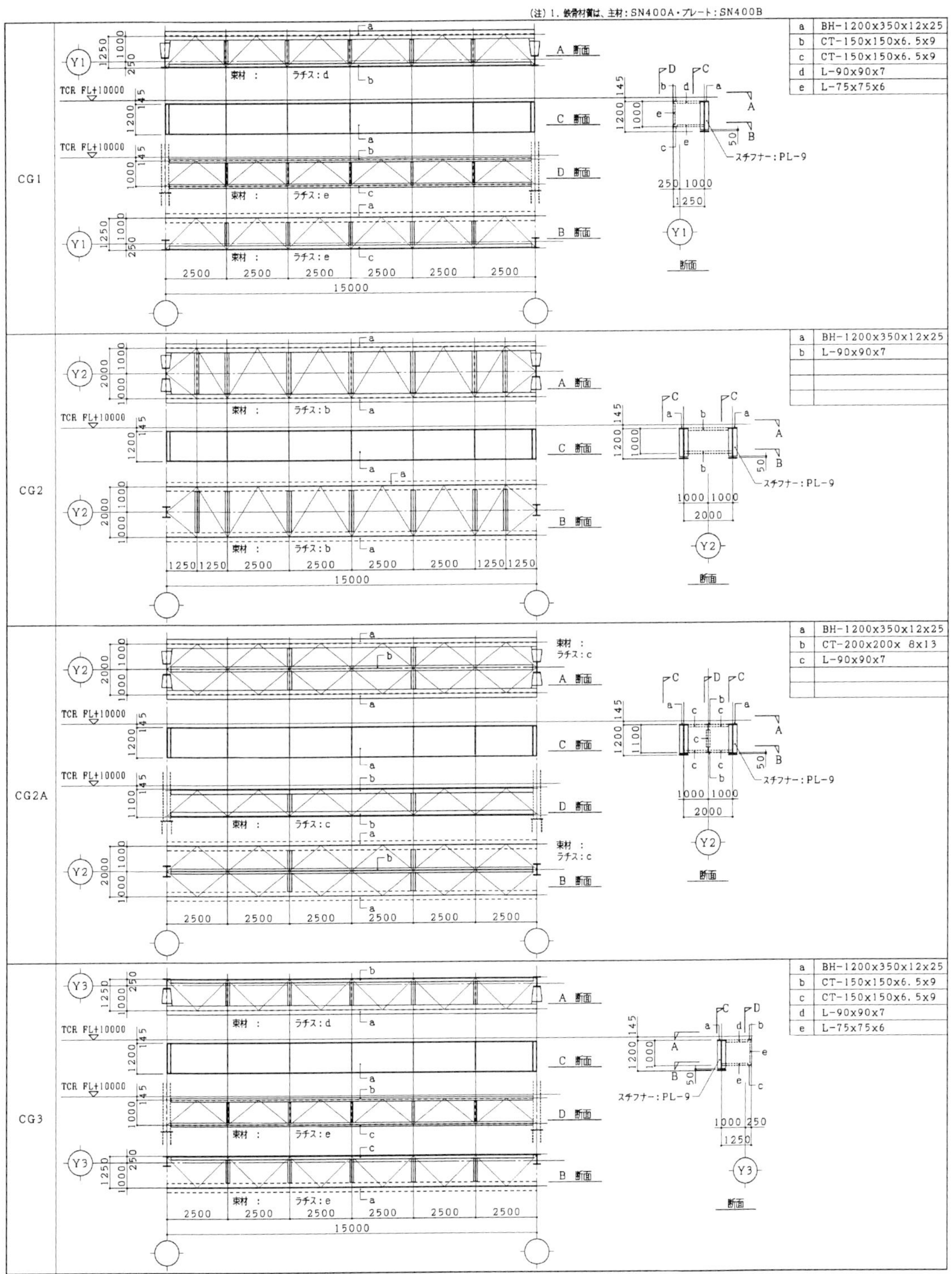

図3・39　クレーンガーダーおよびバックガーダーリスト

(注) 1. 鉄骨材質は、主材：SN400A・プレート：SN400B

符号	TG1		SB1	SB2	SB3
断面					
主材	H-500x200x10x16		H-450x200x 9x14	H-500x200x10x16	H-200x100x5.5x8
	G.PL-12		G.PL-9	G.PL-12	G.PL-9
	HTB 5-M20		HTB 4-M20	HTB 5-M20	HTB 2-M16
符号	MC1	MC2	MC3	MC4	
断面					
主材	H-400x200x 8x13	H-350x175x 7x11	H-300x150x6.5x9	H-250x125x 6x 9	
	B.PL-22x450x250	B.PL-19x400x225	B.PL-16x350x200	B.PL-16x300x200	
	A.BOLT 4-M20(L=800)	A.BOLT 4-M20(L=800)	A.BOLT 4-M16(L=640)	A.BOLT 2-M16(L=640)	
	G.PL-9	G.PL-9	G.PL-9	G.PL-9	
	HTB 4-M20	HTB 3-M20	HTB 3-M20	HTB 2-M16	
符号	HG1	HG2	a		
断面					
主材	H-350x175x 7x11	H-194x150x 6x 9	CT-150x150x6.5x9		
	G.PL-9	G.PL-9	G.PL-9		
	HTB 3-M20	HTB 2-M16	HTB 4-M16		
符号	V1	V2	V3		HV1
断面					
主材	2L-75x75x 6	L-75x75x 6	2CT- 75x150x 7x10		L-75x75x6
	G.PL-9	G.PL-9	G.PL-16		G.PL-9
	HTB 5-M16	HTB 5-M16	HTB 10-M16		HTB 3-M16
符号	胴縁				
断面					
主材	C-100x50x20x3.2				
	L-100x75x7				
	中ボルト 2-M12				

図3・40　鉄骨部材リスト

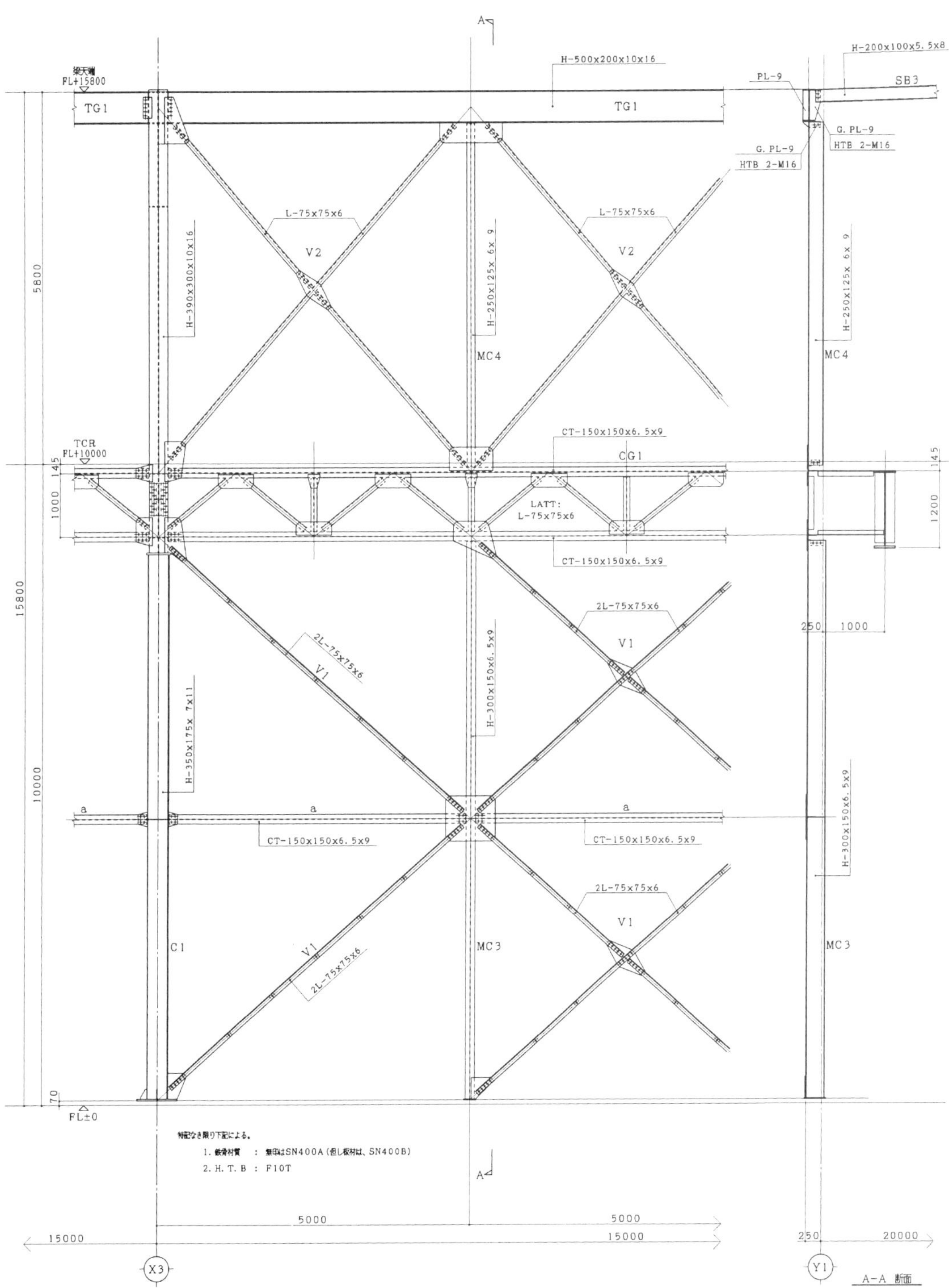

図3・41 (Y1) 通り鉄骨詳細図

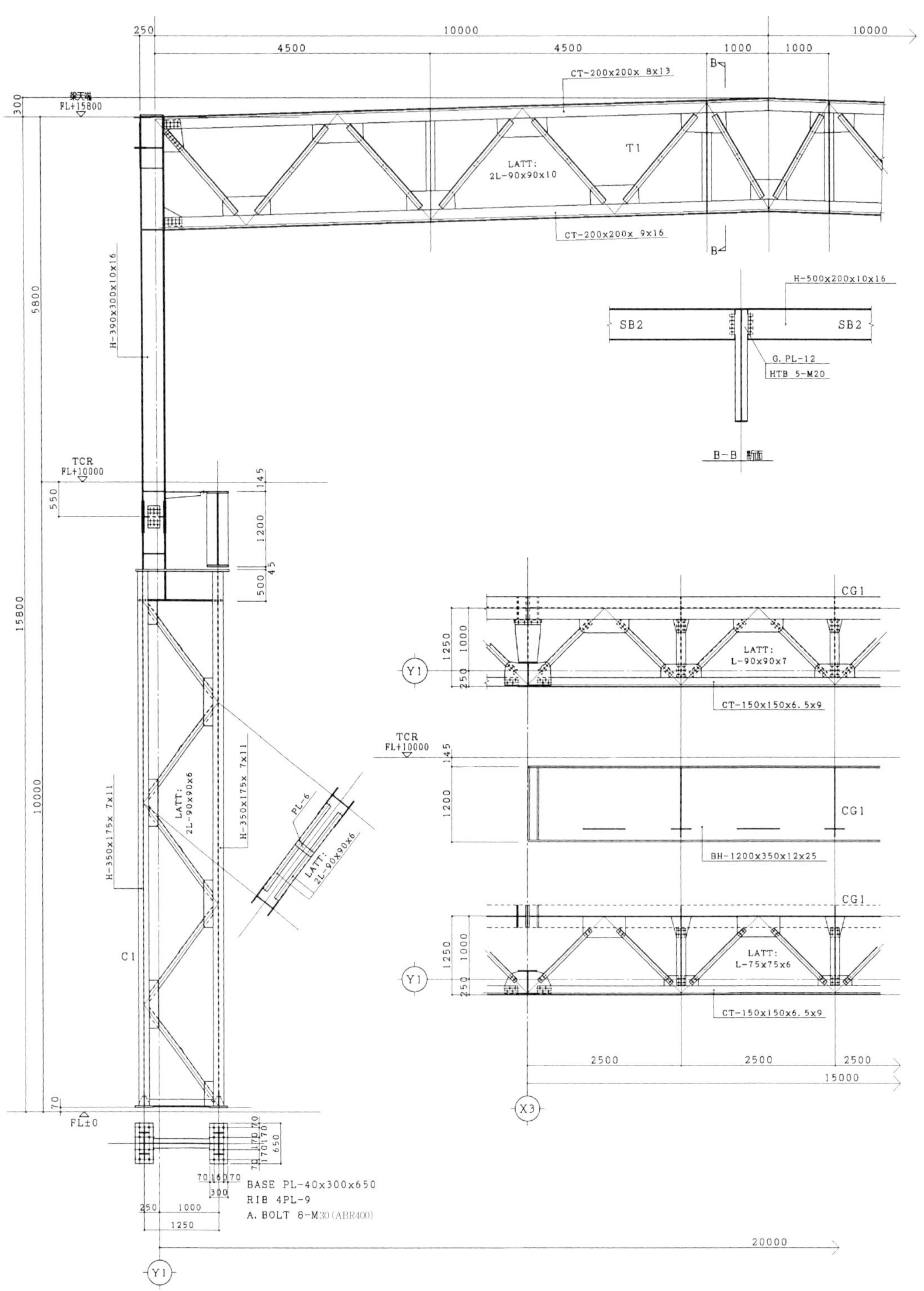

図３・42　(X3) 通り鉄骨詳細図

第4章

8階建事務所ビルの設計例

A 建物概要

1. 建物概要

本建物は東京都区内のJR山手線駅近くの大通りに面した角地にある貸事務所ビルである（**図4·1**～**図4·6**）.

敷地は面積661.18 m^{2}で，ほぼ整形な形状をしており，用途地域は商業地域にあたる．都市計画の容積率制限が700%（大通りの道路境界から30 m以内の部分）と500%（大通りの道路境界から30 m以内の部分）の異なる地域をまたいでいるため，面積按分で法定容積率は681.5%である．本計画はその制限いっぱいの約681%を使用した建物としている．容積率制限を満足させるため，最上階である8階は，大通り側で4.0 mセットバックさせている．なお，建物最高高さは32.85 m，延べ面積は4 797.57 m^2（条例の緩和処置により駐車場面積の約300 m^{2}は，法定容積率対象延べ面積に不参入としてもよいため，容積率対象延べ面積は約4 500 m^{2}となる），基準階高さは3.9 m，基準階床面積は約555 m^{2}である．

1階は店舗，2～8階はレンタブル比が約80%の貸しオフィスビルである．なお，地下1階は駐車場および機械室である．条例により地上部に必要な約140 m^{2}の緑地を屋上に配置している．さらに，必要とされる13台分の駐車場を地下1階に機械式駐車場を配置している．

敷地は大通り側から奥に行くに従って，地盤面が約1.4 m高くなっているため，1階床梁レベルは大通り側とその反対側では最大1.3 mの高低差がある．

大通り側の外壁は建物景観を良くするためにテラコッタ縦ルーバー付きアルミカーテンウォールとし，その他の3方は押出成形セメント板としている．

基礎は基本設計時の比較検討から，地下階高を7 m，基礎梁せいを3 mとして，GL－10 m程度の東京礫層を支持地盤とする直接基礎として計画している．

構造は，2階以上の事務所部分のレンタブル比を向上させるため，14.4 m×29.1 mを無柱空間とする純ラーメン鉄骨造としている．地上階床はデッキプレートを捨て型枠とした鉄筋コンクリート造である．なお，1階床梁は鉄骨鉄筋コンクリート造，地下1階は耐震壁付き鉄筋コンクリート造としている．

2. 1階平面図

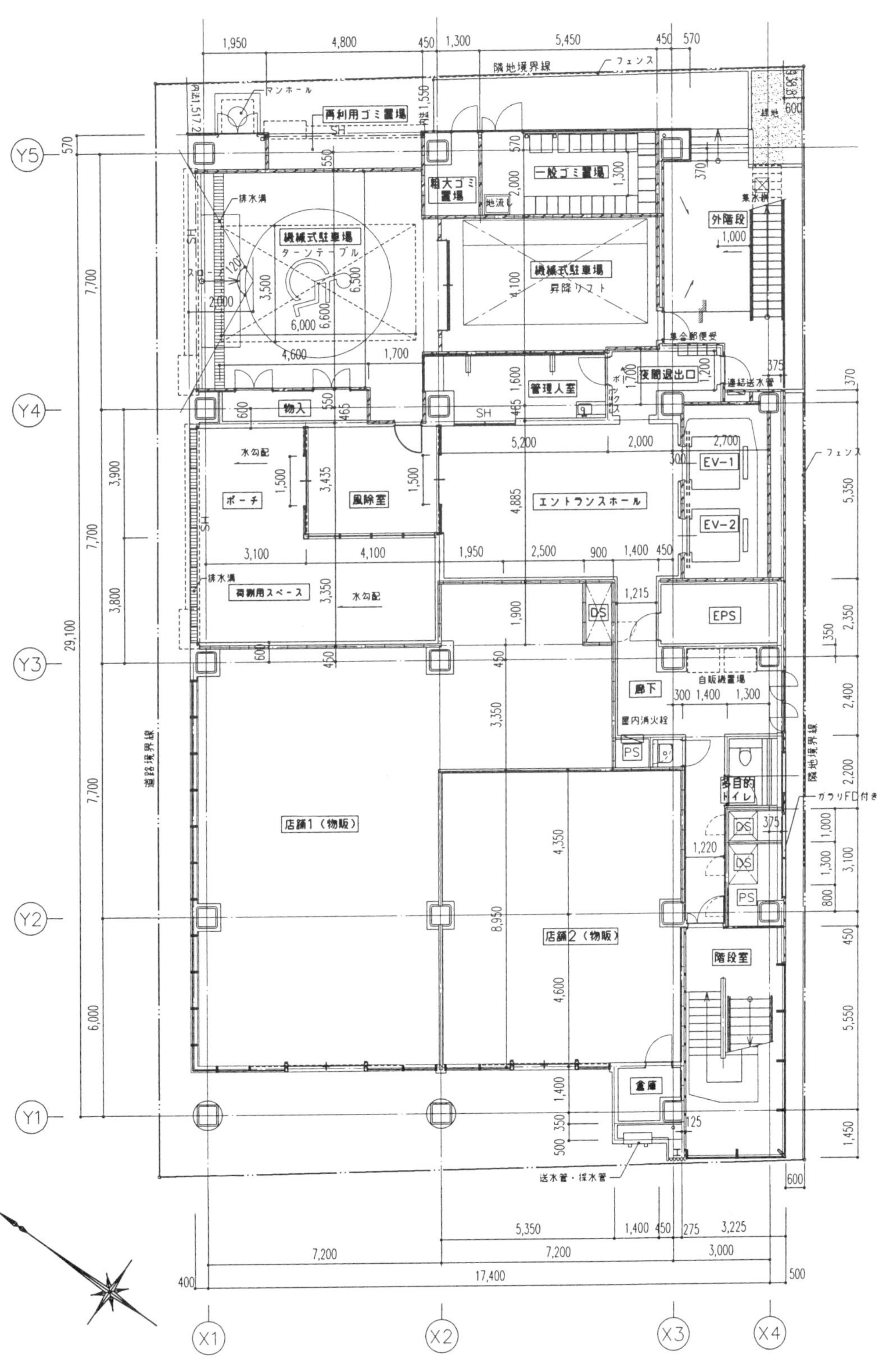

図4・1 1階平面図

3.　2〜7 階平面図

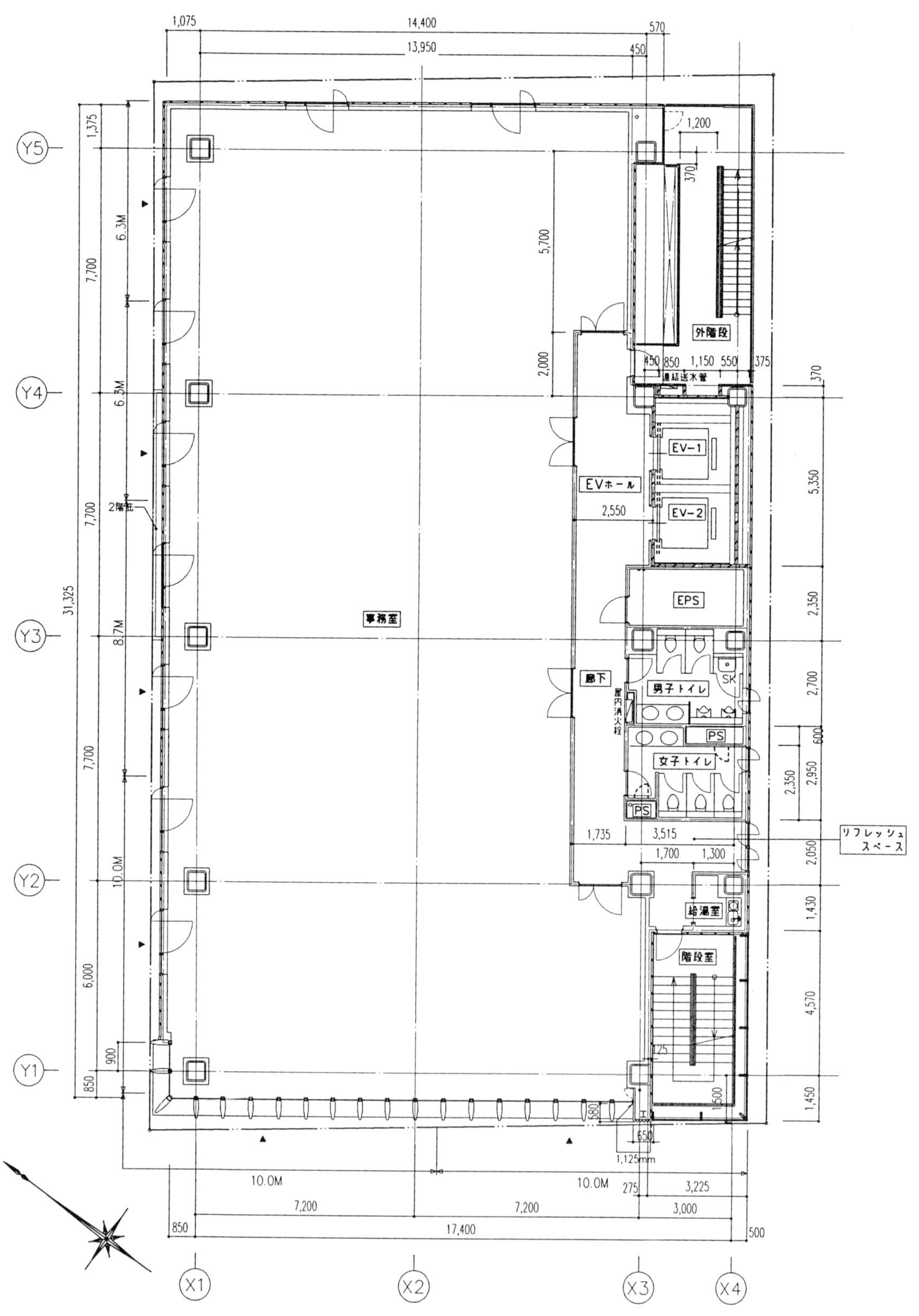

図４・２　2〜7 階平面図

4. 立面図（南面）

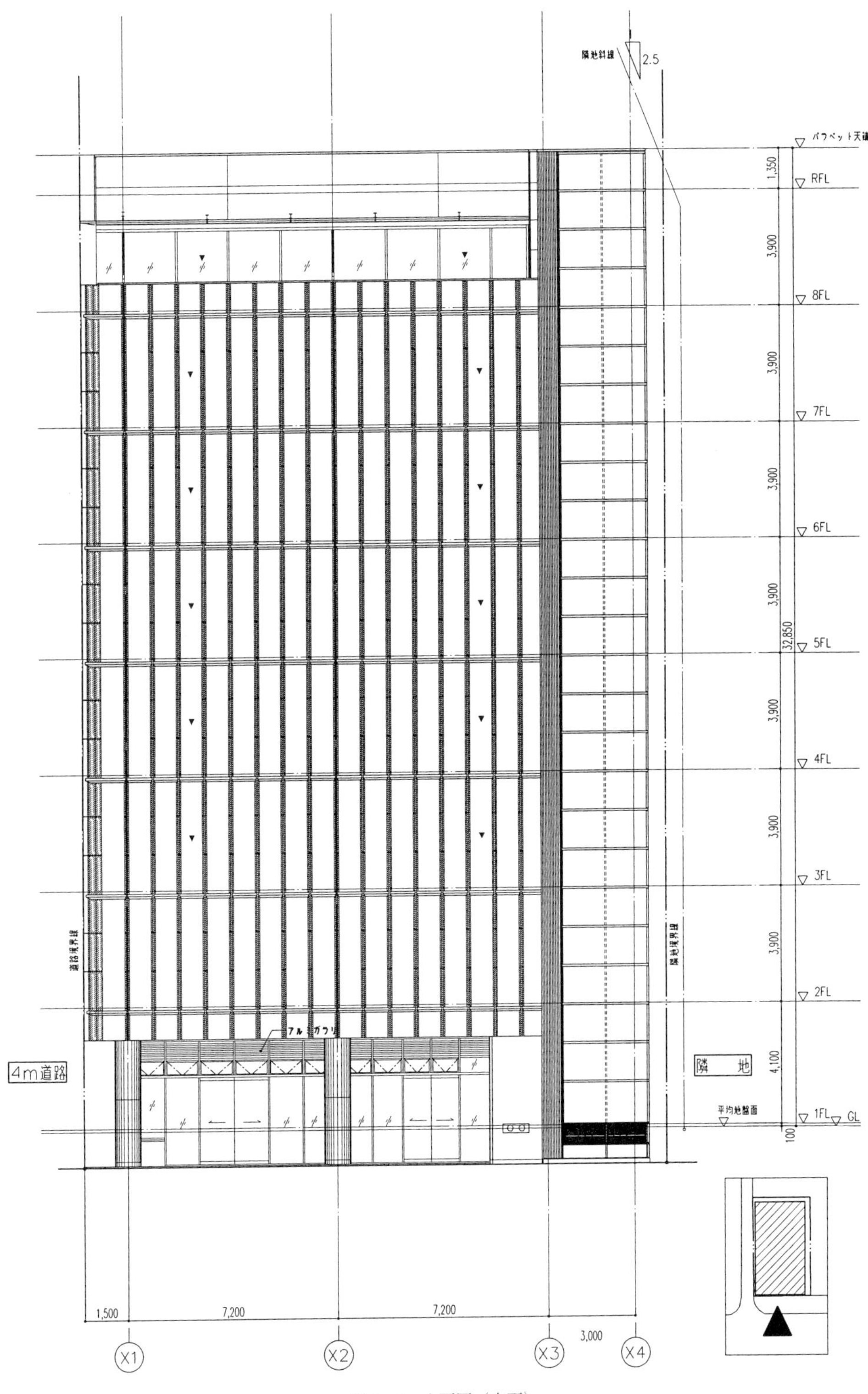

図4・3 立面図（南面）

5.　立面図（西面）

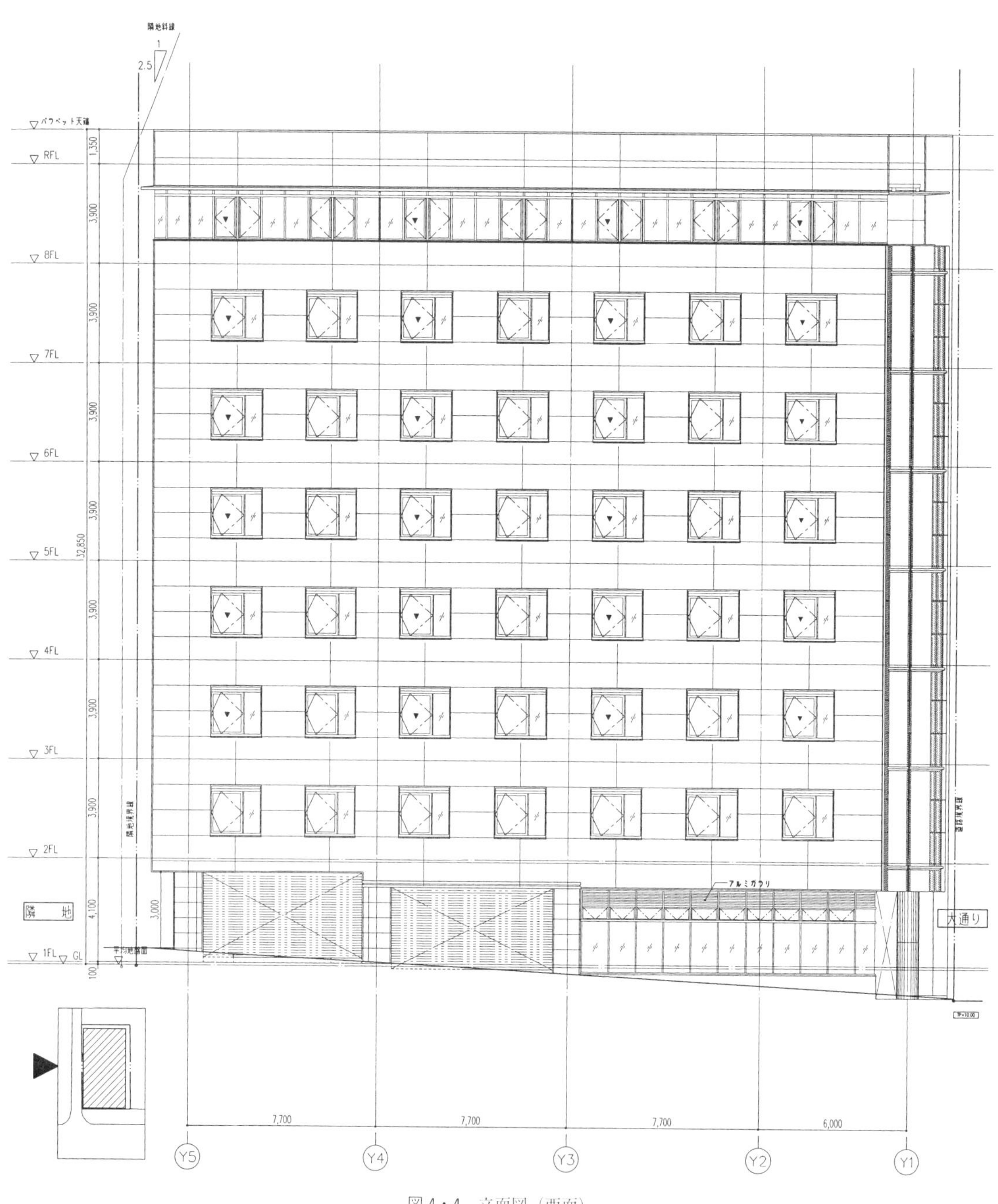

図4・4　立面図（西面）

6. 断面図（南北）

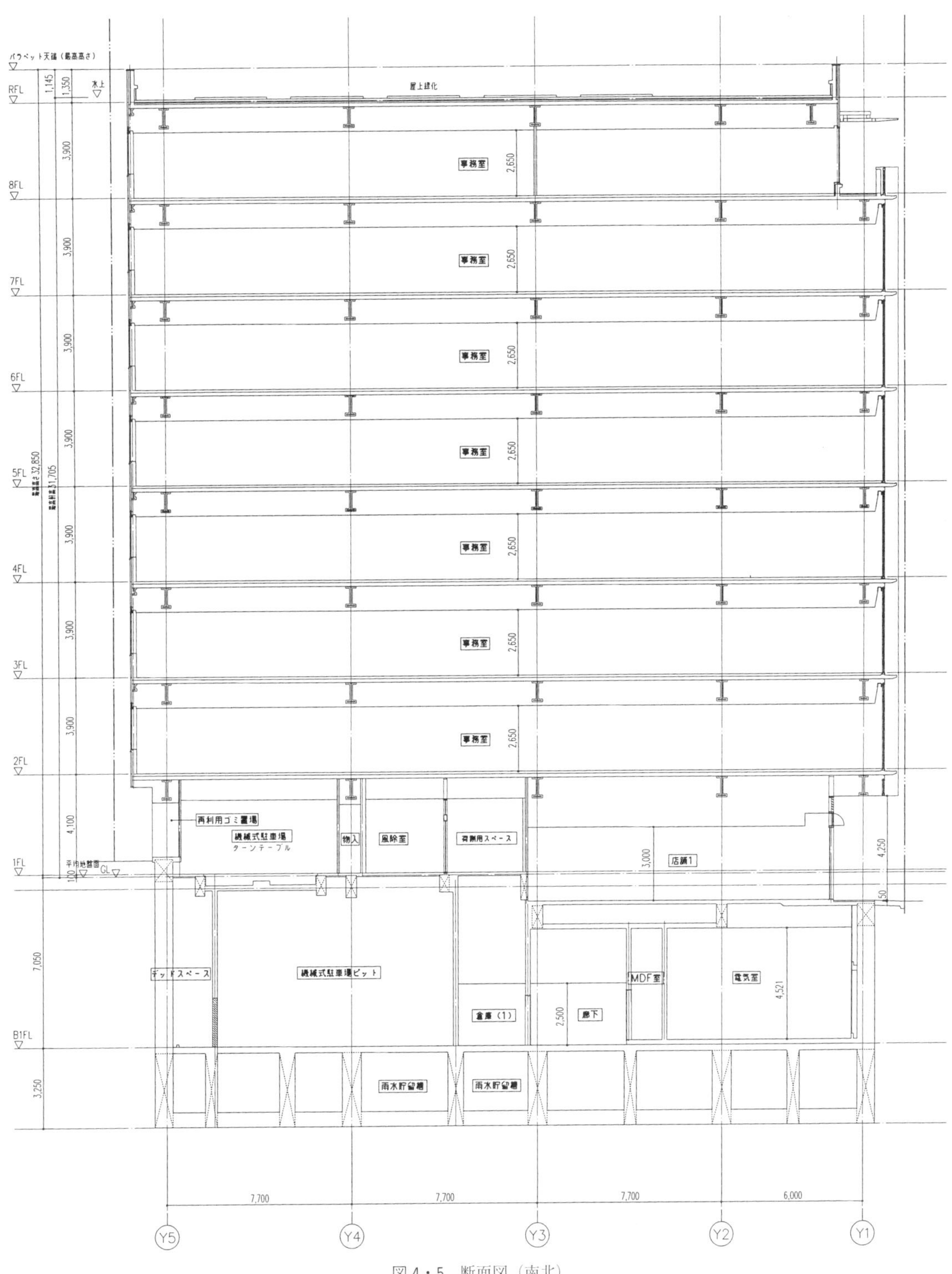

図4・5　断面図（南北）

7. 矩 計 図

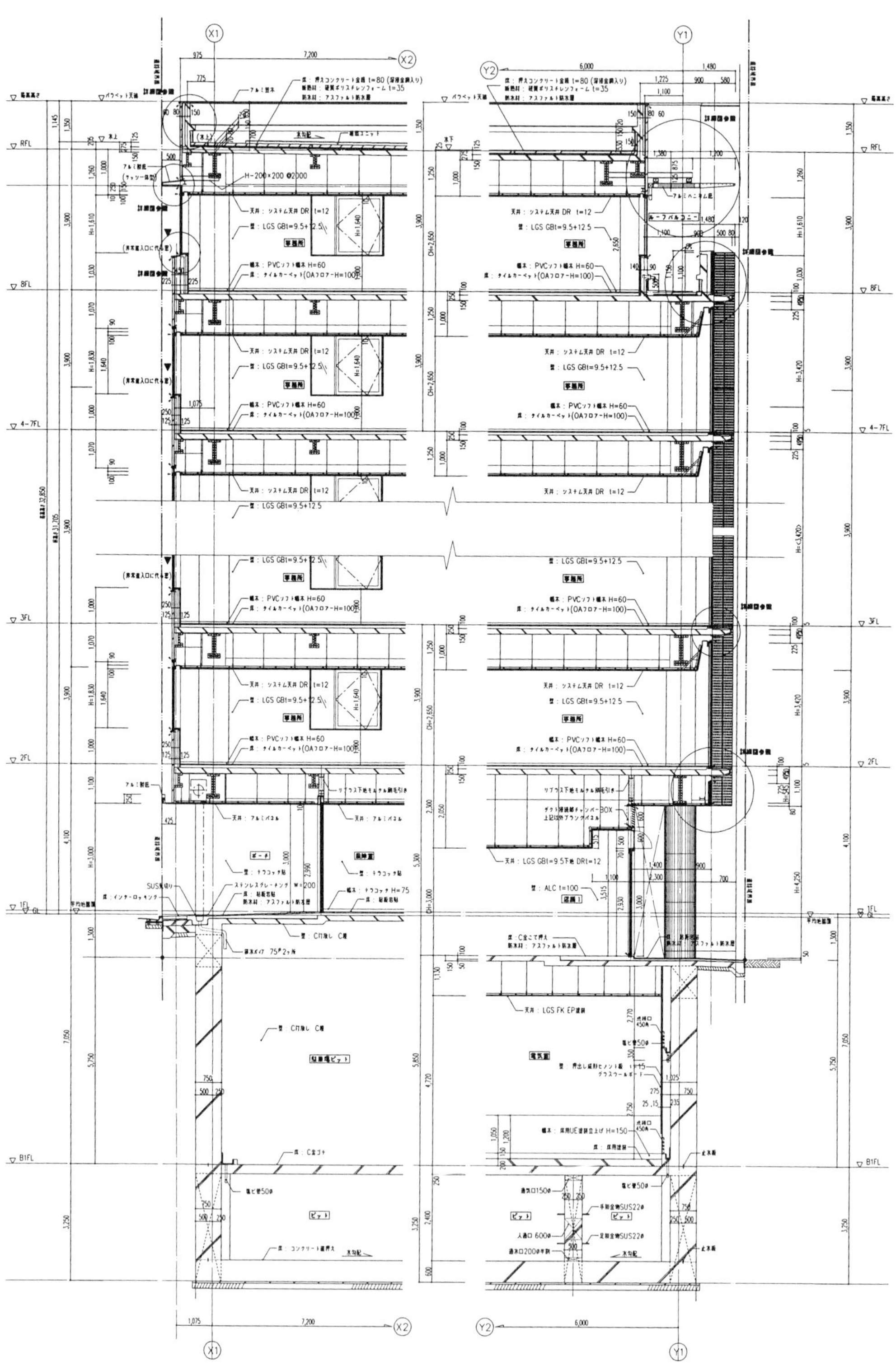
X1
X2
Y1
Y2
7,200
6,000
RFL
8FL
4~7FL
3FL
2FL
1FL
B1FL
H-200×200 @2000
天井：システム天井 DR t=12
壁：LGS GBt=9.5+12.5
幅木：PVCソフト幅木 H=60
床：タイルカーペット(OAフロアーH=100)
事務所
天井：LGS GBt=9.5下地 DRt=12
壁：ALC t=100
電気室
ピット

図 4・6　矩計図

B 構造計画

1. 建築計画と構造計画

地価の高い大通りに面する貸しオフィスビルであるため，建物延べ面積は法定容積率で許容される上限で計画する．実質的なオフィス空間を有効に確保するために，オフィス空間にはできるだけ柱およびブレース，耐震壁を配置しない構造計画が求められた．

また，南側に面する大通りは商業施設が連なる通りであり，大通りに面する1階南側は，飲食でも可能な店舗の計画とすることと，敷地内の地盤が南北で約1m強の高低差があることから，1階の階高は一般階（オフィス階）の階高よりも0.2m高く設定している．

条例によって，13台分の駐車スペースと140m^{2}の緑地を確保しなければならなかったため，地下1階に機械式駐車スペースを設け，屋上に軽量土壌を用いた緑地を設置する建築計画とした．

建築計画上，地下1階は電気室および受水槽を設けるため，6mの階高が必要であることと，ピットの有効高さを確保するために，基礎底は少なくともGL−8mまで必要であった．支持地盤をGL−10m付近の東京礫層としたことから，支持地盤まで約2m届かないが，この部分の構造を①地盤改良，②流動化処理工法による地盤置換，③短い杭基礎，④躯体を支持地盤まで構築した直接基礎とする，四つの工法についてのコストを含め，比較検討を行った．その結果，本計画では地下1階の階高を7m，基礎梁せいを3mとして，④の躯体を支持地盤まで構築した直接基礎とする工法を採用することとした．

2. 構造躯体の選定

地上部のオフィス階は無柱空間とするため，7.7m×14.4mの比較的長いスパンの鉄骨造とした．

1階および地下は，1階が最大5m近い階高であるので，層の水平剛性を確保する必要があることと，地下構造をRC造とすることから，14.4mスパン中央に柱を設け，7.2m×2スパンとした．なお，鉄骨柱である1階柱脚との応力伝達をスムーズに行うため，1階床梁はSRC梁とし，地下1階の柱はRC柱とした．ただし，柱脚の引抜防止および鉄骨建方対応のため，軸力負担分の十字形またはH形の鉄骨をRC柱の心に配置している．構造的に地下1階まで鉄骨柱を下ろさなかったのは，1階以上がBOX形であることから，地下1階柱頭でBOX形から十字形やH形に切り換えても，地下1階柱脚ではベースプレートで鉄骨を支持することになり，鉄骨が基礎梁に連続しないため，鉄骨部分に曲げモーメントを負担させることができなくなり，当該部分は結局RC柱としての設計となるからである．したがって，鉄骨による応力負担は1階床梁までで完結するように計画した．

C 構造計算書

構造計算書の体裁として，表紙と目次をつける必要がある．その詳細は第2章に準じ，ここでの説明は省略する．

1. 一般事項

1.1 建物の概要

（1） 建物概要

建物名称	JSCA ビル			
敷　地	場　所	東京都○○区○○○		
	用途地域	商業地域	敷地面積	661.18 m^2
	その他	防火地域 法定建ぺい率 100% 以下 法定容積率 681.5% 以下(700% と 500% の面積按分)		
主要用途	事務所，店舗，駐車場			
規　模	階　数	地上8階，地下1階		
	延べ面積 容積率対象面積	4 797.57 m^2 4 497.64 m^2*	建築面積 基準階面積	590.58 m^2 555.00 m^2
	最高高さ	32.850 m	軒の高さ	31.705 m
	建ぺい率	89.33%	容積率	680.76%
仕上概要	屋　根	押えコンクリート（t=80～140 mm)＋アスファルト防水		
	床	タイルカーペット，フリーアクセスフロア(H=100 mm)		
	外　壁	押出成形セメント板 テラコッタ縦ルーバー付きアルミカーテンウォール		
	内　壁	ALC パネル（t=100 mm)		
	軒　裏	アルミパネル		
構造概要	構造種別	地上：鉄骨造 地下：鉄筋コンクリート造一部鉄骨鉄筋コンクリート造		
	架構形式	地上：純ラーメン構造，地下：耐力壁付きラーメン構造		
	基　礎	直接基礎（べた基礎)		
	支持地盤	N 値 60 以上の東京礫層（地盤種別：第二種)		
	主なスパン	14.4 m×7.7 m		

＊ 条例により容積率算出面積には駐車場面積を除外できるため．

（2） 構造計算を行った者

イ．資格　一級建築士　国土交通大臣　登録　第○○○○○○号

構造設計一級建築士　国土交通大臣　交付番号　第○○○○号

ロ．氏名　○○　○○

ハ．建築事務所　一級建築士事務所　　○○○知事登録　　第○○○○号
　　　　　　　　○○○設計事務所

ニ．郵便番号　○○○－○○○○

ホ．所在地　東京都○○区○○○　○－○－○

ヘ．電話番号　03－○○○○－○○○○

（3）　構造上の特徴

① 本建物は，約 18.8 m×約 31.3 m のほぼ長方形の平面形状で，高さ約 32.9 m である．使用用途は 1 階が店舗およびエントランス，2～8 階が事務所，B 1 階が機械式駐車場および機械室である．

② 基準階の平面は 17.4 m×29.1 m の長方形を基本とし，1 階は長辺方向（Y 方向）4 スパン（6.0 m，7.7 m×3），短辺方向（X 方向）3 スパン（7.2 m×2，3.0 m）であり，2 階より上部は長辺方向（Y 方向）4 スパン（6.0 m，7.7 m×3），短辺方向（X 方向）2 スパン（14.4 m，3.0 m）で長辺方向の南西側に 1.45 m，北東側に 1.375 m，短辺方向の北西側に 0.85 m，南東側に 0.5 m の片持ちがある．また，8 階は南西側が 4.0 m セットバックしている．

③ 敷地は長辺方向（Y 方向）に南西面から北西面にかけて傾斜があり，その高低差は約 1.0 m である．1 階の床レベルをこの高低差に合わせた計画としたため，1 階の柱長さは，北東側に比べて，南西側が 1.0 m 長くなっている．

④ 1 階の柱長さが異なることで偏心が生じていることから，2 階までは 14.4 m スパンのところに地下 1 階と 1 階にはスパン中央に柱を入れて，7.2 m スパンとして剛性を高めている．

⑤ 構造種別は，地上が鉄骨造，地下が鉄筋コンクリート造で，1 階床梁は地上と地下の応力伝達を円滑に行うため，鉄骨鉄筋コンクリート造とする．

⑥ 架構形式は，地上が純ラーメン構造，地下が耐力壁付きラーメン構造である．

⑦ 基礎は，直接基礎のべた基礎である．

1.2　設計方針

（1）　構造設計方針

（上部構造）

・建物用途が事務所であることから構造種別は鉄骨造とし，事務室のレンタブル比を向上させるために，架構形式は X 方向，Y 方向ともに純ラーメン構造としている．

・柱は建築構造用鋼材（SN 490 C）を用いた溶接組立箱形断面（通称，ビルト BOX）とする．

・大梁は建築構造用鋼材（SN 490 B）を用いた外法一定 H 形鋼（通称，外法 H）とする．ただし，建築構造用鋼材（SN 490 B）を用いた溶接組立 H 形断面（通称，ビルト H）でも代替できるように，断面性能はフィレット部を除いて計算する．

・柱および大梁は，部材種別 FB ランク以上の断面部材を使用する．

・柱梁接合部は，内ダイアフラム補剛形式とし，その材質は建築構造用鋼材（SN 490 B）を用いる．また，梁端は梁の出寸法を柱芯から原則 1 400 mm とするブラケット方式とする．

・梁継手はフランジ，ウェブともに高力ボルト摩擦接合とする．

・柱継手は現場溶接接合とする．なお，接合位置は鉄骨工場からの運搬と揚重を考慮し，継手位置は1階，3階，6階，8階に設け，継手高さはFL＋1 000 mmとする．

・仕口部および継手部は保有耐力接合とし，大梁の横補剛は保有耐力補剛とする．

・小梁は寸法でのマイナス公差がほとんどない建築構造用鋼材（SN 400 A）を用いた圧延H形鋼（通称，JIS-H）とする．

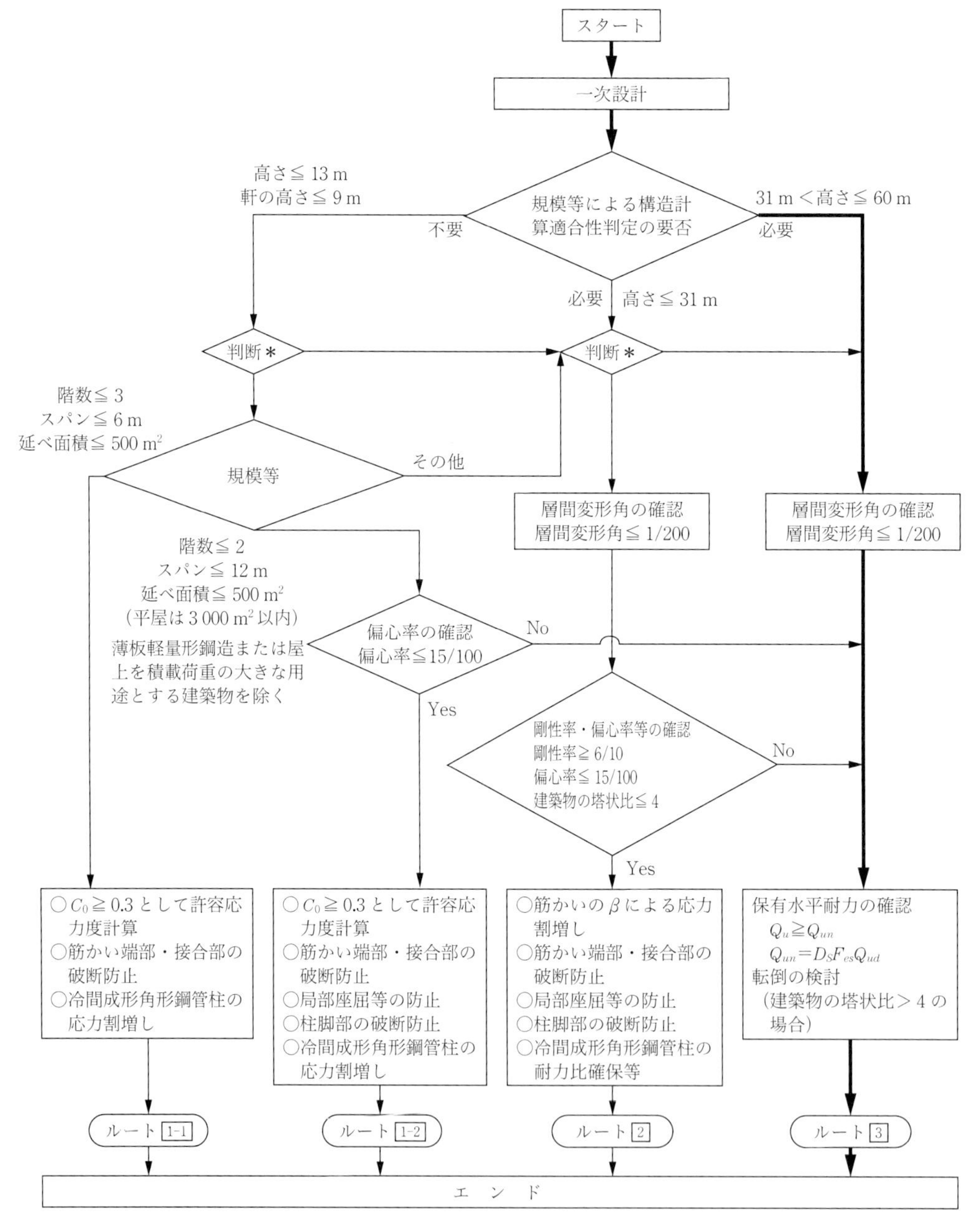

＊ 判断とは設計者の設計方針に基づく判断のことである．例えば，高さ31 m以下の建築物であっても，より詳細な検討を行う設計法であるルート3を選択する判断等のことを示している．

［出典：2015年版 建築物の構造関係技術基準解説書，に加筆］

・床スラブはフラットデッキを捨て型枠とする鉄筋コンクリート造とする．なお，梁との一体化を図るため，梁フランジ上端に頭付きスタッドボルトを打設する．
・主構造の躯体の設計は構造計算一貫プログラムにより，柱と大梁を線材置換したモデルで設計する．

（地下構造）

・地下は鉄筋コンクリート造で，1階梁には地上からの応力伝達を考えて鉄骨鉄筋コンクリート造とする．
・柱は鉄筋コンクリート造で設計をするが，軸力伝達できるだけの鉄骨断面を柱脚まで入れている．
・土圧に接する部分には土圧壁兼用の耐力壁を配し，平面レイアウトに合わせて内部にも耐力壁を配した耐力壁付きラーメン構造とする．
・地下の構造計算は地上を含めた一体モデルとしてモデル化して設計する．
・設計用水位は設計 GL−3.0 m とし，地下構造の設計には水圧を考慮する．

（基礎構造）

・基礎は敷地内で行われた地盤調査結果をもとに，GL−10 m 付近で出現する東京礫層を支持地盤とする直接基礎とする．支持層である東京礫層は N 値が 60 以上の結果であったが，支持地盤の地耐力計算には N 値を 60 として計算する．
・基礎下端レベルは GL−10.2 m で，地盤種別は第二種とする．
・基礎形式は，直接基礎のべた基礎とする．
・基礎は直接基礎のべた基礎のため，地上および地下の構計算一貫プログラムには，柱直下と基礎梁中央に支点を設けて，水平力に対しては地盤ばねを考慮してモデル化して設計する．

（2） 計算上準拠した指針・基準等

・建築基準法，同施行令，告示
・2015 年版　建築物の構造関係技術基準解説書
・鋼構造設計規準―許容応力度設計法―（日本建築学会，2005 年）
・鉄筋コンクリート構造計算規準・同解説（日本建築学会，2010 年）
・建築基礎構造設計指針・同解説（日本建築学会，2001 年）
・鋼構造塑性設計指針（日本建築学会，2017 年）
・建築耐震設計における保有耐力と変形性能（日本建築学会，1990 年）
・鋼構造接合部設計指針（日本建築学会，2012 年）
・高力ボルト接合設計施工ガイドブック（日本建築学会，2016 年）
・溶接接合設計施工ガイドブック（日本建築学会，2008 年）
・鋼構造柱脚設計施工ガイドブック（日本建築学会，2017 年）
・各種合成構造設計指針・同解説（日本建築学会，2010 年）

○構造計算ルート

建物高さが 31 m を超えているため，構造計算ルートは，X 方向，Y 方向ともにルート 3 である保有水平耐力計算とする．

○使用プログラムの概要

イ．プログラムの名称	○○○○○○　Ver.○.○　(株)○○○○)
ロ．国土交通大臣の認定の有無	□有（認定プログラムで安全性を確認）　■無
ハ．認定番号	無（評定番号　○○○－○○○○)
ニ．認定の取得年月日	無（評定取得　○○○○年○○月○○日)
ホ．構造計算チェックリスト	別添（参照ページ：○○)
ヘ．その他の設計のプログラム名称	無

○計算方針

・地盤は地盤調査結果により第二種地盤と判定し，A_t，R_t の算定に用いる一次固有周期は，地盤ばねを考慮しないモデルでの固有値解析による一次固有周期の精算値により算定する．なお，採用する精算値による R_t は，略算式（$T=0.03\,\mathrm{h}$）による略算値で求めた R_t の 3/4 以上であることを確認し，それ以下であれば，3/4 の値を使用する．

・風荷重は，地震力に比べて十分に小さいため，検証は省略する．

・積雪荷重については，多雪地域でないため，短期荷重時のみの検討となり，積雪する屋外屋根における床荷重で，短期荷重時（$G+P+S$）が長期荷重時（$G+P$）の 1.5 倍以下であることを確認して，検証は省略する．

・一貫構造計算プログラムの応力解析モデルは，地上と地下を一体としてモデル化する．

・各階の床は大きな吹抜もなく，連続しているため，剛床仮定とした立体フレームを対象としてマトリックス変位法による応力解析を行う．

・一次設計は弾性解析，二次設計は一般化塑性ヒンジ法による弾塑性荷重増分解析とする．

・計算用構造スパンは 1 階の柱心間，構造階高は各階の大梁，基礎梁の梁心間の寸法とする．なお，地盤の高低差に合わせてレベルにした 1 階床梁を考慮して 1 階の柱長さを算定し，階高は柱長さの平均としている．

・部材モデルとして，柱，梁は線材に置換し，柱は曲げ，軸，せん断変形を考慮し，梁は曲げとせん断変形を考慮する．また，仕口パネルは，応力解析に対しては影響が少なく，変形に対しては安全側であるため，モデル化していない．

・大梁に対するスラブの剛性増大率 ϕ は，有効幅のスラブと一体にした T 形梁として剛性倍率を算定し，プログラムに数値入力する．なお，耐力は大梁断面のみで評価する．

・1 階柱脚は B 1 階鉄筋コンクリート柱に，鉛直力が伝達できるように鉄骨を入れ込んだ埋込形柱脚とし，B 1 階柱下支持点は許容応力計算の鉛直荷重時にはピン支持，許容応力計算の水平荷重時および保有水平耐力計算にはばね支持とする．

・一次設計時の最大層間変形角は 1/200 以下であることを確認する．

・使用上の支障に関する検討は，部材せいとスパンの比，またはたわみを計算し，告示の規定を満足するものとする．

・屋根ふき材については，屋上が RC スラブのため，検討は行わない．

○許容応力度計算

・一貫構造計算プログラムを用いて行うが，二次部材，基礎等は，別途計算等により設計する．

・応力解析は浮上りは生じないとした弾性解析であるため，解析は正加力のみのX方向，Y方向の2方向とする．

・鉄骨端部の断面検定に用いる曲げモーメントは，鉛直荷重時は節点モーメント，水平荷重時はフェイスモーメントを採用する．なお，柱は直交方向のモーメントも考慮して2軸曲げの検定とする．

・断面検定位置は，大梁では両端，中央，継手位置の5か所で行い，柱では柱頭，柱脚の2か所とする．

・H形断面梁の許容曲げ耐力はフランジ断面のみ有効として算定する．

・片持ち梁は長期応力の1.5倍で，長期許容応力度以内で設計を行う．

○保有水平耐力計算

・外力分布は，A_i 分布に基づくものとする．

・建物平面形状が長方形と比較的整形であるため，外力はX方向の正負，Y方向の正負の4方向とする．

・部材の復元力特性はバイリニア型とする．折れ点は全塑性モーメントの時点とし，二次勾配は初期剛性の1/100倍とする．なお，梁端部の曲げ耐力は全断面有効とした全塑性モーメントを用いる．このとき，材料強度は基準強度 F の1.1倍とする．

・各階の構造特性係数 D_S は，ブレースを用いていない純ラーメン架構のため，採用した部材断面の部材ランクで決まる．したがって，D_S 算定用の崩壊メカニズムまでの増分解析は不要である．

・保有水平耐力は，各方向共にいずれかの層の層間変形角が1/100に達したときの各階の層せん断力とする．

1.3 材料の許容応力度

材料の許容応力度は次表のとおりとする．

鋼材の許容応力度

鋼材種別	F 値〔N/mm^2〕(40 mm 以下)	長期〔N/mm^2〕		短期〔N/mm^2〕	
		引張・圧縮・曲げ	せん断	引張・圧縮・曲げ	せん断
SN 400 A	235	156	90	235	135
SN 400 B	235	156	90	235	135
SN 490 B	325	216	125	325	187
SN 490 C	325	216	125	325	187

溶接部の F 値は，取り合う部材の材質低位の F 値と同じとする．

高力ボルトの許容耐力

ボルト呼び径	設計ボルト張力〔kN/本〕	長期〔kN/本〕			短期〔kN/本〕		
		許容せん断力		許容引張力	許容せん断力		許容引張力
		1面摩擦	2面摩擦		1面摩擦	2面摩擦	
M 22	205.0	57.0	114.0	118.0	85.5	171.0	177.0
M 20	165.0	47.1	94.2	97.3	70.7	141.0	146.0
M 16	106.0	30.2	60.3	62.3	45.2	90.5	93.5

高力ボルトはF 10 TもしくはS 10 T（大臣認定品）とする．

コンクリートの許容応力度

コンクリート種別	長　期〔N/mm²〕			短　期〔N/mm²〕		
	圧　縮	引　張	せん断	圧　縮	引　張	せん断
普通コンクリート　FC 24	8	—	0.73	16	—	1.09

鉄筋の許容応力度

鉄筋種別	長　期〔N/mm²〕		短　期〔N/mm²〕	
	引張・圧縮	せん断補強	引張・圧縮	せん断補強
SD 295 A	195	195	295	295
SD 345	215（195）	195	345	345

（　）は D 29 以上.

付着の許容応力度

鋼　材	長期〔N/mm²〕		短期〔N/mm²〕	
	上端筋	その他	上端筋	その他
異形鉄筋	1.54	2.31	2.31	3.46
鉄　骨	0.45		0.67	

〔**解　説**〕

（1）　構造計算ルート

最高高さが 31 m を超えているため，ルート3で計算した．本建物は，敷地地盤が南側の大通りから北側に向かって傾斜しているため，1階の柱長さが不均一となり，短辺方向（X 方向）の剛心が北側に偏っており，偏心率が 0.15 を超えている．したがって，必要保有水平耐力計算（ルート3）において，形状係数でその影響を考慮する必要がある．

（2）　鋼　材

鋼材種は，SN 400 A は溶接接合しない小梁や大梁の中間材，SN 400 B は溶接接合がある小梁，SN 490 B は板厚方向に力が働かない大梁など，SN 490 C は板厚方向に力が働く箱形断面柱（BOX 柱）のスキンプレートなどと使い分けた．

（3）　高力ボルト

高力ボルトは，F 10 T もしくは S 10 T（大臣認定品）を使用している．F 11 T はこれまでに遅れ破壊が多発したため，JIS B 1186 でもなるべく使用しないこととされ，実施工では使用されていなかった．近年，メーカーの開発により遅れ破壊しない F 14 T のボルトも使用されているが，JIS 化されておらず，使用に際しては個別に大臣認定されたものである必要がある．また，溶融亜鉛めっき仕様の高力ボルトはめっき処理による強度低下から F 8 T もしくは F 12 T しかなく，JIS 化されていないため大臣認定されたものを使用する必要があるが，防食性の必要な屋外鉄骨など，溶融亜鉛めっきを施した鉄骨の接合などに用いられることが多い．

1.4　設計荷重

（1）　設計用常時荷重

常時荷重は固定荷重と積載荷重からなり，下記に示すとおりとする．ここで，S 1，S 2，S 3，S 4，S 5 は計算入力時のスラブ番号である．

○床

床の固定荷重および積載荷重一覧

室　名		内　訳				床・小梁用〔N/m²〕	架構用〔N/m²〕	地震用〔N/m²〕
		〔N/(mm・m²)〕	〔mm〕	〔N/m²〕				
屋　上	防水押えコンクリート	(γ=23)	t=110	2 530				
	防　水			70				
	コンクリートスラブ	(γ=24)	t=150	3 600				
R階	デッキプレート			150	DL	6 700	6 700	6 700
防水床	ダクト・天井			300	LL	4 900	1 300	600
S 1			6 700	← 6 650	TL	11 600	8 000	7 300
	緑化土壌(軽量土使用)	(γ=6)	(t=500)	3 000				
屋上(緑地)	防水押えコンクリート	(γ=23)	t=110	2 530				
	防　水			70				
	コンクリートスラブ	(γ=24)	t=150	3 600				
R・8階	デッキプレート			150	DL	9 700	9 700	9 700
防水床	ダクト・天井			300	LL	2 900	1 800	800
S 2			9 700	← 9 650	TL	12 600	11 500	10 500
	OAフロア			250				
事務室	モルタル	(γ=23)	t=5	115				
	コンクリートスラブ	(γ=24)	t=150	3 600				
8～2階	デッキプレート			150	DL	4 500	4 500	4 500
OAフロア	ダクト・天井			300	LL	4 900	1 800	800
S 3			4 500	← 4 415	TL	9 400	6 300	5 300
店　舗	仕上げ			570				
	モルタル	(γ=23)	t=5	115				
1階	コンクリートスラブ	(γ=24)	t=150	3 600	DL	4 600	4 600	4 600
	ダクト・天井			300	LL	2 900	2 400	1 300
S 4			4 600	← 4 585	TL	7 500	7 000	5 900
	仕上げ			70				
電気室	モルタル	(γ=23)	t=310	7 130	DL	25 200	25 200	25 200
B 1階	コンクリートスラブ	(γ=24)	t=750	18 000	LL	19 600	9 600	5 200
S 5			25 200	←25 200	TL	44 800	34 800	30 400

○外壁

・テラコッタ縦ルーバー付きアルミカーテンウォール（h=3 900 mm）

　ガラス（FL，t=10 mm）　700 N/m

　補強鉄骨（H-175×90）　700 N/m

　アルミフレーム（方立＋上下枠）　300 N/m

　テラコッタ縦ルーバー　2 400 N/m　合計　4 100 N/m

・押出成形セメント板（h=3 900 mm，t=60 mm）　3 900 N/m

○パラペット（h=600 mm）　4 000 N/m

○耐火被覆（4.5 kN/m³）

　1～5階（2時間耐火）　t=35 mm

　6～R階（1時間耐火）　t=25 mm

○仕上荷重

　柱：500 N/m²　大梁：0 N/m²　壁：1 000 N/m²

　大梁仕上荷重が0 N/m²とあるのは，大梁は天井裏に隠れるので，仕上げがないためである．

（2）　設計用地震力　　令第88条により算定した．

地震力一覧

層	固定荷重〔kN〕	積載荷重〔kN〕	層重量〔kN〕	総重量〔kN〕	α_i	A_i 分布	係数 C_i	層せん断力 Q_i〔kN〕
8	6 330	330	6 660	6 660	0.182	2.161	0.301	2 002.4
7	4 213	434	4 647	11 307	0.309	1.800	0.250	2 831.7
6	3 693	447	4 140	15 447	0.422	1.560	0.217	3 352.7
5	3 718	447	4 164	19 611	0.536	1.446	0.201	3 945.4
4	3 752	447	4 198	23 809	0.651	1.316	0.183	4 359.3
3	3 755	447	4 202	28 011	0.766	1.202	0.167	4 684.4
2	3 761	447	4 208	32 219	0.881	1.099	0.153	4 926.4
1	3 898	447	4 345	36 564	1.000	1.000	0.139	5 087.2
B 1	15 125	606	15 731	52 295	—	—	(0.103)*	6 707.5

* B 1 層は地下のため係数は震度である．

標準せん断力係数：$C_0=0.20$

地盤種別　　　　：第 2 種（$T_0=0.6$ s）

地域係数　　　　：$Z=1.0$（東京都内）

振動特性係数　　：$R_t=0.696$

一次固有周期　　：$T=0.981$ s（昭 55 建告第 1793 号第 1 による）

1.380 s（固有値解析による精算値）（本例で採用）

（3） 設計用風圧力

令第 87 条により算定した．

風圧力　　　　　　　　：$W=q\cdot C_f$〔N/m²〕

風圧係数　　　　　　　：$C_f=C_{pe}-C_{pi}$（外圧係数 $C_{pe}=0.8k_z$（風上），0.4（風下），内圧係数 $C_{pi}=0$ または -0.2）

速度圧　　　　　　　　：$q=0.6E\cdot V_0^2=1\,541$ N/m²

告示で決まる風速　　　：$V_0=34$ m/s（東京都内）

建物高さと軒高の平均：$H=32.85$ m（建物の最高高さ）

地表面粗度区分　　　　：III

ガスト係数　　　　　　：$G_f=2.20$（$H=32.85$ m）

$Z_b=5$ m，$Z_G=450$ m，$\alpha=0.2$

$E_r=1.7(Z_b/Z_G)^\alpha$：$(H\leqq Z_b)$，$1.7(H/Z_G)^\alpha$：$(H>Z_b)$

$E=E_r^2\cdot G_f=2.23$

風圧力一覧

階	階高〔m〕	Z〔m〕	k_z	C_f	W〔N/m²〕	見付け長さ		見付け面積		各層の風圧力		風圧力	
						長辺〔m〕	短辺〔m〕	長辺〔m²〕	短辺〔m²〕	長辺〔kN〕	短辺〔kN〕	長辺〔kN〕	短辺〔kN〕
R	1.35	31.50	0.98	1.19	1 833.0	32.5	19.5	107.25	64.35	196.59	117.96	196.6	118.0
8	3.90	27.60	0.93	1.15	1 770.5	32.5	19.5	126.75	76.05	224.41	134.64	421.0	252.6
7	3.90	23.70	0.88	1.10	1 702.3	32.5	19.5	126.75	76.05	215.77	129.46	636.8	382.1
6	3.90	19.80	0.82	1.05	1 627.7	32.5	19.5	126.75	76.05	206.23	123.74	843.0	505.8
5	3.90	15.90	0.75	1.00	1 542.3	32.5	19.5	126.75	76.05	195.49	117.29	1 038.5	623.1
4	3.90	12.00	0.67	0.93	1 443.9	32.5	19.5	126.75	76.05	183.01	109.81	1 221.5	732.9
3	3.90	8.10	0.57	0.86	1 323.7	32.5	19.5	126.75	76.05	167.78	100.67	1 389.3	833.6
2	3.90	4.20	0.47	0.78	1 199.8	32.5	19.5	130.00	78.00	155.98	93.59	1 545.3	927.2
1	4.10	0.10	0.47	0.78	1 199.8	32.5	19.5	66.63	39.98	79.94	47.96	1 625.2	975.1

（4） 設計用積雪荷重

令第 86 条に基づいて定められた特定行政庁（東京都）の規則から，最深積雪量 30 cm，積雪の単位重量 20 N/(m^2·cm) と定められているため，積雪荷重は 600 N/m^2 とする．

屋上の常時荷重（TL すなわち DL＋LL）は 8 000 N/m^2 であるので，積雪時の屋上荷重（DL＋LL＋1.4 S）は 8 600 N/m^2 となり，常時荷重との比率は 1.075 となる．したがって，短期許容応力度/長期許容応力度が 1.5 であることから，架構用常時荷重（DL＋LL）に対して長期許容応力度以下として設計していると，必然的に積雪時は短期許容応力度以下となる．したがって，令第 82 条の 6 第一号および第二号の規定を満足するため，詳細検討は省略する．

〔解 説〕

（1） 常時荷重および積載荷重

常時荷重には，建物を構成する部材の自重である荷重と，人が利用するにあたって建物内に持ち込まれ変動する荷重がある．前者を固定荷重（DL），後者を積載荷重（LL）という．固定荷重は建物を設計した時点で確定する荷重であるが，積載荷重は使用状況により異なる性質があるため，使用状況を想定した荷重とする．実際には，積載荷重は，床（小梁）用，架構用，地震用に分けて，建物躯体の設計を行っている．床にかかる積載荷重の伝達を考えると，床スラブ→小梁→大梁→柱と流れる．また，荷重分布は均一でなくばらつきがあり，ある範囲に集中して荷重がかかることも想定しなければならない．さらに，地震力などの水平力は各階の重心位置に荷重が作用する．以上のことを考慮すると，建物の実質重量に近い積載荷重を地震用，荷重の集中度合いを考慮して地震用を割増した荷重を架構（柱，大梁）用，考えられる最大の荷重集中度合いを考慮して割増した荷重を床・小梁用として，令第 85 条に示された値以上の積載荷重を設定することが多い．

固定荷重および積載荷重の一覧表には，計算入力時に使用したスラブ番号を併記することで，構造計算プログラムで割り当てた床荷重配置を確認しやすくなる．床荷重のほかに柱，大梁，壁の耐火被覆および仕上重量の入力を行うことが必要で，上記の例では柱，大梁，壁の見付け面積当りの重量として入力した．また，外壁やパラペットの重量は，床または梁に対する線荷重と考えられるので，単位長さ当りの荷重として算定し入力した．これらのほかに，小梁重量，間仕切り壁重量，機械荷重，水槽荷重，エレベーター反力，エスカレーター反力，屋上機器基礎などの追加荷重は，自動的には入力されないので，何らかの方法で入力する必要がある．小梁重量の入力方法は構造計算プログラムにより異なるが，本建物においては，小梁重量はスラブ形状を入力する際に小梁断面寸法もしくは耐火被覆重量を加えた単位長さ当りの重量を入力することで，架構用固定荷重として計算し，機器荷重および機器基礎の重量は，床スラブに対する積載荷重として入力している．

（2） 地震力

振動特性係数 R_t に用いる建物の一次固有周期は，昭 55 建告第 1793 号第 1 により，$T=h(0.02+0.01\alpha)$（ここに，h：建物高さ〔m〕，α：躯体の大部分が鉄骨である高さの比率）で算出することになっているが，特別な調査または研究に基づいて計算した数値とすることも可能であることから，本建物では固有値解析により算定した精算値（計算に関しては，3.6「固有値解析結果」を参照のこと）

を用いて，R_t を告示式の 75% を限度に減少させている．ただし，特定行政庁によっては，上記告示による一次固有周期を用いるように指導される場合があるので注意を要する．なお，地下の水平震度は，$k=0.1(1-H/40)Z$（H：GL からの深さ〔m〕）で算出している．

（3）　積雪荷重

積雪荷重は特定行政庁により定められている．

（4）　設計荷重

事務所ビルの主要な設計用外力は，常時荷重（固定荷重，積載荷重），地震力，風圧力，積雪荷重がある．このうち，地震力，風圧力に関しては，超高層建築物の場合などで，よほどアスペクト比（建物高さ/建物幅）が大きくない限り，風圧力よりも地震力のほうが大きくなるため，短期の水平荷重に関しては地震力による検討を行えば，風圧力に対しての安全性を確保できる．また，積雪荷重は多雪地域以外，短期荷重扱いであり，事務所ビルの場合，屋根となる屋上は歩行できるように，押えコンクリート＋アスファルト防水仕様であることが一般的であり，常時荷重が積雪荷重の2倍以上あることが多いため，長期と短期の許容応力度比率が 1.5 倍であることにより，常時荷重に対する検討を行えば，積雪荷重時に対しての安全性を確保できることが多い．

2. 準備計算

2.1 仮定断面

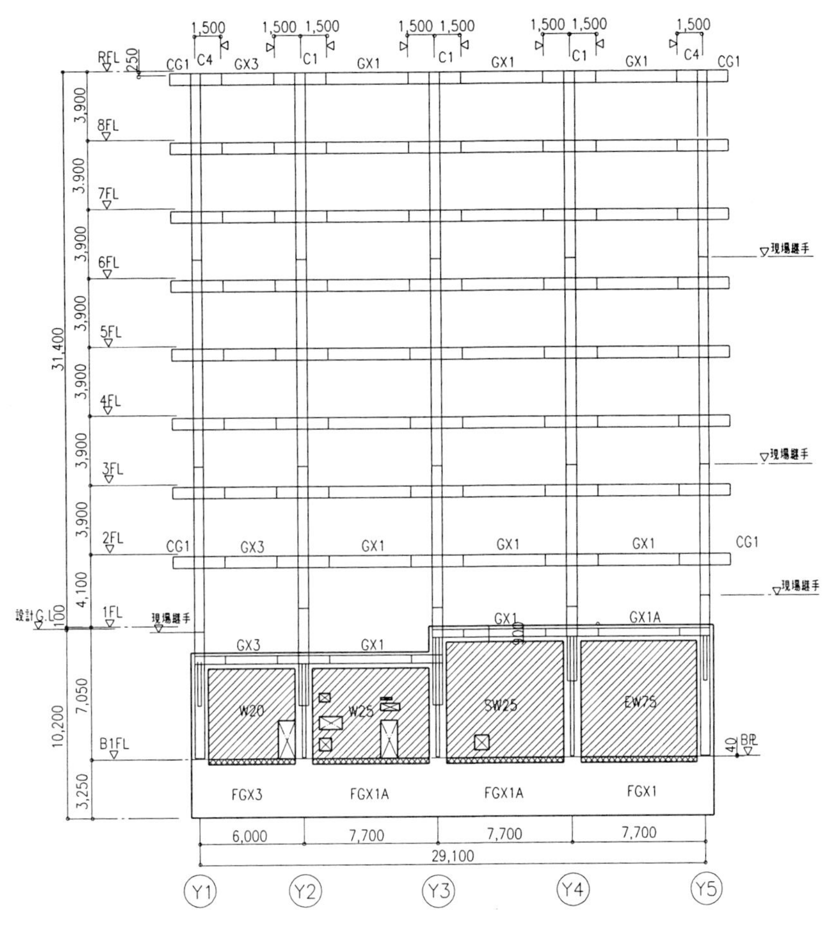

X 3 通り軸組図

柱断面一覧表 (単位：mm)

階	C 1	C 2	C 3	C 4
8	□-600×22	□-550×22	□-500×22	□-550×22
7				
6				
5 4	□-600×25	□-550×25	□-500×22	□-550×25
3				
2	□-600×28	□-550×25	□-500×25	□-550×25
1				
B 1	1 000×1 000(RC)	1 000×1 000(RC)	1 000×1 000(RC)	1 000×1 000(RC)

鉄骨柱はすべて溶接組立箱形断面〈ビルト BOX〉(SN 490 C).

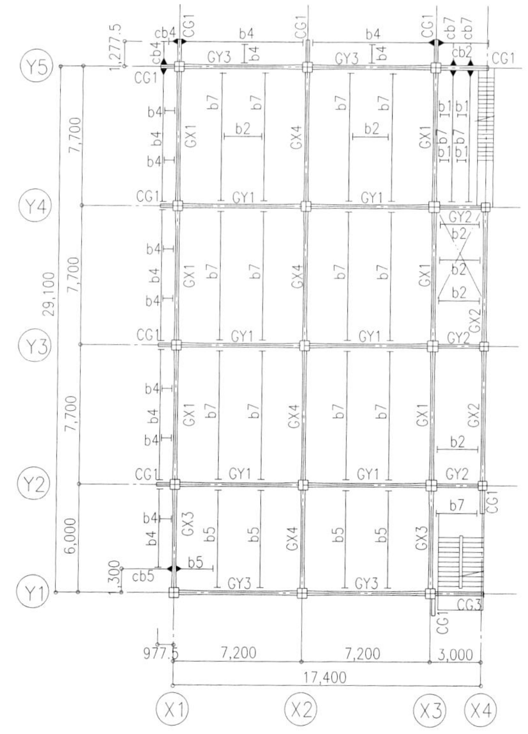

２階梁伏図

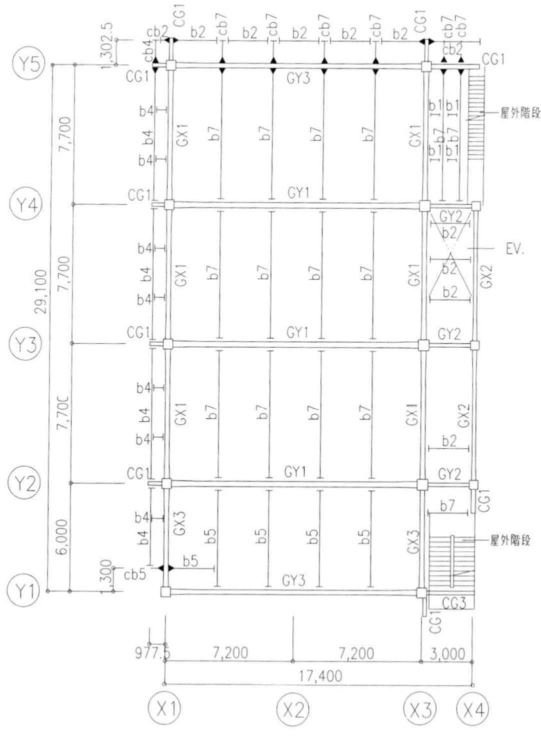

基準階梁伏図

GY 大梁断面一覧表 (単位：mm)

階	GY 1	GY 2	GY 3	GY 3 A	備　考
R	H-800×350×14×25 H-800×300×14×25	H-650×200×12×19 ↑	H-800×300×14×22 H-800×250×14×22	H-650×250×12×25 ↑	S 断面
8	H-800×350×14×22 H-800×300×14×22	H-650×200×12×19 ↑	H-800×300×14×22 H-800×250×14×22	H-650×200×12×19 ↑	S 断面
7	H-800×350×14×25 H-800×300×14×25	H-650×200×12×19 ↑	H-800×300×14×25 H-800×250×14×25	—	S 断面
6	H-800×350×14×25 H-800×300×14×25	H-650×200×12×19 ↑	H-800×300×14×25 H-800×250×14×25	—	S 断面
5	H-800×350×14×28 H-800×300×14×25	H-650×200×12×19 ↑	H-800×300×14×25 H-800×250×14×25	—	S 断面
4	H-800×350×14×28 H-800×300×14×25	H-650×200×12×19 ↑	H-800×300×14×25 H-800×250×14×25	—	S 断面
3	H-800×350×14×28 H-800×300×14×25	H-650×200×12×22 ↑	H-800×300×14×25 H-800×250×14×25	—	S 断面
2	H-800×250×14×22 H-800×200×14×22	H-650×200×12×22 ↑	H-800×250×14×22 H-800×200×14×22	—	S 断面
1	450×900(SRC) H-450×200×9×19	450×900(SRC) H-450×200×9×19	450×900(SRC) H-450×200×9×19	—	SRC 断面 内蔵S断面
B 1	800×3 000(RC)	500×3 000(RC)	750×3 000(RC)	—	RC 断面

S 断面梁はすべて外法一定圧延 H 形鋼〈外法 H〉(SN 490 B).
上段は端部，下段は中央部，断面変更は現場継手部分.

GX 大梁断面一覧表 (単位：mm)

階	GX 1	GX 2	GX 3	GX 4	備　考
R	H-650×200×12×19	H-650×200×12×19	H-650×200×12×19	H-650×250×12×25	S 断面
8	H-650×200×12×19	H-650×200×12×19	H-650×200×12×19	—	S 断面
7	H-650×200×12×19	H-650×200×12×19	H-650×200×12×19	—	S 断面
6	H-650×200×12×22	H-650×200×12×19	H-650×200×12×22	—	S 断面
5	H-650×200×12×25	H-650×200×12×22	H-650×200×12×25	—	S 断面
4	H-650×200×12×25	H-650×200×12×22	H-650×200×12×25	—	S 断面
3	H-650×200×12×25	H-650×200×12×22	H-650×200×12×25	—	S 断面
2	H-650×200×12×22	H-650×200×12×22	H-650×200×12×22	H-650×200×12×22	S 断面
1	450×900(SRC) H-450×200×9×19	450×900(SRC) H-450×200×9×19	450×900(SRC) H-450×200×9×19	450×900(SRC) H-450×200×9×19	SRC 断面 内蔵S断面
B 1	750×3 000(RC)	750×3 000(RC)	750×3 000(RC)	650×3 000(RC)	RC 断面

S 断面梁はすべて外法一定圧延 H 形鋼〈外法 H〉(SN 490 B),
すべての鉄骨梁で端部のみ幅を 250 に増幅，断面変更は継手部分.

片持大梁断面一覧表

階	CG 1
R	H-650×250×12×19
8	H-650×250×12×19
7	H-650×250×12×19
6	H-650×250×12×19
5	H-650×250×12×19
4	H-650×250×12×19
3	H-650×250×12×19
2	H-650×250×12×19

すべて外法一定圧延H形鋼〈外法H〉（SN 490 B）.

鉄骨小梁，鉄骨片持小梁断面一覧表

b 1，cb 1	H-200×100× 6× 8
b 2，cb 2	H-250×125× 6× 9
b 3，cb 3	H-300×150× 7×10
b 4，cb 4	H-350×175× 7×11
b 5，cb 5	H-400×200× 8×13
b 6，cb 6	H-390×300×10×16
b 7，cb 7	H-450×200× 9×14

すべて内法一定圧延H形鋼〈JIS-H〉（SN 400 A，ただし剛接合がある梁はSN 400 B）.

耐震壁：RC，t=750（土圧壁・地下外壁），t=200（地下内壁）

〔**解　説**〕

（1） 断面の仮定

断面の仮定には，専門的な知識，幅広い経験などが必要とされる．部材の幅厚比や梁の横補剛間隔制限などの考慮はもちろん，建築計画（配管ルート含む）や施工計画に関連した配慮も必要となってくる．

（2） 大　梁

大梁せいは14.4 mスパンと比較的長い事務所部分では800 mm，その他の8 m以下のスパン部分では650 mmとした．建築計画上，事務所部分は同一モジュールで計画可能となるように，梁せいは階ごとに変化させないようにした．

梁にはH形断面を用いることが一般的である．H形断面には圧延H形鋼（通称，ロールH）と溶接組立H形断面（通称，ビルトH）があり，圧延H形鋼には，JIS規格化された内法一定圧延H形鋼（通称，JIS-H）と，日本鉄鋼連盟の規格品で国土交通大臣認定品である，建築に特化した外法一定圧延H形鋼（通称，外法H）とがある．ビルトHよりもロールHのほうが製品の加工度が低いため，単位重量当りの材料コストが低いが，ロールHは圧延加工できるサイズが決まっているため，選択範囲がやや狭くなることや，JIS-Hでは同一シリーズでも，フランジやウェブの板厚によってせいや幅寸法が若干異なる製品もあるため，仕上寸法に影響が出るなど，やや使い方が難しい点がある．今回使用した外法Hは建築用ロールHであることから，一般構造物に使用されるJIS-Hより汎用性がなくコスト高であるが，同じせいや幅の断面で数種類の板厚があることから，JIS-Hよりは使いやすい．それでもJIS-Hや外法Hではサイズが限られているため，断面性能が不足したり，ディテールを検討するうえで納まりがつかない場合は，ビルトHを使用すればよい．鉄骨のコストは材料費と加工費，製作費に大別でき，発注時の市場価格にも左右されるが，加工費や製作費に含まれる人件費がコスト高になる要因であることが多い．そのことから，市場価格を確認したうえで，コストメリットおよび仕口部の納まりなどを考え，安価な順である① JIS-H，② 外法H，③ ビルトHと断面を決定していくことが肝要である．

設計において，ロールHとビルトHでは断面サイズ（せい，幅，板厚）が同じであっても，一貫構造計算プログラムにおいて，ロールHの場合，フィレット部（フランジとウェブの境界域のR部）を断面性能に加え，ビルトHの場合は隅肉溶接部断面を加えていないことから，断面性能に若干の差が生じる．このため，構造図でロールHと記載していたにもかかわらず，施工時に発注量が少かったり，市中に出回っていなかったことで，ビルトHに変更しなければならなくなった場合，建築確認では，軽微な変更とはならずに，計画変更扱いとなる．これは，告示で決められた軽微な変更は，設計図から断面性能が向上する変更は適用としているが，断面性能が減となる変更は適用外のためである．そこで，ロールHからビルトHに変更されることを考えた場合，当初の設計からロールHとして入力するのでなく，ビルトHとして入力しておくなどの対策を講じた設計をしておくべきである．

また，梁断面を決定する要因として，応力および変形性能によるところが大きいが，それ以外に，建築計画上や施工上の問題などがある．建築計画上の主な問題として，天井高確保による天井裏空間の計画が大きく影響する．最近の事務所ビルにおいては，階高は4m程度にし，天井高を3m程度確保するように，OAフロア，コンクリート床スラブ，梁せい，耐火被覆，天井下地，照明器具，空調ダクトが配される．天井裏空間をできるだけ有効利用しようとすると梁に空調ダクトを貫通させて計画することとなる．梁貫通孔はウェブに梁せいの1/2以下となる直径の円形で，ピッチは径の3倍以上で，スパン中央部分に位置させるというのがだいたいの目安である．貫通孔が大量にあったり，端部に配する場合は補強方法を慎重に検討する必要がある．また，施工上の問題として，溶接接合部は溶接トーチが入り，下向きおよび横向き姿勢で施工できるディテールにしなければならない．特に梁レベル差による段差や梁せいの違いにより取り合う柱梁接合部において，柱内にダイアフラムを入れる場合は，最低でも150mm程度以上の段差をつけていなければ施工できないことや，板厚の6倍以上離れていないと完全溶込み溶接部の超音波探傷検査ができない（**図4·7**参照）ことに留意して梁せいを決定する必要がある．

建築で使用されるJIS鋼材としては，一般構造用鋼材のSS材，溶接構造用鋼材のSM材，建築構造用鋼材のSN材が主である（40mmを超える鋼材であるとF値低減のない大臣認定品やJIS規格にない強度区分である大臣認定品を使用することもある）．このうち，SS材とSM材は降伏点の規定値に上限がなく，下限値規定のみであり，それに対してSN材は，上限値と下限値が規定されている．これは，通常の構造物では弾性設計することがほとんどであることに対して，建築物では弾塑

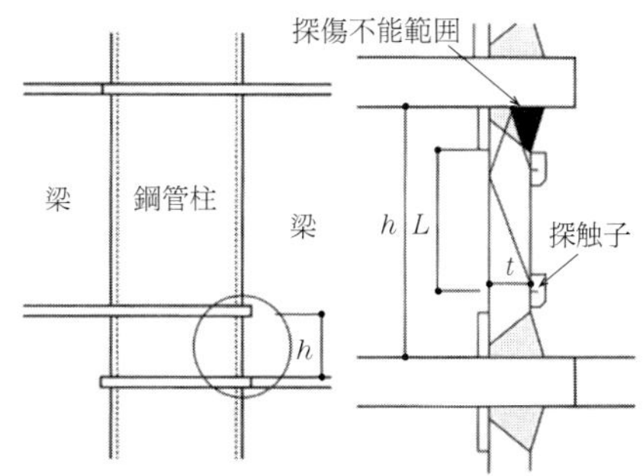

図4・7　超音波探傷のできるダイアフラムの間隔
［出典：日本建築学会「溶接接合設計施工ガイドブック」，p.84，図5.30（2008）］

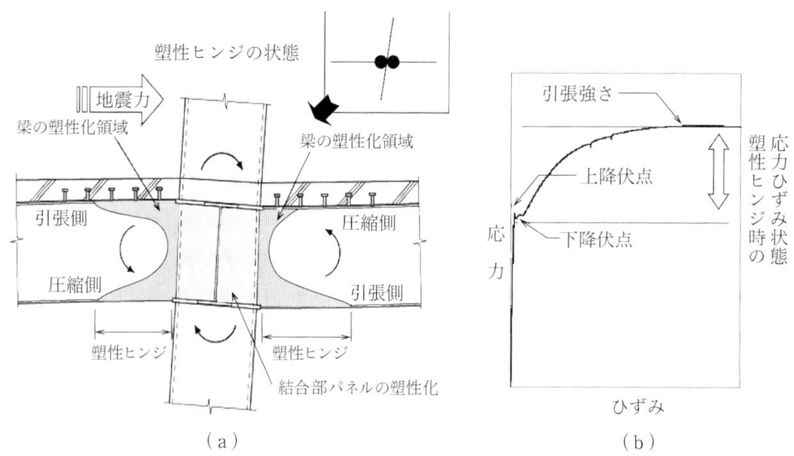

［出典：日本建築学会「溶接接合設計施工ガイドブック」，p. 23，図3.2（2008）に加筆］

図4・8　柱梁接合部の塑性化領域と鋼材の応力-ひずみ関係

性設計するためである．つまり，ルート3の保有水平耐力計算では，増分解析時に梁端などにヒンジを許容して断面を決定している．このヒンジとは部材の一部が局部的に降伏点を超えて弾塑性状態（**図4・8**参照）であるため，鋼材としては図4・8(b）のような応力とひずみの関係となる．

応力とひずみの関係図から，降伏点を境に荷重増分に対して変形が大きく進むことから，この降伏点の上限値が決められていない規格の鋼材を使用すると，建物構造設計時に想定するヒンジ発生時が設定できなくなる．そのため，ヒンジ発生を想定する部位には，降伏点の下限値と上限値が規格されているSN鋼材を使用することが望ましい．

（3）　柱

建築計画に自由度を持たせ，空間の有効利用を図れるように，両方向ともブレースのないラーメン構造とした．このため，柱には方向性のない，鋼板を4面に組み合わせた溶接組立箱形断面柱（通称，ビルトBOX柱）を用いる．

柱の主要構造部分にはH形断面や箱形断面，丸形断面を用いることが一般的である．箱形断面には角形鋼管と溶接組立箱形断面（ビルトBOX）がある．角形鋼管には成形方法によりロール成形とプレス成形の区別があるとともに，冷間成形と熱間成形がある．

また，柱や梁に使用する鋼材には，製造方法の違いにより，高炉材（形鋼，鋼板など）と電炉材（形鋼，鋼板，平鋼など）がある．1990年ごろ，一部の電炉平鋼が板厚方向に割れる開裂現象（ラミネーション）が発見され，一時，社会的に問題となり，当時，使用が制約されたが，現在ではメーカー独自でJIS規格よりも化学成分の制御を厳しくして製造管理していることと，板厚方向に力が作用する場合に用いる材料としてSN鋼材のC材が規格化されたことにより，開裂の懸念は少なくなった．

（4）　柱梁接合部

ダイアフラムなどで補剛をしていない柱梁接合部に梁の曲げモーメントが作用すると，柱のフランジやウェブが局部変形して，小さな曲げモーメントで接合部の耐力が低下する．また，梁フランジや柱ウェブに応力集中が生じて部分的な降伏が起こり，剛性低下の要因になる（**図4・9**）．これらを防

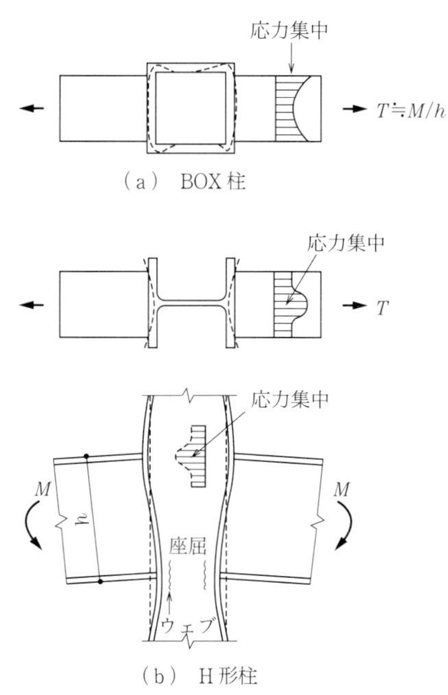

図4・9　ダイアフラム・スチフナのない場合の局部変形

止するため，柱梁接合部には，ダイアフラムなどで接合部を補剛する．鋼管柱やBOX柱などの閉鎖断面柱では，①通しダイアフラム形式の梁通し形（a），②内ダイアフラム形式の柱通し形（b），③閉鎖断面柱内を中空とした外ダイアフラム形式（c），④リング状ダイアフラム（d），⑤パネルゾーン増厚形式などの形式がある．H形柱や十字形柱などの開放断面柱の場合，⑥スチフナ形式（e）とすることが一般的である（**図4・10**）．

本設計例ではビルトBOX柱とH形大梁であるため，一般的に使用される内ダイアフラム形式とした．BOX柱の製造方法としては，柱断面に合わせて鋼板を切り，内ダイアフラムを組み入れて鋼板を4面に組み立て，内ダイアフラムをスキンプレートから穴をあけてエレクトロスラグ溶接でスキンプレートと接合し，4面の鋼板（スキンプレート）はサブマージ自動溶接で角溶接する方法がとられることがほとんどである（**図4・11**，**図4・12**）．このような方法は製作工場に専用のラインを設けていることが多く，このラインで製作可能な寸法（断面が400×400～1 000×1 000の範囲が一般的）から外れた製品はコストアップの要因になる．また，エレクトロスラグ溶接は炭酸ガスシールド半自動溶接に比べ，溶接入熱が数万～数十万J/cmと10倍以上あるため，溶接された鋼材は靱性劣化のおそれがあること，またエレクトロスラグ溶接されるスキンプレートは大梁フランジから板厚直角方向の引張力を受けることから，板厚方向の性能保障したJIS規格であるSN鋼材のC材を用いる．さらに，大入熱が施されても溶け落ちないように，板厚は22 mm以上にすることが望ましい．また，内ダイアフラム板厚がスキンプレート板厚より4サイズ（1サイズ差は3～5 mm，鋼板の一般的な板厚とは，9，12，16，19，22，25，28，32，36，40 mm，これ以上は5 mmピッチである．なお6 mmは溶接をすると反りが出やすいため，溶接する板厚は9 mm以上を使用するのが一般的である）以上厚くなるとスキンプレートの靱性劣化が著しくなるため，大梁とスキンプレートの板厚差に対す

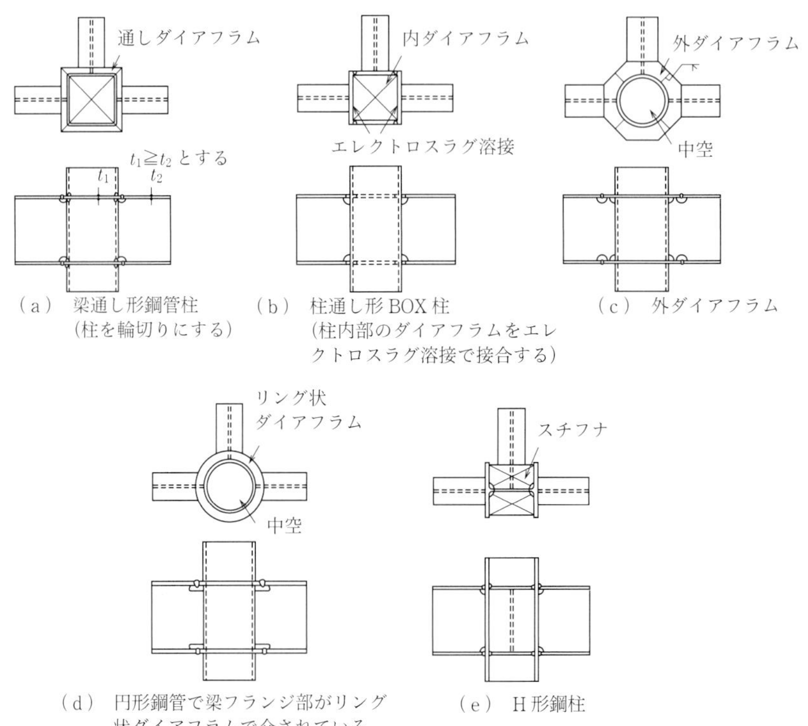

（a）梁通し形鋼管柱（柱を輪切りにする）
（b）柱通し形BOX柱（柱内部のダイアフラムをエレクトロスラグ溶接で接合する）
（c）外ダイアフラム
（d）円形鋼管で梁フランジ部がリング状ダイアフラムで介されている
（e）H形鋼柱

図4・10　ダイアフラムの形状

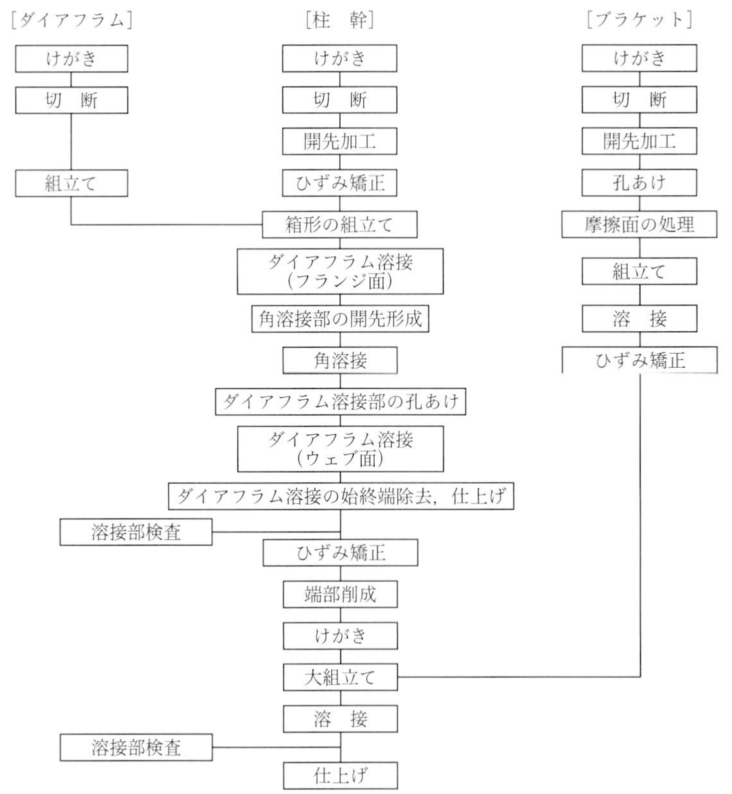

図4・11　溶接組立箱形断面柱の組立て手順
［出典：日本建築学会「鉄骨工事技術指針・工場製作編」，p. 308，図4.13.17（2018）］

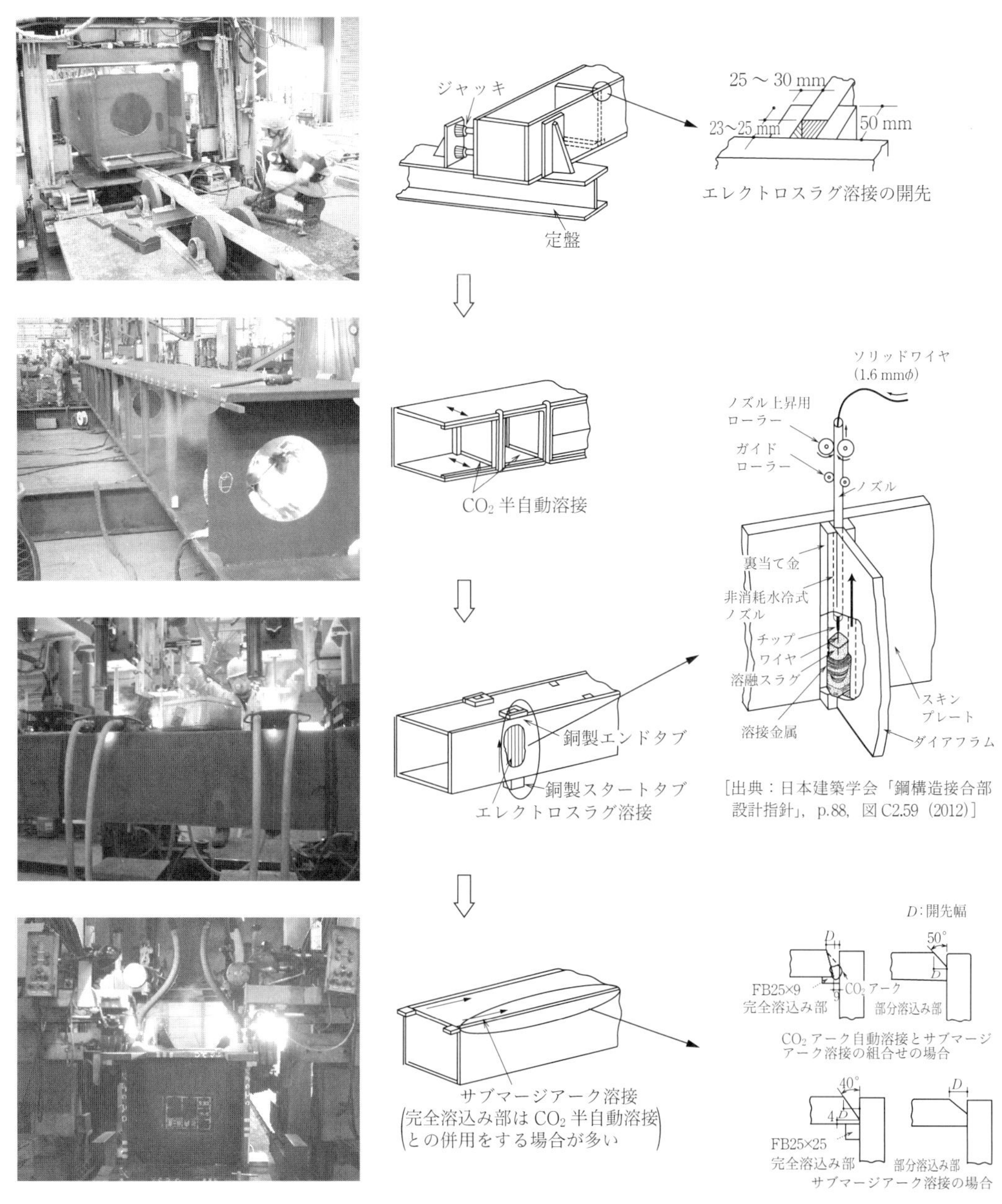

図 4・12　溶接組立箱形断面（ビルト BOX）柱の製造過程

る配慮は仮定断面を決定する際に重要なファクターである．さらに内ダイアフラム形式の柱は，柱通しとなるため，建て方を考慮した節ごとの継手部で板厚変更するように計画することが肝要である．なお，建て方による節割であるため，鉄骨製作工場からの輸送制限長さとともに，現場建て方時のクレーン容量にも関係してくるが，一般的に柱長さ 12 m，重量 20～30 トンを上限目安に節割を決定することが多い．

今回使用していないが，一般的に使用される角形鋼管を使用する場合は，通しダイアフラム形式がほとんどで，梁通しとなるため，板厚変化は節に関係なく階ごとで行うことができる．しかし，板厚

により角部の R 半径が異なることから，板厚差が 2 サイズ以上とすると，この角部分でずれが大きくなるため，板厚変更は 1 サイズにとどめる必要がある．さらに上下階で角形鋼管とビルト BOX を接合すると角部でのずれが生じるので，同一の断面形状で通すか，何らかの処置を行って断面変更する必要がある．

平 12 建告第 1464 号第二号で食い違い・ずれの数値規定がされているので，鋼板公差，加工製作誤差，施工性のことを考え，大梁との板厚差を内ダイアフラムの場合は 1 サイズ以上，通しダイアフラムの場合は 2 サイズ以上厚くすることが一般的になってきている．なお，内ダイアフラム板厚が 70 mm を超えると一般的な 1 電極の非消耗式エレクトロスラグ溶接では施工できなくなる．また，梁と梁の接合および柱と柱の接合においても，食い違い・ずれが発生しかねないが，**表 4･1** のとおり，「鋼板の板厚について SN 規格は，SS 規格および SM 規格よりもマイナス側の寸法公差が小さい」，さらに**表 4･2** のとおり「JIS-H よりも外法 H のほうが高さに関する公差は小さく規定されている」など，鋼材種および適用規格の違いによりさまざまであるため，適材適所の選定が必要となる．特に柱梁溶接接合部に関連して用いられる部分には高さに関する公差が少ない SN 鋼材を用いるほうが望ましい．

表 4・1　鋼板および平鋼の規格値一覧（抜粋）

<table>
<tr><th colspan="3" rowspan="3">項　目</th><th colspan="2" rowspan="2">JIS G 3136</th><th colspan="2">JIS G 3193・JIS G 3194</th></tr>
<tr><th>JIS G 3101</th><th>JIS G 3106</th></tr>
<tr><th>SN 400 A，B，C</th><th>SN 490 B，C</th><th>SS 400</th><th>SM 490 A</th></tr>
<tr><td rowspan="13">厚さ〔mm〕</td><td rowspan="7">幅 1 600 mm 未満の鋼板</td><td>6.0≦t<6.3</td><td colspan="2">+0.7　−0.3</td><td colspan="2">±0.50</td></tr>
<tr><td>6.3≦t<16</td><td colspan="2">+0.8　−0.3</td><td colspan="2">±0.55</td></tr>
<tr><td>16≦t<25</td><td colspan="2">+1.0　−0.3</td><td colspan="2">±0.65</td></tr>
<tr><td>25≦t<40</td><td colspan="2">+1.1　−0.3</td><td colspan="2">±0.70</td></tr>
<tr><td>40≦t<63</td><td colspan="2">+1.3　−0.3</td><td colspan="2">±0.80</td></tr>
<tr><td>63≦t<100</td><td colspan="2">+1.5　−0.3</td><td colspan="2">±0.90</td></tr>
<tr><td>t=100</td><td colspan="2">+2.3　−0.3</td><td colspan="2">±1.30</td></tr>
<tr><td rowspan="6">平　鋼</td><td>6≦t<12</td><td colspan="2">+0.5　−0.3</td><td colspan="2" rowspan="2">±0.5</td></tr>
<tr><td>12≦t<15</td><td colspan="2" rowspan="3">+1.1　−0.3</td></tr>
<tr><td>15≦t<20</td><td colspan="2">± 0.6</td></tr>
<tr><td>20≦t<25</td><td colspan="2" rowspan="2">±1.0</td></tr>
<tr><td>25≦t<40</td><td colspan="2">+1.4　−0.3</td></tr>
<tr><td>40≦t≦100</td><td colspan="2">+2.1　−0.3</td><td colspan="2">± 1.5</td></tr>
<tr><td colspan="2" rowspan="4">降伏点〔N/mm²〕</td><td>t<12</td><td>235 以上[*1]</td><td>325 以上[*1]</td><td rowspan="2">245 以上</td><td rowspan="2">325 以上</td></tr>
<tr><td>12≦t≦16</td><td rowspan="2">235～355[*2,*3]</td><td rowspan="2">325～445[*2]</td></tr>
<tr><td>16<t≦40</td><td>235 以上</td><td>315 以上</td></tr>
<tr><td>40<t≦100</td><td>215～335[*3]</td><td>295～415</td><td>215 以上</td><td>295 以上</td></tr>
<tr><td colspan="3">引張強さ〔N/mm²〕</td><td>400～510</td><td>490～610</td><td>400～510</td><td>490～610</td></tr>
<tr><td colspan="3">降伏比〔%〕</td><td>80 以下[*2,*4,*5]</td><td>80 以下[*2,*5]</td><td>—</td><td>—</td></tr>
</table>

＊1　C 材は該当なし　＊2　C 材で $t<16$ は該当なし　＊3　A 材は上限なし　＊4　A 材は規定なし
＊5　B 材で $t<12$ は規定なし．

表4・2　内法一定H形鋼と外法一定H形鋼の形状および寸法の許容差一覧　　　（単位：mm）

<table>
<tr><th colspan="2" rowspan="2">項　　目</th><th colspan="2">内法一定H形鋼
（通称：JIS-H）</th><th colspan="2">外法一定H形鋼
（通称：外法H）</th><th rowspan="2">適　　用</th></tr>
<tr><th>SN 規格
JIS G 3136</th><th>SS・SM 規格
JIS G 3192</th><th>SN 規格
JIS G 3136</th><th>SS・SM 規格
JIS G 3192</th></tr>
<tr><td colspan="2" rowspan="3">高さ $H8$</td><td colspan="2">$H<800 \cdot B \leqq 400$　±2.0</td><td colspan="2" rowspan="3">±2.0</td><td rowspan="12">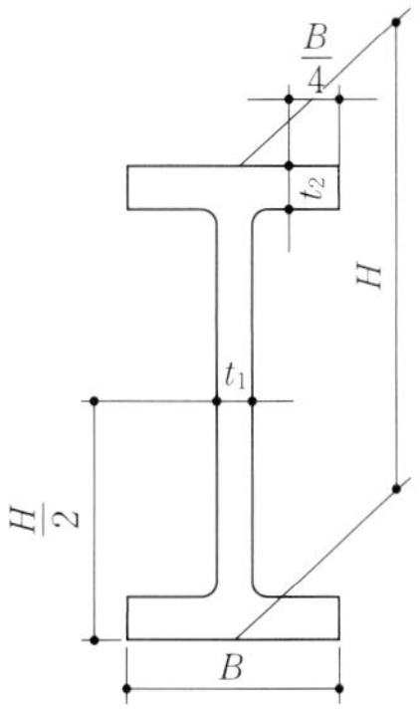</td></tr>
<tr><td colspan="2">$H<800 \cdot 400<B$　±3.0</td></tr>
<tr><td colspan="2">$800 \leqq H$　±3.0</td></tr>
<tr><td rowspan="5">フランジ板厚
t_2</td><td>$t_2<16$</td><td>+1.7　−0.3</td><td>±1.0</td><td>+1.7　−0.3</td><td>±1.0</td></tr>
<tr><td>$16 \leqq t_2<25$</td><td rowspan="2">+2.3　−0.7</td><td>±1.5</td><td rowspan="2">+2.3　−0.7</td><td>±1.5</td></tr>
<tr><td>$25 \leqq t_2<40$</td><td>±1.7</td><td>±1.7</td></tr>
<tr><td>$40 \leqq t_2 \leqq 100$</td><td>+2.5　−1.5</td><td>±2.0</td><td>+2.5　−1.5</td><td>±2.0</td></tr>
<tr><td>$100<t_2$</td><td>—*1</td><td>±2.0</td><td>—*1</td><td>±2.0</td></tr>
<tr><td rowspan="4">ウェブ板厚
t_1</td><td>$t_1<16$</td><td colspan="2">±0.7</td><td colspan="2">±0.7</td></tr>
<tr><td>$16 \leqq t_1<25$</td><td colspan="2">±1.0</td><td colspan="2">±1.0</td></tr>
<tr><td>$25 \leqq t_1<40$</td><td colspan="2">±1.5</td><td colspan="2">±1.5</td></tr>
<tr><td>$40 \leqq t_1$</td><td colspan="2">±2.0</td><td colspan="2">±2.0</td></tr>
<tr><td colspan="2">直　角　度 T</td><td colspan="2">$H \leqq 300$　$T \leqq B/100$
ただし許容差の最小値 1.5
$H>300$　$T \leqq 1.2B/100$
ただし許容差の最小値 1.5</td><td colspan="2">$B \leqq 150$　$T \leqq 1.5$
$B>150$　$T \leqq 2.0$</td><td>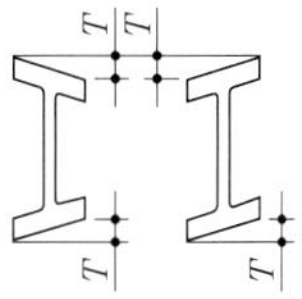</td></tr>
<tr><td colspan="2">フランジの折れ e</td><td colspan="2">$e \leqq 0.015B$
ただし許容差の最小値 1.5</td><td colspan="2">$e \leqq b/100$
かつ
$e \leqq 1.5$</td><td>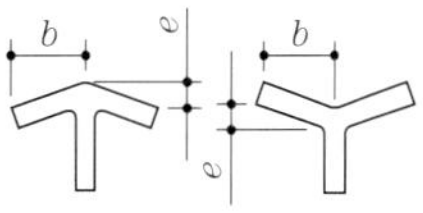</td></tr>
</table>

＊1　SN 規格は板厚 100 mm 以下が適用範囲.

＊2　規定されていない.

2.2　各階の節点荷重の算定

計算機から算出した基準階の節点荷重結果を下図に示す．

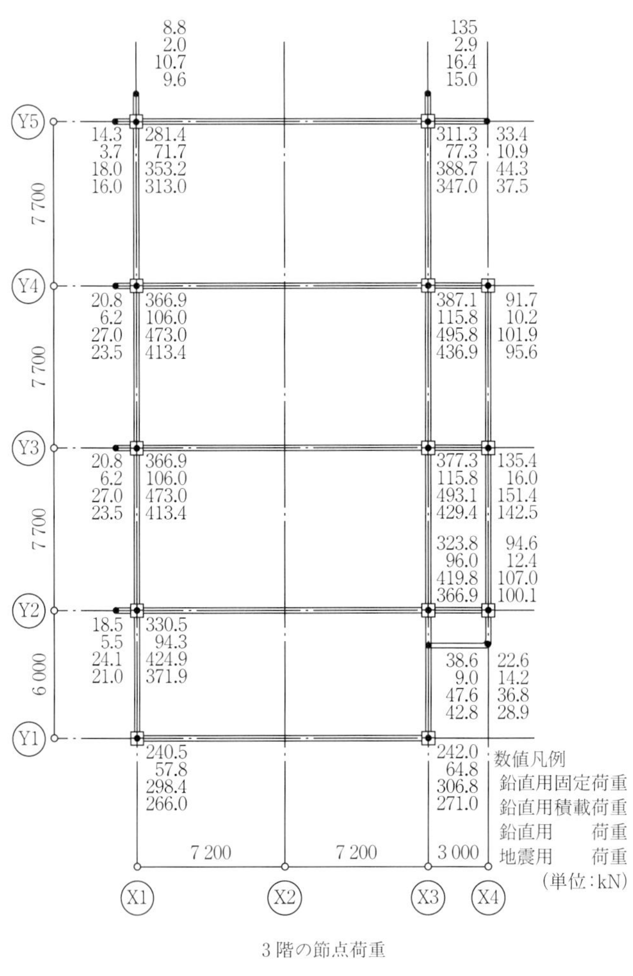

3階の節点荷重

〔解　説〕

柱を配置した節点位置に集約した荷重一覧である．負担面積および当該階の入力が正しく行われているかこの一覧で確認することができる．出力・表示方法はプログラムにより異なる．本例の場合，1段目の鉛直用固定荷重は1.4（1）の「床の固定荷重および積載荷重一覧表の固定荷重」のみの各柱ごとの集計で，2段目の鉛直用積載荷重は積載荷重架構用の集計で，3段目の鉛直用荷重は1段目の固定荷重と2段目の積載荷重の合計で，長期荷重時の架構用荷重である．4段目の地震用荷重は1段目の固定荷重と地震用積載荷重の合計で，各節点位置における地震力算定用の荷重を各節点位置において合計した荷重である．

2.3 柱・大梁部材剛性の算定

柱C 2（X 1-Y 3）の部材剛性一覧

階	材 長〔m〕		フェース長〔mm〕			軸剛性倍 率	曲げ剛性倍率	
			X 軸	Y 軸			X 軸	Y 軸
8	3.90	柱 頭	325	325	鉛 直	1.0	1.0	1.0
		柱 脚	400	325	水 平	1.0	1.0	1.0
7	3.90	柱 頭	400	325	鉛 直	1.0	1.0	1.0
		柱 脚	400	325	水 平	1.0	1.0	1.0
6	3.90	柱 頭	400	325	鉛 直	1.0	1.0	1.0
		柱 脚	400	325	水 平	1.0	1.0	1.0
5	3.90	柱 頭	400	325	鉛 直	1.0	1.0	1.0
		柱 脚	400	325	水 平	1.0	1.0	1.0
4	3.90	柱 頭	400	325	鉛 直	1.0	1.0	1.0
		柱 脚	400	325	水 平	1.0	1.0	1.0
3	3.90	柱 頭	400	325	鉛 直	1.0	1.0	1.0
		柱 脚	400	325	水 平	1.0	1.0	1.0
2	3.90	柱 頭	400	325	鉛 直	1.0	1.0	1.0
		柱 脚	400	325	水 平	1.0	1.0	1.0
1	5.50	柱 頭	450	450	鉛 直	1.0	1.0	1.0
		柱 脚	400	325	水 平	1.0	1.0	1.0
B 1	7.70	柱 頭	0	1 500	鉛 直	1.0	1.0	1.0
		柱 脚	0	450	水 平	1.0	1.0	1.0

梁GX 1（X 1-Y 3～Y 4）の部材剛性一覧

階	材 長〔m〕		フェース長〔mm〕			軸剛性倍 率	曲げ剛性倍 率
			X 軸	Y 軸			
R	7.70	左 端	275	275	鉛 直	1.0	2.2
		右 端	275	275	水 平	1.0	2.2
8	7.70	左 端	275	275	鉛 直	1.0	2.2
		右 端	275	275	水 平	1.0	2.2
7	7.70	左 端	275	275	鉛 直	1.0	2.2
		右 端	275	275	水 平	1.0	2.2
6	7.70	左 端	275	275	鉛 直	1.0	2.2
		右 端	275	275	水 平	1.0	2.2
5	7.70	左 端	275	275	鉛 直	1.0	2.2
		右 端	275	275	水 平	1.0	2.2
4	7.70	左 端	275	275	鉛 直	1.0	2.2
		右 端	275	275	水 平	1.0	2.2
3	7.70	左 端	275	275	鉛 直	1.0	2.2
		右 端	275	275	水 平	1.0	2.2
2	7.70	左 端	275	275	鉛 直	1.0	2.2
		右 端	275	275	水 平	1.0	2.2
1	3.40	左 端	0	0	鉛 直	1.0	1.29
		右 端	0	0	水 平	1.0	1.29
B 1	3.40	左 端	0	0	鉛 直	1.0	1.56
		右 端	0	0	水 平	1.0	1.56

梁GY 1（Y 3-X 1～X 3）の部材剛性一覧

階	材　長〔m〕		フェース長〔mm〕			軸剛性倍　率	曲げ剛性倍　率
			X 軸	Y 軸			
R	14.4	左　端 右　端	275 300	275 300	鉛　直 水　平	1.0 1.0	2.49 2.49
8	14.4	左　端 右　端	275 300	275 300	鉛　直 水　平	1.0 1.0	2.49 2.49
7	14.4	左　端 右　端	275 300	275 300	鉛　直 水　平	1.0 1.0	2.49 2.49
6	14.4	左　端 右　端	275 300	275 300	鉛　直 水　平	1.0 1.0	2.49 2.49
5	14.4	左　端 右　端	275 300	275 300	鉛　直 水　平	1.0 1.0	2.49 2.49
4	14.4	左　端 右　端	275 300	275 300	鉛　直 水　平	1.0 1.0	2.49 2.49
3	14.4	左　端 右　端	275 300	275 300	鉛　直 水　平	1.0 1.0	2.49 2.49
2	7.20	左　端 右　端	275 275	275 275	鉛　直 水　平	1.0 1.0	2.2 2.2
1	7.20	左　端 右　端	500 500	500 500	鉛　直 水　平	1.0 1.0	1.60 1.60
B 1	2.30	左　端 右　端	500 0	500 0	鉛　直 水　平	1.0 1.0	1.96 1.96

〔解　説〕

応力として，鉛直荷重時は節点で，水平荷重時は部材フェース面での数値を採用することが多いため，部材情報としてフェース長さも算定する．また，剛性計算はコンピュータによる自動計算で行われるが，床スラブとの合成梁効果による大梁の曲げ剛性倍率は，どのような剛性で計算されているか，設計者として把握しておく必要がある．ここでは，準備計算時点での仮定断面時の正曲げの値を手入力して表示しているため，3階～R階の曲げ剛性倍率が同じ値となっている．

準備計算では，建物形状（スパン，階高など）や部材配置，部材データ，設計荷重などを入力し，応力解析に必要な部材長さや部材断面性能，設計外力などが計算される．

3.　応 力 解 析

3.1　応力解析条件

応力解析モデル

・応力解析モデルは地上地下一体型モデルとする．

・鉛直支持階および水平支持階は，ともにB 1階床とする．支持点には，地盤の鉛直ばねを考慮する．

・各階剛床仮定とする．

・柱，大梁部材を線材置換する．

・大梁には曲げ変形とせん断変形を考慮し，曲げ剛性には床スラブの剛性増大効果を考慮する．

・柱には曲げ変形，せん断変形，軸方向変形を考慮する．

・柱梁接合部に剛域を考慮し，パネル変形は考慮しない．

・地下階の耐力壁は，曲げモーメント・せん断力および軸力をともに負担する鉛直材と，上下に取り付く剛な水平材に置換する．このとき，壁に取り付く柱材は面内方向に対して材端ピンとする．

・直接基礎のべた基礎で設計する．地反力を基礎梁に考慮するため，基礎大梁のみならず，基礎小梁もモデル化し，鉛直方向の地盤ばねが取り付いているようにモデル化する（5.3「地盤ばねの算定」参照）．

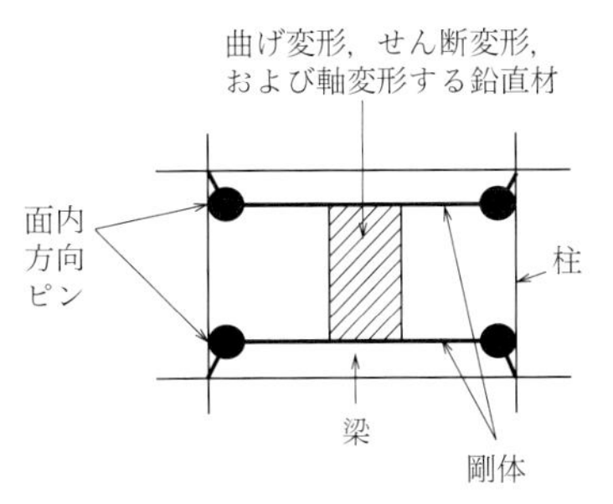

耐震壁のモデル化

本設計例において計算機で応力解析したときの条件などを下記に示す．

応力解析条件一覧

計算条件	計算内容	備　　考
床剛性の扱い	剛床を仮定する	
接合部パネルの扱い	せん断変形を考慮しない	
剛域長と代表フェース	代表フェースより長いとき，剛域長を低減する	X と Y との短いほうを代表フェース
部材の剛域の扱い	考慮して解析	
剛域部の軸伸縮の扱い	軸伸縮を無視 材長は剛域間	剛域考慮時に有効
部材のねじれ剛性の扱い	考慮しない	
部材のせん断変形の扱い	考慮して解析	
剛性算出時の鉄骨の扱い	鉄骨を考慮して剛性を算出	SRC 部材について
剛性算出時の鉄筋の扱い	考慮しない	RC・SRC 部材について

〔**解　説**〕

計算プログラムにより応力解析条件などを選択できるため，構造計算書では設計者が当該建築物を設計するにあたって，どのような条件で応力解析を行ったかを詳細に明記する必要がある．上記に記載したのはその一例で，表示方法などは計算プログラムにより異なる．

応力解析モデルは，柱や大梁の部材を線材置換し，接合部に節点があるモデルとしている．耐震壁の置換方法は，ブレース置換などもあるが，今回はいわゆる壁エレメント置換で解析している．

応力解析モデルは，通常，柱・大梁と，ブレースや耐震壁の耐震要素をモデル化し，小梁や床などの二次部材は大梁に対する常時荷重の分割方法に寄与するのみで，主架構の応力計算には関与していない．また，非耐力壁，間柱，ピン接合の梁などは地震力による応力負担をしないようにモデル化することが一般的である．しかし，今回，直接基礎のべた基礎を設計する際も，同じ応力解析モデルを使用するため，基礎小梁もモデル化している（**図 4･13**）．

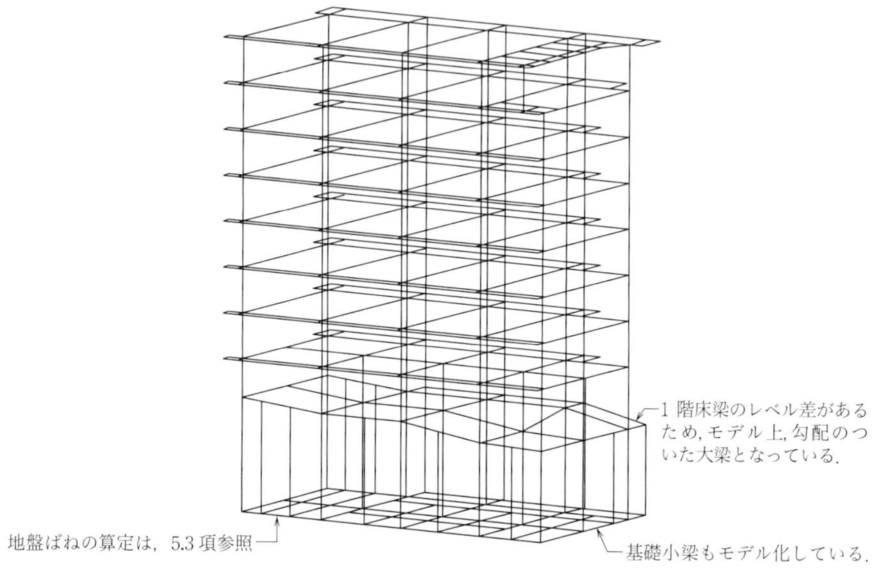

図4・13　建物の立体モデル図（応力解析用主架構モデル図）

3.2　各剛床諸元の算定

各階の剛床諸元を下表に示す．

各階の剛床諸元一覧

剛床番号	層名	各階剛床重量〔kN〕	総重量〔kN〕	回転慣性モーメント〔kN·m^2〕	各階質量中心位置〔m〕		下階剛床番号	階高〔m〕
					X座標	Y座標		
1	8	6 660	6 660	0.890×10^6	9.41	16.68	2	3.90
2	7	4 647	11 307	0.696×10^6	9.07	14.50	3	3.90
3	6	4 140	15 446	0.620×10^6	9.09	15.90	4	3.90
4	5	4 164	19 611	0.623×10^6	9.09	15.90	5	3.90
5	4	4 198	23 809	0.628×10^6	9.10	15.90	6	3.90
6	3	4 202	28 011	0.629×10^6	9.10	15.90	7	3.90
7	2	4 208	32 219	0.629×10^6	9.11	15.89	8	3.90
8	1	4 345	36 563	0.574×10^6	9.18	15.91	9	3.97
9	B1	15 731	52 295	2.210×10^6	9.52	16.07	−	9.00

〔解　説〕

応力解析を剛床仮定で行っているため，剛床諸元一覧を掲載する．各階剛床重量は地震用荷重の合計である．また，これらの数値は後述する3.6「固有値解析結果」に使用される．

なお，1階の階高が3.97 mとなっているのは，図4･11のように1階床梁レベルが不均一なため，平均的な階高として計算しているためである．

3.3　鉛直荷重時の解析結果

（1）　応力図

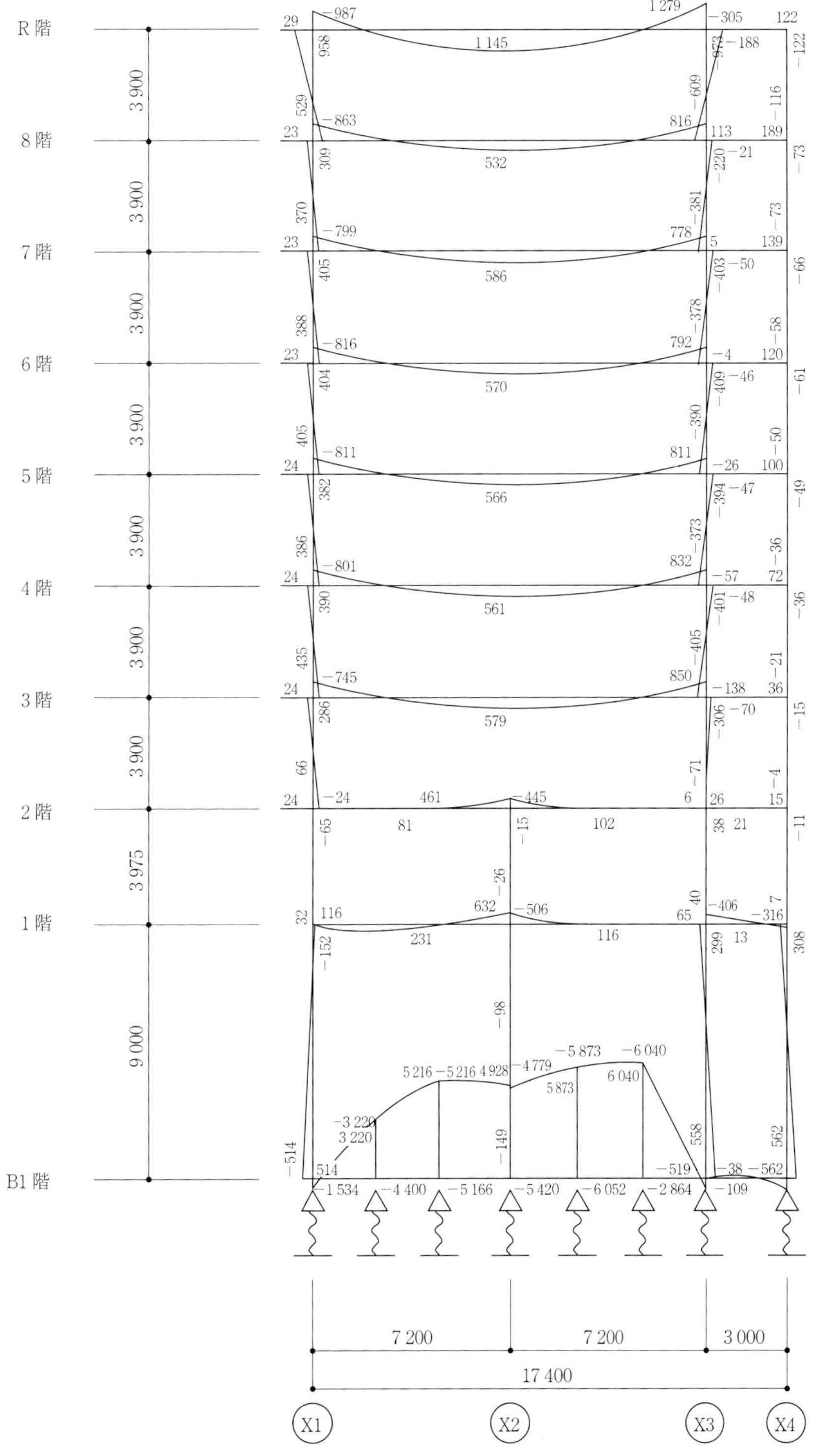

鉛直荷重時の曲げモーメント図（Y 3 フレーム）（単位：kN･m）
（節点位置の値を示す）

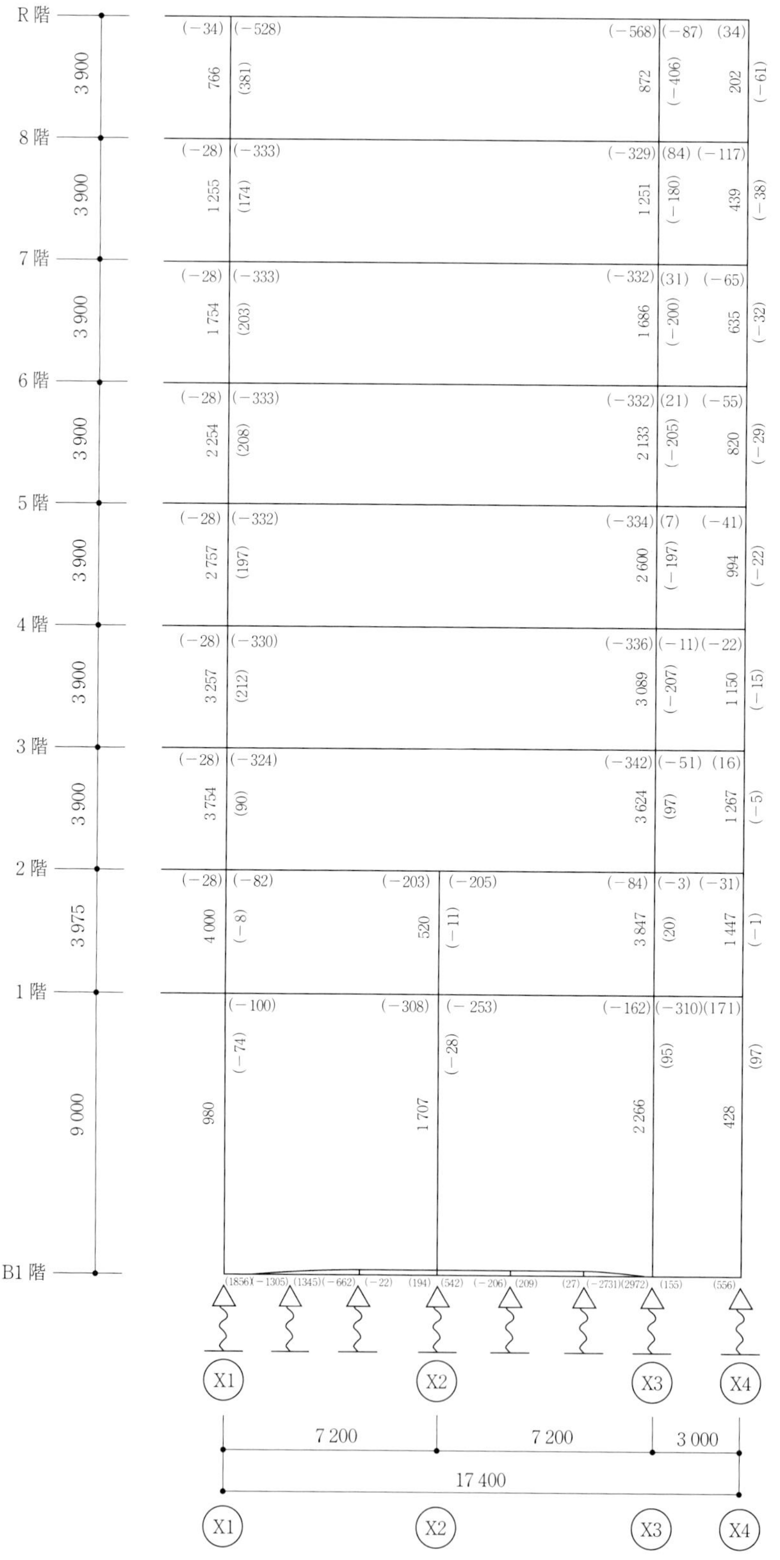

鉛直荷重時のせん断力・軸力図（Y３フレーム）（単位：kN）
（かっこ内の数値はせん断力を示す）

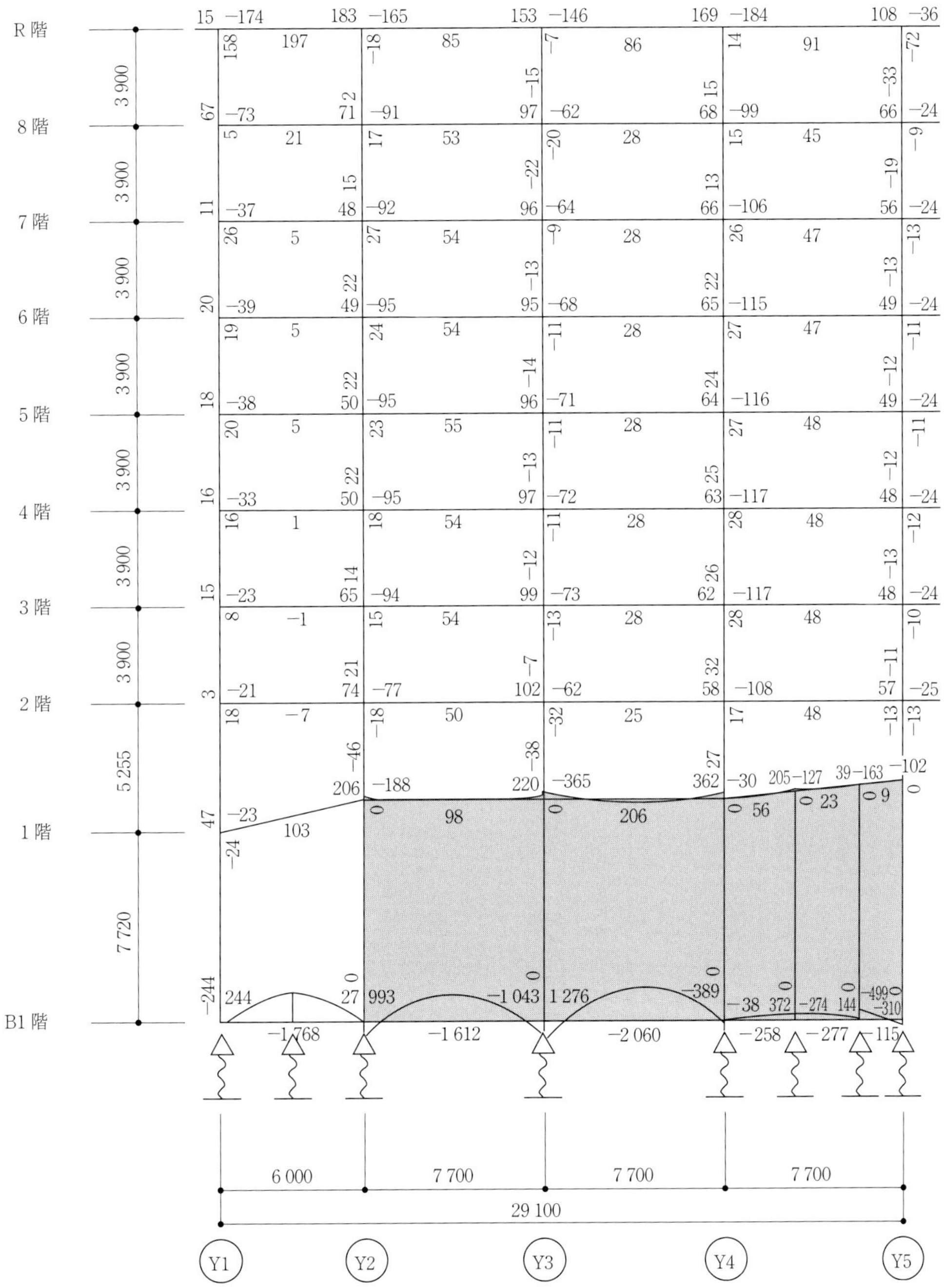

R階
8階
7階
6階
5階
4階
3階
2階
1階
B1階

3 900　3 900　3 900　3 900　3 900　3 900　3 900　5 255　7 720

6 000　7 700　7 700　7 700
29 100

Y1　Y2　Y3　Y4　Y5

鉛直荷重時の曲げモーメント図（X 3 フレーム）（単位：kN･m）
（節点位置の値を示す）

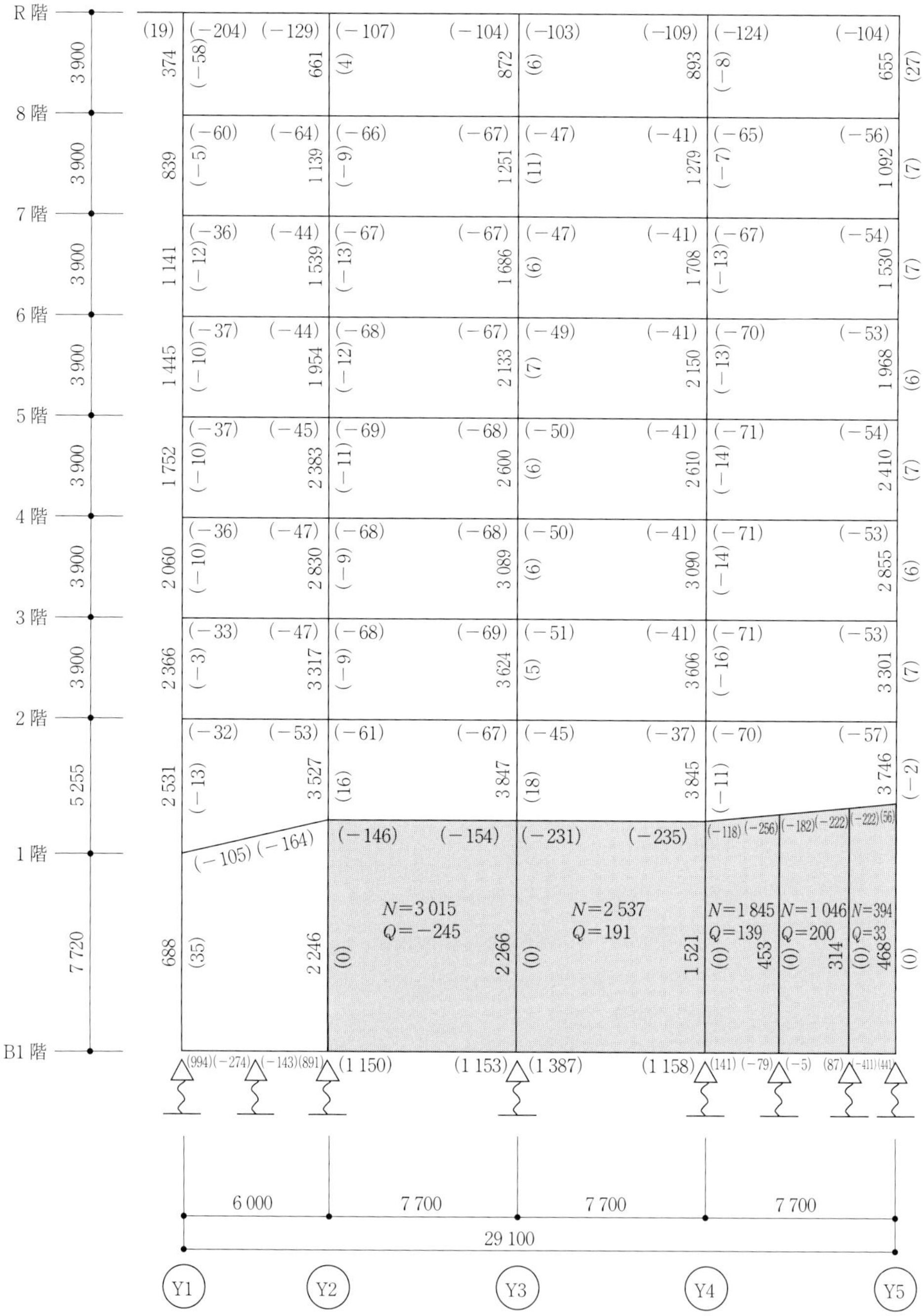

鉛直荷重時のせん断力・軸力図（X 3 フレーム）（単位：kN）
（かっこ内の数値はせん断力を示す）

（2） 支持点反力一覧

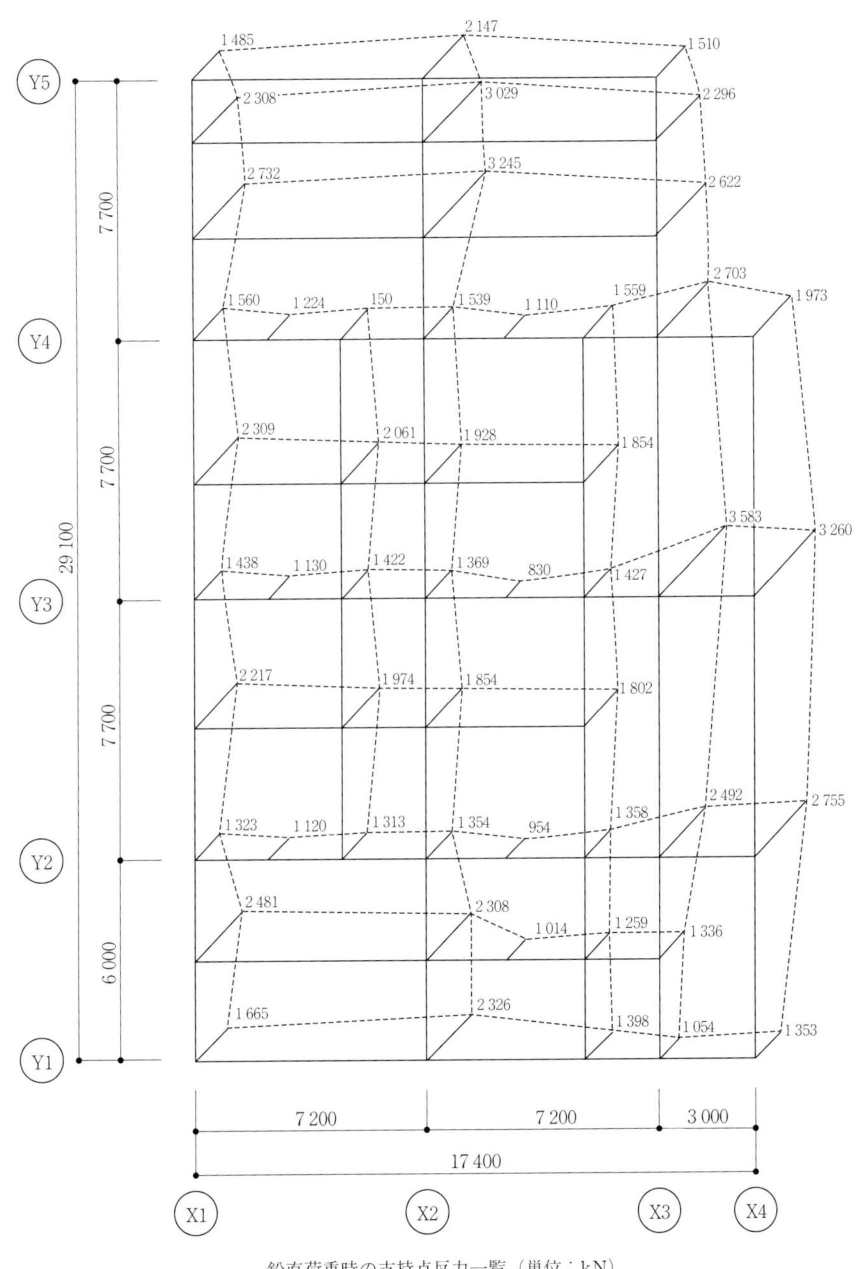

鉛直荷重時の支持点反力一覧（単位：kN）

3.4　水平荷重時の解析結果

（1）　応力図

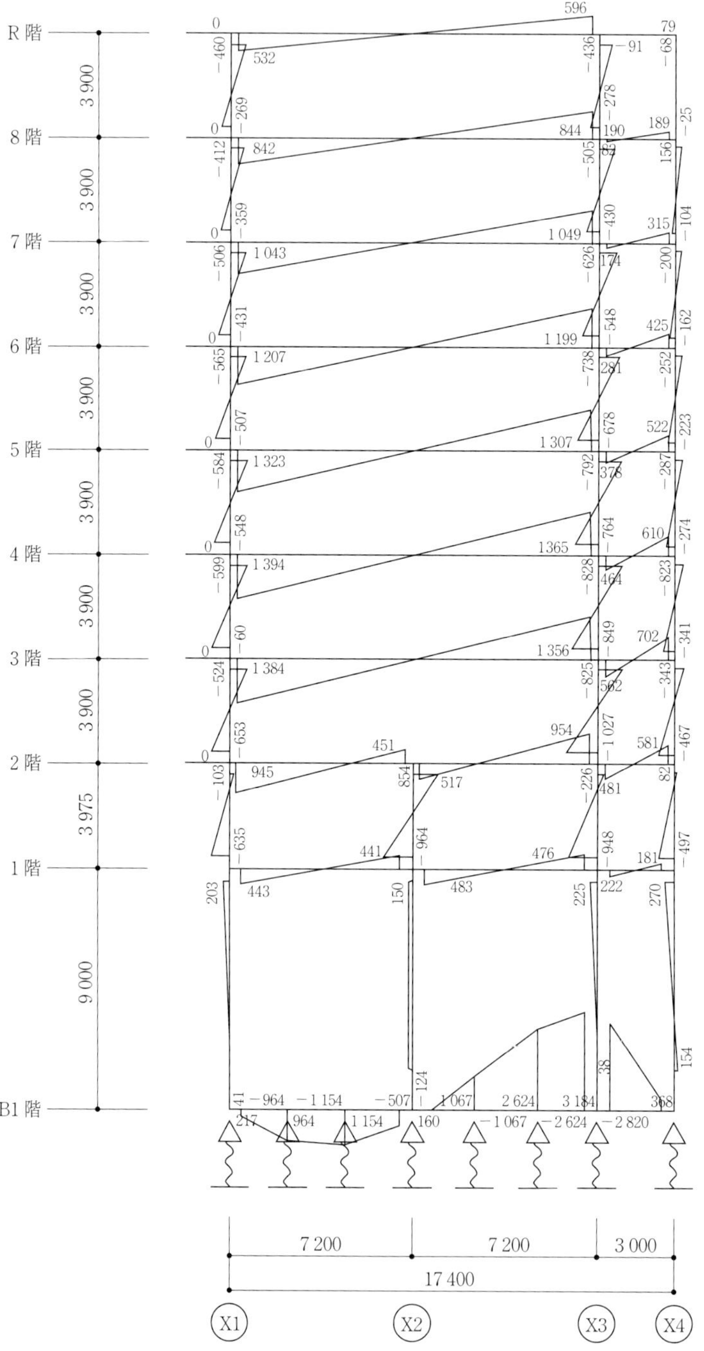

X方向地震荷重時の曲げモーメント図（Y3フレーム）（単位：kN·m）
（フェース位置での値を示す）

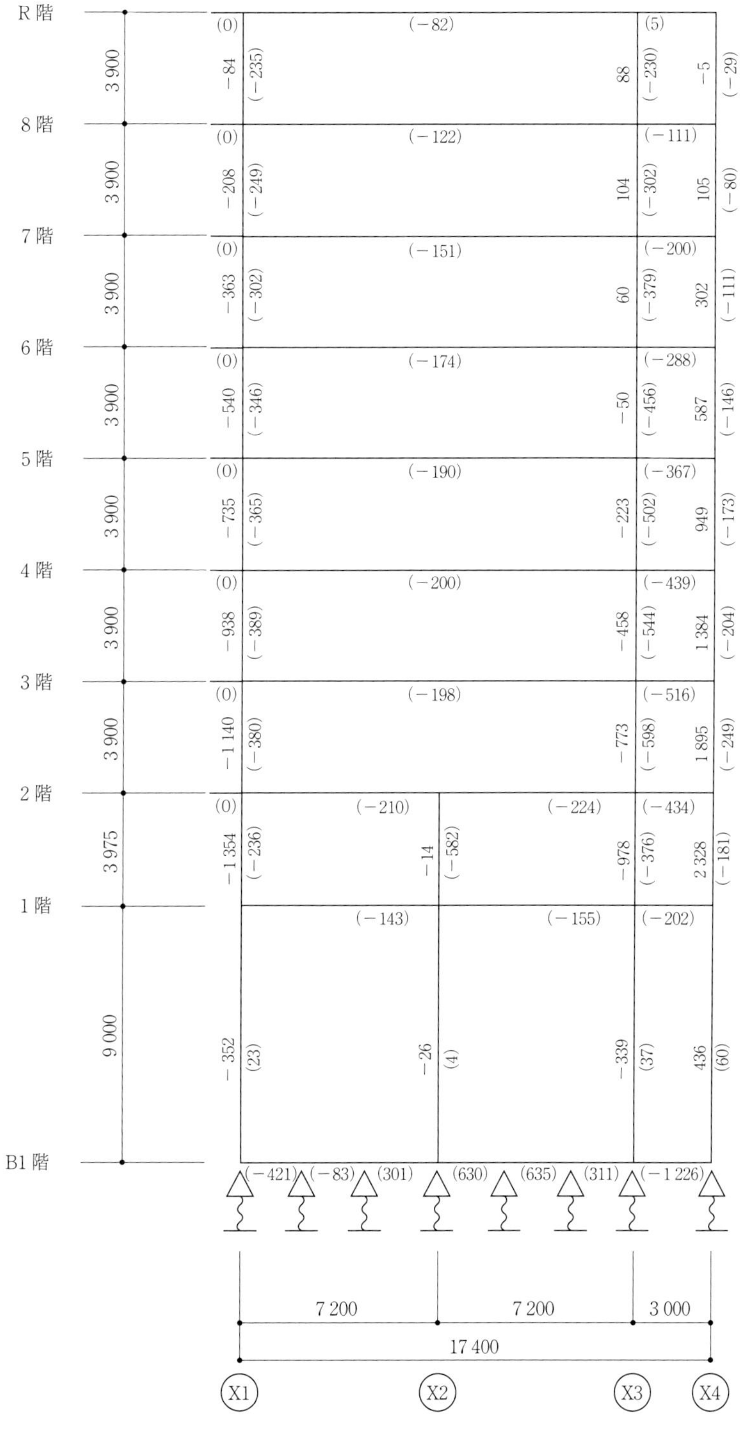

X 方向地震荷重時のせん断力・軸力図（Y 3 フレーム）（単位：kN）
（かっこ内はせん断力を示す）

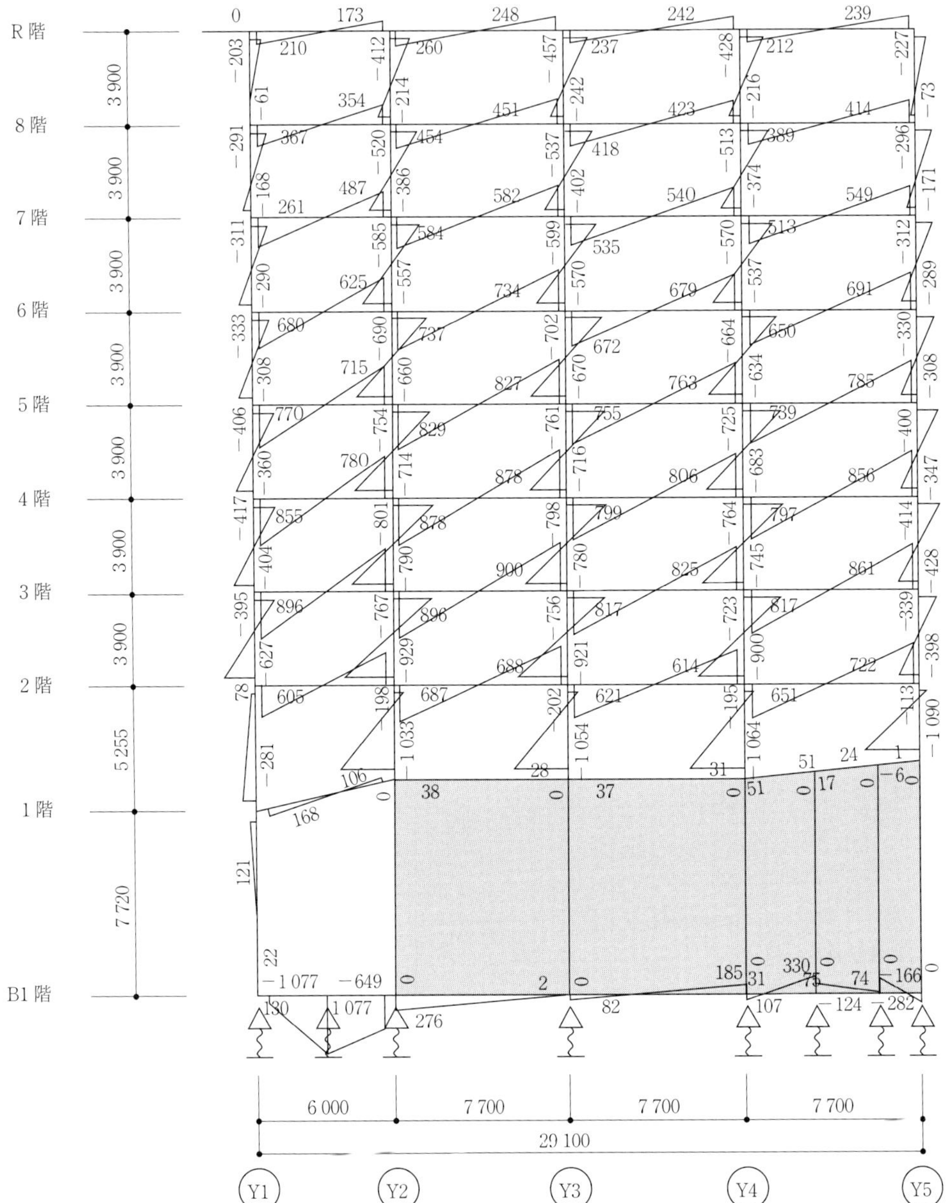

Y 方向地震荷重時の曲げモーメント図（X 3 フレーム）（単位：kN･m）
（フェース位置の値を示す）

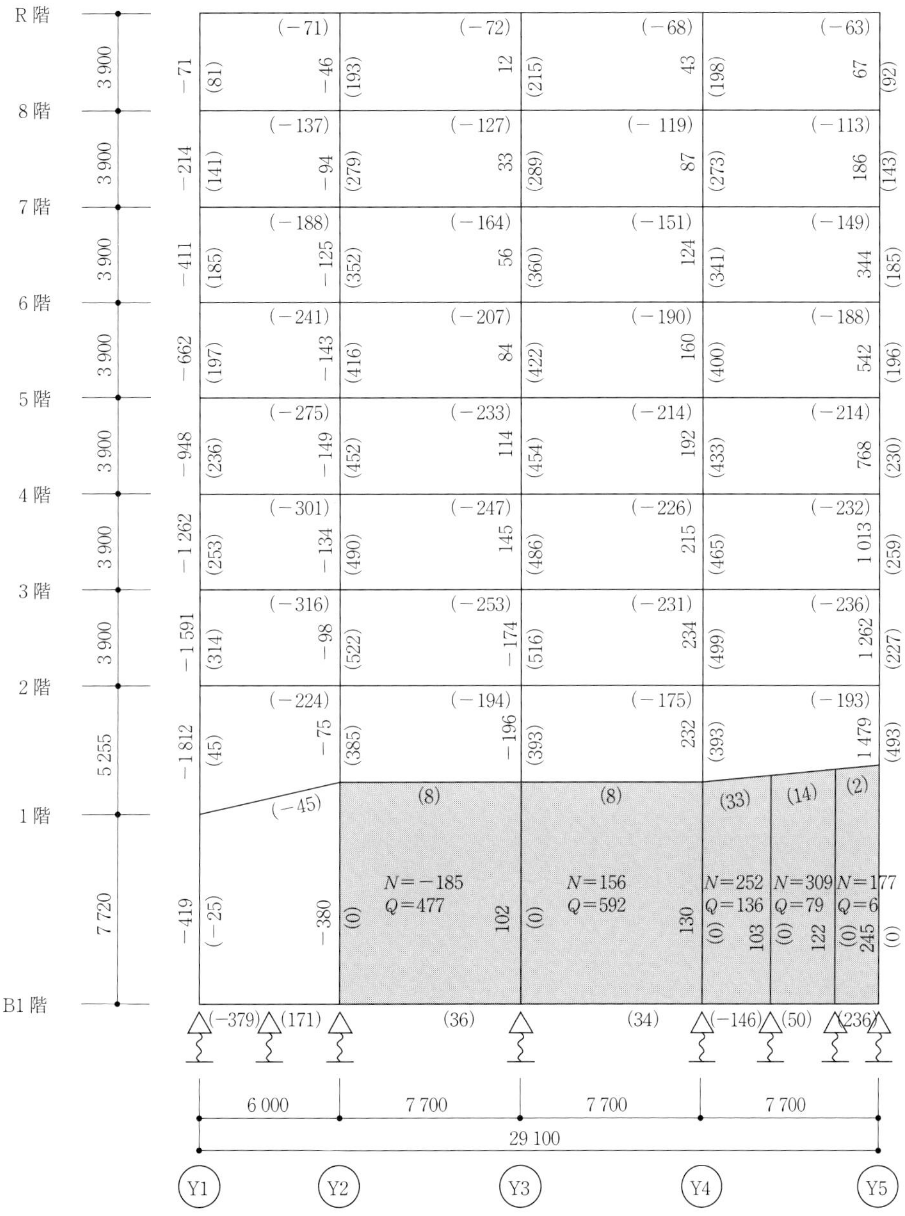

Y 方向地震荷重時のせん断力・軸力図（X 3 フレーム）（単位：kN）
（かっこ内はせん断力を示す）

（２） 各節点の水平変位一覧

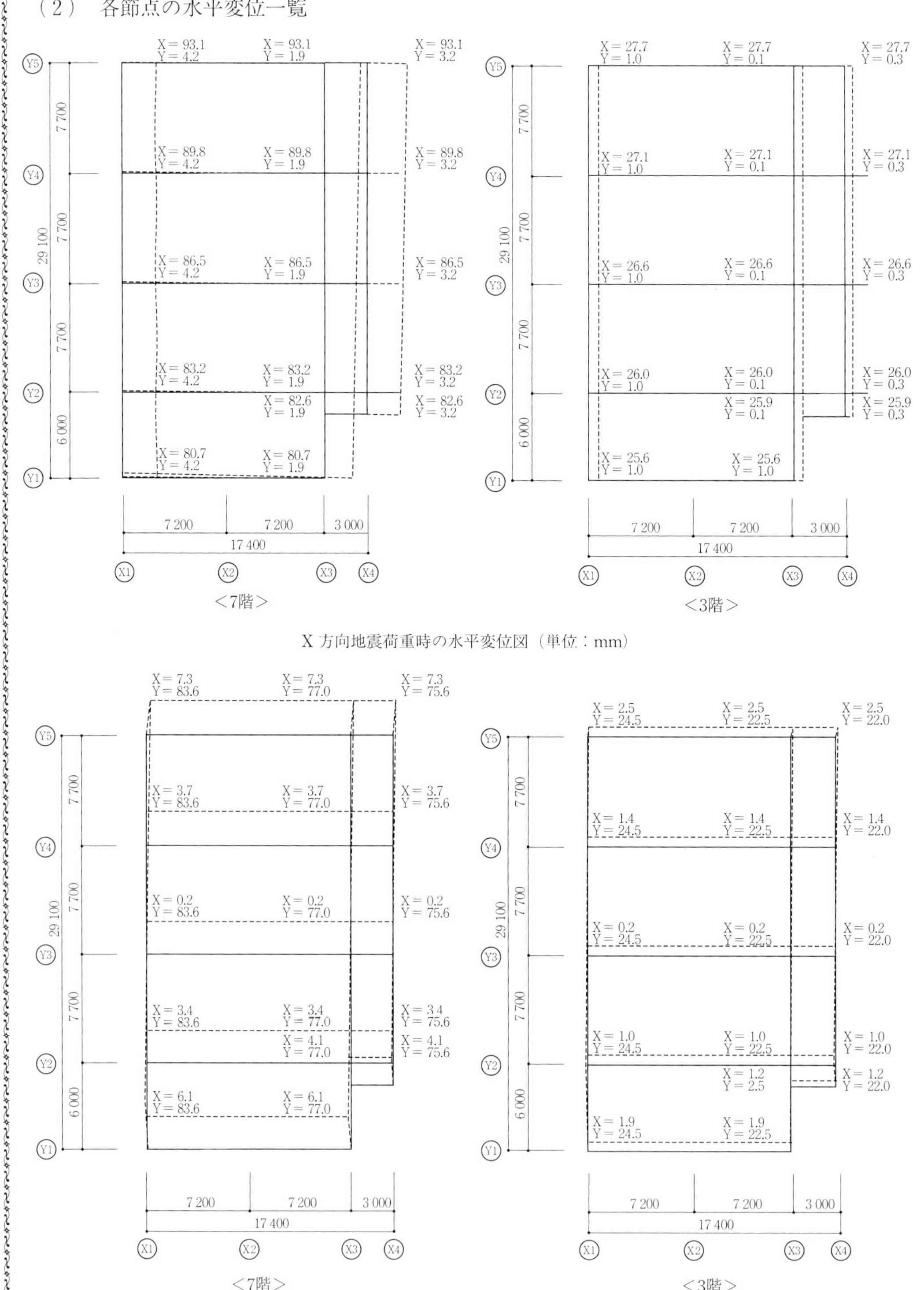

X 方向地震荷重時の水平変位図（単位：mm）

Y 方向地震荷重時の水平変位図（単位：mm）

（3） 支持点反力一覧

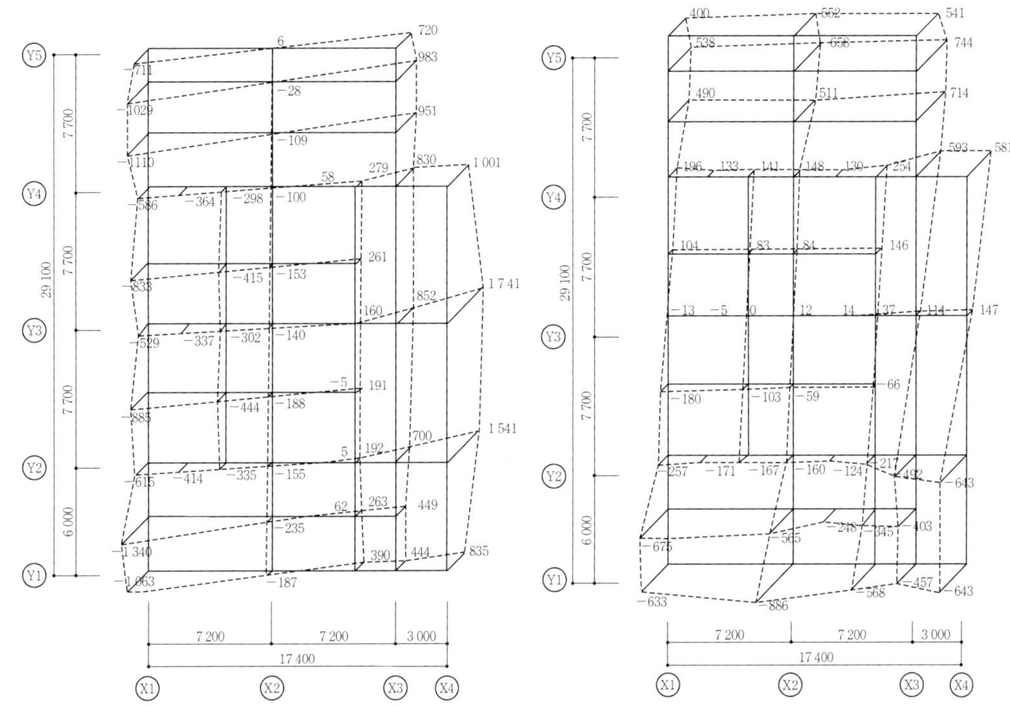

X 方向地震荷重時の支持点反力図（単位：kN）　　Y 方向地震荷重時の支持点反力図（単位：kN）

（4） 層間変形角とせん断力分担率

層間変形角とせん断力分担率一覧（X 方向）

X 方向		最大層間変形角	せん断力分担率				
			Y 1	Y 2	Y 3	Y 4	Y 5
8 層	ラーメン	1/430	2.0%	26.5%	26.0%	26.3%	16.5%
7 層	ラーメン	1/323	14.9%	21.4%	23.3%	24.3%	16.2%
6 層	ラーメン	1/279	13.3%	22.5%	23.9%	24.2%	16.1%
5 層	ラーメン	1/256	12.3%	23.2%	24.8%	24.8%	14.8%
4 層	ラーメン	1/241	12.9%	22.9%	24.5%	24.2%	15.4%
3 層	ラーメン	1/235	12.4%	23.2%	24.9%	24.4%	15.2%
2 層	ラーメン	1/265	12.9%	12.9%	24.8%	24.7%	14.4%
1 層	ラーメン	1/486	11.2%	11.2%	24.2%	18.6%	25.8%
B 1 層	ラーメン	1/2 568	0.0%	0.8%	−1.2%	0.2%	0.0%
	耐震壁		56.4%	−0.8%	—	0.1%	43.7%

層間変形角とせん断力分担率一覧（Y方向）

Y方向		最大層間変形角	せん断力分担率			
			X1	X2	X3	X4
8層	ラーメン	1/383	44.3%	—	40.9%	14.8%
7層	ラーメン	1/277	43.3%	—	41.5%	15.2%
6層	ラーメン	1/236	42.8%	—	42.9%	14.3%
5層	ラーメン	1/225	43.1%	—	42.7%	14.2%
4層	ラーメン	1/213	42.9%	—	42.6%	14.6%
3層	ラーメン	1/203	43.0%	—	42.6%	14.4%
2層	ラーメン	1/218	42.0%	—	42.9%	15.1%
1層	ラーメン	1/377	25.4%	33.5%	30.3%	10.8%
B1層	ラーメン 耐震壁	1/4 317	0.0% 50.3%	−3.4% —	−0.5% 16.5%	0.0% 37.1%

〔解　説〕

応力解析結果として，長期荷重時は応力図，支持点反力一覧を，水平荷重時はさらに各節点の変位図および最大層間変形角とせん断力分担率一覧を掲載している．

（1）　応力図

長期荷重時は節点位置における各部材の応力が長期許容応力度以内であることを確認しなければならないため，掲載した応力は節点位置の数値である．

地震荷重時は断面検定用応力を部材フェース位置の値としているため，応力図の数値はフェース位置の値を示している．

（2）　変位図

節点の自由度は水平X方向，水平Y方向，鉛直方向とX軸，Y軸，Z軸まわりの回転方向の計6方向あるが，一般的には地震荷重時の水平変位を示すことが多い．これにより地震荷重時にねじれを伴う変位を起こしていないかを確認することができる．

（3）　支持点反力一覧

支持点反力は，基礎の設計において使用する．ここで，長期荷重時反力±地震荷重時応力が0以上であれば，浮上りが生じていないことになる．

（4）　せん断力分担率

せん断力分担率は，各ラーメンの水平力分担率を示している．この分担率から，どのラーメンがどのくらいの水平力を負担しているか確認し，設計意図と異なった負担をしていないかを確認する．さらに，下層でフレームやブレースなどの耐震要素が追加されている場合など，床を通してせん断力を伝達する場合，このラーメン分担率を用いて，力の伝達具合を確認することができる．

（5）　最大層間変形角

最大層間変形角は，層間変位を階高で除した値であり，通常1/○○○と表す．剛床仮定が成立し，ねじれが生じない建物であれば，重心位置での層間変形角が，その層の最大層間変形角に近い値となるが，偏心していてねじれが生じる平面形状においては，建物端部などでの値で検討する．

3.5 剛性率 F_s と偏心率 F_e の算定

(1) 剛性率 F_s

剛性率一覧（X 方向）

X 方向	水平剛性〔kN/cm〕	階 高〔m〕	層間変形〔mm〕	階高/変形	平 均	剛性率
8 層	2 023	3.90	8.95	435.9	343.0	1.27
7 層	2 321	3.90	11.11	351.0		1.02
6 層	2 450	3.90	12.85	303.6		0.89
5 層	2 599	3.90	13.96	279.4		0.81
4 層	2 713	3.90	14.86	262.5		0.77
3 層	2 849	3.90	15.29	255.1		0.74
2 層	3 311	3.90	13.92	280.3		0.82
1 層	6 943	3.97	6.90	576.2		1.68

剛性率一覧（Y 方向）

Y 方向	水平剛性〔kN/cm〕	階 高〔m〕	層間変形〔mm〕	階高/変形	平 均	剛性率
8 層	2 390	3.90	9.68	403.1	290.4	1.39
7 層	2 444	3.90	13.47	289.4		1.00
6 層	2 548	3.90	15.78	247.2		0.85
5 層	2 809	3.90	16.50	236.4		0.81
4 層	2 954	3.90	17.43	223.7		0.77
3 層	3 054	3.90	18.22	214.0		0.74
2 層	3 485	3.90	16.89	231.0		0.80
1 層	7 362	3.97	8.31	478.3		1.65

(2) 偏心率 F_e

偏心率一覧（X 方向）

X 方向	ねじれ剛性〔kN·m〕	重 心〔m〕	剛 心〔m〕	偏心距離〔m〕	弾力半径〔m〕	偏心率
8 層	0.287×10^8	16.68	16.76	0.08	11.91	0.01
7 層	0.355×10^8	16.03	15.07	0.96	12.37	0.08
6 層	0.364×10^8	16.01	15.17	0.83	12.19	0.07
5 層	0.382×10^8	15.99	15.12	0.88	12.13	0.07
4 層	0.406×10^8	15.98	15.10	0.88	12.23	0.07
3 層	0.420×10^8	15.98	15.15	0.83	12.14	0.07
2 層	0.482×10^8	15.97	15.16	0.81	12.06	0.07
1 層	0.959×10^8	15.97	18.79	2.82	11.76	0.24

偏心率一覧（Y 方向）

Y 方向	ねじれ剛性〔kN·m〕	重 心〔m〕	剛 心〔m〕	偏心距離〔m〕	弾力半径〔m〕	偏心率
8層	0.287×10^8	9.41	9.69	0.29	10.96	0.03
7層	0.355×10^8	9.31	9.80	0.49	12.05	0.04
6層	0.364×10^8	9.27	9.87	0.60	11.96	0.05
5層	0.382×10^8	9.24	9.84	0.59	11.67	0.05
4層	0.406×10^8	9.23	9.88	0.65	11.72	0.06
3層	0.420×10^8	9.22	9.86	0.64	11.72	0.05
2層	0.482×10^8	9.21	10.05	0.83	11.76	0.07
1層	0.959×10^8	9.21	9.75	0.54	11.42	0.05

〔解　説〕

本設計例は建物高さが31 mを超えているので，令第82条の3により，計算ルートはルート[3]とし，保有水平耐力の確認を行う必要がある．この場合，各階の剛性率 F_s・偏心率 F_e を算定し，剛性率は0.6以上，偏心率は0.15以下であれば，F_s および F_e における建物形状による必要保有水平耐力を割増す必要はない．しかし，本建物では，剛性率はすべて0.6以上であるが，X方向1層の偏心率が0.15を超えている．これは建物が整形で平面的にはバランス良く部材配置したが，南北に地盤が傾斜しているため，その傾斜に合わせて1階の階高設定を行っており，南北で柱長さが異なることから剛心が北側に寄ってしまった結果である．そのため昭55建告第1792号によって F_e による1階の保有水平耐力割増しを行っている．

剛性率は各階の水平方向の剛性を，建物全体の剛性と比較した割合である．剛性率の小さい階では層間変位が大きく，また損傷が生じやすいとされており，性能上好ましくない．

地震力は建物重心に作用し，建物剛心を中心として回転する．そのため，重心と剛心が離れているとねじれが生じ，建物隅部で部分的に過大な変形を強いられる部材が生じる．このことから，重心と剛心の偏りのねじれ抵抗に対する割合を偏心率として定義し，偏心率が0.15を超えた場合は F_e により必要保有水平耐力を割増すこととされている．

3.6 固有値解析結果

固有値一覧

	X方向一次	Y方向一次	回転一次	Y方向二次	X方向二次	回転二次	X方向三次	Y方向三次	回転三次
次　数	1	2	3	4	5	6	7	8	9
固有円振動数 ω	4.494	4.672	5.031	14.307	14.959	15.648	25.703	26.825	27.939
固有周期 T〔s〕	1.398	1.345	1.249	0.439	0.420	0.402	0.245	0.234	0.225
刺激係数 β	6.514	−1.806	−3.983	−2.174	−0.449	2.109	1.611	0.923	−1.538
8層	1.361	0.335	0.064	−0.264	−0.071	−0.027	0.088	−0.066	0.016
7層	1.157	0.316	0.060	−0.130	−0.031	−0.012	−0.024	0.029	−0.006
6層	1.088	0.280	0.054	0.053	0.014	0.004	−0.132	0.093	−0.020
5層	0.924	0.236	0.046	0.218	0.055	0.019	−0.122	0.079	−0.016
4層	0.740	0.188	0.037	0.307	0.079	0.028	−0.014	0.033	0.000
3層	0.539	0.137	0.027	0.307	0.080	0.028	0.103	−0.074	0.016
2層	0.330	0.082	0.016	0.222	0.059	0.021	0.138	−0.095	0.020
1層	0.136	0.031	0.006	0.090	0.025	0.009	0.074	−0.051	0.010
B1層	0.037	0.005	0.000	0.010	0.004	0.000	0.025	0.007	0.000

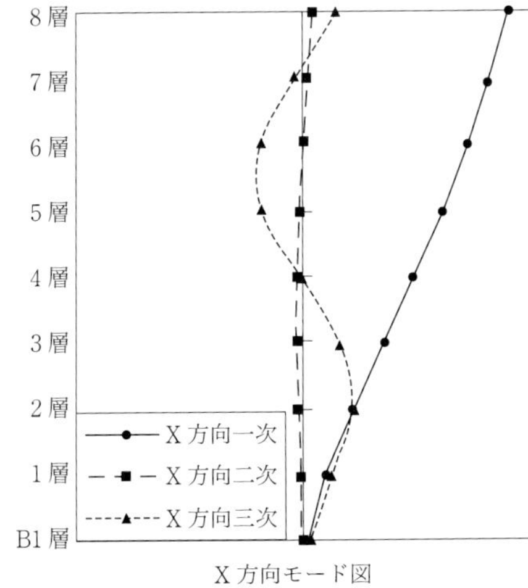

X方向モード図

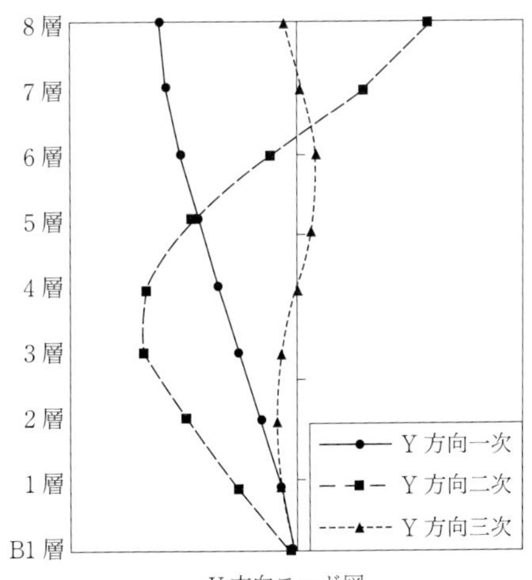

Y方向モード図

〔解　説〕

応力解析モデルから建物の固有周期や刺激関数を算定した結果である．固有値解析は，建物全体の剛性マトリックスから各階の剛床の水平および回転変位分のみに縮約した剛性マトリックスと，各剛床の質量および回転慣性モーメントから作成した質量マトリックスを用いて算定している．

一覧表では，一次から九次モードまでの数値を示しているが，X，Y方向の並進と床の回転θを含んだ立体的なモードとなっていることから，応答比率と刺激関数の関係を見て，一次モードの固有周期はX方向が1.40秒，Y方向が1.35秒，回転方向が1.25秒，二次モードの固有周期はX方向が0.42秒，Y方向が0.44秒，回転方向が0.40秒，三次モードの固有周期はX方向が0.25秒，Y方向が0.23秒，回転方向が0.23秒となる．

4.　部材の断面検定

4.1　断面検定の計算条件

断面検定の計算条件一覧

計算条件	計算内容
柱フェース長のとり方	曲げモーメントに対する検定：X方向，Y方向とも短いほう せん断力に対する検定：X方向，Y方向とも長いほう
部材の検定位置	長期：節点位置 地震時：フェース位置
柱RC部材のQ_dの計算方法	$Q_d=Q_L+\alpha Q_E$，$\Sigma M_y/h_0$，(Σ柱頭梁M_y＋柱脚M_y)$/h_0$の最小値
柱SRC部材RC部分のQ_dの計算方法	$Q_d=Q_L+\alpha Q_E$，$\Sigma M_y/h_0$，(Σ柱頭梁M_y＋柱脚M_y)$/h_0$の最小値
柱SRC部材のQ_d計算時曲げモーメント按分方法	S部分優先で曲げモーメントを負担させる
梁S部材の検定時に鉄骨のウェブを考慮するか	考慮しない
梁SRC部材の検定時に鉄骨のウェブを考慮するか	考慮する
梁RC部材のQ_dの計算方法	$Q_d=Q_L+\alpha Q_E$，$\Sigma M_y/L_0$の最小値
梁SRC部材RC部分のQ_dの計算方法	$Q_d=Q_L+\alpha Q_E$，$\Sigma M_y/L_0$の最小値
梁SRC部材のQ_d計算時曲げモーメント按分方法	S部分優先で曲げモーメントを負担させる

〔解　説〕

部材の断面検定は計算条件により検定結果が異なってくるので，採用した検定計算条件を明記する必要がある．ここでは，ほとんどRCやSRC部材に関することであるため，それらの項目に関しては説明を省略するが，6段目の検定時に鉄骨梁ウェブを考慮していないのは，弾性時に箱形断面柱とH形鋼梁の仕口部で生じる曲げモーメントは梁フランジ部分で負担し，ウェブではほとんど負担しないために，耐震性能に関する安全側の検討として長期荷重時および地震荷重時の検定には梁フランジ部分のみの断面性能で確認している．

図4･14に理想的な場合に比べた実際の梁端の歪分布を示すが，梁に曲げモーメントMが作用すると梁ウェブが接続している柱スキンプレートが面外に変形するため，梁ウェブに発生する応力が小さくなり，梁フランジに応力が集中する．

このため，理想的な場合には，$M_y=M_{fy}+M_{wy}$となるが，梁端では，$M_y=M_{fy}$としてM_{wy}を無視して検定を行う．

ここで，M_y：梁の短期許容曲げモーメント（$=Z\cdot f_b$）

M_{fy}：梁フランジの分担する短期許容曲げモーメント（$=Z_f\cdot f_b$）

M_{wy}：梁ウェブの分担する短期許容曲げモーメント（$=Z_w\cdot f_b$）

$Z_f=B\cdot t_f\cdot(H-t_f)$

$Z_w=t_w\cdot(H-2t_f)^2/6$

f_b：梁の短期許容曲げ応力度

H，B，t_w，t_f：H形鋼梁のせい，幅，ウェブ厚，フランジ厚

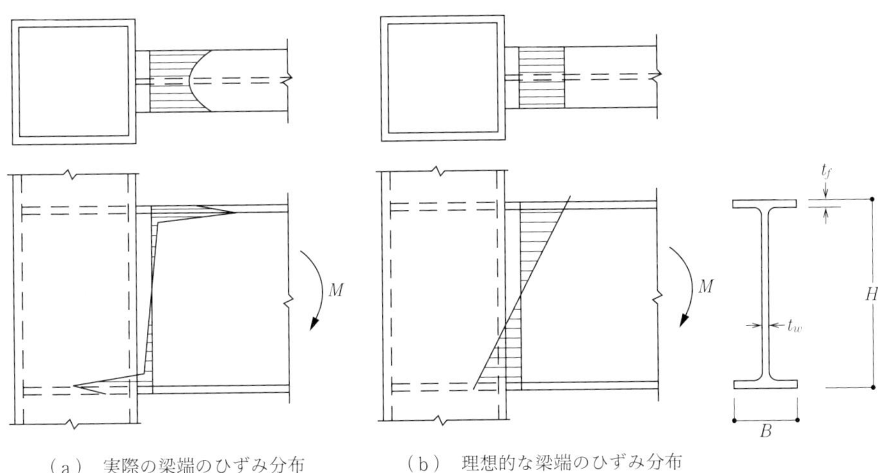

図4・14 箱形断面柱とH形鋼梁仕口部の曲げモーメントによる梁端のひずみ分布

4.2 柱の設計

ここでは設計例として，基準階である柱の外柱と内柱の検定結果を一つずつ以下に記載する．

C2（外柱：4階）

		符号	4階 C2 〈X1-Y3〉 部材長さ L=3 900 mm 内法長さ L_0=3 100 mm							
		検定位置	柱脚				柱頭			
断面性能		鉄骨メンバー	ビルト BOX-550×550×25				ビルト BOX-550×550×25			
		材質／限界細長比	SN 490		101.9		SN 490		101.9	
		幅厚比	フランジ 20.0 FA		ウェブ 20.0 FA		フランジ 20.0 FA		ウェブ 20.0 FA	
		長期許容圧縮応力度 $_sf_c$〔N/mm^2〕	210				210			
		短期許容圧縮応力度 $_sf_c$〔N/mm^2〕	316				316			
		部材軸	X軸		Y軸		X軸		Y軸	
		有効断面積 $_sA_e$〔mm^2〕	52 500		52 500		52 500		52 500	
		せん断断面積 $_sA_s$〔mm^2〕	25 000		25 000		25 000		25 000	
		圧縮フランジ断面積 $_sA_f$〔mm^2〕	13 750		13 750		13 750		13 750	
		細長比 λ	18		18		18		18	
		有効断面係数 Z_e〔mm^3〕	8 789 800		8 789 800		8 789 800		8 789 800	
		有効断面半径 i_e〔mm〕	215		215		215		215	
長期	応力	軸力 N_L〔kN〕	2 757				2 757			
		曲げモーメント M_L〔kN·m〕	15		386		−13		−382	
		せん断力 Q_L〔kN〕	−7		−197		−7		−197	
	軸力・曲げ	許容圧縮軸力 $_sN_0$〔kN〕	11 073				11 025			
		軸力比 $N_L/_sN_0$	0.25				0.25			
		C^*	1.0		1.0		1.0		1.0	
		許容曲げ応力度 $_sf_b$〔N/mm^2〕	217		217		217		217	
		許容曲げモーメント $_sM_0$〔kN·m〕	19 045		19 045		1 904		1 904	
		曲げモーメント比 $M_L/_sM_0$	0.00		0.02		0.01		0.20	
		$N_L/_sN_0+M_{Lx}/_sM_{0x}+M_{Ly}/_sM_{0y}$	0.27				0.46			
		判定（<1.0）	OK				OK			
	せん断	許容せん断力 $_sQ_{AL}$〔kN〕	3 127		3 127		3 127		3 127	
		せん断力比 $Q_L/_sQ_{AL}$	0.00		0.06		0.00		0.06	
		$Q_x/_sQ_{AS}+Q_y/_sQ_{AS}$	0.07				0.07			
		判定（<1.0）	OK		OK		OK		OK	
地震時		地震荷重方向	X方向		Y方向		X方向		Y方向	
		検討部材軸	X軸	Y軸	X軸	Y軸	X軸	Y軸	X軸	Y軸
	応力	軸力 N_E〔kN〕	−735		28		−735		28	
		曲げモーメント M_E〔kN·m〕	38	576	706	3	−41	612	−744	−3
		せん断力 Q_E〔kN〕	−24	365	−446	−2	−24	365	−446	−2
	応力	軸力 N_1〔kN〕	2 022		2 785		2 022		2 785	
		曲げモーメント M_1〔kN·m〕	53	962	721	389	−54	230	−757	−385
		せん断力 Q_1〔kN〕	−31	168	−453	−199	−31	168	−453	−199
		軸力 N_2〔kN〕	3 492		2 729		3 492		2 729	
		曲げモーメント M_2〔kN·m〕	−23	−190	−691	383	28	−994	731	−379
		せん断力 Q_2〔kN〕	17	−562	439	−195	17	−562	439	−195

短期	軸力・曲げ	許容圧縮軸力 $_sN_0$〔kN〕	16 610		16 610		16 610		16 610	
		許容引張軸力 $_sN_0$〔kN〕	17 063		17 063		17 063		17 063	
		軸力比 $N_S/_sN_0$	0.12	0.21	0.17	0.16	0.12	0.21	0.17	0.16
		C^*	1.0	1.0	1.0	1.0	1.0	1.0	1.0	1.0
		許容曲げ応力度 $_sf_b$〔N/mm²〕	325	325	325	325	325	325	325	325
		許容曲げモーメント $_sM_0$〔kN･m〕	2 857	2 857	2 857	2 857	2 857	2 857	2 857	2 857
		曲げモーメント比 $M_{12}/_sM_0$	0.02　0.01	0.34　0.07	0.25　0.24	0.14　0.13	0.02　0.01	0.08　0.35	0.26　0.26	0.13　0.13
		$N_S/_sN_0+M_{S12x}/_sM_{0x}+M_{S12y}/_sM_{0y}$	0.48	0.28	0.56	0.54	0.22	0.57	0.57	0.55
		判定(<1.0)	OK	OK	OK	OK	OK	OK	OK	OK
	せん断	許容せん断力 $_sQ_{AS}$〔kN〕	4 691		4 691		4 691		4 691	
		せん断力比 $Q_1/_sQ_{AS}$, $Q_2/_sQ_{AS}$	0.01　0.00	0.04　0.12	0.10　0.09	0.04　0.04	0.01　0.00	0.04　0.12	0.10　0.09	0.04　0.04
		$Q_x/_sQ_{AS}+Q_y/_sQ_{AS}$	0.04	0.12	0.14	0.14	0.04	0.12	0.14	0.14
		判定(<1.0)	OK	OK	OK	OK	OK	OK	OK	OK

＊：$C=1.75-1.05(M_{大}/M_{小})+0.3(M_{大}/M_{小})^2$

C１（内柱：４階）

符号			4階　C１　〈X３-Y３〉　部材長さ L=3 900 mm　内法長さ L_0=3 100 mm							
検定位置			柱脚				柱頭			
		鉄骨メンバー	ビルト BOX-600×600×25				ビルト BOX-600×600×25			
		材質　限界細長比	SN 490		101.9		SN 490		101.9	
		幅厚比	フランジ 22.0 FA		ウェブ 22.0 FA		フランジ 22.0 FA		ウェブ 22.0 FA	
		長期許容圧縮応力度 $_sf_c$〔N/mm²〕	211				211			
		短期許容圧縮応力度 $_sf_c$〔N/mm²〕	318				318			
性能		部材軸	X 軸		Y 軸		X 軸		Y 軸	
		有効断面積 $_sA_e$〔mm²〕	57 500		57 500		57 500		57 500	
		せん断断面積 $_sA_s$〔mm²〕	27 500		27 500		27 500		27 500	
		圧縮フランジ断面積 $_sA_f$〔mm²〕	15 000		15 000		15 000		15 000	
		細長比 λ	17		17		17		17	
		有効断面係数 Z_e〔mm³〕	10 581 600		10 581 600		10 581 600		10 581 600	
		有効断面半径 i_e〔mm〕	235		235		235		235	
長期	応力	軸力 N_L〔kN〕	2 600				2 600			
		曲げモーメント M_L〔kN･m〕	13		−373		−11		394	
		せん断力 Q_L〔kN〕	−6		197		−6		197	
	軸力・曲げ	許容圧縮軸力 $_sN_0$〔kN〕	12 182				12 133			
		軸力比 $N_L/_sN_0$	0.21				0.21			
		C^*	1.0		1.0		1.0		1.0	
		許容曲げ応力度 $_sf_b$〔N/mm²〕	217		217		217		217	
		許容曲げモーメント $_sM_0$〔kN･m〕	22 927		22 927		1 904		1 904	
		曲げモーメント比 $M_L/_sM_0$	0.00		0.02		0.01		0.21	
		$N_L/_sN_0+M_{Lx}/_sM_{0x}+M_{Ly}/_sM_{0y}$	0.23				0.43			
		判定(<1.0)	OK				OK			
	せん断	許容せん断力 $_sQ_{AL}$〔kN〕	3 127		3 127		3 127		3 127	
		せん断力比 $Q_L/_sQ_{AL}$	0.00		0.06		0.00		0.06	
		$Q_x/_sQ_{AS}+Q_y/_sQ_{AS}$	0.06				0.06			
		判定(<1.0)	OK		OK		OK		OK	
地震時		地震荷重方向	X 方向		Y 方向		X 方向		Y 方向	
		検討部材軸	X 軸	Y 軸	X 軸	Y 軸	X 軸	Y 軸	X 軸	Y 軸
	応力	軸力 N_E〔kN〕	−223		114		−223		114	
		曲げモーメント M_E〔kN･m〕	−32	−802	716	10	33	830	−761	−10
		せん断力 Q_E〔kN〕	20	502	−454	−6	20	502	−454	−6
短期	応力	軸力 N_1〔kN〕	2 377		2 714		2 377		2 714	
		曲げモーメント M_1〔kN･m〕	−19	−1175	729	−363	22	1 224	−772	384
		せん断力 Q_1〔kN〕	14	699	−460	191	14	699	−460	191
		軸力 N_2〔kN〕	2 823		2 486		2 823		2 486	
		曲げモーメント M_2〔kN･m〕	45	429	−703	−383	−44	−436	750	404
		せん断力 Q_2〔kN〕	−26	−305	448	203	−26	−305	448	203
	軸力・曲げ	許容圧縮軸力 $_sN_0$〔kN〕	18 273		18 273		18 273		18 273	
		許容引張軸力 $_sN_0$〔kN〕	18 688		18 688		18 688		18 688	
		軸力比 $N_S/_sN_o$	0.13	0.15	0.15	0.14	0.13	0.15	0.15	0.14
		C^*	1.0	1.0	1.0	1.0	1.0	1.0	1.0	1.0
		許容曲げ応力度 $_sf_b$〔N/mm²〕	325	325	325	325	325	325	325	325
		許容曲げモーメント $_sM_0$〔kN･m〕	3 439	3 439	3 439	3 439	3 439	3 439	3 439	3 439
		曲げモーメント比 $M_{12}/_sM_0$	0.01　0.01	0.34　0.12	0.21　0.20	0.11　0.11	0.01　0.01	0.36　0.13	0.22　0.22	0.11　0.12
		$N_S/_sN_0+M_{S12x}/_sM_{0x}+M_{S12y}/_sM_{0y}$	0.48	0.29	0.47	0.45	0.49	0.29	0.48	0.47
		判定(<1.0)	OK	OK	OK	OK	OK	OK	OK	OK
	せん断	許容せん断力 $_sQ_{AS}$〔kN〕	5 160		5 160		5 160		5 160	
		せん断力比 $Q_1/_sQ_{AS}$, $Q_2/_sQ_{AS}$	0.00　0.01	0.14　0.06	0.09　0.09	0.04　0.04	0.00　0.01	0.14　0.06	0.09　0.09	0.04　0.04
		$Q_x/_sQ_{AS}+Q_y/_sQ_{AS}$	0.14	0.06	0.13	0.13	0.14	0.06	0.13	0.13
		判定(<1.0)	OK	OK	OK	OK	OK	OK	OK	OK

＊：$C=1.75-1.05(M_{大}/M_{小})+0.3(M_{大}/M_{小})^2$

〔解　説〕

柱部材は，軸力および２軸曲げを考慮して柱頭，柱脚で断面検定する．

4.3　大梁の設計

ここでは設計例として，基準階である3階床梁の14.4 m スパンとその直交する7.7 m スパンの大梁の検定結果を一つずつ以下に記載する．

GX 1（3階）

符　号			3階GX 1〈X 3, Y 3-Y 4〉　部材長さ L=7 700 mm　内法長さ L_0=7 100 mm									
検定位置〔mm〕			Y 3 端 290		Y 3 端側継手 1 500		中央 3 850		Y 4 端側継手 6 200		Y 4 端 7 400	
断面	鉄骨メンバー		SH-650×250×12×25		SH-650×200×12×25		SH-650×200×12×25		SH-650×200×12×25		SH-650×250×12×25	
断面	材質	限界細長比	SN 490　1019		SN 490　1019		SN 490　1019		SN 490　1019		SN 490　1019	
断面	幅厚比　ランク　フランジ，ウェブ		5　FA　50　FA		4　FA　50　FA		4　FA　50　FA		4　FA　50　FA		5　FA　50　FA	
性能	せん断断面積 $_sA_w$〔mm²〕		7 200		7 200		7 200		7 200		7 200	
性能	有効断面係数 Z_e〔mm³〕		3 758 000		2 973 000		2 973 000		2 973 000		3 758 000	
性能	圧縮フランジ断面積 $_sA_f$〔mm²〕		6 250		5 000		5 000		5 000		6 250	
性能	圧縮フランジ支点間距離 L_b〔mm〕		38 500		38 500		38 500		38 500		38 500	
長期	応力	曲げモーメント M_L〔kN·m〕	−73		−11		28		−3		−62	
長期	応力	せん断力 Q_L〔kN〕	−50		−32		−5		22		40	
長期	応力	中央せん断力 Q_{L0}〔kN〕	−49		−31		−3		24		42	
長期	曲げ	C*	1.1		1.1		1.1		1.1		1.1	
長期	曲げ	許容曲げ応力度 $_sf_b$〔N/mm²〕	216		176		176		176		216	
長期	曲げ	許容曲げモーメント $_sM_a$〔kN·m〕	814		524		647		524		814	
長期	曲げ	曲げモーメント比 $M_L/_sM_a$	0.09		0.02		0.04		0.01		0.08	
長期	曲げ	判定（<1.0）	OK		OK		OK		OK		OK	
長期	せん断	許容せん断力 $_sQ_{AL}$〔kN〕	900		900		900		900		900	
長期	せん断	せん断力比 $Q_L/_sQ_{AL}$	0.06		0.04		0.01		0.02		0.04	
長期	せん断	判定（<1.0）	OK		OK		OK		OK		OK	
地震時	地震荷重方向		X 方向	Y 方向	X 方向	Y 方向	X 方向	Y 方向	X 方向	Y 方向	X 方向	Y 方向
地震時	応力	曲げモーメント M_E〔kN·m〕	−48	817	−33	539	−3	−3	26	−547	41	−824
地震時	応力	せん断力 Q_E〔kN〕	−12	231	−12	231	−12	231	−12	231	−12	231
短期	応力	曲げモーメント M_1〔kN·m〕	−121	−890	−44	−550	25	31	23	544	−21	762
短期	応力	せん断力 Q_1〔kN〕	−62	−281	−44	−263	−17	−236	10	−209	28	−191
短期	応力	曲げモーメント M_2〔kN·m〕	−25	744	22	528	31	25	−29	−550	−103	−886
短期	応力	せん断力 Q_2〔kN〕	−38	181	−20	199	7	226	34	253	52	271
短期	曲げ	C*	1.6 / 1.5	2.3 / 2.3	1.6 / 1.5	2.3 / 2.3	1.6 / 1.5	2.3 / 2.3	1.6 / 1.5	2.3 / 2.3	1.6 / 1.5	2.3 / 2.3
短期	曲げ	許容曲げ応力度 $_sf_b$〔N/mm²〕	325	325	283	296	283	296	283	296	283	296
短期	曲げ	許容曲げモーメント $_sM_a$〔kN·m〕	1 221	1 221	841	1 221	841	1 221	841	1 221	841	1 221
短期	曲げ	曲げモーメント比 $M_1/_sM_a$	0.10	0.73	0.05	0.45	0.03	0.03	0.03	0.45	0.02	0.62
短期	曲げ	曲げモーメント比 $M_2/_sM_a$	0.02	0.61	0.03	0.43	0.04	0.02	0.03	0.45	0.12	0.73
短期	曲げ	判定（<1.0）	OK		OK		OK		OK		OK	
短期	せん断	許容せん断力 $_sQ_{AS}$〔kN〕	1 350		1 350		1 350		1 350		1 350	
短期	せん断	せん断力比 $Q_1/_sQ_{AS}$	0.05	0.21	0.03	0.19	0.01	0.17	0.01	0.15	0.02	0.14
短期	せん断	せん断力比 $Q_2/_sQ_{AS}$	0.03	0.13	0.01	0.15	0.01	0.17	0.03	0.19	0.04	0.20
短期	せん断	判定（<1.0）	OK		OK		OK		OK		OK	

＊：$C=1.75-1.05(M_{大}/M_{小})+0.3(M_{大}/M_{小})^2$

GY 1（3階）

符号			3階 GY 1〈X 1-X 3, Y 3〉　部材長さ L=14 400 mm　内法長さ L_o=13 825 mm									
検定位置〔mm〕			X 1 端 270		X 1 端側継手 1 500		中央 7 200		X 3 端側継手 1 200		X 3 端 14 100	
断面	鉄骨メンバー		SH-800×350×14×28		SH-800×300×14×25		SH-800×300×14×25		SH-800×300×14×25		SH-800×350×14×28	
断面	材質	限界細長比	SN 490 1019		SN 490 1019		SN 490 1019		SN 490 1019		SN 490 1019	
断面	幅厚比　ランク　フランジ，ウェブ		6 FA 53 FB		6 FA 54 FB		6 FA 54 FB		6 FA 54 FB 6		FA 53 FB	
性能	せん断断面積 ${}_sA_w$〔mm²〕		104		105		105		105		104	
性能	有効断面係数 Z_e〔mm³〕		7 304		5 559		5 559		5 559		7 304	
性能	圧縮フランジ断面積 ${}_sA_f$〔mm²〕		98		75		75		75		98	
性能	圧縮フランジ支点間距離 L_b〔mm〕		288		288		288		288		288	
長期	応力	曲げモーメント M_L〔kN·m〕	−745		−242		579		−325		850	
長期	応力	せん断力 Q_L〔kN〕	−324		−255		8		272		341	
長期	応力	中央せん断力 Q_{L0}〔kN〕	−331		−262		1		264		334	
長期	曲げ	C*	1.1		1.1		1.1		1.1		1.1	
長期	曲げ	許容曲げ応力度 ${}_sf_b$〔N/mm²〕	216		216		216		216		216	
長期	曲げ	許容曲げモーメント ${}_sM_a$〔kN·m〕	1 582		1 204		1 487		1 204		1 582	
長期	曲げ	曲げモーメント比 $M_L/{}_sM_a$	0.47		0.20		0.39		0.27		0.54	
長期	曲げ	判定(<1.0)	OK		OK		OK		OK		OK	
長期	せん断	許容せん断力 ${}_sQ_{AL}$〔kN〕	1 302		1 313		1 313		1 313		1 302	
長期	せん断	せん断力比 $Q_L/{}_sQ_{AL}$	0.25		0.19		0.01		0.21		0.26	
長期	せん断	判定(<1.0)	OK		OK		OK		OK		OK	
地震時	地震荷重方向		X 方向	Y 方向	X 方向	Y 方向	X 方向	Y 方向	X 方向	Y 方向	X 方向	Y 方向
地震時	応力	曲げモーメント M_E〔kN·m〕	1 384	−3	1 141	−3	11	0	−1 117	2	−1 355	2
地震時	応力	せん断力 Q_E〔kN〕	198	0	198	0	198	0	198	0	198	0
短期	応力	曲げモーメント M_1〔kN·m〕	639	−742	899	−239	590	579	−1 442	−327	−505	848
短期	応力	せん断力 Q_1〔kN〕	−126	−324	−57	−255	206	8	470	272	539	341
短期	応力	曲げモーメント M_2〔kN·m〕	−2 129	−748	−1 383	−245	568	579	792	−323	2 205	852
短期	応力	せん断力 Q_2〔kN〕	−522	−324	−453	−255	−190	8	74	272	143	341
短期	曲げ	C*	2.1　2.0	1.1　1.1	2.1　2.0	1.1　1.1	2.1　2.0	1.1　1.1	2.1　2.0	1.1　1.1	2.1　2.0	1.1　1.1
短期	曲げ	許容曲げ応力度 ${}_sf_b$〔N/mm²〕	325	325	325	325	325	325	325	325	325	325
短期	曲げ	許容曲げモーメント ${}_sM_a$〔kN·m〕	2 373	2 373	2 373	2 373	2 373	2 373	2 373	2 373	2 373	2 373
短期	曲げ	曲げモーメント比 $M_1/{}_sM_a$	0.27	0.31	0.38	0.10	0.25	0.24	0.61	0.14	0.21	0.36
短期	曲げ	曲げモーメント比 $M_2/{}_sM_a$	0.90	0.32	0.58	0.10	0.24	0.24	0.33	0.14	0.93	0.36
短期	曲げ	判定(<1.0)	OK		OK		OK		OK		OK	
短期	せん断	許容せん断力 ${}_sQ_{AS}$〔kN〕	1 954		1 970		1 970		1 970		1 954	
短期	せん断	せん断力比 $Q_1/{}_sQ_{AS}$	0.06	0.17	0.03	0.13	0.10	0.00	0.24	0.14	0.28	0.17
短期	せん断	せん断力比 $Q_2/{}_sQ_{AS}$	0.27	0.17	0.23	0.13	0.10	0.00	0.04	0.14	0.07	0.17
短期	せん断	判定(<1.0)	OK		OK		OK		OK		OK	

＊：$C=1.75-1.05(M_{大}/M_{小})+0.3(M_{大}/M_{小})^2$

〔解　説〕

梁部材は端部，継手部，中央部において断面検定する．

大梁端部の長期荷重時の応力は節点位置，地震時の応力は柱フェース面位置の値を採用して，短期の検定を行う．

4.4　断面検定比図

ここに長期荷重時と短期荷重時の断面検定比図を示す．なお，図は省略する．

5. 基礎の設計

5.1 基礎の設計方針

基礎は，GL－10.2 m の東京礫層を支持地盤とした直接基礎のべた基礎とする．基礎梁の検討は，地盤ばねを考慮して，基礎梁と基礎小梁をモデル化した全体モデルで応力解析を行っている．

〔解　説〕

使用したプログラムは格子梁モデルが取り扱えるため，全体モデルに基礎梁を組み込んで一体計算を行っているが，このような手法ができないプログラムがある．その場合，基礎梁部分だけ取り出して，格子梁モデルの計算ができるプログラムを使用して応力，変形を計算するなどの必要があると思われる．

5.2 地盤概要

地盤調査によるボーリング柱状図を下記に示す．

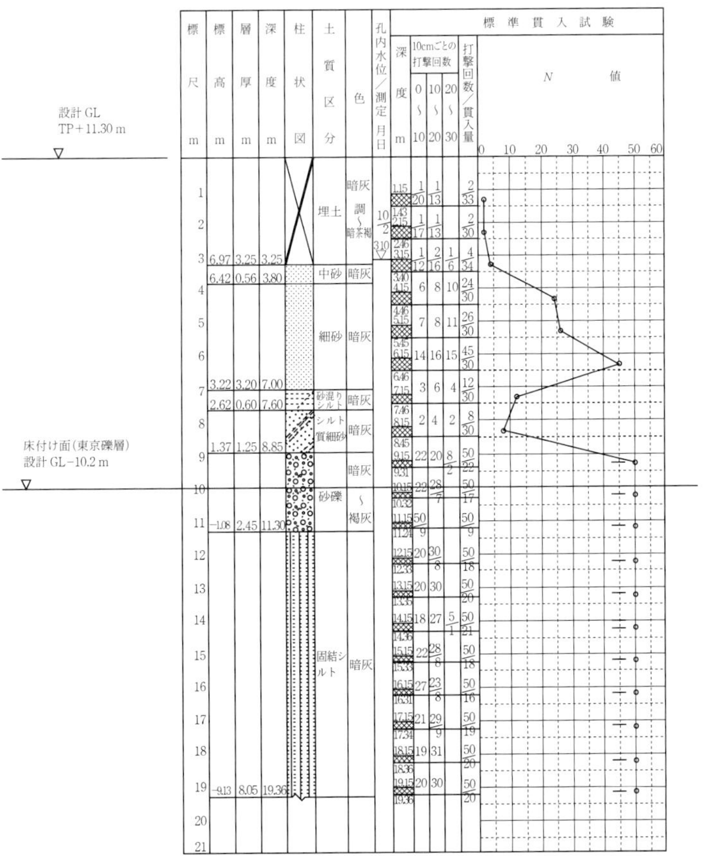

ボーリング柱状図

〔解　説〕

地盤調査報告書のボーリング柱状図の深度は，KBM（仮ベンチマーク）からであることが多い．そのため，設計GLとの関係を明確にする必要があり，建物深さとの対比を計算書に掲載する（設計GLと床付け面がわかる程度）ことで，よりわかりやすくなる．また，設計図書に同様の図および敷地，建物外郭形状，KBM位置，ボーリング調査位置を示す略図を入れておくと，さらにわかりやすくなる．

5.3　地盤ばねの算定

ばね定数は，基礎指針5.3節の有限厚さの地盤表面に載る基礎として，Steinbrennerの近似解である即時沈下計算式から算定する．

（1）　基礎形式

基礎短辺長さ $B=18.2$ m

基礎長辺長さ $L=30.1$ m

$l=L/B=1.65$

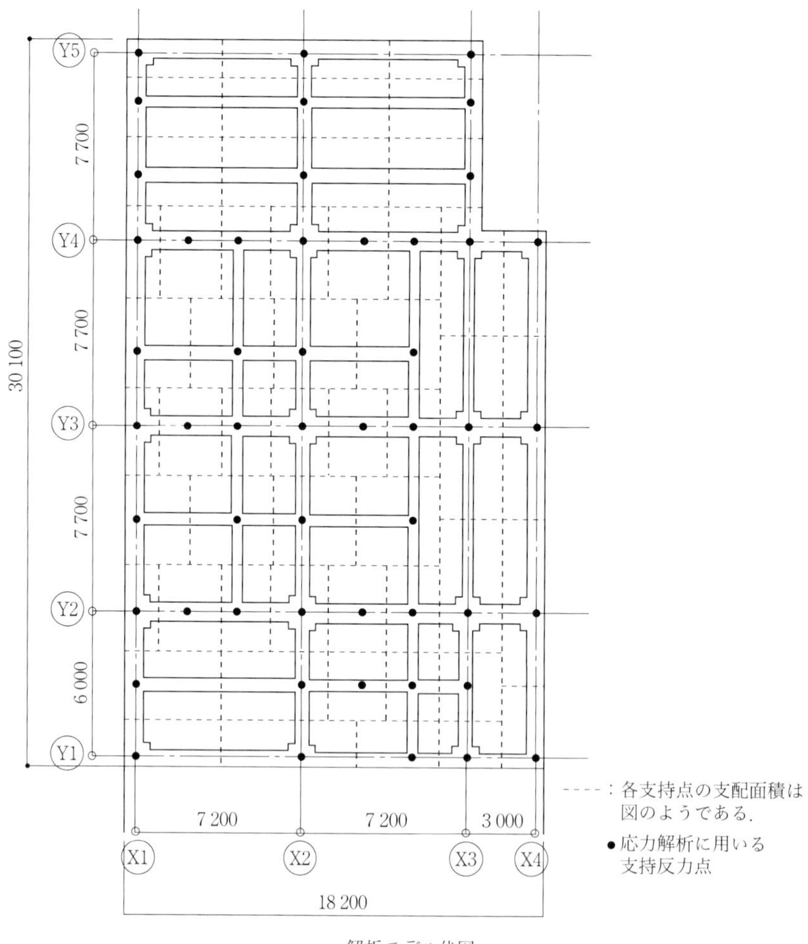

解析モデル伏図

地盤諸元一覧

深度 GL〔m〕	層厚 H〔m〕	土質	N 値	V_s〔m/s〕	地盤のヤング係数 E_s〔kN/m^2〕	ポアソン比 ν_s	$d=H/B$	F_1	F_2	I_s $(H_k,\ \nu_{sk})$	I_s $(H_{k-1},\ \nu_{sk})$	I_s/E_s
−9.5 −10.5	2.0	砂礫	60	315	447 000	0.3	0.11	0.0022	0.025	0.015	—	0.34 ×10^{-7}
−11.5 以深	28.1	固結シルト	60	450	913 000	0.3	1.54	0.23	0.10	0.257	0.015	2.65 ×10^{-7}

層厚は B（基礎長辺長さ）まで評価　　$\sum(I_S/E_S)=2.99\times10^{-7}$

$E_s=2(1+\nu_s)\cdot\gamma\cdot V_s^2/g$

地盤の単位体積重量：$\gamma=17$ kN/m^3

$I_s=(1-\nu_s^2)F_1+(1-\nu_s-2\nu_s^2)F_2$

$$F_1=\frac{1}{\pi}\left\{l\cdot\log_e\frac{(1+\sqrt{l^2+1})\sqrt{l^2+d^2}}{l(1+\sqrt{l^2+d^2+1})}+\log_e\frac{(l+\sqrt{l^2+1})\sqrt{1+d^2}}{l+\sqrt{l^2+d^2+1}}\right\}$$

$$F_2=\frac{d}{2\pi}\tan^{-1}\frac{l}{d\sqrt{l^2+d^2+1}}$$

（2） 即時沈下の検討

面積　$A=524.72$ m^2

建物重量（地震用積載荷重）　$\sum W=93\,561$ kN

平均即時沈下　$S_E=\sum(I_S/E_S)\cdot q\cdot B=0.97$ mm

基礎に作用する荷重度　$q=178.3$ kN/m^2

ばね　$K=\sum W/S_E=96\,400$ kN/mm

ばね定数　$k=K/A=184$ kN/(m^2·mm)

採用ばね定数　36.8 kN/(m^2·mm)〈上記値の 1/5〉

（3） 地盤のばね定数

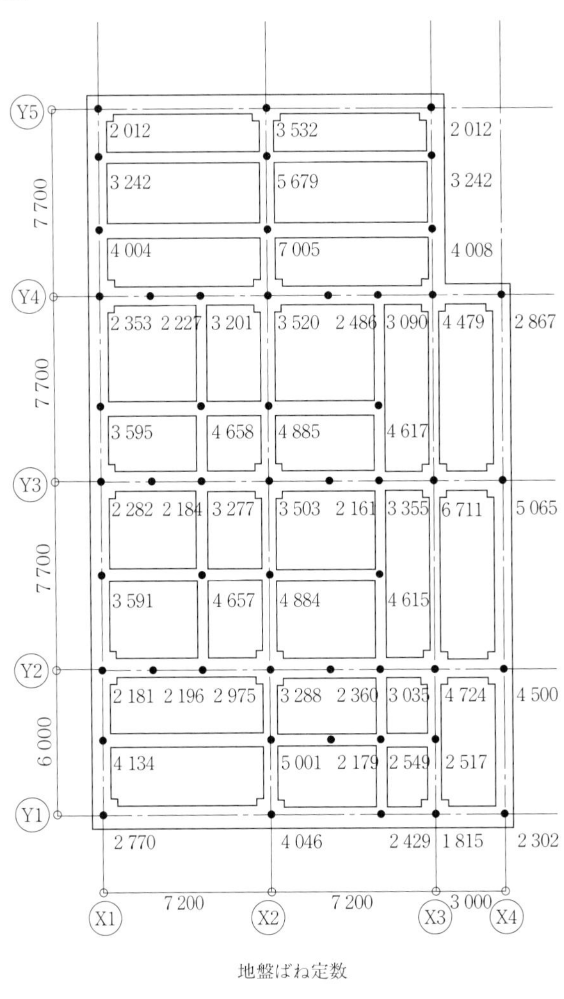

地盤ばね定数

〔解　説〕

支持反力点位置の地盤ばね定数は求めた単位面積当りの地盤ばね定数に支配面積を乗じて算定した地盤ばねをプログラムに入力して応力解析を行っている．

算定したばね定数を1/5倍した値を解析モデルに採用しているのは，地盤調査において，地盤のヤング係数を決定するための常時微動測定やPS検層を行って求めておらず，N値による推定式から算定していることから，実際の数値よりも過大評価している可能性があったため，周辺建物の地盤調査を考慮して，工学的な判断により，安全性を見込んだ値とした．なお，即時沈下の検討は実情に近い値とするため，建物重量は地震荷重時用の値を用いた．

5.4 接地圧の検定

（1） 地盤の許容応力度

地盤の許容応力度は「基礎指針」5.2 節および平 13 国交告第 1113 号に示された地盤の鉛直支持力の算定式から算定する．なお，即時沈下量は 10 mm 以下であり，地盤調査から圧密層が観察されていないため，圧密沈下は生じないと考えられるので，令第 93 条より，地盤の長期許容応力度は 300 kN/m^2，短期許容応力度は長期の 2 倍である 600 kN/m^2 とする．

建物の床付け面は GL−10.2 m とし，N 値 50 以上ある東京礫層を支持地盤としているため，この深度での地盤の許容応力度を算出する．

長期　$q_a = 1/3(i_c \cdot \alpha \cdot C \cdot N_c + i_\gamma \cdot \beta \cdot \gamma_1 \cdot B \cdot N_\gamma + i_q \cdot \gamma_2 \cdot D_f \cdot N_q)$

$= 8\,184\ \text{kN/m}^2 \quad \rightarrow \quad 300\ \text{kN/m}^2$

短期　$q_a = 2/3(i_c \cdot \alpha \cdot C \cdot N_c + i_\gamma \cdot \beta \cdot \gamma_1 \cdot B \cdot N_\gamma + i_q \cdot \gamma_2 \cdot D_f \cdot N_q)$

$= 16\,367\ \text{kN/m}^2 \quad \rightarrow \quad 600\ \text{kN/m}^2$

ここに，q_a：地盤の長期許容応力度〔kN/m^2〕

α，β：形状係数（「基礎指針」表 5.2.2 による）

長方形のため，$\alpha = 1 + 0.2 \times B/L = 1.18$，$\beta = 0.5 - 0.2 \times B/L = 0.44$

C：基礎底面下にある地盤の粘着力（砂質土層のため，0.0 kN/m^2）

N_c，N_γ，N_q：支持力係数で内部摩擦角 $\phi = 39.5°$（地盤調査結果から得られる値）から，「基礎指針」表 5.2.1 から線形補間して求める．

$N_c = 71.8$，$N_\gamma = 60.4$，$N_q = 86.3$

B：基礎短辺長さ（＝18.2 m），L：基礎長辺長さ（＝30.1 m）

D_f：根入れ深さ（＝10.2 m）

γ_1：基礎底面下にある地盤の単位体積重量（＝18.0 kN/m^3）

γ_2：基礎底面より上方にある地盤の平均単位体積重量（＝18.0 kN/m^3）

i_c，i_γ，i_q：荷重の傾斜に対する補正係数（「基礎指針」5.2 節 d 項による）

$i_c = i_q = (1 - \theta/90)^2$，$i_\gamma = (1 - \theta/\phi)^2$　（θ：荷重の傾斜角）

（2） 接地圧一覧

応力解析結果から得られた支持点反力を支配面積で除して，各支持点の接地圧を算定する．

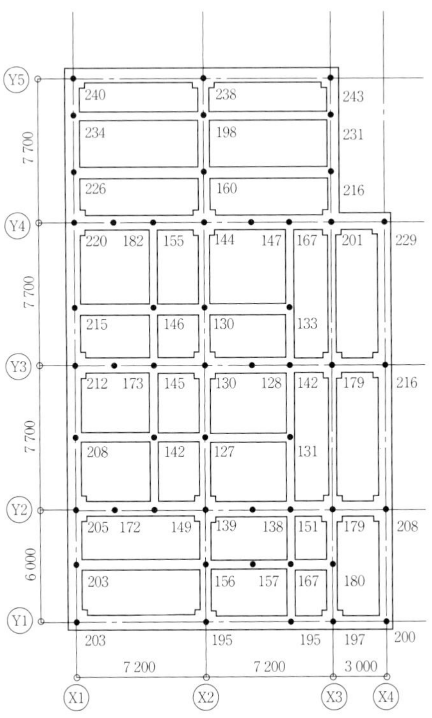

接地圧一覧（長期）（単位：kN/m²）

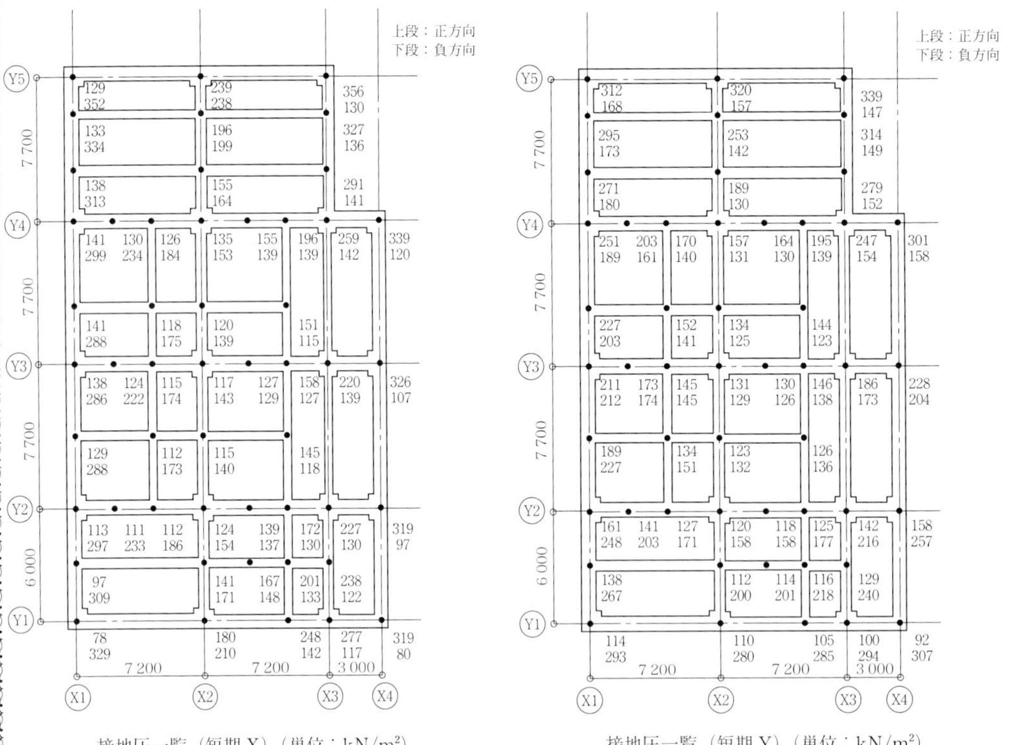

接地圧一覧（短期 X）（単位：kN/m²）　　接地圧一覧（短期 Y）（単位：kN/m²）

以上のとおり，すべての支持点で地盤の許容応力度以下である．

〔解　説〕
べた基礎の直接基礎であるため，基礎梁および基礎小梁の部材交点を支持点として，地盤ばねを考慮して全体モデルに組み込み，応力解析で求めた支持点反力を，各支持点の支配面積で除して地盤への支持点応力度を求めて，地盤の許容応力度以下であることを確認している．

5.5　沈下量の算定

長期荷重時における地盤の沈下によって生じる相対変形角が，「基礎指針」5.3節表5.3.4で示された1/2 000以下（べた基礎，支持地盤が砂礫層，RC造の場合）であることを確認する．

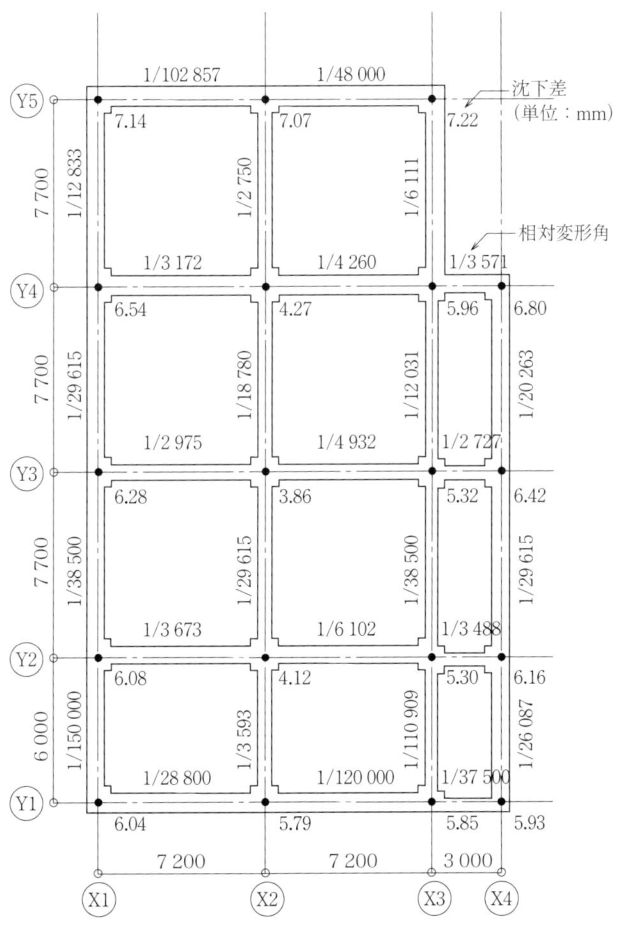

沈下量一覧（長期）

以上のとおり，相対変形角はすべて1/2 000以下であり，不同沈下の影響は小さいと判断される．

5.6　基礎梁，基礎小梁の設計

基礎梁，基礎小梁の設計応力は，地盤ばねを考慮した全体解析モデルにより算定し，設計応力に対して，許容応力度設計を行っている．なお，基礎小梁の設計応力は，全体モデルの応力であるため，積載荷重がラーメン用となっている．令第85条で支える床の数により，積載荷重を低減できることから，本建物の基礎の場合，60％に低減可能であり，2 900×0.6＝1 740＜1 800（ラーメン用）となるため，解析用モデルの応力を用いて設計しても問題ないと判断したが，地盤反力を考慮した通常の基礎小梁を設計する方法でも別途断面検定を行っている．さらに，基礎小梁の長期曲げ応力は，ひび割れ耐力以下としている．

検討詳細は省略する．

5.7　地下外壁の設計

水位を1 FL－3.1 m として，水圧および土圧を「基礎指針」3.3節および3.4節に示す方法により，算定した外力とする．

地下外壁は，柱との寸法差が小さいので，柱には応力分担を期待しないで，上下方向に応力を伝達する．地下1階床スラブ位置で固定，1階床スラブでピン支持とした壁頭1辺ピン，壁脚1辺固定，他の2辺自由な版として，地下外壁を取り出して応力を算定している．

検討詳細は省略する．

6.　保有水平耐力の確認

6.1　計算方針

保有水平耐力は弾塑性漸増載荷解析（以下，荷重増分解析という）によって算出する．

なお，保有水平耐力は，設計地震力分布で水平力をかけて，いずれかの層の層間変形角が1/100を超えた時点の建物層せん断力とする．ただし，その時点で鉄骨梁端のみ塑性ヒンジ発生を許容し，それ以外の部材は塑性ヒンジ発生を許容しない．

・解析条件

①　剛床仮定が成り立つものとする．

②　梁は曲げ，せん断変形を考慮する．

③　梁の曲げ剛性には梁と床スラブの合成効果を考慮する．

④　柱は曲げ，せん断，軸方向変形を考慮する．

⑤　S造の各部材の復元力特性は，全塑性モーメントを折れ点としたバイリニア型とする．

⑥　SRC造およびRC造の各部材の復元力特性は，ひび割れモーメントおよび全塑性モーメントを折れ点としたトリリニア型とする．

⑦　柱，梁は剛域（剛域長さはS部材はフェース長，RC・SRC部材は「RC規準」による）を考慮した線材に置換する．

⑧　設計地震力分布は A_i 分布とする．

⑨　本建物はS造の純ラーメン架構であるため，構造特性係数 D_s は，部材の断面特性から決定するので，崩壊メカニズム時の確認は不要とする．

〔解　説〕

（1）　保有水平耐力の確認

保有水平耐力の確認とは，建物の保有水平耐力 Q_u が令第 82 条の 3 で規定された必要保有水平耐力 Q_{un} 以上であることを確かめることである．

許容応力度設計を一通り終えてから，保有水平耐力を確認する．フローを**図 4･15** に示す．

（2）　保有水平耐力 Q_u

建物各階の保有水平耐力とは，地震力の作用によって，その建物の一部または全体が崩壊メカニズムを形成するときの，当該階の柱およびブレースなど耐震要素の水平せん断力の総和である．

その算出方法としては，仮想仕事を用いた略算法，節点振分け法，層モーメント分配法などの略算的な方法のほかに，極限解析法や荷重増分法などの精算法がある．今日では解析をコンピュータによることが多く，一貫計算プログラムでは荷重増分法が一般的に用いられており，本設計例でもその解析方法を使用している．

本来，保有水平耐力 Q_u とは崩壊メカニズムに到達した時点の建物耐力のことであるが，S 造の設計では通常，外装材などの非構造部材に許容される層間変形角 1/100 時点の耐力とすることがほとん

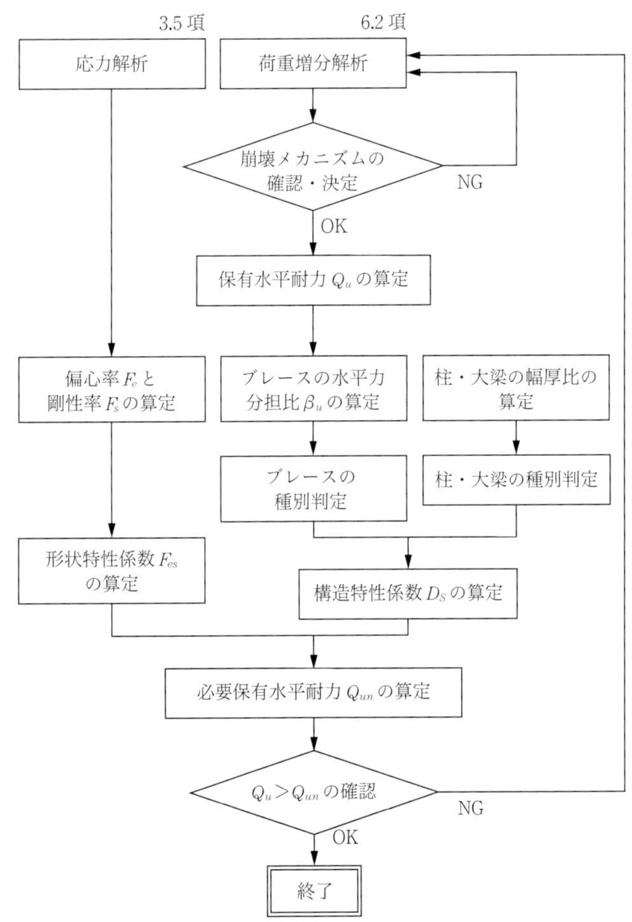

図 4・15　鉄骨造の保有水平耐力確認フロー図

どである．ただし，外装材等の層間をまたぐ非構造部材が追従できるのであれば層間変形角を1/100〜1/75として保有水平耐力を決めることができる．また，S造の場合の必要保有水平耐力 Q_{un} は，ブレースの水平力分担比 β_u，柱・大梁の幅厚比で決まる構造特性係数 D_s および形状係数 F_{es} で決定する．

架構が崩壊メカニズムに到達する以前の Q_u を用いても $Q_{un} < Q_u$ を満足できればよい．

（3）　崩壊メカニズム

建物に漸増水平力が作用するとき，柱または梁の端部に塑性ヒンジ（部材が全塑性モーメントを超えて，弾性挙動を示さなくなった状態）が次々と形成され，建物全体またはある階が不安定な状態になることを崩壊または崩壊メカニズムを形成したという．保有水平耐力を求めるときの崩壊メカニズムとしては，① 建物が全体として不安定な状態になるのに十分な数の塑性ヒンジが形成された全体崩壊メカニズム（梁崩壊形），② ある特定の階が部分的に不安定な状態になるのに十分な数の塑性ヒンジが形成された層崩壊メカニズム（柱崩壊形），③ ある特定の部材が破壊し，水平荷重に対する耐荷能力が残っていても鉛直荷重により局部的な崩壊が生じる局部崩壊メカニズム（局部崩壊形）の三つのタイプがある（**図4·16**）．一般的には，吸収エネルギーの大きい全体崩壊メカニズム（梁崩壊形）を目指して設計するが，設計者の考え方・判断によりこれらのタイプを設計者が選択する．

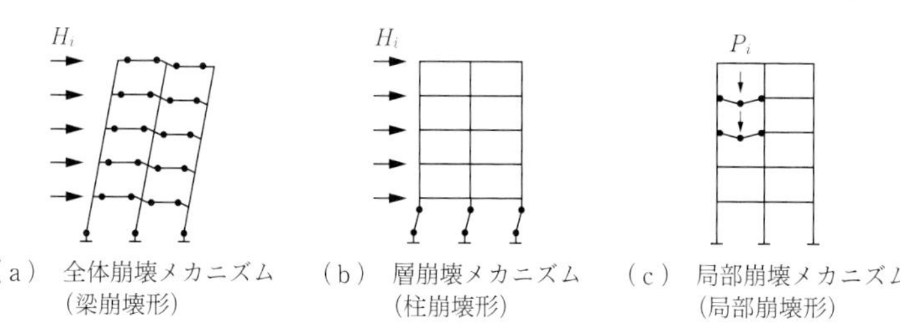

図4・16　崩壊メカニズム

（4）　外力分布

地震力の作用と近似した水平方向の外力分布を仮定する．なぜなら，各階の保有水平耐力は層崩壊メカニズムとなるラーメン架構など特殊な場合を除いて，仮定する外力分布によって異なるからである．外力分布は，建物の振動性状，地盤特性，地震波の性状などを考慮しなければならないが，一義的に定めるのは難しい．通常は令第88条および昭55建告第1793号に定められた A_i 分布を外力分布としていることが多い．なお，偏心率や剛性率の関係で，ある階のみ形状係数 F_{es} が大きい場合は，A_i 分布を形状係数に見合った大きさに修正した外力分布を用いることがある．また，壁やブレースの水平力分担率により D_s が変化する場合も，D_s に見合った大きさに修正した外力分布を用いることがある．

（5）　部材モデル

本設計例では，保有水平耐力の計算で扱う部材モデルは，材端剛塑性ばねモデルとする（**図4·17**）．柱の耐力は，軸方向力と曲げモーメントの相互作用を評価することと，2軸曲げを同時に受けることにより，M_x-M_y-N の三次元座標系で表現している．柱の両端部位置でのX方向の M_x-N 耐力曲線，Y方向の M_y-N 耐力曲線および M_x-M_y 相関曲線により，三次元の耐力曲面を作成する．なお，この計算プログラムでは2軸曲げを同時に受けた場合で検討しているが，直交方向の曲げモーメントが大きくない場合は，2軸曲げを考慮しないで検討することもある．

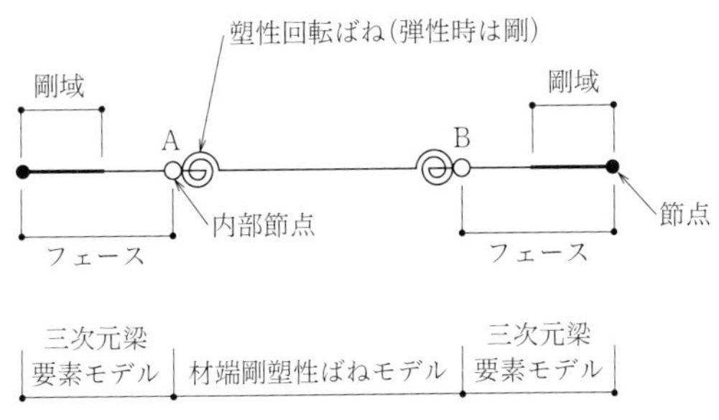

図 4・17　部材のモデル化

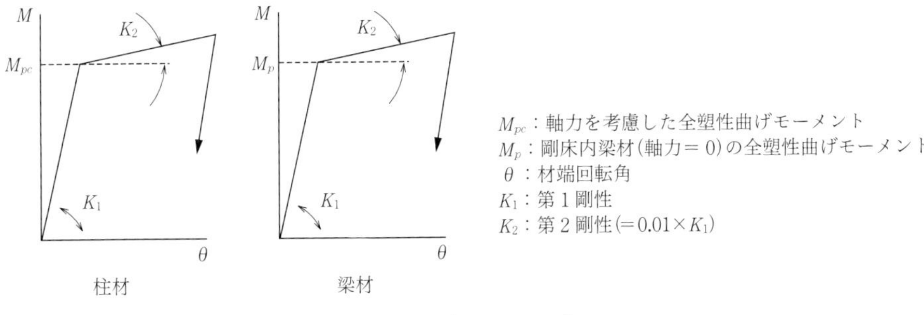

図 4・18　部材のモデル化

剛域とは変形などが生じにくい非常に剛な領域を，フェースとは柱に対する大梁端，大梁に対する柱端のことをいう．

鉄骨造においては柱梁交差部（パネルゾーン）のせん断変形を考慮して，モデル化する場合もあるが，本設計例では剛域としてモデル化した．なお，パネルゾーンが十分な耐力を有することは別途検討している．

（6）　鉄骨大梁，柱部材の耐力

・曲げ耐力

柱の降伏の判定は，軸力と X 軸，Y 軸まわりのフェース位置での曲げモーメントを用いて，三次元耐力曲面により判定を行う．

柱，梁ともに全塑性曲げモーメントまで，弾性挙動を示し，全塑性曲げモーメントに達した後は，剛性が 1/100 となるバイリニア型の履歴特性を持つ部材モデルとする(**図 4•18**)．ここでは第 2 剛性を 1/100 としたが，鋼材種や想定している塑性化領域から部材性能を判断して決定すべき数値である．

・せん断耐力

せん断力によって大梁，柱部材を降伏させないこととし，増分ステップ時の累計せん断力によって耐力確認を行っている．

6.2　荷重増分解析結果

（1）　層せん断力と層間変位の履歴曲線および保有水平耐力

荷重増分解析結果をステップごとの層せん断力と重心位置での層間変形を軸として表した履歴曲線（荷重-変形曲線）および各層の保有水平耐力一覧を示す．

・X 方向の増分解析結果（荷重-変形曲線）

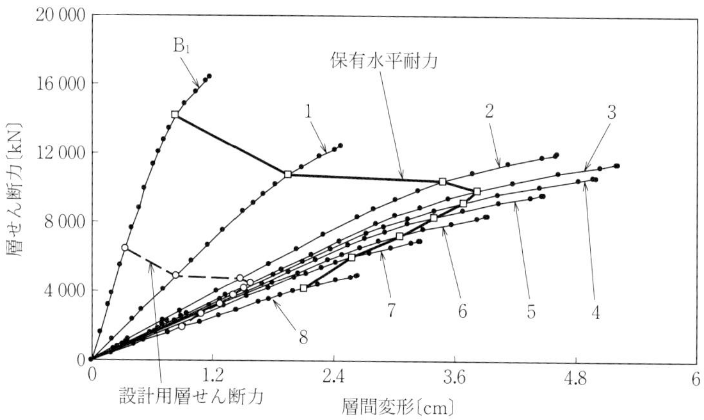

荷重-変形曲線（X 方向）

・Y 方向の増分解析結果（荷重-変形曲線）

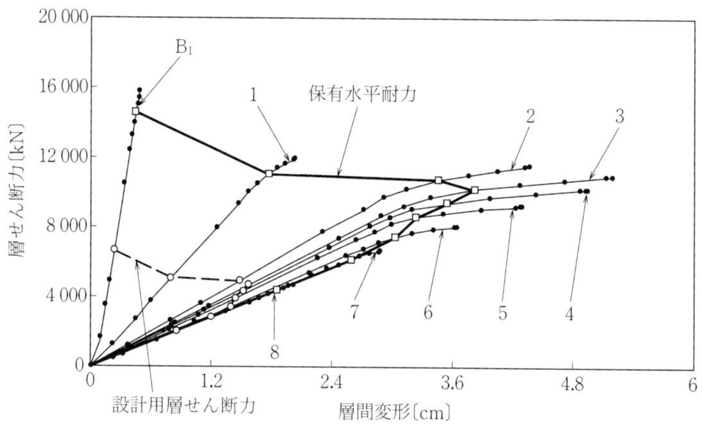

荷重-変形曲線（Y 方向）

・保有水平耐力 Q_u と層間変形 δ_u の一覧

保有水平耐力時の結果一覧

層	設計用層せん断力 Q_d〔kN〕	保有水平耐力 Q_u〔kN〕		保有水平耐力時の層間変形 δ_u〔cm〕	
		X 方向	Y 方向	X 方向	Y 方向
8	1 906	4 225	4 345	2.098(1/186)	1.847(1/211)
7	2 695	6 258	6 145	2.563(1/152)	2.581(1/151)
6	3 272	7 598	7 460	3.038(1/128)	3.026(1/129)
5	3 754	8 716	8 559	3.381(1/115)	3.220(1/121)
4	4 148	9 635	9 461	3.671(1/106)	3.544(1/110)
3	4 459	10 356	10 169	3.814(1/102)	3.812(1/102)
2	4 688	10 888	10 691	3.467(1/112)	3.454(1/113)
1	4 841	11 244	11 041	1.927(1/213)	1.752(1/234)

（　）内は層間変形角を示す．

〔解　説〕

保有水平耐力の算出に使用した荷重増分法とは，静的弾塑性解析による架構の静的漸増荷重による節点力増分と節点変位増分間に線形関係が成立するとし，その接線剛性マトリックスから増分応力を逐次算出するものである．荷重増分解析には，部材の塑性化を一つずつ追跡するために ① 荷重増分量が自動的に算出される方法と ② 荷重増分量をあらかじめ設定し，発生した不つり合力を平衡反復計算により解除する方法などがあるが，使用したプログラムでは計算効率を考慮して後者を採用している．

一般的な荷重増分解析を行うプログラムでは，解析の打切り条件として，基本の荷重パターン（一般的には一次設計時の層せん断力）を指定し，さらに荷重倍率や最大層間変位，変形角を指定することが可能である．本設計例では，いずれかの層の層間変形角が 1/75 に至ることを解析の打切り条件とし，保有水平耐力はいずれかの層の層間変形角が 1/100 を超過する直前のステップの層せん断力分布を保有水平耐力とした（6.1 項の解説，（4）外力分布 を参照）．

（2） 保有水平耐力時の支持点反力

長期荷重を含んだ値であり，数値が“0”は浮上りが生じている．

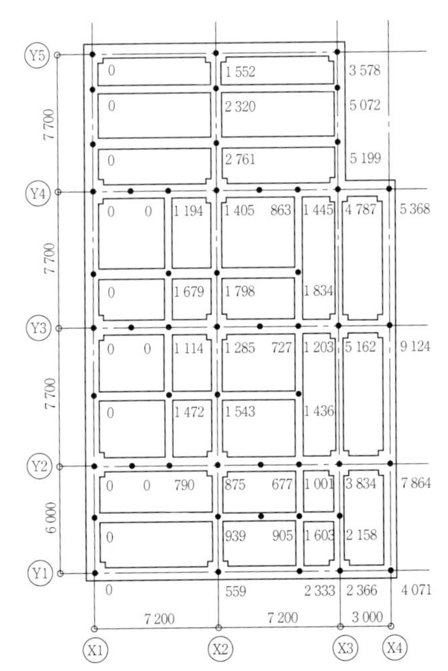

保有水平耐力時の支持点反力（X 方向）（単位：kN）

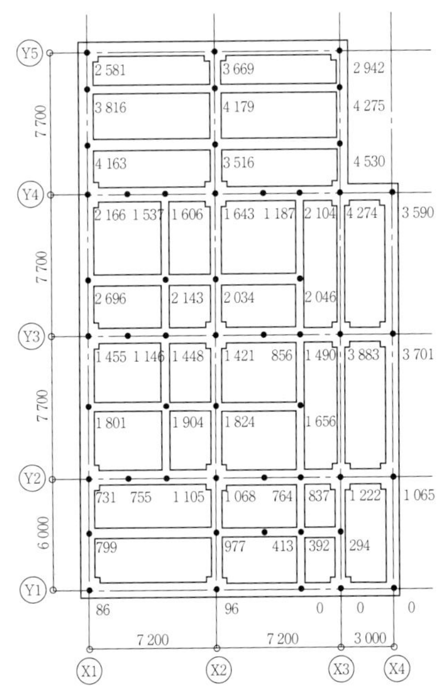

保有水平耐力時の支持点反力（Y 方向）（単位：kN）

浮上りが生じている箇所があるが，浮上りが生じた時点で支持がなくなるように指定して解析を実行しており，浮上りにより応力解析上，不安定にはなっていないため，構造上の問題はない．

〔解　説〕

（1） 支持点反力

ここでの支持点反力は，保有水平耐力時の基礎の設計に用いる．浮上りが生じていないか，浮上りが生じている範囲が広すぎないか，接地圧は地盤の終局耐力以下であるかなどの確認に用いる．

（2）　接地圧

支持点反力から接地圧を算定し，地盤の終局耐力以下であることを確認する．5.4「接地圧の検定」と同様の手順となるため，ここでは検討結果を省略する．

（3）　保有水平耐力時の曲げモーメント図とヒンジ発生状況

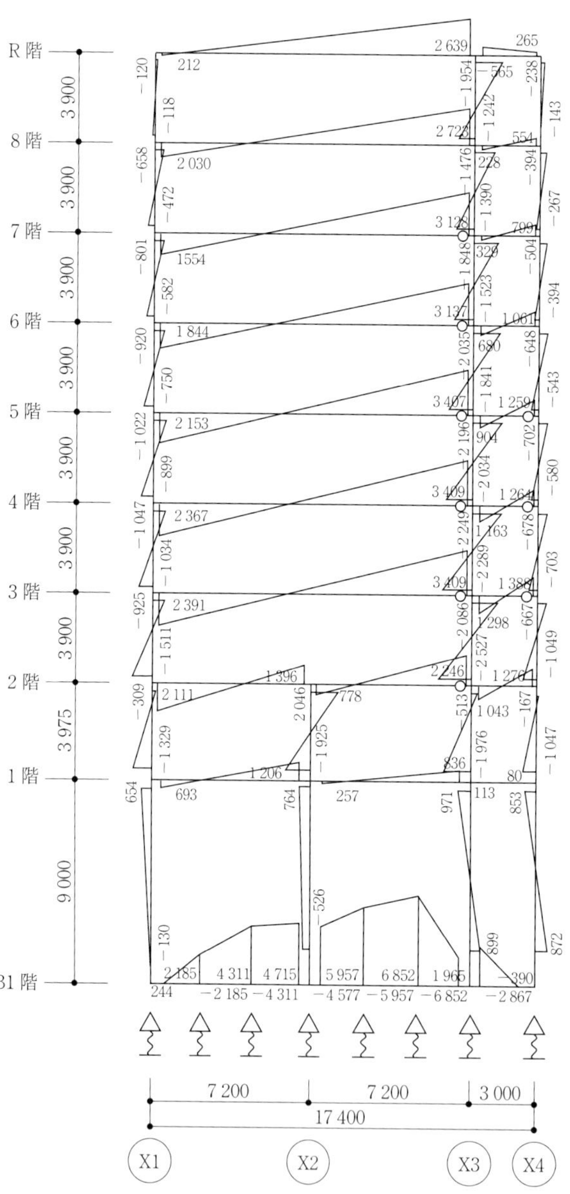

曲げモーメント図（X方向保有水平耐力時：Y3フレーム）

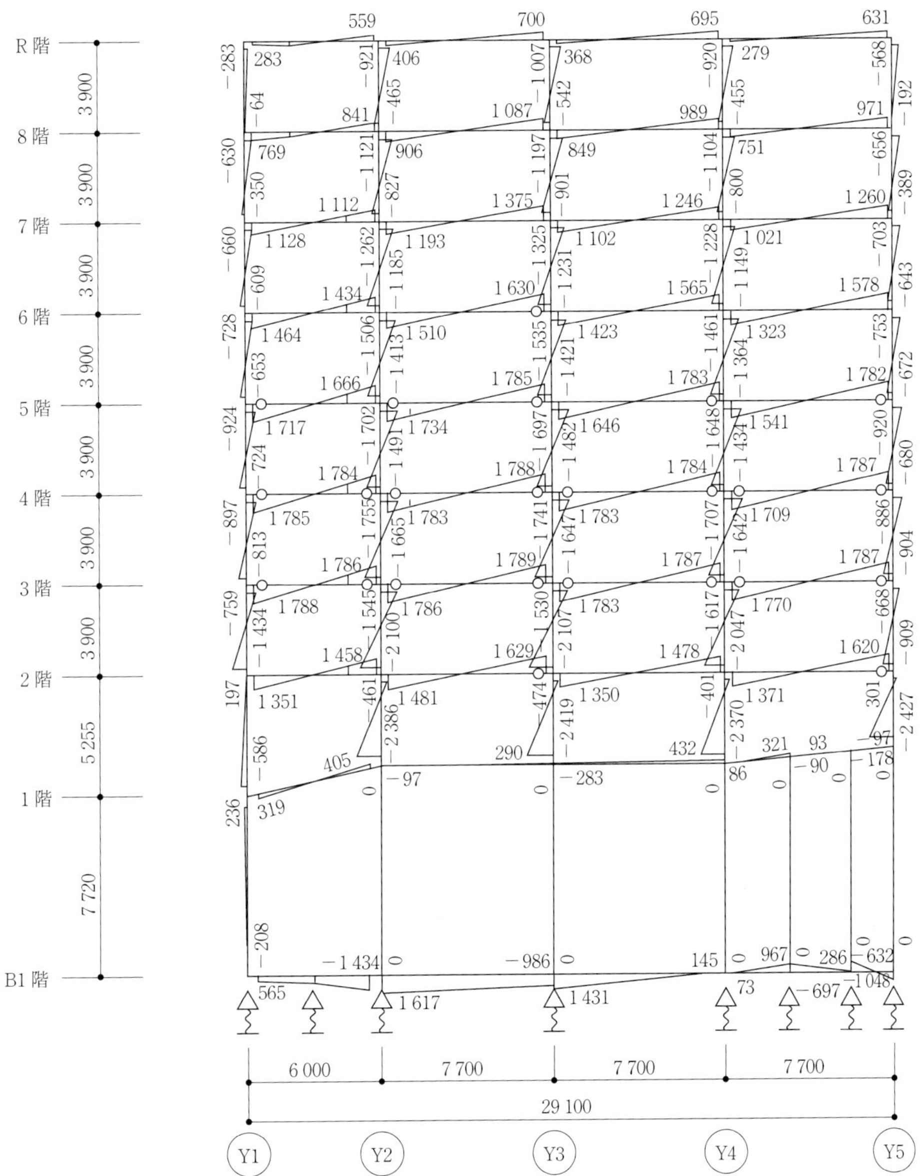

曲げモーメント図（Y 方向保有水平耐力時：X 3 フレーム）
（曲げモーメントはフェース位置の値を示す．また，白丸（─○─）は保有水平耐力時までに発生した塑性ヒンジを示す．）

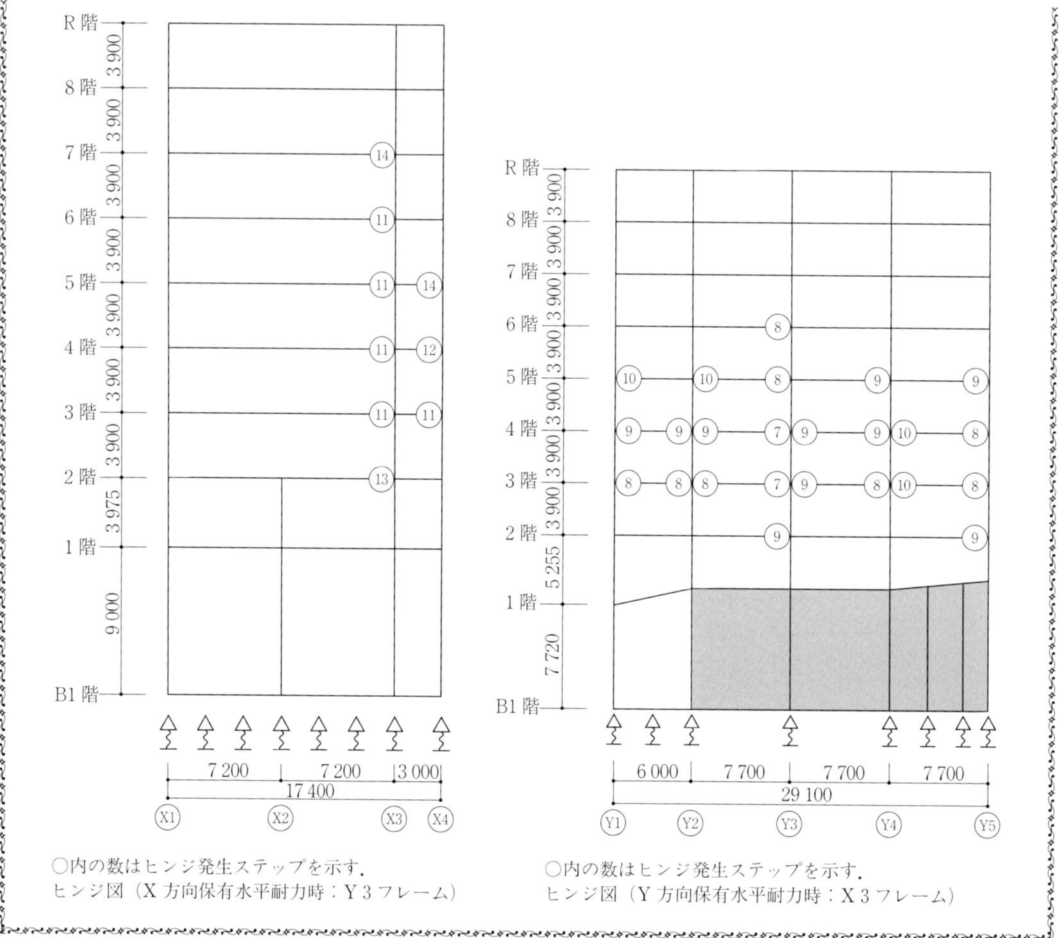

○内の数はヒンジ発生ステップを示す．
ヒンジ図（X方向保有水平耐力時：Y3フレーム）

○内の数はヒンジ発生ステップを示す．
ヒンジ図（Y方向保有水平耐力時：X3フレーム）

〔解　説〕

保有水平耐力時の曲げモーメント図とヒンジ発生状況を確認し，設計意図どおり，梁降伏形になっているかを確認する．

6.3 構造特性係数 D_S の算定

架構の構造特性係数 D_S は，昭 55 建告第 1792 号により算出する．

（1） 柱・大梁の部材種別の判定

柱の部材種別

階	柱部材寸法	幅厚比	鋼材種	部材種別	階の種別
8～6	□-600×22 □-550×22 □-500×22	27.2 25.0 22.7	SN 490 C SN 490 C SN 490 C	FA FA FA	FA
5～3	□-600×25 □-550×25 □-500×22	24.0 22.0 22.7	SN 490 C SN 490 C SN 490 C	FA FA FA	FA
2～1	□-600×28 □-550×25 □-500×25	21.4 22.0 20.0	SN 490 C SN 490 C SN 490 C	FA FA FA	FA

GX 梁の部材種別（すべての鋼材種は SN 490 B である）

階	梁部材寸法	フランジ幅厚比	ウェブ幅厚比	部材種別	階の種別
R	H-650×250×12×25 H-650×200×12×19	5.0 5.3	50.0 51.0	FA FA	FA
8	H-650×200×12×19	5.3	51.0	FA	FA
7	H-650×200×12×19	5.3	51.0	FA	FA
6	H-650×200×12×22 H-650×200×12×19	4.5 5.3	50.5 51.0	FA FA	FA
5	H-650×200×12×25 H-650×200×12×22	4.0 4.5	50.0 50.5	FA FA	FA
4	H-650×200×12×25 H-650×200×12×22	4.0 4.5	50.0 50.5	FA FA	FA
3	H-650×200×12×25 H-650×200×12×22	4.0 4.5	50.0 50.5	FA FA	FA
2	H-650×200×12×22	4.5	50.5	FA	FA

GY 梁の部材種別（すべての鋼材種は SN 490 B である）

階	梁部材寸法	フランジ幅厚比	ウェブ幅厚比	部材種別	階の種別
R	H-800×350×14×25 H-650×200×12×19 H-800×300×14×22 H-650×250×12×25	7.0 5.3 6.8 5.0	53.6 51.0 54.0 50.0	FB FA FB FA	FB
8	H-800×350×14×22 H-650×200×12×19 H-800×300×14×22	8.0 5.3 6.8	54.0 51.0 54.0	FB FA FB	FB
7	H-800×350×14×25 H-650×200×12×19 H-800×300×14×25	7.0 5.3 6.0	53.6 51.0 53.6	FB FA FB	FB
6	H-800×350×14×25 H-650×200×12×19 H-800×300×14×25	7.0 5.3 6.0	53.6 51.0 53.6	FB FA FB	FB

5	H-800×350×14×28	6.3	53.1	FB	FB
	H-650×200×12×19	5.3	51.0	FA	
	H-800×300×14×25	6.0	53.6	FB	
4	H-800×350×14×28	6.3	53.1	FB	FB
	H-650×200×12×19	5.3	51.0	FA	
	H-800×300×14×25	6.0	53.6	FB	
3	H-800×350×14×28	6.3	53.1	FB	FB
	H-650×200×12×22	4.5	50.5	FA	
	H-800×300×14×25	6.0	53.6	FB	
2	H-800×250×14×22	5.7	54.0	FB	FB
	H-650×200×12×22	4.5	50.5	FA	
	H-800×250×14×22	5.7	54.0	FB	

（2）　層の構造特性係数 D_s の判定

層の D_s

層	X方向				Y方向			
	柱種別	梁種別	ブレース種別	D_s	柱種別	梁種別	ブレース種別	D_s
8	FA	FB	—	0.30	FA	FA	—	0.25
7	FA	FB	—	0.30	FA	FA	—	0.25
6	FA	FB	—	0.30	FA	FA	—	0.25
5	FA	FB	—	0.30	FA	FA	—	0.25
4	FA	FB	—	0.30	FA	FA	—	0.25
3	FA	FB	—	0.30	FA	FA	—	0.25
2	FA	FB	—	0.30	FA	FA	—	0.25
1	FA	FB	—	0.30	FA	FA	—	0.25

〔解　説〕

・構造特性係数 D_s

S造では柱・大梁部材の幅厚比とブレースの水平力分担率から層および水平方向ごとの構造特性係数 D_s を**図4•19**に示すフローで算出する．

構造特性係数 D_s の値は，簡単にいうとフレームの塑性変形によるエネルギー吸収を考慮した必要保有水平耐力の低減係数であり，鋼構造ラーメン構造のように塑性変形能力の大きい延性に優れた構造物では，$D_s=0.25$ と最も小さい値がとれる．水平外力により建築物に生じたエネルギーは，部材の耐力と変形の積に比例した吸収エネルギーと等価である．建築物の耐用年限に一度来るかどうかわからない震度6強程度の極めて稀に発生する地震動に対して，部材を弾性範囲内にとどめる設計は多大なコストを要するので，部材を塑性変形させることによりエネルギーを吸収させ，建築物の崩壊を防ぐ設計が現行の設計体系である．保有水平耐力の確認において重要なことは極めて稀に発生する地震動を受けた場合，フレームなどの耐震要素の挙動を的確に把握することであるといっても過言ではない．

D_s の値は塑性率と相関関係がある．例えば，建築物のどの部材も塑性化させないで変形能力を期待しない，弾性変形のままの性状を保持させるとして設計するとすれば $D_s=1.0$ となり，部材は塑

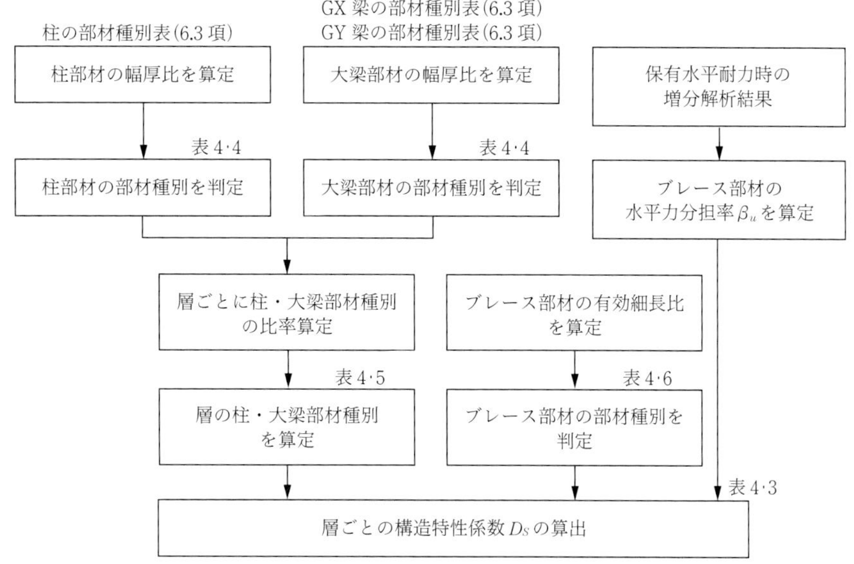

図 4・19　構造特性係数 D_S の算出フロー

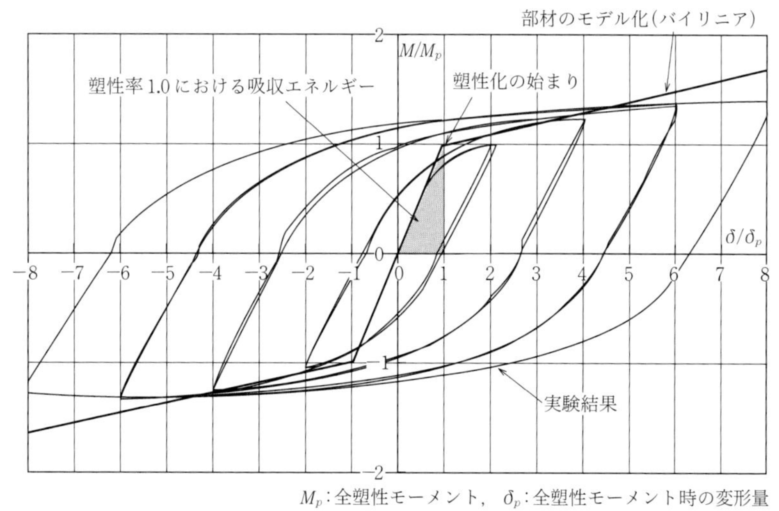

図 4・20　T 字形試験体による梁の応力-変形曲線
［出典：突合せ継手の食い違い仕口のずれの検査・補強マニュアル（(一社)鉄骨建設業協会・(一社)全国鐵構工業協会 鉄骨製作管理技術者登録機構 食い違いずれの検査・補強マニュアル作成委員会,2003 年)］

性化していないことから塑性率 μ は 1.0 以下である．部材が弾性挙動を示しているときの応力と変形は比例関係にあるが，塑性化すると応力上昇をほとんどしないで，変形は大きくなることから，その部材が吸収するエネルギーは**図 4･20**（部材実験結果：出典の資料 2）に示すように飛躍的に大きくなる．したがって，部材の延性性能が優れていれば，塑性率も大きく見込め，D_S 値を小さくすることができる．D_S 値と塑性率の関係は簡単には示すことはできないが，**表 4･3** に示した D_S 値は 0.3～0.4 程度の場合，$D_S=1.25/\sqrt{2\mu-1}$ として概算すると，μ は 9.2～5.4 程度を期待した設計といえる．この μ を実現するための指標として，断面形状による幅厚比があり，座屈と因果関係がある

表 4・3　構造ランクと構造特性係数 D_s 一覧

柱・梁群の種別など ＼ ブレース群の種別および β_u		BA または $\beta_u=0$	BB			BC		
			$\beta_u \leqq 0.3$	$0.3 \leqq \beta_u \leqq 0.7$	$\beta_u > 0.7$	$\beta_u \leqq 0.3$	$0.3 < \beta_u \leqq 0.5$	$\beta_u > 0.5$
柱・梁群の種別 FA	○ブレース端部条件*1 ○柱梁仕口条件*2 ○梁条件*3	I (0.25)	I (0.25)	I (0.3)	I (0.35)	II (0.3)	II (0.35)	II (0.4)
柱・梁群の種別 FB		II (0.3)	II (0.3)	I (0.3)	I (0.35)	II (0.3)	II (0.35)	II (0.4)
柱・梁群の種別 FC		III (0.35)	III (0.35)	II (0.35)	II (0.4)	III (0.35)	III (0.4)	III (0.45)
上記以外 (FD)		IV (0.4)	IV (0.4)	IV (0.45)	IV (0.5)	IV (0.4)	IV (0.45)	IV (0.5)

＊1　ブレース端部接合部が昭 55 建告第 1791 号第 2 第二号を満足すること．
＊2　仕口接合部が昭 55 建告第 1791 号第 2 第三号を満足すること．
＊3　梁の横補剛が十分で急激な耐力の低下のおそれがないこと．
（　）内数値が D_s 値を示す．

表 4・4　柱・大梁の種別一覧

柱・大梁の種別				FA	FB	FC	FD
部　材	断　面	部　位	鋼　種	幅厚比	幅厚比	幅厚比	左記以外
柱	H 形 鋼	フランジ	400 N 級	9.5	12	15.5	
			490 N 級	8	10	13.2	
		ウェブ	400 N 級	43	45	48	
			490 N 級	37	39	41	
	角形鋼管		400 N 級	33	37	48	
			490 N 級	27	32	41	
	円形鋼管		400 N 級	50	70	100	
			490 N 級	36	50	73	
梁	H 形 鋼	フランジ	400 N 級	9	11	15.5	
			490 N 級	7.5	9.5	13.2	
		ウェブ	400 N 級	60	65	71	
			490 N 級	51	55	61	

〔注〕 基準強度は平 12 建告第 2464 号などで決められているが，400 N 級，490 N 級以外の基準強度の炭素鋼の場合は，H 形鋼および角形鋼管では $\sqrt{235/F}$，円形鋼管では $235/F$ を 400 N 級の幅厚比に乗じた値をとる．

ことがわかっていることから，**表 4・4** の部材種別が決められている．

D_s の値は，層別・外力方向別にそれぞれ求める．個々で部材種別判定を行った後，層ごとにまとめていくが，部材種別が異なる柱・大梁群の耐力は，梁と柱を含んだ部分架構としての柱のせん断力であり，その種別は**図 4・21** に示すように，関係する柱と梁の種別のうち，最下位の種別とし，それぞれの種別ごとの耐力和の全体の耐力に対する比から，**表 4・5** によってその層の部材群の種別判定をする．また，柱および大梁に種別 D の部材が存在する場合は，① 種別 D の部材の存在を無視できる場合（種別 D の部材が崩壊してもその部材が支持していた鉛直荷重をその周辺部材で支持できる場合）は，その部材を無視することができる．しかし，② 種別 D の部材が存在し，かつ，その存在が無視できない場合は，層の種別も D とし，種別 D の部材が最大耐力に達した時点を保有水平耐力としなければならない．

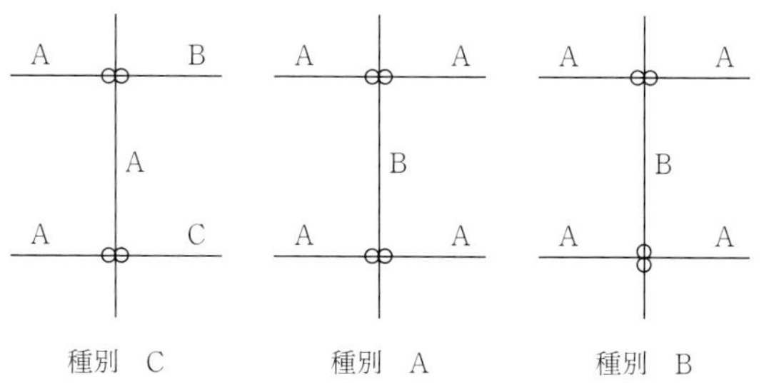

図 4・21　柱の種別

表 4・5　柱・大梁部材群の種別

部材群としての種別	種別 A の部材の耐力の和の部材群* の耐力和に対する比	種別 B の部材の耐力の和の部材群* の耐力和に対する比	種別 C の部材の耐力の和の部材群* の耐力和に対する比
A	50% 以上	—	20% 以下
B	—	—	50% 未満
C	—	—	50% 以上

＊　種別 D の部材が存在する場合には，それを除く．

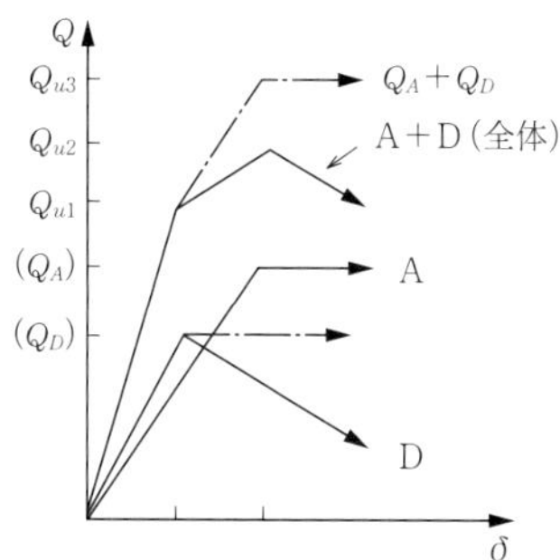

図 4・22　早期に耐力を失う部材（D）のある場合の保有水平耐力

表 4・6　ブレースの種別一覧

BA	BB		BC
$\lambda_e \leqq 495/\sqrt{F}$	$495/\sqrt{F} < \lambda_e \leqq 890/\sqrt{F}$	$\lambda_e \geqq 1\,980/\sqrt{F}$	$890/\sqrt{F} < \lambda_e < 1\,980/\sqrt{F}$

λ_e：ブレース材の有効細長比，F：ブレース材の基準強度〔N/mm^2〕

塑性変形能力に優れた部材 A と塑性変形能力に乏しい部材 D が混在する架構の変形性状を**図 4・22** に示す．Q_{u1}，Q_{u2} は，それぞれ D または A が最大耐力になる変形状態において，各部材が分担する水平耐力の和で，Q_{u3} は A および D の最大耐力の単純和である．このうち，Q_{u1} が前述の ② で定義される保有水平耐力となるが，Q_{u2} あるいは Q_{u3} を保有水平耐力と定義する場合には，これらは部材の支持能力および D_S の値と関連しているため，総合的な判断が必要となる．

本設計例では，純ラーメン構造であることから，ブレースの水平力分担比 β_u とブレース群の種別判定は必要としないが，ブレースが存在する場合は，ブレースの水平力分担比 β_u（フレーム全体の保有水平耐力に対するブレースの保有水平耐力の比率）とブレースの有効細長比から**表 4・6** によりブレースの種別判定を行う．

6.4　必要保有水平耐力 Q_{un} の算定

令第82条の4により，必要保有水平耐力を以下の式から算定する．

$$Q_{un}=D_S \cdot F_{es} \cdot Q_{ud}$$

ここに，Q_{un} ：必要保有水平耐力

D_S ：構造特性係数（平7建告第1997号）

F_{es} ：形状特性係数（平7建告第1997号）

Q_{ud} ：地震層せん断力

（1）　形状特性係数 F_{es}

3.5「剛性率 F_s と偏心率 F_e の算定」で算出した偏心率 F_e と剛性率 F_s より，F_{es} を算定する．

F_{es} の算定結果一覧

層	X方向					Y方向				
	偏心率	F_e	剛性率	F_s	F_{es}	偏心率	F_e	剛性率	F_s	F_{es}
8	0.01	1.0	1.27	1.0	1.0	0.03	1.0	1.39	1.0	1.0
7	0.08	1.0	1.02	1.0	1.0	0.04	1.0	1.00	1.0	1.0
6	0.07	1.0	0.89	1.0	1.0	0.05	1.0	0.85	1.0	1.0
5	0.07	1.0	0.81	1.0	1.0	0.05	1.0	0.81	1.0	1.0
4	0.07	1.0	0.77	1.0	1.0	0.06	1.0	0.77	1.0	1.0
3	0.07	1.0	0.74	1.0	1.0	0.05	1.0	0.74	1.0	1.0
2	0.07	1.0	0.82	1.0	1.0	0.07	1.0	0.80	1.0	1.0
1	0.24	1.3	1.68	1.0	1.3	0.05	1.0	1.65	1.0	1.0

（2）　地震層せん断力 Q_{ud} の算定

令第88条第1項および第3項により，以下の式から算定する．

$$Q_{ud}=Z \cdot R_t \cdot A_i \cdot C_0 \cdot W$$

Q_{ud} の算定結果一覧

層	Z	A_i	R_t	C_0	W〔kN〕	Q_{ud}〔kN〕
8	1.0	2.161	0.696	1.0	6 660	10 017
7	1.0	1.800	0.696	1.0	11 307	14 165
6	1.0	1.56	0.696	1.0	15 447	16 772
5	1.0	1.446	0.696	1.0	19 611	19 737
4	1.0	1.316	0.696	1.0	23 809	21 808
3	1.0	1.202	0.696	1.0	28 011	23 434
2	1.0	1.099	0.696	1.0	32 219	24 644
1	1.0	1.000	0.696	1.0	36 564	25 449

（3） 必要保有水平耐力 Q_{un} の算定

Q_{un} の算定結果一覧

層	X 方向				Y 方向			
	D_s	F_{es}	Q_{ud}	Q_{un}	D_s	F_{es}	Q_{ud}	Q_{un}
8	0.30	1.0	10 017	3 005	0.25	1.0	10 017	2 504
7	0.30	1.0	14 165	4 250	0.25	1.0	14 165	3 541
6	0.30	1.0	16 772	5 032	0.25	1.0	16 772	4 193
5	0.30	1.0	19 737	5 921	0.25	1.0	19 737	4 934
4	0.30	1.0	21 808	6 542	0.25	1.0	21 808	5 452
3	0.30	1.0	23 434	7 030	0.25	1.0	23 434	5 858
2	0.30	1.0	24 644	7 393	0.25	1.0	24 644	6 161
1	0.30	1.3	25 449	9 925	0.25	1.0	25 449	6 362

（4） 保有水平耐力の確認

建物保有水平耐力 Q_u と必要保有水平耐力 Q_{un} の比較判定

層	X 方向				Y 方向			
	Q_u	Q_{un}	Q_u/Q_{un}	判　定	Q_u	Q_{un}	Q_u/Q_{un}	判　定
8	4 225	3 005	1.41	OK	4 345	2 504	1.74	OK
7	6 258	4 250	1.47	OK	6 145	3 541	1.74	OK
6	7 598	5 032	1.51	OK	7 460	4 193	1.78	OK
5	8 716	5 921	1.47	OK	8 559	4 934	1.73	OK
4	9 635	6 542	1.47	OK	9 461	5 452	1.74	OK
3	10 356	7 030	1.47	OK	10 169	5 858	1.74	OK
2	10 888	7 393	1.47	OK	10 691	6 161	1.74	OK
1	11 244	9 925	1.13	OK	11 041	6 362	1.74	OK

以上から，建物は必要保有水平耐力以上の保有水平耐力を有していることを確認した.

〔**解　説**〕

（1） 形状特性係数 F_{es}

応力解析で算定した偏心率 F_e と剛性率 F_s から，**表 4･7** により形状特性係数 F_{es} を算出する.

（2） 必要保有水平耐力 Q_{un}

必要保有水平耐力は令第 82 条の 3，昭 55 建告第 1792 号第 1，第 7 に算出方法が規定されており，構造特性係数・形状特性係数・地震層せん断力から必要保有水平耐力 Q_{un} を算出する.

表 4・7　形状特性係数

建築物の各階の F_{es} は，剛性率 R_s に応じた表 (a) の F_s の値に，偏心率 R_e に応じた表 (b) の F_e の値を乗じて算出する.

$F_{es}=F_e\cdot F_s$

(a)　F_s の値

R_s	F_s
$R_s \geqq 0.6$	1.0
$R_s < 0.6$	$2.0-\dfrac{R_s}{0.6}$

(b)　F_e の値

R_e	F_e
$R_e \leqq 0.15$	1.0
$0.15 < R_e < 0.3$	直線補間
$R_e \geqq 0.3$	1.5

7. 二次部材の設計

7.1 床スラブの設計

第2章に準じるため，ここでは検討内容は省略する．

7.2 キャンチスラブの設計

第2章に準じるため，ここでは検討内容は省略する．

7.3 小梁の設計

第2章に準じるため，ここでは検討内容は省略する．

7.4 キャンチ梁の設計

第2章に準じるため，ここでは検討内容は省略する．

7.5 鉄骨継手の設計

第2章に準じるため，ここでは検討内容は省略する．

〔解　説〕

一貫構造計算プログラムで計算できないこれらの二次部材の設計において，手計算等での部材検討となるが，検討した部材検定結果については，許容応力度による部材耐力を発生応力で除した検定比を明記しておくことが望ましい．

鉄骨継手の設計では，高力ボルト摩擦接合による保有耐力接合で設計することが多いが，梁フランジの継手設計をする際，スプライスプレートの重量に注意する必要がある．板厚が32 mmを超えたり，板幅が300 mm以上の場合，1枚のプレート質量が30 kgを超える場合がある．労働基準法上，1人の取扱い重量は20 kg以下となっており，このフランジ部の継手施工時は多くても2人でしか取り扱うことができないため，施工時の重量制限を超えないような継手設計をすることが肝要である．

8. その他の設計

8.1 梁スパンと梁せいの確認

平12建告第1459号について，梁スパンと梁せいの関係から，建築物の使用上の支障が起こらない程度の変形であるかを確認する．

第2章に準じるため，検討内容は省略する．

8.2 柱梁耐力比の確認

梁先行降伏型架構になることを確認する．

第2章に準じるため，検討内容は省略する．

8.3 柱梁接合部の検討

柱梁接合部のパネルゾーンに関する検討を行う．

第2章に準じるため，検討内容は省略する．

8.4 横補剛の検討

横補剛材の検討を行う.

第2章に準じるため，検討内容は省略する.

8.5 鉄骨階段の設計

第2章に準じるため，検討内容は省略する.

8.6 梁貫通補強の設計

第2章に準じるため，検討内容は省略する.

8.7 ロングスパン梁振動の検討

各種合成構造設計指針・同解説（日本建築学会，2010年）により，固有振動数および振幅を算出し，居住性能評価指針（日本建築学会，2004年）により居住性の評価を行う.

第2章に準じるため，検討内容は省略する.

〔解　説〕

本設計例では採用していないが，梁端拡幅する設計を行うことがある．これは，柱梁接合部の梁端接合部での早期破壊を防ぐ方策として，①梁端接合部が持つ耐力（保有性能）を増やす，②梁端接合部に作用する応力（要求性能）を減らす，という選択の中で，後者の方法で，梁端を拡幅し，梁端断面性能を増やし作用する応力を減らす設計方法である．この設計例（**図4･23**）が，鋼構造接合部設計指針（日本建築学会，2012年）に示されているので詳細な説明はここでは示さないが，梁端拡幅

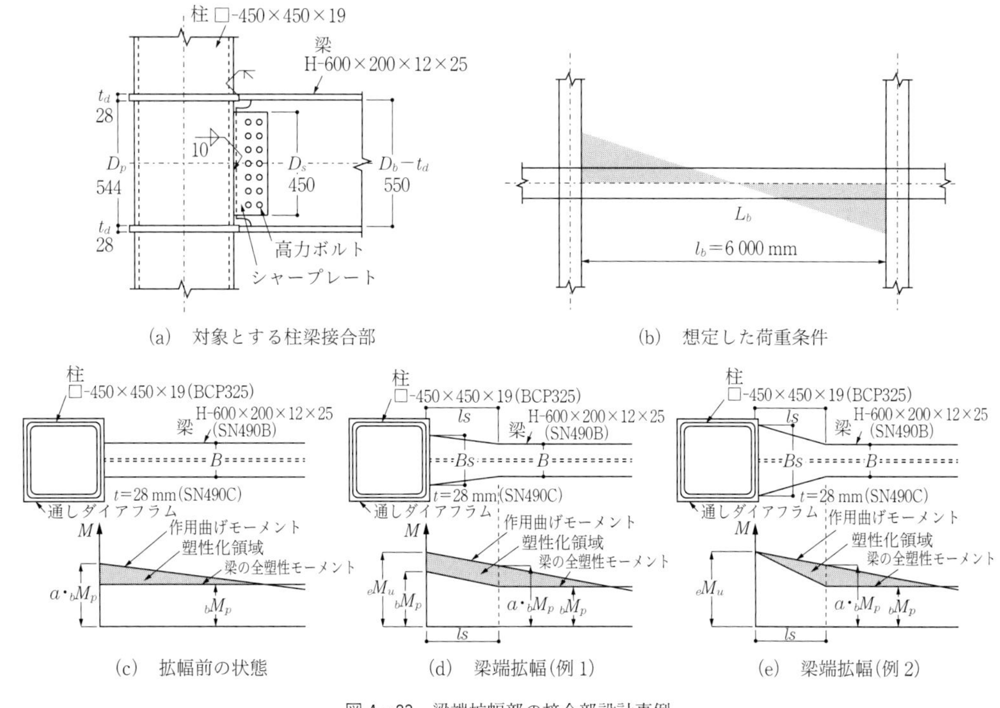

図4・23　梁端拡幅部の接合部設計事例

［出典：日本建築学会「鋼構造接合部設計指針」，p. 206，図C4.88（2012)］

の設計として，梁端の拡幅部の耐力＝非拡幅部の耐力とする例1と，梁端の拡幅部の耐力＞非拡幅部の耐力とする例2の考え方があり，例1のほうがより拡幅幅が小さくなりコストメリットがある反面，例2のほうがより破壊防止となる設計となる．

9. その他の検討

9.1 限界耐力計算による検討結果

本設計例では，計算ルート[3]による設計を示したが，実際の設計は限界耐力計算により行っているため，その結果を比較する．

なお，限界耐力計算は，中程度と最大級の地震力に対して，建物各層の耐力と変形を計算する必要があるため，手計算では算定が難しく，計算機を利用した荷重増分法などによる解析を行う必要がある．

建物の存在期間中に1回以上遭遇する可能性が高い中程度の地震力（稀に発生する地震動）に対して損傷限界に達していないことの確認は，層せん断力分布を設定して，常時荷重も考慮したフレームの弾性解析を行い，構成する部材の応力度がどれか一つでも短期許容応力度に達するときを損傷限界耐力時とし，このときの各層のせん断力を損傷限界耐力，層間変位を損傷限界変位とする．

建物の存在期間中に遭遇するかもしれない最大級の地震力（極めて稀に発生する地震動）に対して安全限界に達していないことの確認は，許容応力度設計の二次設計法（計算ルート[3]）に相当しており，建物が倒壊，崩壊しないことを検証する．

下図に中程度の地震力に対する損傷限界時と，最大級の地震力に対する安全限界時の検討フローを示し，さらに計算結果を示す．

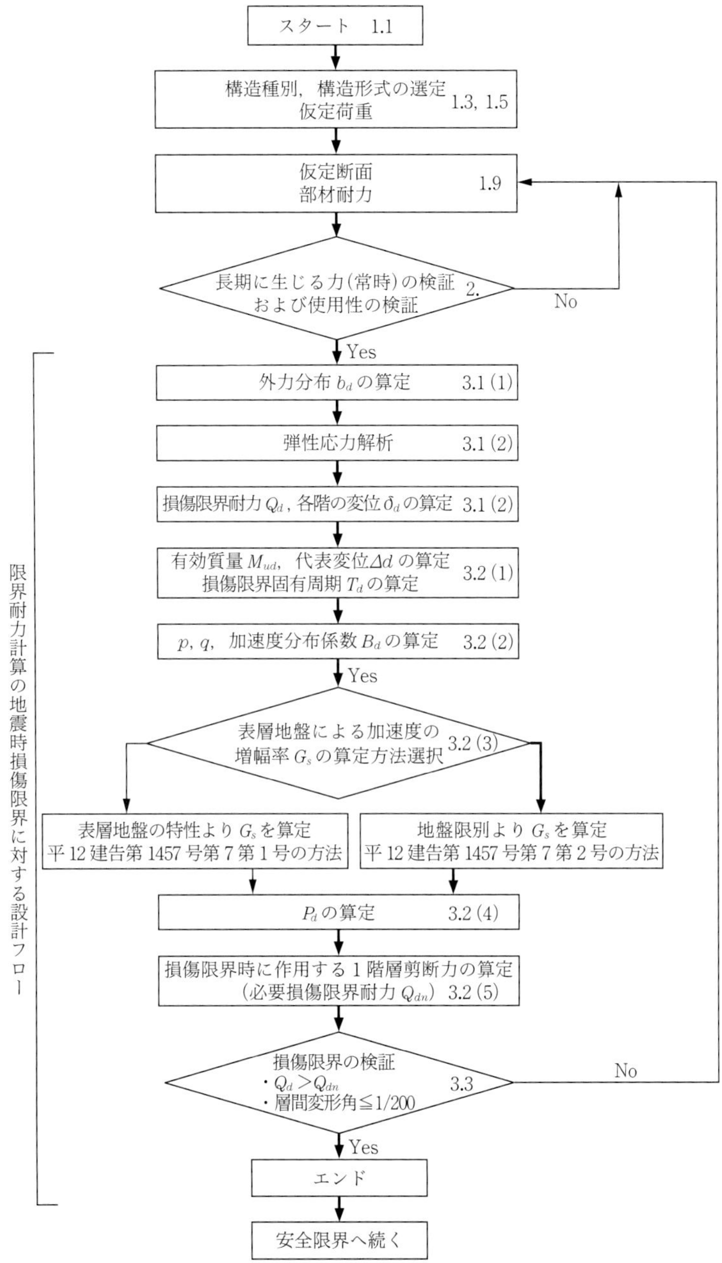

設計フロー（損傷限界）

［出典：日本建築センター編「2001 年版 限界耐力計算法の計算例とその解説」］

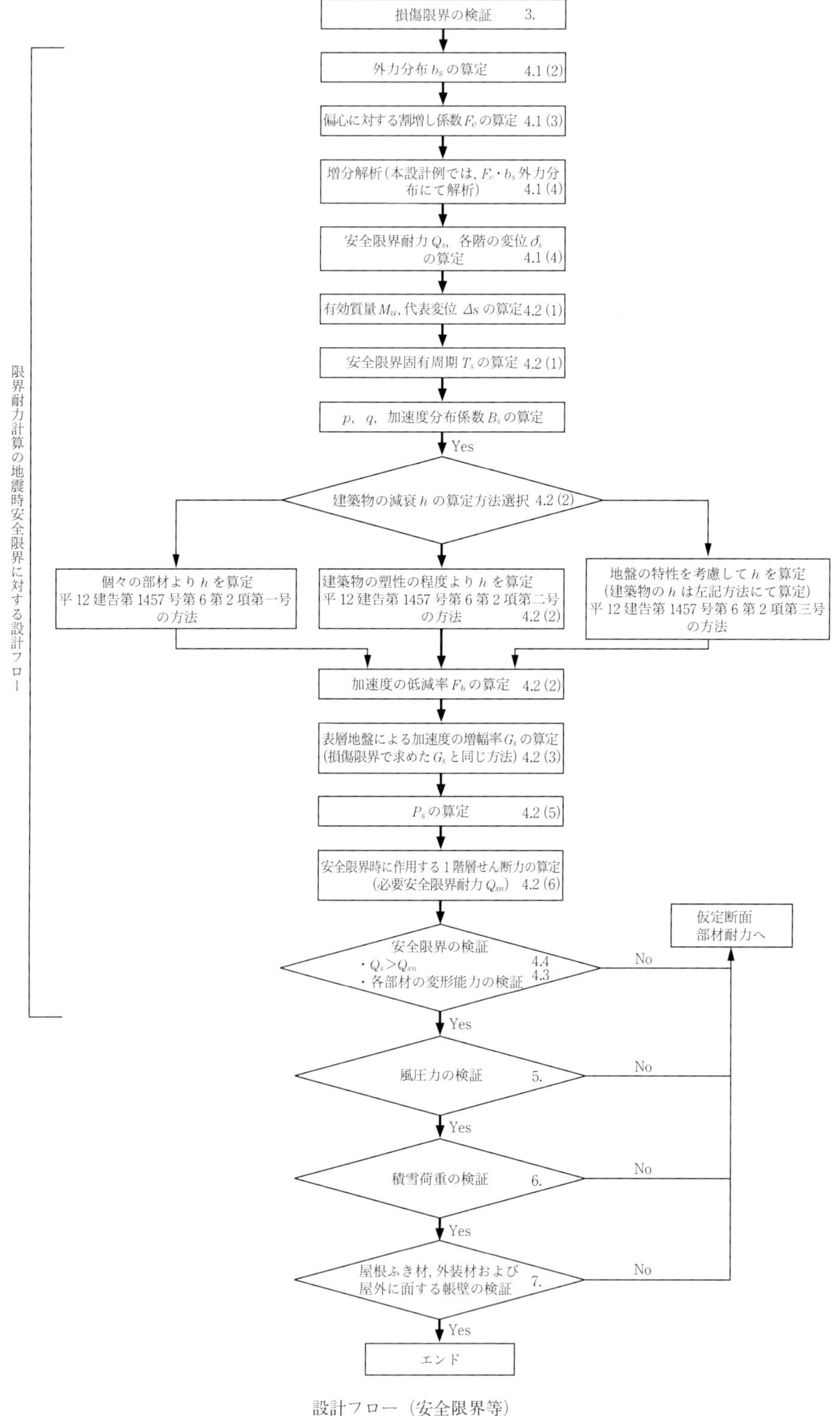

設計フロー（安全限界等）

［出典：日本建築センター編「2001年版 限界耐力計算法の計算例とその解説」］

損　傷　限　界			X 方向	Y 方向
①限界値(設計値)	全質量 $M=W/g$〔t〕		3 687	3 687
	損傷限界耐力 Q_d〔kN〕		4 755	6 108
	損傷限界固有周期 T_d〔s〕		1.32	1.31
	ベースシア係数 C_d		0.131	0.169
	層間変形角	最　大	1/259	1/210
		平　均	1/331	1/262
	有効質量 M_{ud}〔t〕		2 898	2 874
	有効質量比 $R=M_{ud}/M$		0.79	0.78
	等価変形 Δd〔cm〕		7.30	9.19
②応答値	必要損傷限界耐力時のベースシア係数 $R \cdot S_{ad}/g$		0.067	0.067
	(余裕度①/②)		1.97	2.52
③応答値 (S_a-S_d 曲線より)	応答ベースシア係数		0.067	0.067
	(余裕度①/③)		1.97	2.52
	等価変形 Δd_2〔cm〕		3.63	3.63
	(余裕度 $\Delta d/\Delta d_2$)		2.01	2.53
	層間変形角	最　大	1/524	1/518
		平　均	1/668	1/663

安　全　限　界			X 方向	Y 方向
①限界値(設計値)	全質量 $M=W/g$〔t〕		3 687	3 687
	安全限界耐力 Q_s〔kN〕		12 677	12 160
	安全限界固有周期 T_s〔s〕		1.49	1.46
	ベースシア係数 C_s		0.351	0.336
	層間変形角	最　大	1/75	1/75
		平　均	1/101	1/108
	有効質量 M_{us}〔t〕		2 916	2 889
	有効質量比 $R=M_{us}/M$		0.79	0.78
	等価変形 Δs〔cm〕		24.38	22.78
②応答値*	必要安全限界耐力時のベースシア係数 $R \cdot S_{ad}/g$		0.252	0.256
	(余裕度①/②)		1.39	1.31
	特性値	塑性率 $\mu=\Delta s/\Delta d$	1.25	1.25
		等価粘性 H_{eq}	0.08	0.08
		減衰補正 F_h	0.85	0.85
③応答値 (S_a-S_d曲線より)	応答ベースシア係数		0.300	0.312
	(余裕度①/③)		1.17	1.08
	等価変形 Δs_2〔cm〕		18.10	18.00
	(余裕度 $\Delta s/\Delta s_2$)		1.33	1.27
	応答安全限界固有周期〔s〕		1.38	1.35
	層間変形角	最　大	1/103	1/101
		平　均	1/134	1/135
	特性値	応答塑性率 μ	1.08	1.06
		等価粘性 H_{eq}	0.06	0.06
		減衰補正 F_h	0.94	0.95
		$R \cdot F_h$	0.74	0.75

*　応答値②は，いずれも損傷限界・安全限界耐力時の周期をそのまま用いた場合の値.

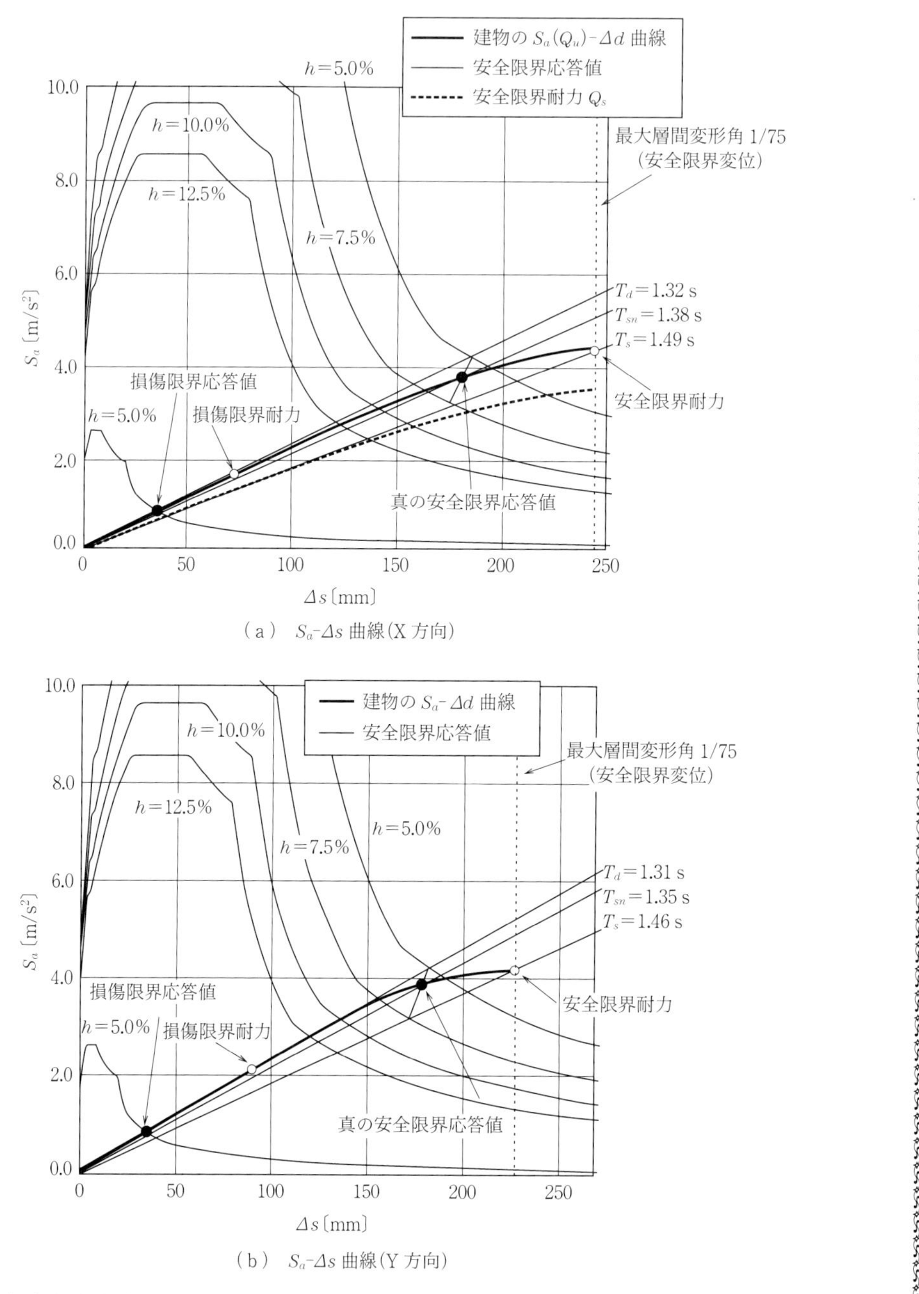

(a) S_a-Δs 曲線(X方向)

(b) S_a-Δs 曲線(Y方向)

〔解 説〕

ここでは，概要となる計算結果のみを示すにとどめているため，より詳細な検討方法は（一財）日本建築センター発行の「2001年版限界耐力計算法の計算例とその解説」などを参照していただきたい．

9.2 動的応答解析結果との比較

各剛床を各質点とした1階固定の8質点で動的解析を行った.

各剛床の復元力特性は,増分解析を行った結果をもとに,バイリニア型に置換している.

なお,使用した地震波は,標準的な地震動波形のEL CENTRO 1940 NSとTAFT 1968 EW,長周期成分などを含む地震動波形のHACHINOHE 1968 NSを加速度0.5 m/s^{2}に基準化した観測波3波と,平12建告第1461号に示されている極めて稀に発生する地震動時の加速度応答スペクトルから得られる疑似速度応答スペクトルで,標準的な地震動波形のEL CENTRO 1940 NS,長周期成分などを含む地震動波形のHACHINOHE 1968 NS,直下型地震動特性を示す地震動波形のKOBE JMA 1995 NSの3位相による工学的基盤面の模擬地震動の3波とした.

以下に最大応答層せん断力,最大応答加速度,最大応答層間変形角を示す.

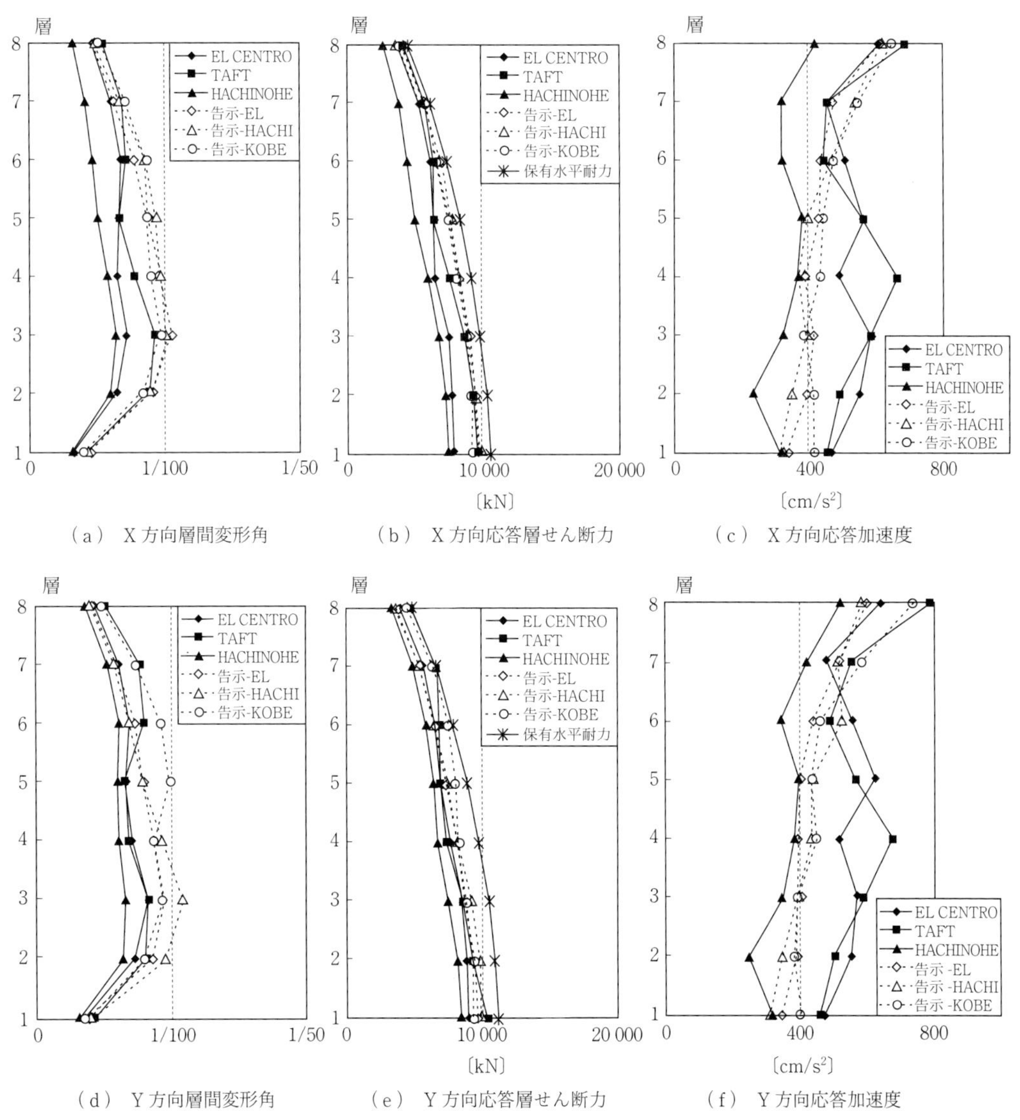

(a) X方向層間変形角 (b) X方向応答層せん断力 (c) X方向応答加速度

(d) Y方向層間変形角 (e) Y方向応答層せん断力 (f) Y方向応答加速度

〔解　説〕

通常，高さ 31 m 前後の建物では，動的解析による計算はほとんど行わない．その理由は，計算ルートとしては，動的応答解析により設計することは可能であるが，令第 36 条第 2 第三号により，動的応答解析による計算ルートは大臣の認定が必要となるためである．

通常，設計者が決める設計クライテリアとしては，最大応答層せん断力が保有水平耐力未満であることと，最大応答層間変形角が 1/100 未満であることを確認する．これは，最大応答層せん断力が保有水平耐力以上あれば，建物が崩壊するかもしれないためであるからである．また，層間変形角として 1/100 未満とするのは，非構造体である外壁や内壁の設計が通常，1/100 未満で行っているからである．これらの非構造体が変形制御できれば，1/100 を多少緩和してよい．

最大応答加速度に関して，0.25～0.30 m/s² 程度までであれば，家具などの転倒は避けられるといわれているが，通常，このレベルに抑えた設計を行うのであれば，免震構造や制振構造にして，より多くの減衰制御をしなければ実現不可能であろう．本設計例においては，層間変形角が 1/75 まで，外壁などの非構造体が追従する設計を行っているので，層間変形角で 1/100 を若干超えているが，影響ない程度と判断した．

10.　総 合 所 見

（1）　一次設計に対する考察

- 長期荷重時に対する部材検定比の最大値は 0.86 であるので設計クライテリアを満足している．
- 短期荷重時に対する部材検定比の最大値は 0.86 であるので設計クライテリアを満足している．
- 水平荷重時における層間変形角の最大値は X 方向で 3 階の 1/235，Y 方向で 3 階の 1/203 でいずれも 1/200 以下であるので設計クライテリアを満足している．

（2）　二次設計に対する考察

- X 方向の梁種別は FB で，それ以外の柱種別および Y 方向の梁種別は FA としたため，D_S は X 方向で 0.30，Y 方向で 0.25 となる．
- 必要保有水平耐力を求める剛性率の最小値は X・Y 方向 3 階の 0.74 で，偏心率の最大値は X 方向 1 階の 0.24 である．
- 柱梁耐力比（1.5 倍した梁耐力の総和と柱耐力の総和の比）の最小値は 1.5 であると共に，全体崩壊形となっている．
- 保有水平耐力は，各方向でいずれかの階の層間変形角が 1/100 を超えるときの層せん断力とした．保有水平耐力 Q_u と必要保有水平耐力 Q_{un} の比は，X 方向で 1.13，Y 方向で 1.73 と十分に余裕がある．

〔解　説〕

建築確認用の構造計算書に総合所見は必ずしも必要ではないが，構造計算書をとりまとめた構造設計者の総括として記載することは望ましい．

D 構 造 図

1. 図面リストおよび特記仕様書

図面番号	図面名称
S-00	表紙
S-01	図面リスト
S-02	建築工事構造特記仕様書（1）
S-03	建築工事構造特記仕様書（2） 標準配筋要領の特記事項
S-04	標準配筋要領図（1）
S-05	標準配筋要領図（2）
S-06	標準配筋要領図（3）
S-07	標準配筋要領図（4）
S-08	標準配筋要領図（5）
S-09	標準配筋要領図（6）
S-10	標準配筋要領図（7）
S-11	標準配筋要領図（8）
S-12	標準配筋要領図（9）
S-13	ボーリング柱状図
S-14	基礎伏図，B 1～R 階床梁伏図
S-15	軸組図
S-16	基礎大梁・基礎小梁 基礎スラブ・地下外壁・壁断面表
S-17	柱芯寄図・柱断面表
S-18	大梁断面表 鉄骨継手基準図
S-19	小梁（RC）断面表，床スラブ断面表 片持ち大梁・小梁・片持ち小梁（S）断面表
S-20	溶接基準図
S-21	鉄骨仕口基準図
S-22	X 3 通り鉄骨架構詳細図 Y 3 通り鉄骨架構詳細図
S-23	X 3 通り架構配筋詳細図 Y 3 通り架構配筋詳細図
S-24	階段詳細図
S-25	雑詳細図
S-26	梁貫通補強要領

図 4・24　図面リスト

特記仕様書は，省略する．

〔解　説〕

構造図は通常，図面リスト，特記仕様書，基準図，ボーリング柱状図，伏図，軸組図，断面リスト，鉄骨仕口基準図，鉄骨架構詳細図，架構配筋詳細図，雑詳細図などからなる．ここでは，本設計例の構造図面リストを掲載する．

特記仕様書は，標準仕様書に明記されていない建築物特有の設計条件を明記する図書である．標準仕様書として，一般的に使用されているのは，国土交通省大臣官房官庁営繕部監修の公共建築工事標準仕様書や，（一社）日本建築学会発行のJASS 6をはじめとする建築工事標準仕様書であり，特記仕様書も設計者により何を採用するかは千差万別であるため，ここでは，あえて特記仕様書の例を掲載しなかった．

なお，次ページ以降に各種代表的な図面を抜粋して掲載しているが，紙面の都合上，図面体裁を崩して，内容が見やすくなるように構成している．

また，図表の寸法表記は，mm単位とするのが一般的である．

2. 基礎伏図

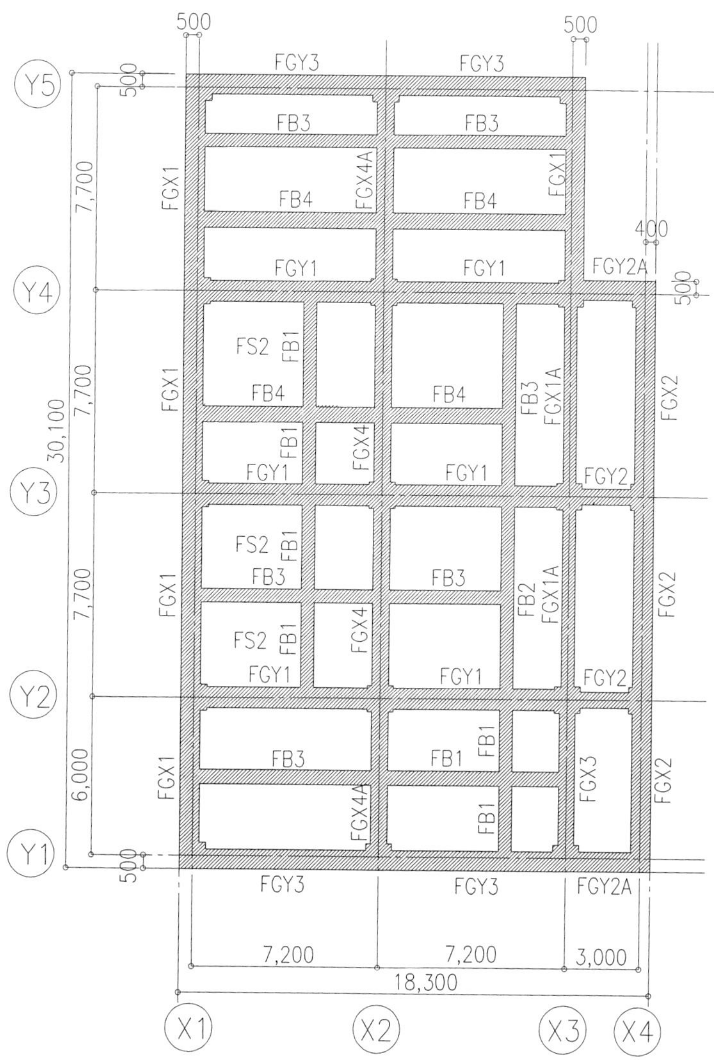

特記なき限り下記による

1.　基礎スラブ符号　FS1

2.　基礎スラブ下端、基礎梁下端　B1FL−3,260

図4・25　基礎伏図

3. 伏　図

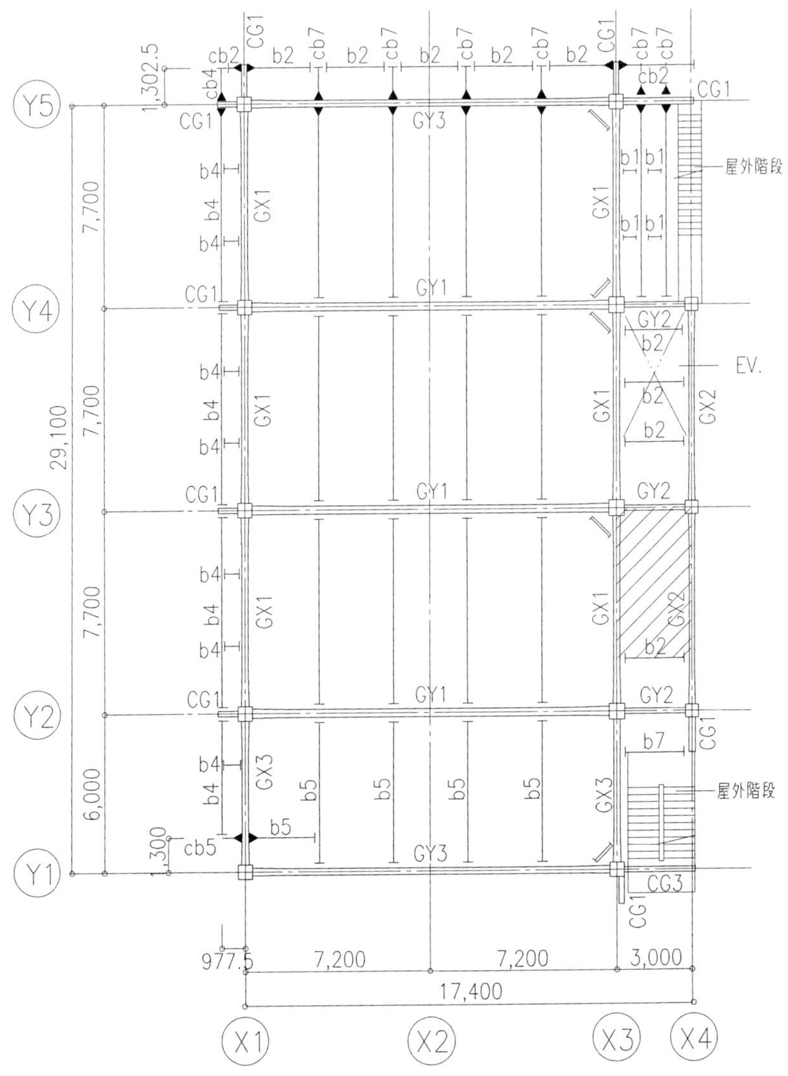

特記なき限り下記による
1. 小梁符号　b7
2. スラブ符号 DS1
3. ▶印は剛接合を示す。
4. ⊨⊨ は座屈止めを示す。

5. 床スラブ、梁上端レベルは以下で示す。

	床スラブ上端	鉄骨梁上端
□	3~7FL−100	3~7FL−250
▨	3~7FL+90	3~7FL−250

図4・26　3~7階床梁伏図

〔解　説〕

伏図は，FLから約1 000 mm上部から見下げで描いており，RC断面がそのレベルで切断される場合は，ハッチングして表示している．

本設計例では，伏図に柱符号を書かずに柱心寄図に表現しているが，これは各階共通の符号にするためで，設計者によっては伏図に柱符号を明記することがある．

4. 軸 組 図

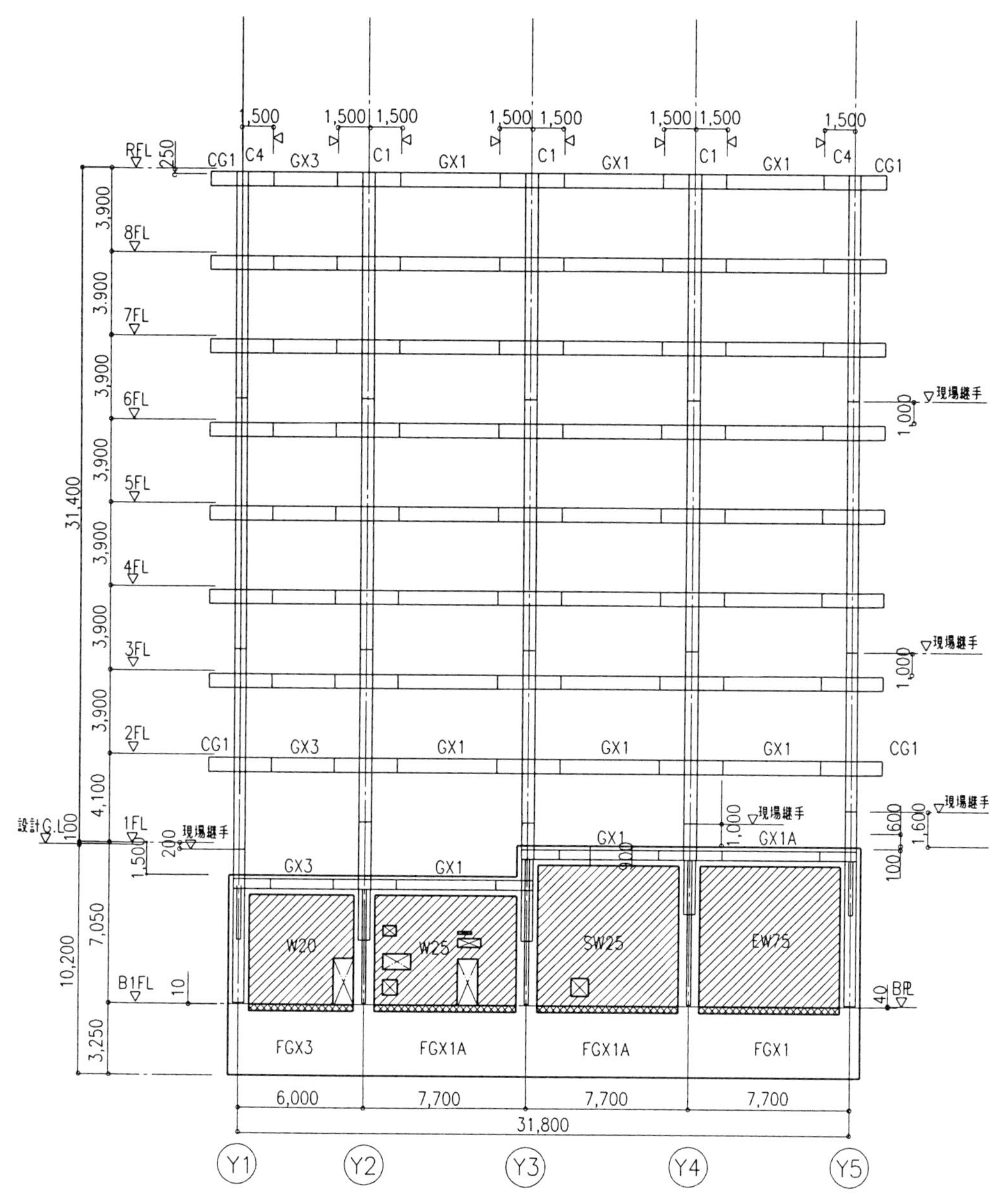

図 4・27　X 3 通り軸組図

〔解　説〕

柱の現場継手はFL＋1 000とすることが多い．これは，工事現場での作業性と設計時の応力勾配を考慮して設定している．なお節割としては，2 階～3 階分，約 12 m くらいを目安に設定している．これは運搬できる長さから決定している．梁の現場継手は，通常柱心から 1 200～1 400 で設定することが多い．これは運搬時にトラック荷台の大きさから決定している．本設計例で 1 500 としているが，直交する梁が片側のみ T 字形となるため，トラック荷台へ乗ることを確認して設定した．

5. 柱心寄図

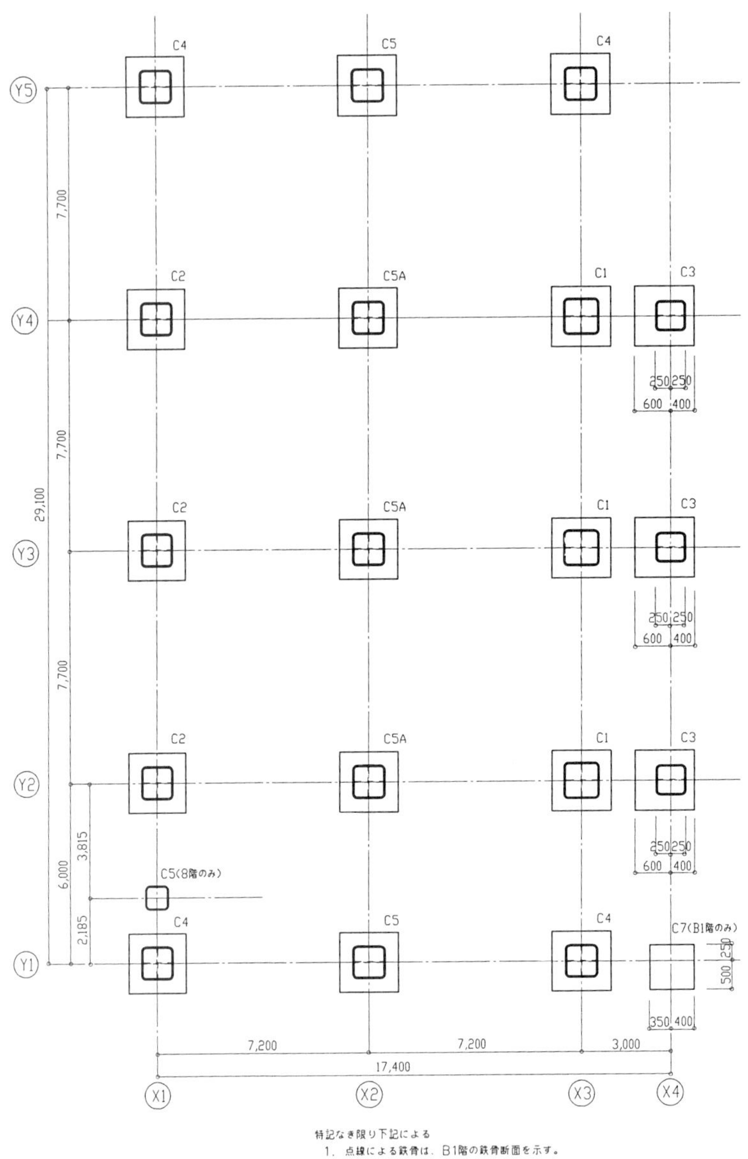

図4・28　柱心寄図

〔解　説〕

柱心寄図は，柱符号と通り心からの寄心を表示する．本設計例で寄寸法をすべての柱に明記していないのは，通り心＝柱心であるからである．

6. 柱断面表

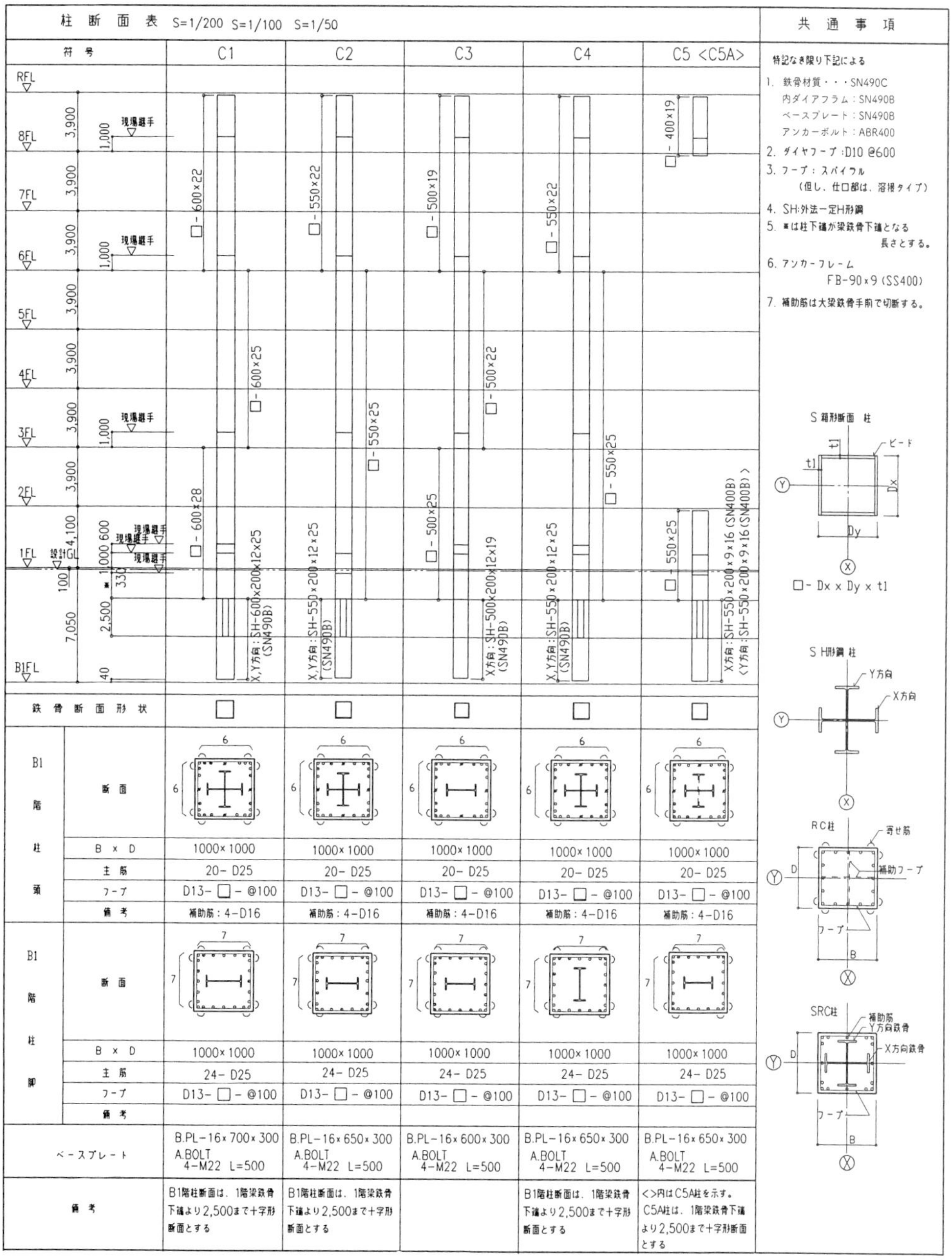

柱断面表 S=1/200 S=1/100 S=1/50		C1	C2	C3	C4	C5 <C5A>
符号		C1	C2	C3	C4	C5 <C5A>
RFL 8FL 3,900（1,000 現場継手） 7FL 3,900 6FL 3,900（1,000 現場継手） 5FL 3,900 4FL 3,900 3FL 3,900（1,000 現場継手） 2FL 3,900 1FL 設計GL 4,100（600 1,000 現場継手 現場継手 現場継手） 100 ※ 330 1,000 2,500 B1FL 7,050 40		□-600×22 □-600×25 □-600×28 X,Y方向：SH-600×200×12×25 (SN490B)	□-550×22 □-550×25 X,Y方向：SH-550×200×12×25 (SN490B)	□-500×19 □-500×22 □-500×25 X方向：SH-500×200×12×19 (SN490B)	□-550×22 □-550×25 X,Y方向：SH-550×200×12×25 (SN490B)	□-400×19 □-550×25 X方向：SH-550×200×9×16 (SN400B) <Y方向：SH-550×200×9×16 (SN400B)>
鉄骨断面形状		□	□	□	□	□
B1階柱頭	断面	6 / 6	6 / 6	6 / 6	6 / 6	6 / 6
	B × D	1000×1000	1000×1000	1000×1000	1000×1000	1000×1000
	主筋	20-D25	20-D25	20-D25	20-D25	20-D25
	フープ	D13-□-@100	D13-□-@100	D13-□-@100	D13-□-@100	D13-□-@100
	備考	補助筋：4-D16	補助筋：4-D16	補助筋：4-D16	補助筋：4-D16	補助筋：4-D16
B1階柱脚	断面	7 / 7	7 / 7	7 / 7	7 / 7	7 / 7
	B × D	1000×1000	1000×1000	1000×1000	1000×1000	1000×1000
	主筋	24-D25	24-D25	24-D25	24-D25	24-D25
	フープ	D13-□-@100	D13-□-@100	D13-□-@100	D13-□-@100	D13-□-@100
	備考					
ベースプレート		B.PL-16×700×300 A.BOLT 4-M22 L=500	B.PL-16×650×300 A.BOLT 4-M22 L=500	B.PL-16×600×300 A.BOLT 4-M22 L=500	B.PL-16×650×300 A.BOLT 4-M22 L=500	B.PL-16×650×300 A.BOLT 4-M22 L=500
備考		B1階柱断面は，1階梁鉄骨下端より2,500まで十字形断面とする	B1階柱断面は，1階梁鉄骨下端より2,500まで十字形断面とする		B1階柱断面は，1階梁鉄骨下端より2,500まで十字形断面とする	<>内はC5A柱を示す。C5A柱は，1階梁鉄骨下端より2,500まで十字形断面とする

共通事項

特記なき限り下記による

1. 鉄骨材質・・・SN490C
   内ダイアフラム：SN490B
   ベースプレート：SN490B
   アンカーボルト：ABR400
2. ダイヤフープ：D10 @600
3. フープ：スパイラル
   （但し，仕口部は，溶接タイプ）
4. SH:外法一定H形鋼
5. ※は柱下端が梁鉄骨下端となる長さとする。
6. アンカーフレーム
   FB-90×9 (SS400)
7. 補助筋は大梁鉄骨手前で切断する。

S箱形断面柱
t1
ビード
Dx
Dy
Ⓨ Ⓧ
□- Dx x Dy x t1

S H形鋼柱
Y方向
X方向
Ⓨ Ⓧ

RC柱
寄せ筋
補助フープ
フープ
D
B
Ⓨ Ⓧ

SRC柱
補助筋
Y方向鉄骨
X方向鉄骨
フープ
D
B
Ⓨ Ⓧ

図4・29 柱断面表

〔解 説〕

本設計例では，B1階柱内に鉄骨が入っているが，B1階の断面検定はRC柱として設計している．そのため，BOX柱から十字への切替えは，軸力伝達できる接合にとどめている．B1階に鉄骨を入れたのは，鉄骨建方をB1階から行うことができるように施工性を考慮した設計としたためである．

溶接組立箱形断面柱は内ダイアフラム形式であることから，梁曲げモーメントが柱スキンプレートの板厚方向引張力として応力伝達されるので JIS 規格の SN 490 C 材を使用している．その反面，内ダイアフラムは SN 490 B 材を使用している．ただし，通しダイアフラム形式の場合は，通しダイアフラムが板厚方向に引張力として応力伝達されるので SN 490 C 材を使用することとなり，柱は SN 490 B 材として良いことになる．

柱脚のベースプレートは，通常，板厚方向に引張力として応力伝達されるので，SN 490 C 材を使用するが，本設計例では B 1 階柱脚は耐力を期待しない設計であることから，SN 490 B 材としている．

アンカーボルトセットの JIS 規格である ABR や ABM は，ボルトとナット，座金のセット規格であるため，フック付きや曲げて使用することができない規格である．そのため，納まりからフック付きや曲げ加工が必要となるアンカーボルトの場合，ボルト材料規格である SNR 等や一般構造用鋼材 SS 等の規格材を使用することになる．

7. 大梁断面表

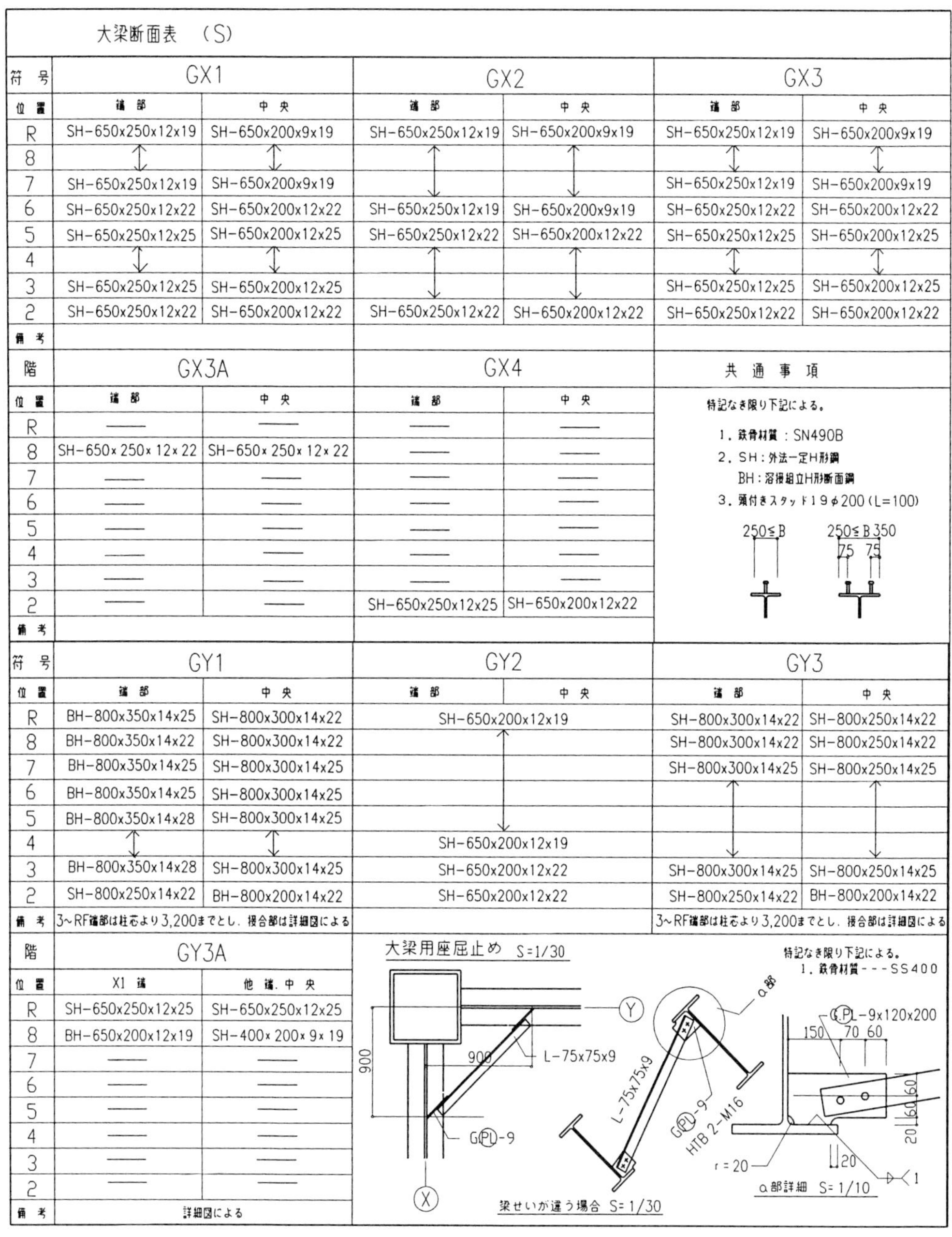

大梁断面表　(S)

符号	GX1		GX2		GX3	
位置	端部	中央	端部	中央	端部	中央
R	SH-650x250x12x19	SH-650x200x9x19	SH-650x250x12x19	SH-650x200x9x19	SH-650x250x12x19	SH-650x200x9x19
8	↕	↕	↕	↕	↕	↕
7	SH-650x250x12x19	SH-650x200x9x19	↕	↕	SH-650x250x12x19	SH-650x200x9x19
6	SH-650x250x12x22	SH-650x200x12x22	SH-650x250x12x19	SH-650x200x9x19	SH-650x250x12x22	SH-650x200x12x22
5	SH-650x250x12x25	SH-650x200x12x25	SH-650x250x12x22	SH-650x200x12x22	SH-650x250x12x25	SH-650x200x12x25
4	↕	↕	↕	↕	↕	↕
3	SH-650x250x12x25	SH-650x200x12x25	↕	↕	SH-650x250x12x25	SH-650x200x12x25
2	SH-650x250x12x22	SH-650x200x12x22	SH-650x250x12x22	SH-650x200x12x22	SH-650x250x12x22	SH-650x200x12x22
備考						

階	GX3A		GX4	
位置	端部	中央	端部	中央
R	―	―	―	―
8	SH-650x 250x 12x 22	SH-650x 250x 12x 22	―	―
7	―	―	―	―
6	―	―	―	―
5	―	―	―	―
4	―	―	―	―
3	―	―	―	―
2	―	―	SH-650x250x12x25	SH-650x200x12x22
備考				

共通事項

特記なき限り下記による。

1. 鉄骨材質：SN490B
2. SH：外法一定H形鋼
   BH：溶接組立H形断面鋼
3. 頭付きスタッド19φ200 (L=100)

250≦B　　250≦B 350　75 75

符号	GY1		GY2		GY3	
位置	端部	中央	端部	中央	端部	中央
R	BH-800x350x14x25	SH-800x300x14x22	SH-650x200x12x19		SH-800x300x14x22	SH-800x250x14x22
8	BH-800x350x14x22	SH-800x300x14x22	↕		SH-800x300x14x22	SH-800x250x14x22
7	BH-800x350x14x25	SH-800x300x14x25	↕		SH-800x300x14x25	SH-800x250x14x25
6	BH-800x350x14x25	SH-800x300x14x25	↕		↕	↕
5	BH-800x350x14x28	SH-800x300x14x25	↕		↕	↕
4	↕	↕	SH-650x200x12x19		↕	↕
3	BH-800x350x14x28	SH-800x300x14x25	SH-650x200x12x22		SH-800x300x14x25	SH-800x250x14x25
2	SH-800x250x14x22	BH-800x200x14x22	SH-650x200x12x22		SH-800x250x14x22	BH-800x200x14x22
備考	3~RF端部は柱芯より3,200までとし、接合部は詳細図による				3~RF端部は柱芯より3,200までとし、接合部は詳細図による	

階	GY3A	
位置	X1 端	他 端、中央
R	SH-650x250x12x25	SH-650x250x12x25
8	BH-650x200x12x19	SH-400x 200x 9x 19
7	―	―
6	―	―
5	―	―
4	―	―
3	―	―
2	―	―
備考	詳細図による	

図4・30　大梁断面表

8. 鉄骨継手基準図

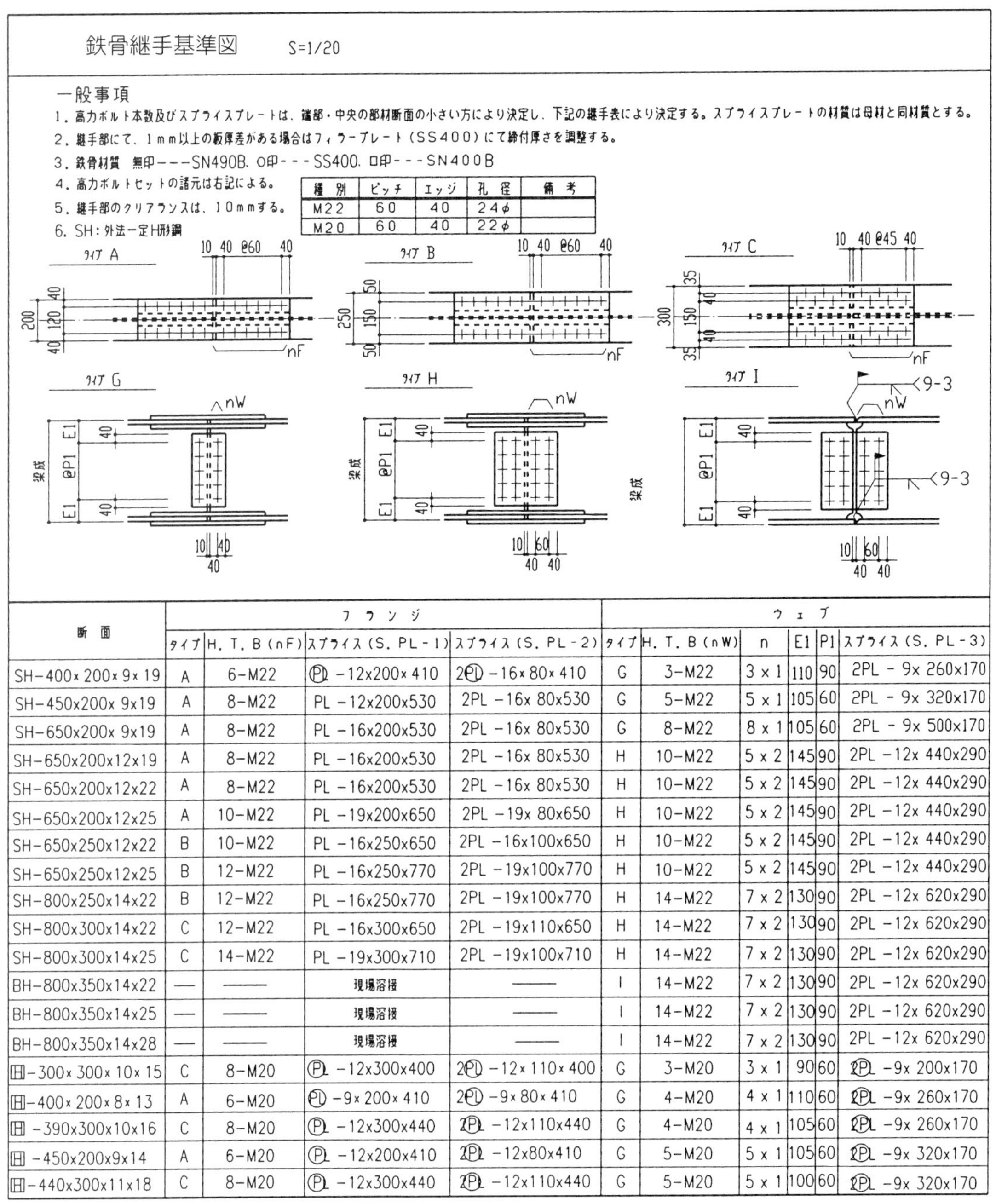

種 別	ピッチ	エッジ	孔 径	備 考
Ｍ２２	６０	４０	２４φ	
Ｍ２０	６０	４０	２２φ	

断 面	フランジ				ウェブ					
	タイプ	H．T．B（nF）	スプライス（S．PL－1）	スプライス（S．PL－2）	タイプ	H．T．B（nW）	n	E1	P1	スプライス（S．PL－3）
SH－400x200x9x19	A	6－M22	ⓅL －12x200x410	2ⓅL －16x80x410	G	3－M22	3 x 1	110	90	2PL － 9x 260x170
SH－450x200x 9x19	A	8－M22	PL －12x200x530	2PL －16x 80x530	G	5－M22	5 x 1	105	60	2PL － 9x 320x170
SH－650x200x 9x19	A	8－M22	PL －16x200x530	2PL －16x 80x530	G	8－M22	8 x 1	105	60	2PL － 9x 500x170
SH－650x200x12x19	A	8－M22	PL －16x200x530	2PL －16x 80x530	H	10－M22	5 x 2	145	90	2PL －12x 440x290
SH－650x200x12x22	A	8－M22	PL －16x200x530	2PL －16x 80x530	H	10－M22	5 x 2	145	90	2PL －12x 440x290
SH－650x200x12x25	A	10－M22	PL －19x200x650	2PL －19x 80x650	H	10－M22	5 x 2	145	90	2PL －12x 440x290
SH－650x250x12x22	B	10－M22	PL －16x250x650	2PL －16x100x650	H	10－M22	5 x 2	145	90	2PL －12x 440x290
SH－650x250x12x25	B	12－M22	PL －16x250x770	2PL －19x100x770	H	10－M22	5 x 2	145	90	2PL －12x 440x290
SH－800x250x14x22	B	12－M22	PL －16x250x770	2PL －19x100x770	H	14－M22	7 x 2	130	90	2PL －12x 620x290
SH－800x300x14x22	C	12－M22	PL －16x300x650	2PL －19x110x650	H	14－M22	7 x 2	130	90	2PL －12x 620x290
SH－800x300x14x25	C	14－M22	PL －19x300x710	2PL －19x100x710	H	14－M22	7 x 2	130	90	2PL －12x 620x290
BH－800x350x14x22	—	———	現場溶接	———	I	14－M22	7 x 2	130	90	2PL －12x 620x290
BH－800x350x14x25	—	———	現場溶接	———	I	14－M22	7 x 2	130	90	2PL －12x 620x290
BH－800x350x14x28	—	———	現場溶接	———	I	14－M22	7 x 2	130	90	2PL －12x 620x290
□H－300x300x10x15	C	8－M20	ⓅL －12x300x400	2ⓅL －12x110x400	G	3－M20	3 x 1	90	60	2ⓅL －9x 200x170
□H－400x200x8x13	A	6－M20	ⓅL －9x200x410	2ⓅL －9x80x410	G	4－M20	4 x 1	110	60	2ⓅL －9x 260x170
□H －390x300x10x16	C	8－M20	ⓅL －12x300x440	2ⓅL －12x110x440	G	4－M20	4 x 1	105	60	2ⓅL －9x 260x170
□H －450x200x9x14	A	6－M20	ⓅL －12x200x410	2ⓅL －12x80x410	G	5－M20	5 x 1	105	60	2ⓅL －9x 320x170
□H－440x300x11x18	C	8－M20	ⓅL －12x300x440	2ⓅL －12x110x440	G	5－M20	5 x 1	100	60	2ⓅL －9x 320x170

図４・31 鉄骨継手基準図

9. 小梁断面表

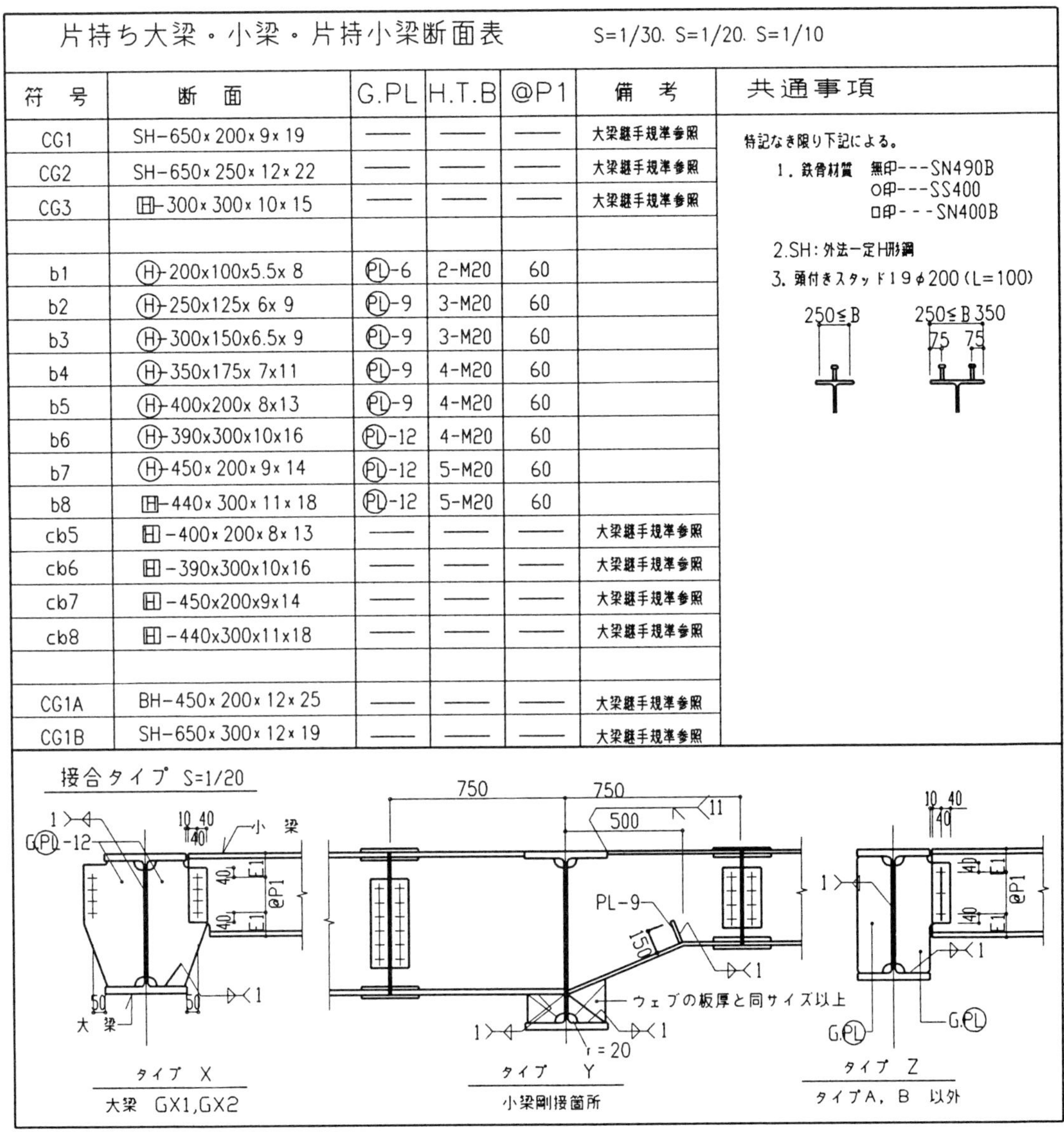

片持ち大梁・小梁・片持小梁断面表　S=1/30. S=1/20. S=1/10

符号	断面	G.PL	H.T.B	@P1	備考
CG1	SH-650×200×9×19	——	——	——	大梁継手規準参照
CG2	SH-650×250×12×22	——	——	——	大梁継手規準参照
CG3	Ⓗ-300×300×10×15	——	——	——	大梁継手規準参照
b1	Ⓗ-200x100x5.5x8	ⓅⓁ-6	2-M20	60	
b2	Ⓗ-250x125x6x9	ⓅⓁ-9	3-M20	60	
b3	Ⓗ-300x150x6.5x9	ⓅⓁ-9	3-M20	60	
b4	Ⓗ-350x175x7x11	ⓅⓁ-9	4-M20	60	
b5	Ⓗ-400x200x8x13	ⓅⓁ-9	4-M20	60	
b6	Ⓗ-390x300x10x16	ⓅⓁ-12	4-M20	60	
b7	Ⓗ-450×200×9×14	ⓅⓁ-12	5-M20	60	
b8	Ⓗ-440×300×11×18	ⓅⓁ-12	5-M20	60	
cb5	Ⓗ-400×200×8×13	——	——	——	大梁継手規準参照
cb6	Ⓗ-390x300x10x16	——	——	——	大梁継手規準参照
cb7	Ⓗ-450x200x9x14	——	——	——	大梁継手規準参照
cb8	Ⓗ-440x300x11x18	——	——	——	大梁継手規準参照
CG1A	BH-450×200×12×25	——	——	——	大梁継手規準参照
CG1B	SH-650×300×12×19	——	——	——	大梁継手規準参照

図4・32　小梁断面表

〔解　説〕

接合タイプYは，小梁せいが異なる場合のディテールを参考のため記載している．

10．スラブ断面表

床スラブ断面表

符号	スラブ厚	位置	短辺方向（主筋） 端部	短辺方向（主筋） 中央	長辺方向（配力筋） 端部	長辺方向（配力筋） 中央	備考
DS1	150	上端筋	D13@200	←	D10,D13@200	←	
		下端筋	D10.D13@200	←	D10,D13@200	←	
S1	150	上端筋	D13@200	←	D10,D13@200	←	
		下端筋	D10.D13@200	←	D10,D13@200	←	
S2	150	上端筋	D13@200	←	D13@200	←	
		下端筋	D10.D13@200	←	D10.D13@200	←	
S3	200	上端筋	D16@200	←	D13@200	←	
		下端筋	D13@200	←	D13@200	←	
S4	200	上端筋	D16@200	←	D16@200	←	
		下端筋	D13@200	←	D13@200	←	
CS1	150	上端筋	D13@200	←	D13@200	←	
		下端筋	D13@200	←	D13@200	←	
CS2	250	上端筋	D13@100	←	D13@200	←	
		下端筋	D13@200	←	D13@200	←	
CS3	250	上端筋	D13@100	D13@200	D13@100	D13@200	端部は大梁端より 1.000までとする
		下端筋	D13@200	←	D13@200	←	
CS4	350−250	上端筋	D13@100	D13@200	D13@100	D13@200	元端部はＹ４通り側とする
		下端筋	D13@200	←	D13@200	←	

共通事項

特記なき限り下記による。

1. DS型スラブのフラットデッキは下記による。

L≦2.7m　t=1.0mm　　2.9m<L≦3.0m　t=1.4mm

2.7m<L≦2.9m　t=1.2mm　　3.0m<L≦3.1m　t=1.6mm

＊Lは、両端梁フランジ縁間隔を示す。

＊Lが3.1mを超える場合は、監理者と協議し適切な板厚とする。

スラブと大梁にレベル差がある場合　S=1/30

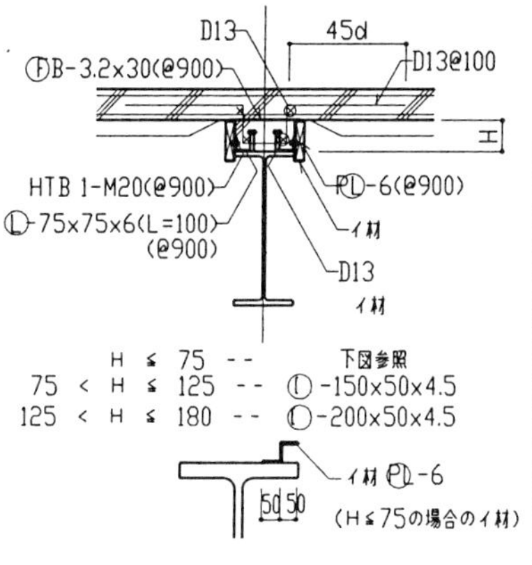

デッキ受け　S=1/30

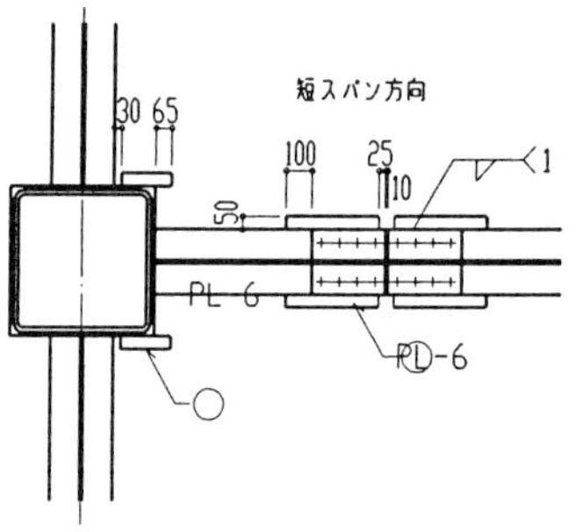

コンクリート止め　S=1/30

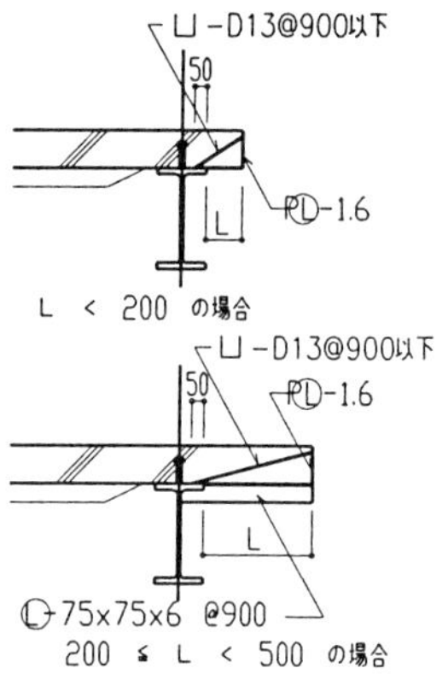

図４・33　スラブ断面表

11. 仕口基準図

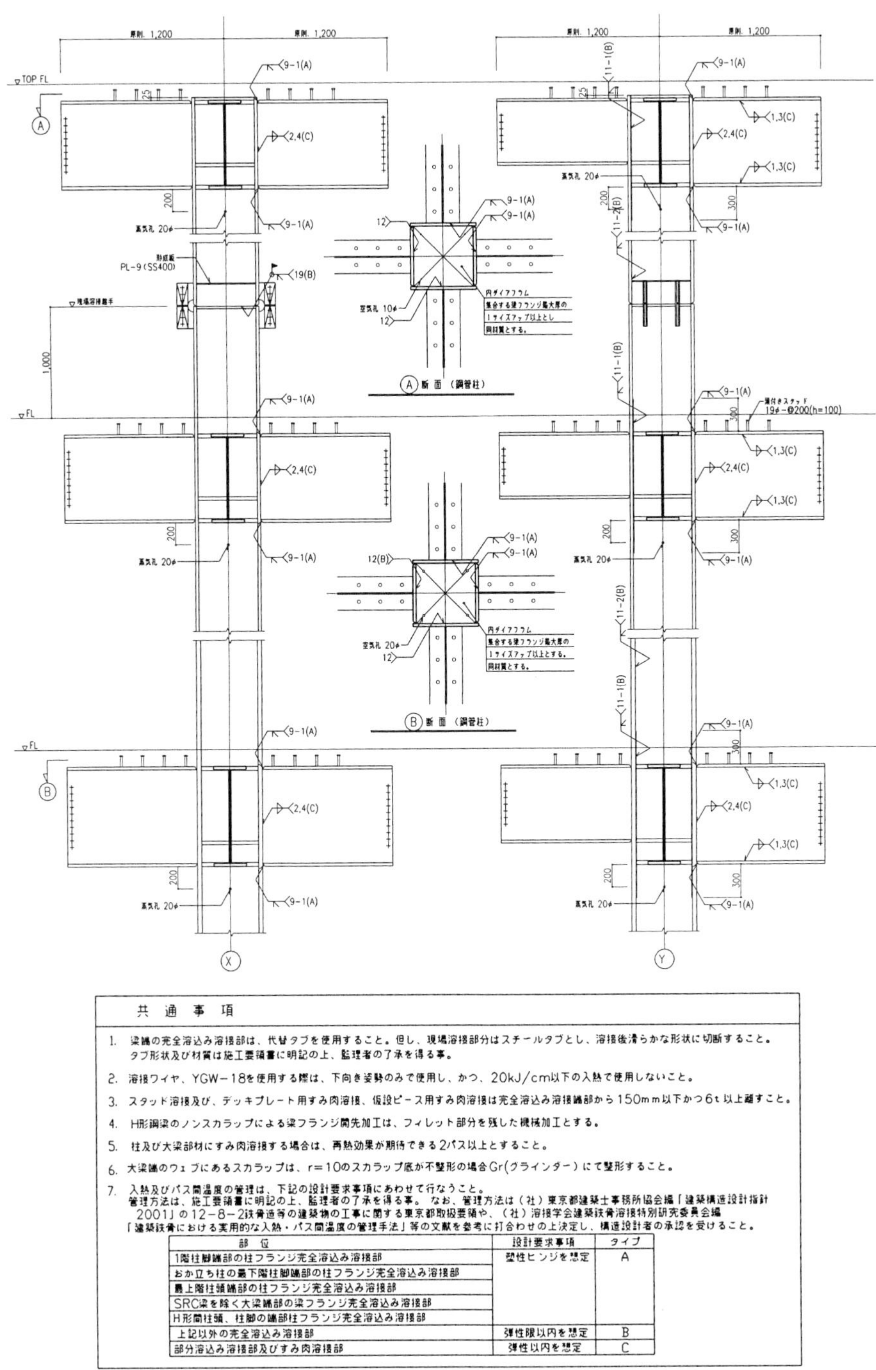

共　通　事　項

1. 梁端の完全溶込み溶接部は、代替タブを使用すること。但し、現場溶接部分はスチールタブとし、溶接後滑らかな形状に切断すること。タブ形状及び材質は施工要領書に明記の上、監理者の了承を得る事。
2. 溶接ワイヤ、YGW－18を使用する際は、下向き姿勢のみで使用し、かつ、20kJ/cm以下の入熱で使用しないこと。
3. スタッド溶接及び、デッキプレート用すみ肉溶接、仮設ピース用すみ肉溶接は完全溶込み溶接端部から150mm以下かつ6t以上離すこと。
4. H形鋼梁のノンスカラップによる梁フランジ開先加工は、フィレット部分を残した機械加工とする。
5. 柱及び大梁部材にすみ肉溶接する場合は、再熱効果が期待できる2パス以上とすること。
6. 大梁端のウェブにあるスカラップは、r＝10のスカラップ底が不整形の場合Gr(グラインダー）にて整形すること。
7. 入熱及びパス間温度の管理は、下記の設計要求事項にあわせて行なうこと。
管理方法は、施工要領書に明記の上、監理者の了承を得る事。なお、管理方法は（社）東京都建築士事務所協会編「建築構造設計指針 2001」の12－8－2鉄骨造等の建築物の工事に関する東京都取扱要領や、（社）溶接学会建築鉄骨溶接特別研究委員会編「建築鉄骨における実用的な入熱・パス間温度の管理手法」等の文献を参考に打合わせの上決定し、構造設計者の承認を受けること。

部　位	設計要求事項	タイプ
1階柱脚端部の柱フランジ完全溶込み溶接部	塑性ヒンジを想定	A
おか立ち柱の最下階柱脚端部の柱フランジ完全溶込み溶接部		
最上階柱頭端部の柱フランジ完全溶込み溶接部		
SRC梁を除く大梁端部の梁フランジ完全溶込み溶接部		
H形間柱頭、柱脚の端部柱フランジ完全溶込み溶接部		
上記以外の完全溶込み溶接部	弾性限以内を想定	B
部分溶込み溶接部及びすみ肉溶接部	弾性以内を想定	C

図 4・34　仕口基準図

〔解　説〕

共通事項に記載した内容はコストに影響するため，十分に吟味する必要がある．

12. 鉄骨架構詳細図

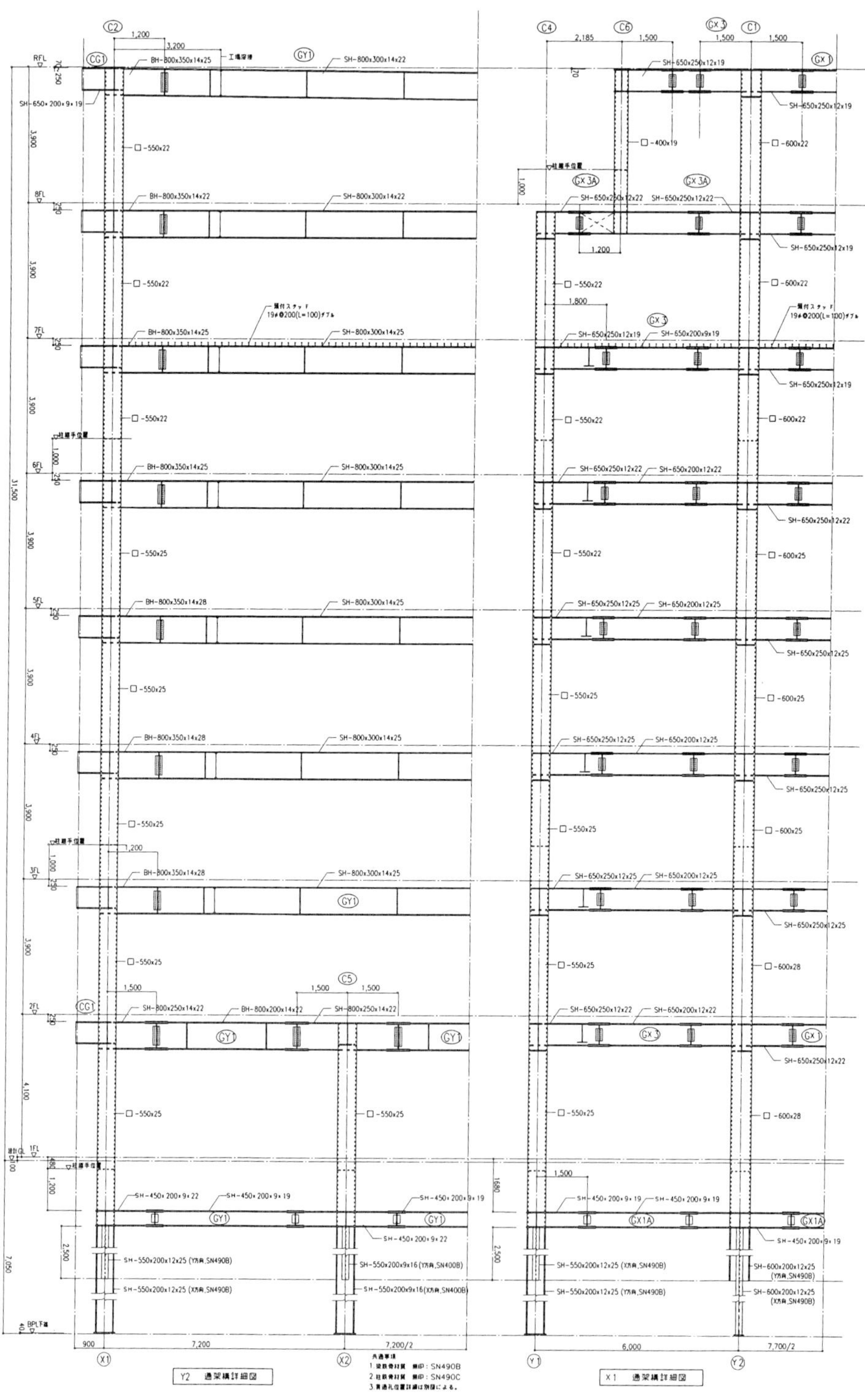

図4・35 鉄骨架構詳細図

付録

付録1　梁の応力と変形

付表1・1　片持梁

荷重	反力	曲げモーメント	たわみ・たわみ角
P, x, l, A, B	$R_B=P$	$M_x=-Px$ $M_{\max}=M_B=-Pl$	$\delta_x=\frac{Pl^3}{3EI}\left(1-\frac{3x}{2l}+\frac{x^3}{2l^3}\right)$ $\delta_{\max}=\delta_A=\frac{Pl^3}{3EI}$ $\theta_x=-\frac{Pl^2}{2EI}\left(1-\frac{x^2}{l^2}\right)$ $\theta_A=\frac{Pl^2}{2EI}$
x, P, a, b, l, A, C, B	$R_B=P$	$x>a$: $M_x=-P(x-a)$ $M_{\max}=M_B=-Pb$	C～B 間： $\delta_x=\frac{Pb^3}{3EI}\left\{1-\frac{3(x-a)}{2b}+\frac{(x-a)^3}{2b^3}\right\}$ $\delta_{\max}=\delta_A=\frac{Pb^3}{3EI}\left(1+\frac{3a}{2b}\right)$ $\theta_A=\frac{Pb^2}{2EI}$
x, w, l, A, B	$W=wl$ $R_B=W$	$M_x=-\frac{Wx^2}{2l}$ $M_{\max}=M_B=-\frac{Wl}{2}$	$\delta_x=\frac{Wl^3}{8EI}\left(1-\frac{4x}{3l}+\frac{x^4}{3l^4}\right)$ $\delta_{\max}=\delta_A=\frac{Wl^3}{8EI}$ $\theta_x=\frac{Wl^2}{6EI}\left(1-\frac{x^3}{l^3}\right)$ $\theta_A=\frac{Wl^2}{6EI}$
w, x, l, A, B	$W=\frac{wl}{2}$ $R_B=W$	$M_x=-\frac{Wx^3}{3l^2}$ $M_{\max}=M_B=-\frac{Wl}{3}$	$\delta_x=\frac{Wl^3}{15EI}\left(1-\frac{5x}{4l}+\frac{x^5}{4l^5}\right)$ $\delta_{\max}=\delta_A=\frac{Wl^3}{15EI}$ $\theta_A=\frac{Wl^2}{12EI}$
x, w, l, A, B	$W=\frac{wl}{2}$ $R_B=W$	$M_x=-\frac{Wx^2}{l}\left(1-\frac{x}{3l}\right)$ $M_{\max}=M_B=-\frac{2Wl}{3}$	$\delta_x=\frac{Wl^3}{60EI}\left(11-15\frac{x}{l}+5\frac{x^4}{l^2}-\frac{x^5}{l^5}\right)$ $\delta_{\max}=\delta_A=\frac{11Wl^3}{60EI}$ $\theta_x=\frac{Wl^2}{12EI}\left(3-\frac{4x^3}{l^3}+\frac{x^4}{l^4}\right)$ $\theta_A=\frac{Wl^2}{4EI}$
x, w, l/2, l/2, A, C, B	$W=\frac{wl}{2}$ $R_B=W$	$x\leqq\frac{l}{2}$: $M_x=-\frac{2Wx^2}{3l^3}$ $x>\frac{l}{2}$: $M_x=-\frac{W}{6l^2}(4x^3-12lx^2$ $+6l^2x-l^3)$ $M_{\max}=M_B=-\frac{1}{2}Wl$	$\delta_{\max}=\delta_A=\frac{11Wl^3}{96EI}$ $\theta_A=\frac{7Wl^2}{48EI}$
x, M_0, l, A, B	$R_B=0$	$0\leqq x\leqq l$ $M_x=-M_0$	$\delta_x=-\frac{M_0}{2EI}(l-x)^2$ $\delta_{\max}=\delta_A=-\frac{M_0l^2}{2EI}$ $\theta_x=\frac{M_0l}{EI}\left(1-\frac{x}{l}\right)$ $\theta_A=\frac{M_0l}{EI}$

付表 I・2　両端固定（1）

荷　重	反　力	固定端モーメント	中央モーメント	たわみ
P 中央集中荷重 A　C　B $l/2$, $l/2$	$R_A=R_B=\frac{P}{2}$	$M_A=-M_B=-\frac{Pl}{8}$	$x<\frac{l}{2}$: $M_x=\frac{P}{8}(4x-l)$ $x>\frac{l}{2}$: $M_x=\frac{P}{8}(3l-4x)$ $M_C=\frac{Pl}{8}$	$\delta_x=\frac{Plx^2}{24EI}\left(\frac{3}{2}-\frac{2x}{l}\right)$ $\delta_{\max}=\delta_C=\frac{Pl^3}{192EI}$
P, P A　C　D　B $l/3$, 〃, $l/3$	$R_A=R_B=P$	$M_A=-M_B=-\frac{2Pl}{9}$	$x<\frac{l}{3}$: $M_x=P\left(x-\frac{2}{9}l\right)$ $M_C=M_D=\frac{Pl}{9}$	$\delta_{\max}=\frac{5Pl^3}{648EI}$ $(x=0.5l)$ $\delta_C=\frac{Pl^3}{162EI}$
P, P, P A　C　D　E　B $l/4$, 〃, 〃, $l/4$	$R_A=R_B=\frac{3P}{2}$	$M_A=-M_B=-\frac{5Pl}{16}$	$M_D=\frac{3Pl}{16}$	$\delta_{\max}=\delta_D=\frac{Pl^3}{96EI}$
P, P, P, P A　B $l/5$, 〃, 〃, 〃, $l/5$	$R_A=R_B=2P$	$M_A=-M_B=-\frac{2Pl}{5}$	$M=\frac{Pl}{5}$ $(x=0.5l)$	$\delta_{\max}=\frac{13Pl^3}{1\,000EI}$ $(x=0.5l)$
P, P, P, P, P A　C　B l/n, 〃, 〃, 〃, 〃, l/n	$R_A=R_B=\frac{n-1}{2}P$	$M_A=-M_B$ $=-\frac{n^2-1}{12n}Pl$	$M_C=\frac{n^2-1}{24n}Pl$	
P A　C　B a, b, l	$R_A=\frac{Pb^2}{l^3}(l+2a)$ $R_B=\frac{Pa^2}{l^3}(l+2b)$	$M_A=-\frac{Pab^2}{l^2}$ $M_B=\frac{Pa^2b}{l^2}$	$M_C=\frac{2Pa^2b^2}{l^3}$	$a>b$: $\delta_{\max}=\frac{2Pa^3b^2}{3(l+2a)^2EI}$ $\left(x=\frac{2al}{l+2a}\right)$ $\delta_C=\frac{Pa^3b^3}{3EIl^3}$
P, P A　C　D　B a, b, a, l	$R_A=R_B=P$	$M_A=-M_B$ $=-\frac{Pa(l-a)}{l}$	$M_C=\frac{Pa^2}{l}$	$\delta_{\max}=\frac{Pa^2(2a+3b)}{24EI}$ $(x=0.5l)$ $\delta_C=\frac{Pa^3(2b-a)}{6EIl}$

付表 I・3　両端固定（2）

荷　重	反　力	固定端モーメント	中央モーメント	たわみ
x, w, l, A, B	$W=wl$ $R_A=R_B=\frac{W}{2}$	$M_A=M_B=-\frac{Wl}{12}$	$M_x=\frac{Wl}{2}\left(\frac{1}{6}-\frac{x}{l}+\frac{x^2}{l^2}\right)$ $M_{max}=\frac{Wl}{24}$ $(x=0.5l)$	$\delta_x=\frac{Wl^3}{24EI}\left(\frac{x^2}{l^2}-\frac{2x^3}{l^3}+\frac{x^4}{l^4}\right)$ $\delta_{max}=\frac{Wl^3}{384EI}$ $(x=0.5l)$
w, a, b, a, l, A, B	$W=wb$ $R_A=R_B=\frac{W}{2}$	$M_A=M_B$ $=-\frac{Wl}{24}\left(3-\frac{b^2}{l^2}\right)$	$M=\frac{Wl}{24}\left(\frac{b^2}{2l^2}-\frac{3b}{l}+3\right)$ $(x=0.5l)$	$\delta_{max}=\frac{Wl^3}{216EI}\left(1-\frac{b^2}{2l^2}+\frac{b^3}{2l^3}\right)$ $(x=0.5l)$
w, w, a, b, a, l, A, B	$W=2wa$ $R_A=R_B=\frac{W}{2}$	$M_A=M_B$ $=-\frac{Wa}{12}\left(3-\frac{2a}{l}\right)$	$M=\frac{Wa^2}{6l}$ $(x=0.5l)$	$\delta_{max}=\frac{Wa^2}{48EI}(l-a)$ $(x=0.5l)$
w, a, b, l, A, B	$W=wa$ $R_A=\frac{wa(a+2b)}{2l}+\frac{wa^2b^2}{2l^3}$ $R_B=(W-R_A)$	$M_A=-\frac{Wa}{12l^2}\{2l(3l-4a)+3a^2\}$ $M_B=\frac{Wa^2}{12l^2}(l+3b)$		$x<a$： $\delta_x=\frac{1}{6EI}\left(3M_Ax^2-R_Ax^3+\frac{w}{4}x^4\right)$

付表Ⅰ・4　両端固定（3）

荷　重	反　力	固定端モーメント	中央モーメント	たわみ
A, C, B; $l/2$, $l/2$; w	$W=\frac{wl}{2}$ $R_A=R_B=\frac{W}{2}$	$M_A=M_B=-\frac{5Wl}{48}$	$M_C=\frac{Wl}{16}$	$\delta_{\max}=\delta_C=\frac{7Wl^3}{1\,920EI}$
A, C, B; $l/2$, $l/2$; w	$W=\frac{wl}{2}$ $R_A=R_B=\frac{W}{2}$	$M_A=M_B=-\frac{17Wl}{192}$	$M_C=\frac{7Wl}{192}$	$\delta_{\max}=\delta_C=\frac{Wl^3}{384EI}$
A, C, D, B; $l/3$, 〃, $l/3$; x, w	$W=\frac{wl}{2}$ $R_A=R_B=\frac{W}{2}$	$M_A=M_B=-\frac{37Wl}{432}$	$M=\frac{19Wl}{432}$ $(x=0.5l)$	$\delta_{\max}=\frac{407\,Wl^3}{155\,520EI}$ $(x=0.5l)$
A, C, D, B; a, b, a; l; w	$W=w(l-a)$ $R_A=R_B=\frac{W}{2}$	$M_A=M_B$ $=-\frac{W(l^3-2a^2l+a^3)}{12l(l-a)}$	$M=\frac{Wl}{12l(l-a)}\left(\frac{l^3}{2}-a^3\right)$	$\delta_{\max}=\frac{W}{1\,920EI(l-a)}$ $\times\{(5l^2-4a^2)^2$ $-20l(l^3-2a^2l$ $+a^3)\}$
A, B; l; x, w	$W=\frac{wl}{2}$ $R_A=\frac{3W}{10}$ $R_B=\frac{7W}{10}$	$M_A=-\frac{Wl}{15}$ $M_B=-\frac{Wl}{10}$	$M_{\max}=0.0429Wl$ $(x=0.548l)$	$\delta_x=\frac{Wl^3}{60EI}\left(\frac{2x^2}{l^2}\right.$ $\left.-\frac{3x^3}{l^3}+\frac{x^5}{l^5}\right)$ $\delta_{\max}=\frac{Wl^3}{382EI}$ $(x=0.525l)$
A, C, B; a, b, b, c; l; w	$W=wb$ $R_A=\frac{b+c}{l}bw$ $+\frac{M_A-M_B}{l}$ $R_B=\frac{a+b}{l}bw$ $-\frac{M_A-M_B}{l}$	$M_A=-\frac{W}{6l^2}\{6(a+b)$ $\times(b+c)^2+b^2$ $\times(a-b-2c)\}$ $M_B=\frac{W}{6l^2}\{6(b+c)(a$ $+b)^2+b^2(c-b$ $-2a)\}$		$\delta_C=\frac{wb}{96EI}\{2(b+c)^2(3a$ $+2b-c)+b^2(a-2b$ $-3c)\}+\frac{w}{96EIb}\left\{\frac{l^5}{40}\right.$ $-\frac{al^4}{4}+a^2l^3-2a^3l^2$ $\left.+2a^4l-\frac{4}{5}a^5\right\}$

付表 I・5　一端固定他端ピン（1）

荷　重	反　力	固定端モーメント	中央モーメント	たわみ・たわみ角
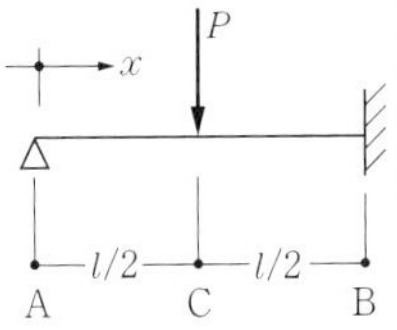	$R_A=\frac{5P}{16}$ $R_B=\frac{11P}{16}$	$M_B=-\frac{3Pl}{16}$	$M_C=\frac{5Pl}{32}$	$\delta_{\max}=\frac{Pl^3}{48\sqrt{5}\,EI}$ $(x=0.447l)$ $\delta_C=\frac{7Pl^3}{768EI}$ $\theta_A=\frac{Pl^2}{32EI}$
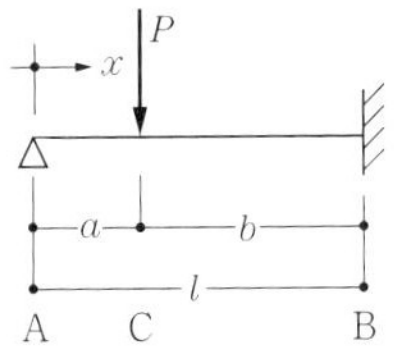	$R_A=\frac{Pb^2}{2l^3}(a+2l)$ $R_B=P-R_A$	$M_B=-\frac{Pab(2a+b)}{2l^2}$	$M_C=\frac{Pab^2}{2l^3}(a+2l)$	$\delta_C=\frac{Pa^2b^3(a+3l)}{12EIl^3}$ $\theta_A=\frac{Pab^2}{4EIl}$
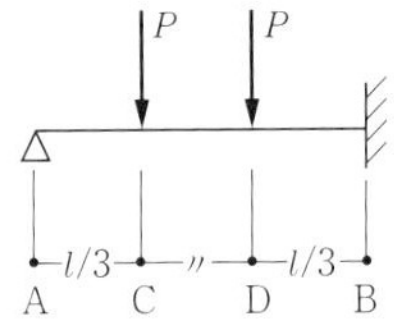	$R_A=\frac{2P}{3}$ $R_B=\frac{4P}{3}$	$M_B=-\frac{Pl}{3}$	$M_C=\frac{2Pl}{9}$ $M_D=\frac{Pl}{9}$	$\delta_C=\frac{7Pl^3}{486EI}$ $\theta_A=\frac{Pl^2}{18EI}$
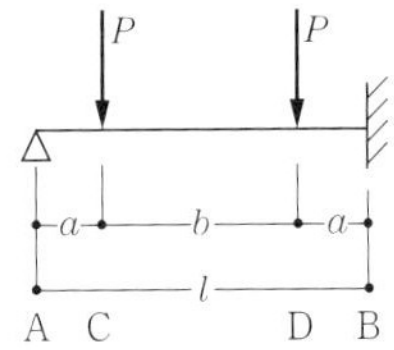	$R_A=P\times\left\{1-\frac{3a(a+b)}{2l^2}\right\}$ $R_B=P\times\left\{1+\frac{3a(a+b)}{2l^2}\right\}$	$M_B=-\frac{3Pa(a+b)}{2l}$	$M_C=R_Aa$ $M_D=M_B+R_Ba$	$\delta_C=\frac{Pa^2}{6EI}(3l-4a)-\frac{Pa^2}{4EIl^2}(l^2-a^2)\times(l-a)$ $\theta_A=\frac{Pa(a+b)}{4EI}$
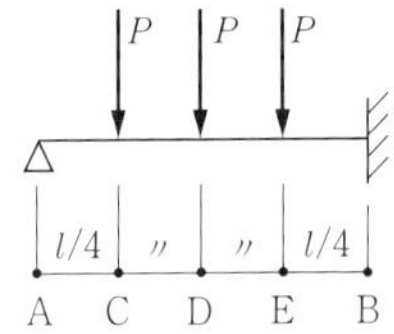	$R_A=\frac{33P}{32}$ $R_B=\frac{63P}{32}$	$M_B=-\frac{15Pl}{32}$	$M_D=\frac{17Pl}{64}$	$\delta_D=\frac{31Pl^3}{1\,536EI}$ $\theta_A=\frac{Pl^2}{64EI}$
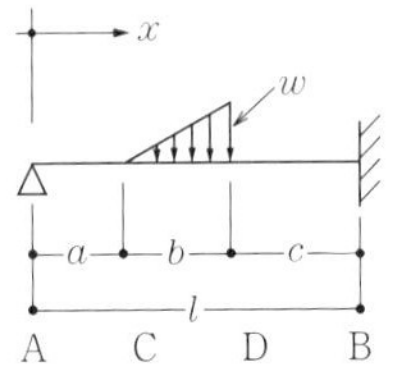	$R_A=\frac{wb}{40l^3}\{5a(b^2+4bc+6c^2)+4\times(b^3+5b^2c+10bc^2+c^3)\}$ $R_B=\frac{wb}{2}-R_A$	$M_B=R_Al-\frac{wb}{6}(b+3c)$	$a<x<a+b$： $M_x=R_Ax-\frac{w(x-a)^3}{6b}$	$a<x<a+b$： $\delta_x=\frac{wb}{120EI}\left\{5(b^2+4bc+6c^2)x-\frac{(x-a)^5}{b^2}\right\}+\frac{R_A}{6EI}(x^3-3b^2x)$ $\theta_A=\frac{R_Al^2}{2EI}-\frac{wb}{24EI}(b^2+4bc+6c^2)$
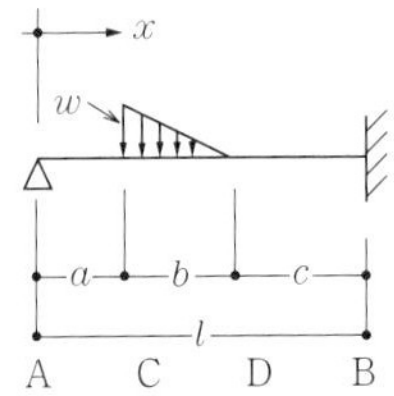	$R_A=\frac{wb}{40l^3}\{5a(3b^2+8bc+6c^2)+(11b^3+40b^2c+50bc^2+20c^3)\}$ $R_B=\frac{wb}{2}-R_A$	$M_B=R_Al-\frac{wb}{6}(2b+3c)$	$a<x<a+b$： $M_x=R_Ax-\frac{w}{6b}\{3b(x-a)^2-(x-a)^3\}$	$a<x<a+b$： $\delta_x=\frac{wb}{120EI}\left\{5(3b^2+8bc+bc^2)x-5\frac{(x-a)^4}{6}+\frac{(x-a)^5}{b^2}\right\}-\frac{R_A}{6EI}(x^3-3b^2x)$ $\theta_A=\frac{R_Al^2}{2EI}-\frac{wb}{24EI}(3b^2+8bc+bc^2)$

付表 I・6　一端固定他端ピン（2）

荷　　重	反　　力	固定端モーメント	中央モーメント	たわみ・たわみ角
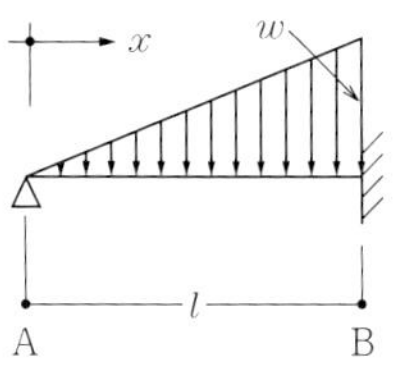 x, w, l, A, B	$W=\frac{wl}{2}$ $R_A=\frac{W}{5}$ $R_B=\frac{4W}{5}$	$M_B=-\frac{2Wl}{15}$	$M_x=Wx\left(\frac{1}{5}-\frac{x^2}{3l^2}\right)$ $M_{\max}=\frac{2}{15\sqrt{5}}Wl$ $(x=0.447l)$	$\delta_x=\frac{Wl^2x}{60EI}\left(1-\frac{2x^2}{l^2}+\frac{x^4}{l^4}\right)$ $\delta_{\max}=\frac{4Wl^3}{375\sqrt{5}EI}$ $(x=0.447l)$ $\theta_A=\frac{Wl^2}{60EI}$
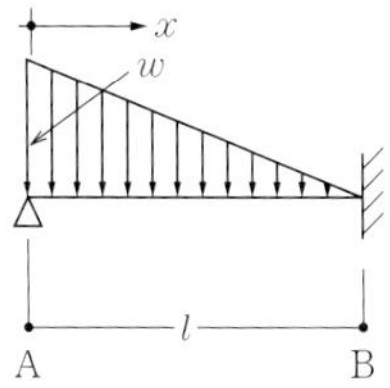 x, w, l, A, B	$W=\frac{wl}{2}$ $R_A=\frac{11W}{20}$ $R_B=\frac{9W}{20}$	$M_B=-\frac{7Wl}{60}$	$M_x=Wl\left(\frac{x^3}{3l^3}-\frac{x^2}{l^2}+\frac{11x}{20l}\right)$ $M_{\max}=0.0846Wl$ $(x=0.329l)$	$\delta_x=\frac{Wl^3}{120EI}\left(-3\frac{x}{l}+11\frac{x^3}{l^3}-10\frac{x^4}{l^4}+2\frac{x^5}{l^5}\right)$ $\delta_{\max}=\frac{Wl^3}{163.9EI}$ $(x=0.402l)$ $\theta_A=\frac{Wl^2}{40EI}$
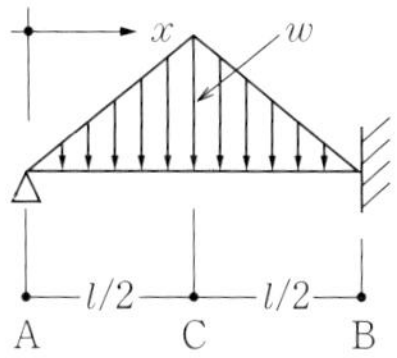 x, w, $l/2$, $l/2$, A, C, B	$W=\frac{wl}{2}$ $R_A=\frac{11W}{32}$ $R_B=\frac{21W}{32}$	$M_B=-\frac{5Wl}{32}$	$M_{\max}=-\frac{11\sqrt{11}Wl}{384}$ $\left(x=\frac{\sqrt{11}}{8}l\right)$	$\delta_C=\frac{113Wl^3}{7\,680EI}$ $\theta_A=\frac{5Wl^2}{192EI}$
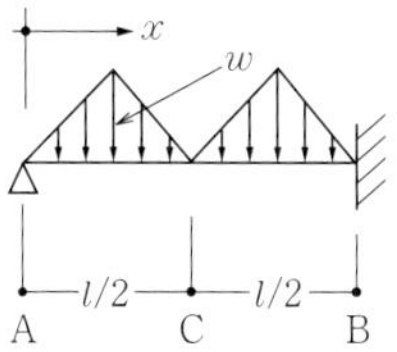 x, w, $l/2$, $l/2$, A, C, B	$W=\frac{wl}{2}$ $R_A=\frac{47W}{128}$ $R_B=\frac{81W}{128}$	$M_B=-\frac{17Wl}{128}$	$M_{\max}$ $=2\left(\frac{15}{512}-17\sqrt{\frac{17}{128}}\right)Wl$ $\left[x=\left(\frac{1}{2}-\sqrt{\frac{17}{128}}\right)l\right]$	$\delta_C=\frac{11Wl^3}{2\,048EI}$ $\theta_A=\frac{17Wl^2}{768EI}$

付表 1・7　一端固定他端ピン（3）

荷　　重	反　　力	固定端モーメント	中央モーメント	たわみ・たわみ角
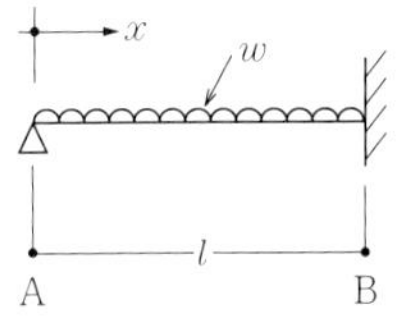	$W=wl$ $R_A=\frac{3W}{8}$ $R_B=\frac{5W}{8}$	$M_B=-\frac{Wl}{8}$	$M_x=\frac{Wx}{8}\left(3-\frac{4x}{l}\right)$ $M_{\max}=\frac{9}{128}Wl$ $(x=0.375l)$	$\delta_x=\frac{Wl^2x}{48EI}\left(1-\frac{3x^2}{l^2}+\frac{2x^3}{l^3}\right)$ $\delta_{\max}=\frac{Wl^3}{185EI}$ $(x=0.422l)$ $\theta_A=\frac{Wl^2}{48EI}$
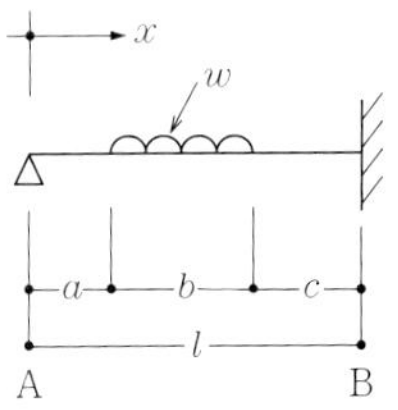	$W=wb$ $R_A=\frac{wb}{8l^3}[4l\{3c\times(b+c)+b^2\}-2c^2(3b+2c)-b^2(b+4c)]$ $R_B=W-R_A$	$M_B=R_Al-W\left(\frac{b}{2}+c\right)$		$a<x<a+b$： $\delta_x=\frac{W}{6EI}\left[\{3c(c+b)+b^2\}x-\frac{(x-a)^4}{4b}\right]-\frac{R_A}{6EI}(x^2-3l^2)x$ $\theta_A=\frac{R_Al^2}{2EI}-\frac{W}{6EI}\times\{3c(c+b)+b^2\}$
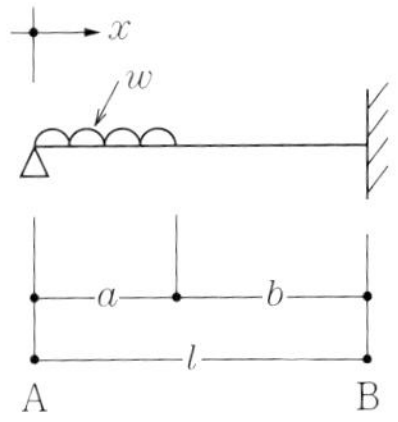	$W=wa$ $R_A=\frac{W}{8l^3}\{4l(3lb+a^2)-2b^2(2l+a)-a^2(l+3b)\}$ $R_B=W-R_A$	$M_B=R_Al-W\left(l-\frac{a}{2}\right)$		$\delta_x=\frac{W}{6EI}\left\{(3lb+a^2)x-\frac{x^4}{4a}\right\}-\frac{R_A}{6EI}(x^2-3l^2)x$ $\theta_A=\frac{R_Al^2}{2EI}-\frac{W}{6EI}(3lb+a^2)$
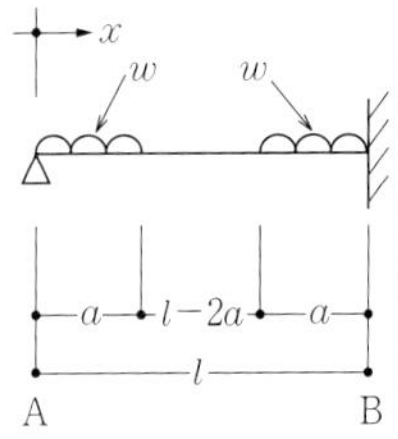	$W=2wa$ $R_A=\frac{W}{2l^2}(4l^2-3al+2a^2)$ $R_B=W-R_A$	$M_B=-\frac{Wa}{8l}(3l-2a)$	$x<a$： $M_x=-\frac{w}{2}x^2+R_Ax$	$\delta_C=\frac{Wa}{96EI}\left\{(3l^2-2a^2)-\frac{3}{4}(3l-2a)\right\}$
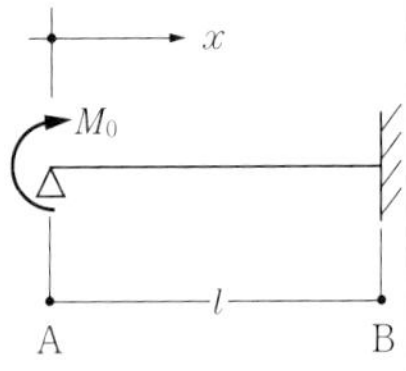	$R_A=-R_B=\frac{3M_0}{2l}$	$M_B=-\frac{1}{2}M_0$	$M_x=M_0-\frac{3M_0x}{2l}$	$\delta_x=\frac{M_0}{4EIl}\left(lx-2x^2+\frac{x^3}{l}\right)$ $\delta_{\max}=\frac{M_0l^2}{27EI}$ $\left(x=\frac{l}{3}\right)$ $\theta_A=\frac{M_0l}{4EI}$
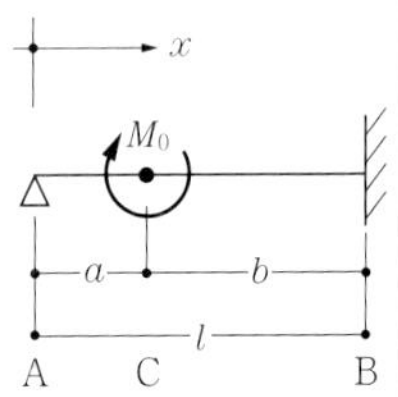	$R_A=-R_B=-\frac{3M_0}{2l^3}(l^2-a^2)$	$M_B=\frac{M_0}{2}\left(1-\frac{3a^2}{l^2}\right)$	$x<a$：$M_x=R_Ax$ $x>a$：$M_x=R_Ax+M_0$	$x<a$： $\delta_x=\frac{M_0}{EI}\left\{\frac{l^2-a^2}{4l^3}(3l^2x-x^3)-(l-a)x\right\}$ $\theta_A=\frac{M_0}{EI}\left(\frac{l}{4}-a+\frac{3a^2}{4l}\right)$

付表Ⅰ・8　単純梁（1）

荷重	反力	曲げモーメント	たわみ・たわみ角
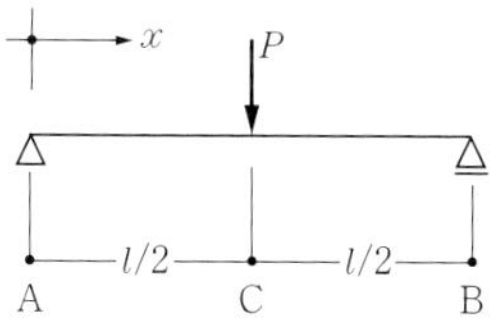 A—$l/2$—C—$l/2$—B，C に P	$R_A=R_B=\frac{P}{2}$	$x\leqq\frac{l}{2}$：$M_x=\frac{Px}{2}$ $M_{\max}=M_C=\frac{Pl}{4}$	$x\leqq\frac{l}{2}$：$\delta_x=\frac{Pl^3}{48EI}\left(\frac{3x}{l}-\frac{4x^3}{l^3}\right)$ $\delta_{\max}=\delta_C=\frac{Pl^3}{48EI}$ A～C：$\theta_x=\frac{Pl^2}{16EI}\left(1-\frac{4x^2}{l^2}\right)$ $\theta_A=\frac{Pl^2}{16EI}$
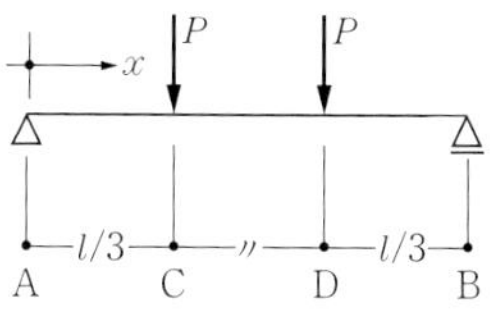 A—$l/3$—C—〃—D—$l/3$—B，C，D に P	$R_A=R_B=P$	$M_x=Px$ $M_{\max}=M_{C\sim D}=\frac{Pl}{3}$	C～D： $\delta_x=\frac{Pl}{18EI}\left(3lx-3x^2-\frac{l^2}{9}\right)$ $\delta_C=\frac{5Pl^3}{162EI}$ $\delta_{\max}=\frac{23Pl^3}{648EI}$　$(x=0.5l)$ $\theta_A=\frac{Pl^2}{9EI}$
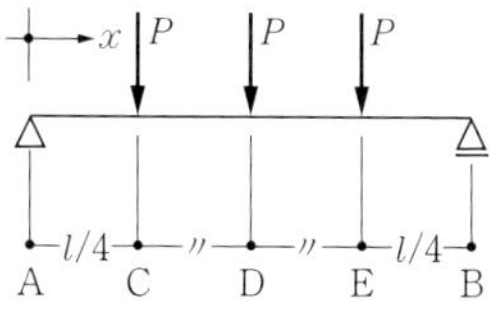 A—$l/4$—C—〃—D—〃—E—$l/4$—B，C，D，E に P	$R_A=R_B=\frac{3P}{2}$	$x\leqq\frac{l}{4}$：$M_x=\frac{3Px}{2}$ $\frac{l}{4}\leqq x\leqq\frac{l}{2}$：$M_x=\frac{P}{4}(2x+l)$ $M_{\max}=M_D=\frac{Pl}{2}$	$\delta_{\max}=\delta_D=\frac{19Pl^3}{384EI}$ $\theta_A=\frac{5Pl^2}{32EI}$
$a>l/2$ 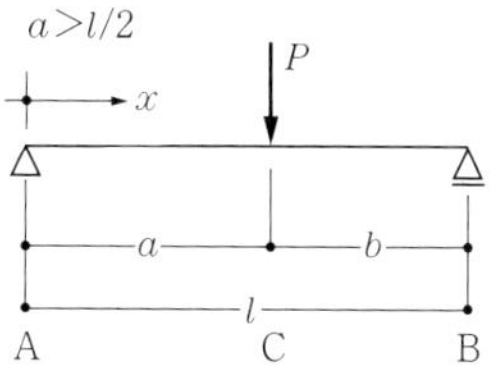 A—a—C—b—B（l），C に P	$R_A=\frac{Pb}{l}$ $R_B=\frac{Pa}{l}$	$M_{\max}=M_C=\frac{Pab}{l}$	$\delta_C=\frac{Pa^2b^2}{3EIl}$ $\delta_{\max}=\frac{Pb}{3EIl}\sqrt{\left(\frac{a^2+2ab}{3}\right)^3}$ $\left(x=\sqrt{\frac{a}{3}(a+2b)}\right.$ の場合$\left.\right)$ $\theta_A=\frac{Pb}{6EIl}(l^2-b^2)$ $\theta_B=\frac{Pa}{6EIl}(a^2-l^2)$
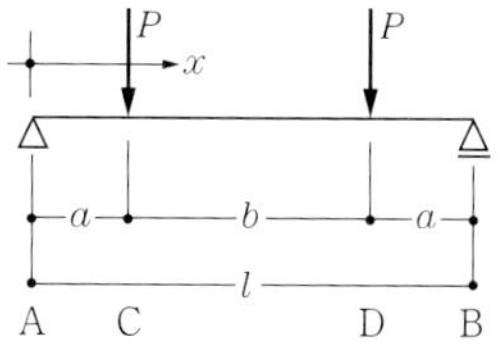 A—a—C—b—D—a—B（l），C，D に P	$R_A=R_B=P$	$x\leqq a$：$M_x=Px$ $M_{\max}=M_{C\sim D}=Pa$	$\delta_C=\frac{Pa^2}{6EI}(3l-4a)$ $\delta_{\max}=\frac{Pa}{24EI}(3l^2-4a^2)$ $(x=0.5l)$ $\theta_A=\frac{Pa}{2EI}(l-a)$
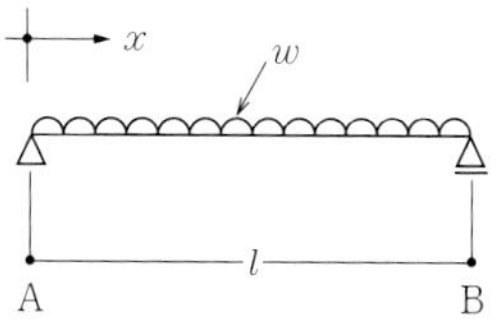 A—l—B，全長に等分布荷重 w	$W=wl$ $R_A=R_B=\frac{W}{2}$	$M_x=\frac{Wx}{2}\left(1-\frac{x}{l}\right)$ $M_{\max}=\frac{Wl}{8}$　$(x=0.5l)$	$\delta_x=\frac{Wl^3}{24EI}\left(\frac{x}{l}-\frac{2x^3}{l^3}+\frac{x^4}{l^4}\right)$ $\delta_{\max}=\frac{5Wl^3}{384EI}$　$(x=0.5l)$ $\theta_A=\frac{Wl^2}{24EI}$
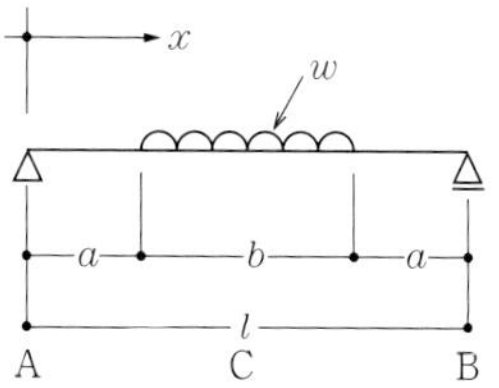 A—a—b—a—B（l），中央 b 区間に等分布荷重 w，C	$W=wb$ $R_A=R_B=\frac{W}{2}$	$M_C=\frac{w(l^2-4a^2)}{8}$	$\delta_C=\frac{wl^4}{384EI}(8m-4m^2+m^4)$ $\left(m=1-\frac{2a}{l}\right)$ $\theta_A=\frac{w}{24EI}(l^3-6la^2+4a^3)$

付表 I・9　単純梁（2）

荷　　重	反　　力	曲げモーメント	たわみ・たわみ角
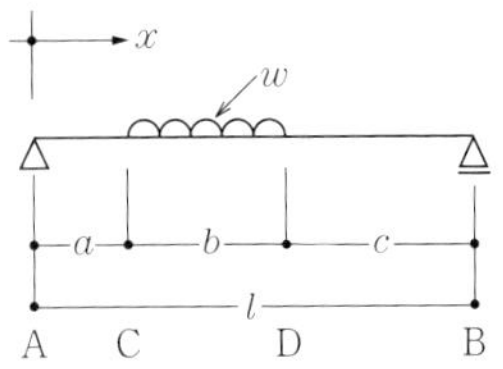 x, w a, b, c, l A C D B	$W=wb$ $R_A=\dfrac{W(b+2c)}{2l}$ $R_B=\dfrac{W(2a+b)}{2l}$	$a<x<a+b$： $M_x=\dfrac{wb(2c+b)x}{2l}-\dfrac{w(x-a)^2}{2}$ $M_{\max}=\dfrac{W}{l}\left(\dfrac{b}{2}+c\right)\left(a+\dfrac{2bc+b^2}{4l}\right)$ $\left[x=a+\dfrac{b}{l}\left(c+\dfrac{b}{2}\right)\right]$	$\delta_x=\dfrac{W}{48EIl}\left[x(2c+b)\{(2a+b)(2l+2c+b)-b^2-4x^2\}+\dfrac{2l}{b}(x-a)^4\right]$ $\theta_A=\dfrac{W}{48EIl}(2c+b)\{(2a+b)(2l+2c+b)-b^2\}$
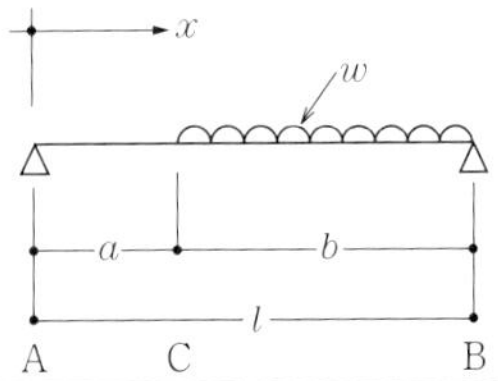 x, w a, b, l A C B	$W=wb$ $R_A=\dfrac{Wb}{2l}$ $R_B=\dfrac{W}{2l}(l+a)$	$M_{\max}=\dfrac{wl^2}{8}\left(1-\dfrac{a^2}{l^2}\right)^2$ $\left(x=\dfrac{b^2}{2l}+a\right)$	$\delta_C=\dfrac{Wb^2a}{24EIl}(l+3a)$ $\theta_A=\dfrac{Wb}{12EIl}\left(l^2-\dfrac{b^2}{2}\right)$ $\theta_B=-\dfrac{Wb}{12EIl}\left(2l^2+\dfrac{b^2}{2}-2lb\right)$
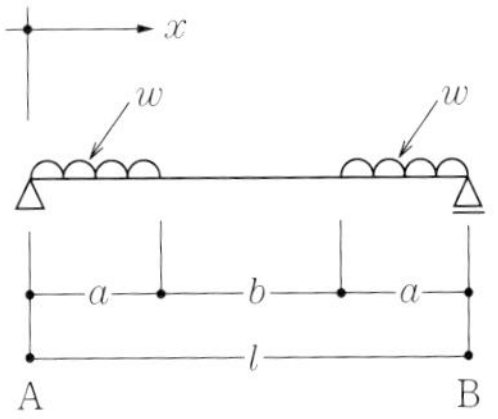 x, w, w a, b, a, l A B	$W=2wa$ $R_A=R_B=\dfrac{W}{2}$	$M_{\max}=\dfrac{Wa}{4}$ $(x=0.5l)$	$\delta_{\max}=\dfrac{wl^4}{48EI}\left(\dfrac{3a^2}{l^2}-\dfrac{2a^4}{l^4}\right)$ $(x=0.5l)$ $\theta_A=\dfrac{wa^4}{12EI}(3l-2a)$
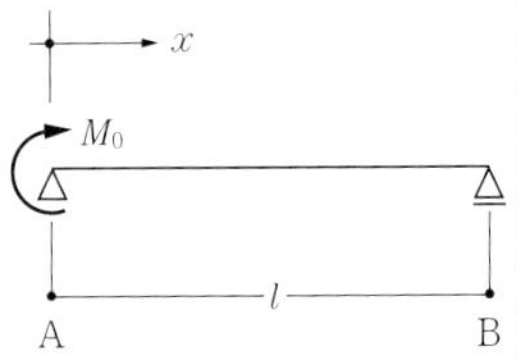 x, M_0 l A B	$R_A=-\dfrac{M_0}{l}$ $R_B=\dfrac{M_0}{l}$	$M_x=M_0-\dfrac{M_0}{l}x$ $M_{\max}=M_A=M_0$	$\delta_x=\dfrac{M_0x}{6EIl}(l-x)(2l-x)$ $\delta_{\max}=\dfrac{M_0l^2}{9\sqrt{3}EI}$ $(x=0.423l)$ $\theta_A=\dfrac{M_0l}{3EI}$ $\theta_B=-\dfrac{M_0l}{6EI}$
$(a\geqq b)$ x, M_0 a, b, l A C B 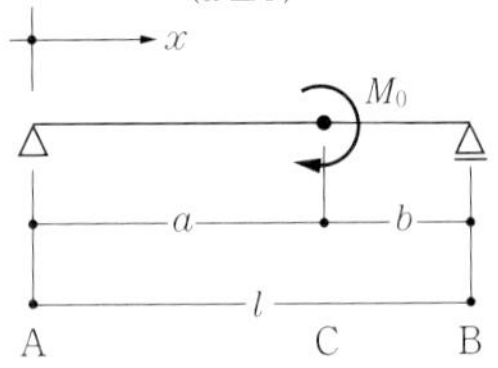	$R_A=\dfrac{M_0}{l}$ $R_B=-\dfrac{M_0}{l}$	A～C： $M_x=-\dfrac{M_0x}{l}$ $M_{CA}=-\dfrac{a}{l}M_0$ C～B： $M_x=\dfrac{M_0(l-x)}{l}$ $M_{CB}=\dfrac{b}{l}M_0$	$\delta_{\max}=\dfrac{M_0\sqrt{(l^2-3b^2)^3}}{9\sqrt{3}EIl}$ $(x=0.577\sqrt{l^2-3b^2})$ $\theta_A=\dfrac{M_0}{6EIl}(l^2-3b^2)$ $\theta_B=-\dfrac{M_0}{6EIl}(l^2-3a^2)$
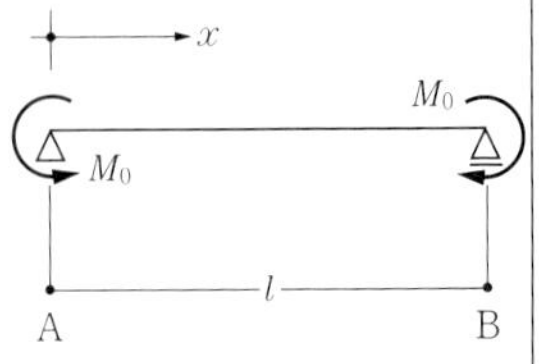 x, M_0, M_0 l A B	$R_A=R_B=0$	$M_x=-M_0$	$\delta_x=-\dfrac{M_0lx}{2EI}\left(1-\dfrac{x}{l}\right)$ $\delta_{\max}=-\dfrac{M_0l^2}{8EI}$　$(x=0.5l)$ $\theta_x=-\dfrac{M_0l}{2EI}\left(1-\dfrac{2x}{l}\right)$ $\theta_A=\dfrac{M_0l}{2EI}$
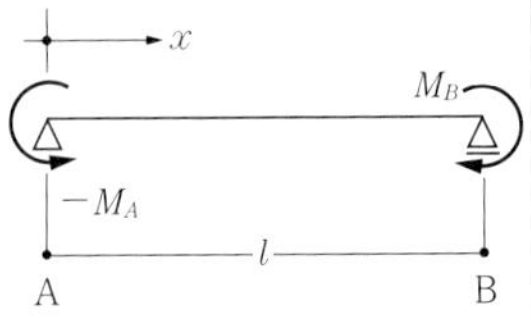 x, M_B, $-M_A$ l A B	$M_A>M_B$ $R_A=-\dfrac{M_A-M_B}{l}$ $R_B=\dfrac{M_A-M_B}{l}$	$M_x=-M_A+\dfrac{M_A-M_B}{l}x$ $M_{\max}=M_A$	$\delta_x=\dfrac{x(x-l)}{2EI}\left\{M_A-\dfrac{M_B-M_A}{3l}(x+l)\right\}$ $\delta_{\max}=-\dfrac{(M_A+M_B)}{16EI}l^2$　$(x=0.5l)$ $\theta_A=-\dfrac{1}{6EI}(2M_A+M_B)l$ $\theta_B=\dfrac{1}{6EI}(M_A+2M_B)l$

付録2　高力ボルトおよびボルトのピッチ・ゲージの標準

付録2・1　形鋼のゲージ

（単位：mm）

A あるいは B	g_1	g_2	最大軸径	B	g_1	g_2	最大軸径	B	g_3	最大軸径
65	35		20	125	75		16	65	35	20
70	40		20	150	90		22	70	40	20
75	40		22	175	105		22	75	40	22
80	45		22	200	120		24	80	45	22
90	50		24	250	150		24	90	50	24
100	55		24	300*	150	40	24	100	55	24
125	50	35	24	350	140	70	24			
130	50	40	24	400	140	90	24			
150	55	55	24							
175	60	70	24							
200	60	90	24							

＊　千鳥打ちとする．

付録2・2　ピッチ

（単位：mm）

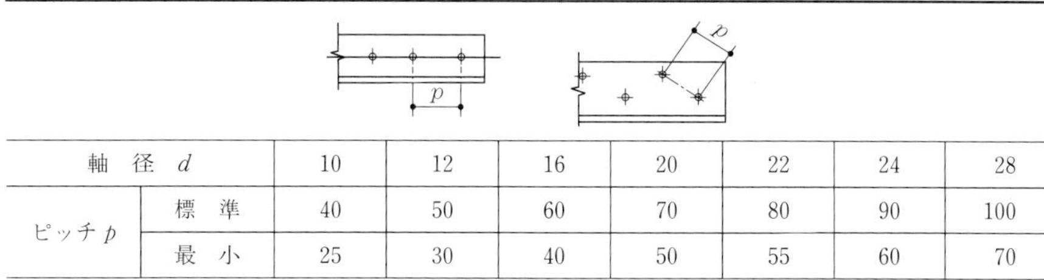

軸　径　d		10	12	16	20	22	24	28
ピッチ p	標　準	40	50	60	70	80	90	100
	最　小	25	30	40	50	55	60	70

付録2・3　千鳥打ちのゲージとピッチ

（単位：mm）

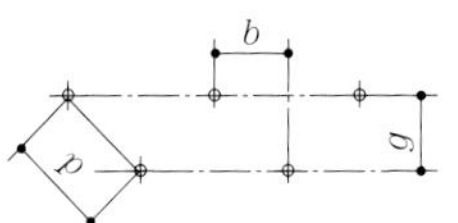

g	b		
	軸　径		
	16	20	22
	$p=48$	$p=60$	$p=66$
35	33	49	56
40	27	45	53
45	17	40	48
50		33	43
55		25	37
60			26
65			12

付録2・4　形鋼に対する千鳥打ち

（単位：mm）

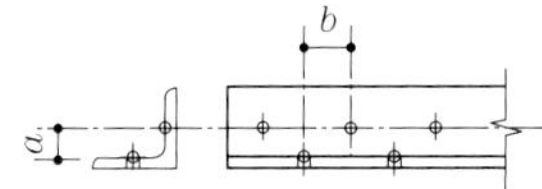

a	b			a	b		
	軸　径				軸　径		
	16	20	22		16	20	22
21	25	30	36	32	8	19	26
22	25	30	35	33		17	25
23	24	29	35	34		15	24
24	23	28	34	35		12	22
25	22	27	33	36		9	21
26	20	26	32	37			19
27	19	25	32	38			17
28	17	24	31	39			14
29	16	23	30	40			11
30	14	22	29	41			6
31	11	20	28	42			

付録2の出典

［出典：日本建築学会：「鋼構造設計規準—許容応力度設計法—」，第4版，pp. 178-179 (2005)］

付録 3　高力ボルトの許容耐力表

付表 3・1　長期応力に対する許容耐力

高力ボルトの種類	ボルトの呼び	ボルト軸径〔mm〕	ボルト孔径〔mm〕	ボルト軸断面積〔mm²〕	ボルト有効断面積〔mm²〕	設計ボルト張力〔kN〕	許容せん断力〔kN〕		許容引張力〔kN〕
							1 面摩擦	2 面摩擦	
F 10 T	M 12	12	14.0	113	84	56.5	17.0	33.9	35.1
	M 16	16	18.0	201	167	101	30.2	60.3	62.3
	M 20	20	22.0	314	245	157	47.1	94.2	97.4
	M 22	22	24.0	380	303	190	57.0	114	118
	M 24	24	26.0	452	353	226	67.9	136	140
	M 27	27	30.0	573	459	286	85.9	172	177
	M 30	30	33.0	707	561	353	106	212	219

付表 3・2　短期応力に対する許容耐力

高力ボルトの種類	ボルトの呼び	許容せん断力〔kN〕		許容引張力〔kN〕
		1 面摩擦	2 面摩擦	
F 10 T	M 12	25.4	50.9	52.6
	M 16	45.2	90.5	93.5
	M 20	70.7	141	146
	M 22	85.5	171	177
	M 24	102	204	210
	M 27	129	258	266
	M 30	159	318	329

付録 3 の出典
［出典：日本建築学会：鋼構造設計規準―許容応力度設計法―，第 4 版，p. 176 (2005)］

付録 4　スタッドコネクターのせん断耐力表

付表 4・1　スタッドコネクターのせん断耐力
（単位：kN，上段 16ϕ，下段 19ϕ）

コンクリート比重〔kN/m³〕／コンクリート強度〔N/mm²〕	17	18	19	20	21	22	23
18	／	／	52.1 73.5	54.2 76.4	56.2 79.3	58.2 82.1	60.2 84.9
21	53.8 75.9	56.2 79.3	58.5 82.5	60.8 85.8	63.1 89.0	65.3 92.1	67.5 95.2
24	59.5 83.9	62.1 87.6	64.7 91.2	67.2 94.8	69.7 98.3	72.2 101.8	74.7 105.3
27	65.0 91.7	67.9 95.7	70.7 99.7	73.4 103.6	76.2 107.4	78.9 111.2	81.6 115.0
30	70.4 99.2	73.4 103.6	76.5 107.8	79.5 112.1	82.4 116.3	85.4 120.4	88.3 124.5

付録5 デッキプレート

5.1 種 類

デッキプレートは，使い方によって種類がある．

デッキプレートがコンクリートの型枠代わりなのか，構造部位なのかで使い方が分かれる．

付表5・1 デッキプレートの種類

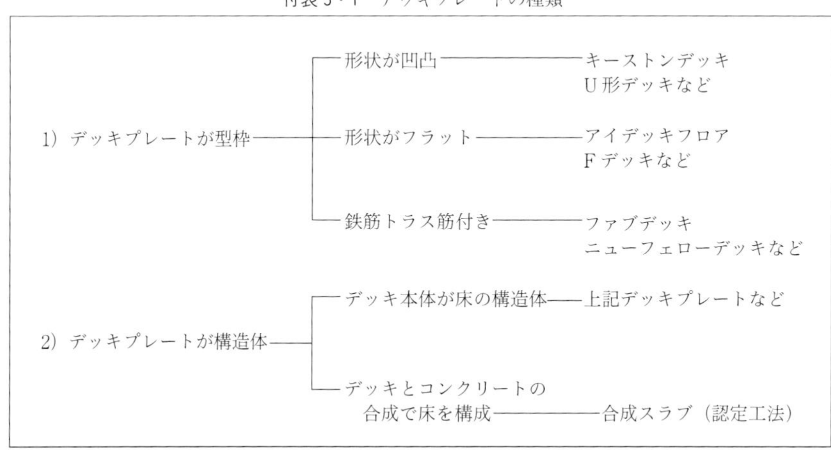
1）デッキプレートが型枠
形状が凹凸――キーストンデッキ U形デッキなど
形状がフラット――アイデッキフロア Fデッキなど
鉄筋トラス筋付き――ファブデッキ ニューフェローデッキなど
2）デッキプレートが構造体
デッキ本体が床の構造体――上記デッキプレートなど
デッキとコンクリートの合成で床を構成――合成スラブ（認定工法）

5.2 凹凸形状の型枠デッキプレート

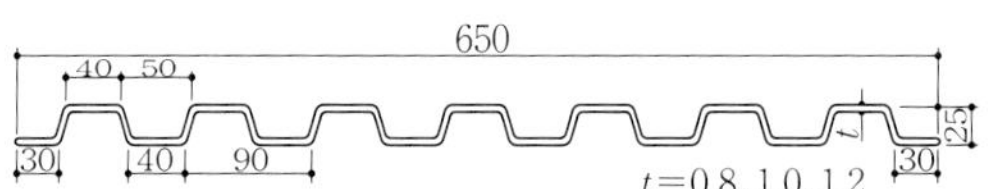

（a） キーストンプレート（スパンの小さい床に適している）

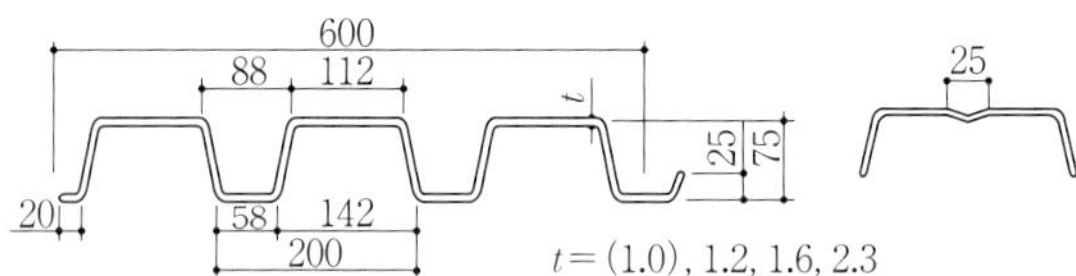

（b） U型デッキ（3 m 程度のスパンに適している）

付図5・1 凹凸形状の型枠デッキプレートの種類

［出典：日鐵住金建材株式会社：デッキプレート技術情報サイト，https://www.ns-kenzai.co.jp/a2kouzou.html］

5.3　フラット形状の型枠デッキプレート

上面がフラットなデッキプレート．(一社)公共建築協会の建築材料・設備機材等品質性能評価を受けている．

使用するにあたっては，「床型枠用鋼製デッキプレート（フラットデッキ）設計施工指針・同解説」(編集：(一社)公共建築協会，発行：フラットデッキ工業会）を参照されたい．

付表 5・2　フラットデッキプレートの種類[5)]

会社名	分類	種類	断面形状〔mm〕	接合方法
東邦シートフレーム 株式会社	閉塞型	アイデッキフロア 75	621, 20, 75, 207, 30	差込方式
JFE 建材 株式会社	中空型	JF 75	630, 20, 75, 210, 44	差込方式
	中空型	JF 75 W	630, 15, 75, 210, 36	差込方式
日鐵住金建材 株式会社	中空型	SF デッキ	630, 15, 75, 210, 36	差込方式
北海鋼機 株式会社	中空型	雪印 F デッキ	630, 25, 75, 210, 36	差込方式
株式会社 アイ・テック	中空型	アイ・テック フラットデッキ	630, 20, 75, 210, 40	差込方式

［出典：フラットデッキ工業会ホームページ「フラットデッキについて」，www.flatdeck.jp］

5.4　トラス筋付きデッキプレート

（1）　ファブデッキの例

付表 5・3　ファブデッキプレートの種類

タイプ ＼ 配筋			縦筋（主筋）		横筋（配力筋）	
			上端	下端	上端	下端
P 型 (従来型) ※P 型タイプのトラス高さ $H=80, 95$ については縦筋 D 13@150 の仕様はない．	80 95 110 125 140 155	二方向	D 13@150	D 13@150	D 10@200	D 10@200
			D 10@150	D 10@150	D 10@200	D 10@200
		一方向	D 13@150	D 13@150	D 10@200	—
			D 10@150	D 10@150	D 10@200	—
N 型 (新型) ※N 型タイプの横筋 D 13@200 は標準品はない．採用時に相談する．	90 100 110 120 130 140 150 160 170 180 190 200	二方向	D 13@200	D 13@200	D 10@200	D 10@200
			D 13@200	D 10@200	D 10@200	D 10@200
			D 10@200	D 10@200	D 10@200	D 10@200
		一方向	D 13@200	D 13@200	D 13@200	—
			D 13@200	D 13@200	D 10@200	—
			D 13@200	D 10@200	D 13@200	—
			D 13@200	D 10@200	D 10@200	—
			D 10@200	D 10@200	D 10@200	—

［出典：伊藤忠丸紅住商テクノスチール株式会社「ファブデッキカタログ」］

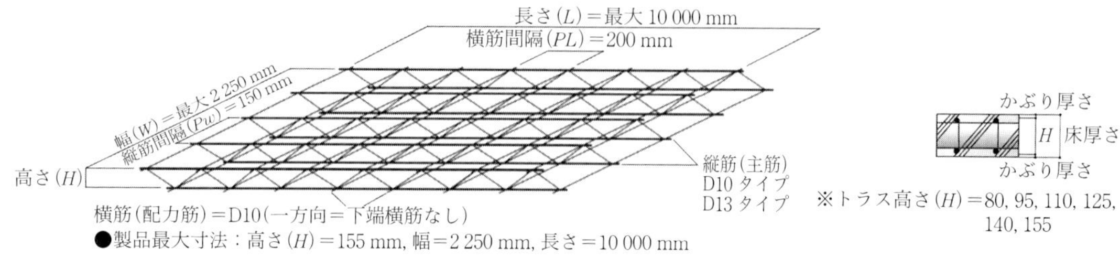

付図 5・2　ファブデッキ P 型の概要

［出典：伊藤忠丸紅住商テクノスチール株式会社「ファブデッキカタログ」，p. 4］

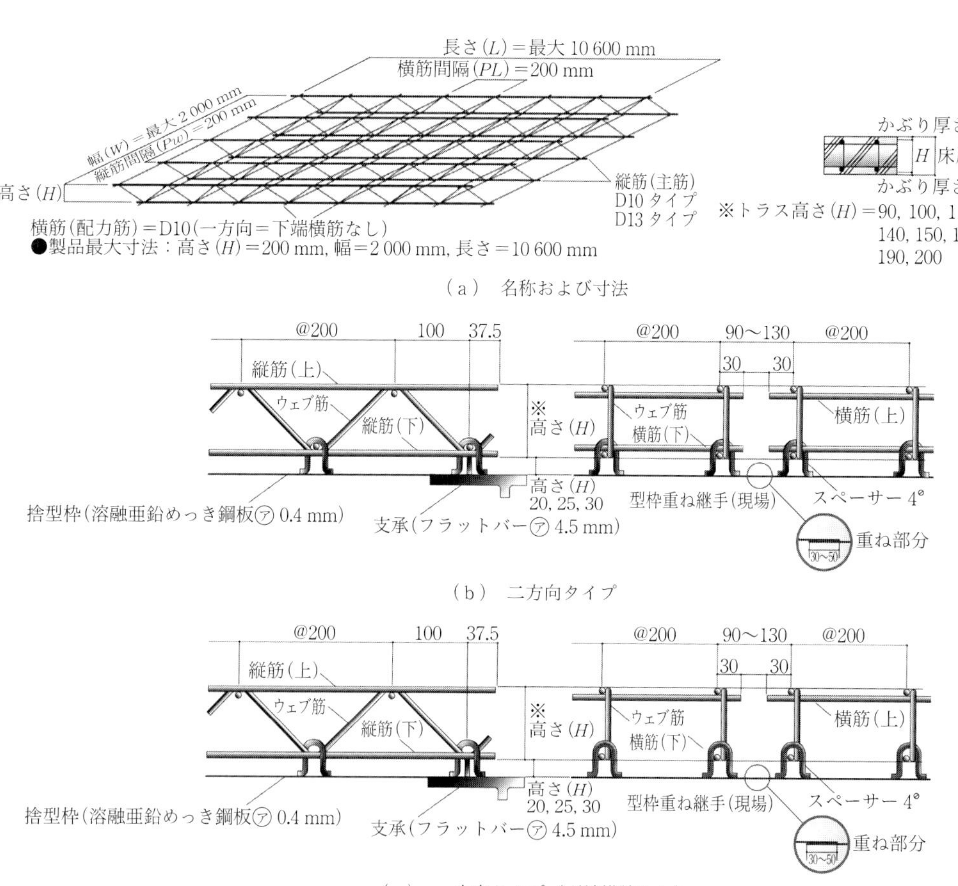

（a）　名称および寸法

（b）　二方向タイプ

（c）　一方向タイプ（下端横筋なし）

付図 5・3　ファブデッキ N 型の概要

［出典：伊藤忠丸紅住商テクノスチール株式会社「ファブデッキカタログ」，p. 5］

（2）　ニューフェローデッキ

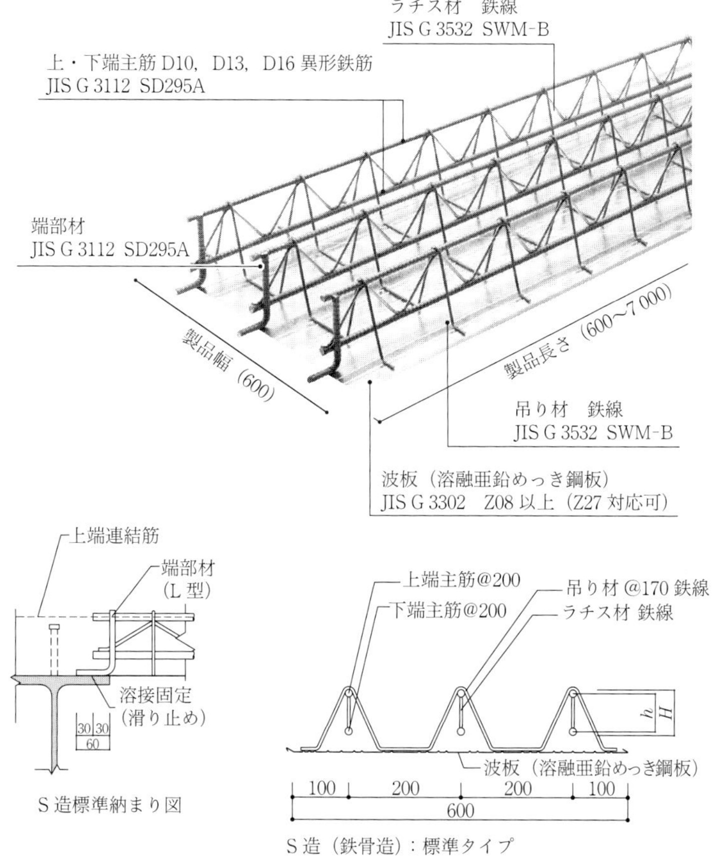

付図 5・4　ニューフェローデッキの概要
［出典：株式会社富士昭サンマティックホームページ「ニューフェローデッキ」, www.fujisho-deck.co.jp/seihin］

5.5　合成スラブ

付表 5・4　合成スラブ用デッキプレート分類

合成スラブ用デッキプレートの分類	商品名	（商品記号）
溝広タイプ 50 （デッキの溝幅が広く高さが 50 mm のもの）	QL デッキ スーパー E デッキ 明治アデバル A デッキ アイ・テック S デッキ	QL 99-50 EZ 50 MA 50 S 50
溝狭タイプ 50 （デッキの溝幅が狭く高さが 50 mm のもの）	EV デッキ	EV 50
溝広タイプ 75 （デッキの溝幅が広く高さが 75 mm のもの）	QL デッキ スーパー E デッキ 明治アデバル A デッキ アイ・テック S デッキ	QL 99-75 EZ 75 MA 75 S 75

［出典：合成スラブ工業会「合成スラブの設計・施工マニアル」, p. 24 (2015)］

付表5・5 デッキプレートの形状

商品名・形状寸法（単位：mm）	分 類
QL デッキ	
QL 99-50 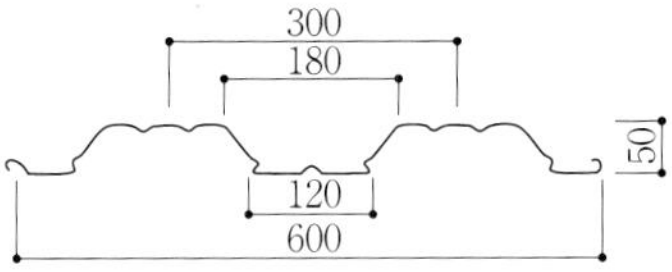　300, 180, 120, 600, 50	溝広タイプ 50
QL 99-75　300, 180, 120, 600, 75 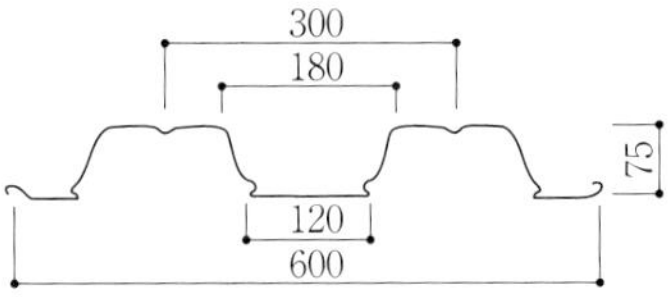	溝広タイプ 75
スーパー E デッキ	
EZ 50 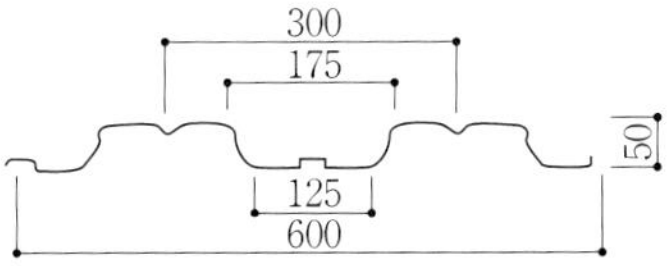　300, 175, 125, 600, 50	溝広タイプ 50
EZ 75　300, 180, 115, 600, 75 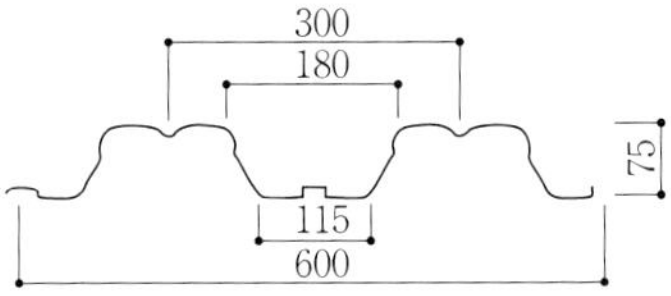	溝広タイプ 75
EV デッキ	
EV 50　204.7, 59, 39, 614, 50 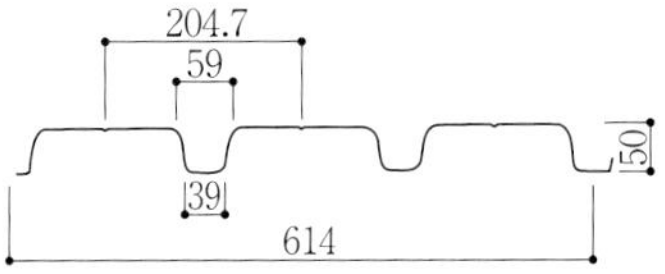	溝狭タイプ 50
明治アデバル A デッキ	
MA 50 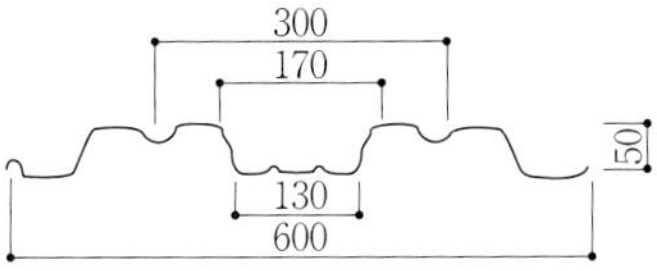　300, 170, 130, 600, 50	溝広タイプ 50
MA 75　300, 170, 130, 600, 75 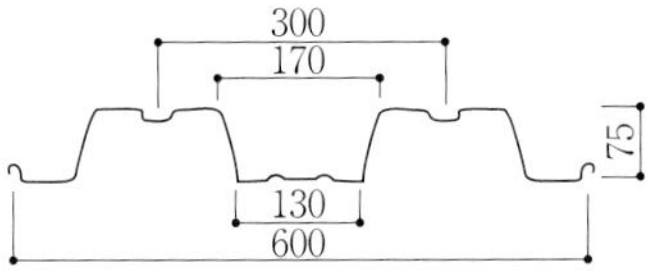	溝広タイプ 75
アイ・テック S デッキ	
S 50 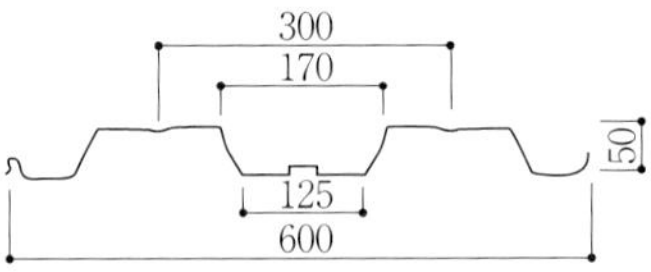　300, 170, 125, 600, 50	溝広タイプ 50
S 75　300, 170, 120, 600, 75 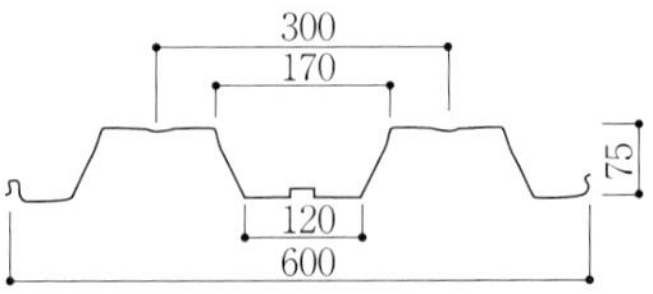	溝広タイプ 75

［出典：合成スラブ工業会「合成スラブの設計・施工マニュアル」，pp. 24, 26, 27（2015）］

付表5・6　合成スラブの耐火認定・設計仕様一覧

（a）　溝広タイプ

耐火時間	名称	適用梁構造	コンクリート種類	デッキプレート高さ〔mm〕	スパン〔m〕	許容積載荷重〔N/m²〕	コンクリート厚さ〔mm〕	ひび割れ拡大防止筋 溶接金網の場合	ひび割れ拡大防止筋 異形鉄筋の場合	耐火補強筋
2時間	連続支持合成スラブ	鉄骨梁 RC梁等*3	普通	50	2.7以下	5 400～9 800*1	95以上	径6-100×100	D10-200×200	不要
				75	3.4以下	5 400～9 800*2	90以上			
					3.6以下	5 400以下	95以上	—	D10-200×200	
			軽量	50	2.7以下	5 400～9 800*1	85以上	径6-100×100	D10-200×200	
				75	3.4以下	5 400～9 800*2				
					3.6以下	5 400以下	90以上	—	D10-200×200	
	単純支持合成スラブ	鉄骨梁 RC梁等	普通	50	2.7以下	5 400～9 800*1	95以上	径6-100×100	D10-200×200	D13
				75	3.4以下	5 400～9 800*2	90以上			
		鉄骨梁	軽量	50	2.7以下	5 400～9 800*1	85以上			
				75	3.4以下	5 400～9 800*2				
1時間	連続支持合成スラブ	鉄骨梁 RC梁等*3	普通	50	3.0以下	4 400～9 800*1	80以上	径6-150×150	D10-200×200	不要
				75	3.4以下	5 400～9 800*2				
					3.6以下	4 400以下	90以上	径6-100×100		
			軽量	50	3.0以下	4 400～9 800*1	80以上	径6-150×150		
				75	3.4以下	5 400～9 800*2				
	単純支持合成スラブ	鉄骨梁 RC梁等	普通	50	2.7以下	5 400～9 800*1	80以下	径6-150×150	D10-200×200	D13
				75	3.4以下	5 400～9 800*2				
		鉄骨梁	軽量	50	2.7以下	5 400～9 800*1				
				75	3.4以下	5 400～9 800*2				

〔注〕＊1　スパン2.7 m，許容積載荷重5 400 N/m²としたときの等価曲げモーメントから算出する（デッキプレート高さ50 mmの場合に適用）．
許容積載荷重＝5 400×$(2.7/l)^2$ かつ9 800 N/m²以下（l：スパン〔m〕）

＊2　スパン3.4 m，許容積載荷重5 400 N/m²としたときの等価曲げモーメントから算出する（デッキプレート高さ75 mmの場合に適用）．
許容積載荷重＝5 400×$(3.4/l)^2$　かつ9 800 N/m²以下（l：スパン〔m〕）

＊3　鉄筋コンクリート梁（RC梁）または鉄骨鉄筋コンクリート梁の場合，小梁を鉄骨梁としスパンがほぼ均等になるように設置し，端部補強筋（D13，L=1.0 m）を配筋する．

（b）　溝狭タイプ

耐火時間	名称	適用梁構造	コンクリート種類	デッキプレート高さ〔mm〕	スパン〔m〕	許容積載荷重〔N/m²〕	コンクリート厚さ〔mm〕	ひび割れ拡大防止筋 溶接金網の場合	ひび割れ拡大防止筋 異形鉄筋の場合
2時間	連続支持合成スラブ	鉄骨梁	普通	50	2.7以下	3 500以下	100以上	径6-100×100	D10-200×200
			軽量	50			90以上	径6-150×150	D10-200×200
1時間	連続支持合成スラブ	鉄骨梁	普通	50	2.7以下	3 900以下	80以上	径6-100×100	D10-200×200
			軽量	50			70以上		
	単純支持合成スラブ	鉄骨梁	普通	50	2.5以下	2 900以下	80以上	径6-150×150 2段	—

仕様の条件（溝広，溝狭タイプ共通）

1）　スパンとは，鉄骨梁の場合デッキプレートを支持する梁の中心間距離，鉄筋コンクリート梁の場合梁内法寸法をいう．
2）　鉄骨梁の場合，スパンが3.4 mを超える場合は，合成スラブと梁とは頭付きスタッド（軸径16 mm以上，ピッチ300 mm以下）で結合する．
3）　スパンが大きい場合やコンクリートが厚い場合，コンクリート打込み時デッキプレートに支保工が必要な場合があるので事前に措置する†．
4）　許容積載荷重とは，原則として建築基準法施行令第85条の積載荷重と床，天井などの仕上荷重を加えたものをいう．
5）　コンクリートの所定厚さとは，デッキプレートの山上のコンクリート平板部分の厚さをいう．
6）　ひび割れ拡大防止筋は，スラブ厚さが100 mmを超える場合も，原則としてスラブ上端から30 mmのかぶり厚さとする．
7）　溶接金網または異形鉄筋の鉄筋量は，コンクリート厚さに対する鉄筋比で0.2%以上とする．コンクリート厚さが所定厚さを超える場合，溶接金網などは所要鉄筋量に見合うサイズのものを使用する．
8）　耐火補強筋は，異形鉄筋D13以上をデッキプレートの各溝に1本ずつ，溝部中央，デッキプレート底面から40 mmの位置に全スパンにわたって配筋する．

〔†：「コンクリート打込み時の支保工要否早見表」参照．〕

［出典：合成スラブ工業会「合成スラブの設計・施工マニュアル」，pp. 44-45（2015）］

付録6　建築用アンカーボルト

① JIS 規格：JIS B 1220：2015「構造用両ねじアンカーボルトセット」

規格の内容を，付表6･1に示す．

付表6・1　JIS 規格内容

規格	セットの種類を表す記号	ボルトの材料	最小引張強さ	降伏比	ねじの加工方法	ねじの種類	ナットの強度区分	座金の硬さ区分	ねじ呼び径サイズ	選択可能な表面処理
ABR	ABR 400	SNR 400 B	400 N/mm^2	80%以下	転造	メートル並目	5 J	200 J	M 16〜M 48	溶融亜鉛めっきまたは電気めっき
	ABR 490	SNR 490 B	490 N/mm^2						M 16〜M 48	
	ABR 520 SUS	SUS 304 A	520 N/mm^2	65%以下			50		M 16〜M 48	—
ABM	ABM 400	SNR 400 B	400 N/mm^2	75%以下	切削	メートル細目	5 J	200 J	M 24〜M 48	電気めっき
	ABM 490	SNR 490 B	490 N/mm^2						M 24〜M 100	
	ABM 520 SUS	SUS 304 A	520 N/mm^2	65%以下		メートル並目	50		M 24〜M 48	—

［出典：建築用アンカーボルトメーカー協議会「JIS B 1220：2015」］

② アンカーボルトの材質

炭素鋼製品のアンカーボルトの素材は，JIS G 3138「建築構造用圧延棒鋼」SNR 400 B, SNR 490 B

ステンレス鋼のボルトの素材は，JIS G 4321「建築構造用ステンレス鋼材」SUS 304 A

③ 構造用アンカーボルトのセット構成：アンカーボルト1本，ナット4個，座金1枚

アンカーボルトの標準寸法：両ねじタイプで，ねじ長さ $3d$ 以上，全長は $25d$ 以上，ねじのない部分が $15d$ 以上

規格に，定着板は含まれていない．

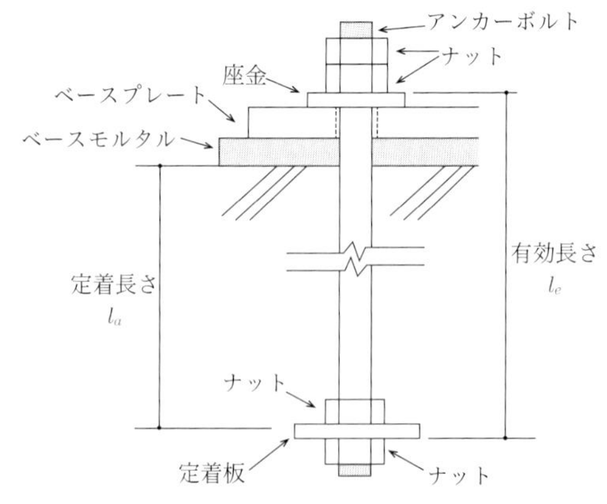

付図6・1　アンカーボルト使用例
［出典：建築用アンカーボルトメーカー協議会「JIS B 1220：2015」］

付表 6・2　ABR アンカーボルトの性能

（a）　ABR 400 および ABR 520 SUS の性能

ねじの呼び	基準軸径〔mm〕	軸部断面積〔mm²〕	ねじ部有効断面積〔mm²〕	引張耐力〔kN〕*1,*4			せん断耐力〔kN〕*2,*4	
				短期許容耐力*5	全塑性耐力	設計用最大耐力	短期許容耐力	最大耐力
M 16	14.54	166	157	36.9	39.0	50.7	21.3	36.3 (47.3)
M 18	16.20	206	192	45.1	48.4	62.9	26.0	44.3 (57.6)
M 20	18.20	260	245	57.6	61.1	79.4	33.2	56.6 (73.3)
M 22	20.20	320	303	71.2	75.2	97.8	41.1	69.9 (91.2)
M 24	21.85	375	353	83.0	88.1	115	47.9	81.4 (106)
M 27	24.85	485	459	108	114	148	62.4	106 (138)
M 30	27.51	594	561	132	140	182	76.2	129 (169)
M 33	30.51	731	694	163	172	224	94.1	161 (208)
M 36	33.17	864	817	192	203	264	111	189 (245)
M 39	36.17	1 030	976	229	242	315	132	225 (293)
M 42*3	38.83	1 180	1 120	263	277	360	152	259 (336)
M 45	41.83	1 370	1 310	282 (308)	295 (322)	384 (419)	163 (178)	303 (393)
M 48	44.48	1 550	1 470	316 (345)	333 (364)	433 (473)	182 (199)	339 (441)

（b）　ABR 490 の性能

ねじの呼び	基準軸径〔mm〕	軸部断面積〔mm²〕	ねじ部有効断面積〔mm²〕	引張耐力〔kN〕*1			せん断耐力〔kN〕*2	
				短期許容耐力*5	全塑性耐力	設計用最大耐力	短期許容耐力	最大耐力
M 16	14.54	166	157	51.0	54.0	70.2	29.4	44.4
M 18	16.20	206	192	62.4	67.0	87.0	36.0	54.3
M 20	18.20	260	245	79.6	84.5	110	46.0	69.3
M 22	20.20	320	303	98.5	104	135	56.9	85.7
M 24	21.85	375	353	115	122	159	66.4	99.9
M 27	24.85	485	459	149	158	205	86.0	130
M 30	27.51	594	561	182	193	251	105	159
M 33	30.51	731	694	226	238	309	130	196
M 36	33.17	864	817	266	281	365	154	231
M 39	36.17	1 030	976	317	335	436	183	276
M 42*3	38.83	1 180	1 120	364	384	499	210	317
M 45	41.83	1 370	1 310	386	404	525	223	371
M 48	44.48	1 550	1 470	434	457	594	251	416

〔注〕 ＊1　短期許容引張耐力 $p_{ba}=A_e \cdot F$，全塑性引張耐力 $p_{bp}=A_b \cdot F$，設計用最大引張耐力 $p_{bu}=1.3\,A_b \cdot F$，A_e：ねじ部有効断面積，A_b：軸部断面積，F：鋼材の基準強度

＊2　せん断耐力は，ねじ部有効断面積に基づいて算定されている．

＊3　ABR-M 42 の耐力は，軸部径が 38.83 mm であるため，F 値の低減はしていない．

＊4　表中括弧内の数値は ABR 520 SUS の性能を示す．

＊5　JIS B 1220：2015 規格に規定されている耐力性能は短期許容耐力（ねじ部引張降伏耐力の最小値）のみであるが，上表には参考値としてその他耐力値も掲載している．

［出典：建築用アンカーボルトメーカー協議会「JIS B 1220：2015」］

付表 6・3　ABM アンカーボルトの性能

（a）　ABM 400 および ABM 520 SUS の性能

ねじの呼び	軸断面積〔mm²〕	ねじ部有効断面積*3〔mm²〕	引張耐力〔kN〕*1,*3			せん断耐力〔kN〕*2,*3	
			短期許容耐力*4	全塑性耐力	設計用最大耐力	短期許容耐力	最大耐力
M 24	452	384（353）	90.2（83.0）	106	133	52.1（47.9）	88.9（106）
M 27	573	496（459）	117（108）	135	169	67.5（62.4）	114（138）
M 30	707	621（561）	146（132）	166	208	84.3（76.2）	143（169）
M 33	855	761（694）	179（163）	201	251	103（94.1）	176（208）
M 36	1 020	865（817）	203（192）	240	300	117（111）	200（245）
M 39	1 190	1 030（976）	242（229）	280	350	140（132）	238（293）
M 42	1 390	1 210（1 120）	260（263）	299（327）	374（409）	150（152）	279（336）
M 45	1 590	1 340（1 310）	288（308）	342（374）	428（468）	166（178）	309（393）
M 48	1 810	1 540（1 470）	331（345）	389（425）	486（531）	191（199）	356（441）

（b）　ABM 490 の性能

ねじの呼び	軸断面積〔mm²〕	ねじ部有効断面積〔mm²〕	引張耐力〔kN〕*1			せん断耐力〔kN〕*2	
			短期許容耐力*4	全塑性耐力	設計用最大耐力	短期許容耐力	最大耐力
M 24	452	384	125	147	184	72.2	109
M 27	573	496	161	186	233	93.0	140
M 30	707	621	202	230	288	117	176
M 33	855	761	247	278	348	143	215
M 36	1 020	865	281	332	415	162	245
M 39	1 190	1 030	335	387	484	193	292
M 42	1 390	1 210	357	410	513	206	342
M 45	1 590	1 340	395	469	586	228	379
M 48	1 810	1 540	454	534	668	262	436
M 52	2 120	1 820	537	625	781	310	515
M 56	2 460	2 140	631	726	908	364	606
M 60	2 830	2 480	732	835	1 040	423	701
M 64	3 220	2 850	841	950	1 190	486	807
M 68	3 630	3 240	956	1 070	1 340	552	917
M 72	4 070	3 460	1 020	1 200	1 500	589	979
M 76	4 540	3 890	1 150	1 340	1 680	664	1 100
M 80	5 030	4 340	1 280	1 480	1 850	739	1 230
M 85	5 670	4 950	1 460	1 670	2 090	843	1 400
M 90	6 360	5 590	1 650	1 880	2 350	953	1 580
M 95	7 090	6 270	1 850	2 090	2 610	1 070	1 770
M 100	7 850	6 990	2 060	2 320	2 900	1 190	1 980

〔注〕　＊1　短期許容引張耐力 $p_{ba}=A_e \cdot F$，全塑性引張耐力 $p_{bp}=A_b \cdot F$，設計用最大引張耐力 $p_{bu}=1.25A_b \cdot F$，A_e：ねじ部有効断面積，A_b：軸部断面積，F：鋼材の基準強度

＊2　せん断耐力は，ねじ部断面積に基づいて算定されている．

＊3　表中括弧内の数値は ABM 520 SUS の性能を示す．

＊4　JIS B 1220：2015 規格に規定されている耐力性能は短期許容耐力（ねじ部引張降伏耐力の最小値）のみであるが，上表には参考値としてその他耐力値も掲載している．

〔出典：建築用アンカーボルトメーカー協議会「JIS B 1220：2015」〕

④　定着板の推奨寸法（参考）を付表 6･4 に示す．

付表 6・4　定着板の推奨寸法（参考）

定着板の寸法（参考値）

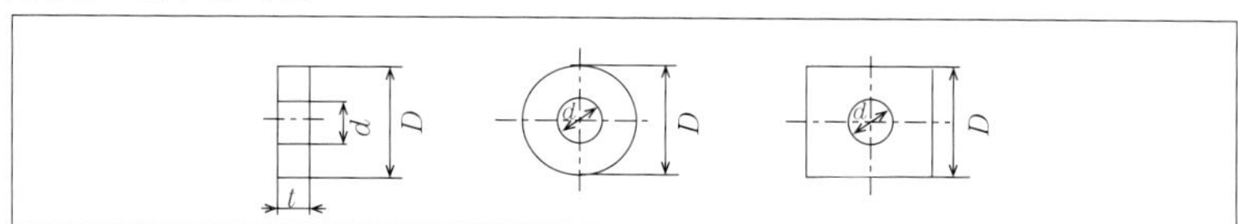

（単位：mm）

ねじの呼び	丸型						四角型					
	外径（D）		内径（d）		板厚（t）		外辺（D）		内径（d）		板厚（t）	
	標準寸法	許容値	標準寸法	許容値	標準寸法	許容値	標準寸法	許容値	標準寸法	許容値	標準寸法	許容値
M 16	48	±1.0	18	±1.0	10	±1.0	50	±1.0	18	±1.0	9	±0.5
M 18	60		22		13		55		20		10	
M 20							60		22		12	
M 22	72		26		15		70		24			
M 24							75		26		16	±0.6
M 27	91		32		17		90		29			
M 30							100		32			
M 33	102		38		20				35		19	
M 36							110		38			
M 39	120	±2.0	45	±2.0	24	±2.0	120	±2.0	41	±2.0	22	
M 42									44			
M 45	140		51				125		48			
M 48							150		51			
M 52	160		59		27				55			
M 56									59		25	±0.7
M 60	180		67		31		155		63		28	
M 64							165		67			
M 68	190	±3.0	76	±3.0	34		176	±3.0	71	±3.0	32	
M 72							186		76			
M 76	210		84		42		196		80		36	
M 80							206		84		40	±0.8
M 85	240		94		47		219		89			
M 90							232		94		45	
M 95	260		104		52		244		99		50	
M 100							257		104			

付表 6･4 に示す形状および寸法の数値は，JIS B 1220：2015「解説」に記載されている定着板寸法の参考値．詳細に関しては，JIS 規格書で確認されたい．

コンクリートの設計基準強度は，アンカーボルトの呼び径に対して，右表のとおり 18～24 N/mm^2 と仮定している．

アンカーボルトのねじの呼び	コンクリートの設計基準強度〔N/mm^2〕
M 16～M 30	18
M 33～M 48	21
M 52～M 100	24

付表 6･4 の定着板の寸法は，アンカーボルトが十分に塑性変形できるよう，アンカーボルトの軸部が定着板に先行して降伏するように設計されており，この参考寸法値の算出設計条件については次ページ⑤に示す．

なお，コンクリート基礎のコーン状破壊については，フーチング形状が個々の設計において異なること，アンカーボルトの軸力伝達に対してフーチング内に配筋を行う場合があることなどを考え，上記表に示した寸法は，コンクリート基礎のコーン状破壊を考慮したものではない．したがって，フーチングが小さく，コーン状破壊の可能性がある場合には，適切な定着板を用いる必要がある．

［出典：建築用アンカーボルトメーカー協議会「JIS B 1220：2015」］

⑤　付表6･4「定着板の推奨寸法（参考）」の算出設計条件を下記に示す．

（ⅰ）許容応力度設計：許容応力度設計においては，下記の式を満足することを条件としている．

$N_y \leqq p_a$　(1)

N_y：アンカーボルトの軸部引張降伏耐力（ABRの場合），アンカーボルトのねじ部引張降伏耐力（ABMの場合）

p_a：アンカーボルト頭部に接するコンクリートの支圧によって決まる場合のアンカーボルト1本当りの許容引張力（式（5）で$\phi=2/3$とする）

$\sigma_d \leqq f_{bl}$　(2)

σ_d：定着板の曲げ応力度（アンカーボルト軸力N_y時）

f_{bl}：定着板の短期許容面外曲げ応力度

（ⅱ）終局耐力設計：終局耐力設計においては，式（3），（4）を満足することを条件としている．

$N_p \leqq p_a$　(3)

N_p：アンカーボルトの引張最大耐力（式（6）または式（7））

p_a：アンカーボルト頭部に接するコンクリートの支圧によって決まる場合のアンカーボルト1本当りの許容引張力（式（5）で$\phi=1.0$とする）

$\sigma_d \leqq \sigma_u$　(4)

σ_d：定着板の曲げ応力度（アンカーボルト軸力N_p時）

σ_u：定着板の引張強さ

（ⅲ）参考式および仮定条件

・アンカーボルト頭部に接するコンクリートの支圧許容引張力および支圧引張強度p_a：アンカーボルト頭部に接するコンクリートの支圧許容引張力および支圧引張強度は，各種アンカーボルト設計指針および同解説（日本建築学会：各種合成構造設計指針同解説，1985）に記載する式（5）による．

$p_a=\phi\times f_n\times A_o$　(5)

p_a：アンカーボルト頭部に接するコンクリートの支圧によって決まる場合のアンカーボルト1本当りの許容引張力および支圧引張強度

ϕ：低減係数（長期1/3，短期2/3，終局1）

f_n：コンクリートの支圧強度で$\sqrt{A_c/A_o}\cdot F_c$とする．ただし，$\sqrt{A_c/A_o}$が10を超える場合は10とする．この設計ではf_nがばらつくことを考慮し，安全側に評価して3としている．

A_c：コンクリートのコーン状破壊面の有効水平投影面積，F_c：コンクリートの設計基準強度

A_o：アンカーボルト頭部の支圧面積

・定着板の曲げ応力度σ_d：定着板の曲げ応力度は，円輪板・内周固定・外周自由・等分布荷重における最大曲げ応力（日本機械学会：機械工学便覧（改訂第5版），1968）によって算定している．なお，設計応力度はナット周りにおける応力度としている．

・定着板の材質，短期許容面外曲げ応力度f_{bl}，引張強さσ_u：定着板は，コンクリート内に設けられ十分に拘束されていると考え，短期許容面外曲げ応力度および引張強さを以下に示す．なお，定着板の素材は，JIS G 3101に規定するSS 400とする．

$f_{bl}=235\div1.3\times1.5=271\ \mathrm{N/mm^2}$　　$\sigma_u=400\ \mathrm{N/mm^2}$

・アンカーボルトの設計用引張最大耐力：定着板の設計で用いるアンカーボルトの設計用引張最大は，式（6）または式（7）による．

$N_p=1.3A_b\cdot F$（ABRの場合）　(6)

$N_p=1.25A_b\cdot F$（ABMの場合）　(7)

A_b：アンカーボルトの軸断面積，F：アンカーボルト材の基準強度

［出典：建築用アンカーボルトメーカー協議会「JIS B 1220：2015」］

付録 7　素地調整・防錆塗料

付表 7・1　鉄鋼面素地調整の種別と工程

工　程	種　別			工程間隔時間
	1 種 A	1 種 B	2 種	
汚れ・付着物除去	汚れ・付着物をワイヤブラシや研磨布などで除去			—
油類除去	アルカリ性脱脂剤で加熱処理後湯または水洗い	溶剤ぶき	溶剤ぶき	—
さび落し	酸洗いによりさび，黒皮を除去	ブラストによりさび，黒皮を除去	ディスクサンダー，ワイヤホイルなどの動力工具を主体とし，スクレーバ，ワイヤブラシ，研磨布などの手工具を併用してさび落とし	ただちに次の工程に移る
化成皮膜処理	りん酸塩化成皮膜処理後，水洗い乾燥	—	—	ただちに次の工程に移る

付表 7・2　溶融亜鉛めっき面素地調整の種別と工程

工　程	種　別		工程間隔時間
	1 種	2 種	
汚れ・付着物除去	汚れ・付着物をワイヤブラシや研磨布なので除去		—
油類除去	弱アルカリ性脱脂剤で加熱処理後湯または水洗い	溶剤ぶき	—
化成皮膜処理	りん酸塩化成皮膜処理後水洗い乾燥．またはクロム酸塩もしくはクロメートフリー化成皮膜処理後，乾燥	—	ただちに次の工程に移る

付表 7・3　素地調整に用いる材料

材　料	規格および組成
アルカリ性脱脂剤	アルカリ性界面活性剤
溶　剤	トルエン，キシレンなど
化成皮膜処理	りん酸塩化成皮膜処理剤，クロム酸塩化成皮膜処理剤，クロメートフリー化成皮膜処理剤

付表 7·1～付表 7·3 の出典
［出典：日本建築学会「鉄骨工事技術指針・工場製作編」第 6 版，pp. 519-520 (2018)］

付表 7・4　防錆塗料の JIS 番号と種類

JIS 番号・名称	種類	解　説
JIS K 5551：2008 構造用さび止めペイント	A 種	反応硬化形エポキシ樹脂系塗料で，膜厚が約 30 μm の標準形塗料． 主に鋼構造物および建築金属部の防錆に用いるもの．
	B 種	反応硬化形エポキシ樹脂系塗料で，膜厚が約 60 μm の標準形塗料． 主に鋼構造物の長期防錆に用いるもの．
	C 種	反応硬化形変性エポキシ樹脂系または反応硬化形変性ウレタン樹脂系塗料で，標準の膜厚が約 60 μm の膜厚形塗料．次の 2 種類がある． 1 号：常温環境下で施工する，主に鋼構造物の長期防錆に用いるもの． 2 号：低温環境下で施工する，主に鋼構造物の長期防錆に用いるもの．
JIS K 5621：2008 一般用さび止めペイント	1 種	屋内外における鉄鋼製品に用いるボイル油系さび止め塗料．
	2 種	屋内外における鉄鋼製品に用いる有機溶剤を揮発成分とする液状・自然乾燥形のさび止め塗料
	3 種	屋内外における鉄鋼製品に用いる速乾性で，短期間の防錆性を持つ有機溶剤を揮発成分とする液状・自然乾燥形のさび止め塗料
JIS K 5674：2008 鉛・クロムフリーさび止めペイント	1 種	有機溶剤を揮発成分とする液状・自然乾燥形のさび止め塗料
	2 種	水を主要な揮発成分とする液状・自然乾燥形のさび止め塗料

付録 8　耐 火 被 覆

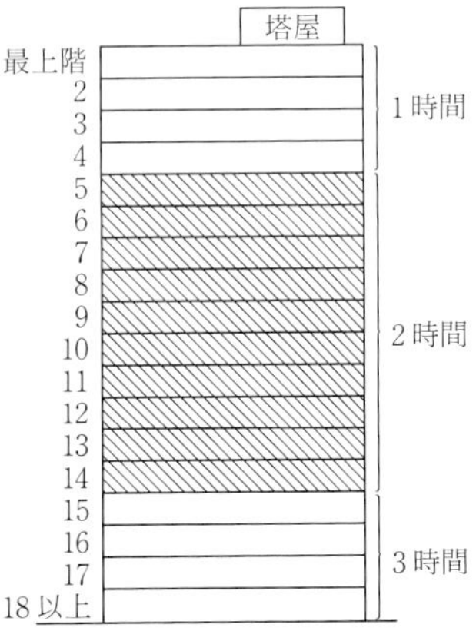

塔屋
最上階
2
3
4
5
6
7
8
9
10
11
12
13
14
15
16
17
18 以上
1 時間
2 時間
3 時間

付表 8・1　建築基準法施行令第 107 条による耐火時間

(単位：時間)

建築物の部分 ＼ 建築物の階			法的に階数に算入されない塔屋	最上階および最上階から数えて階数が 2 以上 4 以内の階	最上階から数えて階数が 5 以上 14 以内の階	最上階から数えて階数が 15 以上の階
屋　根			—	0.5	—	—
床			—	1.0	2.0	2.0
柱			—	1.0	2.0	3.0
梁			—	1.0	2.0	3.0
壁	間仕切壁		—	1.0	2.0	2.0
壁	外壁	耐力壁	—	1.0	2.0	2.0
壁	外壁	非耐力壁(1)	—	1.0	1.0	1.0
壁	外壁	非耐力壁(2)	—	0.5	0.5	0.5

〔注〕　非耐力壁(1)：延焼のおそれのある部分
　　　非耐力壁(2)：延焼のおそれのない部分

付表 8・2　柱・梁の被覆材料の耐火時間による被覆厚さ

(単位：cm)

構造種別と被覆材料		比　重	柱			梁		
			1 時間	2 時間	3 時間	1 時間	2 時間	3 時間
鉄骨鉄筋コンクリート			3	3	3	3	3	3
鉄骨コンクリート			3	5	6	3	5	6
鉄骨	鉄網モルタル		4	6	8	4	6	8
鉄骨	軽量コンクリートブロック		4	6	8	4	6	8
鉄骨	鉄網パーライトモルタル		—	4	—	—	4	5
鉄骨	吹付石綿	0.3 以上	3	4.5	—	3	4.5	6
鉄骨	湿式吹付ロックウール	0.45～0.7	3	4	5	2.5	3.5	4.5
鉄骨	湿式吹込バーミキュライト	0.41	3	4	5	2.5	3.5	4.5
鉄骨	湿式吹付バーミキュライト	0.51	3	4.5	6	3	4.5	5.5
鉄骨	石綿けい酸カルシウム板(第 1 号)	0.35～0.8	2.5	4	5.5	2.5	3.5	5
鉄骨	石綿けい酸カルシウム板(第 2 号)	0.2～0.4	2.5	4.5	6	2.5	4	5.5
鉄骨	石綿ロックウール板	0.45 以上	2.5	4	5.5	2.5	3.5	5
鉄骨	軽量気泡コンクリート板	0.65～0.7	5	5～8	7.5～8	5	5	7.5～8
鉄骨	ひる石石綿セメント板	0.75	2.5	4	5	2	3	2.5
鉄骨	軽量石こう成形板	0.45	4	5.5	7	3	5	6.5
鉄骨	両面フレキシブルボード張り気泡コンクリートパネル	0.60	3.5	5	6	2.5	3.5	5
鉄骨	軽量コンクリート板(G ライト F)	1.31	4	5.5	—	—	—	—
鉄骨	高断熱ロックウール（マキベイ）	0.8 以上	2,4*1	4,6*1	6*2	2,4*1	4,6*1	6*1

＊1　部材サイズの制限あり　　＊2　ボックスの場合

付録9　車両制限令による輸送可能範囲

（1）許可取得区分（凡例）

① □ 許可不要．

② □ 特殊車両通行許可証取得（トレーラーなどは積載の寸法にかかわらず，すべて特殊車両通行許可証取得）．

③ ■ 特殊車両通行許可証＋制限外積載許可証（警察署）取得．

（2）本図に示す積載寸法は，一般的許可限度の最大値を示したものであるが，各図示の値以下であっても道路との関係において，さらに制限されるので個別に確認の必要がある．

（3）積荷の長さ（車両＋積荷）は車両長×1.1倍までとし，かつ，17 m以内を限度とする（ポールトレーラーを除く）．

（4）積荷の幅は，車両荷台幅以内を標準とするが，積荷の分割が不可能な場合には，3.5 mを限度とする．

（5）積荷の高さは［3.8 m－車両荷台高さ－台木高さ（0.1 m）］とするが，分割不可能な場合には車両積載高さで4.3 mを限度とする．

（6）総重量は車両の積載能力以内であっても総重量40.0トン以下を限度とする．

（a）トラック許可範囲（10トン積）

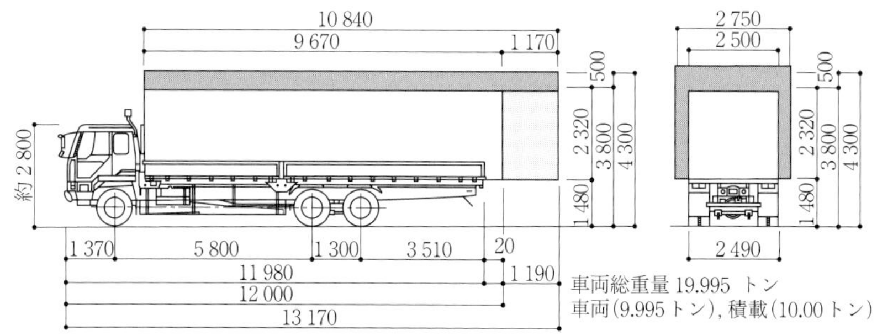

付図9・1

（b）トラック馬積通行許可範囲（10トン積）

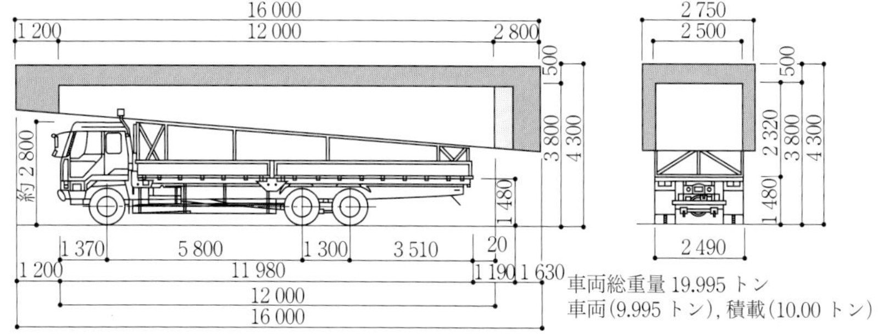

付図9・2

（c）　高床式セミトレーラー許可範囲（18トン積）

積荷先端幅が，車両荷台幅より超える場合には，超える寸法分（l）後方へずらす必要がある（積荷制限長さは短くなる）．

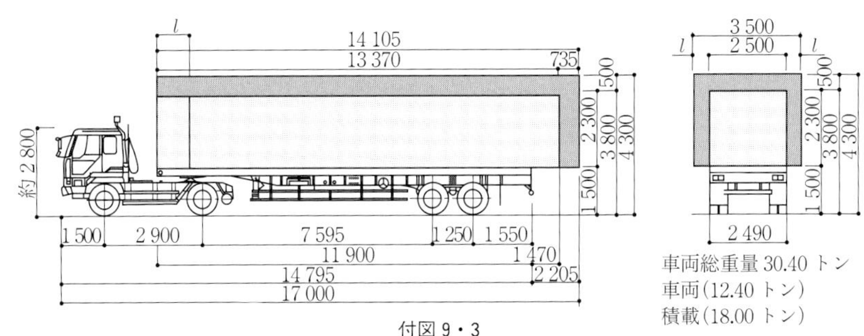

付図 9・3

（d）　高床式セミトレーラー許可範囲（20トン積）

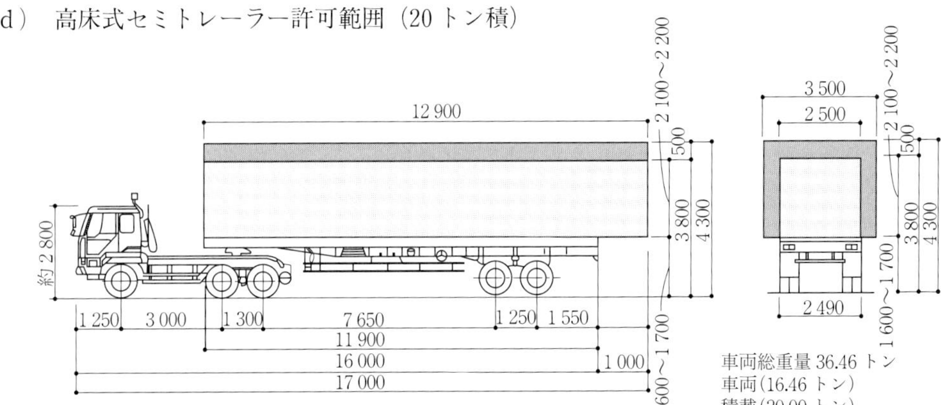

付図 9・4

（e）　中低床式セミトレーラー許可範囲（20トン積）

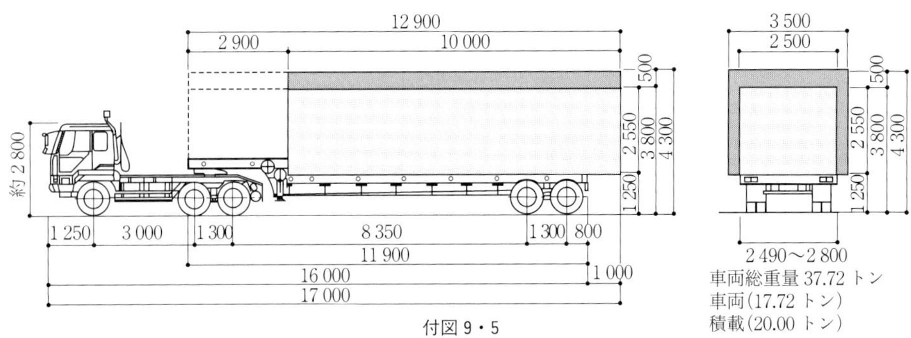

付図 9・5

（f）　低床式セミトレーラー許可範囲（20トン積）

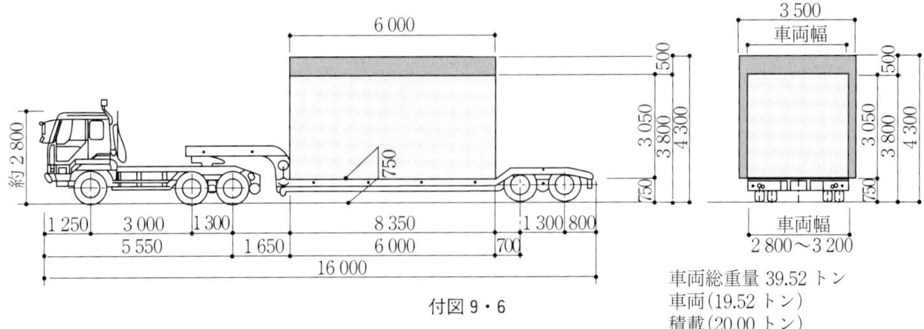

付図 9・6

（g）　低床式セミトレーラー許可範囲（20 トン積）（積み荷が車体から出る場合）

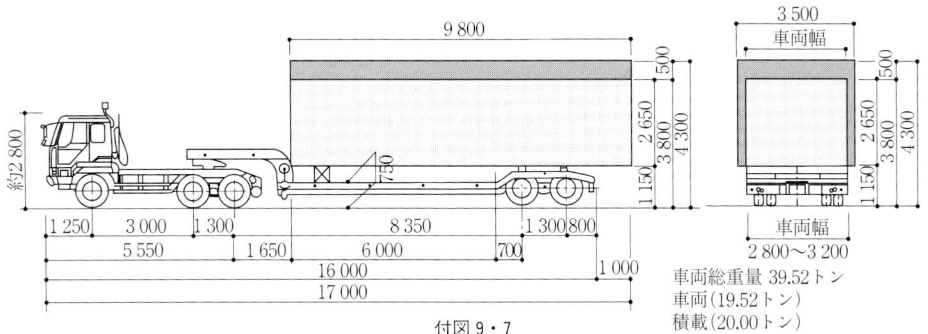

付図 9・7

（h）　トラックポール許可範囲（20 トン積）

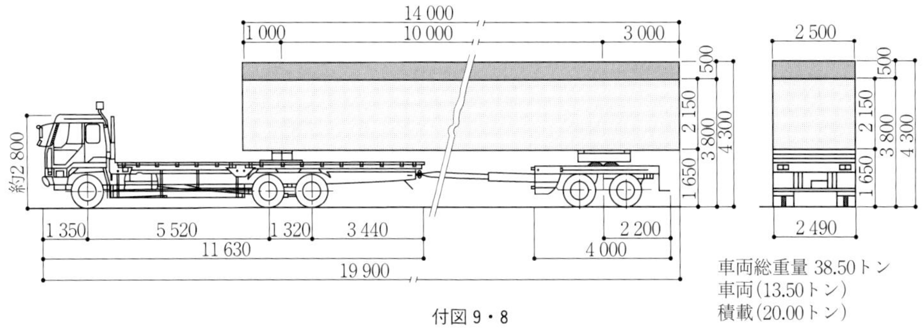

付図 9・8

（i）　トラクタポール許可範囲（25 トン積）

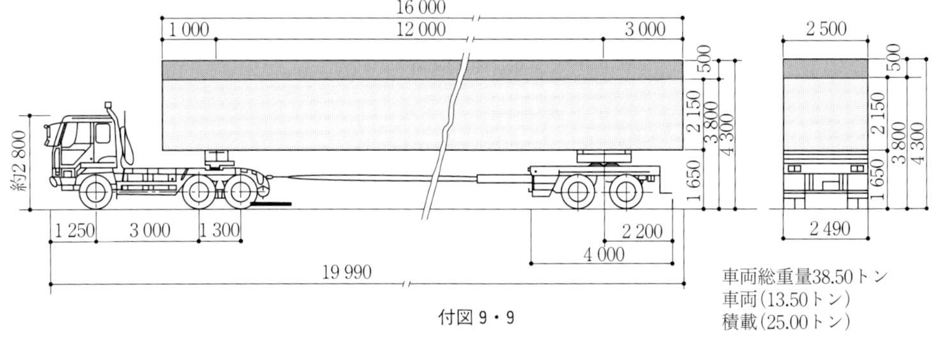

付図 9・9

注）1）セミトレーラー，ポールトレーラーなどは空車であっても，一般的制限値（車両幅 2.5 m，全長 12 m）を超えるものは特殊車両通行許可証取得が必要．

2）44 t は特例 8 車種のみ．

付録 9 の出典

［出典：日本橋梁建設協会，鉄骨建設協会「輸送マニュアル」，2008 年版，pp. 30-33］

付録 10 鉄骨工事に関係する資格

付表 10・1 鉄骨工事に関係する資格

<table>
<tr><th>資 格</th><th colspan="3">適 用</th></tr>
<tr><td rowspan="5">建築鉄骨溶接技能者
(AW 資格)</td><td colspan="3">・建築鉄骨の溶接は建築特有のディテールの複雑さなどから，高度な技術が必要とされる．
・建築鉄骨技能者の技量を統一的に把握し，工事監理や施工管理の省力化と鉄骨製作会社の負担軽減を図ることを目的とする．
・JIS による溶接技能者資格は「溶接を使用する業界全体をカバーする一般的資格」であり，AW 検定試験資格は，「建築鉄骨溶接独自の資格」と位置付けられる．</td></tr>
<tr><td rowspan="4">資格種別</td><td>工場溶接資格</td><td>鋼製エンドタブ，代替エンドタブ</td></tr>
<tr><td>工事現場溶接資格</td><td>鋼製エンドタブ：II類，III類，　代替エンドタブ：IV類，V類</td></tr>
<tr><td colspan="2">鋼管溶接資格</td></tr>
<tr><td>ロボット溶接
オペレータ資格</td><td>RT 種（F）（H）（V），　RC 種（F），　RP 種（F）</td></tr>
<tr><td rowspan="5">溶接管理技術者</td><td colspan="3">鋼構造物の製作などにおいて溶接・接合に関する設計，施工計画，管理などを行う技術者の資格
JIS Z 3410（ISO 14731）/WES 8130 において規定された溶接関連業務に関する知識および職務能力について評価．</td></tr>
<tr><td>責務</td><td colspan="2">JIS Z 3410（ISO 14731）の本体 4.1 および 4.2 ならびに付属書 B に記載された事項について製造事業者から割り当てられた任務と責任を果たさなければならない．</td></tr>
<tr><td rowspan="3">知識および職務能力</td><td>特別級</td><td>JIS Z 3410（ISO 14731）の本体 6.1 および 6.2 a）に記載された技術知識をもち，かつ溶接技術に関する包括職務能力を保有しなければならない．</td></tr>
<tr><td>1 級</td><td>JIS Z 3410（ISO 14731）の本体 6.1 および 6.2 b）に記載された技術知識をもち，かつ溶接技術に関する特定技術知識と経験，および施工，管理などに関する専門職務能力を保有しなければならない．</td></tr>
<tr><td>2 級</td><td>JIS Z 3410（ISO 14731）の本体 6.1 および 6.2 c）に記載された技術知識をもち，かつ溶接技術に関する基礎技術知識と経験，および溶接施工，管理などに関する基本職務能力を保有しなければならない．</td></tr>
<tr><td>溶接技能者</td><td colspan="3">鋼構造物の製作における溶接作業に従事する技能者の資格．
手溶接（アーク溶接・ガス溶接），半自動溶接，すみ肉溶接，基礎杭溶接などの資格がある．
資格の記号を以下に示す．
基本級は下向き姿勢，専門級は下向きの他の姿勢．
　① ②　③ ④
【例】 S A − 3 F
第一項目の記号
① 頭文字：なし：手溶接（アーク溶接・ガス溶接），　S：半自動溶接，　SS：セルフシールド半自動溶接（裏当てなし）
Fil：すみ肉溶接（専門級のみ），　FP：基礎杭溶接
② 次文字：N：裏当てなし，　A：裏当てあり
第二項目の記号
③ 最初の文字：板厚：1：薄板，　2：中板，　3：厚板
④ 次文字：姿勢：F：Flat（下向き），　V：Vertical（立向き），　H：Horizontal（横向き），　O：Over（上向き），　P：水平・鉛直固定</td></tr>
<tr><td>CIW 認定検査事業者</td><td colspan="3">・CIW とは，“Certification for Inspection of Welds”の頭文字．溶接構造物の非破壊検査を業務とする事業者の業務遂行能力の適格性，信頼性などを審査し認定する制度．
・業務遂行能力から，A 種〜D 種の 4 種別に認定される（付表 10･2，付表 10･3）．
・認定検査部門は，放射線検査（RT），超音波検査（UT），磁気検査（MT），浸透検査（PT），渦電流検査（ET），およびひずみ測定（SM）の 6 部門．
付表 10・2 CIW 認定制度における事業者種別
<table>
<tr><th>種別</th><th>認定検査部門数</th><th>技術管理者数</th><th colspan="2">認定検査部門の
上級検査技術者数</th><th>認定検査部門の
検査技術者数</th></tr>
<tr><td>A 種</td><td>5 または 6</td><td>5 名以上</td><td>16 名以上</td><td rowspan="3">当該検査部門に
各 1 名以上</td><td rowspan="4">当該検査部門の
上級検査技術者
1 名につき
1〜10 名</td></tr>
<tr><td>B 種</td><td>3 または 4</td><td>3 名以上</td><td>8 名以上</td></tr>
<tr><td>C 種</td><td>2</td><td>1 名以上</td><td>4 名以上</td></tr>
<tr><td>D 種</td><td>1</td><td>1 名以上</td><td colspan="2">2 名以上</td></tr>
</table></td></tr>
</table>

<table>
<tr><th>資　格</th><th>適　　用</th></tr>
<tr><td>CIW 認定検査事業者</td><td>付表 10・3　CIW 認定制度における各技術者の役割
<table>
<tr><th>資格</th><th>役　割</th></tr>
<tr><td>検査技術管理者</td><td>溶接構造物の外観検査を含む非破壊検査について，次の事項を実施し，検査に関する総括的な責任を負う登録された技術者
・検査計画と実施（検査仕様書の確定および検査手順書の承認）
・判定基準の決定　・検査の総合判定
・作業記録，ならびに検査成績書および／または検査報告書の承認</td></tr>
<tr><td>上級検査技術者</td><td>外観検査を含む該当検査部門について，次の事項を実施し，業務遂行，検査技術者の指導および監督を行う登録された技術者
・検査計画と実施（検査仕様書の確認および検査手順書の作成）
・関連法規，規格および検査仕様書の解釈
・検査業務手順の立案　・検査技術者の監督・指導
・検査設備および機器の管理
・検査業務の実施　・検査結果の判定
・作業記録ならびに検査成績書および／または検査報告書の審査</td></tr>
<tr><td>検査技術者</td><td>外観検査を含む該当検査部門について，上級検査技術者の監督のもとで次の事項を実施する登録された技術者
・検査業務の実施　・検査結果の一次判定
・検査設備および機器の検証・校正
・作業記録，ならびに検査成績書および／または検査報告書の作成</td></tr>
</table></td></tr>
<tr><td>非破壊検査技術者</td><td>・非破壊検査の部門は以下の 6 部門：放射線検査（RT），渦電流検査（ET），超音波検査（UT），ひずみ測定（SM），磁気検査（MT），浸透検査（PT）
・各部門それぞれにレベル 1，レベル 2 およびレベル 3（数字が上がるほど高度）を設定.
レベル 1：指示書に従って，かつレベル 2，レベル 3 技術者の監督のもとで，非破壊試験を実施する能力を保持している.
レベル 2：非破壊試験の手順書に従って，試験を実施する能力を保持している.
レベル 3：非破壊作業の実施および指示する能力を保持している.</td></tr>
<tr><td>建築鉄骨製品検査技術者</td><td>建築鉄骨工事に関する知識および製品の精度に関する知識を有し，かつ建築鉄骨の材料，形状，精度，溶接部の外観などの検査について計画の立案，作業の実施，および結果の解読ならびに，合否の判定ができる高度の知識と技術を有すると認められた者.</td></tr>
<tr><td>建築鉄骨超音波技術者</td><td>建築鉄骨工事に関する知識および超音波深傷（UT）に関する知識を有し，かつ建築鉄骨溶接部の超音波深傷検査について，計画の立案，作業の実施および結果の解読ならびに合否の判定ができる高度の知識と技術を有すると認められた者.</td></tr>
<tr><td>鉄骨工事管理責任者</td><td>建築鉄骨工事における鉄骨製作発注時の指示・指導・受入検査などによる鉄骨製品検査および現場工事の管理を適正に行うことができ，併せてその内容を現場責任者に指導できる技量を有すると認められた者.</td></tr>
<tr><td>建築高力ボルト接合管理技術者</td><td>日本建築学会「建築工事標準仕様書 JASS 6 鉄骨工事」の内容を理解して，JASS 6 に基づく高力ボルトの施工に関する管理を行うことができ，併せてその内容を技能者に指導できると認められる者.</td></tr>
<tr><td>溶融亜鉛めっき高力ボルト接合施工技術者</td><td>溶融亜鉛めっき処理した鋼構造物をめっきした高力ボルトで接合をする際に適切な施工ができる者.</td></tr>
<tr><td>スタッド接合技術証明書</td><td>付表 10･4 は日本建築学会 JASS 6 の付則「スタッド溶接技術検定試験」の区分．この試験に合格した者のみが技能資格種別に応じたスタッド溶接を行うことができる.
付表 10・4
<table>
<tr><th>級</th><th>資格種別</th><th>溶接姿勢</th><th>スタッドの軸径</th></tr>
<tr><td>基本級（下向き）</td><td>A 級</td><td>下向き</td><td>22 mm 以下</td></tr>
<tr><td rowspan="3">専門級（全姿勢）</td><td rowspan="3">B 級</td><td>横向き</td><td>16 mm 以下</td></tr>
<tr><td>上向き</td><td>16 mm 以下</td></tr>
<tr><td>下向き</td><td>22 mm 以下</td></tr>
<tr><td>専門級（太径）</td><td>F 級</td><td>下向き</td><td>25 mm 以下</td></tr>
</table></td></tr>
</table>

付録 11　鉄骨製作工場大臣認定グレードと適用範囲

付表 11・1　グレード別の適用範囲と別記事項

J グレード	1．鉄骨溶接構造の 3 階以下の建築物（延べ床面積 500 m² 以内，高さ 13 m 以下かつ軒高 10 m 以下）とする． 2．400 N 級炭素鋼で板厚 16 mm 以下の鋼材とする．ただし，通しダイアフラム（開先なし）の板厚は 400 N および 490 N 級炭素鋼で 22 mm 以下とし，ベースプレートの板厚は「別記 1 ベースプレートの板厚および G コラムパネル厚肉部の板厚」による． 3．作業条件は原則として下向姿勢とし，溶接技能者の資格は SA-2 F または A-2 F とする．ただし，横向姿勢を用いる場合，溶接技能者の資格は SA-2 F および SA-2 H または A-2 F および A-2 H とし，かつ溶接管理技術者は WES 2 級または鉄骨製作管理技術者 2 級あるいは管理の実務を資格取得後 3 年経験した 2 級建築士の資格を保有していること．また，横向姿勢による完全溶込み溶接部の超音波探傷検査は全数とする． 4．鋼種と溶接材料の組合せによる入熱およびパス間温度の管理値は，2．の範囲内で「別記 2 入熱・パス間温度」による（400 N 級炭素鋼（STKR，BCR および BCP を除く）および 400 N 級炭素鋼（STKR，BCR および BCP に限る）の項による）．
R グレード	1．鉄骨溶接構造の 5 階以下の建築物（延べ床面積 3 000 m² 以内，高さ 20 m 以下）とする． 2．400 N および 490 N 級炭素鋼で板厚 25 mm 以下の鋼材とする．ただし，通しダイアフラム（開先なし）の板厚は 400 N および 490 N 級炭素鋼で 32 mm 以下とし，ベースプレートの板厚および G コラムパネル厚肉部の板厚は，「別記 1 ベースプレートの板厚および G コラムパネル厚肉部の板厚」による． 3．作業条件は原則として下向姿勢とし，溶接技能者の資格は SA-3 F または A-3 F とする．ただし，横向姿勢を用いる場合，溶接技能者の資格は SA-3 F および SA-3 H または A-3 F および A-3 H とし，横向姿勢による完全溶込み溶接部の超音波探傷検査は全数とする． 4．鋼種と溶接材料の組合せによる入熱およびパス間温度の管理値は，2．の範囲内で「別記 2 入熱・パス間温度」による（520 N 級炭素鋼の項を除く）．
M グレード	1．鉄骨溶接構造の 400 N および 490 N 級炭素鋼で板厚 40 mm 以下の鋼材とする．ただし，通しダイアフラム（開先なし）の板厚は 400 N および 490 N 級炭素鋼で 50 mm 以下とし，ベースプレートの板厚，G コラムおよび ST コラムのパネル厚肉部の板厚は，溶接方法，鋼種および板厚に応じた適切な予熱を行ったうえで溶接を行うことにより 40 mm を超えることができる． 2．作業条件は下向および横向姿勢とする．溶接技能者の資格は SA-3 F および SA-3 H または A-3 F および A-3 H とする． 3．鋼種と溶接材料の組合せによる入熱およびパス間温度の管理値は，1．の範囲内で「別記 2 入熱・パス間温度」による（520 N 級炭素鋼の項を除く）．
H グレード	1．鉄骨溶接構造の 400 N，490 N および 520 N 級炭素鋼で板厚 60 mm 以下の鋼材とする．ただし，通しダイアフラム（開先なし）の板厚は 400 N，490 N および 520 N 級炭素鋼で 70 mm 以下とし，ベースプレートの板厚，G コラム及び ST コラムのパネル厚肉部の板厚は，溶接方法，鋼種および板厚に応じた適切な予熱を行ったうえで溶接を行うことにより 60 mm を超えることができる． 2．作業条件は下向，横向および立向姿勢とする．溶接技能者の資格は SA-3 F，SA-3 H および SA-3 V または A-3 F，A-3 H および A-3 V とする． 3．鋼種と溶接材料の組合せによる入熱およびパス間温度の管理値は，1．の範囲内で「別記 2 入熱・パス間温度」による．
S グレード	1．すべての建築鉄骨溶接構造とする． 2．使用する鋼種および溶接材料に適合した，適切な作業条件を自主的に計画し，適切な品質の鉄骨を製作できる体制を整えている．

別記 1　ベースプレートの板厚および G コラムパネル厚肉部の板厚

溶接方法	鋼　種	最大板厚	備　考
CO_2 ガスシールドアーク溶接	400 N 級炭素鋼 （SS 400 を除く） TMCP 鋼*1	75 mm 以下	＊1　国土交通大臣認定品かつ降伏点 325 N 級の鋼材
	SS 400	50 mm 以下	
	490 N 級炭素鋼 （TMCP 鋼を除く）	50 mm 以下	
低水素系被覆アーク溶接	400 N 級炭素鋼	40 mm 未満	
	490 N 級炭素鋼	32 mm 未満	
低水素系以外の被覆アーク溶接	400 N 級炭素鋼	25 mm 未満	

別記 2　入熱・パス間温度

鋼材の種類	規　格	溶接材料	入　熱	パス間温度
400 N 級炭素鋼 （STKR，BCR および BCP を除く）	JIS Z 3312	YGW 11，YGW 15 YGW 18，YGW 19	40 kJ/cm 以下	350°C 以下
			30 kJ/cm 以下	450°C 以下
	JIS Z 3313	T 490 Tx-yCA-U T 490 Tx-yMA-U T 550 Tx-yCA-U T 550 Tx-yMA-U	40 kJ/cm 以下	350°C 以下
			30 kJ/cm 以下	450°C 以下
	JIS Z 3211	引張強さ 570 MPa 以上のものを除く	40 kJ/cm 以下	350°C 以下
	JIS Z 3214	引張強さ 570 MPa 以上のものを除く		
	JIS Z 3315	G 49 AOU-CCJ G 49 AOU-NCC，NCCT など		
490 N 級炭素鋼 （STKR および BCP を除く）	JIS Z 3312	YGW 11，YGW 15	30 kJ/cm 以下	250°C 以下
		YGW 18，YGW 19	40 kJ/cm 以下	350°C 以下
	JIS Z 3313	T 490 Tx-yCA-U T 490 Tx-yMA-U	30 kJ/cm 以下	250°C 以下
		T 550 Tx-yCA-U T 550 Tx-yMA-U	40 kJ/cm 以下	350°C 以下
	JIS Z 3211	引張強さ 570 MPa 以上のものを除く	40 kJ/cm 以下	350°C 以下
	JIS Z 3214	引張強さ 570 MPa 以上のものを除く		
	JIS Z 3315	G 49 AOU-CCJ G 49 AOU-NCC，NCCT など		
520 N 級炭素鋼	JIS Z 3312	YGW 18，YGW 19	30 kJ/cm 以下	250°C 以下
	JIS Z 3313	T 550 Tx-yCA-U T 550 Tx-yMA-U		
400 N 級炭素鋼 （STKR，BCR および BCP に限る）	JIS Z 3312	YGW 11，YGW 15	30 kJ/cm 以下	250°C 以下
		YGW 18，YGW 19	40 kJ/cm 以下	350°C 以下
	JIS Z 3313	T 490 Tx-yCA-U T 490 Tx-yMA-U	30 kJ/cm 以下	250°C 以下
		T 550 Tx-yCA-U T 550 Tx-yMA-U	40 kJ/cm 以下	350°C 以下
490 N 級炭素鋼 （STKR および BCP に限る）	JIS Z 3212	YGW 18，YGW 19	30 kJ/cm 以下	250°C 以下
	JIS Z 3213	T 550 Tx-yCA-U T 550 Tx-yMA-U		
溶融亜鉛めっき鋼板 （JIS G 3302，3312，3321，3322 など）		溶接される溶融亜鉛めっき鋼板に応じて，それに適合する溶着金属としての性能を有する溶接材料を使用しなければならない．		

＊　ロボット溶接の場合は，（一社）日本ロボット工業会による建築鉄骨溶接ロボットの型式認証条件に従うものとし，別記 2 はロボット溶接には適用しない．

別記 3　予熱管理

① 溶接方法，鋼種および板厚の組合せに対する予熱温度は，下表による．

溶接方法	鋼　種	板　厚〔mm〕				
		$t<32$	$32\leqq t<40$	$40\leqq t\leqq 50$	$50<t\leqq 75$	$75<t\leqq 100$
CO_2 ガスシールドアーク溶接	400 N 級炭素鋼（SS 材を除く）	予熱なし	予熱なし	予熱なし	予熱なし	50℃
	490 N 級炭素鋼（TMCP 鋼*1 を除く）520 N 級炭素鋼	予熱なし	予熱なし	予熱なし	50℃	80℃
	SS 400	予熱なし	予熱なし	予熱なし	＊3	＊3
	TMCP 鋼*1	—	—	予熱なし	予熱なし	50℃
低水素系被覆アーク溶接	400 N 級炭素鋼（SS 材を除く）	予熱なし	予熱なし	50℃	50℃	80℃
	490 N 級炭素鋼（TMCP 鋼*1 を除く）520 N 級炭素鋼	予熱なし	50℃	50℃	80℃	100℃
	SS 400	予熱なし	予熱なし	50℃	＊3	＊3
	TMCP 鋼*1	—	—	50℃	50℃	80℃
低水素系以外の被覆アーク溶接	400 N 級炭素鋼	50℃*2	50℃	＊3	＊3	＊3
	490 N 級炭素鋼	＊3	＊3	＊3	＊3	＊3

〔注〕＊1　国土交通大臣認定品かつ降伏点 325 N 級の鋼材（板厚は 40 mm 超え 100 mm 以下）．
＊2　板厚 25 mm 以上に適用する．
＊3　当該部の溶接を適用する場合は，予熱温度設定のための事前検討方法を適切に定める．
また，当該部を適用しない場合は，その旨を明記する．

② 予熱は上表予熱温度以上，200℃ 以下で行うものとする．予熱の範囲は溶接線の両側 100 mm を行うものとする．
③ 板厚と鋼種の組合せが異なるときは，予熱温度の高いほうを採用する．
④ 板厚 100 mm 超の溶接および大電流溶接などの特殊な溶接では，施工試験などにより有害な割れが発生しないことを確認し予熱条件を定めるものとする．扱いは，「＊2」に準ずる．
⑤ 気温（鋼材表面温度）が鋼種 400 N 級鋼の場合に 0℃ 以上，鋼種 490 N 級以上の高張力鋼の場合は 5℃ 以上で適用する．気温 −5℃ 未満では溶接を行わないものとする．気温が −5℃ 以上 0℃（または 5℃）以下で溶接する場合は別途適切な処置をとる．
⑥ 湿気が多く開先面に結露のおそれがある場合は 40℃ まで加熱を行う．
⑦ 拘束が大きいことが予想される場合は，上表より約 40℃ 高い予熱温度を適用する．
⑧ 鋼材の JIS の炭素当量で 0.44％ を超える場合は予熱温度を別途検討する．

付録 12 の出典

［出典：株式会社全国鉄骨評価機構「グレード別適用範囲」］

付録12　仕上材との取り合い

A．ALC パネル取付け構法

1．外　壁

付表 12A・1　ALC 工法（外壁）

構　法		図	概　要	備　考
縦壁	ロッキング構法	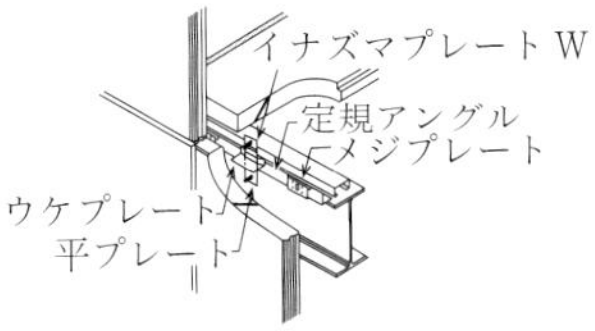	構造躯体の変形に対し，ALC パネルが 1 枚ごとに微小回転して追従する機構であり，ALC パネル内部に設置されたアンカーと取付け金物により躯体に取り付けることを特徴とした構法である．	
横壁	アンカー構法	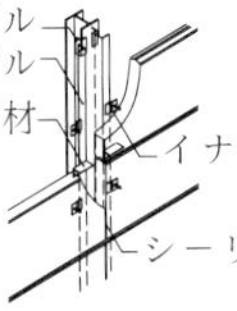	ALC パネル内部に設置されたアンカーと取付け金物により躯体に固定する取付け構法で，躯体の層間変形に対し，上下段のパネル相互が水平方向にずれ合って追従する機構である．	

2．間仕切り壁

付表 12A・2　ALC 工法（間仕切り壁）

構　法		図	概　要	備　考
縦壁ロッキング構法		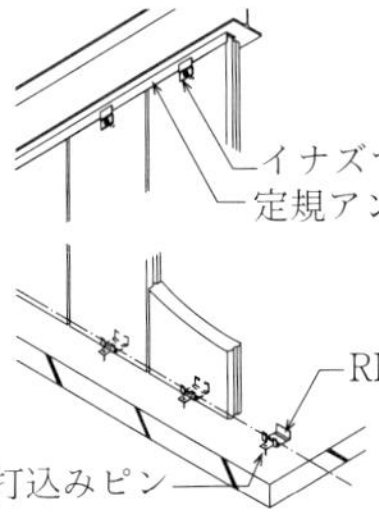	ALC パネル下部を RF プレート，上部は ALC パネル内部に設置されたアンカーと取付け金物により躯体に取り付け，層間変位に対しロッキングして追従する構法である．	
スウェイ方式 上部	間仕切りチャンネルによる取付け	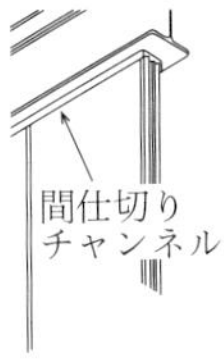	ALC パネル上端を間仕切りチャンネルに差し込み，取り付ける方法である．	ALC パネル上部の取付け方法であり，ALC パネル下部の取付けは，フットプレート構法となる． これら ALC パネル上部の取付けは，地震時などにおける建物の躯体の変形に追従できるよう面内方向に可動となる方法である（スウェイ方式）．
	間仕切り L 形金物による取付け		間仕切り L 型金物と等辺山形鋼で ALC パネル上端を挟み込み，取り付ける方法である．	
	定規アングルとボルトによる取付け	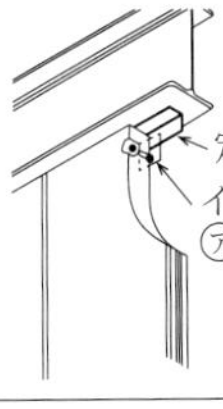	定規アングルの一辺を ALC パネルとイナズマプレートで挟み込み，取り付ける方法である．	

3. 床版，屋根版

付表 12 A・3 ALC 工法（床版，屋根版）

構　法	図	概　要	備　考
敷設筋構法	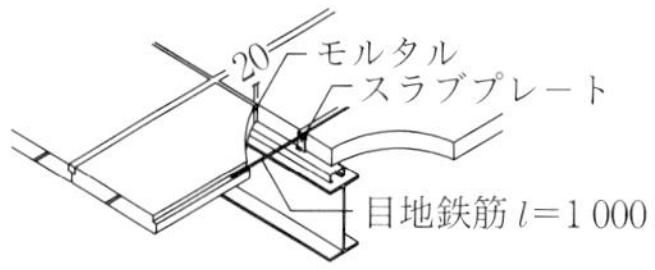 20 モルタル スラブプレート 目地鉄筋 l=1 000	鉄骨造，鉄筋コンクリート造および鉄骨鉄筋コンクリート造など床版・屋根版において，スラブプレート・目地鉄筋・モルタルなどを用いて ALC パネルを支持構造部材に固定することを特徴とする構法である．	
木造用敷設筋構法*	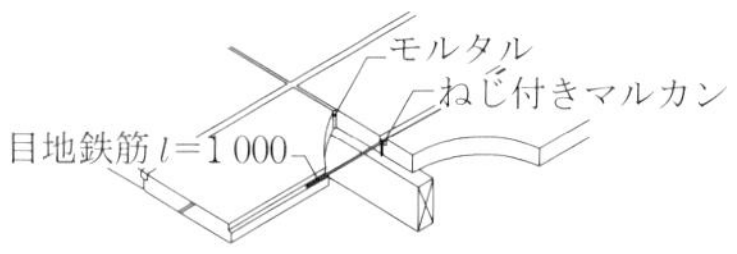 モルタル ねじ付きマルカン 目地鉄筋 l=1 000	木造建築物の床版・屋根版において，ねじ付きマルカン，目地鉄筋などの取付け金物を用いて ALC パネルを支持構造部材に固定することを特徴とする構法である．	主として枠組壁工法を除く軸組構法を用いた木造建築物に用いる．
木造用ねじ止め構法*	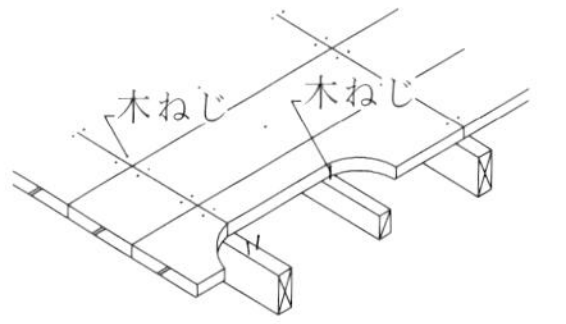 木ねじ 木ねじ	木造建築物の床版・屋根版において，木ねじなどの取付け金物を用いて ALC パネルを支持構造部材に固定することを特徴とする構法である．	

＊ 2013 年 6 月版にあった「木床敷設筋構法」，「木床ねじ止め構法」は「木造用敷設筋構法」，「木造用ねじ止め構法」に名称変更になった．
付録 12 A の出典
［出典：ALC 協会「ALC パネル構造設計指針・同解説」，pp. 37-39（2013）］

［注意事項］ ALC では，取り付けるために構造体の鉄骨，柱にブラケットや，通しアングル，溝形鋼を現場で溶接する場合がある．
無資格者が作業したり，アンダーカットや，ショートビードなどの不良溶接を行うことが多くあるため，注意する必要がある．
そのような状況を防ぐために，**取り合う部分にあらかじめフラットバーなどを工場で溶接しておく場合もある．**

B. 押出成形セメント板取付け工法

押出成形セメント板（ECP）は，躯体の層間変位に対して，縦張り工法ではロッキングで，一方，横張り工法ではスライドで追従させる．

縦張り工法	横張り工法
パネル四隅の取付け金物にて支持部材に取り付け，躯体の層間変位に対してロッキングにより追従させる工法	パネル四隅の取付け金物にて支持部材に取り付け，躯体の層間変位に対してスライドにより追従させる工法
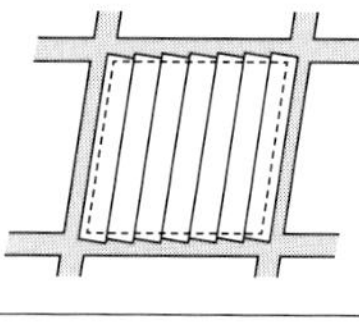 各段ごとに自重受け部材が必要	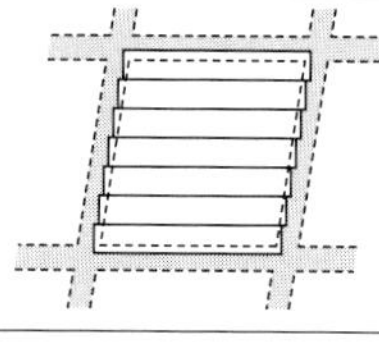 パネル 2〜3 段ごとに自重受け部材が必要
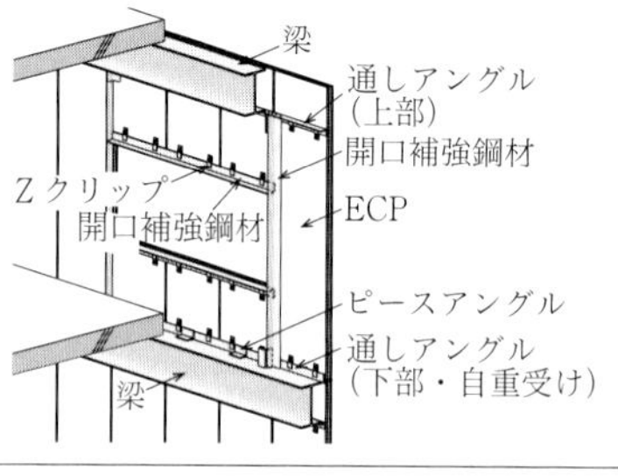 梁 通しアングル（上部） 開口補強鋼材 Z クリップ 開口補強鋼材 ECP ピースアングル 通しアングル（下部・自重受け） 梁	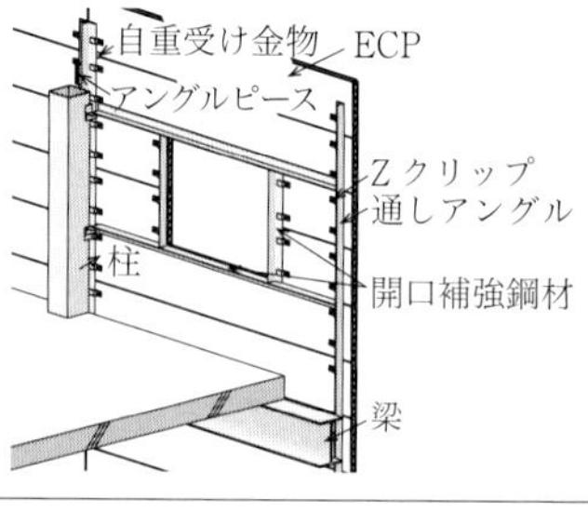 自重受け金物 ECP アングルピース Z クリップ 通しアングル 柱 開口補強鋼材 梁

付図 12 B・1 押出成形セメント板取付け工法

［注意事項］ 押出成形セメント板（ECP）では，取り付けるために構造体の鉄骨，柱にブラケットや，通しアングル，溝形鋼を現場で溶接する場合がある．
無資格者が作業したり，アンダーカットや，ショートビードなどの不良溶接を行うことが多くあるため，注意する必要がある．
そのような状況を防ぐために，**取り合う部分にあらかじめフラットバーなどを工場で溶接しておく場合もある．**

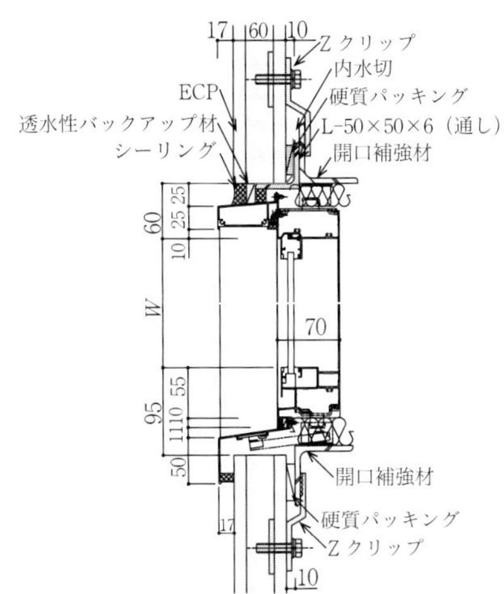

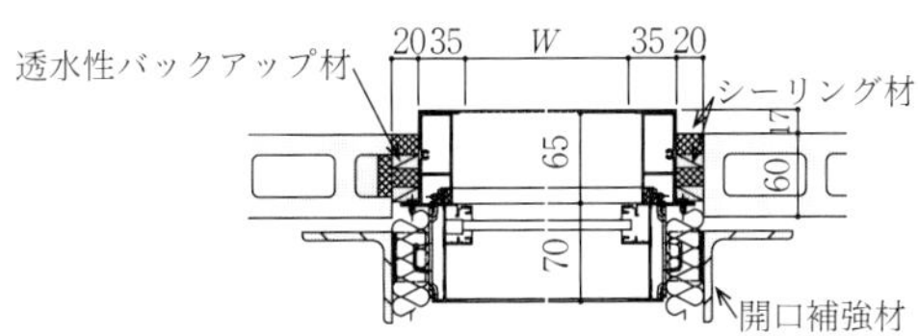

付図 12 B・2　開口部分の納まり例

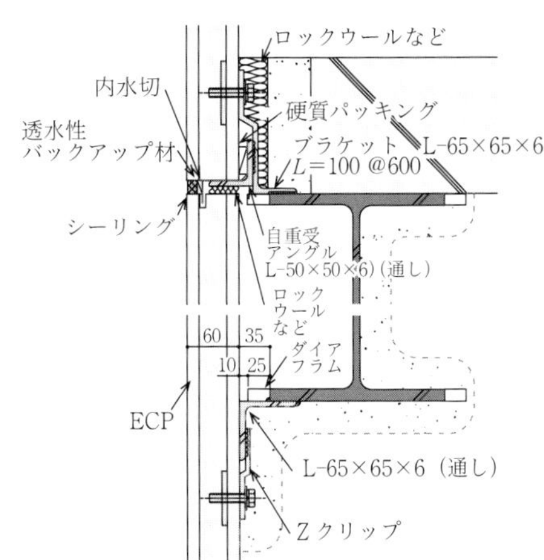

付図 12 B・3　中間階の納まり例

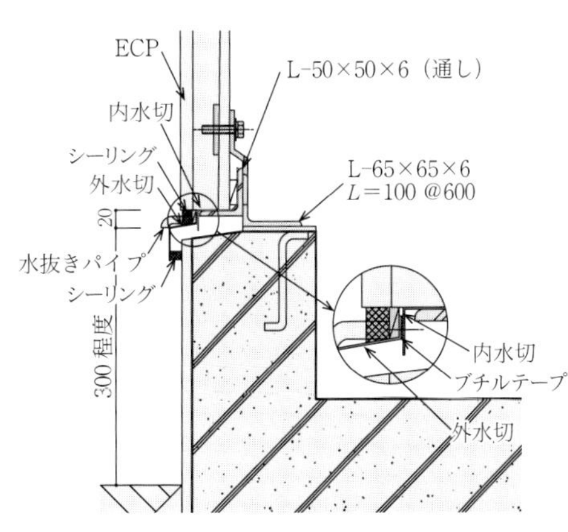

付図 12 B・4　最下部の納まり例

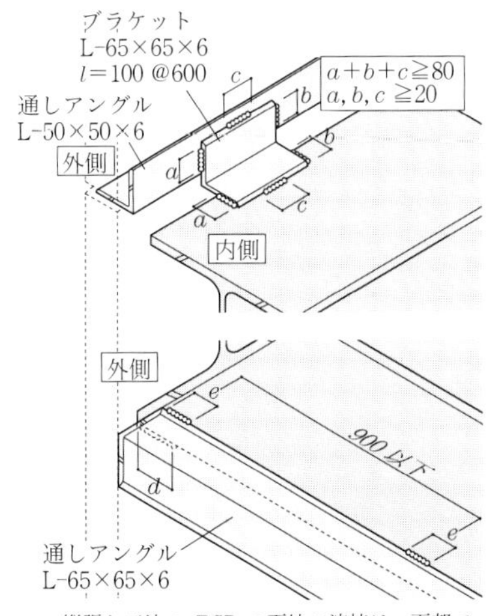

・縦張り工法の ECP の下地の溶接は，下部では 3 辺溶接とし，見掛け溶接長合計を 80 mm 以上とする．
・ECP 上部では，内外とも 900 mm ピッチに外側 50 mm 以上，内側 30 mm 以上の溶接を行う．
・梁への直接溶接が認められない現場では，梁にフラットバーなどを工場溶接しておく必要がある．

付図 12 B・5　縦張り工法下地溶接基準

⊏-100×50×5×7.5
L=100 @900

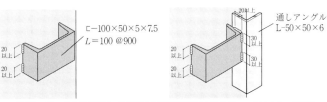

通しアングル
L-50×50×6

・横張り工法の柱と溝形鋼は，2 辺溶接で見掛け溶接長合計を 80 mm 以上とし，溝形鋼と通しアングルは 2 辺溶接で見掛け溶接長合計を 80 mm 以上とする．
・柱への直接溶接が認められない現場では，柱にフラットバーなどを工場溶接しておく必要がある．

付図 12 B・6　横張り工法下地溶接基準

付録 12 B の出典
［出典：押出成形セメント板協会「これだけは知っておきたい ECP の魅力と基本」，pp. 13, 15, 19, 20 (http://www.ecp-kyoukai.jp/pdf/koredake/ECP_koredake.pdf)］

C．折板屋根取付け下地

折板の接合方法は，一般的に付図 12 C･1 に示す三工法がある．

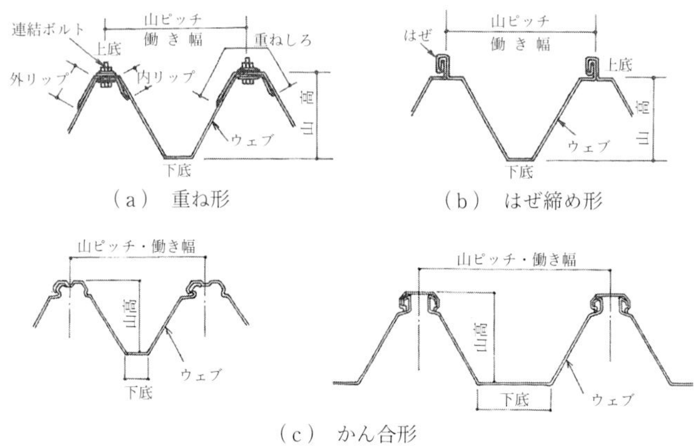

付図 12 C・1　折板の接合方法

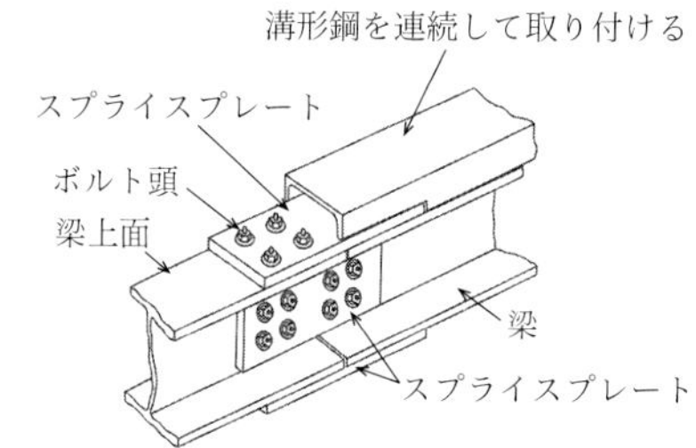

付図 12 C・2　剛継手部分のタイトフレーム受

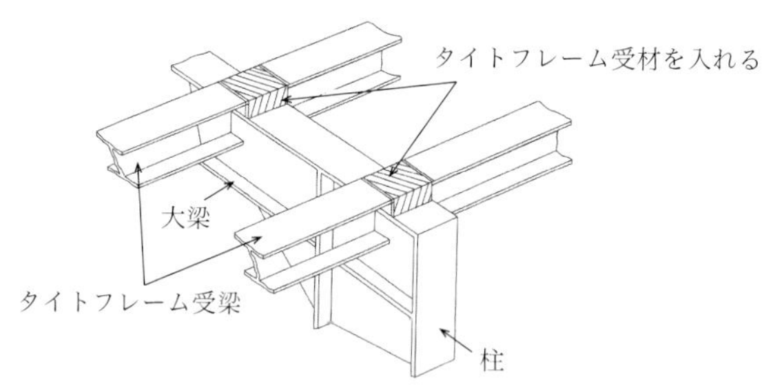

付図 12 C・3　タイトフレーム受梁の中断部対応例

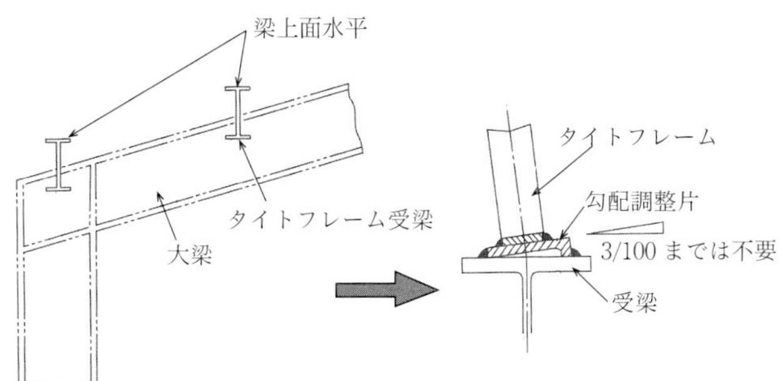

付図 12C・4　タイトフレーム梁上面の勾配対応

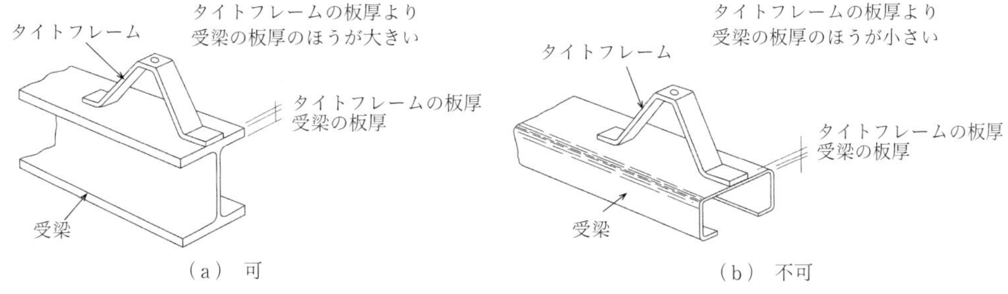

付図 12C・5　タイトフレーム受梁の板厚

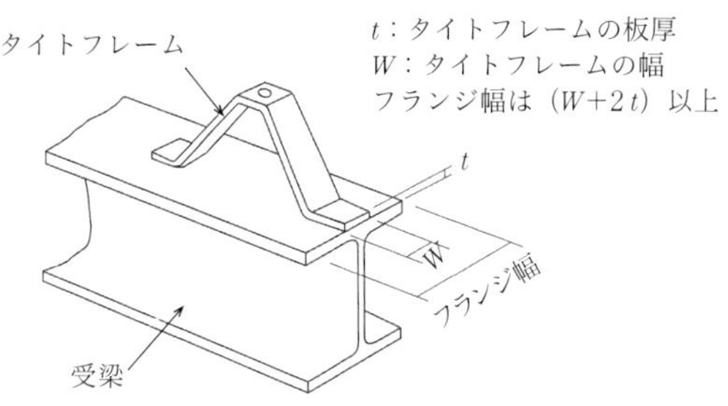

付図 12C・6　タイトフレーム受梁の幅

［注意事項］ ALC では，取り付けるために構造体の鉄骨，柱にブラケットや，通しアングル，溝形鋼を現場で溶接する場合がある．無資格者が作業したり，アンダーカットや，ショートビードなどの不良溶接を行うことが多くあるため，注意する必要がある．そのような状況を防ぐために，**取り合う部分にあらかじめフラットバーなどを工場で溶接しておく場合もある．**

付録 12 C の出典
［出典：日本金属屋根協会，日本鋼構造協会「鋼板製屋根工法標準」，pp. 29，188，189］

章別キーワード一覧

【1章】

【2章】

【3章】

【4章】

JSCA版 S建築構造の設計（第2版）

平成22年12月20日　第1版第1刷発行
平成30年3月25日　第2版第1刷発行
平成30年5月10日　第2版第2刷発行

編　者　一般社団法人 日本建築構造技術者協会（JSCA）
発行者　村上和夫
発行所　株式会社 オーム社
郵便番号　101-8460
東京都千代田区神田錦町3-1
電話 03(3233)0641（代表）
URL https://www.ohmsha.co.jp/

印刷・製本　中央印刷
ISBN978-4-274-22198-9　Printed in Japan